Reinhold Schiffer

Tausendundein Alltag
Von Türken und Fischen

Reinhold Schiffer

Tausendundein Alltag

Von Türken und Fischen

SCRIPTORIUM
Marsberg/Padberg 2015

300 Seiten Text

Umschlag und Layout: Scriptorium

ISBN:
978-3-932610-54-7

Inhaltsverzeichnis

Vorab gesagt

Ansichten liegen hier vor, gesammelt auf Reisen über vier Jahrzehnte. Sie sprechen von der Türkei als einem Land mit vielen und wechselvollen Gesichtern, von Menschen, Orten, Landschaften, Fischen und nicht zuletzt von dem Reisenden selbst. Sie haben einen Grundton: Sie wollen den Türken nahekommen. Nahekommen, das gelingt seit Jahrhunderten am ehesten bei gemeinsamem Essen und Trinken; die vielen Fischgerichte, schon der Fisch im Titel, deuten diesen Wunsch nach gegenseitiger Gastlichkeit an. Wer will, mag die letzte Geschichte des Buches als erste lesen. Das Tausendundeins des Alltags im Titel legt einiges nahe. Wissen changiert für den Erzähler zur unverbindlicheren Anschauung. Er nimmt gelegentlich Freiheit von den Fakten und leistet sich kleine, märchenhafte Episoden. Der Grenzübertritt aus dem Tatsächlichen in das Gebiet der Fantasie ist, glaubt er, deutlich markiert. Im Land des Sultans, in einer osmanisch weiten Türkei, bleibt er bei seinen Ausflügen. Wie man im Mittelalter von fernen Ländern erzählt hat, Wunderbares und Faktisches mischend, gefällt ihm auch heute. Einer theoretischen Unterscheidung von Sachbericht und Texten der Imagination geht er hartnäckig aus dem Weg. Die gelehrten Diskussionen haben ohnehin seinen Kopf zum Brummen gebracht. »Ich glaube«, sagt der Rheinländer und schaut auf die Turmuhr, »ich glaube, es ist fünf vor zwölf«.

Gewiss, er hat das Land oft und oft bereist, ist in die entlegensten Gegenden vorgedrungen, weiß, wo man hinter Kars nach rechts biegen muss, um zur russischen Grenze und der armenischen Ruinenstadt Ani zu gelangen, kurzum: Im landschaftlichen Gesicht der Türkei sind ihm fast jede Runzel und Falte vertraut. Doch geht es dabei zunächst um die Landkarte. Von einer allgemein zugänglichen Verstehbarkeit einer fremden Kultur, wenn das individuelle, das subjektiv eingegrenzte Verstehen des Reisenden überschreitbar sein soll, hält er nicht Nichts, aber wenig. Zwei skeptische Sätze ersparen ihm, ein Traktat abzufassen. Zum einen der Satz des Horaz, eines ziemlich unleidlichen Reisenden, die Subjektivität des Fremden sei so gut wie nicht wandelbar: »Caelum, non animum mutant, qui trans mare currunt« – Den Himmelsstrich, nicht die Geistesverfassung ändert, wer übers Meer reist. Zum andern das Wort des heiteren Grafen Johannes von Idstein-Wiesbaden im Jahre 1677, der angesichts fremder Sitten nicht mit mehr als oberflächlichem Gewinn rechnet: »Mann schickt ein gans übers meer, undt kombt ein gans wieder her [...] was lernen sie? Ein krumb füsgen machen, ein wenig base les manes.« »Man schickt einen Gänserich übers Meer, und es kommt ein Gänserich wieder her [...] was lernen sie? Den Kratzfuß und ein wenig den Handkuss.« Lediglich zwei Höflichkeitsgebärden seiner Zeit.

Reinhold redet nicht von »meiner Türkei«, wie manche Reiseschriftsteller besitzergreifend von »meiner Toskana« oder »meiner Provence« reden, überhaupt verabscheut er die pronominale Selbstbezogenheit. »Ich«, »Ich«, »Ich« kommt ihm nicht aufs Papier. Das freilich nicht jeden ansprechende »Er« erlaubt ihm unverzichtbare Distanz, Unernst und Ironie. Und was den Leser angeht: Wem es gefällt, gefällt es: Wem nicht, nicht. Zu berichten, wie es zu damaligen Zeiten zuging, das will er schon. Deshalb wird auch markiert, so genau es die Erinnerung zulässt, was er wann und wo gesehen hat. Ein unzuverlässiges Geschäft: Spätere Bilder überlagern frühere; Lücken auf der Landkarte der Reisen bleiben. Von zahlreichen Orten würde es nur heißen: »Mit dem und dem Bus oder Wagen ist er verschwitzt dorthin gefahren und hat eine verschwitzte Nacht in einem Hotel mit vergessenem Namen zugebracht.« Solche flüchtigen Besuche hätten eine Tristesse eigener Art, sie bleiben weg. Deshalb hält er sich anderseits mit längeren Beschreibungen des Alltags auf, wie von Side oder Foça, welche auf einer ausgedehnteren Beobachtung fußen und eine Sicht auf Veränderungen zum Guten oder Schlechten eher erlauben. Auch von dem, was ganz verschwunden ist, lässt sich so leichter sprechen. Schließlich will er seine Liebe zum Schritt vom Hölzchen aufs Stöckchen nicht verbergen. Auf den Splittern einer jeden Erinnerung liegt für ihn ein eigener Glanz des Poetischen.

Eine ernsthafte Anmerkung. Die großen Themen und Streitfragen der türkischen Politik und Wirtschaft finden kaum Einlass in die Geschichten. Welchen Raum soll denn die Schilderung seiner Reisen und welchen die unumgänglich kritische Analyse des gesellschaftlichen und politischen Umfelds einnehmen? Keinen Raum. Im Land äußert er sich zur Politik nicht, aus gutem Grund: Leicht gelangt ein Wort in das falsche Ohr. »Wollen Sie wissen, was ich über türkische Politiker denke, und wen ich so oder so beurteile, so besuchen sie mich in Deutschland«, antwortet er auf politische Fragen. Das Schweigen hat nichts mit Unkenntnis zu tun, etwa von dem Zerbröckeln des säkularen Staates, den der große Kemal Atatürk zu errichten suchte. Der Blick richtet sich vielmehr auf den Alltag unter den Bedingungen und Möglichkeiten, die einem Reisenden mit mangelhaftem Türkisch, doch ziemlicher Neugier offen stehen, auf das, was er am eigenen Puls gefühlt hat. Das Bildungsgut, die Angaben über Bevölkerungsgröße von Städten, Reiseentfernungen und Reisewegen, über historische Bauwerke und Ruinenstätten, ehemalige Schlachten und Kriege, welches alles die Reiseführer so nützlich macht, wird nur am Rande gestreift. Nichts allerdings hindert ihn daran, vor und nach einer Reise sich gründlich in der geographischen, archäologischen und politischen Literatur umzutun. Doch auch dort liest er mit Skepsis. Genug davon.

Der Erzähler spricht gern über seine Reisen und begibt sich damit in einen Widerspruch, denn am Reisevorgang selbst, an der Fortbewegung von einem Ort zum andern, ist ihm seit geraumer Zeit wenig gelegen. Der Weg ist das Ziel: Das erscheint ihm im Alter eine abwegige Parole. Der Fernzug, der eigene Wagen, die Fähre, das Flugzeug verhelfen zu einem psychologisch ungesund schnellen Ankommen in der Ferne. Man riecht im Flugzeug die Blumen am Wegesrand nicht. Reinhold reist, um an einem Ort aufzuatmen, den Staub von den Schuhen zu schütteln, aufs Hotelbett zu fallen, wegen der lokalen Gerichte und Getränke, allenfalls um zu schlendern, meistenteils jedoch um der Lust zu frönen, die ihn überkommt, wenn er sich hinsetzt, einem Cricket Match zuschaut, auf eine Meeresbucht blickt, auf einer Piazza einen Espresso trinkt, den Blick an den Portalen eines Domes oder einer Moschee auf- und abwandern lässt, auf einem Hocker vor dem Laden eines türkischen Freundes die promenierenden Menschen betrachtet. Er reist schlechthin, um angekommen zu sein. Er sieht sich, ironisch genug, in dem Zwiespalt, einerseits den Geist eines Ortes packen zu wollen, eine eigene und lichtvolle Anschauung von ihm zu gewinnen und anderseits unentkommbar der Herde der Touristen anzugehören, deren Zeit, Wissen und Auffassungsvermögen endlich sind. Marco Polo kann er nicht mehr spielen. Der Weg ist verbaut, da er das Abenteuer, jedenfalls das der Strapazen und Entbehrungen, der Lagerfeuer unter Nomaden, des ranzigen Buttertees und der knappen Flucht vor Wölfen und Banditen, scheut oder vermeidet. In der Türkei, auch noch in den jetzigen Zeiten, böten sich Abenteuer sattsam an: Man bräuchte nur, gottogott, den Namen Atatürks zu verunglimpfen oder sein Konterfei auf einer Briefmarke zu bekritzeln, ein wenig Rauschgift zu schmuggeln, eine Kaserne zu photographieren. Wem das Abenteuer türkischer Justiz und Gefängnishospitalität nicht reichen sollte, wer Freiheit und Leben aufs Spiel setzen möchte, der könnte ja in den Südosten des Landes reisen, wo die PKK und die türkische Armee seit Jahren aufeinander einschlagen. Oder einen Flirt mit einer jungen Türkin beginnen. Zwischen Zwölf und Mittag würde er dann ein Dutzend ihrer Brüder auf den Fersen haben. »Nein, nein, und nochmals nein«, dieser Reisende winkt dankend ab. Mag sein, dass er in früheren Jahrzehnten seinen Ehrgeiz damit sättigte, dass er Hunderte und Tausende von Kilometern mit dem eigenen Wagen hinter sich brachte, von Bochum nach Istanbul fuhr oder von Istanbul nach Aleppo. Vielleicht, dass ihn ein Hochgefühl packte, wenn ein türkischer Überlandbus ihn eilends vom Mittelmeer nach Kappadokien versetzte. Er erinnert sich zwar an solche Fortbewegungen in Raum und Zeit, doch sie erzählen ihm nichts mehr, es sei denn gelegentlich, was in dem Bus selbst passierte. »Das war vorher«, wie der Geschichtenerzähler bei Mario Vargas Llosa zu sagen pflegt.

Aufgenommen, gern aufgenommen, werden die Geschichten, welche Reisende im Osmanischen Reich erlebt oder erdacht haben. Zitate, er schwört es, kleben in den Seiten seines Buches nicht als Lorbeerblätter seiner Belesenheit. Ein Vergnügen ist es ihm, wenn frühere Reisende Dinge und Denkweisen präziser, eleganter, der Wirklichkeit näher oder auch entfernter schildern als er es vermöchte. Antike Mitteilungen stehen in besonders hohem Kurs. Allen Stimmen hat er mit Lust und mit angemessenem Unglauben zugehört. Touristikmärchen, sagen wir schärfer: die Lügen der Tourismusbranche sind ihm bekannt und düpieren nicht mehr. Der Alltag im Lande hat ein wenig poetisiertes Bild und ist oft genug voller Armut, Not und Gewalt. Das Leben der Millionäre, Militärs und Minister kennt er nur aus den unzuverlässigen Bruchstücken des türkischen Fernsehens. Was an der alltäglichen türkischen Gesellschaft gut und menschlich ist, tritt, so hofft er, in seinen Erzählungen annähernd ans Licht. Nicht, als ob ihm nicht gelegentlich kleine Betrüger und sogar, wenn auch selten, ausgemachte Bösewichte über den Weg gelaufen wären. Die Türkei stets loben, kann, angesichts augenfälliger Übelstände, nur ein Blinder. Kritik zu üben ist dennoch eine heikle Sache, denn selbst seine türkischen Freunde, selbst wenn sie wie die Rohrspatzen auf Übelstände schimpfen, dulden Scherz, Ironie und Kritik eines Fremden sehr ungern. Von türkischen Tugenden, schlichter gesagt, von den ungezählten kleinen und großen Freundlichkeiten, die ihm zuteil wurden, redet er gern. Er hat sie erfahren bei türkischen Freunden, Bekannten und völlig Fremden.

Es ist allerdings Augenwischerei anzunehmen, diese Begegnungen hätten nicht unter einem Verhaltenskodex gestanden, der sich ihm nie völlig erschloss. Doch trugen die Türken und Türkinnen, auf die er traf, keine undurchsichtigen Baumwollschleier. Reinhold glaubt, seine Annahmen seien gelegentlich widersprüchlich, doch sie seien durchgehend »türkisch« eingefärbt. Zehntausend Kiesel machen auch ein Stück Kieselstrand. Die Bilanz von dem zu ziehen, was als freundlich oder feindlich erfahren wurde, ist eine leichte Aufgabe. Er versichert, er habe sich mit guten Gründen über die Jahrzehnte dem Land und den Menschen gegenüber eine treue, freundschaftliche Gesinnung bewahren können.

Düsseldorf und Istanbul

Flughäfen als Karawansereien

Düsseldorf: Gepäck hat ein auf das Individuum zugeschnittenes Gewicht

Mitte der Siebzigerjahre flog Reinhold von Düsseldorf nach Ankara mit einer türkischen Maschine, welche zu einem spottbilligen, weil subventionierten Preis Gastarbeiter in die Heimat transportierte. Er hätte, da erkenntlich kein Gastarbeiter, nicht mitfliegen dürfen, aber sein türkisches Reisebüro hatte irgendwie an den Vorschriften vorbei ein Billet besorgt. Die Reisenden sammelten sich spät abends in einer entlegenen Frachthalle des Düsseldorfer Flughafens, sie war kahl, riesig, öde, hell bestrahlt. Einfache Männer, Frauen und Kinder lagerten dort auf Koffern, Säcken, Bündeln. Die Düsseldorfer Türken saßen unter Landsleuten, ein türkisches Flugzeug würde sie befördern, in Gedanken umarmten sie schon die Lieben im hintersten Anatolien: Die Frachthalle hatte sich bereits in anatolische Erde verwandelt. Die Frauen packten Brot, Käse, Würste, Gurken und Limonaden aus, stillten Kinder oder schaukelten die quengelnden Blagen in den Schlaf. Die Männer rauchten Zigarette um Zigarette, vertieft in gewichtige Gespräche über Preise und Fußballclubs. So oder so ähnlich werden die Türken seit Jahrhunderten in den Karawansereien des Ostens miteinander geredet haben, gelassen, geduldig, die Zeit gering achtend, erfüllt zudem von einer osmanisch-heroischen Verachtung der Kleinkrämerei und Geschäftigkeit ihrer christlich-levantinischen Nachbarn. Unser Reisender, in einem leider preußisch-protestantisch geimpften Staatswesen aufgewachsen, beneidet insgeheim solche Geringachtung der Staatlichkeit. Was Wunder, dass die Türken auch in unserer Zeit eine Verachtung der Vorschriften beim Fluggepäck an den Tag legen? War ein Flugzeug nicht auch eine Art Kamel, dem man, unter Stoßen und Zureden, nicht ruhig noch ein paar simple Pfunde, ein paar sperrige Dinge mehr auflegen durfte?

Es ging doch nur einmal im Jahre in die Heimat, da wollte Ali dem Dorf daheim zeigen, wie gut er es in Deutschland getroffen hatte, was Ali sich an Luxus leisten konnte und was er willens war, der Sippe mit großer Geste zum leichteren und glücklicheren Leben zu überlassen. Glücklicheres Leben hieß dem einen dies, dem andern jenes. Für ländliche Türken hieß es insbesondere, technisches Gerät zu besitzen wie Eisschränke, Waschmaschinen, Fernseher, Radiorekorder. Diese Dinge waren aber von Natur aus schwergewichtig. Also wurden sie im Geiste auf alle Mitreisenden, eingeschlossen die Säuglinge, verteilt, damit ein annehmbares Durchschnittsgewicht herauskomme. Freunde, Nachbarn, selbst Unbekannte sahen sich in den Umrechnungsprozess eingeschlossen, der auf dem Taschenrechner, damals ein Kultobjekt wie später das Handtelephon, leicht vonstatten ging. Auch dem Deutschen schenkte man genügend Vertrauen, zumal er ein wenig Türkisch radebrechte, so dass ihm eine drittel Waschmaschine und ein halbes Radio auf sein Gepäckkonto überschrieben wurden. Als nun die Dinge am Schalter nach langem Palaver abgefertigt waren, ging ein befriedigtes Lächeln über die Gesichter seiner neuen Freunde, sie drehten sich um, nickten den schwer beladenen Mitreisenden in der Schlange hinter ihnen zu: »Es wird schon gut gehen, bei uns ist es ja auch gut gegangen. Selbst den Staubsauger, seht, werden wir als Handgepäck an Bord hieven.« Das türkische Bodenpersonal hinter den Schaltern sah solchem Kuhhandel an drei Abenden in der Woche resigniert zu; es war der jedes Mal aufflammenden Debatten müde geworden, es musste zudem nicht in der überlasteten Maschine mitfliegen.

Der Flughafen Atatürk in Istanbul: Das Prinzip Hoffnung

An den beiden Schaltern der Türk Hava Yolları am Düsseldorfer Flughafen standen im August 1994 nur wenige Reisende. Die blonde Deutsche hinter einem der Schalter mühte sich lange Minuten vergebens, dem Computer das Gewicht des versammelten Gepäcks von sechs Türken einzugeben. Der Widerstand des Computers war nicht unberechtigt, denn die Koffer der beiden ersten Männer, der Vorhut des Gepäcktrosses, wogen bereits an die siebzig Kilo. Das Übergewicht war auch nicht dadurch aus der Welt zu schaffen, dass die Türken mal diesen, mal jenen Koffer von der Waage zurückzogen und einen aus dem Tross nachschoben. Alle Koffer waren alle zu schwer. Die Männer taten konsterniert. Wie mochte dies bloß geschehen sein? Endlich verlor die Blonde die Geduld, klopfte einem Mann, der einen bereits abgefertigten Koffer vom Transportband ziehen wollte, kräftig auf die Hand und forderte die Nachgebühr. Die Episode verriet den sympathischen türkischen Glauben, Vorschriften dürften recht eigentlich nicht gelten. Zu Hause hatte das Gewicht des Eisschranks, Fernsehers, Radios zwar auch das Zulässige bei weitem überschritten, aber am Flughafen würde sich sicherlich jemand finden, der, gutherzig, zu seiner schlanken Aktentasche einen Eisschrank auf sein Gewichtskonto nehmen würde. Außerdem konnte man ja mit der Person hinter dem Schalter feilschen. Nun war Reinholds Flugzeug auch schon in Istanbul gelandet.

Der Atatürk Hava Limanı bot in jenen Jahren zu jeder Stunde ein Bild des Chaos. Sage niemand, der Flugplatz Istanbul sei ein Ort ohne Spaß gewesen, denn kam einer aus dem Ausland an und wollte innerhalb der Türkei weiterfliegen, dann fand er sich wieder als Mitspieler in dem überaus komischen Spielchen, welches hieß: Transitpassagiere in die Irre führen. Es ging so: Die Transitleute wurden in einen engen, heißen Schlauch getrieben, an dessen rechter Seite mehrere Hostessen auf Computern klimperten und (falls der Gott der Elektronik wollte – freilich damals ein nicht nur in der Türkei recht launischer Gott) neue Bordkarten ausstellten. In Sekundenschnelle drängelten sich dort Dutzende von Menschen zusammen, deren Nervosität und üble Laune stetig wuchs. Die Schlange schien sich überhaupt nicht zu bewegen. Reiseführer schwenkten die zwanzig und mehr Pässe und Flugscheine ihrer Schäfchen über die Köpfe hinweg und blockierten die Abfertigung; die Hostessen warfen von Zeit zu Zeit verächtliche Blicke auf die Menge vor ihnen, bevor sie die Unterhaltung untereinander wieder aufnahmen. Eine knappe Stunde konnte die Abfertigung dauern. Einmal abgefertigt, zweifelte ein Reisender nicht nur daran, den Anschlussflug zu erreichen, sondern, dass es ihn überhaupt gab. Der Reihe nach erzählt: Zu TH Flug 530 nach Izmir gelangte man, so versprach die Bordkarte, durch exit 109, boarding time 18:30. Exit 109 lag brav neben exit 109 A. Die Uhr zeigte schon 18:40, die Anzeige des exit 109 zeigte nichts an. Eine Traube von Türken wollte durch 109 zum Lufthansaflug nach Frankfurt vordringen. Der Beamte am exit 109, gefragt, ob auch Flug TH 530 nach Izmir hier abgefertigt werde, beschied Reinhold: »Anderer Ausgang.« Welch anderer Ausgang, war nicht zu erfahren, auch für Türkischsprechende nicht; die Minuten verrannen. Natürlich drängte der Strom der Passagiere schließlich doch durch Ausgang 109 eine Treppe herab, unten verzweigte er sich. Die einen stiegen noch tiefer bis herab aufs Rollfeld, die andern folgten einem seit Jahren an der Wand festgenagelten Schild namens »Izmir« in einen weiteren Warteraum, in dem freilich auch die Passagiere nach Frankfurt saßen. Dort hing noch eine Anzeigetafel, aber ihre Metallkläppchen hatten noch nie geraschelt, sich gewendet und einen Abflug angezeigt. Hochhackige Stewardessen türkischer Fluggesellschaften, der Sultan Air, der Green Air, der Ground Air (der am Erdboden bleibenden Fluggesellschaft? War Name gleich Vorzeichen?), zwängten sich durch den von Menschen verstopften Raum; ihre hohen Kinderstimmchen lockten die Reisenden hierhin und dorthin. Nicht immer kamen alle Reisende mit auf einen Flug, obwohl die Türken täglich ihre Geduld, ihr Genie in der Improvisation sowie ihre Abscheu vor dem Zwang der Uhr bewiesen. Er sah, wie eine verirrte Mutter mit vielen kleinen Kindern in Tränen ausbrach; niemand hatte ihr gesagt, heute würden die Passagiere von einem ganz andern Ausgang zu ihrer Maschine gefahren. Ein älterer, feingekleideter Herr lief, ein Taschentuch schwenkend, über die Startbahn auf eine Maschine zu, die ihre Türen eben schloss. Schwer atmend blieb er stehen. Das Flugzeug rollte davon. Die Stewardessen suchten, überfordert, den Anschein der Professionalität zu wahren; ihre Gesichter trugen ein verspanntes Lächeln; ihre Blusen färbten sich unter den Achseln dunkel von Schweiß. Zwar hatten sie ständig Sprechgeräte an den Lippen; doch handelte es sich dabei, der Schluss war unausweichlich, um Attrappen. Die Mädchen taten einem leid. Sie, die Untergebenen, verschlissen ihre Nerven im täglichen Chaos. Ihre Oberen scheuten noch Jahre, nachdem der Flughafen eröffnet worden war, eine gründliche logistische Aufbereitung des Betriebes. Mag sein, dass ihnen Logistik und Funktionieren an sich sündhaft erschienen, weil sie das Gedränge, den Wirrwarr, den Frust, den Schweiß, die Tränen eines jeden Tages als Teil des gottgewollten irdischen Loses ansahen. Mag sein, dass sie solch fromme Gedanken überhaupt nicht hegten, sondern nur in klimatisierten Büros ihr Glas Tee tranken.

Bulgaristan

Ein Land aus dem Mercedes gesehen

Schlaglöcher und Radarfallen von der Grenze bis Sofia

So war es, denn wenn es nicht so gewesen wäre, könnte man es nicht erzählen. Um 1980 wird es gewesen sein. Auf dem Weg in die Türkei hatten Lisa und Reinhold mit dem Mercedes den mörderischen Autoput Jugoslawiens schon heil passiert und vor der bulgarischen Grenze in Dimitrovgrad die Nacht zugebracht; nun, am Morgen, fuhren sie in die Volksrepublik Bulgarien, passender als Bulgaristan bezeichnet, ein. An einem Tag konnte man gut das Land durchqueren, je nach Verkehr und Laune der Zöllner brauchte man acht bis zehn Stunden; das Transitvisum galt aber derer achtundvierzig. Also kam Lisa an der Grenze der Einfall, doch einen halben Tag und eine Nacht in Sofia zu verbringen, in einem Hotel abzusteigen und sich in der Hauptstadt ein wenig umzusehen. Reinhold widersprach. Er kannte Sofia bereits, und was er kannte, hatte er in Erinnerung als staubige Einfallstraßen, Kopfsteinpflaster in rhythmischem Wechsel mit Schlaglöchern, in denen ein Esel Gefahr lief zu ertrinken, in der Stadtmitte heruntergekommene, französisch angehauchte Prunkarchitektur des 19. Jahrhunderts und in den Vororten endlose, triste Wohnsilos. Außerdem wisse er nicht, ob die Bulgaren das mit den achtundvierzig Stunden auch so meinten; zählen könnten sie sicherlich, insbesondere ausländische Valuten, doch zu trauen sei Kommunisten keineswegs. Ach, bei Gott und Karl Marx! Schon wieder hatte er sich als kalter Krieger verraten, als in der Jugend von Konrad Adenauers antikommunistischer Rhetorik geprägtes Opfer. So jedenfalls sah ihn die Freundin, welche, liberale Sozialdemokratin, an das Böse im Menschen gar nicht recht glauben mochte. Adenauer und er jedoch waren sich sicher, ein osteuropäischer Kommunist sei desto geneigter, unbedenklich Menschen ins Verderben zu stürzen, je fanatischer er seiner Ideologie anhinge. Selbst die Lauen unter ihnen, erst einmal in eine Uniform gesteckt, fänden viel zu oft unheilige Lust daran, ihre Mitmenschen zu drangsalieren und zu demütigen. Gleichwohl, mit Unbehagen im Herzen stimmte er ihrem Vorschlag zu.

Hinter der Passkontrolle und dem Zoll zogen sich gelbe, langgestreckte, niedrige Bauten hin, auf den Fensterscheiben klebten rote Großbuchstaben und kündigten an, was innen zu finden sei: Wechselstuben, ein Restaurant, Toiletten, ein Büro des staatlichen Touristenamtes und eines des bulgarischen Automobilklubs. Fast alle Räume, insbesondere die zivilisationsfördernden Toiletten, waren geschlossen; geöffnet zeigten sich der umfängliche Duty Free Shop und, zu Reinholds Verwunderung, das Büro des Touristenamtes. Zwei ältliche, mollige, freundliche Frauen gaben bereitwillig Auskunft: »Gewiss, Sie können in Sofia übernachten, sofern Sie zwei Tagessätze umtauschen. Nein, ein Hotelzimmer zu finden ist kein Problem; es gibt viele und schöne und billige Hotels. Nein, eins können wir leider nicht; von der Grenze aus ein Hotel anrufen und schon jetzt ein Zimmer für Sie buchen, auch nicht, wenn Sie das Gespräch bezahlen, doch es wird, seien Sie nochmals versichert, kein Problem geben. Gute Reise und einen angenehmen Aufenthalt in Sofia.« Lisa triumphierte: »Siehst du, du Schwarzseher, so einfach geht das.« Ihr Freund, der mit Helden, gerade auch mit solchen im Geschlechterkampfe, wenig gemeinsam hat, da er weder an einen frühen Sieg noch an den letzten glauben kann, schwieg.

Ein kleines Land: Nicht viele Stunden später, schon am frühen Nachmittag, näherten sie sich der Hauptstadt. Aus der Luft gesehen lag Sofia prächtig in einer weiten Ebene, an deren südlichem Rand die Gipfel des Rhodope Gebirges viele Monate schneebedeckt schienen. Aus einem Mercedes gesehen erschien das platte Land lähmend trist, graue Straßendörfer, verfallende Häuser, jeder Ort hatte auf einem Platz irgendeinen die Arme gen Himmel reckenden, aus Beton modellierten Helden des Sozialismus. Schon weit vor Sofia war es aus mit der schnurgeraden Fahrt in die Stadt. In diversen Sprachen und Buchstaben, in kyrillisch, griechisch, türkisch und in undeutbarem orientalischem Krickelkrakel erließ die Obrigkeit auf großen Straßentafeln ihre Anordnungen. Durch die Stadt zu fahren: Verboten; auf der gesamten Umgehungsstrecke anzuhalten oder zu picknicken: Verboten; von der Umgehungsstraße abzuweichen: Verboten; die Geschwindigkeitsbegrenzungen zu überschreiten: Schwer verboten. Wer gar Lewa sparend im Straßengraben oder auf dem Autorücksitz zu übernachten versuchte, wurde gepfählt und der Leichnam des Landes verwiesen, so drakonisch-osmanisch hat Reinhold die Strafe in Erinnerung. Er fand die Drohung nicht unbillig. Vollgepfropft mit türkischen Familien passierten Hunderttausende von ältlichen Fords und VW-Bussen jährlich die Straße. Sie kamen von jenseits der Alpen, aus Holland, Deutschland, einige aus Skandinavien. Hätten die Fremden alle am Wegesrand übernachtet, ihre Melonen, Weißbrote, Käse und Würste verzehrt, die Abfälle zurückgelassen, die hunderttausendfache Notdurft verrichtet und wären, ohne eine Lewa auszugeben, aus dem ohnehin beschissenen Land verschwunden, dann wäre das auch einer kapitalistischen Obrigkeit sauer aufgestoßen. Also, gegen eine angemessene Regulierung und selbst einen angemessenen Wegezoll hatte er nichts einzuwenden. Wegelagerei hingegen, und sei sie noch so altes Kulturerbe wie in Bulgaristan, erboste ihn. Gleichzeitig mit der Erbitterung erfüllte ihn der Wunsch, den modernen bulgarischen Heiducken ein Schnippchen zu schlagen. Heiducken oder Straßenräuber hießen sie schon lange nicht mehr, sondern Straßenpolizisten und Zollbeamte.

Auch war man anders als in früheren Jahrhunderten nach Einbruch der Dunkelheit vor ihnen sicher, denn die eiserne Regulierung der Arbeitszeit in einer kommunistischen Gesellschaft und die orientalisch eingefärbte Trägheit der Landeskinder standen dem Arbeitseifer eines auf Fremdenschröpfung bedachten Beamten im Wege. Bei Tage, da waren sie emsig zugange. Nun würde sich kein Durchreisender von den mit Radarfallen drohenden Schildern schrecken lassen. So viele Radargeräte gab es in dem Land kaum, funktionierende schon gar nicht, und diese wenigen waren gewiß im Besitz der Armee. Was eine Radarfalle darstellte, war folglich in Bulgaristan eine Frage der Übereinkunft. Die aber erzielten die Einheimischen leicht durch die stärkeren Argumente. Etwa so. Man fuhr, gewarnt und gesetzestreu, mit siebzig Stundenkilometern eine schnurgerade Landstraße entlang. Die Straße machte eine unübersichtliche Biegung, und fünf Schritte hinter den Büschen, bevor die Straße geraden Wegs weiterlief, standen ein Schild mit der Aufschrift »Zehn Stundenkilometer« und zwei Polizisten mit Motorrädern, Maschinenpistolen und weißen Kellen. Die Beamten winkten einen unmissverständlich an den Straßenrand, radebrechten polyglott »Radar« und malten sodann auf ein Stück Pappe eine offensichtlich nach der Zahlungsfähigkeit des Fremden – ein Blick auf die Automarke war hilfreich – taxierte Strafe in westlichen Valuten. Proteste gaben sie vor nicht zu verstehen; heftige Widerreden erhöhten die Summe; die Beteuerung, kein passendes Westgeld bei sich zu führen, brachte einen für Stunden auf die weitab gelegene örtliche Polizeiwache. Wenig, außer einem Schritttempo half, aber dann konnte einer ohnehin das Land auf einem Esel durchreiten. Türkische Freunde hatten verraten, wie sie es zu machen pflegten. An der türkisch-bulgarischen Grenze bildeten sie einen Konvoi, vier, fünf Fahrzeuge, und dann fuhren sie drauflos; nur einen würden die Polizisten herausschnappen; den einen beiseite zu winken beschäftigte ihre Geisteskräfte vollauf; die übrigen brausten durch; ihren Anteil am Bußgeld zahlten die Davongekommenen an der nächsten Raststätte. Ein guter Rat, wenn man sich kannte und nicht, wie die beiden, allein den Mercedes durch das Land steuerte. Gleichwohl war es ihnen ein- oder zweimal geglückt, als letzte einer solchen Kolonne wie unbeteiligt an den winkenden Polizisten vorbeizufahren; zahlen müssen hatten sie allerdings auch einige Male, gerade auf der Ringstraße um Sofia.

Kommunistischer Luxus: Hotelzimmer und Frühstück in Sofia

Nun, die beiden fühlten sich als legitimierte Besucher der Hauptstadt, ignorierten das Umgehungsschild und fuhren stracks in die Stadtmitte, eine einfache Fahrt, denn es ging immer den Straßenbahngleisen nach. Das Zentrum war so hässlich nicht anzusehen: Eine hübsche kleine Kirche mit byzantinischen Kuppeln, ein Hilton, die Oper, ein großer freier Platz. Sie parkten den Mercedes vor einem Hotel in einer Nebenstraße, fanden die Rezeption und verlangten ein Zimmer. »Zimmer sind frei«, versicherte der Portier, »aber sie sind nicht ohne weiteres zu erhalten. Sie müssen sich zum staatlichen Fremdenverkehrsbüro begeben, dort in Devisen das Zimmer bezahlen, man weist Ihnen dann ein Hotel an und gibt Ihnen einen Zimmergutschein. Mit dem kommen Sie bitte zurück. Unser Hotel wird Ihnen auf ihren Wunsch hin zugeteilt, kein Problem.« Lisa wollte an so viel Bürokratie nicht glauben: »Wir können doch auf der Stelle in Deutschen Mark bezahlen.« Nichts davon, der Bulgare verzog den Mund nicht einmal zu einem bedauernden Lächeln. Sie überredete den Freund, es noch einmal bei einem andern Hotel zu versuchen, mit deutschem Geld müsse doch in einem balkanischen Land etwas zu erreichen sein. Um es kurz zu machen: Nach zwei weiteren Hotelversuchen fragten sie sich, was nicht einfach war, wenn man die Landessprache nicht kannte, zu dem Fremdenverkehrsbüro durch. Die Räume glichen der Aufnahmehalle in eines der ungemütlicheren Gefängnisse des Landes, Holzbänke, Linoleumboden, vergitterte Schalter. Zu kleinen Bergen türmten sich dort Rucksäcke, Koffer, Schlafmatten. Jugendliche ausländische Touristen denen, sei es die Reiselust, sei es der Pass, sei es beides abhanden gekommen waren, lagerten ermattet umher. An den Wänden Plakate vom bulgarischen Goldstrand, anderen Naturschönheiten der Republik und, gleich mehrfach, von einem bunt gemalten pfiffigen Bäuerchen mit spitzer Fellmütze, einer Art Onkel Wanja, der fremden Gästen herzlich lächelnd »Bien venu en Bulgarie!« wünschte.

Hinter den Schaltern saßen junge Frauen, ausgesprochen hübsche und nach westlicher Mode gekleidete und geschminkte Frauen, die jedoch in einen scharfen Wettbewerb um den Preis der barschesten Touristenberaterin des Landes eingetreten zu sein schienen, denn sie kanzelten die jugendlichen Ausländer kalt ab. Eine der Kämpferinnen um die Palme der Unhöflichkeit hörte sich kurz Lisas und Reinholds Zimmerwunsch an, entschied im Stillen, das vorgeschlagene Hotel sei nichts für das Paar, und eröffnete ihnen daher, es sei völlig ausgebucht. Zu haben, »Friss oder stirb!« auf bulgarisch, sei in einem andern Hotel ein Zimmer zu einem Preis, der den bulgarischen Staatshaushalt auf ein halbes Jahr saniert hätte oder, ein besonderes Entgegenkommen, sie biete ihnen in einem ganz billigen Hotel eine Übernachtung an für eine Summe, welche der Volksrepublik nur knappe sechs Tage aus der Devisennot geholfen hätte. Den beiden stockte der Atem. Zudem, fuhr die schönwangige Tochter von Wegelagerern fort, könne der Preis nicht hier, vor Ort, in DM bezahlt werden, sondern deutsches Geld sei erst in einer amtlichen Wechselstube, gleich die Straße hinunter, in Dollars umzutauschen. Sie zogen los, nahmen das billigere Zimmer, welches immerhin noch an die zweihundert DM kostete, tauschten folgsam und zornerfüllt, verloren dabei an Geld, erhielten eine doppelte Quittung über den Umtausch und nahmen ihre Gutscheine und den Hinweis entgegen, wie sie ihr Hotel finden könnten. Thomas von Aquin wären angesichts des schönen Biests heftige Zweifel gekommen, ob denn das Schöne, Gute und Wahre dem gleichen Seinsgrund entstammten.

Ihre Bleibe lag an einer der Prachtstraßen der Stadt. Freilich sprachen die stetig schäbigeren Häuserfassaden von ihrer Pracht nur noch in der Zeitform der Vergangenheit. Auch ihr Hotel war einst, vor dem Ersten Weltkrieg, glanzvoll gewesen; durch die Fenster sahen sie auf ein großes Foyer, Marmorsäulen, Stuckdecken, eine ärmliche Bartheke mit rostbrauner Bretterverkleidung. Der Eingang war geschlossen. Durch eine Seitentür gelangten sie zu einer mürrischen jungen Frau, die ihnen den Gutschein abnahm und in Richtung des Zimmers gestikulierte. Zimmer? – Wie schon beim Radar wurde der Fremde in Bulgaristan durch die wirkliche Wirklichkeit belehrt, dass Namen nicht von Natur aus mit Dingen verbunden sind, sondern durch Setzung und Übereinkunft. Die bulgarischen Sprachphilosophen (und alle Bulgaren erschienen ihnen als solche) lieben derartige Setzungen. Wenn sie tatsächlich glaubten, die Namen entsprächen der Natur der Dinge, was würden sie dann von ihrem eigenen Volksnamen Bulgaren denken müssen, dessen lateinische Form bulgaris verhüllt, was die altfranzösischen und englischen Ableitungen deutlicher aussprechen? Ein bougre oder bugger ging in der sexuellen Praxis damals und heute noch energisch der Hinternfickerei nach. Folglich können sie gar nicht anders, als den Satz von den Worten und den Dingen abzulehnen. »Also«, sagte so mancher Bulgare, der zu seinem heftigen Verdruss mit westlichen Touristen umgehen musste, »also dies nenne ich Zimmer« – oder, wenn ihm der definitorische Sinn danach stand, »dies Legalität, Devisenbestimmung, Visumsgültigkeit, jenes Vorschrift, Höflichkeit, Gastfreundschaft, Billigkeit, endlich gelte das da hinten als Frühstück, Fleischsuppe und Coca Cola.«

Zum Zimmer war so leicht nicht zu gelangen. Mit ihrem Gepäck standen sie vor einem winzigen Aufzug, welcher, wie auch der schmale Gang, von dreckiger und ekelhaft fleckiger Bettwäsche überquoll. Ein Mitfahren war nicht möglich. »Was soll's? Warten wir eine Minute, die Putzfrauen werden wohl gerade dabei sein, die ausgemusterten Betttücher wegzutragen«, sagten sich die beiden. Gefehlt – Rätselhaftes spielte sich ab. Der Aufzug schwebte immer wieder an ihnen vorbei; fuhr er nieder, war er prall voll von Schmutzwäsche, die augenscheinlich von Frauen zu einer Desinfektionsstelle gebracht wurde. Warum aber enthielt er, wenn er in die Höhe fuhr, den nämlichen Berg Dreckwäsche, wenn auch eine andere Bedienerin? Die hochfahrenden Putzfrauen waren zudem nicht im Geringsten geneigt und zu bewegen, mit kräftigem Arm ein wenig Platz frei zu räumen und die Gäste des Hotels mitfahren zu lassen. Vielleicht war dies der einzige Tag des Jahres, an dem der Aufzug überhaupt funktionierte, und die Frauen machten ihren verdienten Betriebsausflug zur Dachterrasse. Ein Hochtag also, ein Himmelfahrtstag der sozialistischen Werktätigen. »Schwestern, zur Sonne, zur Freiheit!« Das Zimmer, als sie seiner endlich ansichtig wurden, war ehemals ein Erker gewesen, dreieckig im Grundriss, an beiden Schenkeln große Fenster, irgendwie hatte man ein Bett hinein platziert, doch Tisch und Schrank für Verweichlichung erachtet und daher ausgespart. Ah! Und dann das Badezimmer! Von der vierfachen Größe des Schlafzimmers, hatte es in zaristischer Zeit sicherlich einem andern Zweck gedient, nun sahen sie einen grauweißen, wasserundurchlässigen Bodenbelag und ochsenblutrote Plastikkacheln an den Wänden, einen halbblinden Spiegel, doch kein Waschbecken. Aus der Mitte der hohen Decke ragte ein unterarmlanges Wasserrohr, dem einst ein Duschkopf aufgesetzt worden war, doch jener hatte längst seinen Weg in die Tasche eines sozialistischen Werktätigen gefunden. Duschköpfe waren östlich der Donau so begehrt und selten wie Goldmünzen. Drehte man an einem metallenen Rad (es war an abgelegener Stelle wie beiläufig an der Wand angebracht), so schoss ein dicker Strahl heißen Wassers aus dem Rohr hervor, fiel in Kaskaden auf den Boden, spritzte hoch und auf den bereits pitschnassen Gast. Einen Kaltwasserhahn gab es nicht, zu regulieren war nichts, also schleunigst die Kleider vom Leib gerissen und den heißen Strahl genossen. Handtücher waren, trotz Nachfrage, nicht gereicht worden, daher trockneten sich die beiden an den Bettlaken ab und beschlossen, erfrischt, ein Abendessen zu suchen.

Guten Mutes, auf ihrer Prachtstraße ein Restaurant zu finden, gingen sie zur Stadtmitte zurück; vergeblich spähten sie durch Fensterscheiben; entweder verbargen die Esslokale sich hinter kryptisch-kyrillischen Namen oder sie hatten schon geschlossen, immerhin ging es auf die acht Uhr an einem Sonntagabend zu. Schließlich gab ihnen ein älterer Passant in französischen Worten den Rat, es doch in dem Nachtlokal da drüben zu versuchen. Ein elegantes Etablissement war es; das Programm sollte erst viel später beginnen; die Standphotos der Striptease-Tänzerinnen legten es auf die Fleischeslust der Einheimischen an; Lisas und Reinholds Fleischeslust wurde schon früher aufs angenehmste gesättigt: Zartes Rumpsteak tischten ihnen die befrackten Kellner auf, Pommes frites, frische, gebratene Steinpilze, ein säuerliches Apfelsorbet. Eine Flasche eines erdigen, trockenen Rotweins tranken sie dazu und dann noch eine. Freundliche, zuvorkommende Bedienung; eine nicht überzogene Rechnung: Sie hätten an jenem Abend glauben wollen, ein Bulgaristan, welches derart der Zunge zu schmeicheln und einen durchaus genießbaren Cabernet Sauvignon anzubauen verstehe, sei kein bis in den Kern verderbtes Land und würdig, irgendwann als Bulgarien in den Kreis der auf Lebensart bedachten Nationen zurückzukehren.

Am nächsten Morgen unternahmen sie den langen Marsch zum Frühstückstisch. Das kam so. Im Hotel wurde kein Essen serviert. Mit ihren Gutscheinen versehen, sollten sie die Prachtstraße hinaufziehen, auf ihr, zur linken Seite, würden sie ein Café mit dem und dem Namen finden und dort gegen die Gutscheine ein Frühstück erstehen. Erst irrten sie vergeblich die Straße hinauf und hinab, das Lokal fand sich erst spät und glich einer großen Werkskantine. Zuallererst, ehe sie noch einen Platz wählen durften, nahmen ihnen die landesüblich mürrischen Bedienerinnen die Gutscheine ab, dann durften sie sich selbst an der Theke bedienen. Zementgraue, steinharte Brotkanten, verschwimmende Obstmarmelade, Margarine, keine Wurst, kein Käse, Kaffee ohnehin nicht, kein schwarzer Tee, nicht einmal Kräutertee, überhaupt kein einziges warmes Getränk, dafür Limonade und etwas, das wie Bulgar Cola aussah, steinhart gekochte Eier, mit denen die Miliz in Ermangelung scharfer Handgranaten in den letzten Monaten geübt haben mochte, und salzige Essiggurken, so salzig und so sauer, dass Lisa, als sie in eine biss, unversehens ein bulgarisches Mienenspiel zeigte. »Ja«, erinnerte sie sich noch nach Jahren, »dies war das grässlichste Frühstück meines Lebens.« Dann war da noch eine Fleischsuppe. Reinhold kannte und schätzte aus der Türkei die Sitte, frühmorgens eine warme Suppe zu schlürfen. Er blickte jedoch auf einen Sud aus Knochensplittern, Hammelknorpel, gelblichen Klumpen ranzigen Hammelfetts, zerkochtem Gemüse; der Sud roch bereits säuerlich alt, keinen Löffel hat er hinunterbringen können. Angesichts dieses Frühstücks, welches das obrigkeitliche Bulgaristan ihnen für ihre guten Devisen rotzfrech servierte, wurde ihnen speiübel; sie ließen alles stehen und liegen, rannten zu dem Mercedes, aßen etwas von ihrem Proviant, Toblerone-schokolade und einige Apfelsinen, und fuhren, so schnell es die Radarfallen erlaubten, der bulgarisch-türkischen Grenze zu, die sie mit Glück schnell passieren konnten.

Die freundliche, arbeitsame und wahrheitsliebende bulgarische Grenzpolizei

Die bulgarische Grenzkontrolle – über sie gab es auch keine freundlichen Geschichten. Er hatte das Land mit dem Wagen an die zehnmal durchquert und jedesmal aufgeatmet, wenn er die Schlagbäume passiert hatte; keinmal war ihm höflich begegnet worden; einige Male mit der unverschämten Stirn volksdemokratischer Bürokraten. Auf einer Reise war er über Griechenland in die Türkei gelangt und wollte nun mit dem Wagen durch Bulgarien zurück nach Jugoslawien fahren. Ein einfaches Durchreisevisum war dazu nötig, peinlich genau hatte er sich in Deutschland bei dem ADAC erkundigt. Nicht unfreundlich beschied ihm ein Mitglied des bulgarischen Generalkonsulats in Istanbul am Telefon, er möge doch sein Visum bei dem Konsulat in Edirne abholen; sie hier in Istanbul hätten alle Hände voll zu tun, und die Wartezeit werde deswegen mehrere Stunden dauern. In Edirne, auf dem kleinen Konsulat dicht vor der Grenze, sei man gewohnt, hauptsächlich Visen auszustellen, alle im Handumdrehen. Als er in Edirne ankam, war es zu spät, an diesem Tag noch das Visum zu erhalten. Die Geschäftszeiten des Konsulats waren angeschlagen: 10 - 12 und 16 - 17 Uhr täglich. Mehr Stunden verbot die schönheitserhaltende Siesta, nun gut, sollte sein. Reichlich nach zehn Uhr am nächsten Tag waren die Türen des Konsulats noch geschlossen; gegen elf wurde der Konsul erwartet, so die Auskunft eines Mannes, der die Hecke vor dem Hause schnitt. Ein Konsul wurde weiterhin nicht gesichtet, auch keine andern Beamten; der Gärtner ging gegen Mittag ohne weiteres Wort und weiteren Blick zu seiner Siesta. Der Bittsteller wartete auf einer Bank im Schatten, schläfrigen Balkan um sich, im Vorgarten kratzende Hühner, ab und an eine Katze. Am Nachmittag hatte er noch geringeren Erfolg; Klingeln und Klopfen öffneten die verschlossene Türe nicht; nicht einmal ein Gärtner oder ein anderer Domestike war zu sehen. Erbost fuhr er zur türkischen Polizeiwache und versuchte dort, die konsularischen Öffnungssitten zu erfahren. Bedauernd zuckten die Türken mit den Schultern, das Konsulat sei eigentlich öfters geschlossen als geöffnet; ja, schon, manchmal fahre der Konsul vor, aber wann? Der zweite Tag war nunmehr zu weit fortgeschritten, als dass man Bulgarien bei Tageslicht hätte durchfahren können; wohlan, ein neuer Versuch am nächsten Morgen. Die Türen des Konsulats standen offen, ein subalterner Beamter eröffnete jedoch, Visen würden in Edirne überhaupt nicht ausgestellt, aber ganz unkompliziert mache man dies, wie schon sein Istanbuler Kollege richtig betont habe, im Handumdrehen an der Grenze selbst, nein, nein, die Gebühren seien die gleichen wie in Istanbul, genau wie sie, hätte Edirne ein Visum ausstellen dürfen, hier angefallen wären.

Er fuhr in die Volksrepublik ein und begab sich zu der Schalterhalle der Grenzpolizei. Der junge Beamte forderte zunächst den Pass, ließ Formulare ausfüllen, dann waren hundert DM zu begleichen, ging alles recht zügig. Für die hundert DM schickte er sich an, ein doppeltes Visum, zur Hin- und Rückfahrt durch Bulgarien, zu erteilen. Den Einwand, es reiche ein einfaches Transitvisum, wischte er beiseite, so etwas gebe es nicht. Zudem koste an der Grenze die Ausstellung eines Visums doppelt so viel wie auf einem Konsulat in der Türkei. Für fünfzig Mark hätte der Deutsche sich also sein Visum in Edirne abholen können. Aber natürlich gab es einfache Visen. Er hatte sie früher selbst erhalten; das mit dem obligatorischen Hin und Zurück war Augenwischerei. Gerecht und billig wäre also ein einfaches Visum zu fünfundzwanzig Mark gewesen. Zudem, so der bulgarische Lump und Beutelschneider, gelte die grüne Versicherungskarte nicht, eine einheimische Versicherung sei zusätzlich abzuschließen: mache, bitte, nochmals zwanzig Mark. Aber hatten die Bulgaren in Istanbul und Edirne, streng überprüfte Beamte im treuen Dienst der Volksrepublik, nicht versichert, ein einfaches Visum sei zum normalen Preis auch an der Grenze erhältlich? Er wiederholte aufgeregt die zweifache amtliche Auskunft, es gebe an der Grenze einfache Visen zum regulären Preis. Der Beamte ließ sich auf kein Argument ein, er hörte sichtbar gelangweilt weg und wiederholte, da es ihm so gefiel, in fließendem Deutsch: »Hundertzwanzig Mark«, nahm nach zwei Minuten den Pass und verschwand damit ins Innere der Zollstation. Außer sich fluchte der Transitreisende auf die balkanischen Hammeldiebe und Lämmerschänder; mitleidige Reisende murmelten, er solle nicht so laut schimpfen, da sei nun nichts zu machen. Es dauerte eine geraume Weile, bis er sich so weit gesammelt hatte, dass er sich wieder an den Schalter begab, um das Erpressungsgeld zu zahlen. Ein anderer Beamter tat Dienst, nahm einen Fünfzig- und einen Hundertmarkschein entgegen und wollte den Restbetrag in Lewa, diesem Spielgeld, auszahlen. Um Deutsche Mark gebeten, sah der Zöllner kühl arrogant in die Luft und behauptete, kein deutsches Geld zu haben, obwohl die Scheine, nach Noten geordnet, in Stapeln vor ihm lagen, vor aller Ausländer Augen. Als er allzu viele westliche Blicke auf sich gerichtet sah, errang die Wahrhaftigkeit einen ihrer seltenen Siege über seine bulgarische Geldgier, er schob den Pass und das Geld über den Schalter.

Bei einer anderen Einreise aus der Türkei kamen die beiden ungeschoren durch die Passkontrolle, fuhren bei der Zollstelle vor, außer ihnen keine Reisenden weit und breit, und wähnten, der diensttuende Offizier in langem Ledermantel werde sie rasch abfertigen. Der aber ging einmal um das deutsche Auto herum, befahl jedoch nicht wie üblich, den Kofferraum zu öffnen, stattdessen schlenderte er zu einem Holzbüdchen, in dem weitere Zöllner hockten. Durch das offene Fenster begann er ein weitläufiges Gespräch über dies und das – als Kommunist konnte er kaum über Gott und die Welt schwatzen – ,lehnte den Ellbogen aufs Fenstersims, zündete sich eine Zigarette an und schnippte die Asche von Zeit zu Zeit versonnen auf die Erde, warf auch schon einmal den einen oder andern gelangweilten Blick auf die beiden Deutschen und wandte sich wieder der Konversation zu. Nach zehn Minuten versuchte Reinhold ein schwieriges Kunststück, nämlich so laut zu hupen, dass der Beamte ihre Bitte um Aufmerksamkeit hören musste, und gleichzeitig so leise, dass sie ihn nicht vergrätzten. Nichts tat sich, eine halbe Stunde verging, noch mehr Zeit, unversehens drehte der Zöllner sich zu ihnen um, kam aber keinen Schritt näher, sondern hob den Arm mit feldherrlicher Gebärde und winkte den Wagen durch.

Hinter Plovdiv, wo die Straße über sanfte, grüne Hänge lief, hörten sie über den Hügelketten und dann schnell durch die Luft heranziehend ein anschwellendes, trockenes Knattern, das zu einem vibrierenden Getöse wuchs. Armeehubschrauber, Dutzende von ihnen, waren in langgezogenen Reihen unterwegs. Braungrüne, tödlich-apokalyptische Riesenheuschrecken, die Mäuler leicht nach vorn gesenkt, hingen über dem menschenleeren Land, ihre mörderische Energie ließ die gelb verschleierte Luft zittern.

Ich habe Reinhold einmal gefragt, ob er sich über das Bulgaristan der Zöllner, Kellner, Polizisten nicht zu stark echauffiere, ob solche Haderlumpen nicht seinen überhitzten Träumen entsprungen seien. »Mag sein«, erwiderte er, »aber ein bulgarischer Kommunist im Traum ist eben auch ein Bulgare.« Er sann einen Moment nach und zog die Mundwinkel gänzlich verdrossen nach unten. »Mag sein«, hob er nochmals an und spreizte enttäuscht die Hände, »dass ich an den wahren Bulgaren immer wieder vorbeigefahren bin. Ich hätte wenigstens einmal von der Durchgangsstraße abbiegen müssen. Auf dem Land, gleich hinter den nächsten Schweinekoben, umfangen von Knoblauch- und Rosenduft, wäre ich dann den echten Landeskindern begegnet: apfelbäckigen und wohlgerundeten Dorfmädchen mit armdicken Zöpfen, in feingestickten Blusen und schwingenden, bunten Röcken – hutzligen, schwarzgekleideten, walnußbraunen Urgroßmüttern, die trotz einer Schar von siebzehn Kindern alle blendend weiße Zähne bewahrt hatten – freundlichen, stämmigen, fortwährend Sonnenblumenkerne kauenden Männern in abgewetzten, aber reinlichen dunklen Anzügen – Hilfe aufdrängenden Dorfgendarmen in blitzblanken Uniformen, die, angenommen, sie verstünden zu lesen, im Wörterbuch hätten nachschlagen müssen, um herauszufinden, was das denn sei: Schmiergeld.«

Edirne

Das Auge des Gesetzes blinzelt

Im Sommer 1977 fuhren Reinhold und Lisa in seinem alten VW von Thessaloniki nach Edirne. An der Grenzstation hatten die griechischen Beamten sich noch mokiert: »Warum wollen Sie unbedingt in die unzivilisierte Türkei reisen, wo Hellas doch so viel schöner ist?« Wenn einer höflich bleiben will, darf er einen Grund erfinden: »Schöner ist Griechenland ganz gewiss, aber uns noch unbekannte, kostbare Zeugnisse der griechischen Kultur liegen nun einmal auf türkischem Boden: Troja, Pergamon, Ephesos.« So war es brav gesagt. Im staubbedeckten Wagen erreichten sie am späten Vormittag und unter glühender Sonne die türkische Grenzstation Pazarkule, einen gewaltigen Blechschuppen mit mehreren Kontrollbahnen. Auf jeder Bahn fuhr ein Wagen vor, links war ein langer schmaler Holztisch aufgebaut, zu dem das Gepäck zur Inspektion geschleppt werden musste, hinter dem Tisch wartete ein Zöllner. Sie hatten Glück; in ihrer Bahn stand nur ein einziger Wagen, ein riesiger, roter Buick mit Istanbuler Kennzeichen. Zwei beleibte Männer, offensichtlich Vater und Sohn, kletterten heraus, beide in teure Anzüge gekleidet. Der Zollbeamte kam hinzu, das Grüppchen wanderte gemächlich zum Kofferraum, der Vater hob die Heckklappe, und vor Reinholds und Lisas erstaunten Augen, sie waren auch schon ausgestiegen und standen nur wenige Schritte hinter dem Buick, lagen Dutzende von amerikanischen Zigarettenstangen, die den riesigen Kofferraum randvoll ausfüllten. Worte wurden nur wenige gewechselt; der Beamte bückte sich, nahm zwei Stangen, ging zu seinem Tisch zurück, verstaute unter ihm seine Zigaretten und zog eine Art Vorhang zu. Dass er auf beiden Seiten von Kollegen umgeben war, störte ihn nicht im Geringsten; sie gingen offenkundig ihrer Pflicht in gleicher Weise nach. Vater und Sohn stiegen ins Auto zurück und fuhren los. Jetzt erst schien der Türke zu bemerken, dass die beiden Ausländer die Transaktion gesehen hatten. Er lächelte freundlich, lud sie mit einer Handbewegung ein, wieder einzusteigen und winkte sie ohne Kontrolle durch. Ach, zu erwähnen ist noch, dass der Zufall sie bei der Ausreise an den gleichen Zöllner kommen ließ. Der Mann erkannte sie wieder, gewiss nur die schöne Lisa, lächelte und winkte sie erneut durch.

Die Dardanellen

Preußischer Gehorsam eines Soldaten während des Ersten Weltkriegs

Elke erzählte von ihrem Großonkel. Im Ersten Weltkrieg diente er in einem deutschen Regiment, das in die Türkei entsandt worden war, um im Verein mit türkischen Truppen die Dardanellen zu schützen. Riesige Kanonen hatten die Osmanen zu beiden Seiten der Meerengen in Stellung gebracht; sie sollten jedes feindliche Schiff versenken, welches nach Istanbul und ins Schwarze Meer durchzubrechen versuchte. Doch als die deutschen Artilleristen daran gingen, die Ungetüme schussbereit zu machen, fanden sie heraus – und preußischer Zorn trat den Offizieren ins Gesicht – ,dass die meisten Geschütze mit der aufgehäuften Munition nicht bestückt werden konnten: Kanonenrohr und Granate besaßen nämlich jeweils ein anderes Kaliber. Der Großonkel behauptete, das bloße Dasein der Ungetüme habe als Drohung genügt, da dem Feind jene Kalamität unbekannt gewesen sei. Die Abfolge der historischen Ereignisse wird davon nicht berührt: Die Landung der Alliierten bei Gallipoli, die Brückenköpfe unten auf den Stränden, das vereint hirnrissige Zögern und Zaudern der englischen und französischen Generäle und Admiräle, die hastig herangeworfenen türkischen Entsatztruppen, das entsetzliche Blutbad unter den wie auf einem Präsentierteller kampierenden australischen und neuseeländischen Soldaten, der erste, frühe Ruhm des Mustafa Kemal.

Der Großonkel blieb gottlob weitab vom Schuss. Sein Regiment hatte auf der asiatischen Seite der Dardanellen Stellung bezogen, und sein Auftrag bestand darin, jeden Tag frühmorgens zur äußersten Landspitze hinauszumarschieren, dort Posten zu beziehen und Ausschau zu halten, ob ein feindliches Schiff in Sicht käme. Gegen Abend löste ihn ein anderer Posten ab. Solche Wache schob der Großonkel mehrere Monate. Die Aufgabe gefiel ihm. Er suchte sich einen schattigen Platz unter einem Baum, setzte den Helm ab, wischte sich die schweißige Stirn, breitete eine Decke aus und ließ sich nieder. Gegen die Langeweile knackte er Sonnenblumenkerne und spuckte die Schalen zu einem weißbraunen Kreis um sich her, gegen den Durst aß er Wassermelonen. Ob er mit kichernden Landmädchen Techtelmechtel begonnen hat, entzieht sich der Kenntnis der Erzählerin; bei der Keuschheit oder zumindest der Scheu der Türkinnen war es eher nicht so. Stets lag das Meer glatt und leer. Seltsam geformte Wolken am Horizont verwandelten sich nicht in Schiffsmasten und drohende Silhouetten; sie zerliefen im spätmorgendlichen Dunst und der mittäglich heiteren Bläue. Eines Abends jedoch, als er gerade in die Kaserne zurückwandern wollte, erlebte er eine böse Überraschung: Ein türkischer Soldat stand als Ablösung vor ihm. Der Großonkel marschierte aufgeregt und eilends zurück ins Lager. Zu spät. Sein Regiment war abgerückt, mit Mann und Maus und Wagen und Gulaschkanonen und Oberst. Nicht nur waren die Deutschen fortgezogen, sie waren auch fort, ohne ihm einen Befehl, irgendein Sterbenswörtchen zu hinterlassen. Man hatte den Großonkel schlicht vergessen. Was macht ein braver Soldat, insbesondere, wenn er ein entfernter Vetter des braven Soldaten Schwejk ist, in solcher Lage? Vor allen Dingen nicht eigenständig denken, sondern getreu den Befehl ausführen, an dessen Sinnhaftigkeit keinesfalls zu zweifeln man ihn gelehrt hat. Die Außerordentlichkeit der Situation wird ihm wohl zu Bewusstsein gekommen sein. Auch dass er, in des Wortes schlichtestem Sinn, weit vom Schuss war. Geäußert jedoch hat er sich nicht dazu. Ein Befehl galt eben, bis er durch einen neuen abgelöst wurde. Also marschierte unser Großonkel weiterhin jeden Morgen zu seinem Ausguck, döste den Tag lang vor sich hin, aß weiterhin Sonnenblumenkerne und Wassermelonen, blinzelte hinüber zu den Schönen des Landes und wanderte abends in die Kaserne zurück. Die türkischen Offiziere nahmen sich seiner an und spendierten ihm Quartier und Verpflegung; Besseres mit ihm anzufangen wussten sie auch nicht. Ein deutscher Gegenbefehl ist bis zum Ende des Krieges nicht gekommen. Wer vom Gegenstück, einem türkischen Soldaten in deutschem Dienst an den Dardanellen lesen will, schlage nach unter »Silvan oder die Reise ins Unvermutete«.

Henry Wallace

Ein Ahasver im Mittelmeer

Seinem lieben Bruder Herbert zum 24. September 1993

Im März 1972 versuchten Herbert und Reinhold bereits im Abfahrtshafen Venedig, sich an Bord der Fähre Truva der Turkish Maritime Lines wohnlich einzurichten, und das war nicht einfach. Das Reiseziel der Brüder war Izmir; Herberts kleinen französischen Wagen hatten sie im Bauch des Schiffes verstaut. Ihr Geld war knapp, daher hatten sie in der billigsten Kategorie überhaupt, dem E-Deck, eine Doppelkabine mit WC und Dusche gebucht. Die Doppelkabine glich eher einer Dose für zwei nicht allzu großwüchsige Sardinen, doch war sie immerhin ein Ort der Zurückgezogenheit von dem Schwall der die Tagedecks überflutenden Rucksacktouristen. Mehr noch, das eigene WC erschien ihnen wie ein Paradiesgärtlein, verglichen mit dem Urwaldmorast der dem gemeinen Publikum zugänglichen Toiletten. Man muss wissen, es gab auf dem E-Deck der Truva, eines in den frühen siebziger Jahren schon recht altjüngferlichen Schiffes, überhaupt nur eine Doppelkabine. Sie lag tief unter dem Meeresspiegel, wo das Schiff schon ganz schmal wurde, noch unter dem Maschinenraum, dicht über dem Kiel, und – wer weiß? – manchmal ging der Kiel nur knapp über den Meeresgrund. Wer ängstlich war und geneigt, Geräuschen das Schlimmste abzugewinnen, wird unschwer geglaubt haben, das Knirschen des Schiffsbodens über Sandbänken und den dumpfen Anprall eines Haimauls an die Schiffshaut zu hören. Lebendig begraben mochte einer sich vorkommen, bei einem Leck das erste und unabdingbare Opfer, so eng, steil und gewunden führten die eisernen Treppen hinauf ans befreiende Licht.

Kaum war die Fähre in See gestochen, da stand plötzlich Wasser eine Handbreit hoch auf dem Boden der Kabine und schwappte im Rhythmus der stampfenden Schiffsmaschinen. Die Brüder waren nicht ängstlich, doch kam ihnen ein Wassergrab nicht einladend vor. Den Herbert ergriff die Platzangst, er wurde krank, fieberte und kämpfte bald mit einer Lungenentzündung. Verständlich daher, dass er tagsüber des Öfteren schon nach wenigen Minuten, in denen er sich, eher verzweifelt, in seiner Koje bequem einzurichten versucht hatte, die Stiege hinaufpolterte. Ein halbes Stockwerk höher lagen einige wenige, noch billigere Einzelkabinen, ohne Bad, dafür neben dem Maschinenraum.

Als die Brüder einmal aus der unterseeischen Gefängniszelle flohen, stand die Tür einer der billigen Unterkünfte offen. Drinnen beugte sich ein großer, hagerer Mann, um die fünfzig Jahre, kahlköpfig und mit scharfen Zügen, über sein Bett und hantierte mit einem riesigen Messer. Brot und Käse schnitt er sich zurecht, eine Flasche Mineralwasser und ein Glas standen auf dem Betttisch. Der Mann warf einen Blick auf die Vorübergehenden, sagte nichts, nickte freundlich und zog die Tür zu. An diesem und dem folgenden Tag wurde er auf Deck oder im Speisesaal bei den Mittags- und Abendmahlzeiten nicht gesehen. Nach zwei Tagen trafen sie ihn im Frühstückssaal. Das Frühstück war seinerzeit auf den türkischen Fähren als einzige Mahlzeit im Fahrpreis eingeschlossen. Wer, wie die meisten Rucksacktouristen, sparen wollte oder musste, schlug sich daher morgens den Bauch voll mit Tee, Brot, Margarine, weißem Käse, schwarzen Oliven und übersüßen Marmeladen. Besonders wenig empfehlenswert war die Rosenmarmelade, in der bräunlich verfärbte Knospenblätter trieben. Man bediente sich selbst an der Theke, nur die Getränke, Tee und dünner Kaffee, wurden von der Mannschaft in großen Kannen an die Tische geschleppt. Im Speisesaal herrschte heftiges Gedränge, auf einen eigenen freien Tisch konnte man nicht hoffen. Die beiden Brüder luden ihren Nachbarn, als er sich nach einem Stuhl umsah, ein, an ihrem Tisch Platz nehmen. Sie musterten ihn schärfer, dazu gab er Anlass. Die Kleidung hatte sich nicht sehr gewandelt, alte, weite Hosen, grauer, ausgebeulter Pullover. Auf dem schmalen Kopf saß ein rundes weißes Garnkäppchen, wie es die frommen Mohammedaner tragen. Dieser Ausweis seiner Religion, so erfuhren sie rasch, war freilich nur spielerisch-ironisch. Er war gebürtiger Amerikaner und keineswegs dem Islam ergeben. Der Mann sprach in raschem Englisch; seine ganze Natur schien nervös, exaltiert, ganz offenkundig gereizt von der Masse der umdrängenden Passagiere. Gleichwohl mühte er sich ab, durch stete Grimassen seine Tischgenossen zu belustigen, eine Faxe folgte der andern über sein graues Gesicht, seine Gesten blieben ausfahrend. Im Widerspruch zu der hektischen Zuwendung zur Umgebung stand, dass er am liebsten nur von sich allein erzählte, weitschweifig, in Einzelheiten sich verlierend: Die ersten Tage (er mache die Überfahrt öfters im Jahr) bleibe er in der Kabine und verpflege sich, bis auf das Frühstück, selbst. An Deck gehe er nicht, denn er habe zu arbeiten. Henry Wallace, übrigens, sei sein Name, hier seine Visitenkarte.

Auf der Karte stand der Name, darunter links eine Adresse in Venedig und rechts eine Adresse in Alexandrien. Auf die Rückseite hatte Henry (so durfte Reinhold ihn im Vorgriff auf kommende Jahre der guten Bekanntschaft bereits nennen) das arabische Alphabet und die arabischen Zahlzeichen drucken lassen. Henry wehrte sogleich die Vorstellung ab, ein Mann mit Wohnungen an zwei solchen Orten müsse von finanziellem Gewicht sein. Nein, er bewohne in Italien und in Ägypten jeweils nur ein Zimmer; mit dem Reichtum sei es so weit nicht her. Henry erzählte aus seinem Leben. Obwohl Amerikaner, hatte er sich im Zweiten Weltkrieg auf die Seite der Italiener geschlagen und an der Marineakademie in Venedig Sprachunterricht erteilt, mit Professore hatten sie ihn angeredet. Nach dem Ende des Krieges war es aus mit der Glorie Italiens zur See und – wie anders? – auch mit Henrys Posten. Den Anspruch auf eine Pension hatte er verloren, seinen amerikanischen Paß gerade noch retten können, die Vereinigten Staaten waren jedoch nicht mehr seine Heimat. Aus dieser materiellen Bedrängtheit rührten die ärmlichen Quartiere, die unsteten Schiffsreisen zwischen Alexandrien, Venedig und Izmir, daher seine mönchische Genügsamkeit auf der Fähre. In Ägypten und der Türkei kaufte Henry im Auftrag wohlhabender amerikanischer und europäischer Sammler byzantinische Münzen auf. Er zeigte den beiden ein Notizbuch, in dem er in winziger Schrift eingetragen hatte, nach welch seltenen Prägungen und Münzstätten er Ausschau halten wollte; in Silifke, dem antiken Seleukeia am Kalykadnos, zum Beispiel, hätten die byzantinischen Kaiser eine heutzutage außerordentlich wertvolle Kupferprägung veranlasst. Bewunderung verdiente Henry als ein Fachmann, der aus Hunderten von abgegriffenen und kaum zu lesenden Kupferstücken mit sicherem Auge die Raritäten auszusondern wusste. War die beiläufige Bemerkung, er stelle seine Funde in den renommiertesten numismatischen Fachzeitschriften vor, jedoch eher ein ihm zu verweisendes Lügenmärchen? Jahre später stieß Reinhold in den Museum Notes der American Numismatic Society, Jahrgang 1977, Band 18, auf einen Artikel: Seventh Century Arab Imitations of Alexandrian Dodekanummia, gezeichnet: Henry Wallace.

Ein PS aus dem Jahre 2007. Nach so langer Zeit tut Henry kein Zahn mehr weh, und es ist an der Zeit, ihm den richtigen Namen zurückzugeben, was freilich an seiner ruhelosen Existenz keinen Deut ändert. Henry Ludwig Weller, mit schwäbischen Vorfahren, wohnte in Venedig, Dorso Doria 198, und in Alexandrien irgendwo, als Adresse war nur poste restante vermerkt. Der Titel des oben genannten numismatischen Aufsatzes ist erfunden, doch hat Henry Ludwig Weller tatsächlich solche Artikel veröffentlicht, deren Fundorte Reinhold allerdings durch das Sieb der Erinnerung gefallen sind.

Die Überfahrt in die Türkei kam zu ihrem Ende; in Izmir legte die Truva im Hafen Alsancak an. Auf die Autobesitzer wartete jener Wust von Formularen, ohne den für türkische Zollbeamte die Welt nicht denkbar war. Die Brüder planten, wenn sie erst die Hafenabfertigung hinter sich gebracht hätten, am gleichen Tage nach Bergama zu fahren, und Henry verriet, bevor er mit leichtestem Gepäck von Bord ging, er werde sich sogleich mit dem Bus ebenfalls nach Bergama begeben. Warum wolle man sich nicht abends treffen? Er steige in dem und dem Hotel ab. Einen guten Tag noch und auf Wiedersehen. Die Brüder kletterten hinab in den Schiffsbauch und setzten sich in ihren Wagen, Schweiß brach ihnen in der stickigen Hitze aus, die bläulichen Abgase der wartenden Autos schmerzten in den Lungen, Kinder quengelten, Türken und Touristen schimpften. Unbeeindruckt versuchten die Hafenpolizisten, mit gesammelter Aufmerksamkeit und geringem Erfolg die Wagenpapiere aus aller Herren Länder zu entziffern und Motor-, Gestell- und Radionummern in mehrfache Formulare einzutragen. Die Zeit kroch dahin. Nach Stunden erst fuhren die Brüder los, nahmen sich in der Mitte Bergamas gegenüber einer kleinen alten Moschee ein Zimmer im Balay Oteli. Im Erdgeschoss war ein Haushaltswarengeschäft, die Hotelrezeption lag auf einer Treppennische; ein freundlicher, dicker Patron begrüßte sie. Zimmer gab es nur im zweiten und dritten Stock, die meisten hatten vier oder fünf Betten, keines ein Bad. Am Abend ging Reinhold aus, um Henry zu suchen. Er schlenderte die Hauptstraße hinab, das Hotel sollte ganz in der Nähe liegen, er fand es nicht. Nochmals strich er an den schlecht beleuchteten Häusern vorbei, vielleicht war die Unterkunft nur eine einfache Pension und Hotel ein zu großes Wort. Endlich wies man ihn zu einem großen, grausteinigen, verfallenden Haus, an dem kein Schild und kein Name zu sehen war. Er trat in die Toreinfahrt und stieg in dem menschenleeren Gebäude eine breite Treppe empor. Auf dem ersten Stock sah er, vor der Treppenbiegung, auf einer aus Bohlen gefügten Empore, im Licht einer nackten, schwachen Glühbirne, vor seiner Kammer auf einem Holzstühlchen Henry sitzen, regungslos, selbstgenügsam, wartend. Er stand auf, grüßte freundlich und lud ihn in das eigentliche Zimmer. Eine Grabkammer war dies, durchfuhr es den Besucher mit Schrecken, ein Ort für dem Leben schon Abgestorbene: Kahle, grünlich getünchte Betonwände, ein Eisenbett, graue Wolldecken, ein Zinnkrug mit Wasser auf dem Boden, kein Tisch, nur das Licht einer Glühbirne, hingegen nicht ein einziges, noch so winziges Fenster. Henry deutete mit der Hand an, er möge sich neben ihn auf das Bett setzen, und kramte die Münzen hervor, welche er am Tage erworben hatte. Kundig und ausführlich kommentierte er seine Stücke, doch sein Gast, gepackt von jäh aufspringender Beklemmung, wollte nicht zuhören, er müsse ins Freie, die Zimmerwände schlössen ihn ein, schnell, die Luft zum Atmen werde ihm schwer. Henry sprach kopfschüttelnd und mit ruhiger Stimme dagegen, nein, nein, vortrefflich sei die Unterkunft, er nehme sie jedesmal in Bergama; zwar dringe kein Licht hinein, doch auch keine Hitze und kein Lärm von der Welt dort draußen; billiger als billig sei sie zudem. – Ach, Henry.

Der Abulyontsee

Von einem, der ausfuhr, ein Fischer zu werden

Malerischer kann es kaum kommen

In der Landschaft des alten Bithynien, nicht allzu weit von Bursa, liegen ein See und ein Dorf. Mit den Namen von See und Dorf hat es seine ungereimte Bewandtnis. In der Antike fanden sich dort ein Heiligtum des weithintreffenden Apollon und eine kleine Stadt, bekannt unter dem Namen Apollonia am Rhyndakos. Rhyndakos hieß freilich nicht der See – dessen antiker Name lautete Apolloniatis – ‚sondern ein Fluss, der durch den See geht, bevor er ins Marmarameer fällt. Die frühen Byzantiner nannten die Stadt Theotokia, welches Gottesgebärerin bedeutet und auf die heilige Jungfrau Maria weist. Der Name Apollonia ging später auf den See über, den die Türken dann Abolyont oder Ulubat Gölü nannten. Das heutige Dorf trägt zwei Namen, Abulyont, den alten griechischen, leicht verballhornten Namen, oder, wegen der bis in die letzten Jahre grassierenden Tilgung alles Griechischen aus dem türkischen Nationalgedächtnis, den Namen Gölyazı, welcher bedeutet Ebene am See. Jedoch liegt das Dorf weder in einer Ebene noch am Ufer des Sees, sondern auf einer hügeligen Insel. Doch ein scheußlicher Name muss nicht einen scheußlichen Ort bedeuten.

Von der Landstraße zwischen Bandirma und Bursa führt eine kleine Straße ab durch flirrende grau-grüne Olivenhaine hinunter zum See, dicht vor dem Ort biegt sie scharf rechts und Dorf und See liegen vor einem. Vor Jahrhunderten lief eine Sandbank vom Ufer hinüber zur Siedlung. Im Sommer ein flacher Zugang, war sie bei Gefahr leicht durch einen Wassergraben zu sperren. Die Insel bot in Kriegswirren Zuflucht, davon zeugt heute noch eine byzantinische Mauer rings um Abulyont. Seit den späten achtziger Jahren gibt es eine schmale Betonbrücke, vorher gelangte man über eine alte Holzbrücke auf den kleinen, von einer mächtigen Platane beschatteten Dorfplatz, den auf der rechten Seite ein großes byzantinisches Gemäuer und auf der linken der Anlegeplatz der Fischerboote einschloss. Der See ist weithin nur mannstief, an der tiefsten Stelle ein wenig mehr, schlammig und von breiten Schilfgürteln umzogen. Gewaltige Karpfen bringt er hervor, Hunderte von Hechten und Millionen von Krebsen. Am Ufer sieht man eine Fischfabrik, welche die Krebse verpackt und bis nach Frankreich und Schweden verschickt, daneben die niedrigen Baracken eines Geflügelzuchthauses. Der Ammoniakgestank des Hühnerdungs weht bei ungünstigem Wind ins Dorf. Reinhold hätte liebend gern in Abulyont ein Krebsmahl verspeist; es ist ihm nie, weder im März 1983 noch im Oktober 1985, gelungen. Die Krebse schienen unter Hinterlassung von Moränen ihrer rosenroten Schalen ausgewandert zu sein, oder die Fabrik war geschlossen, oder es war die falsche Jahreszeit, zu der niemand im Dorf auch nur einen einzigen Krebs gefischt hatte. Wer mittags die Ruinen besichtigte, musste Zeit zur Rückkehr in die Zivilisation der Esslokale haben. Man fuhr entzückten Auges, doch ziemlich leeren Magens davon; das einzige Kaffeehaus bot allenfalls Tee, Kaffee, Ayran oder Limonade an.

An stillen Sommerabenden lag der See wie eine Silberfläche da, die dunstige Sonne sank, Reiher und Pelikane zogen schweren Flügelschlags durch die Luft und fielen in das Röhricht ein. Die Fischer kehrten in schlanken, grasgrünen und himmelblauen Holzbooten von der Arbeit zurück, sie stakten ihr Gefährt mit langen Hölzern, ein jedes Boot kräuselte noch lange hinter sich die glatte Wasserfläche, das Knarren der Stangen in ihren ledernen Halterungen trug weit durch die Stille. Die Männer machten gemächlich am Ufer fest, schöpften Eimer um Eimer ihres Fangs aus dem Boot und reihten Hechte auf Kränze aus Weidenzweigen, indem sie den Fischen die Zweige durch die Kiemen zogen. Dann schlenderten sie mit den Kränzen in der Hand zu dem Kaffeehaus unter der Platane, ließen sich nieder, streckten die Beine aus, schlürften ihr Glas Tee und genossen den Feierabend. Die Szene atmete Klarheit, reine Farben und eine magische Ruhe. Sie hätte einen der amerikanischen Landschaftsmaler des 19. Jahrhunderts, Sidney Mount etwa, zu einem pastoralen Gemälde bewegt. Mount hätte wahrscheinlich einen Picknickkorb vor sich her tragen lassen. Doch Reinhold blieb hungrig, und dies im Anblick der Hechte. Fangen hätte er freilich keinen Fisch können, denn vom Angeln verstand er nichts und zudem hatte er vor einigen Stunden seine Angel halb verschenkt und halb verkauft. Das kam so.

Wie man ein Dorfschulkollegium photographiert

Nach Abulyont hatte es ihn schon immer gezogen; der Ort versprach Abgeschiedenheit, einen See, Ruinen, eine verwunschene, ländliche Türkei. Irgendwann war er auch dort gewesen, in der Erinnerung hatte das Bild wohl die Konturen, nicht aber den malerischen Farbdunst verloren. Mit Lisa und ihrer Mutter fuhr er im März 1985 erneut an den See, sein Mercedes rumpelte über die dröhnenden Holzbohlen auf den Platz. Sie gingen eine schmale Gasse hinauf auf die Kuppel der Insel, an deren rückwärtiger Seite Büsche und Gras antikes Mauerwerk verbargen. Die schrillen Stimmen von Schulkindern drangen an ihr Ohr, auf einem Schulhof tummelten sich die kleinen Blaukittel; die Herren Lehrer, im Anzug und mit Krawatte, verstand sich, führten Aufsicht. In Lisas Mutter erwachten alte Lehrerinnengefühle; sie wollte dies alles aus der Nähe betrachten. Die Lehrer luden die ungewohnten Fremden freundlich ein, doch näher zu treten; der Herr Direktor selbst winkte sie in sein Büro. Gläser Tee waren zu trinken und stockende Fragen auszutauschen, wie man denn im jeweils andern Land mit den Kindern umgehe. Um sich für die freundliche Aufnahme erkenntlich zu zeigen, boten sie an, den Herrn Direktor und seine Kollegen zu photographieren. Nein, so einfach ging dies nicht ab. Sogleich läutete der Direktor heftig die Schulglocke, alle Klassen, alle Lehrer strömten auf den Hof und stellten sich zum großen Gruppenbild auf, die Kleinen kniend in der vorderen Reihe, dann die größeren Schüler, dahinter die Respektspersonen, in der Mitte, von den Gästen eingerahmt, der Herrscher über das pädagogische Reich Abulyont respektive Gölyazı. In Deutschland ließ Reinhold eine armlange, farbige Reproduktion des Bildes herstellen, steckte sie in eine Papprolle und schickte sie nach Abulyont. Eine Antwort kam nie. »Die türkische Post ist keine preußische«, dachte er und vergaß die Sache, bis zwar nicht vom Direktor, sondern von einem Lehrer, der sich als der Dritte von rechts auf dem Photo in Erinnerung rief, eine Antwort kam. Also war das Gruppenbild doch eingetroffen. Der Dritte von rechts, mag er nun Mehmet Bey oder Ali Bey geheißen haben, wählen wir Mehmet Bey, hatte in passablem Deutsch einen Wunschzettel geschickt. Er sei passionierter Angler, Abulyont ein Angelparadies, nur die türkischen Angelruten taugten nicht dazu, schwere Hechte aus dem See zu ziehen. Deutsche Wertarbeit sei vonnöten. Mehmet Bey, an den Reinhold sich überhaupt nicht erinnerte und dessen Konterfei ihm keineswegs etwas sagte, hatte sich umgehört: dies und jenes Fabrikat, mit dieser und jener Rolle, so und so viel Schnur sollte er erstehen. Sein Wunsch war so präzise wie weltfremd, denn das alles sollte nicht mehr als fünfzig Mark kosten, welche Mehmet zu überweisen gedachte, sobald er das Gerät, von einem türkischen Postboten überbracht, in Händen hielt. Hundertzwanzig Mark war jedoch das Wenigste, was allein die Angel kostete; auf hundertfünfzig Mark kam alles. Sein einstiger Gast, dem daran gelegen sein musste, den Kontostand seiner auf Erden angesammelten lässlichen Sünden durch gute Werke leicht abzusenken, kaufte Angel und Angelzeug, beschloss, alles um fünfzig Mark abzugeben, und schrieb zurück, er werde das Zeug selbst bei einem Besuch im Oktober mitbringen.

Das Angeln und die Zubereitung von Hechten haben beide ihre Tücken

So stand er nun, schwitzend in der kräftigen, nachmittäglichen Oktobersonne, mit mittlerem Gepäck und der sperrigen Angelrute dort, wo die kleine Straße nach Abulyont von der Landstraße nach Bursa wegführt. Nach Bandirma hatte ihn ein Schiff von Istanbul gebracht, der Bus nach Bursa hatte ihn an der Kreuzung abgesetzt. Ein Hitzschlag hätte ihn gerührt, wäre er zu Fuß an den See gewandert; also hoffte er, von den zwei oder drei Automobilen des Dorfes werde schon eines vorbeikommen und ihn auflesen. So geschah es auch nach einer knappen Stunde; der Bürgermeister persönlich saß am Steuer. Auf dem Dorfplatz stoben kleine Jungen davon, um dem Lehrer Mehmet den angekommenen Gast zu melden. Er trank im Schatten der Platane ein Glas Obstsaft. Mehmet, der Dritte von rechts, augenscheinlich noch mit gleichem Anzug und gleicher Krawatte angetan, eilte hinzu, ein seliges Lächeln auf dem Gesicht, und drückte ihn wie einen verloren geglaubten und nun glücklich zurückgekehrten Bruder heftig und mehrfach an seine Brust. Dann musste aber auch die Angel ausgepackt werden, vor den sachkundigen Fischern des Dorfes erklärte ein stolzgeschwellter Mehmet eine jede technische Feinheit seines neuen Besitzes. Es galt, das Gerät sogleich auszuprobieren. Zwei kräftige Knaben der Abschlussklasse wurden rekrutiert; sie ruderten den Lehrer und Reinhold zu einer Schilfwand, an der die Hechte sich nur so drängeln sollten; Mehmet stand unsicher im Kahn auf, schwankte nach links und warf die Angel nach rechts aus. Der Haken verfing sich im Schilf; die beiden Knaben brachten das Boot nahe ans Schilf und befreiten Haken und Schnur. So ging es über anderthalb Stunden fort, außer dass der Haken sich gelegentlich nicht im Schilf, sondern in einer modernden Wurzel am Seeboden festbiss. Dann riss die Schnur. Mehmet, nach eigenem schriftlichen Bekunden der passionierteste Angler, Mehmet, der Dritte von rechts, hatte an jenem Tage zum ersten Mal eine Angel in Händen. Hechtlos kehrten sie ins Dorf zurück, aber nicht hechtlos ging es in die Küche des Lehrers, denn Reinhold hatte den Fischern drei Fische abgekauft. Mehmets Frau, hübsch, liebenswert, freundlich, selbst Lehrerin und des Englischen etwas mächtig, bot sich an, die Hechte zuzubereiten. So gab es zum glücklichen Abschluss des Tages doch noch einen Festschmaus, mag der Leser denken. Gefehlt: Frau Lehrerin hatte die Hechte in fingerlange Stücke geschnitten, in reichlich Panade gewälzt und in Öl ausgebacken: sie servierte, mit scheuem Lächeln, Fischfinger auf türkisch, und so schmeckten sie auch. Ein weiteres Lehrerehepaar aß mit; alle vier Türken stammten aus Artvin, weit im Osten der Türkei, nahe dem Schwarzen Meer. Weil Mehmet am Raki nicht sparte, wurde es ein munterer Abend. Der Gast erhielt zu seiner Beschämung wiederholtes Lob und wiederholte Trinksprüche, weil er vor dem Essen einem alten, querschnittgelähmten Mann längere Zeit deutsche Amtsformulare ausgefüllt hatte. Der Alte kämpfte mit den Behörden um Kindergeld für seinen jungen Sohn, der mit einem Loch im Herzen auf eine Operation wartete. Reinhold schlief und schnarchte, nicht wenig vom Raki unterstützt, bei den Mehmets im Nebenzimmer. Als er erwachte, blickten von der Wand mehrere Konterfeis des großen Mustafa Kemal auf ihn herab; ausgerechnet dieser Mann hatte einen kritischen Blick auf die geleerten Rakiflaschen nötig. Vor dem Haus umschmeichelten ihn Sonne und balsamische Luft. Mehmet wurde nach einem Jahr in ein anderes Dorf am Abulyont See versetzt; er schrieb nochmals um weiteres Angelgerät; sein Wunsch ging nochmals deutlich deutlich über die ihm zugesagten fünfzig Mark hinaus.

PS. Der Brief vom 4. März 1985 hat sich wiedergefunden. Reinhold kennt Namen und Anschrift. Antwort hat er nicht mehr gegeben.

Iznik

Ein Wintertag mit Monika

Die Zeit zählen

Der Dezembertag im Jahre 1992 hatte ruhig begonnen. Das Ada Palas Hotel im Ortsteil Çekirge der Stadt Bursa war ohnehin kein Hexenkessel. Der Frühstücksraum lag im Halbparterre, am Morgen filterte nur wenig Licht herein; ohne Hast und nicht zu früh tranken die türkischen Gäste ihren Tee und aßen weißen Käse und Oliven, schweigend oder unter wenigen gemurmelten Worten; die zwei Fernsehapparate an den beiden Enden des Raumes saßen blind und stumm auf ihren Konsolen. Monika fühlte sich am Morgen nicht gesprächig; große Gläser Tee und einige selbstgerollte Zigaretten waren fürs erste die alleinigen Objekte ihres Verlangens. Nicht so für Reinhold. Er war in der Türkei, in dem geschätzten Bursa; es gab mannigfache Dinge zu besichtigen, zu kaufen, zu essen; eine Auswahl war zu treffen, Pläne mussten gemacht, verworfen, erneut diskutiert und wieder geändert werden: dies alles wortreich, gestenreich, auf ausgesprochene Zustimmung aus, wo doch die unausgesprochene Zustimmung längst gegeben war. Die beiden hatten an diesem Tage vor, einen Ausflug nach Iznik zu unternehmen. Das Wetter war kalt und sonnig, die Tageszeit nicht fortgeschritten. Er zählte sich im Stillen die Stunden vor: Fahrzeit, Zeit zur Besichtigung der Stadtmauer, des Museums, Zeit für ein Mittagessen. Um elf Uhr ging es los.

Streit der Landfrauen um Sitze im Bus

Der Bus hatte nicht die Pracht und den Chromglanz der Überlandbusse. Ursprünglich grün, doch verschlammt bis an die Fenster, machte er sich auf den Weg. Der Fahrpreis war von einer Geringfügigkeit, bei der man sich fragte, wie wohl die Busgesellschaften überhaupt einen Profit einfahren konnten. Ein Junge servierte Schokoladenkekse und, Busfahrten vor Jahren stiegen in die Erinnerung, gazöz, eine klebrige, übersüße Limonade, die einem im Sommer mehr statt weniger Durst verschaffte. Ein laut polternder Streit brach auf den hinteren Reihen los, weil ein frommer Muslim das ihn begleitende Weibsteil auf keinen Fall neben einem fremden Mann sitzen lassen wollte, anderseits nebeneinander liegende Plätze nicht mehr frei waren. Auch dies war eine Querele bei Busfahrten durch die ländliche Türkei. Wütende Blicke und erbostes Schnaufen von dicken Türkinnen gab es, wenn ein Türke den Harem auf den Bänken eines Busses nicht respektierte. Handelte es sich um einen Mann jugendlichen oder mittleren Alters, dann machte der Busbegleiter kurzen Prozess und bugsierte ihn freundlich und bestimmt auf einen Platz neben einem Mann. Gegen Greise schienen die Frauen immun zu sein. Reinhold hätte sich gar nicht erst getraut, neben einer Frau Platz zu nehmen, vielleicht täte er es in einigen Jahren, wenn ihm das biblische Alter schärfer ins Gesicht geschnitten sein würde. Solche Querelen kamen in den Überlandbussen nie vor, denn schon am Schalter sorgten die Angestellten mit der Platzkarte dafür, dass Mann neben Mann und Frau neben Frau zu sitzen kam. Anderseits, in den Städten, im Gedränge der Busse und Dolmusche, saß alles friedlich durcheinander und niemand begehrte auf. Fühlten nur auf dem Lande die weiblichen Fleischklöße sich angegriffen? In ihrer Würde bedroht? In ihrem religiösen Gefühl verletzt? Fürchteten sie, bei helllichtem Tage und im schaukelnden Bus handgreifliche Belästigungen? Wenn letzteres, welch absurdes

Traumbild hatten sie dann von ihrer fleischlichen Anziehung? Oder war die Erklärung simpler und sehr viel entmutigender? Waren es dumm gehaltene, doch willenskräftige Menschen, ohne Schulbildung und in der Furcht des Mannes erzogen, welche jede weltliche Neuerung und Annäherung in Panik versetzte?

Landschaften am See von Iznik

Währenddessen ging die Fahrt die Hauptstraße nach Yalova entlang. Das reiche, industrielle Bursa mit neuen großen Textilfabriken glitt vorbei. Die Straße hob sich in die Berge, Felder, dann ausgedehnte Olivenhaine kamen in Sicht, abwärts ging es zur Bucht von Gemlik, das Städtchen und sein verlassen aussehender Hafen waren linker Hand in Augenblicken passiert, noch einige Kilometer, dann bog der Fahrer nach rechts in eine löcherige, schlammige, langsame Nebenstraße. Der Izniksee erschien zur Linken; erst nur als ein breiter Streifen Schilf. Sobald die Straße nicht mehr auf Seehöhe, sondern ein wenig höher über die Uferhügel verlief, zeigte er sich in seinem schönen Panorama. In der Sonne glänzte das Wasser taubenblau; graublau dort, wo ein Wind es kräuselte oder Wasservögel ihre Furchen zogen; am jenseitigen Ufer standen die Berge klar vor Augen, kleine Schneefelder warfen das Sonnenlicht zurück; ein seidiger Himmel wölbte sich ohne Wölkchen über der Landschaft. Nach dem trüben und trübsinnig stimmenden Bursa war solcher Anblick angetan, die Betrachter in heitere Laune zu versetzen. Zugleich täuschte die Klarheit über die Entfernungen hinweg. Orte tauchten am Seeufer auf, näherten die Reisenden sich schon dem entgegengesetzten Ende des Sees, an welchem Iznik lag? Der Bus fuhr durch Dörfer, deren stattliche Fachwerkbauten einigen Wohlstand verrieten, dann durch Pappelwälder. Die Straße senkte sich wieder dicht an das Seeufer, kleine Strände, einige Bootsstege, viel Schilf. Wo war die touristische Ausbeutung dieser Naturschönheiten, wo blieben die Motels, Restaurants, Badeanlagen? Ab und an glitt eine kleine Ansammlung von Ferienwohnungen am Busfenster vorbei. Doch wie betoniert, verbaut und zugebaut wäre dieser Strand längst, läge er am Meer? Was war das Geheimnis? Wimmelte der See von Giftschlangen? War sein Wasser verseucht von schrecklichen Kleinorganismen, die, wie in manchen afrikanischen Seen, dem Badenden Dysenterie, Leberfraß, Gehirnerweichung und ein rasches Ableben verschafften? Monika wusste es nicht, und Reinhold war sich auch nicht sicher.

Ein ärmlicher Stadtanblick

Über solchen Mutmaßungen hatte der Bus sich der Stadt genähert; die Mauern und Türme der Umwallung stiegen aus der Ebene empor; es ging durch ein Stadttor, einige staubige Vorstadtstraßen, dann war der Busbahnhof erreicht. Zwei oder drei Busse standen umher, dazu einige Dolmusche, eine Holzbaracke beherbergte drei Büros der Busgesellschaften, daneben eine Trinkhalle, ein Stand für Obst und Sesamkringel, Ankömmlinge und Abreisende warteten in kleinen Gruppen und mit sperrigem Gepäck. Ein trister kleiner Platz, der keineswegs verriet, dass man sich im Stadtzentrum befand. Doch wo waren die historischen Bauten? Welche Straße ließ aus der stetig wachsenden Pracht ihrer Häuser und Geschäfte schließen, dass man auf ihr ins Herz des Ortes gelangte? Keine, denn der Weg führte an einfachen Lädchen und Garküchen vorbei; die Friseure begnügten sich mit Kabuffs; selbst die spärlichen Hotels und Pensionen schienen resigniert zu haben und verzichteten auf Farbe, Putz und Weltläufigkeit. Gleichwohl mussten türkische Städte, wenn sie über ein römisches Feldlager gebaut waren, mindestens den Umriss der antiken Struktur haben, eine von Tor zu Tor verlaufende Hauptstraße, oft auch noch die den römischen Bauplänen folgenden Querstraßen, welche im rechten Winkel zur alten Achse lagen. Natürlich, in Iznik war es nicht anders, wenn einer nur scharf genug hinsah. Als sie auf die baumgesäumte, im Sommer Kühle spendende Hauptstraße stießen, wandten sie sich zum dreifachen Lefke Tor. Außerhalb des Tors lief ein Rinnsal durch Wiesen. Vor Jahren wollte Reinhold dort eine Zigeunerin beim Waschen ihrer Wäsche photographieren, aus gebührendem Abstand versteht sich, mit treffsicherer Hand warf sie Steine nach ihm. Von einem Friedhof kamen ihnen die Teilnehmer an einem Begräbnis entgegen; viele Männer, eine große Anzahl trug das weiße Stoffkäppchen, welches den frommen Moslem anzeigte; ihr Gehabe war von osmanischer Ruhe, aber auch eigentümlich fröhlich; Interesse an den beiden Touristen zeigten sie keines. Iznik im Winter wies die menschlichen Qualitäten der westlichen türkischen Provinzen auf; die Leute waren freundlich, ohne zudringlich zu sein; von der Fremdenfeindlichkeit einiger ostanatolischer Städte war nichts zu spüren. Auf dem Rückweg wollten die beiden einige Postkarten in einem Lädchen kaufen; ein älterer Mann gab sich viel Mühe, sie in ein Gespräch zu verwickeln, welches, vielleicht, zu weiteren Käufen führen mochte. Er sei Wächter im archäologischen Museum gewesen, habe auch bei den Ausgrabungen in der Stadt mitgemacht, ihm selbst seien bedeutende Funde gelungen. Cum granu salis mag dies auch alles stimmen. Bei gutem Wetter, genügend Zeit und friedlicher Laune unterhielten sie sich weiter mit ihm. Ob es denn auch geöffnete Fischrestaurants um diese Jahreszeit gäbe? Freilich, am Seeufer die Menge, geöffnet seien sie alle und den frischesten Fisch böten sie auch an. Der Mann begann dann seine Schätze hervorzukramen; erst einen schweren türkischen Silberring aus dem späten 19. Jahrhundert, dann drei prachtvolle Denare des Domitian: vorzüglich erhalten, staubig gelb patiniert, mit seltenem Revers, dazu alle drei aus gleichem Stempel. Sie hatten nur den einen Nachteil, Fälschungen zu sein.

Winterwetter und ein Fischrestaurant

Die Mittagszeit war inzwischen fortgeschritten und die beiden schritten fort, dem Seeufer zu. Spiegelglatt und strahlend lag das Wasser da, ein kalter Wind ging. Über die Strandpromenade eilte kaum jemand außer einigen uniformierten Schulmädchen in ihren kurzen Röckchen. Restaurants gab es zwar, von außen sahen sie alle verwaist aus. Flüchtige Blicke hinein: alle geschlossen. Wo die Promenade um den See bog, schöpften die beiden die neue Hoffnung, dort hinten läge nun wirklich ein großes, offenes, fischestrotzendes Restaurant. Nichts von dem; die Suche trieb sie den Weg hinauf und hinab; die Luft ging immer noch viel zu frisch und rein; die Stadtmauer in den Feldern blieb bewundernswerte Ruine. Er suchte vergeblich, sich an eine Geschichte zu erinnern, die er in einem Reisebericht über die Mauern Izniks gelesen hatte. Hier ist sie.

Abdülhavap, dessen Grabmal vor der Stadt zu besichtigen ist, war ein islamischer Fürst, der an der Spitze seiner Armee Iznik belagerte. Nicht nur, dass er gut aussah, er wusste auch mit dem Schwert und dem Pferd gut umzugehen. In ihrer Not hatten die Byzantiner selbst die jungen Mädchen zur Verteidigung der Stadt auf die Mauern und Türme gestellt, und eine der jungen Schönen verlor ihr Herz beim Anblick des schönen Prinzen, der so mutig und gewandt sich vor ihren Augen tummelte. »Wenn du die Stadt nimmst, so nimm auch mich!«, rief sie ihm zu. Unpatriotisch war das, doch wer will mit liebenden Frauen räsonieren? Mit neuem Mut stürzte sich Abdülhavap in einen neuen Angriff; ein Pfeil verwundete ihn schwer, die Christen schnitten ihm den Kopf ab. Unbeeindruckt von dem geringen Verlust drang er, weiter sein Schwert schwingend, vor. Erst als ein Freund ihm zurief: »Du hast Deinen Kopf vergessen!«, kehrte er um, nahm den Kopf unter den Arm und erreichte in sieben großen Sprüngen seinen Grabplatz, an dem er sich selbst unter die Erde schaufelte.

Schließlich hatte Monika die rettende Idee. Eines der Restaurants hatte ihr beim Vorbeispazieren besonders gut gefallen; es war geräumig und sah mit großen Fenstern unmittelbar auf den See hinaus. Dort kehrten sie ein, und nicht nur war die Aussicht überwältigend; in der Kühlvitrine lagen auch unlängst aus dem Leben geschiedene, weil noch feuchtäugige Seefische, ungenau mit Weißfisch bezeichnet, ungefähr von der Länge von Reinholds Unterarm. Sie fragten nach, ob denn die Küche bereit sei, eines der größeren Exemplare zu braten. Ja, natürlich, mehr noch, Salat und Vorspeisen gebe es auch, alles brauche allerdings seine Weile. Um zwölf Mark einen Riesenfisch! Dazu gehörte Raki! Es wurde ein langgezogenes, schmackhaftes Mittagsmahl; die jungen Männer, welche gleichzeitig Kellner, Koch und Kassierer spielten, fragten freundlich ihre Gäste aus und lobten, zu Unrecht zwar, aber in der Absicht umarmenswert, die geringen Türkischkenntnisse der beiden. Kalt war es im Lokal nicht, dafür sorgte ein Eisenofen, dessen Wände vor Hitze rot glühten. Nach der Nahrung erhob dann wieder die Kultur ihre Forderung. Die Ruine der Hagia Sophia war geschlossen, obwohl ein Schild die ganztägige Öffnung versprach; das Museum in dem Imaret der Nilüfer Hatun war eiskalt und schon dunkel; Münzen waren dort ausgestellt, Sarkophage, kärgliche Reste einstiger Fliesenpracht. Angesichts der Iznikfliesen kam ihm eine heiter-angenehme Erinnerung.

Ein spätes, gesittetes Honorar

Iznik wurde in der zweiten Hälfte des 16. Jahrhunderts durch klassisch zu nennende Töpferware berühmt. Die Gefäße leuchteten in Rot, Kobaltblau, Türkis, Grün; eine transparente Glasur verstärkte die Farben der zumeist floralen Motive. Izniks Keramik stellte den Glanz- und Höhepunkt eines osmanischen Hofstils dar. Er liebte die eleganten Teller, die Krüge, die Fliesen mit ihrem augenverwirrenden Ineinanderspiel von Dekor und Hintergrund. Die Stadt war schon früher, unter den mittelalterlichen Seldschuken, eine bedeutende Produktionsstätte für Keramik gewesen. Prof. Oktay Aslanapa hieß der Ausgräber jener frühen Töpfereien. Reinhold hatte Aslanapa, einen vollendeten und vollendet gekleideten Gentleman und international berühmten Kunsthistoriker, zweimal getroffen. An der Universität Istanbul hatte der alte Herr dessen Vortrag über Istanbul als ästhetisches Objekt in der europäischen Reiseliteratur gehört und ihm angeboten, eine türkische Übersetzung zu veröffentlichen. Gesagt, getan. »Estetik Obje Olarak Istanbul« erschien 1984 in der Zeitschrift Kaynaklar. Nicht als ob der Verfasser ein Belegexemplar oder ein Honorar erhalten hätte – das war nicht tragisch; wohl kratzte es ihn leicht, dass der Name des Übersetzers doppelt so groß wie der des Verfassers über dem Beitrag stand. Einige Jahre später, auf der jährlichen Tagung der in der Türkei grabenden Archäologen in Ankara, lief er Prof. Aslanapa erneut über den Weg. Die beiden begrüßten sich höflich auf dem Weg zu einem Hörsaal, der Deutsche bedankte sich für den prompten Druck seines Vortrags, Aslanapa fragte ihn beiläufig, ob er sein Honorar erhalten habe. Als der den Kopf schüttelte, zog der Türke unter feingesetzten Entschuldigungen zwei größere Scheine aus der Brieftasche, er trage, welch Zufall, das Honorar bei sich. Beide wussten, es war die Redaktion gewesen, die bei der Bezahlung geschlampt hatte, doch nicht einmal ein Augurenlächeln verriet das Wissen. Schnell noch im Museum Kalender gekauft, dann ging es zurück zum Busbahnhof und in der sinkenden Dunkelheit am schimmernden See vorbei, bis sie, es schien mitten in der Nacht, in Bursa eintrafen und mit dem Taxi zu ihrem Hotel fuhren. Dort wartete, wie jeden Abend, eine Marmorwanne, randvoll mit Thermalwasser, auf die Badesüchtigen.

Bergama

Ein Händler, Schmuggler, Sträfling und Freund

Eine einsame Laterne und ein problematischer Ölwechsel

An der Einfallstraße nach Bergama lag vorne zwischen Bäumen wie auf einer Insel das alte Tusan Hotel, seine ehemalige Pracht war alt und grau geworden, dann folgten onyxverarbeitende Fabriken, Teppichfabriken und erst im Rohbau fertigstehende Wohnblocks. So sah es im Jahre 1999 aus. Zur linken Hand war immer noch Caravan Camping ausgeschildert, eine inzwischen verkommene Anlage. Die Holzhäuschen unter Pinien standen schief; Reinhold hatte 1974 mit Lisa dort übernachtet und einen Bungalow zu elf DM gemietet; die Bäume und ein Schwimmbad versprachen Erfrischung im glühendheißen Sommer, aber das Schwimmbad war leer gewesen, sein blaugrün gestrichener Beton rissig. Die Leitung des Platzes hatte in einer Broschüre eine heiße Quelle im Keller des Hauptgebäudes angepriesen, im Keller stand nur eine Pfütze lauwarmen, grünlichen, nach Schwefel stinkenden Wassers. Weiter auf den Ort zu lag Bergamas vornehmstes Hotel, das Berksoy, die Fahnen mehrerer Nationen flatterten an Mästen, meist stand es halbleer. Der Touristenstrom hatte seinen Lauf geändert und war zudem stark ausgetrocknet. Zwar fuhren täglich Busladungen hinauf zur Akropolis und zum Asklepieion, doch die Besucher kehrten sogleich in ihre Standquartiere in den am Meer gelegenen Orten wie Ayvalık zurück, höchstens dass sie noch ein ebenso hastig zubereitetes wie serviertes, mittelgutes, weil möglichst billiges Mittagessen in einem der großen Lokale an der Hauptstraße einnahmen.

Im Jahre 1972 fuhr er mit seiner Freundin Martina mit einem bejahrten VW nach Bergama. Die Stadt war damals sehr viel ärmlicher, kleine Läden drängten sich entlang der Hauptstraße, Metzger, Bäcker, Garküchen, kleine Teppichhändler und Juweliere, schlichte Hotels. Er besitzt eine verblichene Ansichtspostkarte aus diesem Jahr. Sie zeigt eine nächtliche Ansicht der Hauptstraße Bergamas, der Bankalar Caddesi. Entlang einer nackten halbhohen Mauer, oberhalb legte man später einen kleinen Park an, stehen Laternen und werfen ein gelbliches Sodiumlicht. Sonst zeigt die Karte außer einem Stück Straßenpflaster gar nichts, kein Haus, kein parkendes Auto, keinen Menschen. Die Motivwahl mag man sich so auslegen: Die Stadt hatte Laternen damals neu installiert; sie bildeten einen technischen Fortschritt, auf den die Einwohner stolz waren und den sie für wert hielten, abgelichtet zu werden. Ob es mehr als eine Bank gab, ist zu bezweifeln.

Dass es nicht mehr als eine einzige Tankstelle gab, erfuhr er am eigenen Auto. Er fuhr nämlich an der Tankstelle vor, tankte und bat um einen Ölwechsel. Der Ölwechsel ging den Wärtern flink von der Hand, doch als sie frisches Öl einfüllen wollten, fiel ihnen ein, dass sie überhaupt kein frisches Öl im Laden hatten. Zerknirscht waren sie wohl, doch nur mäßig, und sie bedeuteten dem schwitzenden Reinhold (bei technischen Pannen geriet er sogleich in Panik), er möge sich doch gedulden. Kleine Jungen wurden losgeschickt, um bei Kunden nachzufragen, ob sie etwas Öl, von der Art und Quantität, das in einen VW-Motor passte, ausleihen könnten. Die Knaben rannten durch Bergama hin und her und kamen unverrichteter Sache zurück; sie glichen, biblisch gesprochen, dem Raben, den Noah aus seiner Arche gelassen hatte, um nach trockenem Land zu suchen. Einer der Jungen war der biblischen Taube ähnlich: Er kam zwar nicht mit einem Ölzweig zurück, sondern, viel besser, mit einem halbvollen Ölkanister, den ein reicher Tabakhändler in der Hand trug. Warum die Aufregung? wunderten sich die Türken, wirklich gestrandet sei der Tourist ja nicht, eine Pause habe er gemacht von zwei bis drei Stunden. Als Mann dürfe er nicht klagen. So empfand es auch Martina, sie hatte ihre Zigaretten geraucht und von den Tankwarten spendierten türkischen Kaffee getrunken. Es war nicht oft, dass sie einer so schönen Frau einen Gefallen tun konnten.

Das einzige stattliche nachantike Gebäude im Ort war das Gymnasium, welches, vor dem ersten Weltkrieg gebaut, aus solidem Steinwerk und mit antikisierendem Kapitellschmuck versehen, so dreinschaute, als hätten es deutsche Architekten von klassischer Bildung und dem unsäglichen Geschmack Wilhelms II. entworfen.

Morgens, ziemlich früh, zog Reinhold mit Martina von ihrem Hotel in ein Milchgeschäft in der Altstadt. Er wollte ihr ein traditionelles türkisches Frühstück bieten, eine Köstlichkeit, nämlich kaymak, frische, warme Sahne. Manchmal färben die Waren das Gesicht eines Händlers: Metzger sehen meist rosig aus. Ihr Milchhändler schloss sich dieser Tradition an, sein Gesicht hatte eine so käsige Farbe wie die Käselaibe auf seiner Theke. In großen verzinnten Schüsseln hielt er die Milch warm, auf der eine dicke gelbe Sahnehaut schwamm. Seine Kunden ließen sich ein Schälchen lauwarme Milch geben und brockten Weißbrot hinein. Allen schmeckte es ganz köstlich, auch Martina, während ihn selbst ein leichter Ekel vor dem den Laden durchdringenden Milchgeruch überkam. »Vieles«, denkt er, mit einem der so poetischen wie kryptischen Sprüche Ernst Blochs, »fiele leichter, könnte man Gras essen.«

Freund Hazım schmuggelt

In der Nähe des Roten Hauses, jenes bedeutenden Gebäudekomplexes, von dem die Archäologen immer noch nicht wissen, ob er ein Serapistempel oder eine Bibliothek war, besaß vor vielen Jahren ein junger Bursche einen ärmlichen Teppichladen. Er selbst sah erbarmenswert aus, denn beide Beine waren verkrüppelt, wie mutwillig gebrochen und dann in schiefem Winkel wieder eingesetzt, so dass er nur schwankend sich erheben und nur schwankend einige Schritte tun konnte. Ihn »Hazım Hinkebein« zu nennen war nicht höflich, aber leider treffend, außerdem verstand er kein Deutsch. Sein Gesicht war bleich, seine Stimme klagend. Und er klagte stets: Über die schlechten Zeitläufte, den geringen Umsatz und noch geringeren Verdienst, darüber, was Ladenmiete, der Unterhalt der Schwester und ihrer Kinder sowie die alten Eltern ihn kosteten. Seine Kunden taten gut daran, im Geiste drei Schritte zurückzutreten und nicht, vom Mitleid bewegt, schneller und teurer einen Teppich zu kaufen als angemessen. Der innerliche Abstand wurde keinem leicht gemacht: Unbewusst, oder, seien wir einen Augenblick boshaft, bewusst setzte Hazım sein Gebrechen und die melancholische Tirade zum Nutzen des Geschäfts ein. Für gewöhnlich hatte er – eine todtraurige Versicherung – an dem Morgen, an dem der Fremde in sein Geschäft trat, noch überhaupt nichts verkauft und würde daher beim ersten Verkauf den halben Preis ablassen, um das Handelsglück herbeizuzwingen. Hazım war ein zäher Feilscher, bot man einen zu geringen Preis, dann liefen ihm die Tränen aus den Augen, musste er doch trotz seiner Jugend die gesamte Familie am Leben erhalten. Aber das hatten wir schon. Und recht böse konnte man ihm nicht sein.

Er liebte Aquarien und Zierfische. In Bergama waren beide nicht leicht aufzutreiben. Dennoch hatte er ein recht großes Becken, komplett mit tropischen Fischen, Wasserpumpe und Heizung. Er kam einem wie ein kleiner, in die Technik versessener Junge vor. In den Siebzigerjahren waren die neuesten europäischen Spielzeuge Kassettenrecorder, Autoradios, das ganze neumodische Zeug, kaum in der Türkei zu erwerben und bei der Einfuhr mit einem sehr hohen Zoll belegt. Was blieb Hazım anderes übrig, als solche Dinge als Schmuggelware zu kaufen? Sein Hobby brachte ihn schließlich in arge Bedrängnis. Als Reinhold ihn im März 1985 zum wiederholten Mal aufsuchte, war der Laden geschlossen, und die Nachbarn erzählten, Hazım habe sechs Monate im Gefängnis zu Soma abzusitzen. Mehr davon später.

Selbstentleerung

Reinhold war 1985 im winzigen und an Kargheit kaum zu übertreffenden Şehir Oteli in einer Seitenstraße der Stadtmitte abgestiegen. Warum war er nicht auch schnell aus einem Bergama ohne Hazım verschwunden? Warum hockte er am ersten Tag nach Mitternacht noch aufrecht auf seinem Hotelbett? Vor drei Tagen war er durch die Nacht mit einem Überlandbus von Gölyazi nach Bursa und weiter nach Balıkesir gefahren. »Ein Ayran täte mir in der Mittagshitze gut«, hatte er sich auf dem Busbahnhof von Balıkesir gesagt, an einem Büdchen einen Becher dieses erfrischenden Getränks gekauft, ausgetrunken und einen Bus nach Bergama genommen. Nun fühlte er sich elend in seinem weißgetünchten Zimmer. Es hatte nur ein hochgelegenes Fenster und erlaubte nicht mehr als einen Blick auf einen Ausschnitt des Himmels. Ihm war schnell brechübel geworden. Durchfall wechselte ab mit Brechen, die Toilette lag, gottlob, gleich gegenüber auf dem Gang. Das stundenlange Hin und Her schwächte ihn; bald war er zu erschöpft, um regelmäßig zu trinken. Gegen Abend rappelte er sich auf und stolperte in ein Flohkino gleich um die Ecke, verließ jedoch den uralten gelb-bleichen Pornofilm nach fünf Minuten, schleppte sich zurück ins Hotel und ins Bett und verbrachte eine mühselige Nacht. Durchfall und Brechanfälle sind in der Türkei nie völlig erheiternd, merklich weniger in einer Bruchbude von Hotel, am wenigsten, wenn einer allein durch ein fremdes Land reist und die Sprache kaum spricht. Den nächsten Tag blieb er im Bett liegen. Die wechselnde Farbe des in seinem Fenster abgebildeten Stückchens Himmel verriet ihm die Tageszeit; doch eigentlich war ihm die Zeit gleichgültig geworden. Das Gefühl, er sei für das Wohlergehen seines Körpers verantwortlich, war erloschen; sich über irgendetwas Gedanken zu machen schien müßig. Ihn erfüllte eine Leichtigkeit, ein Schweben fast, eine Lust an dem leeren Körper. Nachträglich glaubt er, die Lust an der Leere sei verwandt gewesen der Kenosis, der Selbstentleerung der Mystiker, doch schien ihm dies später eine unzulässige theologische Aufwertung seines Schwächeanfalls. Er will sie behelfsweise wahr sein lassen. Wie dem auch war: Reinhold musste seine Isolierung aufgeben, sich unter Menschen begeben, in ein besseres Hotel umziehen und einen Arzt konsultieren. Das alles tat er am dritten Tag, und so finden wir ihn, ein wenig gestärkt, in der Rezeption des Park Oteli. Langweilig war sie nicht. Am ersten Tag, gegen Mitternacht, hörte man Krawall im Treppenhaus. Ein Deutscher, möglicherweise ein Schwuler, stürzte in das Hotel und brüllte: »Ich bin nicht sein Liebhaber!« Besagter Liebhaber war eine Stunde vorher sturzbetrunken und laut schreiend angekommen; drei ebenfalls schwer betrunkene Freunde hatten ihm aufs Bett geholfen und in der Rezeption sein Schicksal diskutiert, so gut es mit schwerer Zunge ging. Der Mann hatte tagsüber in Deutschland angerufen, und das Gespräch hatte das Besäufnis ausgelöst. War ihm ein weiterer Liebhaber abhanden gekommen?

Hazım zwischen Sträflingen

Als der entleerte Mystiker wieder einigermaßen auf den Beinen war, ging er zu dem Laden von Hazıms Schwager; er argwöhnte schon, welches Delikt und welche Leidenschaft seinen Freund ins Gefängnis zu Soma gebracht hatten und beschloss, ihn aufzusuchen. Der Schwager hatte Hazım in seiner Zelle gerade besucht und erklärte, die Polizei habe bei ihm ein ziemliches Lager von, sagen wir, zollfrei eingeführten Geräten beschlagnahmt. Einsitzen in türkischen Gefängnissen sei kein Zuckerschlecken. Nur wer Geld habe, werde respektiert. Mit Dreckskerlen sei man zusammengesperrt, vor denen man nur Angst haben könne. Wer jung sei und gut aussehe, müsse sich nachts auf einiges gefasst machen. Nun, eine männliche Schönheit war Hazım mit seinen verkrüppelten Beinen nicht; »Gott sei Dank«, ist man versucht zu murmeln. Im Gefängnis erblickte Reinhold einen übelgelaunten Hazım. Man hatte ihn in einen großen Raum mit fünfzig andern Gefangenen gesteckt; die Betten waren schon belegt, also hatte er auf einer dünnen Decke auf dem Betonfußboden schlafen müssen. Ein Loch in dem Fußboten diente als Plumpsklo. Die Familie war ihm zu Hilfe gekommen. Einem Verbrecher in Geldnot kaufte sie das Bett und den Bettplatz ab, und Hazım konnte fürs erste mit seinen verkrüppelten Beinen anständig liegen; dann brachte die Schwester reine und gute Bettwäsche und wärmende Decken, die von einem Gefängniswärter, gegen Barzahlung versteht sich, von Zeit zu Zeit ausgewechselt wurden. Drittens schloss die Familie mit einem dem Gefängnis gegenüberliegenden Lokal einen Vertrag, nach dem Hazım täglich sein Essen geliefert bekam, wiederum, nachdem die zuständigen Wärter ihren Geldanteil eingestrichen hatten. Dies war ein Routine-Arrangement, an dem alle Parteien auf ihre Art profitierten. Lustig wird sein Gefängnisleben dennoch nicht gewesen sein.

Handeln bleibt Hazıms Leidenschaft

Kehren wir zu der ersten Begegnung von 1974 zurück. Wenn auch der Laden ärmlich aussah, so war Hazım doch nicht arm. Seine Familie hatte ein großes Haus mit Innenhof, hohen Mauern und Toreinfahrt im alten Teil Bergamas, dazu besaß sein Vater einen Bauernhof vor der Stadt. Der Vater, zu jener Zeit schon ein eisgrauer alter Mann, doch immer noch von kräftiger Gestalt, war Ringer gewesen – pehlivan – und Hazım nannten die Leute folglich den Sohn des Ringers: Pehlivanoğlu. Der Sohn des Ringers bot Martina und Reinhold an, am Abend auf das Landgut zu fahren und dort zu übernachten. Der Abend kommt in der Türkei schnell und die Dunkelheit noch schneller. Stockfinster war es, als sie sich mit dem VW auf den Weg machten. Hazım dirigierte sie auf eine Landstraße, dann über Feldwege, der Wagen schaukelte langsam über die Schlaglöcher, die Scheinwerfer erhellten nur wenige Meter des Weges; kein Haus stand in den Feldern, es schien ihm, als habe der Sohn des Ringers selbst den Weg zum väterlichen Anwesen verloren. Sein Gesicht hellte sich auf, als in der Nähe wütendes Hundegebell erscholl. »Das sind unsere Hunde«, erklärte er stolz und fügte hinzu: »Lasst mich erst allein aussteigen, mich kennen die Biester, wir müssen sie an die Kette legen, ehe Ihr, Freunde, auf den Hof kommt.« Die Hunde geiferten unterdessen nur noch rasender; einen nächtlichen Einbrecher hätten sie gewiss gestellt und zerfleischt. Der alte Ringer begrüßte die beiden Fremden mit Würde, ein Nachtmahl wurde aufgetragen, zwei Betten aufgeschüttelt, eine frühe Nachtruhe, ländliche Gastfreundschaft.

Hazım fiel in späteren Jahren, man verzeihe die Wortwahl, immer wieder auf die Füße. Sein Laden florierte, solange die Ausländer noch Teppiche und Kelime kauften; er machte im Innenhof des Stadthauses ein zweites Geschäft und Lager auf. Die Schwester half ihm und verkaufte auf eigene Rechnung buntgestrickte Wollstrümpfe, Handschuhe, bestickte Tücher und anderes bäuerliches Zeug. Die alte Gastlichkeit und die alte Geschäftstüchtigkeit hatte er sich bewahrt. Lisa und Reinhold übernachteten mehrmals bei ihm und der Schwester, so auch 1980. Es waren friedliche Stunden, sie saßen in der Dämmerung auf einer Bank im Hof, im Wohnzimmer warfen die Neonröhren des Aquariums einen grünlichen Schein, daneben flackerten die Bilder des Fernsehapparats bei abgeschaltetem Ton, eine Mauer, bewachsen mit Klematis, duftete schwer, Schwalben schossen auf dem Abendhimmel hin und her, später taumelten Fledermäuse durch die stille Luft. Am nächsten Morgen, so erinnert sich der Gast, schien unweigerlich die Sonne. Hazım schenkte Lisa ein leider verschlissenes seidenes Hochzeitskleid, dessen harmonische Farben und Muster sie begeisterten und das sie in Deutschland bei besonderen Gelegenheiten stolz trug. Doch ohne einen Kauf kamen sie nicht davon. Hazıms Schwester breitete ihre bestickten Tücher über den halben Innenhof. Schön gemacht waren die schon: Dünner, fast durchsichtiger Muslim, von Gold- und Silberfäden durchzogen, die Ornamente Sterne und anderes Geometrisches, aber auch Tulpen, Blumen überhaupt, selbst stilisierte Häuser und Moscheen. Ein, zwei Generationen alt waren sie und hatten zur Aussteuer einer jungen Frau gehört. Lisa und Reinhold kauften einige Stücke, eigentlich, um sie in Deutschland weiter zu verschenken.

Wechseln wir in das Jahr 1999. Sein Freund Friedrich und Reinhold waren für einen Tag nach Bergama gekommen auf der Suche nach Kaffeekühlern (welche in der Geschichte vom Sammeln der

Kaffeekühler ausführlich erklärt werden). Hazıms Laden lag nicht mehr an der alten Stelle. Dem gewiss auch jetzt noch weinerlich flehenden Hazım über den Weg zu laufen wäre Reinhold überhaupt nicht recht gewesen, da er den Kelimkauf aufgegeben hatte. Vor einem großen, schönen, wohlgefüllten Teppichladen am Weg zur Akropolis blieb Friedrich stehen. Im Fenster sah er zwei kupferne Wasserkannen, vermutete, sie seien alt und betrat stracks das Geschäft. Der Freund folgte unwillig. Der Laden war innen so teuer ausgestattet wie außen und, siehe da, auf einem Haufen Teppiche saß, in einen feinen Anzug gekleidet, Hazım. Der Mann, unterdessen mittleren Alters, zögerte nur einige Sekunden, stand auf, schwankte einige Schritte und warf die Arme um Reinhold wie um den lange verschollenen älteren Bruder. Die Freude war ungespielt, Hazım erklärte der zahlreich versammelten Sippe, seiner Schwester, dem Schwager, der Ehefrau, dem Sohn, diversen Domestiken, was es mit den beiden Deutschen auf sich habe. Tee wurde serviert, Erinnerungen wurden ausgetauscht. Friedrich prüfte die beiden Kannen, sie waren alt, und kaufte sie zu einem günstigen Preis. Hazim lenkte das Gespräch allmählich von der nostalgischen Vergangenheit auf die merkantile Gegenwart. Sicher, er habe den Bauernhof geerbt, das Haus in der Stadt gehöre ihm auch, daneben habe er sogar ein drittes Haus gebaut, vor der Tür stehe ein großes, neues Auto, doch das hieße nicht, er sei ein reicher Mann, sein Sohn sei sein ganzer Stolz, doch die Familie koste viel, dabei gingen die Geschäfte grundschlecht, die Teppiche und Kelime stapelten sich an den Wänden, in dieser Woche habe er noch kein Stück verkauft, dem wiedergefundenen älteren Bruder werde er einen ganz besonders guten, einen Herzenspreis machen. Kelim um Kelim wurde ausgebreitet und angepriesen. Die Ware war gut, die Preise in der Tat im Keller. Der ältere Bruder kaufte einen kleinen Nomadenkelim aus Ostanatolien, dessen klare Braun-, Rot,- und Blautöne sich zu einem deutlichen geometrischen Muster fügten. Ein Geschenk für seine Tochter Corinna würde der Kelim werden.

Die Bergama Pension

Wann immer Reinhold Bergama besuchte, quartierte er sich mit Vorliebe in alten Natursteinhäusern ein, welche, einst Eigentum reicher Türken oder Griechen, auch in der Gegenwart als Pensionen oder kleine Hotels einiges vom Charakter des 19. Jahrhunderts bewahrten. Das tat im August 1991 auch die Bergama Pension, ein stattliches Gebäude an der Hauptstraße. Der Eingang zeigte die alten Arkaden im ersten Stock und lief auf einen Innenhof zu, in dem es sich gut sein ließ. In seiner Mitte lag ein gemauertes Marmorbecken, drei Schildkröten schwammen im Wasser umher zwischen Kübeln, in die jemand Papyrusstauden gepflanzt hatte. Ihm kam die reiche Bibliothek von Pergamon in den Sinn, die Tausende von Papyrusrollen umfasst haben musste. Bei Shakespeare schenkt Antonius der Kleopatra diese Bibliothek. Ob das Liebespaar sowohl Zeit als auch Neigung hatte, in den Rollen zu schmökern, ist ganz und gar unwahrscheinlich. Ihre Lust war heiß, zugreifend, ein Ringkampf gewesen. Grün, blau und rot bemalte Teller schmückten die Wände des Innenhofes; ihre eleganten und zierlichen Pflanzenmotive setzten die Tradition osmanischer Keramik von Kütahya fort. Das Schlafzimmer lag an der Rückwand, daneben die Küche im Freien, durch ein hölzernes Dach geschützt. Über das Feuer, die Töpfe und Pfannen beugte sich der Koch, ein fetter, schwerer, glatzköpfiger Mann. Die Hitze der Sonne und des Herdes ließ ihm den Schweiß in Bächen über das Gesicht laufen. Die Bäche rannen am Kinn zusammen und tropften in die Speisen. Auch eine Art des Salzens. Der Gast saß auf einer Marmorbank neben dem Marmorbecken und sprach in sein Diktiergerät. Die Neugierde ließ das Küchenpersonal nicht ruhen, bis sie erfragt hatten, was denn sein Beruf sei und was er diktiere. Seitdem wurde er von allen Kellnern ehrfurchtsvoll mit »pirofessör« angesprochen.

Wer viel Wein trinkt, den quält nachts die Blase

Von der Freude an restaurierten osmanischen Häusern, die ein zweites Leben als Pensionen oder Restaurants führen, handelt auch diese Erzählung von 1988. Friedrich hatte Reinhold empfohlen, beim nächsten Besuch in Bergama in einem Haus gegenüber einer alten Brücke über das Flüsschen Kaïkos und dem Burgberg zu logieren. Auch die deutschen Archäologen brächten dort ihre Gäste unter. Das Haus glich einer kleinen Festung, es muss wohl als solche gedient haben. Dafür sprachen dicke, gelbe Mauern, hochgelegene, schmale Fenster und ein gewaltiges grünes Holztor, durch welches man in einen kleinen Innenhof gelangte, der jetzt auch als Frühstücksraum diente. Die Gäste waren ruhige, freundliche, junge Leute aus mancherlei Ländern, die meisten reisten mit Rucksäcken. Ein Zimmer zur Straße hin gefiel Reinhold. In der Nacht wachte er auf; der reichliche Wein des Abends drückte auf seine Blase und auf die ohnehin vergrößerte Prostata. Nur undeutlich erinnerte er sich, wo denn die Toilette gelegen war. Er schlüpfte aus dem Zimmer, humpelte eine kleine, enge Treppe hinab, lief eine hölzerne Galerie entlang, eine weitere Treppe führte ihn lediglich in den Innenhof. Der steigende Blasendruck ließ weitere Erkundigungen der Lokalität nicht zu. So schnell er konnte, rannte Reinhold die zweite Treppe zurück, die Galerie entlang, die erste Treppe hoch, trat die Tür zu seinem Zimmer fast ein, riss das Fenster auf, kletterte auf den meterbreiten Sims und entleerte sich plätschernd auf die nächtliche Straße. Not kennt kein Gebot. Im Jahre 2000 sah er wohl noch das Hinweisschild auf die Pension, am Haus waren jedoch Tor und Fenster verschlossen und verriegelt.

Bergama

Wie Händler und Sammler sich gegenseitig beim Münzkauf übers Ohr schlagen, moderne Grabräuber

Der Gott Dionysos versucht das Gewissen eines Sammlers

Die früheste Erinnerung von Bergama geht auf 1972 zurück und die jüngste stammt aus dem Jahr 2000. Zeit und Ereignisse laufen nach langer Zeit ein wenig durcheinander. »Schadet nicht mehr als sonst«, meint er. Reinhold und sein Bruder Herbert streiften 1972 die Bankalar Caddesi hinauf und hinab. Sie waren in einem längst verschwundenen kleinen Hotel auf der dritten Etage eines Geschäftshauses untergekommen, dem Balay, gegenüber einer kleinen, Jahrhunderte alten Moschee, deren Vorbeter das gleiche Geburtsjahr wie die Moschee zu haben schien, obgleich seine nächtlichen Rufe noch genug Kraft hatten, sie aus den Betten zu scheuchen. Auf einer Biegung in der Wendeltreppe hockte der dicke Besitzer auf einem Holzschemel. Er hatte nur Zimmer mit vier oder sechs Betten, das mache nichts, den Preis könne man ja entsprechend dividieren. In der Stadt sprach sie ein junger Mann an, ob sie an alten Sachen Interesse hätten? »Alte Sachen« war stets ein Euphemismus für Antiquitäten, was Reinhold damals noch nicht wusste. Nun gut, sie hatten ohnehin nichts vor und folgten dem Türken in eine Seitenstraße, durch ein Tor in den Innenhof eines bäuerlichen Gehöftes und weiter in eine leergeräumte Scheune. Das alte Bergama hat noch einige Exemplare dieser ländlichen Bauweise: Große Wohnhäuser, von hohen Mauern eingeschlossene Innenhöfe, Stallungen. Der junge Mann öffnete einige Kisten und holte antike Keramik hervor, Teller, Becher, Krüge, Öllampen, Hellenistisches wie auch Römisches, nicht gerade Schätze, nicht gerade Schrott, eben Gebrauchsware. Anders wurde es, und die Augen gingen Reinhold über, als der Mann die tönerne Statuette, ungefähr dreißig Zentimeter hoch, eines stehenden Dionysos hervorholte und auf einen Tisch stellte. Vollkommen erschien sie in ihrer jugendlichen Schönheit: Der von einem Efeukranz geschmückte, leicht gesenkte und seitlich gewendete Kopf, die fein modulierten Gesichtszüge, die sanfte Biegung des Körpers, die tänzerische Eleganz von Stand- und Spielbein; selbst von der Bemalung waren noch Spuren zu sehen. »Ein hellenistisches Original«, hätte er später geurteilt, gekauft und geschwiegen. 1972 jedoch war er sich nicht sicher: Die Statuette mochte ja doch eine Fälschung sein, Fälschungen von hellenistischen Terrakotten gab es seit dem 19. Jahrhundert. Zum andern, und das wog viel schwerer, wollte er mit dem illegalen Antiquitätenhandel nichts zu tun haben, schon wegen der schweren Strafen seitens der türkischen Behörden, aber auch, weil er sein Gewissen nicht belasten mochte. Aus dem Handel wurde nichts. Er hatte korrekt gehandelt, das jedoch hinderte den sonst moralisch stummen Teil seines Gewissens nicht, ihm beredte Vorwürfe zu machen, »Solch eine Gelegenheit kommt nie wieder; du hättest ein wahres Kunstwerk kaufen können; und das auch noch billig. Ein Hasenherz warst du. Geschieht dir recht, wenn dir die Gestalt des Dionysos nicht aus den Augen der Erinnerung schwindet.«

Die Antiquitätengesetze der Türkei sind mit Recht sehr streng. Wie sie befolgt werden, darüber kann man sehr getrennter Meinung sein. In früheren Jahrzehnten ging es lasch zu, was kleine Dinge betraf, etwa antikes Geld, sofern es nicht aus Goldmünzen bestand. Ende der Sechzigerjahre und Anfang der Siebziger hätte er zwar keine Marmorstatue durch Bergama schleifen können, schon deshalb nicht, weil er viel zu muskelarm gewesen wäre, aber was die Händler entlang der Hauptstraße, bereits in den Ladenfenstern, an Kleinkram anboten, das war schon erstaunlich. Es war weder mit Gefahr für die Antikenhändler noch mit der strengen Aufsicht der Polizei weit her. Ganze Zigarrenkisten voll römischer Denare hatte er gesehen. Meist war die Ware jedoch – was auf Türkisch so lautmalerisch schön ıvır zıvır heißt – nichts als Schrott. Unser vorsichtiger, oder sagen wir ehrlicher, durchaus ängstlicher Reisender betrachtete neugierig die griechisch-römischen Antiquitäten, nahm sie in die Hand, studierte sie, doch hielt sich von einem Kauf weit entfernt. Es gab ohnehin viele schöne alte Dinge, an denen sein Herz hing und das Herz der Zöllner überhaupt nicht. Ländlichen Silberschmuck des 19. und frühen 20. Jahrhunderts kaufte er gern, Siegelsteine, Ringe, Ketten, Armbänder; dazu Kupferkannen und Kupferteller, bäuerliche Kelime, sofern sie nicht schon damals seine Geldbörse allzu sehr strapazierten (und das taten Sammlerstücke bereits) und schließlich hölzerne Kaffeekühler, über die er sich an einer eigenen Stelle mit Behagen auslässt.

Ein Feldscher, der zugleich Münzhändler ist, gibt keinen guten Braten ab

Vor Zeiten hatten türkische Schatzsucher es nicht leicht, denn Gegner gab es genug. Ganz augenscheinlich waren ausländische Reisende und Ausgräber Spione der europäischen Mächte und zudem auf Schatzraub aus, denn, wie jeder ländliche Türke wusste, in den alten Gemäuern und Statuen steckten verborgenes Gold und Silber, deren man nur habhaft werden konnte, wenn einer den richtigen beschwörenden Spruch kannte, um die bewachenden Geister und Dämonen zu vertreiben. Den, Allah war es geklagt, besaßen allein die Fremden. Man müsste, zerbrach sich unser Türke den Kopf, den Zauberspruch aufsagen, dessen Buchstaben sogar in alte Steine gemeißelt waren. Doch wer konnte die Buchstaben lesen? Er nicht, wohl aber die ausländischen Teufel, weil sie die Sprache der Geister verstanden. Die Einheimischen erzählten dem Reisenden William Turner im Jahre 1816 von den hellenistischen Grabhügeln in der Ebene von Bergama, sie seien mit Statuen gefüllt und würden von bösen Geistern bewacht. Überhaupt lag der Beweis auf der Hand: Hatten verborgenes Gold und Silber sich nicht in Luft aufgelöst, wann immer ein braver Muselman ohne Hilfe der Zauberworte eine Statue zerschlug? Er, dem die Schätze rechtens gehörten, stand stets mit leeren Händen da.

Immerhin ging es den Schatzsuchern, trotz der leeren Hände, nicht so grässlich wie dem Dr. Matteo, von dem Francis Vyvyan Iago Arundell berichtet. Arundell war als anglikanischer Hausgeistlicher mit dem Seelenwohl jener Engländer betraut, die in der britischen Levant Company zu Izmir arbeiteten. Sooft es seine Oberen zuließen, ging er in Kleinasien auf Suche nach heidnischen und christlichen Ruinen und wurde der Entdecker des antiken Antiochia in Pisidien. Er war ein gelehrter Dilettant in archäologischen Dingen und ein unermüdlicher Münzsammler. Arundell erzählt 1833 von seinem Mittelsmann, einem Feldscher in Bergama, dem auch Feilschen in Todesnot nicht geholfen hat:

Mir kam das Schicksal eines armen Bekannten in Erinnerung, eines Arztes und Münzhändlers [...]. Der arme Dr. Matteo war von kleinwüchsiger Gestalt, mit fröhlichem, rotem Gesicht, einem europäischen Hut und einem langen Spazierstock, der gleichermaßen dazu diente, sein Ansehen als Arzt wie auch einen lahmen Fuß zu unterstützen. Er war kein Münzkenner ersten Grades, doch hielt er fleißig nach ihnen Ausschau. [...] Der arme Mann, stolz auf frische Erwerbungen, zeigte seine Münzen und übertrieb dabei ihren Wert, während einige Halunken im Dorf zuschauten. Kurz danach fand man seine Leiche eingeschlossen in einem Backofen! Nicht nur den Kopf hatten sie gebraten, sondern den ganzen Körper!

Wie kommt bei alten Sachen ein gerechter Preis zustande?

Überhaupt wirft der Kaufpreis, auf welchen sich bei alten Sachen, seien es Münzen, Teppiche, Kelime, Ringe, Ketten und Steine, ein ausländischer Käufer und ein türkischer Händler einigen, ein trübes Licht auf die Vertreter zweier – was sollen wir sagen? »Kulturen« wäre ein zu gewichtiges Wort – »Ausprägungen von Ehrlichkeit«. Reden wir einmal ohne Rücksicht auf Empfindlichkeiten hier wie dort. Grundsätzlich ist beim Feilschen von einem tiefen gegenseitigen Misstrauen und dem ebenso geteilten Verlangen, möglichst großen Gewinn einzustreichen, auszugehen. So geht es zu beim Handeln um Teppiche und Kupfersachen. Doch bleiben wir der Einfachheit halber bei antiken Münzen. Der türkische Händler hat, wie der einheimische Schatzsucher, es aber auch schwer. Lesen kann er die lateinischen und griechischen Inschriften nicht; von der antiken Geschichte weiß er so gut wie nichts, also versucht er, das eine oder andere Herrscherportrait nach Gusto zu bestimmen, das heißt, ihm eine preissteigernde Identität zu schenken. Der große Alexander muss für jeden zweiten Männerkopf herhalten; immerhin liegt des Türken Vorliebe nahe, denn Büyük Iskender lebt ohnehin in einheimischen Sagen weiter. Weiterhin taxiert der Händler die Münzen nach Gold, Silber und Kupfer und innerhalb dieser Metalle nach Größe. Im Laufe der Jahre gehen ein paar Hundert Münzen durch seine Hand; wenn er eine nur selten oder bisher gar nicht gesehen hat, treibt er den Preis hoch. Dieses Spiel, welches mit einigem Recht die Ausnahmen verteuert, wird für den Käufer ärgerlich, wenn eine jede Normalität zur Ausnahme verkommt. Zur Ausnahme wird nämlich jedes Stück, das der Fremde aus der Masse der Münzen herausfischt; allein durch diese Tat verwandelt es sich augenblicklich in eine teure Rarität. Im tarnenden Gegenzug, empfehlen die Kenner, wähle man stets eine Handvoll Münzen aus, selbst wenn man nur eine einzige erwerben möchte. Der Preis ist ohnehin eine Sache der augenblicklichen Eingebung und der Landsmannschaft des Käufers.

F.V.J. Arundell schloss 1833 in Isparta einen Handel ab, und während er noch die Piaster auf den Tisch zählte, ging der Kaufpreis auf das Doppelte hoch. Er konnte noch von Glück sagen, denn Reisende zwischen 1840 und 1850, wie William Hamilton und Henry Christmas, berichten von einem Anfangspreis, der den reellen Wert der Münzen um das Hundertfache überstieg. Wie aber stiegen beide Kontrahenten von einem anfänglichen Preis herab, ohne dass einer von ihnen das Gesicht verlor? Verlor wirklich ein Verkäufer sein Gesicht, oder war seine bloße Androhung des Verlustes Zug des Schachspiels? Kam ein niedriges Angebot bereits einer unannehmbaren Schmähung gleich? Reisende in der Türkei waren sich unschlüssig. Das Angebot war überreich, wenn es um geringe Münzen ging. Im 19. Jahrundert konnte Charles Macfarlane zu Bergama sich eines Heerschwarms der Griechen und Türken, Männer, Frauen und Kinder, kaum erwehren, die jeden Morgen sein Zimmer stürmten, kaum dass er angekleidet war. Dem Pfarrer Christmas, von Beruf und Namen zu christlichen Tugenden angehalten, bot ein würdiger, bärtiger Türke, das Abbild eines biblischen Patriarchen, um 1850 in Ephesos kleine spätrömische Bronzemünzen an, wertloses Zeug, und forderte hundert Piaster für jede. Bei dem Gegengebot von anderthalb Piastern zog er sich, wie wenn zutiefst beleidigt, zurück. Reinhold hat sich monatelang in solche Episoden vertieft, als er über europäische Münzsammler im Osmanischen Reich des 19. Jahrhunderts einen Artikel für die Festschrift seines Doktorvaters Prof. Dr. Hildebrecht Hommel schrieb.

Falsche Münzen heutzutage

Münzen werden dem Touristen auch heutzutage noch angeboten. In Ephesos streichen ärmlich gekleidete Männer durch das archäologische Gelände, nähern sich Touristen, die vom Wege abgewichen sind, und zeigen in der hohlen Hand talergroße Kupfermünzen, die sie – bei der Ehre des Vaters und der Mutter, bei Allah gar – eben erst in den Ruinen gefunden haben wollen. »Schnell kaufen!«, flüstern sie, »die Wächter sehen schon argwöhnisch her.« Ein Wächter späht in der Tat scharf herüber: Der Aufseher Ali tut seinem Freund Mehmet den Gefallen und spielt bei der Komödie, die vielleicht ein kleines Zubrot abwirft, mit. Die Münzen sind Phantasieprodukte, welche byzantinische, spätrömische und hellenistische Motive willkürlich und ungekonnt zusammenwerfen. Aus Kupfer sind sie nicht geprägt, sondern aus einer grauen, weichen Legierung gegossen. Reinholds englischer Freund David, der mit Antiquitäten nun wirklich nichts im Sinn hatte und von Münzen auch nichts verstand, erzählte, ihm seien bei einem Besuch von Ephesos im Dezember 1991 am Magnesischen Tor im Südwesten der Ruinenstadt vom Besitzer eines Andenkenkiosks solche Münzen angeboten worden. Hübsch an der Preisgestaltung des Händlers war nur, dass der Mann die Stücke außerordentlich billig hat ablassen wollen. Er bot David einen Rabatt an, den er, ein Muslim, den »Weihnachtsrabatt« nannte.

Moderne Grabräuber in Bergama

Im März 1985 betrieb die lokale Mafia immer noch Schatzsuche, bei der es um riesigen Profit ging, jedoch auch um eiserne Verschwiegenheit unter Verbrechern und, wenn einer sie brach, um Leben und Tod. In den Laden des Teppichhändlers Hazım kam ein Mann, trank Tee und als er hörte, Reinhold studiere alte Reiseschriftsteller, erzählte er von kürzlichen Vorfällen. Unter den hellenistischen Grabhügeln in der Nachbarschaft Bergamas waren Grabräuber doch tatsächlich auf einen noch ungeöffneten Hügel gestoßen. Unter der Nase der Gendarmerie öffneten sie zu tiefer Nacht den Tumulus, raubten Gold- und Silbergefäße und leckten sich schon die Lippen nach einem Gewinn von mehreren hunderttausend Dollar, der ihnen aus dem höchst einträglichen Verkauf zufließen würde. Über die Aufteilung des zukünftigen Reichtums gerieten sie in bitteren Streit. Ein Grabräuber, von Wut um seinen so geringen wie verbrecherischen Verstand gebracht, rannte zur Polizei und verriet die Bande. Die Polizisten griffen sofort zu, beschlagnahmten die Antiquitäten und überführten die Männer in Handschellen in das Zuchthaus nach Soma. Seines Lebens war der Verräter wohl nicht mehr ganz sicher. Hazım fügte noch eine Geschichte von einer kürzlichen Schatzsuche in Bergama hinzu. Unter den Grabräubern der Türkei sind Minensuchgeräte der letzte Schrei. Einfuhr in das Land, Kauf und Gebrauch der militärischen Geräte sind strengstens verboten, manches geht aber doch. Ein Mann kauft also ein altes Griechenhaus und setzt sich in den Kopf, in den Wänden seien Münzen versteckt. Eilends wirft er seinen Detektor an und das Suchgerät schlägt stark nach Metall aus. Noch hastiger schlägt der Mann mit einer Spitzhacke ein Loch in die Wand und blickt hindurch. Auf der anderen Seite stehen in einem Schuppen alte Traktorenbatterien. Die hastige Fliege fällt in die Milch.

Bergama

Was Kaffeekühler sind und wie Reinhold um sie feilschte

Sammelsucht

Reinhold sammelt, seit seine kindlichen Finger Dinge ergreifen können. Durchaus manisch sammelt er, diesen Vorwurf muss er sich wohl anhören. In der Kindheit hatte er Pflanzen im Garten und auf den Feldwegen ausgerissen, zwischen Löschpapier gepresst und getrocknet; das Zeug verschimmelte in seinen Schubladen. Daraufhin hatte er Zigarettenbildchen der Flora und Fauna des, wie es damals hieß, »Großdeutschen Reiches« zusammengetragen und ganze Alben vollgeklebt. Mit kuriosem Gewinn. Ehemals guten Gedächtnisses, erstaunte und belustigte er als junger Mann Freundinnen, wenn er auf Spaziergängen so nebenbei bemerkte: »Ach, sieh, da läuft schon wieder ein grünfüßiges Teichhuhn alias gallina chloropous.« Auf dem Gymnasium sammelte er Briefmarken, vorzüglich solche der ozeanischen und afrikanischen Kolonien Frankreichs, denn diese boten seinem pubertären Blick kleinformatige Abbildungen straffbusiger Eingeborenenfrauen. Als Student in London warf er sich auf alte Stiche, Landkarten, alte Ausgaben antiker Autoren, alles ohne viel Geld und mit noch weniger Sachkenntnis. Später hat er auf Türkeireisen Kelims und osmanischen Silberschmuck gesammelt, studiert, gekauft, verkauft. Doch wenn eine Frau und er sich trennten, zog die weibliche Hälfte stets mit der besseren Hälfte der Kelims und der Schmucksammlung davon, und so sind ihm mit der Zeit die Sammellust, die Schätze und das Geld gleichermaßen ausgegangen. Seit den frühen Achtzigerjahren sammelte er Kaffeekühler, seit ungefähr 2005 nicht mehr. Der türkische Name dieses Küchengeräts, kahvesoğutacagı, gefällt ihm auch deshalb so gut, weil niemand, auch nicht Reinholds türkische Freunde, da meist Stadtmenschen einer jüngeren Generation, sich etwas darunter vorstellen kann.

Eine Erklärung der Dinge und ihrer Funktion

Bis in die Fünfzigerjahre des 20. Jahrhunderts hielt eine türkische Landfrau, sei sie nun Bäuerin oder Nomadin, ihren überaus kostbaren Kaffee in Form von ungerösteten weißen Bohnen im Hause. Kam ein Gast, so griff sie in eine Bohnendose, holte eine Handvoll heraus und röstete sie über dem Herdfeuer in einem eisernen Pfännchen mit langem Stiel. Die gerösteten Bohnen tat sie beileibe nicht sogleich in die Kaffeemühle, um sie zu Mehl zu mahlen. Nein, die Frau schüttete sie zunächst in ein hölzernes Gefäß. In ihm sollten die Bohnen auskühlen, denn ihr aromatisches Öl war während des Röstens in die äußere Schale gedrungen und hätte sich sogleich verflüchtigt, wenn sie die noch heißen Bohnen zerkleinert hätte. Während die Bohnen abkühlten, zog das Aromaöl ins Innere zurück. Erkaltete Kaffeebohnen konnte die Frau dann mahlen. In den üblichen länglichen Kaffeemühlen aus Messing etwa. Das ist jedoch nur eine neuere Geschichte.

Früher gab es noch eine Methode, die Bohnen zu zerkleinern. Brillat Savarin erwähnt und lobt sie 1825 in seiner *Physiologie des Geschmacks*: »Die Türken [...] kennen die Kaffeemühle nicht; sie stampfen ihn in Mörsern mit Holzpflöcken. Instrumente, die durch den Gebrauch im Werte steigen und dann sehr teuer verkauft werden.« Er ließ eine eigens von ihm zusammengestellte Jury aus Kaffeekennern die beiden Kaffeezubereitungen abschmecken: »Einstimmig wurde der aus gestampften Bohnen dem aus gemahlenem weit vorgezogen.« Reinhold kennt ein heutiges Beispiel der alten Art. In dem kleinen Dorf Kozbeyli bei Yeni Foça gibt es, so erinnert er sich lebhaft, ein einfaches, doch unter den Kennern der Umgebung bekanntes Kaffeehaus. Ein alter, dicker, ausgehöhlter Baumstamm dient als Mörser für die Bohnen; über die Jahre haben diese den tiefbraunen Innenwänden und dem Stößel einen unvergleichlichen Duft verliehen. Der Kaffee ist in der Tat exzellent.

Ein Kaffeekühler sieht für gewöhnlich aus wie eine flache Schüssel oder Pfanne, oval oder rund, mit einer Ausgußtülle. Die Schüssel kann, muss aber nicht, einen Deckel aus dem gleichen Holzstück haben. Ein Lotter- und Auskühlungsbett für gebrannte Bohnen stellt also das Gefäß dar und wie es sich für ein Lotterbett gehört, ist es oft reich geschmückt. Zu guter Letzt diente der Kaffeekühler, wenn auch auf andere Weise als ein Lotterbett, der ehelichen Eintracht. Die Frau röstete darin ihre Bohnen, der Mann schnitt auf der flachen Unterseite seinen Tabak. Die meisten Stücke wiesen unten die Schnittspuren seines Messers auf. Recht unangebracht wäre es gewesen, wenn er die glühendheißen Bohnen in den Händen hätte auskühlen lassen müssen. Daher die ehelich nützliche Erfindung des Kaffeekühlers.

Einiges ist den Kaffeekühlern abzulesen

Was nun macht den Reiz eines solchen Gegenstandes für einen Sammler aus? Es ist ein doppelter Reiz, sowohl in historischer wie in ästhetischer Hinsicht. Viele Kaffeekühler sind zeitlich genau bestimmbar; sie sprechen von ihrem Alter, denn sie tragen eine islamische Jahreszahl, welche anführt, wann sie von einem Mann geschnitzt worden sind; es wird immer ein Mann gewesen sein. Manchmal wandert ein Gegenstand durch die Hände mehrerer Generationen, zwei oder sogar drei Jahreszahlen deuten darauf hin. Der Schnitzer mag auch eine kleine Inschrift anbringen, welche seinen Namen und den Anlass nennt, einen Geburtstag etwa, aus dem er das Gerät einem Freund geschenkt hat. Die meisten Stücke auf dem Markt stammen aus der Mitte des 19. und dem Anfang des 20. Jahrhunderts. Der jüngste Kühler in Reinholds Kollektion trägt das Datum 1956, der älteste die Jahreszahl 1697. Von seiner Sammlung kamen schließlich einhundert Stücke in freundschaftliche und treueste Obhut. Nur eine Handvoll blieb ihm. Sodann besitzen die Geräte eine eigene, bescheidene Schönheit. Nicht nur, dass handwerklich geschickte Menschen das Holz säuberlich schnitzten und glätteten; sein jahrzehntelanger Gebrauch gab ihm eine Patina, welche die streichelnde Hand des Sammlers erfreut. Die Art des Holzes bestimmt die Qualität, je nachdem der Kühler aus einem edlen, harten und glatten Holz wie dem der Olive, Kirsche, Pflaume oder Walnuß geschnitzt ist oder aus einem rauheren, langfaserigen Weichholz. Alte Geräte sind meist aus edlem Holz und haben dicke Wände und einen dicken Boden, bei jüngeren wurde manchmal am Holz gespart. Weiterhin bestehen die guten und besseren Kühler aus einem Stück, einschließlich der Deckplatte und Tülle, bei den minderen hingegen sind Bodenplatte, Stege und Ausguss jeweils aus eigenen Teilen geschnitzt und dann zusammengenagelt; dies oft erbärmlich schlecht.

Schließlich fallen die verschiedensten Arten der Dekoration angenehm ins Auge. Es gibt Kühler, die nur aus glattem Holz gemacht sind, andere tragen an den Stegen und auf dem Deckel die mannigfachsten Schnitzmuster, geometrische wie Kreise, Sterne, Dreiecke, Quadrate, florale wie Ranken und Blüten. Man findet solche mit eingehämmerten Silbernägelchen oder Silberdrähten, solche mit eingelegten weißen, blauen, roten Porzellanperlen, solche mit rotsamtig unterlegten Glasfensterchen und Spiegelstückchen und solche mit eingelegten Beinplättchen, welche die Elfenbeineinlagen teurer Möbel imitieren sollen, jedoch in Wahrheit meist aus den billigeren Kamel- oder selbst Schafsknochen gefertigt sind. Reinhold hatte ein Stück besessen, dessen Besitzer in die Rückseite kunstvoll ein langes Lob auf das Kaffeetrinken in arabischer Schrift und osmanischem Türkisch eingeschnitzt hatte. Er hat noch ein Stück, das auf der Vorderseite einen langen, mageren Baumstamm mit Zweigspuren zeigt, dessen Kopf möglicherweise ein menschliches Gesichts bildet, über dem noch ein spitzer Hut zu sehen ist. Ein Mensch wurde so nicht dargestellt, vielleicht ein Vegetationsdämon. Rätselhaft ist der Kühler gewiss; Reinhold hat in allen Jahren nur einen einzigen dieser Art gesehen.

Herkunft und Typologie geben Rätsel auf

Was noch aussteht und was Reinhold aufzustellen sich vorgenommen hat, ist ein Verzeichnis, woher die Dinge zumeist kommen und welche Typologie sie besitzen, nicht nur in historischer und geographischer, sondern auch, wenn möglich, in ethnischer Hinsicht. Fast die ganze Detektivarbeit ist noch zu leisten; noch bleiben Fragen über Fragen ohne Antwort. Welches sind die ältesten Formen? Wie haben sie sich verändert? Verteilen sich Kaffeekühler auf soziologisch verschiedene Gruppen? Sehen sie bei Arm und Reich anders aus? Welchen Landschaften sind sie zuzuordnen? Lassen wir die Ethnie mit der Konfession zusammenfallen, dann fragt sich, welche wurden von Christen und welche von Muslimen geschnitzt? Gibt das Dekor Aufschluss? Einige vorläufige Antworten hat er sich zurechtgelegt. Zunächst zur Herkunft: Kaffeekühler wurden nicht überall in der Türkei geschnitzt, sondern, das ist offensichtlich, vorwiegend in Gegenden, die einen reichen Baumbestand hatten. Die Dinge finden sich an der Küste des Schwarzen Meeres, um Bursa, um Afyon, in Bergama als dem Markt und Mittelpunkt des waldigen Kozakgebiets, in Izmir und entlang der Südküste. In Kappadokien sind sie wohl auch hergestellt worden, aber im Südosten und Osten der Türkei tauchen sie so gut wie nie bei Händlern auf, und wenn sie es tun, dann sind sie wahrscheinlich anderswo eingekauft worden. Weil der Markt nicht mehr viel Material bietet, wird man leider bald im Vergangenheitstempus reden müssen. Dann, wie steht es mit der ethnischen Zuordnung? Kaffeekühler, so vermutet er, waren eher ein allgemein ottomanisches Gebrauchsgut als dass sie einer bestimmten Volksgruppe zugeschrieben werden können. Lazen, Armenier und Griechen am Schwarzen Meer haben sie benutzt ebenso wie die Griechen und Türken an der Westküste. Einfacher wird die Sachlage dadurch nicht, dass auch die in der Nordwesttürkei in dem Gebiet zwischen Bergama und Balikesir angesiedelten Stämme aus dem Kaukasus ihre Kühler hatten. Undeutlich ist auch, ob die Dekoration schon auf das Bekenntnis des Besitzers schließen lässt. Ein Halbmond deutet auf einen Muslim und ein Kreuz zunächst auf einen Christen, will sagen, auf einen Armenier oder Griechen. Doch das Kreuz, als Ornament der Volkskunst, kommt auch in islamischen Gesellschaften vor, während der Halbmond heutzutage ein Symbol des säkularen türkischen Staates ist. Und wie weit ist der Begriff der Volkskunst dehnbar? Gewiß, die Masse der Dinge stammt aus einem ländlichen Umfeld, aus Dörfern und kleinen Landstädten. Andern Kühlern glaubt man anzusehen, dass sie einen städtischen Besitzer hatten, sie sind eleganter und aus feinerem, daher auch teurerem Holz; doch diese Merkmale sind nicht entscheidend, da auch ein Bauer leicht an feines Obstholz kommt. Reinholds Sammelstück mit dem lyrischen Lob des Kaffees hatte gewiß einen gebildeten Mann, wenn nicht gar einen Poeten zum Besitzer. Einen Kaffeekühler aus Metall hat Reinhold noch nie gesehen, auch in den Volkskundemuseen nicht. Metall kühlt die heißen Bohnen wohl zu schnell ab. Wohl aber sind ihm Kühler aus glasiertem, gebranntem und bemaltem Ton begegnet. Diese posaunen geradezu ihre Herkunft heraus, denn sie gehören zu den Tonwaren aus Çanakkale an den Dardanellen, einem Ort, der als Manufaktur von Keramik seit alter Zeit wohlbekannt ist. Es mag schließlich sein, dass Kaffeekühler landschaftlich unterschiedliche Ornamente haben, so dass in weiter Zukunft sagbar sein wird, ob einer vom Schwarzen Meer oder aus der Troas oder aus Kappadokien stammt.

Diese Zukunft will Reinhold selbst heraufführen helfen. Sein zukünftiges Handbuch der türkischen Kaffeekühler (räsonierter Katalog nebst zahlreichen Farbabbildungen) wird, dessen ist er sicher, ein Bestseller werden. Kaufen konnte Reinhold Kaffeekühler bei Antiquitätenhändlern, die, der Natur der Sache nach, in Touristenorten wie Istanbul, Bursa, Bergama und Ürgüp häufiger zu finden sind als auf dem abgeschiedenen Lande. Kaffeekühler werden auch 2010 noch angefertigt, und dies in der unlauteren Absicht, Touristen, türkische wie ausländische, übers Ohr zu hauen. In den Staatsgefängnissen am Schwarzen Meer, vor allem in Trabzon, schnitzen die Insassen in ihrer reichlich bemessenen Freizeit diese Gegenstände, um ein Zubrot zu verdienen. Die Provenienz ist leicht zu erkennen. Sie sind übergroß, übermäßig dekoriert und aus billigem Tannenholz. Patina wird aufgetragen, indem man Öl mit Ruß vermischt und einreibt. Echt hat es sie so nie gegeben. Auf dem Großen Basar in Istanbul werden sie den Touristen als alte Stücke verkauft. In Bursa schwor Reinhold gegenüber ein junger Händler bei der Ehre seiner Mutter (Schande über ihn!), eine derartige armlange Imitation sei echt und alt. Zudem lassen Händler alte Stücke ergänzen oder nachschnitzen. Eigentlich stimmen bei diesen »Hochzeiten«, wie Kenner aus alten und neuen Teilen zusammengesetzte Möbel nennen, immer einige Einzelheiten nicht. Reinhold hütet sich, an dieser Stelle weitere Kriterien aufzulisten, mit denen er die Tricks der Händler aufdeckt.

Der gerechte Preis entsteht nach langem Feilschen

Der Preis eines Kaffeekühlers richtete sich nach Größe, Alter, Reichtum der Verzierung. Nicht als ob die Händler immer umfassende Kenntnisse hätten, aber für einen Kühler mit Silberstifteinlagen oder eingelegten Glasperlen trachten sie, mehr Geld zu ergattern als für einen schmucklosen; ein Gerät mit Jahreszahlen kommt teurer zu stehen als eines ohne. Unter den türkischen Händlern selbst scheint das Feilschen um alte Dinge wie Schmuck, Kelims, Kupfergerät, Kaffeekühler auf einer unausgesprochenen Regel zu beruhen, welche besagt, dass der Anfangspreis als scherzhaft in die Luft geworfenes Phantasiegebilde gelten möge. Reinhold fügt noch einige Spielzüge hinzu. In dem Maße, wie der Preis beim Feilschen sinkt, schwinden Spiel und Scherz des Gesprächs. Denn nun öffnet der Händler die Schleusen der Rhetorik, um ein weiteres Sinken des Preises zu verhindern. »Die Ladenmiete ist nicht mehr zu bezahlen«, hebt er an, »neue, inflationär teure Ankäufe verschlingen den alten Gewinn; die Ausbildung der zahlreichen Kinder ruiniert mich; meine Frau und ich darben ohnehin.« Er legt zu: »Und dennoch werde ich sogleich den augenblicklichen geschäftlichen Ruin und die Armut der Familie aus Freundschaft zu dir auf mich nehmen.« Ein Blick aus in Tränen schwimmenden Augen: »Doch du, ebenso einsichtig wie gerecht, wirst gewiss solches Unglück nicht zulassen und nun den letzten, den allerletzten, den Morgen- und Herzenspreis zahlen.« Wie soll ein Ausländer widerstehen und die bittere Armut vieler Seelen auf sein Haupt nehmen? Einen türkischen Käufer schert dies Lamento wenig. Er hat schlecht gehandelt, wenn er den anfänglichen Preis nur auf die Hälfte herabdrückt, gut, wenn er ein Drittel bezahlt.

Reinhold, dessen Hartleibigkeit beim Feilschen nie sonderlich entwickelt war und im Laufe der Jahre mitsamt seiner Nervenkraft immer mehr geschwunden war, gab gewöhnlich einer solch klagenden Suada des Händlers nach; er war mit einer Verminderung um ein Drittel des anfänglichen Preises zufrieden; das hieß, zufrieden war er eigentlich nicht: Ihn wurmte schon, dass ein türkischer Landsmann, denn solche sammelten inzwischen auch die Kaffeekühler, viel billiger wegkam als er, der Ausländer. Wenn der Unterschied zwischen gefordertem und gebotenem Preis unter zwanzig Mark betrug, gab er sich geschlagen. Blieb der Unterschied größer, kaufte er, von einem Moment zum andern völlig verdrossen, gar nichts. Nach den unausgesprochenen Regeln des Feilschens tat er nicht gut daran, denn er beraubte seinen Widerpart des Vergnügens am hinausgezögerten Hin und Her. Er war kein Meister des preislichen Fingerhakelns, sonst hätte er sich nicht so oft über den Tisch ziehen lassen. Nach diesen allgemeinen Spielregeln soll jedoch eine sehr spezielle nicht vergessen werden.

Hilmi, genannt Warze, und seine eigene Relativitätstheorie hinsichtlich der Preise

Als Reinhold »Warze« in den frühen achtziger Jahren in Bergama kennen lernte, war der schon ein alter Mann, groß, dick, wirres weißes Haar auf dem Kopf und eine riesige Warze auf der Nase, welche ihm Reinholds Rufnamen eingebracht hatte. In Wirklichkeit hieß er Hilmi, seine Nachbarn nannten ihn »deli«, den Verrückten. Sein schmales Geschäft lag an der Hauptstraße von Bergama; es bestand aus einem Gang in die Tiefe des Hauses, der an der Hoftür endete. Über der Hoftür war schräg an der Decke ein ewiger, weil ewig laufender Fernseher befestigt. Neben der Tür standen ein kleiner Tisch und ein Sessel, der Gang war gefüllt mit billigen bunten Kleidern, verschmutzten Teppichen und Kelimen. Dann ging es in den verwahrlosten Hof, dort standen Vitrinen mit zersplitterten Glasscheiben unter Feigenbäumen. Einige enthielten Kupfersachen. Ein Freund Reinholds kaufte einen Teller aus dem späten 18. Jahrhundert, der einen schlicht eingekratzten Fisch und eine griechische Inschrift zeigte. Er hatte einem Christen in Bergama gehört. Hilmi lud Reinhold jedes Mal ein, die Schuhe abzustreifen und ihm ins Haus, in die Küche zu folgen, wo seine Frau den Gast mit einer Tasse Tee begrüßte. Hilmi holte zunächst antikes Kleinzeug hervor: Münzen, Öllampen, Tonköpfchen und unbedeutende Gemmen; versteckt hatte er seine Schätze, fein säuberlich eingewickelt in Papier- und Plastikpäckchen, in der Asche des gusseisernen Herdes und unter einem lockeren Fußbodenbrett. Von der Sicherheit der Verstecke muss er überzeugt gewesen sein. Erst wenn Reinhold nicht anbiss, brachte er aus einem Nebenraum ethnische Holzgegenstände, darunter immer auch Kaffeekühler. Ein Ritual begann. Türkische Feilschrituale veränderten sich selten, doch bei Warze hatten sie ihren ganz individuellen Verlauf. Sagen wir, Reinhold hatte fünf Kaffeekühler ausgesucht; sagen wir, Hilmi forderte tausend DM; sagen wir, Reinhold bot fünfhundert. Allein die geforderte Summe von tausend DM betäubte dem alten Mann den Verstand. Er sah das Geld vor sich; glaubte es schon in seiner Hand; verteidigte es aufs erbittertste. Er begann zu murren, wedelte unwirsch mit der Hand über seine Schätze, schickte sich an, sie alle erneut einzupacken, gar nichts wollte er verkaufen, ehe er sich derart betrügen ließe. Er setzte sich am Fenster auf den Fußboden, starrte hinaus und schwieg beleidigt. Die Ehefrau suchte den in doppeltem Sinne Schwerhörigen mit schrillen Worten zur Vernunft zu bringen. Für fünf ausgewählte Kaffeekühler forderte er eintausend Mark, wurde einer in seine Hand zurückgelegt, kosteten die restlichen vier ebenfalls eintausend Mark. Das mochte so fortgehen, bis schließlich eines, das letzte Stück, die gleiche Summe erbringen sollte. Der Handel endete – war anderes zu erwarten? – in Zwietracht. Und auch wiederum nicht. Reinhold zog fünf frische Einhundertmark-Scheine aus der Brusttasche und reichte sie der Ehefrau. Die schimpfte wie ein Rohrspatz mit ihrem Alten und drängte ihm die Banknoten auf. Hatte Warze das Kaufgeld erst in der Hand, erhellte sich seine Miene. Der zutiefst Beleidigte wandte sich an die Frau: »Mach noch einen Tee!« und wechselte freundliche Worte mit Reinhold: »Willst du nicht auch noch anderes kaufen? Ich habe schöne Kelime und Teppiche, ganz preiswerte.« Im Mai 2000 fuhr Reinhold mit Monika von Foça nach Bergama. Sie wollten Hilmi besuchen, aber Warze war vor zwei Monaten gestorben. Der skurrile Kauz war zuletzt stocktaub geworden, so dass selbst die gekreischten Worte seiner Frau nicht mehr durch sein Ohr drangen. Er sah sich Hilmis Nachlass an, wühlte lange, doch fand keinen Kaffeekühler mehr. Die Witwe passte auf wie eine Frau Luchs und bot wie stets Tee an. Im Hof standen immer noch die zerbrochenen und verstaubten Vitrinen.

Freund Mahmut Bey, genannt Goldzahn

In Bergama war die beste Quelle Mahmut Bey, ein kundiger und relativ vertrauenswürdiger Händler, dessen Familiennamen Reinhold durch ein hervorstehendes Merkmal ersetzt. Für ihn firmiert Mahmut Bey als Goldzahn. Goldzahn hatte einen geräumigen Laden kurz bevor die Straße zum Burgberg hochbog. Teppiche und Kelime lagen dort in hohen Stapeln, an der linken Wand standen Kupfergefäße. Die Kelime waren zu teuer, von den Kupfersachen kaufte er vier, fünf Schalen, Töpfe und Teller, alle datierbar an der eingeschlagenen Tuğra, dem Namenszug des regierenden Sultans. Einige Teller stammten aus dem 18. Jahrhundert. Er erwarb einen, datiert 1743. Silberzeug hatte Mahmut Bey wenig Gutes, dafür um so mehr Kaffeekühler. Auch bei ihnen wählte Reinhold vor allem solche, die ein oder zwei Daten trugen; sein ältester, mit einer durchbrochenen Schnauze, stammte von 1691 und kostete immerhin 350 DM. Um eine kleine Vorstellung von durchschnittlichen Käufen und Preisen zu geben: Im März 1995 erstand er fünf Kühler für 710 DM und Monika eine alte Kupferschale für 60 DM. Im Laufe der Jahre kaufte er bei Mahmut Bey Dutzende von Kaffeekühlern, mehr als bei allen anderen Händlern zusammen. Handeln mit Mahmut war angenehm. Sein Anfangspreis war nicht himmelhoch, kaufte man mehrere Stücke, ließ er kräftig im Preis nach. Reinhold konnte sich daher oft die besseren und daher auch teureren leisten. Seit ungefähr 2007 hat Mahmuts Sohn Tefik, ebenso freundlich wie sein Vater, den Laden übernommen. Bei ihm wird man kaum noch Kaffeekühler finden, und wenn, dann minderwertige. Der Markt ist nicht nur in Bergama leergefegt. Natürlich hatte auch Mahmut stets geklagt, das Geschäft ginge schlecht, er verdiene so gut wie nichts. Tefik jedoch erzählt, sein Vater baue ein Haus mit acht Wohnungen. Reinhold fragt sich, mit welchem Geld, wo er doch keines verdient hat.

Bergama

Fliegen, die Dienerschaft Satans

An Fliegen mangelt es nicht in der ländlichen Türkei. Träge kriechen sie in schwarzen Armeen über die halben Hammel, welche die Metzger in und vor ihren Läden an Haken aufgehängt haben; in Wolken schwirren sie um süße Sachen, Obst, Kuchen, Zuckerwaren, und allesamt sind sie weder zu töten noch auch nur zu vertreiben. Die Türken ergeben sich in die Plage. Nicht so Reinhold, gerade deshalb nicht, weil die Fliegen ihn zum Objekt ihrer Begierde auserkoren haben. Tun sie dies aus Liebe zu seinem süßen Blut? Wie etwa ihre abendlich sirrenden Plagebrüder, die Mücken? Wie am Strand die lautlosen Pferdebremsen? »Eher«, denkt er sich, »nicht, nein, tun sie nicht.« Es muss eine fundamentale, eine kreatürliche Feindschaft zwischen Fliegen und ihm dahinter stecken oder gar ein gegen ihn erlassener dämonischer Befehl. Von solchen Angriffen der Fliegen könnte er viele aufzählen. Einer, ein besonders denkwürdiger, ereignete sich in Bergama im Jahr 1973.

Er war mit den Freunden Allen und Doris von Izmir nach Bergama gefahren; sie hatten sich einen Wagen gemietet, und das war gut so, denn so kamen sie schneller ans Ziel. Warum diese unorientalische Hast? Nun, er hatte in Izmir zufällig seinen alten Bekannten Henry Wallace getroffen, dem eine eigene Geschichte gilt. Dieser war auf dem Weg nach Bergama und würde gegen Mittag mit dem Bus dort eintreffen. Wohlweislich hatte Reinhold sein Tagesziel verschwiegen, denn kam er zuerst an, dann konnte er in aller Eile die ihm befreundeten Händler aufsuchen, sich ihre Kupfer- und Silbersachen vorlegen lassen und – »Ich bin schon da«, sagte der Igel – wegkaufen, was ihm gefiel. Henry, träfe er als erster ein, würde nicht anders handeln, nichts für ungut. Schwitzen hatte Reinhold mächtig müssen, denn vor der Stadt war der Wagen in einen Stau vor einer eingestürzten Brücke geraten. Hatte Henrys Bus die Unglücksstelle noch passiert? War der Konkurrent, uneingedenk der Freundschaft und fröhlichen Herzens, bereits dabei, die besten Sachen in seinen Sack zu stopfen? In Bergama angekommen, lief er sogleich zu dem größten Händler am Platz und fragte, gegen alle Sitte hastig, ob Henry im Lande sei? Als dies verneint wurde, ließ er sich keuchend und schweißbedeckt in dem stickig-heißen Laden auf einen Schemel nieder, schickte seine Freunde weg und vergaß über der Gier auf kommende Schätze die Fliegen. Nach zwei Stunden selbstvergessenen Handelns und nach glücklichen Käufen entsann er sich der Umwelt und seiner Leiblichkeit, stand vom Schemel auf, streckte die Glieder, wischte den Schweiß, den etliche Glas Tee noch mehr hervorgetrieben hatten, von der Stirn, merkte, Schlimmes ahnend, wie ein Jucken ihn an vielen Stellen angriff und zählte an die achtzig Quaddeln an Armen und Beinen, besonders in den Armbeugen, an den Handgelenken und den Knöcheln, wo sein süßduftendes Blut dicht unter der Haut dahinströmt.

Er ist ausnehmend dünnhäutig. Nicht, oder nicht so recht, in einem psychologischen Sinne, wohl aber im wortwörtlichen. Dies wissen Mücken von Kindesbeinen an. Schläft er in einer Sommernacht in südlichen Breiten bei geöffnetem Fenster, dann erhebt er sich rotgepunktet und hügelig an den falschen Stellen, und es juckt und juckt ihn, kaum zu ertragen. Das probate Ablenkungsmittel, eine nackte Dienstmagd am Fuße des Bettes schlafen zu lassen, hat auch nicht gefruchtet. Dass ihn Fliegen heimsuchen und sogar stechen, ist Freunden immer wieder mühselig zu erklären: Sie wollen es nicht glauben und sprechen von ihm als einem aufschneiderischen Ignoramus, obgleich sie die Quaddeln sehen und Hand auf sie legen können. Ungläubig sind sie wie Thomas. Er bittet also den geneigten Leser, sich erklären zu dürfen. Natürlich stechen die Fliegen nicht – das ist einfach so hingesagt – ,denn Stacheln haben sie keine, sondern Rüssel und die dringen durch seine schweißnasse, aufgeweichte, papierdünne Epidermis und hinterlassen Juckreiz erzeugenden Schmutz und Keime, welche wässerige Quaddeln erblühen lassen. Er hasst Fliegen mit der gleichen Inbrunst, mit der sie ihn lieben.

Er weiß im Innersten, der Kampf gegen die Fliegen ist ein endzeitlicher, gerade in Bergama, denn bereits die Geheime Offenbarung spricht von dem Throne Belials in Pergamon und hat dabei den götzenbildbedeckten pergamenischen Altar im Sinn. Auch das weiß ein Leser etwa der wohlinformierten Zürcher Bibel. Unter seinem hebräischen Namen Baal-Sebub ist Satan zudem Herr der Fliegen. Reinhold kämpft allein gegen die jedem Zuspruch unzugängliche, weil vernunftlose Satansdienerschaft, die fleischgewordene und nie und nimmer ablassende schwirrende Bosheit. Eine kaum zu gewinnende Schlacht ist diese, weder mit Hilfe der pharmazeutischen Kämpferbrigaden und ihrer teuren weltlichen Waffen noch durch Anruf und unter dem Panier einschlägiger Heiliger. Nur, kapitulieren will er auch nicht. Als Christ sollte er, wie der heilige Franziskus, seine Mitkreaturen lieben, die menschlichen wie die tierischen. Dies Gebot kommt ihn bei beiden Geschöpfesarten gelegentlich recht hart an. Mücken und Pferdebremsen räumt er den Rang natürlicher Feinde ein, doch bei Fliegen liegt die Sache anders. Sie sind seine metaphysischen Feinde. Er streitet gegen sie wie der heilige Georg gegen Drachen. »Mit Gott! – Mit mir nicht!« und »Nehmt das, Diener Satans!« schreit er und zerschmettert seine Widersacher, die Leichen sammelt und betrachtet er mit ingrimmiger Lust. Ein in die Jetztzeit versetztes Armageddon.

Çandarli

Des Meeres und der Launen Wellen

Missbehagen am Reisen und am Meer

Nach Çandarlı, der Stätte des antiken Pitane, hatte es Reinhold öfters gezogen, wenn er in Foça Urlaub machte. Doch seine Trägheit und die Abgelegenheit des Dorfes verhinderten immer wieder die Fahrt. Nach einem Tag in Bergama fuhr er nun einmal viel bequemer auf der großen Fernstraße sogleich zurück nach Foça. Çandarlı lag nicht am Weg; ein Besuch hätte einen Umweg von einigen dreißig Kilometern bedeutet; am Bakır Çay, dem antiken Kaïkos, hätte er auf eine enge Landstraße zum Meer hin abbiegen müssen. Das passte nicht in das Tagesprogramm, oder die Aussicht auf die nur selten verkehrenden Busse war zu trübe, oder sein Hemd war zu sehr von sommerlichem Schweiß durchnässt, als dass er weitere Stunden im Auto auf sich zu nehmen gewillt war. Ausreden waren das. An Ausreden vor sich selbst und vor seinen Reisebegleitern fehlte es ihm nie.

In der Antike gab Pitane einen eher bescheidenen Hafenort ab und war die nördlichste Stadt der Landschaft Aiolis gewesen, bevor das Königreich Pergamon sie seinem Besitz einverleibte. In hellenistischer Zeit hatte Pitane Münzen geprägt. Die Vorderseiten zeigten ein feistes Mannesgesicht, das an den Schläfen gewundene Widderhörner trug, den Zeus Ammon, eine ägyptische Spielart des obersten Gottes, die Rückseiten trugen ein magisches Pentagramm. Die Überreste antiker Herrlichkeit waren ansonsten gering. Von einer Hafenmole sprachen die Reiseführer, auch von einer archaischen Jünglingsstatue, welche leider nicht mehr am Ort zu besichtigen sei. Nicht erwähnten sie die aus antiken Tonscherben bestehenden Hügel vor der Stadt, kleine Brüder des Monte Testaccio in Rom, noch auch die Gräberfelder, aus denen ein Reichtum hellenistischer Keramik ans Licht getreten war. Wegen der Antike lohnte sich ein Abstecher nicht. Mit zahlreichen Städten an der kleinasiatischen Westküste teilte Çandarlı im späten Mittelalter eine zweite Blüte. Die Byzantiner, die Seldschuken, die Ottomanen, die Genuesen und die Venezianer hatten alle ein scharfes Auge auf gut gelegene und leicht zu verteidigende Handelshäfen gehalten; zum Schutz des Ortes waren Wachtürme, ein Kastell, eine Stadtmauer schnell erbaut und freilich im Wechselspiel der Streitereien oftmals ebenso schnell vom Gegner erobert worden. Um 1300 setzten die Genuesen (andere sagen die Venezianer) sich in Çandarlı fest und erbauten ein beachtliches Kastell; durch die Jahrhunderte verstärkten die Türken den Bau immer wieder, so zuletzt Mahmud II. im Jahre 1823. Da Reinhold den großen Reformsultan Mahmud II. verehrte und nicht genug über ihn erfahren konnte, beschloss er, sich dessen Befestigung anzusehen. Ach was, das stimmte überhaupt nicht. Zwar schätzte er den Sultan, er schätzte aber auch das faule Nichtstun. Die Wahrheit lautet ganz anders.

Er hatte im Oktober 1997 für einige Wochen sein Domizil in Foça aufgeschlagen. Das Alleinsein bekam ihm seit einigen Jahren wie ein Krug Essig; sollte es ihm nicht den Magen versauern, so musste er etwas tun, irgendetwas unternehmen. Tatenloses Alleinsein untergrub sein seelisches Wohlbefinden. Was er gegen eine hellgraue Wolke der Depression unternahm, glich sich bei aller Verschiedenheit der Orte und Umstände. In Foça saß er auf dem Balkon seiner Pension, sah eine Zeitlang auf die stille, lichtglänzende See und die rasch wechselnden blauen und grauen Schatten, welche Sonne und Wolken über den Wasserspiegel trieben. Die Natur lächelte, sie lächelte geradezu angestrengt und lud ihn zur Erquickung ein. Er lächelte nicht zurück, noch ward ihm angesichts der Wasser ruhevoll und kühl bis ans Herz hinan. Soviel Ruhe reizte seine Nerven. Er stand auf, ging in die Wohnung zurück, setzte sich vor den Tisch und brütete über der Landkarte der türkischen Westküste. Hin und her und her und hin gingen seine Gedanken, wann und wohin er einen Ausflug machen sollte. Da er keinen eigenen Wagen hatte und eine Fahrt mit einem Leihwagen ihm sowohl zu teuer als auch zu ermüdend erschien, ging er zum Busbahnhof in Foça, studierte die Fahrpläne, obwohl er sie längst kannte, beschloss, nach Manisa oder Izmir oder Ephesos zu fahren, schüttete sich, stolz auf den gefassten Entschluss, am Abend viel Wein in den Bauch und verschlief den morgendlichen Bus. Er begann das Planungsspiel von neuem. Wahrlich, man konnte nur den Kopf schütteln über seine zögerlichen Spielchen. Er selbst tat das, unter uns gesagt, auch, ließ darum aber nicht von ihnen ab. Endlich, wenn ihm die Unentschlossenheit zu sehr aufs Gemüt fiel, würde er wirklich eine Reise unternehmen und später, daheim, von seiner Fahrt erzählen. Wenn die Fahrt seinen Zuhörern als Abenteuer erschien und er als der Held seiner Geschichte, widersprach er nicht. Er wusste es besser: Nichts als eine Flucht vor melancholischem Treibenlassen hatte er begangen; vor der acedia, wie die mittelalterlichen Theologen eine solche Sünde wider den Geist nannten.

Also fuhr er nicht nach Manisa, Izmir oder Ephesos, sondern in die entgegengesetzte Himmelsrichtung, zum unbekannten Çandarlı. Doch gemach, derart kühn entschlossen ging er nun auch nicht vor. Also fuhr er, da unkühn gestimmt, nach Bergama. Dort war er schon Dutzende Male gewesen; er wusste wie lange die Fahrt dauerte und welche Busse er nehmen musste: mit dem lokalen Bus entweder nur bis zu der Kreuzung der Straße von Foça mit der großen Landstraße, die von Izmir zu den Dardanellen heraufführte, darauf einen zweiten Bus nach Bergama oder, zwanzig Kilometer zurück in Richtung Izmir, bis zum Busbahnhof in Menemen und einen direkten Bus zu seinem Ziel. Er fuhr meist bis Menemen; die Kreuzung war nämlich eine höchst unsichere Wahl, weil die einander jagenden Überlandbusse nur hielten, wenn den Fahrern der Sinn danach stand. Auf dem Busbahnhof in Bergama kam er gerade aus der Herrentoilette, als er sah, wie ein kleiner, nach Dikili bestimmter Bus langsam eine letzte Runde auf dem Hof drehte, während der Fahrer sich aus der offenen Tür lehnte und nach Fahrgästen rief. Ein unbedachter Einfall überfiel ihn. Er sprang in den Wagen, ließ sich auf einen Sitz fallen und atmete tief durch. Çandarlı lag auf dem Weg nach Dikili, er konnte sowohl den einen wie den andern Ort besuchen, ein kleines, berechenbares Abenteuer hatte begonnen. Der Fahrer fuhr von der großen Landstraße nach Izmir ab; eine schmale Straße lief über Hügel und durch Olivenhaine, sie senkte sich zum Meer; im Norden einer weiten Bucht leuchteten im Sonnenlicht einige große Feriendörfer auf; an den Rändern Çandarlıs erblickte man die Zeichen des neuen, wohlhabenden Tourismus: Ferienhäuser, Anzeigetafeln von Grundstücks- und Immobilienmaklern, Neubauten, Rohbauten. Der Bus holperte über eine staubige und schlaglochreiche Straße in die Stadt und kam neben einem kleinen, baumbestandenen Platz zum Stehen. Er kletterte hinaus und ging die wenigen Meter bis zum verlassenen Meer.

Feigen zu verschlingen erheitert weniger als ein Dialog

Die Bänke am Strand standen leer; nichts, nicht einmal ein streunender Hund rührte sich. Eine stille, lichtglänzende See; Sonne und Wolken trieben rasch wechselnde graue und blaue Schatten über den Wasserspiegel. Er sah hinaus auf die See, auch hier war ihm nicht nach Lächeln. Çandarlı schien nicht mehr als ein großes Dorf zu sein; er ging in den Ort hinein und schlenderte an einem großen, einfachen Hotel vorbei. Tafeln priesen Fischgerichte an, niemand saß in dem Speisesaal, dann folgten zwei verkommene, verräucherte Teehäuser, dicht gefüllt mit Männern; aus den großen, offenen Fenstern drang das helle, trockene Scheppern von Würfeln auf hölzernen Spielbrettern, die Männer spielten Tavla. Çandarlı lag auf einer Landzunge und die Straße führte an der schmalsten Stelle hinüber. Er stieß schon bald an den Nordstrand; auch der war wie der Südstrand so menschenleer wie still. Er ging vorbei an Bars, Pensionen und kleinen Esslokalen, alle geschlossen. Er lief über den Sand ans Meer und tauchte seine Hand ins warme Wasser; Schwärme kleiner Fische huschten, mit silbern aufblitzenden Bäuchen, im Zickzack aus dem flachen Wasser hinweg in die Tiefe. Schwärmen von Fischen zuzusehen beruhigte ihn; ihm imponierte, wie bei einem Schwarm Vögel, die Eleganz der so instinktiven wie vor Karambolagen sicheren Bewegungen. Ein alter Mann wanderte in der Ferne die Strandpromenade entlang; Katzen schlichen um die Hauswände. Ein Handtelefon läutete irgendwo minutenlang und zerstörte die Stille; ein Dorfhahn antwortete mit zornigem Krähen. Er bog zurück ins Dorf, die Straße stieg ein wenig an und vor ihm lag die Festung, ein ansehnlicher, polygonaler Bau, fünf starke Wehrtürme, eine unleserliche Inschrift über dem Tor. Ein paar Arbeiter fuhren Karren mit Mörtel und Steinen in den Innenhof. Er grüßte, folgte ihnen und sah sich um. Ein leerer Platz, Gras zwischen den Steinen, drei bronzene Kanonenrohre lagen umher. Nur von außen betrachtet machte die Festung etwas her.

Reinhold ging weiter zur Dorfmitte und wusste nun, warum die Strände menschenleer waren: Çandarlı hatte Wochenmarkt. Buden und Stände säumten einen kleinen, abfallenden, baumbeschatteten Platz; das Angebot war das üblich ländliche: Äpfel, Birnen, Trauben, Nüsse, Oliven, Unterwäsche für Männer und Frauen, Hemden, Blusen, Socken, Schuhe, Plastikgeschirr. Die Leute waren nicht sehr zahlreich, kein Gedränge, kein Geschrei, nur halblautes Murmeln. Er kaufte ein Kilo frischer Feigen, ging zurück zur Bushaltestelle und setzte sich auf eine Bank am Meer. Erneut Sonne, Stille, glänzende See; rasch wechselnde graue und blaue Schatten glitten über das Wasser. Er sah dem unverdrossenen Naturtreiben ohne Beifall zu und schlang die Feigen, eine nach der andern, schließlich alle, heißhungrig herunter. Übel wurde ihm davon, kein Rülpsen erleichterte ihn, an einem alten Wasserspeier wusch er sich den klebrigen Feigensaft von den Händen. Der Bus nach Bergama hatte viele Minuten in der Sonne gestanden, nun hupte der Fahrer, Schulkinder in adretten Uniformen kletterten hinein, er folgte ihnen. Außer den Kindern auf den Rücksitzen war er der einzige Fahrgast; die Mädchen kicherten, eines fasste sich ein Herz, kletterte auf den Sitz hinter ihm und stellte die unausbleiblich wiederkehrenden Fragen: »Do you speak English? Where are you from?« Er gab schlichte, englische Auskunft, dem Kind schoss die Röte ins Gesicht, es prustete los und sah sich triumphierend im Kreis der Mitschülerinnen um. Das Mädchen hatte sein sprachliches Pulver verschossen und dabei ein kleines, absehbares Abenteuer gewagt und bestanden. Reinhold lächelte in sich hinein; eine großväterliche Gelassenheit erfüllte ihn bis zur Rückkehr nach Foça.

Aigai in der Aiolis

Eine Steinhütte, eine Pfanne voll Rührei, eine Handvoll Münzen

Die Ruinen der kleinen antiken Stadt Aigai liegen mitten im Bergland der nordwestlichen Türkei, im Gebiet der alten Aiolis, und sie sind weder von den Städten Bergama noch Menemen sonderlich weit entfernt. Im September 1973 gab es keine Straße, die zu einem nahe bei den Ruinen gelegenen Dorf führte. »Macht nichts«, tröstete den Reinhold sein Freund Ibrahim Gürcan, damals noch Händler mit alten Sachen in Kazikbağları, den drei Häusern an der Landstrasse nach Izmir, »mit deinem alten VW kommen wir schon hin.« Warum aber wollten Reinhold und Martina überhaupt eine Fahrt unternehmen, die nichts als Mühsal versprach? Ziel wie Weg lockten gleichermaßen: Die Stadt war nicht ausgegraben, doch standen, hatten sie gehört, noch viele Ruinen über der Erde. Was er über Aigai gelesen hatte, versprach ein neuartiges, von jedem Tourismus unberührtes Erlebnis. Die Fahrt würde ihn, wenigstens dem Anschein nach, in die abenteuerlichen Reisen des 19. Jahrhunderts zurückversetzen und ihn so, was Geist und Schweiß anging, den damaligen Reisenden annähern. Das war es, was der moderne Reisende wollte: Zurück zu den Tagen der Urgroßväter. Zudem hatte Ibrahim im Dorf einen Freund, ebenfalls namens Ibrahim, seines Zeichens ein Aufkäufer der von den Bauern auf den Feldern gefundenen Kupfermünzen.

Morgens fuhren sie los; die Erdstraße zum Dorf Zeytindağ war durchaus passabel, aber danach ging es in die Berge, erst Feldwege entlang, die bald zu in den Fels geschnittenen Pfaden verkümmerten, welche steiler und enger wurden, bis schließlich selbst ein VW Käfer nicht anders konnte als ins Stocken zu kommen. Die beiden Männer stiegen aus und rollten auf dem letzten Hang vor dem Dorf die Felsbrocken mühsam aus dem Weg, Martina hielt das Steuer umklammert, die Kupplung gedrückt und ruckte den VW bergan. Das ging nicht lange gut. Sie mussten den Wagen in der Sonne stehen lassen. In der Mittagshitze klebte Reinhold das verschwitzte Hemd am Rücken, seine Knie wurden weich, Arme und Rücken schmerzten; mit Herkules war er ja nicht einmal entfernt verwandt. Erschöpft stolperte er auf ein paar armselige, verstreut liegende Hütten zu. Ein einziges Haus hatte ein rotes Ziegeldach, daran erkenntlich als die Schule des Weilers. Inmitten der Felsentrümmer waren das Gras und die Blumen im August schon lange abgeblüht; der Duft des Frühlings war vergangen; zwischen braunen und gelben Pflanzen weideten Ziegen und scharrten Hühner. Fußpfade führten von elender Hütte zu elender Hütte. Der andere Ibrahim war daheim, begrüßte sie freundlich und winkte sie in sein Haus. Die Hütte bestand aus aufgeschichteten und mit Mörtel verbundenen Felsplatten; doch die Steinmauern gaben keine Kühlung, auch sie hatte die unerbittliche Sonne erhitzt. Der einzige Raum war kaum mannshoch, fensterlos und stickig, aufrecht stehen konnte man dort nicht; in ihm wurde offensichtlich geschlafen, gerastet, gekocht und gearbeitet, wie bunt umher liegende Wolldecken und eine Feuerstelle anzeigten. Vom reinlichen Anstand der Armut war wenig zu bemerken. Der Mann zählte, soweit im Halbdunkel zu sehen, über vierzig Jahre, war dünn, hatte früh ergrautes Haar und ein dunkelbraunes Gesicht, im Mund fehlten ihm mehrere Zähne. Gastgeber und Gäste hockten sich auf den Boden; Ibrahim brachte in großen Bechern kühles Wasser, es mochte aus einem Brunnen oder einer Zisterne stammen. Ein Brunnen auf dem Berg? Vielleicht kam sein Trinkwasser, sein gewiß ungefiltertes Wasser, doch aus einer alten Zisterne. Eine Frau (Ibrahims Frau oder Schwester?) blies die Glut in der Feuerstelle an, legte Holz nach und goss einen guten Schuss Olivenöl in eine große, schwarze, rußige Eisenpfanne, schmorte in ihr Tomaten, zu denen sie über ein Dutzend frische Eier schlug und mit einem Holzlöffel verrührte. Salz gab sie keines dazu, auch keine gehackte Petersilie, aber Kräuter, die der Fremde nicht kannte. Mit einem Lappen Fladenbrot in der einen Hand und einem Holzlöffel in der andern wandten sich alle gemeinsam (natürlich ausgenommen die Frau) der Pfanne zu. Ibrahim schenkte Wasser nach. So viele Rühreier für ein Omelett hatte Reinhold noch nie gesehen, und es hätte gar nicht so schlecht geschmeckt, wenn nicht die elende Hitze den Appetit genommen hätte.

Ibrahim Gürcan kam darauf zum Geschäft. Er sprach schnell und unverständlich mit seinem Freund, der nickte und holte aus einem Loch in der Steinwand einen Becher voll Münzen, die er auf einem Teller ausschüttete. Reinhold durfte sie sich ansehen. Dort lag viel pergamenisches Kleingeld; dazu winzige Bronzemünzen aus Aigai; erkenntlich waren sie an dem Ziegenkopf auf einer Seite und sprachen so den Namen der Stadt Aigai an, denn aix, Genitiv aigos, heißt im Griechischen die Ziege. Viel mehr war auf ihnen nicht zu erkennen, fast alle waren stark abgenutzt und verkrustet. Dennoch müssen die beiden Ibrahims, ohne viel Feilschen, wie es sich unter Freunden gebührt, ins Geschäft gekommen sein, denn die Münzen und ein paar kleine moderne Banknoten gingen schnell hinüber und herüber. An die zwei Kilometer entfernt warteten noch hinter Büschen versteckt die Ruinen von Aigai und glühten in der Sonne. Ihnen fiel ein Verzicht auf den Besuch nicht schwer, da die Alternative Hitzschlag hieß. So sind Martina und er, erschöpft aber immer noch einigermaßen wohlbehalten nach Bergama zurückgekommen.

Auf welcher Straße, bitte, gelangt man tatsächlich von Bergama nach Aigai?

Im August 1991 hatte Reinhold in Bergama während der beiden letzten Tagen unter Durchfall gelitten; er wusste, von welcher Stunde ab und durch welche Speise das Unglück seinen Anfang genommen hatte Es lag nämlich an dem Abendessen, das er mit einigen Archäologiestudenten aus der deutschen Grabungsmannschaft auf dem Burgberg in einem von ihnen empfohlenen Lokal verspeist hatte. Die aufgetragenen Fritten waren nicht, wie oft in einfachen ländlichen Lokalen, kurz vorher handverschnitten und zu einer mehligen Köstlichkeit gebraten worden, sondern ein Pavian, verkleidet als Koch, hatte sie ein ums andere Mal in altem Öl erhitzt, über die Bohnen hatte das Untier noch einen kräftigen Schuss Dieselöl gegossen. Am nächsten Morgen stellte sich prompt Durchfall ein, der seine drei Tage dauern würde. Die Lust am folgenden Tag war somit geschmälert, an dem Reinhold mit seinem Freund Friedrich die Stadt Aigai auf dem Nemrud Dağı aufsuchen wollte. Der Name Nemrud wird von den Türken gern Bergen verliehen, auf denen der mythische Jägersmann Nimrod wilde Schweine gejagt hat. Da es Unmengen von wilden Schweinen gibt, die freilich auf der türkisch-islamischen Speisekarte nicht erscheinen dürfen, gibt es auch mehrere Berge namens Nemrud. Friedrich ermahnte ihn, schon frühmorgens mit dem Frühstück fertig zu sein, er habe einen Taxifahrer engagiert, der für die deutschen Archäologen öfters Fahrten unternehme und den Weg nach Aigai bestens kenne, wie ihm die Grabungsphotographin versichert habe. Der Mann verlangte achtzig DM für seine Tagestour, einen, wie sie fanden, angemessenen Preis.

Nun, es kam, wie es in der gegenüber der Zeit geduldigen Türkei nicht selten zu kommen pflegt. Friedrichs Taxi fuhr nicht zur kühlen, frühen Morgenstunde vor, sondern erst, als die Sonne schon kräftig schien. Zudem hatte der Fahrer, das lag bald auf der Hand, eine hinreichend dunkle Ahnung von seinem Weg, um sogleich von ihm abzukommen. Die Fahrt ging zunächst die Landstraße nach Soma hinaus und dann über eine Abzweigung und Erdstraßen hoch in die Berge auf der Suche nach einem Dorf, dessen Name so ungefähr wie »Söyliköy« klang. Man hatte Friedrich versichert, die Fahrt dorthin dauere höchstens eine Dreiviertelstunde. Nach einer Stunde war von Söyliköy nichts zu sehen, die Sonne schien inzwischen brütend heiß. Reinhold drückte und zwickte es immer heftiger im Darm, das durchgeschüttelte Auto verschlimmerte das Zwicken. Von Zeit zu Zeit hielten sie an, weil er sich zur Entleerung seitwärts ins Feld schlagen musste; Toilettenpapier hatte er, vorausfühlend, reichlich mitgenommen. Dass er durch einen ihm bisher unbekannten Teil Mysiens fuhr, tröstete nur wenig, die matten Augen glitten über eine eintönige Landschaft und wollten eigentlich überhaupt nichts sehen. Berghang um Berghang war mit grünen Pickeln bedeckt, die, kamen sie näher, zu schütteren Baumgruppen wurden. Die Straßen wurden zusehends staubiger und löchriger. Zusehends verfiel auch seine Laune. Bei jedem Dorf hielt der Fahrer an und hatte erst einmal Mühe, einen Menschen aufzutreiben, der Auskunft über den Weg geben konnte, denn die kleinen Weiler lagen in der Sonnenhitze wie ausgestorben da. Ihr Türke hatte es nicht leicht: Zum einen war er kein Mann von ausgeprägtem Spürsinn, nach den empfangenen Auskünften richtete er sich nur drei oder vier Kilometer weit und hatte sich dann erneut verfahren; zum andern stand er mehrfach, mit Recht ratlos, vor einer unbeschilderten Straßengabelung. Schließlich, nach ungefähr zwei Stunden, gab ihnen ein Arbeitertrupp an einer Baugrube endlich eine rätsellösende Auskunft, auf welche die Männer sich nach Rede und Gegenrede einigten: Es gab zwei Dörfer namens Söyliköy oder ähnlich, und der Fahrer war die ganze Zeit um eines, dazu noch das falsche, herumgefahren. Das andere lag zwanzig Kilometer weiter westwärts, in seiner Nähe gab es auch den Nemrud Dağı und ein Kale, eine Burg oder Festung, mit welchem unscharfen Wort die Landbevölkerung alte Ruinen gerne bezeichnet. Die Auskunft klang gut. Also ging die Autofahrt weiter; der Plan von Aigai aus dem Jahre 1898, den Friedrich mitgenommen hatte, war nicht recht benutzbar. Zwar waren die alten Dörfer und Forstwege eingezeichnet, aber die modernen Straßen verliefen anders. Sie langten in dem richtigen Dorf mit dem richtigen Namen »Yuntdağı Köseler« erst um halb zwölf Uhr mittags an.

Die antike Stadt lag ungefähr zwei Kilometer entfernt auf einem Berggipfel. Der Wächter der Ruinenstadt, Yusuf Altınay, tauchte aus dem Erdboden auf und lud die beiden ein, einige Gläser Tee im einzigen Teehaus des Dorfes zu trinken; alle männlichen Gäste, nur solche gab es üblicherweise, erhoben sich der Reihe nach, traten zu ihnen hin und boten gravitätisch die Hand. Erst kurz vor Mittag wanderten sie los, geführt vom Wächter und seinem kleinen Neffen. In schnellem Schritt, so versicherte der Ruinenwächter, dauere der Marsch bis zur Akropole eine halbe Stunde; ein gemütlicher Wanderer benötige eine Dreiviertelstunde. Hätten die beiden sich doch erinnert, dass die Türken die Zeit archaisch und leichten Sinnes bedenken! Die wirkliche Pilgerreise dauerte anderthalb Stunden, ein so kurzes wie kärgliches Picknick von Wasser, Tomaten, Schokoladekeksen und Peperoni einbegriffen. Reinhold fastete. Zunächst führte der Weg ein Tal hinab und lief auf weite Strecken neben dem antiken Zugang zur Stadt her, dann stieg er zum Burgberg an; die Besucher krochen durch umgestürzte Stadtmauern und stolperten atemlos, verschwitzt und ermattet umher, bemüht, der glühenden Mittagssonne zu entgehen. Ein scharfer Wind blies aus der Ebene den Burgberg hoch, der nicht erfrischte und gleichzeitig als hinterlistige Gabe arglosen Europäern in wenigen Minuten eine Nierenerkältung anzuhängen suchte. Warum hatte der Reinhold, ein Mann des ohnehin angeschlagenen Darms, keine wollene Bauchbinde mitgenommen?

Aigai bot den gleichen Anblick wie seit einigen Jahrhunderten; Säulen und Mauern lagen wie von einem Erdbeben hingestreckt; die Natur fasste mit Sträuchern, hohen Bäumen und Unterholz die Steine und Marmortrümmer in einen grünen Rahmen. »Pittoresk!«, hätten die Ästheten des ausgehenden 18. Jahrhunderts ausgerufen und zu Farben und Leinwand oder wenigstens zu Tusche und Gänsekiel gegriffen. Die meisten Bauwerke stammten aus hellenistischer Zeit, doch fanden sich auch römische und byzantinische Ruinen. Bedeutend war Aigai nie, weder politisch noch kommerziell. Im Laufe der Jahrhunderte gehörte die Stadt zu dem aiolischen Zwölfstädtebund, zum Königreich Pergamon und nach 133 v. Chr. zur römischen Provinz Asia. Friedrichs geschultes Auge entdeckte einige archaische Kapitelle aus dem siebten Jahrhundert, die, wie er sagte, eine große Seltenheit darstellten und nach denen sich Museen eigentlich die Finger lecken müssten. Die Aiolier entwickelten nämlich einen eigenen Typ des Säulenkapitells. Es wies zwei Voluten, große spiralige Einrollungen an den Enden, auf und möglicherweise – der Befund war anhand der erhaltenen Stücke nicht restlos zu klären – eine Basis mit pflanzlichem Dekor. Nach dem sechsten Jahrhundert wurde das aiolische Kapitell von seinem ionischen Rivalen verdrängt. Aiolische Kapitelle deuteten folglich auf eine frühe Gründung. Ein aiolisches Kapitell war es auch, das als Sitzplatz bei einer Feuerstelle diente. Yusuf Bey, ein quicklebendiger Mann, wusste mit großer Begeisterung über jedes Mauerstück seinen Wissenskram auszubreiten, alles mit expertenhafter Stimme, die den autodidaktischen Unterton nicht verbarg. Er stöberte zwei weitere Türken auf, denen er nochmals die Sehenswürdigkeiten erklärte, während die beiden Deutschen warteten. Am Ende zeigte er ihnen seine kleine Sammlung schöner antiker Scherben und Kupfermünzen der Stadt, die er in einem hohlen Baum versteckt hielt.

Die beiden Türken waren mit einem riesigen Traktor den Berg hinaufgefahren. Alle Besucher sahen sich gemeinsam die Nekropole an, den letzten Teil der Führung, dann wurden die Fremden freundlich eingeladen, mit auf dem Traktor zurückzufahren. Fünf Männer mussten Platz finden; Reinhold, als dem greisenhaftesten, gestand man den Ehrensitz zu; Ehrensitz, weil er sich neben dem Fahrer an einem stählernen Haltegriff festklammern konnte. Der Traktor wand sich über steile Wegstrecken talwärts, heulte auf, kroch Zentimeter um Zentimeter über gewaltige Felsbrocken und Steinplatten, neigte sich gefährlich mal nach jener, mal nach dieser Seite, gewann, wie ein lebendes Mastodon, seine aufrechte Haltung zurück und setzte sie schließlich durchgeschüttelt, doch unversehrt am Dorfrand ab. Von den gastfreundlichen Dörflern und vom Traktor waren noch die rituellen Photos anzufertigen. Im Teehaus galt es, noch einige Gläser zu trinken und vor allem sich in das Gästebuch einzutragen. So wahr wie unhöflich verwies Reinholds Eintrag auf die Tatsache, dass, durchaus löblich, am Ortseingang eine große neue Tafel mit dem Plan der antiken Stadt stehe, der neue Plan jedoch verschweige, dass er von den ihn signierenden türkischen Archäologen aus der deutschen Publikation von 1898 ohne jeden entsprechenden Hinweis abgekupfert worden sei. Durchfall macht nicht menschenfreundlich. Die Dörfler reichten ihnen erneut treuherzig die Hand zum Abschied, bis auf zwei Männer, deren weiße Garnkäppchen sie als orthodoxe Muslime auswiesen; vielleicht hatten sie als Muezzine mit der Moschee zu tun. Die beiden Rechtgläubigen verweigerten den Handschlag, sie boten nicht einmal den Tagesgruß, sondern starrten die zwei Ungläubigen finster an. Auf dem Rückweg über die Straße zum Meer hin war es plötzlich der junge, starke, beim Erkunden unersättliche Friedrich, der vor Hitze und Erschöpfung einschlief. In Bergama ließ er sich zu seinem Bett weiterfahren, während Reinhold sich in der Pergamon Pension ausstreckte. Zur Heilung des Durchfalls hatte die Exkursion nicht beigetragen.

Elaia

Ibrahim Gürçan, Zehnköpfler

Über einige Dienstgrade in der türkischen Armee

Ibrahim, den Reinhold einen alten Freund nennen zu können glaubt, war schon einige Jahre tot. Mitte der Achtzigerjahre muss er gestorben sein, ganz verarmt, ganz zu Boden gedrückt von seinem Asthma. Mitleid und Rührung färbten die letzten Besuche. Die Erinnerung warf selbst auf die früheren Jahre ein melancholisches Licht, obschon ein Ibrahim in der Manneskraft ein komisch keckes, ein helles Portrait verdient gehabt hätte. Ein Photo gibt es, aufgenommen im Jahre 1972 von Reinholds Bruder Herbert. Zwei Männer stehen auf einem mit Marmorplatten belegten Weg vor einem niedrigen, aus Natursteinen gefügten Haus, zwischen ihnen ein antikes Kapitell. Sie stehen dort in der Pose von Staatsmännern und reichen sich feierlich die Hände, doch schauen sie sich, da der Kamera zugewendet, gegenseitig nicht an. Der eine ist an die fünfzig Jahre alt, untersetzt, kräftig und trägt eine dunkle, ihm zu knappe und abgewetzte Joppe. Er hat zurückgekämmtes schwarzes Haar, dunkle, lebhaft und kühn blickende Augen; sein gebräuntes Gesicht spiegelt gleichermaßen Stolz und Feierlichkeit. Der andere ist fast zehn Jahre jünger, fast zwei Köpfe größer, hält sich schief und trägt eine sandfarbene Sportjacke und eine weite, braune Kordhose. Sein Haar ist blond und schütter; er lächelt ein wenig, als wohne er halb im Ernst, halb zur eigenen Belustigung dieser Zeremonie bei. Die beiden posieren vor Ibrahim Gürçans Haus an der Landstraße von Edremit nach Izmir, auf der Höhe des antiken Elaia, des einstigen Hafens von Pergamon. Ibrahim bezog zu jener Zeit eine armselige Pension von der Armee, in der er den Rang eines onbaşı, wörtlich eines Zehnköpflers und dem Sinne nach eines Unteroffiziers, erklommen hatte. Die Rangbezeichnungen der türkischen Armee lassen an einen ins Komische gewendeten Kafka denken; ein Major ist ein binbaşı, ein Tausendköpfler, ein osmanischer Gregor. Doch zunächst von einem andern Besuch.

Echt oder nicht echt? Eine Öllampe mit Silensfratze

Reinhold war in einem Sommer – es muss Mitte der Siebziger Jahre gewesen sein – mit Frau und Tochter an die Westküste der Türkei gefahren. In Ayvalık stieg er in einem kleinen Hotel ab und machte dort die Bekanntschaft eines österreichischen Ingenieurs und seiner Familie. Ayvalıks Lage und Historie hatten ihn schon lange interessiert. Das 19. Jahrhundert war die Blütezeit des vorwiegend griechischen Orts, eines bedeutenden kulturellen Zentrums. Die Griechen besaßen dort Schulen und ein Priesterseminar mit umfangreicher Bibliothek. Englische Reisende berichten von örtlichen Einkünften aus Salinen und Fischerei. Im griechischen Unabhängigkeitskrieg wurde dies alles grausam zunichte gemacht. Kärglich und versteckt bewahrte das Städtchen dennoch bis ins 20. Jahrhundert seinen nicht-türkischen Charakter: Saubere Straßen, ordentlich gemauerte Häuser, ein griechisches Gymnasium, bis die Türken als Vergeltung für die griechische Invasion von 1922 den Ort bis auf die große Kirche in Schutt legten, die Bevölkerung zur Auswanderung zwangen und eigene Glaubensgenossen von anderwärts ansiedelten. Von den Hügeln oberhalb der Stadt stand die weitausholende Bucht schön vor Augen, durchzogen von einer kleingliedrigen Kette vorgelagerter Inseln und Inselchen. Für eine Woche Aufenthalt hatte Reinhold sich Ayvalık auch deshalb gewählt, weil es zu den bedeutenden Stätten von Troja, Assos und Pergamon in günstiger Entfernung lag.

Der österreichische Ingenieur – sein Name war ihm nicht recht erinnerlich, er könnte Schwarzenberger geheißen haben – stellte sich als angenehmer Plauderer heraus. Er war, für jene frühen Touristenjahre selten, weit in der Türkei umhergekommen und, nachdem seine anfängliche Vorsicht abgebröckelt war, verriet er sich als Sammler von Antiquitäten. Im Hotelzimmer hatte er die neu erworbenen Schätze in Koffern verborgen und holte einen nach dem andern aus Verpackungen und Schächtelchen hervor: Späthellenistische oder kaiserzeitliche Gläser, Krüge, Schalen, einige Terrakottaköpfchen, alles eher durchschnittliche Ware, bis er voller Triumph das Haupt- und Prunkstück hervorzog, eine ungefähr dreißig Zentimeter lange Öllampe, aus schwarzem Speckstein geschnitzt, vollkommen erhalten und an den Seitenwänden reich mit Dekor überzogen. Das Einfüllloch der Lampe bildete gleichzeitig den offenen Mund einer Silensfratze. Hellenistisch, ohne Zweifel, so sein Kommentar. Was sollte Reinhold dazu sagen? Sollte er nicht lieber schweigen, obwohl Schwarzenberger (nochmals betont: ein angenehmer Mann) ihn angestrengt beifallheischend ansah? Denn sagen hätte er nur können, das Objekt sei eine plumpe Fälschung, nachgerade eine Beleidigung eines jeden Kenners. Sein Gastgeber forderte ausdrücklich ein Urteil; als dies zögerlich negativ ausfiel, stieß es auf Unglauben. Nein, falsch könne die Lampe nicht sein, schon ihre Herkunft verbürge die Echtheit. Weit hinten am Schwarzen Meer, wo niemals ein Tourist hinkomme und daher auch kein Absatzmarkt für gefälschte Antiquitäten bestünde, habe er sie vor einigen Wochen gekauft, bei einem Händler, von dem auch hier diese und da drüben jene unzweifelhaft echten Stücke stammten. Der Türke habe erst ganz zum Schluss des Feilschens und auf Drängen, ob er nicht noch wertvolleres Raubgut besitze, widerwillig am Boden einer Truhe gekramt und dieses Stück aus einem Tuch geschlagen. Er, Schwarzenberger, habe so etwas noch nie gesehen und billig sei der Kauf auch nicht gewesen. Eine missliche, wenn auch nicht seltene Praktik ist es, dass ein Sammler dem andern seinen Augapfel mies macht. Zu nahe liegt der Gedanke an saure Trauben und puren Neid. In unserm Fall lag er jedoch fern. Reinhold kam mit seiner Sammelleidenschaft für osmanische Kelime, Ringe, Siegelsteine und Silberschmuck dem Österreicher nicht ins Gehege; er verstand anderseits von antiken Dingen auch einiges. Also bot er dem Österreicher an, ihn zu einem Händler zu führen, der seit vielen Jahren Falsches wie Echtes verkaufe und daher zum Schiedsmann trefflich tauge.

Sie verabredeten sich auf den morgigen Tag zur Fahrt. Gedacht hatte Reinhold an seinen Freund Ibrahim Gürçan in Kazıkbağları, welches – drei Häuser und eine Tankstelle – an der Straße nach Izmir gelegen war, einen Kilometer die abschüssige Straße hinab, nachdem man auf einer Kuppe die Abzweigung nach Zeytindağ hatte links liegen lassen. Ihm waren die wenigen hundert Meter Abhang deshalb so lebhaft im Gedächtnis, weil sie ihn auf einer früheren Reise fast das Leben gekostet hätten. Damals war er mit seinem VW Käfer unterwegs zu Ibrahim gewesen; ein Lieferwagen überholte ihn auf der Kuppe, geriet ins Schleudern und in eine Schieflage; seine überhöhte Ladung von metallenen Butangasfässern löste sich, Fässer fielen auf die Straße, tanzten und rollten dicht vor dem entsetzten Reinhold umher, ein Fass sprang auf das Vorderteil des VW, schrammte am Vorderfenster vorbei und durchschlug im Herabfallen einen Reifen. Mit Mühe hielt er seinen schlingernden Wagen unter Kontrolle, ließ ihn ausrollen bis nahe an die Tankstelle und stieg zitternd aus. Den Türken tat das Ungeschick nur mäßig leid, welches doch ganz allein ihrer kriminellen Sorglosigkeit zu verdanken war, oder, wenn es denn freundlicher ausgelegt werden soll, ihrem unerschütterlichen Glauben an Allahs Vorbestimmung des menschlichen Schicksals. Die theologische Entschuldigung wird ihnen näher gelegen haben; sie betrachteten die nachträgliche Todesangst des Reinhold allenfalls mit Neugier.

Am nächsten Morgen fuhren die beiden los und gingen in Kazıkbağları über Marmorplatten in Ibrahims Haus. Einen Archäologen hätte geschaudert, denn in Wahrheit waren dies nicht schlichte Steine, sondern mit antiken Inschriften versehene Platten, welche schleunigst in das Museum von Bergama hätten geschafft werden müssen. In dem Laden umarmte Ibrahim sie herzlich. Man sah sich um, damals waren noch die Regale vollgestopft mit antiken Tellern, Töpfen und Gläsern, osmanischem Silberschmuck, Armreifen, silbernen Uhrketten, Petschaften, Siegelringen, armenischen, griechischen und türkischen Kupfertellern und Töpfen des 19. und frühen 20. Jahrhunderts, Kelims, Teppichen, bäuerlichen Gewändern und Stickereien, Krimskrams aller Epochen. Hätte ein Archäologe zudem gewusst, wo Ibrahim seine antiken Stücke aufbewahrte, dann wäre ihn eine neuerliche Gänsehaut angekommen. Ibrahim hatte nämlich aus Furcht vor der Polizei eine Deponie antiker Keramik in der Erde seines Gartens angelegt. Wenn also ein Kunde nach einem römischen Krug oder einigen Öllämpchen fragte und der Ladenvorrat gerade ausgegangen war, nahm Ibrahim eine Hacke und buddelte die Schätze aus dem Boden. Das Haarsträubende rührte daher, dass im Sommer die Erde trocken und hart wurde, die Gefäße demnach nur schwer zu bergen waren. Schlug Ibrahim fünf Krüge aus dem Boden, dann schlug er, ohne sich viel zu grämen, vier entzwei. Herbert kaufte hinter dem Rücken seines Bruders einen kleinen schlichten zweihenkligen Krug in äolisch Grau, (sicherlich hellenistischer Herkunft, würden die Fachleute sagen), den Ibrahim zu zerschlagen versäumt hatte.

Reinhold tat sich stets gewaltig zugute auf seine Befolgung der türkischen Wohlgesittetheit, dass man nämlich nicht mit der Tür ins Haus platzen, will sagen, unvermittelt zum Geschäft kommen dürfe. Erst nach dem Wohlbefinden fragen, dann nach den Zeitläuften, dann schweigend den Tee schlürfen, schließlich, wie beiläufig, aufs eigentliche Anliegen kommen. Er liebte solches den Männern eigene Zeremoniell; es erschien ihm als Ausdruck einer freien und würdevollen Verfügung über die Zeit. Unter uns gesagt: Die Minuten des Schweigens enthoben ihn auch der Notwendigkeit, Türkisch zu radebrechen. Folglich hielt er es derart streng und getreu ein, dass einem türkischen Beobachter seine Orthodoxie eine Spur übertrieben und daher komisch vorkommen mochte, als wolle er osmanischer sein als die Türken. Ähnlich mag einem in die Kirche geborenen Katholiken, zumal einem rheinischen, die ängstliche Beachtung des Ritus durch einen Konvertierten ein leicht ironisches Achselzucken abnötigen.

Wie dem auch sei: Die Zeit der rituellen Einleitung verstrich; Tacheles durfte geredet werden. Er trug den Disput vor; Schwarzenberger kramte seine Öllampe heraus; Salomon sollte urteilen. Ibrahim tat dies aber nicht, sondern begann zu lachen, ging in den hinteren Teil seines Ladens, holte eine Kiste hervor und schlug den Deckel auf. Säuberlich nebeneinander gepackt lagen dort an die fünfzehn Öllampen, jede ein Ebenbild und Geschwister von Schwarzenbergers Stück. Alle waren aus dem gleichen schwarzen Stein, alle von der gleichen Größe, alle trugen sie das gleiche Silensgesicht. »Natürlich, ganz neu sind diese Stücke«, erklärte Ibrahim, »dass sie vom Schwarzen Meer stammen, ist richtig; sie werden dort hergestellt und an die touristisch erschlossene Westküste und die Bazars der großen Städte geliefert. Ich selbst habe mich, wie ihr seht, gerade für die Saison eingedeckt. Gewiss, wenn ein Tourist eine solche Lampe in dem Glauben kauft, sie sei antik, wer bin ich, dass ich widerspreche? Meine Unkosten sind auch nicht klein. Aber euch, die Freunde, werde ich niemals betrügen; ich habe da übrigens einige besonders schöne, echt antike Stücke. Wenn ihr sie sehen wollt?«

Redlichkeit gegen Redlichkeit?

So ganz war Ibrahim nicht zu trauen. Bei anderer Gelegenheit war Reinhold, von Bergama kommend, bei ihm vorgefahren und hatte sich nach Kaufbarem umgesehen. Sehr pressiert hatte es ihm mit dem Kaufen nicht, denn auf der Rückfahrt würde er, wie er seinem Freund erklärte, nochmals vorbeischauen. Dieser möge sich in der Zwischenzeit umsehen und Sachen zurücklegen. Gleichwohl stach ihm bei dem ersten Treffen ein sehr alter Silberring in die Augen. Eine große Platte zeigte ein stark stilisiertes Portrait einer Frau. Er wusste zunächst wenig damit anzufangen. War er hellenistisch? Anderseits, Portraits gibt es in der islamischen Kunst so gut wie nicht. Nicht überhaupt nicht, solches behaupten nur Halb- und Viertelskenner. Bei der Darstellung von Menschen in der Buchmalerei und auf Keramik geht es zumeist um Heilige oder Helden der Vergangenheit, um verstorbene oder imaginäre Gestalten, um solche, die nicht wie Lebende einen Schatten werfen. Der Schatten ist das Unterscheidungsmerkmal: Wer, wie der Sultan, als Schatten Allahs auf Erden wandelt, wirft keinen Privatschatten und darf sich füglich konterfeien lassen. Dem misstrauischen Leser seien die vielen Sultansportraits im Topkapi Palast zu Istanbul in Erinnerung gerufen. Unterhalb der Platte hatte Ibrahim die Ringfassung mit schwarzem Leukoplast dick umwickelt und verklebt. Er erklärte, den Ring vor einigen Tagen in einem Dorf gekauft zu haben, auf der Rückfahrt im Bus habe er sich ermüdet auf den Sitz gelegt, der Ring sei zwischen seine Rippen und die Holzlehne gekommen und durchgebrochen, aber kein Problem, die Stücke ließen sich mühelos erneut zusammenlöten. Die Erklärung überzeugte. Reinhold kaufte das Stück. Noch am Abend, im Hotel weit weg von Ibrahim, überfielen ihn Zweifel. Er wickelte das Leukoplast ab und, siehe da, die Stücke passten überhaupt nicht zueinander. Zwar war auch der Reif aus Silber, aber er gehörte ursprünglich zu einer Platte völlig anderer Größe, so dass die abgebrochenen Enden auf keinerlei Weise aufeinander stießen. Als er auf der Rückfahrt Ibrahim fragte, wie er ihm, seinem alten Freund, eine solche Ruine habe andrehen können, schwieg dieser pikiert. Reinhold gab den Ring zurück. Die Frage war auch zu dumm. Freundschaft spielt beim Kauf und Verkauf in der Türkei wohl ihre Rolle, doch nur eine begrenzte. Einen Vorteil zu ergattern, respektive nicht selbst eingeseift zu werden, ist allemal das dringlichere Anliegen.

Im Saft seiner Mannesjahre war Ibrahim ein tüchtiger Händler. Gleichwohl litt er gelegentlich unter den Tücken einer Händlerexistenz. Ein Beispiel: In den eigenen Papieren fand Reinhold zwei Briefe Ibrahims, datiert 1972 und 1973, beide in einer sauberen und wohlgesetzten Handschrift, welche unmöglich die Ibrahims sein konnte. Er wird die Briefe in Bergama einem professionellen Schreiber diktiert haben. Im ersten klagt er über einen Dänen, der ihm zwei Elektronmünzen abgekauft und nur die erste bezahlt habe. Den Restbetrag, so habe der Mann versichert, werde er postwendend aus Kopenhagen überweisen. Nicht eine Lira sei jemals angekommen. Ob sein Freund dem Dänen ins Gewissen reden könne? Als er daheim den Fall einem Rechtsanwalt vortrug, winkte dieser ab: Nichts Schriftliches, ein ohnehin illegales Geschäft. Gleichwohl wandte er sich an den Dänen und appellierte an seine Zahlungsmoral. Eine Antwort des Betrügers kam nie. Nun mag einer glauben, Ibrahim habe leichtsinnig oder gar töricht gehandelt, doch dem ist nicht so. Es war schon Brauch unter türkischen Händlern, einem Touristen einen wertvollen Gegenstand, sagen wir einen Teppich, ohne Bezahlung mit auf die Heimreise zu geben in dem Glauben, das Vertrauen werde mit Redlichkeit erwidert. Auch ein zweiter Brief führte zu keinem finanziell glücklichen Ende. In ihm bot Ibrahim eine orientalisch blumige, doch gleichwohl nicht ungewöhnliche Rhetorik auf: »Euer Hochwohlgeboren«, sei sein »sehr verehrungswürdiger Freund«, er betrachte ihn, »solange er auf der Welt lebe«, als Freund, er »unterbreite seine Liebe und drücke ihm die Hände«. Der Brief schloss: »Ich küsse Ihre Augen. Dein Freund.« Worum ging es? Ibrahim hatte zwei unbenannte und dem Deutschen daher unbekannte Gegenstände türkischen Freunden mit auf die Reise nach Deutschland gegeben, die sie bei ihm abliefern sollten. Es musste sich um wertvolle Dinge handeln, denn ihr Wert lag bei 2500.- DM. »Die Freunde sind absolut zuverlässig«, versicherte Ibrahim im Brief, »garantierte Leute«. Nun, die garantierten Leute tauchten nie an Reinholds Tür auf. Hatten sie die Sachen in Deutschland verscherbelt? Er wusste es nicht. Solch bitterböse Praktiken übten Ibrahim und er gegeneinander nicht. Zugegeben, Ibrahim mochte einen Anfangspreis nennen, von dem er genau wusste, er sei zu hoch gegriffen, und der Preis war auch niedriger geworden. Anderseits und Hand aufs Herz: Hatte Reinhold seinem alten Freund den wahren Wert nicht auch verschwiegen, wenn dieser aus Unkenntnis ihm einen osmanischen Gegenstand billig anbot? Der Wert der Dinge kam ohnehin erst durch Feilschen ans Licht, er erwuchs aus einer Übereinkunft. So war es, und so stand es auch mit der Ehrlichkeit zwischen den beiden.

Die große Terrakottenwerkstatt

1972, als Reinhold seinen Bruder Herbert zu Ibrahim führte und das Foto der Staatsmänner entstand, hatte Ibrahim noch seinen Laden vollgestopft mit antiken Sächelchen. Er bot Herbert einen kleinen Terrakottakopf von feinem Stil an, einen ältlichen, glatzköpfigen Ägypter mit abstehenden Ohren und weit ausholendem Hinterkopf. Hellenistisch dem Stil nach, nach der Herkunft war so etwas pergamenisch, wahrscheinlich auf den umliegenden Äckern gefunden. Reinholds Herz erwärmte sich bei Ibrahims Worten: »Ich, Ibrahim, habe den Kopf eigens für einen Freund reserviert, denn nur einem Freund verkaufe ich solche Stücke aus gewogenem Herzen und nicht, wie den übrigen Touristen, um des bloßen Geldes wegen. Der da ist mein uralter, wenn nicht mein bester Freund; du, sein Bruder, gehörst also selbstredend zu meinen Freunden, möchtest du den Kopf«?

Er hörte zu, wie Ibrahim den Bruder so im Handumdrehen zum Vertrauten machte. Ihm lag sehr am Wechselgespräch, an dem Austausch von Artigkeiten, die nicht nur einem kalten Geschäftssinn entsprangen. Wegen der schönen Rede und der gut gesetzten Beteuerungen der Freundschaft hatte er gelegentlich sogar hingenommen, ein wenig betrogen zu werden. Herberts Augen glänzten; das Stück war hinreißend; er kaufte es nach kurzem, heftigem Feilschen für achtzig Mark. Befriedigt sah er zu, wie Ibrahim den Kopf in Zeitungspapier einwickelte und in ein Pappschächtelchen tat. Befriedigt sah er sich dann unter den restlichen Antiquitäten um, doch dann wanderte sein Blick in eine Ecke des Ladens. Standen dort nicht weitere zehn Ebenbilder seines Ägypters? So war es. Die Größe, die Farbe des Tons, der Stil der Köpfe, selbst die Bruchstellen am Hals: alles zum Austauschen identisch. Anklagend wandte er sich an seinen Bruder und bemerkte entrüstet: »Ibrahim, mein neuer und dein alter Freund, kann unmöglich elf identische originale Ägypterköpfe besitzen.« Da begann Ibrahim zu glucksen: »Halte mal den gekauften Kopf neben einen der andern«, sagte er zu Herbert, »Du wirst sehen, dein Kopf ist eine Spur größer, der ist der echte, die andern sind die Kopien.« Für den Augenblick wussten beide den Befund nicht zu deuten und blieben verstimmt. Aber Ibrahim, weiterhin gutgelaunt, fasste sie bei der Hand und rief: »Kommt mit, kommt mit!« und führte sie hinter sein Haus in einen Schuppen, in seine selbst eingerichtete Fälscherwerkstatt. Dort standen auf Tischen und Brettern in verschiedenen Graden der Fertigstellung Statuen und Köpfe gleich reihenweise umher. Angesichts der verblüfften Gesichter rief Ibrahim triumphierend aus: »Hier ist meine große Antikenfabrik!« Beide Brüder stimmten in Ibrahims Gelächter ein, denn in der Tat, nachdem Ibrahim einmal von dem Originalkopf ein Model genommen hatte, brauchte er diesen nicht weiter und konnte ihn folglich verkaufen. Nachzutragen ist, dass nach einem Modell abgeformte Terrakotten zwar haargenau die Züge des Vorbilds tragen, aber ihr feuchter Ton beim Brennen eine Kleinigkeit einschrumpft.

Es blieb von Ibrahim zu berichten, dass es mit seiner Gesundheit ständig bergab ging. Das Asthma setzte ihm schrecklich zu; das Gehen fiel ihm immer beschwerlicher; ein verhutzeltes Männlein wuchs in die Erde zurück. Auf Ibrahims Bitte, ihm deutsche Medikamente gegen die Krankheit mitzubringen, hatte Reinhold einen ganzen Karton aller möglichen Präparate von einem Arzt geschnorrt. Als der jedoch von der gewiss unkontrollierten zukünftigen Dosierung und Einnahme der Arzneien hörte, riet er ihm streng davon ab, den ganzen Karton auszuhändigen, wenn er nicht seinen Freund auf einen Schlag ums Leben bringen wolle. Diese und jene Arznei dürfe der jedoch nach Rat eines türkischen Arztes einnehmen. Auch Ibrahims Vermögen schwand dahin. Das große Geschäft hatte er irgendwann aufgegeben und war in eine niedrige Hütte neben dem Haus gezogen. Deutlich bleiben die letzten Bilder. Ibrahim, von seinem Sohn herbeigerufen, humpelte schwer atmend und langsam, so schnell er eben konnte, einen Fahrweg entlang zu seinem Lädchen. Schmerz zeichnete sein Gesicht, und doch lächelte er. Dann setzte sich der rüstige, zuversichtliche Betrüger von einst, arm, vor der Zeit alt geworden und asthmagebeugt auf ein Schemelchen, seufzte und bot einige Päckchen Salz und Streichhölzer feil, lauter Dinge, die, selbst wenn sie verkauft wurden, keinen Gewinn mehr abwarfen. Beiden Freunden trieb es bei solchen Wiedersehen das Wasser in die Augen, und Reinhold tat ihm das ein oder andere Mal, wenn er noch ein Siegel, einen Ring oder eine andere Kleinigkeit, längst nicht mehr feilschend, kaufte, als Geschenk einen Hundertmarkschein hinzu. Lisa fragte ihn 1983 bei einem Besuch in Elaia, warum in aller Welt er gerade dem Ibrahim hundert Mark schenke, der ihn doch mehr als gelegentlich übers Ohr gehauen habe. Wie er da stand, wusste er keine Antwort. Mitleid allein war es nicht; eher und stärker das Gefühl der Seelenverwandtschaft zwischen zwei Spitzbuben der milderen Sorte. Johann Peter Hebels Zundelfrieder und Roter Dieter kamen ihm von Ferne in den Sinn; manches bedachte er und Gegenläufiges. Zwei Jahre später muss der Zehnköpfler Ibrahim gestorben sein. Wann immer Reinhold an dem Wohnhaus vorbeifuhr, waren Türen und Läden verschlossen. Von dem Sohn erhielt er irgendwann noch einen Brief; die Hütte selbst war verfallen.

Postscriptum: Hora fugit

Im Mai 1999 fuhr er auf der steten Suche nach Kaffeekühlern mit einem Privatwagen nach Bergama. Ein Lehrer aus Foça hatte sich, um das Gehalt ein wenig aufzubessern, als Chauffeur verdingt, eine dicke Lehrerin schwatzte ihren deutschen Freundinnen ohne Unterlass halbfalsches Zeug über Pergamon vor. Auf der Rückfahrt hielten sie in der Nähe von Ibrahims Haus, denn Reinhold hatte den Freundinnen versprochen, ihnen eine pastorale Landschaft, den antiken Hafen von Elaia, zu zeigen. Er fand den Weg durch die Olivenhaine nicht sogleich und ging zögernd ein paar Schritte in diesen und jenen Feldweg hinein. Vor einem Bauernhof arbeitete ein alter Mann. Den fragte er nach dem rechten Weg und erwähnte, da er gerne plaudert, den trefflichen, doch schon lange verstorbenen Ibrahim. »Ja, Ibrahim, der war viele Jahre mein guter Nachbar«, antwortete der Bauer und schaute angelegentlich über die Schulter, »da kommt übrigens sein Sohn.« Reinhold drehte sich um und sah einen jungen, kräftigen, rotgesichtigen Mann vor sich. Er gab sich als Freund Ibrahims zu erkennen, der junge Mann zögerte, dann ging ein Lächeln des Erkennens über sein Gesicht: »Du hast uns oft besucht, du hattest damals einen Bart und fuhrst einen Mercedes. Du hast meinem Vater viele Tabletten gegen sein Asthma aus Deutschland mitgebracht.« Er fragte den Sohn nach dem Lebensalter. »Dreißig Jahre bin ich jetzt, als Vater starb, war ich sechzehn.« Da ergriff den Reinhold, ohne dass er sie abwehren konnte und mochte, eine seltsame Rührung, und Tränen stiegen ihm in die Augen. Er umarmte den jungen Mann und drückte ihn lange an seine Brust. Ein Kind von fünfzehn Jahren war sein Gegenüber gewesen, als er ihn zuletzt getroffen hatte, und nun stand ein stattlicher Mann vor ihm. Er selbst war in den Ruhestand getreten und Ibrahim war längst zu Staub zerfallen.

Foça

Das Liberty Hotel

Beobachtungen vom Balkon

In Foça liegt das Liberty Hotel, im Besitz der Familie Uluer, schon fast am Rande der Stadt, an der Büyük Deniz Sahıl Caddesi, die im Süden entlang der weiten Hafenbucht ungefähr bis zur Marinegarnison läuft. Ein Hotel im strengen Sinn war der Betrieb im Januar 1997 nicht; er besaß kein Restaurant, sondern eine ungenutzte Bar und neun oder zehn Apartments; drei von ihnen, auf dem ersten Stock, sahen aufs Meer. Reinhold liebte ein Apartment mit Meeresblick, stundenlang saß er auf dem Balkon und sah dem Farbenspiel der Wolken und der See zu, sein Blick glitt über das Wasser hin zu den Anlegeplätzen mondäner Yachten aus Stahl und Plastik wie auch ältlicher und romantischer Schaluppen aus Holz mit zierlich gedrechselten Geländern und weiterhin zu den Fischkuttern. Am Ufer sah er die niedrigen Kasernen der Küstenwache, der Polizeiwache, des Armeepostens, das genuesischen Kastell mit seiner Seemauer, die Kuppeln und Minarette der beiden Moscheen auf der antiken Akropolis. Der Balkon garantierte ihm doppelten Abstand, räumlichen wie seelischen. Er sah hinab auf den türkischen Alltag: Die auf der Straße spielenden Hunde und Kinder; die beieinander stehenden jungen Mütter, vertieft in endlose Gespräche; die Halbwüchsigen, welche auf heulenden Mopeds die Straße hinauf und hinab rasten; die etwas älteren jungen Burschen und Mädchen, welche an den Wochenenden, säuberlich nach Geschlechtern getrennt, auf und ab promenierten; die Ehepaare auf ihren gemächlichen Morgen- und Abendspaziergängen; die gelegentlichen Jogger aus der Großstadt Izmir; die ausfahrenden und heimkehrenden Fischerboote und Trawler. So blieb er viele Stunden distanzierter Beobachter. Ins Zimmer zurückgekehrt, schrieb oder las er, dachte europäische Gedanken und suchte den Grad seiner Fremdheit in der Türkei auszuloten. Gelegentlich, mit den Jahren öfters, fühlte er sich in Foça heimisch, weil die Familie Uluer ihn an Essen und Gesprächen, Freuden und Sorgen teilnehmen ließ. Der Kreis seiner Bekannten und Freunde wuchs; er kannte den Ort, seine Straßen, die alten Häuser und erfuhr ein wenig vom wirtschaftlichen Wandel, den Problemen der Leute. Und doch blieb er, schon aufgrund seines Türkischen, in dem er trotz der Jahre des Lernens wie eine Schnecke vorankam, zwar kein krasser, aber doch ein erkenntlicher Außenseiter: Was er in Foça sah, das Alte und das im Laufe der Jahre Neue, betrachtete er wie aus einem Versteck, dessen Wände aus Luft bestanden. Genug. Setzest du irgendwo ein, Muse, mit deiner Erzählung? Wie wäre es mit dem 19. Januar 1997?

Reinhold hatte am Abend zuvor vier doppelte Rakis getrunken, er erwachte und schaute aus galligen, gelb getönten Augen auf den Hafen von Foça. Ein eisiger Nordwind wehte seit drei Tagen, manchmal bei blauem Himmel und strahlendem Sonnenschein, manchmal trieb er Wolken und Regenschauer vor sich her. Am Sonntag verlegte sich der Wind auf heftigen Regen. Die See ging hoch, graue Wogen klatschten gegen die niedrige Hafenmauer, Gischt flog bis auf die Straße. Die Kälte sickerte durch die undichten Türen und Fenster seines Apartments. Er zog einen Pullover über Unterhemd und Schlafanzug und das Oberteil eines Jogginganzugs über den Pullover und zitterte vor Kälte. Am Abend zuvor hatte er Ekrem Uluer zaghaft angegangen, ob er nicht die Zentralheizung anwerfen wolle, welche er so feurig in der Werbebroschüre des Hotels gepriesen hatte. Ekrem hatte beleidigt dreingeschaut. Gewiß, er hatte eine Zentralheizung installiert, aber sie in Betrieb zu nehmen, grenzte an Blasphemie gegen den wettersendenden Gott, noch schlimmer, es bedeutete, eigenes gutes Geld auszugeben. Der Familie – Ehefrau Nermin Hanım, Tochter Ipek, den Söhnen Mehmet und Osman, Mehmets schwangerer Frau und etlichen weiteren Verwandten – machte es nicht das Geringste aus, in der ungeheizten Eingangshalle ihres Hotels zu sitzen, die ebenso zugig war wie das Apartment. Die Glastüren und Fenster des Raumes schlossen schlecht, eingerichtet war die Halle, wie man es in der Türkei allenthalben sieht: Ein kalter Fußboden aus imitiertem Marmor, weiße Plastikstühle und Tische, eine Bar bestückt mit Flaschen, welche ausländische Gäste vor Jahren gestiftet hatten, billige Whiskys, Wodkas, Gins, stechend grüne und blaue türkische Liköre, Säfte. Einige Flaschen waren leer, in andern der Inhalt längst verdorben. Hinter der Bar drangen aus einer Durchreiche zur Küche warme Luft und Kochdüfte. Die süßlichen Gerüche wurden brecherregend, wenn Nermin und andere Frauen große Haufen von Kuhmägen säuberten, die später in Mehmets winziger Garküche zu einer köstlichen Kuttelsuppe gekocht wurden.

Die Gastgeber

Die Uluer stammten ab von zäher mongolischer Rasse. Ihre Vorfahren waren mit Attila und Dschingis Khan gen Westen geritten über Steppen und durch blendende Schneestürme, um im europäischen Sonnenschein, die Yak-Mäntel auf den Boden gebreitet, zu faulenzen. Sie, die kurdischen Nachkommen, zeigten sich gastlich, umgänglich, hilfreich und unkriegerisch, sie hassten türkische Politiker und vor allem Refah, damals die fundamentalistisch-islamische Partei in der Türkei. Sie waren zudem robuste Winterpflanzen. In drei Pullover gehüllt, würden sie, wie die meisten Türken, auch in der Äußeren Mongolei überleben. Ihr Gast hingegen fühlte sich als der Nachkomme spätrömischer Weichlinge, welche sich ein schönes Leben im warmen Rheinland gemacht hatten.

Ekrem Bey, ein magerer mittfünfziger Mann, ging gebückt; er hatte spärliches, graues Haar und ein schmales, braunes Gesicht. Fünfunddreißig Jahre lang hatte er als Busfahrer gearbeitet und seine Gesundheit ruiniert. Durch die ganze Türkei sei er mit seinem Bus gefahren, ohne einen Beifahrer, mit allzu wenigen Ruhepausen. Er habe die Strecke von Izmir nach Ankara, Ankara nach Istanbul und Istanbul nach Izmir ohne eine einzige Stunde Schlaf durchfahren. Unzählige Gläser Tee und Kettenrauchen hätten ihn wachgehalten. Jetzt war sein Körper ausgelaugt, weder Leber noch Magen arbeiteten richtig, er litt an Kopfschmerzen, Bluthochdruck und Rheuma. Er trank immer noch unzählige Gläser Tee und war immer noch Kettenraucher, gegen den Rat seines Arztes. Seine mannigfaltigen Krankheiten hatten ihn in einen eifrigen eingebildeten Kranken verwandelt. Reinhold machte ihm eine große Freude, wenn er am Morgen sich nach dem Stand des Blutdrucks und am Abend nach dem Zustand des Magens erkundigte. Ekrem Bey pflegte ausführlich zu antworten und mit einem resignierten: »Kaputt, kaputt, ja, ja«, zu enden. Ekrem hatte wenige Freuden. Geld zu verdienen war eine von ihnen, Fischen – er war ein höchst erfolgloser Angler – eine andere. Abends saß er in der Bar und schaute dem Fernsehen zu, gleich welches Programm lief. Er wechselte ungefähr alle fünf Minuten von Kanal zu Kanal, gleich welches Programm lief. Das türkische Fernsehen, dachte Reinhold beipflichtend, war ohnehin das einzige ihm selbst bekannte, in dem er die Reklame den Programmen vorzog. Die Welt außerhalb Foças fesselte Ekrems Interesse nicht lange. Nach einer Weile zog er sich in eine Ecke der Halle zurück, gab vor, weiterhin fernzusehen, und nickte ein.

Nermin Hanım ging ebenfalls gebückt. Sie war kurzwüchsig, beleibt, hatte ein gefurchtes Gesicht und eine große Warze neben der Nase. Sie rauchte nicht weniger als Ekrem und litt auch an hohem Blutdruck. Ihre Herzbeschwerden, sagte sie, rührten von zu viel Betrieb während der Touristensaison her und von Wetterumschwüngen. Völlig unansehnlich, besaß sie den Verstand der Familie, den sie an ihre hübsche Teenager Tochter Ipek weitergegeben hatte. Neugierig und intelligent führte sie das Hotel mit Bravour, kochte, sah fern, erzürnte sich über die Nachrichten, las Zeitungen. Am Abend, wenn ihr Mann eingeschlafen oder ausgegangen war, hockten sie und der deutsche Gast in der Bar vor dem laufenden Fernseher und besprachen ihre Lebensgeschichten: Heiraten und Scheidungen, Krisen und Zeiten des Glücks, all dies auf Türkisch mit Hilfe seines kleinen Wörterbuchs und unterstützt von Nermins geschickten Vermutungen. Raum und Zeit hatten sie genug für solche Gespräche. Nermin besaß eine nur geringe Erziehung, dennoch hatte Geschichte sie immer fasziniert.

Segenswünsche an den Büschen von Pergamon

Da sie nichts von der antiken Geschichte ihres Landes wusste, schlug Reinhold vor, sie sollten einen der Wagen Ekrems nehmen, den Sohn Osman als Chauffeur verpflichten und eine Tagestour nach Bergama machen. Gesagt, getan. Sein stolperndes Türkisch umfasste nicht den nötigen Wortschatz, um antike Gebäude, die Tempel, Säulen und Statuen erklären zu können. Er setzte sich daher am Abend zuvor hin, suchte eine Liste der einschlägigen Begriffe aus dem Wörterbuch, schrieb sie auf ein Blatt Papier und begann so gerüstet vor Ort seine Erklärungen. Es wurde gleichwohl ein sprachlich mühseliger Tag. Sie besichtigten zunächst die Akropolis, und dort den kürzlich rekonstruierten Tempel des Trajan, der selbst bei einem Erdbeben von beträchtlicher Stärke garantiert nicht zusammenfallen sollte. Was ein Erdbeben nicht schafft, schafft der Rost. Die Archäologen hatten auf Anordnung der Antikenverwaltung die Trommeln der Säulen des Tempels mit stählernen Stiften verbunden, die in jeweils zwei Trommeln gebohrt wurden. Ja, ja, wer hatte schon von Rost gehört? Die Antikenverwaltung, der es allein um die touristische Attraktion eines wieder aufgebauten Tempels ging, jedenfalls nicht. Die Stifte rosteten und wurden dünn und dünner, der feste Zusammenhalt der Trommeln war dahin. Nermin stieß kleine Seufzer der Verwunderung aus, als er im Asklepieion vom antiken Alltagsleben, dem marmornen Glanz dieses Lebens erzählte, von heißen und kalten Bädern, Diäten, nächtlichen Traumbehandlungen, Hypnose, Besuchern aus allen Teilen der mittelmeerischen Welt, Votivgaben, von ungünstigerweise gestorbenen und geheimerweise vergrabenen Patienten, nächtens eingebuddelt, damit sie nicht die Erfolgsstatistik des Asklepieions minderten. Spuren des Glanzes gab es noch, Nermin rührte die Trümmer scheu an, sie trank aus der alten, heiligen Quelle und hieß Osman ebenfalls trinken. Die Gotterfülltheit des Ortes bewegte sie. Wie viele Landsleute vor ihr knüpfte sie kleine Fetzen von weißem Stoff an die Zweige der am heiligen Ort wachsenden Büsche, dies sollte Ipek Glück bringen. Von fern glichen manche Büsche Baumwollpflanzen, mit Hunderten von weißen Blüten besetzten.

Auf der Rückfahrt hielten sie an der Stätte des antiken Elaia an, wanderten durch Olivenhaine, erkletterten die niedrige Akropole des ehemaligen Hafens von Pergamon und sahen zu, wie eine rote Sonne in ein sich rötendes Meer tauchte. Der Strand war voller Stille. Ein Reiher stand zwischen Schlammbänken über den alten Hafenmauern. Eine junge Frau trieb zwei Kühe über den Sandstrand nach Hause. Als Nermin Hanim hörte, der Stadthügel sei noch nicht ausgegraben worden, war sie sogleich erpicht, ein oder zwei Goldmünzen zu finden. In der Abenddämmerung durchsuchten Mutter und Sohn eifrig die vom Pflug aufgeworfene Erde; Scherben und Ziegel gab es im Überfluß; die Goldmünzen weigerten sich, ans Tageslicht zu kommen. Als archäologische Maulwürfe zeigten die beiden nicht die Bestform. Immerhin, es war ein ereignisreicher Tag gewesen. Am Abend lud Ekrem Bey zum Familienmahl in der Bar ein. Es gab zähe, geschmackvolle Streifen von gegrilltem Rindfleisch, einen Bauernsalat, Brot, Wasser, Coca Cola, und als Leckerbissen Wachteln. Der Gast steuerte eine heiße Schüssel gebratener, frischer Sardinen bei, die er in einer Marinade aus Zitronensaft, Pfeffer, Salz und gehackter Petersilie hatte ruhen lassen. Nur Nermin Hanım aß in ihrer zwanglosen Freundlichkeit ein paar Fischlein; die übrige Essgesellschaft von sieben Köpfen übersah die Schüssel geflissentlich. Die Unterhaltung plätscherte dahin; Nermin Hanım versuchte zu erklären, was sie gesehen hatte; Ehemann und Söhne dachten nicht daran zuzuhören. Neben dem Esstisch lief der Fernsehapparat auf voller Lautstärke. Niemand drehte ihn herunter, alle beobachteten allenfalls aus den Augenwinkeln, wie Arnold Schwarzenegger seine Muskeln gegen einige Bösewichter auf dem Mars einsetzte. Reinhold freute sich innig, als Arnold schließlich ein sauberes Loch in die wunderhübsche Stirn

Sharon Stones bohrte und die Dame hintüberfiel. Sie hatte zwar Arnolds Bett geteilt, doch insgeheim der Partei der Bösen angehört.

Der Stachel des Gottes Eros und Gegenmittel.

Es gab offenkundig Gerechtigkeit auf dem Mars, doch wo blieb Gerechtigkeit in Foça? Warum sollte er unter der Nässe und der Kälte und den Mücken ganz allein leiden müssen? Er fühlte sich einsam, zwar nicht einsam und verzweifelt, doch glücklich und einsam war er für seinen Teil nie gewesen. Er spielte daraufhin mehrere Rollen, die er von früheren Gelegenheiten her recht gut kannte. »Ach, ach, ach, ach, ach«, seufzte er, in dem Irrtum befangen, das Deutsch gebe die fünf »Never« wieder, welche sein Kollege William Bey in den Mund des Königs Lear gelegt hatte. Lears »Never« kamen aus einem großen, gebrochenen Herzen, die »Achs« aus einer alltäglichen Seele, doch immerhin waren sie die Seufzer erotischen Verlangens. Reinhold versammelte auf dem Küchentisch mehrere kürzlich verstorbene Fische mit tiefroten Kiemen und schön gewölbten Augen. »Seh dir in die Augen, Kleines«, redete er, Bogart in Foça, den am intensivsten sexy dreinschauenden Fisch an. Das Gefühl verließ ihn selten, im Exil zu sein, gestrandet, am falschen Ort, beraubt der zusammenhängenden Rede. Bei dem wenigen Türkisch, das er sprach, kam er sich wie ein Narr vor, insbesondere, wenn seine Gastgeber annahmen, hinter seinem Stottern stecke eine Lawine von Worten und ihn ihrerseits mit verbalen Lawinen überschütteten. Nachts pflegte er in einen unruhigen Schlaf zu fallen, Tausende türkischer Wörter liefen durch seinen Kopf, im Traum verstand und besaß er sie allesamt, am Morgen erwachte der alte sprachliche Bettler.

An sonnigen Tagen ging er den Hafen entlang, deprimiert und gänzlich undankbar gegenüber den Schönheiten der Landschaft und des Fischmarkts. In Saul Bellows Roman *Herzog* schreibt Professor Herzog Briefe an die Mächtigen und Berühmten dieser Welt, schließlich auch an die berühmten Toten. Reinhold dachte nur halbherzig an Briefe, sei es an Bekannte, Freunde, Geliebte, Ehefrauen, den deutschen Bundeskanzler Kohl, den polnischen Papst Woytila. Die beiden letzten schienen besonders ungeeignet, um im Bett mit ihnen zu kuscheln, und Kuscheln wollte er am allermeisten. Also telefonierte er nach Deutschland – momentane Stimmen hoben momentan seine Laune – schrieb ein oder zwei Briefe und mehrere, sorgfältig auf ihren Kitschwert hin ausgesuchte Postkarten. Im Lauf der Zeit sammelte er weit über hundert Karten.

Die Kitschpostkarten der Rekruten

Foça war eine ausgezeichnete Fundgrube für Kitschpostkarten. Seine großen Armee- und Marinegarnisonen beherbergten Hunderte von Rekruten, mehmetciks, die sich ebenfalls einsam fühlten. Die Garnison Foça war, mit dem stöhnenden Elvis Presley gesprochen, ein großes Heartbreak Hotel. Gebrochene Herzen, soldatische oder nicht, hatten Bedürfnisse, die gestillt werden wollten. Die Zeitungskioske offerierten Postkarten im Überfluss, welche in zarten, aufgepinselten Farbtönen die Vaterlandsverteidiger zeigten, wie sie von ihren Liebsten träumten. Die Mädchen lugten aus irgendeinem Nebel oder einer Wolke am Himmel, und stets rann ihnen eine Träne aus den Augen, eine große, perlmutterne. Die Helden standen oder hockten in Kampfanzügen, einsam natürlich, in einer undeutlich anatolischen Landschaft. Sie schrieben oder lasen einen Brief; sie waren nie ohne ein Päckchen Marlboro Zigaretten, die, täuschenderweise, die relative Wohlbetuchtheit des Soldaten anzeigen sollen (die teure Marlboro musste es immer sein). Auf einer Karte fährt im Hintergrund ein moderner Zug vorbei, auf andern sieht man allerlei Geschütze, Panzer und martialisches Gerät. Wie auch immer, Tränen gab es immer und allgegenwärtig. Er wusste die Gewissheit zu schätzen, dass die türkische Armee gänzlich aus empfindsamen Gemütern bestand.

Als Gegenmittel zu seiner Depression beschloss er, sich in Foça eine Freundin zuzulegen und tat es geschwind und erfolgreich. Über die Poyras Straße hinter der Strandpromenade – Poyras, das ist der vorhin schon genannte Nordwind, den die alten Griechen Boreas nannten – ging er zum Busbahnhof. Dort gab es einen vergammelten Fotoladen, einen winzigen Raum, die Außenwände bedeckt mit vergilbenden Bildern von stets feierlich und ungeschickt in die Linse starrenden Rekruten. Sie salutieren einem ranghohen Offizier oder stehen alleine da oder legen die Arme um die Schulter eines besten Freundes oder halten das Händchen ihrer Freundin. Ihm fiel auf, dass zwei sehr schöne Frauen, die eine blond, die andere schwarzhaarig, der Promiskuität huldigten. Sie lehnten sich, langbeinig, in die Arme eines Soldaten zurück, eines Rekruten nach dem andern, insgesamt wohl eines Dutzends. Ihn packte eine plötzliche Neigung zu der promisken schwarzen Schönheit. Er trat in den Laden ein; ein alter, halbtauber Mann fragte ihn nach seinen Wünschen; er zeigte auf das schwarzhaarige Mädchen, das in einer Ecke lehnte. Sie schmiegte sich in seinen rechten Arm, leicht wie Papier fühlte sie sich an, er setzte ein strahlendes Besitzerlächeln auf, ein Blitzlicht flammte auf. Zwei Tage später erhielt er ein Foto, den Beweis seiner intimen Vertrautheit mit einer der berühmten Sexdarstellerinnen des türkischen Kinos, Müjde Ar. Ekrem Bey wurde ganz aufgeregt, als er den Schnappschuß sah. Er hatte nicht gewusst, dass Müjde Ar in der Stadt war; ein Menschenauflauf, sicherlich, hätte es ihm verraten. Wie hatte ein Ausländer es fertig gebracht, sie immerhin fast aufs Kreuz zu legen? Der, stolz auf seine männliche Attraktivität, lächelte. Nermin Hanım lachte.

Eine Spritztour

Ganz seltsa, und nicht für alle Beteiligten zum Lachen, ging es im Kampf eines Mannes mit dem Gott Eros zu, der im Nachbarort stattfand. Der Nachbar Aydoğan erzählte ihm im September 1998 die Geschichte, nicht ohne die Herablassung eines in Eski Foça gebürtigen Menschen auf die Nachbarn von Yeni Foça. Yeni Foça, ein Ort mit eigener Stadtverwaltung, hatte auch eine eigene freiwillige Feuerwehr. Ihr großes, chromblitzendes, tomatenrotes Löschfahrzeug stand für gewöhnlich in der Garage des Spritzenhauses, zu deren Tor der Fahrer den Schlüssel aufbewahrte. Eines Mittags schlug jemand Feueralarm, ein Haus brannte, die wackeren Löschmänner rannten zum Spritzenhaus, alle, außer dem Fahrer. Ohne Fahrer freilich kein Schlüssel, ohne Schlüssel kein Löschwagen und keine Rettung des Hauses. Wilde Rufe nach dem Fahrer, kleine Jungen liefen zu seiner Wohnung, er blieb verschwunden. Die Männer schlugen das Tor ein, auch der Wagen war verschwunden, das Haus brannte ab. Am Abend rumpelte der Löschzug durch die Straßen zur Garage. Der Fahrer, hochnotpeinlich befragt, wo er und Wagen denn gesteckt hätten, gestand schließlich, er habe das riesige Fahrzeug zu einer – wie soll man es nennen? – Spritztour von dreihundert Kilometern benutzt. Nach Manisa sei er damit gefahren, ins Bordell.

Foça

Ayşe, Raki, Garnelen und die Versprechen erotischer Spiele

Erotik beim nächsten Treffen

An einem Sonntag spät im Mai 2003 hielt der dicke Mehmet Uluer Reinhold an, als der das Liberty Hotel verlassen wollte, um seinen morgendlichen Spaziergang rund um den Hafen Foças zu unternehmen, und lud ihn zum Abendessen ein. Es würde lediglich ein kleines Familienessen werden, die Eltern Ekrem und Nermin, seine eigene Frau, sein Bruder mit Frau, dazu einige Verwandte, die auf entfernten Ästen des Stammbaums nisteten, ein weißhaariger norwegischer Schiffskapitän und dessen Frau. Am frühen Abend waren die Frauen in der Küche geschäftig, zwei Sorten grünen Salats kamen aus Nermins kleinem Hausgarten. Sie mischten unter den Salat frische Minze und Frühlingszwiebeln und gaben weder Olivenöl noch Essig daran. Das Essen hatte drei kohlehydratreiche Beilagen, alle, auch in dieser Häufung, recht üblich in der türkischen Küche: Fritten (kalt und fettig), Reis (warm und ausgezeichnet) und Weißbrot (am Abend bereits trocken). Vom Grill kamen die Hähnchenstücke und Kalbskoteletts, so wie er befürchtet hatte: das Hähnchenfleisch innen blutig und außen verkohlt, die Koteletts zäh und ohne Geschmack. Mehmets Werk. Die Familie trank Cola, die Gäste Raki. Man hatte ihn an das obere Ende der zusammengerückten Tische gesetzt, neben das freundliche und schweigsame norwegische Ehepaar, das so gut wie kein Türkisch verstand. Es hatte kürzlich ein Erdgeschoss in Foça erworben und war vom Makler monströs übers Ohr geschlagen worden. Der hatte ihnen die Immobilie für neunzigtausend Euro verkauft, obwohl der wahre Kaufpreis sich auf nur sechzigtausend Euro belief. Das Ehepaar hatte den Betrug noch nicht entdeckt. Wenn der Kapitän sprach, kam über seine Lippen kein Seemannsgarn, nichts davon, dass ihn neugierige, halbnackte Meerjungfrauen verfolgt hätten. Nun ja, seine Ehefrau saß mit am Tisch. Bevor das Essen aufgetragen wurde, schloss sich eine Türkin der Tafel an. Sie war Reinhold lediglich zweimal vorher unter die Augen gekommen, vor einigen Jahren im Liberty Hotel, das zweite Mal im letzten Jahr, als sie auf der Straße auf ihn zuging und ihm die Finger zu einem Handkuß hinhielt, den sie offenkundig als den Gipfel der feinen Lebensart ansah. Er hatte, befremdet, den Straßenhandkuss gegenüber Ekrem Bey erwähnt und der hatte von ihr erzählt. Ayşe habe viele Jahre als Bauchtänzerin in Berlin gearbeitet, besitze in Deutschland einen fünfundzwanzig Jahre alten Sohn und einen deutschen Freund, einen Elektriker. Heutzutage führe sie eine kleine Bar in Foça, ein elendes Loch. Ekrem Bey kannte sie seit undenklichen Jahren und verteidigte die Frau nachdrücklich, sie habe zwar nicht alle Tassen im Schrank, ansonsten sei deli Ayşe, die verrückte Ayşe, ein anständiges Menschenskind. Nermin Hanım war von ihrer Tugendhaftigkeit weniger überzeugt.

Da stand sie nun; sie musste Anfang der Fünfzig sein: gedunsene Augenlider, große schwarze Augen, volle Lippen, gute Zähne, das Gesicht einer Frau aus der Osttürkei, einst fein gezeichnet mit hohen Backenknochen, nun ein wenig erschlafft. Die Beine waren kurz und kräftig, der Körper eine Spur zu füllig, feines pechschwarzes Haar fiel ihr bis auf die Kniekehlen. Die Tänzerin trug einen eng anliegenden, tief ausgeschnittenen schwarzen Pullover, der das Panorama ihrer kleinen, festen Brüste freigab. Ekrem Bey beteuerte nochmals, sie sei eine anständige Frau. Gar so anständig sah sie nicht aus, eher wie eine vom Leben gebeutelte Schlampe. Die Schlampe, oder, mochte wohl sein, das anständige Menschenskind, gab in vulgärem, fehlerhaftem, berlinisch gefärbtem Deutsch vor, sie träfe auf Reinhold als guten alten Freund.

Vor den Augen der Tischgesellschaft ging sie auf ihn zu, nahm seine Hand und streichelte sie sanft und kennerisch für durchaus nicht wenige Minuten. Er sah sich wieder einmal als einen späten und ungeschickten Schüler Yoricks, des geschmeidigsten Virtuosen, den die Literaturgeschichte kennt, wenn es um den Umgang mit weiblichen Händen geht. Yorick braucht mehrere Seiten in Laurence Sternes *Sentimental Journey* (1759-1768) und fast eine Stunde, um in Calais die Hand einer unbekannten Dame zu halten, loszulassen, erneut zu ergreifen – eine Hand bekleidet, mit einem schwarzen Paar seidener Handschuhe, die nur am Daumen und zwei Zeigefingern offen waren. Wie sein Vorbild zitterte Reinhold innerlich entzückt, wenn weibliche Finger unverhofft seinen eigenen begegneten. In der Eingangshalle seines Hotels setzte sich eines Tages Pervin Hanım, eine Frau von dreißig Jahren, neben ihn und begann ein Gespräch. Sie verlieh ihren Worten Nachdruck, indem sie mit den Fingern Tanzschritte auf dem Rücken seiner Hand exekutierte, doch so, als ob sie nicht wisse, was sie tue. Er drehte seine Hand gleichermaßen selbstvergessen um und öffnete seine Handfläche den nächsten flüchtigen Berührungen, die nicht lange auf sich warten ließen. Bei seinem Rückflug nach Düsseldorf kontrollierte am Flughafen Izmir eine junge Polizistin seinen Pass und fragte: »Was für ein Doktor sind Sie«? »Keiner der Medizin, einer der Literaturwissenschaft«, antwortete er. Sie sah ihm in die Augen, hielt den Blick, reichte den Pass zurück, und ihre Finger begegneten sich unter dem Dokument. Ach, wie weit stand er hinter der geduldigen Finesse eines Yorick zurück, wie weltenweit entfernt von dem die Sittsamkeit Zerlinas an die Seite schiebenden Phantasiebild des mozartischen Don Giovanni: »Là ci darem la mano / là mi dirai di si«.

Der Zugriff der Bauchtänzerin war weniger zart. Turtelnd kam sie zur Sache: »Mein Schatz, wo bist du gewesen? Ich habe dich so sehr vermisst. Warum heiratest du nicht eine türkische Frau, oder, besser noch, warum heiratest du nicht mich? Heute Abend klopfe ich an die Tür deines Apartments; dann trinken wir Raki. Wenn du willst, mein Schatz, können wir auch etwas anderes tun«. Sie sah ihm, Übung macht kunstfertig, tief in die Augen, er war angesichts der ihm wahrhaft fremden Frau peinlich berührt. »Mein Schatz« – wie kam sie zu solch intimem Wort? Sie wiederholte noch zweimal ihr Angebot, zur Nachtzeit zu seinem Apartment zu kommen und, falls ihn das Reden zu sehr ermüde, Bett oder Teppich mit ihm zu teilen. Er war in die Enge getrieben und schwieg. Sie hielt ihm die Hand zum Kuss hin; den Kuss zu verweigern, wären Maultiermanieren gewesen. Bevor sie fortging, küsste sie ihn leicht auf die Lippen. Die Familie Uluer tat so, als habe sie nichts gesehen. Es schien, als ob ihm eine Nacht voll der mannigfaltigsten Techniken angeboten werde, falls er sie wollte. Nein, er wollte durchaus nicht. Er war nicht töricht genug zu glauben, seine männliche Schönheit habe sie verzaubert. Eher verhielt es sich so, dass sie nach einem männlichen Begleiter und Beschützer suchte, nach einem Mann mit Geld. Die Suche konnte er gut verstehen angesichts der Stellung einer alleinstehenden Frau in der türkischen Gesellschaft. Ein wenig tat sie ihm leid. Gleichwohl würde er sich auf einige weitere Handküsse beschränken. Sollte er wirklich? Es war schon sehr lange her, dass er den Körper einer Frau in den Armen gehalten hatte, und er vermisste weibliche Umarmungen schmerzlich. Aber die primitive und weitgehende Pläne schmiedende Ayşe? Mit ihren verrückten Erwartungen? Nein, nochmals nein, eher nicht.

Ayşe gibt weiterhin die ländliche Kleopatra

Der Weg zur Hölle ist mit guten Absichten gepflastert. Am Montagnachmittag horchte er seinen Freund Halil, der anscheinend jeden in der Stadt kannte, über die Tänzerin aus. Halil hielt sie für mehr als nur ein wenig verrückt, letztlich aber für eine gute Seele. Ihre Bar sei früher ein Gefängnis gewesen, jetzt der Zufluchtsort der einheimischen Alkoholiker und Nichtstuer. Als er gegen acht Uhr abends nach Haus schlenderte, begegnete sie ihm, als sie auf einem Dreirad zur Arbeit radelte. Ihre Pekinesenhündin Countess hockte hinten in einem Körbchen. Sie hielt an und lud ihn ein zu einem oder zwei Glas Raki, zu einem leichten Stündchen in ihr Lokal. Die Bar war ein düsterer Raum, einige Stufen hinab, in einem alten, verfallenden griechischen Steinhaus. An den Wänden hingen vier Bilder Mustafa Kemals und zwei der Tänzerin in jüngeren Tagen, im Kostüm, die Brüste aufgepumpt mit Silikon. Gedämpfte Musik erklang vom Band, bunte Lampen drehten sich, auf Regalen standen alte, aus dem Meer gefischte Flaschen, noch eine Stufe tiefer lag eine kleine Küche. Vor der Bar sah man eine kleine Terrasse mit Bänken, darüber Holzbalken, überwachsen mit Reben und Blumen. Ein elendes Loch, wie Ekrem Bey es genannt hatte, war das Lokal keineswegs.

Ayşe setzte sich, ihren Schenkel an seinen Schenkel drückend, auf eine Bank und trank mit ihm Raki in kleinen Schlucken, erzählte von ihrem früheren Leben und gab fünfundvierzig Jahre zu; sie stamme aus Istanbul und sei im Grunde ihres Herzens eine Romantikerin; sie liebe romantische Musik und Blumen. Dann schaute sie ihm in die Augen, streckte die Zunge heraus und begann das schlanke Rakiglas abzulecken, ein offensichtlich lustvolles Spielchen. Sie nahm nochmals seine Hand, streichelte sie und schaukelte ihre Brüste ein wenig zum Rhythmus der Musik. Ihre Hand fiel, natürlich zufällig, auf sein nacktes Knie. Ihre Finger krabbelten, natürlich zufällig, seinen Schenkel hoch, verschwanden unter den Bermudashorts bis sie ein Objekt umschlossen, das sie mit gespielter Überraschung »Oh« ausrufen und ihre Hand zurückziehen ließ. Leute kamen vorbei und brachten ihn in Verlegenheit. Öffentliches Liebkosen dieser Art lag ihm nicht. Die Bauchtänzerin war nicht so leicht zu stören. Sie zeigte ihm ihre neue, flammend rote Leinenhose, wie diese zu der tiefausgeschnittenen Bluse und der schwarzen Unterwäsche passte, und dann, mit einer schnellen Bewegung, streifte sie Bluse und Büstenhalter ab und enthüllte die schön geformte rechte Brust für flüchtige Augenblicke. Sie nannte ihn erneut ihren Schatz und Liebling, weitere Heiratsangebote machte sie nicht. Er spendierte einen zweiten und dritten doppelten Raki und erhielt eine Einladung in ihr Haus, wenn auch nicht die Adresse. Er wollte sich nicht bei dem Besuch in einer peinlichen oder lächerlichen Lage finden und erzählte ihr von dem durch Operationen seiner Männlichkeit angeblich zugefügten Schaden. Sie verlor weder die Fassung noch ihr Ziel aus dem Auge. Ihr Lieblingsessen, bemerkte sie mit begeistertem Augenaufschlag, seien Riesengarnelen. Also versprach er, ein Kilo zu kaufen und die beiden beschlossen, die Garnelen am nächsten Tag zu verspeisen und dazu zwei, keinesfalls mehr als zwei, doppelte Raki zu trinken. Ein Mittagessen in ihrem Haus sollte es werden, ein Mittagessen, weil sie den Nachmittag ganz für sich haben würden, da sie nicht zu der Bar würde stürzen müssen.

Statt dass die verführerischen Versprechen wahr wurden, nahm die Affäre eine abschwellende Form an. Er kaufte Garnelen und Weißwein; sie versprach, ihn zwischen ein und zwei Uhr abzuholen. »Danach machen wir uns einen Spaß im Bett.« Nichts kam zustande. Sie rief an und entschuldigte sich mit Nierenschmerzen. Am Abend besuchte er ihre Bar, und sie sah tatsächlich müde und krank aus. Sie vertröstete Reinhold nunmehr auf ein ausgedehntes sexuelles Spiel nach dem morgigen Mittagessen. Am nächsten Tag klingelte das Telephon im Hotel, doch nicht für ihn. Mit wachsender Frustration wartete er zwei Stunden, verschlang dann seine vierundzwanzig Riesengarnelen – nur diese, kein Brot, keinen Salat, keine Tomaten, hinuntergespült mit drei doppelten Raki – und fiel in einen schwitzigen Schlaf. Jedes Warten erschöpft seine Geduld. Dies Warten auf ein sexuelles Zusammentreffen und dessen Ausbleiben deprimierte ihn. Am folgenden Abend zog er zu ihrer Bar, und da saß sie, so müde dreinblickend wie zuvor. Die Barfrau musste in ihrer Zeit so manchen erotischen Marathon gelaufen sein. Die dörfliche Kleopatra, diese Schlange des Alten Foça, kannte, so nahm er an, eine unbegrenzte Vielfalt von Tricks, doch das Alter hatte auch die Tricks schal werden lassen. Sie setzten sich wieder auf die Terrasse; er trank zu viel; seine Belohnung war, dass sie ihm erneut ihre nackten Brüste zeigte, die Schultern zurückbog und flüsterte: »Fass eine an, drück sie so fest du kannst.« Zudem bemalte sie den Nagel seines kleinen Fingers mit rotem Nagellack. Sie gab ihm ihre Telephonnummer. »Nackter Spaß ist immer noch auf dem Programm, sobald ich mich besser fühle.«

War ihrem Angebot noch zu trauen? Vielleicht hatten die Türken, die ihr einen anständigen Charakter, wenn auch einen durchgedrehten Verstand bestätigten, ja recht. Sein Lebensschiffchen dümpelte seit langem in einer erotischen Flaute, und er spürte, wie nunmehr ein Fisch, den er sicher am Angelhaken zu haben glaubte, von der Leine ging. Er hätte ihn fortschwimmen lassen sollen, bevor der

Fang zur Farce wurde. Abstand hätte ihm gut getan. Doch dann erinnerte er sich einer apokryphen Antwort, welche Sir Maurice Bowra in Oxford gegeben hatte. Gefragt, warum er, berühmter klassischer Philologe und Mann von Welt, in London auf Suche nach den ordinärsten und schmutzigsten Hafenarbeitern gehe, entgegnete Sir Maurice: »Buggers can't be choosers.« Die ländliche Kleopatra blieb einige Tage verschwunden, kein Anruf, kein Besuch, sie ging nicht einmal ihrer Arbeit in der Bar nach. Wenn er erwartet hatte, von ihr nichts mehr zu sehen und zu hören, dann irrte er. Zwei Tage später rief sie zweimal an und erschien daraufhin selbst im Liberty Hotel. Nermin Hanım log zu seinen Gunsten: »Reinhold ist nach Izmir gefahren, ich weiß nicht, für wie lange«. Aber Ayşe, ihren Sinn auf Riesengarnelen gerichtet, stöberte ihn auf, wie er vor dem Hotel im Schatten saß, die *Collected Short Stories* von Robert Graves las und gelegentlich auf das gelassen wogende Meer sah. Er hatte Graves' *The Greek Myths* gelesen und als unkritischen Mischmasch abgetan, doch er schätzte die eleganten historischen Romane und die Kurzgeschichten. Die meisten gefielen ihm sehr, zumal Graves' Eingeständnis – »Meine Einbildungskraft ist nicht die eines geborenen Lügners, weil mein protestantisches Gewissen mich hindert, völlige Fiktionen zu erfinden.« –

Raki und Riesengarnelen: Das Spiel endet unentschieden

»Hast du«, fragte die Schönbusige, »unser Essen und seine Zugabe vergessen?« Das hatte er nicht, doch war er eisern entschlossen, die penisveralbernde Fopperei abzubrechen, deswegen hatte er nicht angerufen. Ayşe erklärte, sie habe bereits für Samstagabend Garnelen im Kaptan bestellt, einem Fischlokal am inneren Hafen. eine ungeschickte Lüge, wenn man bedenkt, dass sie nicht wissen konnte, wann er aus Izmir zurückkommen werde, außer sie hatte die Gabe der Prophetie. Sie schwärmte erneut von einer spaßhaltigen Nacht. Der Mann eiserner Entschlüsse gab nach und gewährte sich selbst einen allerletzten Versuch. In ihrer Bar fand er Ayşe in Tränen aufgelöst; Countess, ihre Pekinesin, war vor einer Stunde verschwunden. War die Hündin entlaufen oder hatte jemand Foças einzige Pekinesin gestohlen? Die Tänzerin war zur Polizei gegangen, die würde nichts unternehmen: Noch mehr Tränen. Seiner ohnehin schwankenden Stimmung war plötzlich nicht mehr nach einem gemeinsamen Abend. Sie jedoch ließ keinen seiner Einwände gelten; die Garnelen waren bestellt und wollten verzehrt werden; nichts da mit Ausreden. Die beiden gingen die wenigen Schritte zum Kaptan und setzten sich an einen Tisch am Kai. Abenddunkel fiel, ein warmer Wind blies von den Bergen, die Fischerboote hoben und senkten sich langsam an ihren Ankern, Lichter vom andern Ufer spielten auf den Wellen, Besucher aus Izmir, zum Wochenende eingetroffen, spazierten vorbei, Zigeunerinnen zogen von Tisch zu Tisch und verkauften Rosen. Der Abend schüttete ein Füllhorn überschwenglich romantischer Dinge vor ihnen aus. Reinhold, nie dem Romantischen zugetan, wenn es um Geld ging, überschlug im Kopf, um wieviel ihn ein halbes Kilo Garnelen, vier Seezungen, eine kleine Flasche Raki, vielleicht eine zweite, Toast und drei scharf gewürzte Beilagen ärmer machen würden. Ayşe hatte das Essen bestellt und erhielt am Ende eine sehr anständige Rechnung, eine für einheimische Gäste, fünfundfünfzig Millionen, ungefähr zweiunddreißig Euro für sie beide.

Anderes erwies sich als ebenso erfreulich. Eine Militärpatrouille, ein Soldat der Infanterie, einer der Marine, betraten die Bar in ihrem Rücken. Die Bar hatte Diskomusik ausgespieen, welche bestialisch zu nennen einer Beleidigung der gotterschaffenen Tierwelt gleichgekommen wäre. Sowie die beiden Militärpolizisten das Gebäude betraten, wurde es schlagartig still in der Bar. Eine Türkin aus dem Ort hatte zudem Countess am Postamt entdeckt, weit weg von ihrer gewohnten Umgebung, und brachte sie an den Tisch, da sie die Besitzerin von Foças einziger und alleiniger Pekinesin vorher dort gesehen hatte. Ayşe weinte, ihr Mascara verlief, der Kellner reichte ihr ein diskretes Papiertaschentuch. Sie nahm das Tier in die Arme, küsste es, nannte es ein Dutzend Mal »Mein Kind«, trank einige Raki und verzehrte eine nach der andern der zur gemeinsamen Gaumenfreude bestellten Garnelen. Er aß die Seezungen und kaufte der Countess eine Rose. Die retirierte Bauchtänzerin fasste sich, warf ihm glutvolle Blicke zu, schüttelte die halbentblößten Brüste wie ehedem, wandte sich zu der Familie am Nachbartisch und begann eine lange,

lange Unterhaltung in rasend schnellem Türkisch. Der Ehemann war Deutschlehrer in Söke gewesen, einem Ort nicht weit von Milet; er sprach Deutsch leidlich gut und verdiente nun sein Geld als Grundstücksmakler in Marmaris. Auf die Frage, ob er, wie üblich, mit Vierzig in den Ruhestand getreten sei, lachte er: »Die Schulaufsichtsbehörde hat mich gefeuert.« Er sagte nicht, wegen welchen Vergehens. Reinhold wurde es müde, Ayşe und ihr immer wieder zum Nebentisch hin ausbrechendes Gespräch auf sich zu lenken und erneut zu versichern – eine leicht auf seinem nicht-protestantischen Gewissen ruhende Lüge – er werde im September zurückkommen. Er schwieg, lehnte sich zurück, trank seinen Raki zusehends schneller, blickte auf die Sterne, das Meer und die sommerlich gekleideten Mädchen. Der allerletzte Versuch und der letzte gemeinsame Abend waren zwar wie die früheren im Sand stecken geblieben; doch keine Schlacht hatte es gegeben, nur einige Finten und Scharmützel; keine Gefallenen, nur leichte Blessuren; weder lächerliche Niederlagen noch lachhafte Siege; unentschieden war der Kampf ausgegangen, unvollendet, aber erinnerlich. Solch selbstgespendeter Trost, er wollte ihn einmal wahr sein lassen, tat ihm gut. Bei Licht besehen, bei den am Kai und auf dem Wasser schwankenden und blinzelnden Lichtern, fühlte er gleichwohl einen Stich der Enttäuschung über das Unentschieden. Der warme Wind blies heftiger und trieb körnigen Staub über die Straßen und in seine Augen: Eine willkommene Entschuldigung, aufzustehen, sich von der Schlange des Alten Foça mit einem Kuss auf die Lippen zu verabschieden und zu seiner Wohnung zu eilen. Dort trank er noch zwei große Raki and so to bed. Am nächsten Morgen war er nicht überrascht zu hören, dass Freund Halil und die Uluer schon Bescheid wussten über Ayşe, den Raki und die Riesengarnelen.

P.S.: Im April 2005 hörte Reinhold, Ayşe sei vor wenigen Wochen eines elenden Todes gestorben. Ihre Leber hatte dem Raki nicht länger widerstanden.

Foça

Geschichte serviert als vermischtes Menü

Appetitanreger: Magenbitter

Reinhold fand in der Eingangshalle seines Liberty Apartment Hotels offizielle Broschüren des türkischen Tourismusministeriums und erboste sich, dass die griechischen Ruinenstätten alle als »westanatolisch« bezeichnet wurden, das Wort »griechisch«, wie auch bei Sehenswürdigkeiten im Osten des Landes das Wort »armenisch«, kam nirgends vor. »Wer also gründete Foça«?, fragte er Frau Nermin und antwortete selbst, »Westanatolier.« Und nochmals: »Wer herrschte demnach in Pergamon? Westanatolische Könige.« Die Namengebung war so lächerlich wie beleidigend; sie drehte selbst der heutigen Türkei gewogenen Leuten den Magen um. Nermin, die lebenskluge und milde Frau, verzog missbilligend den Mund und murmelte, »Büyük Allah.«

Vorspeise: Obst

An der Seitenwand des Büros der Touristeninformation in Foça sah man 1998 eine große blauumrandete Tafel, die auf Türkisch und Englisch die Geschichte der Stadt verzeichnete. Die englische Inschrift besaß, wie oft fremdsprachige Texte in der Türkei, orthographische und lexikalische Eigentümlichkeiten, von denen er zu ahnen glaubte, dass sie auf einer schlechthin souveränen osmanischen Geistesverfassung beruhten, kraft derer die einst weithin herrschende Nation der Osmanen sich alles zutraute und gleichzeitig zu stolz war, um Fremde, Ungläubige zumal, um Belehrung oder Korrektur zu bitten. Die Angewohnheit, jedweden fremdländischen Text mit Fehlern gespickt zu übersetzen, stirbt zum Unglück langsam. Reinhold findet anderseits Türken durchaus nicht lachhaft, welche in einem fremden Land mit einer fremden Sprache ringen, ja er fand es geradezu anrührend, einem ehemals anatolischen Bauern zuzusehen, wie er 1994 auf dem Flohmarkt vor der Trabrennbahn in Gelsenkirchen sein Obst und Gemüse auf einer Schiefertafel mit Namen angeschrieben hatte. Sprach man sich die Reihe laut vor, so hörte man unschwer, welche deutsche Zwillinge hinter ihnen steckten. Demnach waren:

Afele = Äpfel

Katel = Kartoffeln

Zebil = Zwiebeln

Mützü = Nüsse

Koken = Gurken

Apfelzene = Apfelsinen.

Wenn die Dinge ihren Namen auch nur auf einige Entfernung gleichen; wenn eine natürliche, ursprüngliche und paradiesische Verwandtschaft zwischen den beiden bestand, bis Jehova mit dem in Trümmer zerfallenden Turm zu Babel auch die menschliche Sprache in Stücke schlug, so wie ein Blitz einen gewaltigen Baum zerfetzt, und den Dingen danach nichts übrig blieb, als nach den nächstgelegenen Sprachsplittern zu tasten und sich an ihnen festzuklammern, dann eröffnete jener anatolische Bauer erneut einen Blick in eine märchenhafte Sprachlandschaft, in der die asiatische Zwiebel ganz selbstverständlich Zebil gerufen wurde, so selbstredend wie der Erdapfel Katel hieß, oder die Frucht der lieblichen Pomona auf Afele hörte. Mützü wiederum stammte aus dem Chinesischen und wurde eigentlich Mü-Tzü geschrieben; die hohen Beamten des Kaisers des Reiches der Mitte legten ihrem Herrscher zu Neujahr vergoldete Mü-Tzü vor den Thron, in die sie auf Streifen aus Reispapier geschriebene Gedichte gepackt hatten. In Grasschrift, versteht sich.

Zwischengang: Tischgeschirr und Tischmädchen

Die ehrwürdig alte griechische Stadt Phokaia, das heutige Foça, hat eine reiche und abwechslungsreiche Geschichte. Ganz unwahrscheinlich ist, dass die Stadt von Phokaiern aus der Landschaft Phokis in Mittelgriechenland gegründet wurde und diese Kolonisten unter der Führung von Athenern standen. Das war nur athenisches Großmannsgeschwätz und sollte die athenische Führerrolle bei der ionischen Wanderung im 11. Jahrhundert v. Chr. bekräftigen. Wahrscheinlicher war ihre Gründung im 8. Jahrhundert v. Chr. durch ionische Kolonisten aus Erythrai und Teos, einige hundert Meilen weiter die Straße hinunter nach Süden. Anfangs wurden, so erzählen antike Schriftsteller, deren Wort man freilich nicht auf die Goldwaage legen darf, allerlei merkwürdige Dinge in der Stadt hergestellt, darunter, nach Athenaios, Fächer zur Vertreibung der Fliegen und nach Lukian silberne Trinkbecher, die einem Schiffsmastkorb ähnelten. Die Phokaier deponierten eine Sendung solcher Becher als Weihgeschenke im Tempel zu Delphi. Athenaios berichtet, sie seien im Jahre 353 v. Chr. geraubt worden. Wie war solcher Frevel möglich? Reinhold steht die Szene deutlich vor Augen. Der griechische Feldherr Phayllos stand sinnend vor den Silberbechern, und vor seinem inneren Auge drehte sich der wohlgerundete Körper der Bromias, eines bezaubernden Tisch- und Flötenmädchens von entgegenkommender Erotik, auf den Handflächen balancierte sie Silberbecher, und das war auch alles, was sie trug. Bromias hatte in den letzten Nächten ihrem Feldherrn einen schönen, aber kalten Rücken zugekehrt. Die Becher kämen gut, dachte Phayllos, sie brächten Bromias wieder zu Laune und auf Trab, und befahl einem Hopliten: »Einpacken!« »Das ist Tempelraub, Herr General!«, riefen die Priester, vergeblich, denn ein hoher Militär hatte allezeit sein eigene Methode, Kunstschätze zu sammeln, wie Napoleon und Göring zeigen.

Hauptgang: Wein und Wildschwein

Phokaia blühte wegen seines sicheren Hafens schnell auf. Die weite Hafenbucht hatte nur eine Einfahrt, und diese war durch vorgelagerte Inselchen vor den Meeresstürmen gesichert. Der runde Rücken der Inselchen glich dem von Robben, konnte man sich vorstellen, und der griechische Name der Robbe – Phoke – soll den Namen der Stadt hergegeben haben. Eine energische Handelspolitik ließ Kolonisten weit ins westliche Mittelmeer ausfahren, wo sie um 650 v. Chr. Tartessus (heutiger Name Tartish?) am Guadalquivir in Spanien gründeten. Die Phokaier segelten an den äußersten Rand der bekannten Erde wegen des gewinnreichen Handels mit den Metallen der spanischen Bergwerke. Um 600 gründeten sie Massilia, das heutige Marseille. Was dabei geschah, als der keltische König Nannos seiner mannbaren Tochter die Hochzeit ausrichtete, ist bei Athenaios nachzulesen. Er erzählt leider allzu knapp; Reinhold jedoch, der historischen Wahrheit verpflichtet, muss sich wortreicher geben.

Wem die Jungfrau Petta bei der Feier einen Becher reichen würde, der sollte ihr Gemahl werden. Petta betrat das Männerhaus und sah sich um. Die keltischen Edlen saßen an langen Tischen und soffen. Für Mitglieder einer archaischen Zivilisation waren die jungen Männer recht modisch gekleidet. Hosen trugen sie, darüber leichte Mäntel, einen kleinen Eisendolch im Gürtel, das Langschwert hatten sie daheim gelassen. Das Haar trugen sie kurz und struppig, um den Hals wand sich der torquis, ein schwerer, gedrehter Goldreifen. Wie Asterix liebten auch die massilischen Kelten Wildschweinbraten über alles. Die Edlen zerrissen die gebratenen Tiere mit den Händen, stopften sich die Mäuler voll, rülpsten und furzten, schrien aufeinander ein, lachten brüllend und stürzten Met nach: nach zeitgenössischer Maßgabe feines Benehmen bei Hofe. Wildschweinfett hatten sie sich dick ins Haar geschmiert, teils um die handgroßen Mücken fernzuhalten, teils um aphrodisischen Duft – ranziges Wildschweinfett hatte etwas – auszuströmen. Der Saal stank vor Männlichkeit, Pettas Atem flog, und wiewohl sie kräftig wie ein junger Palmbaum gewachsen war, lief ein Zittern durch ihre schöngeformten, braunen und dicht behaarten Beine. Sie ging unsicher hinter den Reihen der Edlen her, der Wein, ohnehin nur für Kelten trinkbar, da mit Kalk und Honig versetzt, schwappte aus ihrem Becher. Ihre Augen suchten einen Fremden, dem sie am Vortag begegnet war, als seine Mannschaft einen langen Fünfruderer auf den kiesigen Strand gezogen hatte. Hochgewachsen war er nicht, das sind griechische Helden nur in ihrer eigenen Sichtweise, aber breitschultrig. Ein fein gefälteltes weißes Untergewand hatte der Anführer getragen, sein schmales Gesicht war bis auf einen spitzen Kinn- und Backenbart scharf ausrasiert; wie der Mann seine Schiffsbesatzung kommandiert hatte, hatte ihr imponiert. »Der Typ da kann mit Macht umgehen, der denkt nicht im geringsten an Gleichberechtigung unter Männern und schon gar nicht unter den Geschlechtern«, war ihr durch den Kopf geschossen, und ihre Sinne verwirrten sich überaus angenehm, als sie sich ausmalte – in Pastelltönen freilich, wie es einer Jungfrau ansteht – wie ein solcher Löwe mit einer Frau umspringen mochte. »Ach!«, seufzte sie, und präziser wollten wir ihr Begehren auch nicht in Worte fassen. Eine massilische Nausikaa war ihrem phokaischen Odysseus begegnet. Petta, hocherrötend, trat hinter den Fremden und reichte ihm den halbleeren Becher. Euxenos, so hieß er, ergriff Pettas Handgelenk, nahm den Becher und trank ihr das Gemisch zu. Die Jugend des Landes war nicht weniger konsterniert als der Vater. Petta hatte einen Ausländer zum Mann gewählt, einen, der nicht einmal keltisch sprach und dessen Aufenthaltsgenehmigung noch keineswegs erteilt worden war. Der König wollte dem Schnickschnack der Tochter ein Ende bereiten, doch seine Ratgeber murmelten etwas von göttlicher Fügung und dass man Göttern besser nicht in den Kram rede. Die Hochzeit wurde eilends, prunkvoll und unter Verzehr von Unmengen von Wildschweinen und Wein (nebst Kalk, naturgemäß) gefeiert. Kehren wir zurück nach Phokaia.

Beilagen: ein Eisenklumpen, Robben, Alaun und eine Geschichtstafel

In der ersten Hälfte des 6. Jahrhunderts unterwarf Phokaia sich aus eigenen Stücken dem Lyderkönig Kroisos. Lange hatte der keine Freude an seinem Besitz, denn der Perserkönig Kyros schlug ihn 546 v. Chr. aufs Haupt, was dem Kroisos nur recht geschah, denn wie konnte er so töricht sein, dem Orakel von Delphi eindeutige Wahrhaftigkeit zuzutrauen, das ihm, auf seine Anfrage, wie sein geplanter Feldzug gegen die Perser ausgehen werde, antwortete: »Wenn du den Halys überschreitest, wirst du ein großes Reich zerstören.« Kroisos ging über den Grenzfluss, das Reich war sein eigenes. Von Begebenheiten in Phokaia unter der persischen Herrschaft erzählt Herodot. Der persische Feldherr Harpagos belagerte die Stadt, seine Bedingungen waren die härtesten nicht: Die Einwohner sollten einen Mauerturm schleifen und ein einziges Wohnhaus dem Großkönig stiften. Die Griechen erbaten sich einen Tag Bedenkzeit, packten heimlich Weiber, Kinder und Schätze in die Schiffe und segelten hinüber nach Chios. Harpagos zog in eine menschenleere Stadt ein. Die Einwohner von Chios sahen ihre neuen Nachbarn und alten Handelsrivalen scheel an und weigerten sich, ihnen eine Insel als Stützpunkt zu verkaufen, worauf die Phokaier zurück in die Heimat segelten, die nichtsahnenden Perser überfielen und niedermetzelten. Dann segelten sie erneut ab und taten einen feierlichen Schwur, niemals nach Phokaia zurückzukehren, jedenfalls nicht eher, als bis ein großer Klumpen Eisen, den sie ins Meer warfen, zur Oberfläche emporgestiegen sei. Wie das so ist mit Schwüren. Der Klumpen blieb zwar eisern entschlossen auf dem Meeresboden, doch die Griechen brachen, kaum dass sie in See gestochen waren, ihr Gelübde und kehrten um. Aus Heimweh, erklärten sie später. Unter den Persern blühte weiterhin der Handel; phokaische Münzen aus Elektron, einer Mischung von Gold und Silber, machten eine der weitestverbreiteten Währungen aus; der Vertrag, den die Stadt über eine gemeinsame Währung – eine Art mittelmeerischen Euro – um das Jahr 394 v. Chr. mit den Lesbiern schloss, ist uns erhalten. Zum Namen passt auch, dass fast jede antike Münze Phokaias eine Robbe, und sei sie noch so winziges Beizeichen, zeigt.

Wir schreiten über die weitere Geschichte mit Siebenmeilenstiefeln. Alexander der Große befreite Phokaia von den Persern, später gehörte es zum Seleukidenreich und kämpfte, am Ende erfolglos, gegen Rom. Im Mittelalter bauten die Genuesen eine Festung am Hafen, um ihren Handelsplatz, von dem sie Alaun ausführten, zu schützen. »Alaun? Was soll schon mit Alaun zu verdienen sein?«, wird einer fragen. In jenen Jahrhunderten viel, denn Alaun wurde als antiseptisch und adstringierend wirkende Arznei bei Wunden, insbesondere Schnittwunden verwandt, und bei der Prügel- und Rauflust der mittelalterlichen Schlagetots, genannt edle Ritter, war es sicherlich angebracht, die Hausapotheke stets mit Alaun gut bestückt zu halten, wenn der Herr Graf wieder einmal von einem Turnier oder Kreuzzug ohne Hand, Fuß oder Kopf heimkehrte.

Im Jahr 1455 fiel die Stadt in die Hand der Türken, die das Kastell weiter ausbauten. Der Schreiber in der Touristeninformation stellte nun aus diesen Geschichtsdaten seine eigene Historie zusammen. Natürlich erwähnte er die Robben als Namensgeber der Stadt, und in der Tat hatten Mönchsrobben auf den Inseln vor der Hafenbucht gehaust. Einige sollen dort noch leben, wie Postkarten zu beweisen suchen, auf denen ein Robbenkopf aus der See lugt. Leider gibt es auch Photomontagen. Jetzt aber endlich zurück zur Inschrift an der Wand der Touristeninformation. Sie nannte die Stadt in wenigen Zeilen mal Phokia, mal Phokaia, nun gut, akzeptable Alternativen; anderseits klang Ionoia statt Ionia nach einer schlimmen Geisteskrankheit, und Marseilles tat der Verfasser mit dem Zusatz »the one of the most known colony« sprachliches Leid an. Der folgende Text ist wortgetreu, auch die Zeichensetzung originär, nur werden jedes Jahr einige Buchstaben mehr abgefallen sein:

Later it [the city] passed successively under the rule of the Seleucios, Pergamene Kings and the Romans in early Christian times it was the seat o a bishopric. After serving as naval base for Genoese in the 3th and 4th centuries, it be ame part f the Ottoman erritories in 55 A C.

Soufflé: Die allzu frühen Osmanen

Die geschichtliche Einbildungskraft darf damit spielen, dass ein bestimmtes Geschehen in der Welt unbedingt dem Tod eines Schmetterlings im brasilianischen Urwald und seiner unabsehbaren Kettenwirkung zu verdanken ist und dass die Geschichte, ohne den Schmetterling, ebenso gut einen andern, gleich chaotischen Verlauf hätte nehmen können. Ähnliches dachte in der Touristeninformation auch der Geschichtsschreiber Foças, ein Poet, dem das Imaginierbare näher lag als das Faktische. Er machte den zähen Teig der Geschichte leicht, locker, luftig, eben zu einem Soufflé. Folglich erfand er einen Seleukios, nur einen einzigen, durch den bestimmten Artikel ausgezeichneten; den Rest der Dynastie, all die Väter-, Mütter-, Brüder-, und Schwesternmörder überging er; die Attaliden von Pergamon, Römer und frühchristlichen Bischöfe vereinte er hingegen zu einer Handvoll Gestalten, vor denen die Jahrhunderte wie ein Tag oder zumindest wie ein grammatischer Satz waren. Er versetzte die Genuesen in das spätrömische Reich, wo sie gewiss um Alaun, von dem der Schreiber schwieg, mit den römischen Soldatenkaisern und den Herrschern der konstantinischen Dynastie stritten. Doch sein Meisterstück war die Frühgeburt der Osmanen, ihre kühne Präexistenz im Jahr 55 A C. Eigentlich hätte er, nach üblicher Art, entweder schreiben müssen BC (Before Christ) oder AD (Anno Domini). Doch wen scheren schon die Kürzel von Zeitrechnungen! Er hätte auch in der Ära Mustapha Kemal Paschas angeben können: 936 AMK (ante Mustapham Kemalem anno MDCCCLXXXI natum). So bleibt uns nur, A C als ante Christum, vor Christus, zu lesen. Die Sultane der allzu frühen Osmanen führten nach unserm Chronisten einen mit dem Verschwinden ihrer Pracht, Macht, Herrschaft und Existenz endenden Krieg gegen Rom. Sie kämpften außerdem gegen die Verbündeten der Römer und schlugen sich herum mit keltischen Stammesfürsten, mit Ateporix und Adiatorix (entfernten Vettern des Asterix und Obelix) sowie dem knarrnamigen Brogitarius, dem Tetrarchen der Trokmer. Mitte des 1. Jahrhunderts v. Chr. bildete Foça den letzten Zipfel des osmanischen Reiches.

Im Jahre 55 kam es auf den Feldern zwischen Foça und Bağarasi zur letzten Schlacht; an der römischen Kampfesdisziplin zerschellten die wütenden Reiterangriffe der Türken, gegen Abend wurden sie in die engen Schluchten vor Foça getrieben und stellten sich bei Taşkule, einem lydischen oder persischen Steingrabmal aus dem 8. Jahrhundert. Der hellbraune Staub stieg vom Boden auf, der Wind wehte ihn in Schwaden durch das Tal des Bächleins; kaum unterschied einer Freund und Feind, die Staubschleier gingen auseinander, Lanzen, Schwerter und Krummsäbel blitzten, die Verwundeten und Sterbenden schrieen und stöhnten, die Pferde donnerten über sie hinweg, der Boden zitterte, Blut und Hirn rannen in das Bächlein, Streifen Blutes drehten sich und zergingen in den Wasch- und Opferkuhlen des Kybeleheiligtums unterhalb des Grabmals. An der nahe gelegenen Brücke brach der Sultan in die Knie, ein römischer Pfeil stak in seinem linken Auge, ein letztes Mal röchelte er, denn er war ein frommer Sultan: »Allah!« Die Paschas und seine Leibwache deckten die Leiche mit ihren Körpern, auch sie fielen. Die Nacht brach herein. Die Römer steckten Pechfackeln in Brand und schleppten im unsicheren Licht unermessliche Beute aus den Zelten: Waffen, Fahnen, Schellenbäume, Goldgeschirr, Prachtgewänder, Teppiche, Köstlichkeiten der Tafel, Weiber. Am Tage darauf, nachdem die Römer sich an den Speisen und Weibern gütlich getan hatten, sammelten sie, wie gewohnt ihrem eminent nüchtern-praktischen Sinn folgend, alles auf, was auf dem Schlachtfeld umherlag, bis auf die letzte Perle einer Gebetskette. Man findet daher auch trotz angestrengter Suche am Bachufer keinerlei Spuren, während sonst auf den großen Schlachtfeldern Europas und Amerikas, Waterloo, Verdun, Antietam, Gettysburg, die Erde Granatsplitter und Kugeln ans Licht bringt. Die Spurenlosigkeit der Schlacht ist der kräftigste Beweis, dass sie tatsächlich stattgefunden hat. Zur Radikalität der römisch-türkischen Auseinandersetzung gehörte ebenfalls, dass später die römische Obrigkeit die Namen der Sultane der Auslöschung des Gedächtnisses überantwortete; die Namen wurden in ganz Asien aus den Inschriften ausgemeißelt. Kein Marmor, keine Münze zeugt mehr von ihnen.

So gewinnt die andere Historie der Inschrift ihren Umriss, hinter der knappen Jahreszahl tut sich für einen Moment eine Tragödie auf, denn, wir Spätere wissen es, der Fluss der Geschichte biegt erst nach diesem Datum wieder in sein uns bekanntes Bett. Noch warteten an seinen Ufern, im Nebel des geschichtlichen Morgens, Pompeius Magnus, Marcus Antonius und Kleopatra, Julianus Apostata; noch standen die byzantinischen Kaiser, Armenier, Kreuzritter, Araber, Seldschuken und Mongolen Schlange; erst nach ihrem Abgang durften die Türken den Boden der Weltgeschichte erneut betreten.

Foça

Auf Suche nach der Vergangenheit, der wirklichen und der erdachten

Spuren einer antiken Quelle

Über die Jahrhunderte hat ein zierlich gegliederter Aquädukt lebenspendendes Trinkwasser in die Stadt geleitet. Im April 2001 war er noch nicht ganz verfallen, noch begrenzte er als eine malerische Zutat zum Stadtbild den Wochenmarkt auf einer Seite. Fikret erzählte, in seiner Kindheit habe er noch Wasser geführt. Die Rinne war streckenweise erhalten, die Mauer stellenweise mit antiken Blöcken durchsetzt, insgesamt war sie wohl türkischer Machart des 18. und 19. Jahrhunderts. Irgendwer hatte Löcher in den Aquädukt geschlagen; reparieren würde die Mauer niemand; irgendwer würde sie irgendwann mit einem Bulldozer niederwalzen. Reinholds Suche nach der Quelle begann am Wochenmarkt. Er verfolgte die Spur des Wassers gegen den Lauf und ging über freies Feld bis zu einer antiken Brunnengrube. Von der Grube verlief hangaufwärts ein fast trockenes Bachbett, unter dem noch ein wenig Wasser talabwärts sickerte. Einige antike Bauteile und Scherben lagen umher. Die Spur führte weiter in die Felsen hinein, auf den umliegenden Feldern wurden die Scherben spärlich, bis er an den Fuß des dritten großen Felsbrockens kam. Dort fanden sich tief eingeschnittene Rillen und erneut Scherben, eine kleine Mulde konnte ein Kybeleheiligtum gewesen sein. Er hörte oberhalb schwach plätscherndes Wasser: Die Regenfälle der vergangenen Tage hatten eine Quelle erneut sprudeln lassen. Als Wässerchen floß sie durch einen engen Durchbruch und versickerte nach vierzig Metern. An die dreihundert Meter weiter bergauf sah er erneut Wasser: Ein Rinnsal fiel in einen Kessel, der in früheren Zeiten reichlicher Wasser aufgenommen haben mochte, floss heraus und versiegte nach einigen Schritten. Zur Linken wies ein großer, rotbrauner Fels Spuren menschlicher Bearbeitung auf, gleich denen am Kybeleheiligtum. Als er den Blick hob, sah er am Hang eine ganze Reihe solcher Felsbrocken liegen, die wohl auch menschliche Spuren zeigen könnten. Er war inzwischen so hoch im Gelände gestiegen, dass er, sich umwendend, das Meer erblickte. Wässerchen kamen ihm immer noch entgegen, oberhalb der zu seiner Linken gelegenen Müllhalde bemerkte er mehrere Rinnsale. Er ging dem größten nach; spärliche Tropfen quollen aus einem in den Felsen geschnittenen Pfad; das Wasser versiegte; neben dem Felsen lag ein wenig feuchter Sand. Die Quellen des Nils hatte er nicht gefunden, doch er war ein Miniaturentdecker geworden. Sein Sinn blieb den Tag über heiter, nicht zuletzt, weil er in Theodor Fontanes Reisebuch gelesen hatte: »Man sieht nur, was man weiß«.

Antikes Gemäuer in der Stadt

In der Altstadt lag ein altes türkisches Bad am Fuß der Akropolis, weiter den Hügel hoch stand eine Volksschule, in deren Hof antike Säulen und große Säulenbasen sowie behauene Quader aufgestapelt waren. Sie stammten von dem archaischen Athenatempel, den der Altmeister der türkischen Archäologen, Professor Ekrem Akurgal, mehr schlecht als recht ausgegraben hatte. Das Tempelgelände bildete einen Parkplatz, den die Besitzer nur zu gern mit Hotels zubauen wollten, woran sie allerdings das Antikengesetz und Ömer Bey, der offiziell zuständige Archäologe der Universität Izmir, hinderten. Der Professor erhielt deswegen gelegentliche Morddrohungen. Am Rande des Geländes standen armselige Hütten, Frauen wuschen ihre Wäsche im Freien, Hühner, Katzen, Hunde liefen friedfertig umher. Ein Abglanz natürlicher Schönheit schimmerte in den aufgereihten Blechkanistern: Die buntesten Blumen wuchsen in solchen Töpfen, welche vordem weißen Käse, Olivenöl, Margarine oder Motoröl enthalten hatten. Zwei alte Moscheen säumten die Akropolis, nur wenige Fromme, zumeist alte Männer, kamen zum Gebet; der Ruf des Muezzins drang, obwohl elektronisch verstärkt, nur schwach über das Wasser der Bucht bis zum Liberty Hotel.

Halil Bey erzählte seinem Freund, auf der Hafenstraße, in Richtung der Kaserne, seien die Arbeiter bei Schachtarbeiten auf antike Gräber gestoßen; die Archäologen aus Izmir würden bereits die Grabung überwachen. Reinhold wanderte neugierig zu der Baustelle. In der Tat, drei Archäologen hockten um ein großes, ständig mit Grundwasser volllaufendes Loch in der Straße. Ein Dieselmotor saugte das Wasser ab und die zerbrochenen Tonwände von Sarkophagen kamen zum Vorschein, daneben die Wände eines säuberlich gemauerten Tiefbrunnens aus osmanischer Zeit. Eine ältere Dame vom Archäologischen Museum in Izmir rauchte Zigarette um Zigarette und sah zu, wie die Arbeiter Stück um Stück der Tonplatten hochreichten und in separaten Kisten stapelten. Einen Plan, der die Lage der Sarkophage und, wo möglich, die Strichrichtung eines antiken Friedhofs festhielt, fertigte sie nicht an.

Das schönste Stück antiker Architektur findet sich am Rand des heutigen Foça, an einer Straße, die südwärts ein Tal hochzieht. Kurz hinter dem modernen Friedhof stößt man auf ein Stück der antiken Stadtmauer und einen angrenzenden, scherbenbesäten Tumulus. Die Mauer, aus fein gefügten Quadern gefertigt, verjüngt sich nach oben; ihr weiterer Verlauf ist nicht sicher. Gewiß ist allerdings, dass das antike Foça einen weitaus größeren Umfang als das heutige hatte. Ömer Bey glaubt sogar, die Stadtmauer sei an die fünf Kilometer lang gewesen und habe an den Hängen des Tals entlang und über die beiden Kybelehügel geführt. Reinhold und Friedrich kletterten auf den größeren, von der Ruine eines Windmühlenturms gekrönten Hügel. Sie stiegen den Südhang hoch, mitten durch kniehohe Macchia. Der Pfad war dicht überwachsen; beide, keine trittsicheren Gamsböcke, liefen Gefahr, auf einen lockeren Felsbrocken zu treten und einen Knöchel umzuknicken. Außerdem lauerten gewiß giftige Nattern, Skorpione und sonstige Untiere.

Imaginäre Wesen in Foça und anderwärts

Die Natur weckt in solchen Momenten eine unzulässige Furcht und gleichzeitig eine sehr leise Lust in Reinholds Sinn. Selbst der harmlose Berghang am Kybeleheiligtum scheucht in seiner Fantasie verwirrende Schatten auf, wenn er im dürren, fahlgelben Gestrüpp ein Rascheln hört, wenn eine schlängelnde Bewegung durch das Gras zieht, ohne dass ein Lebewesen zu sehen ist. Eine armdicke schwarze Schlange mochte dies sein, die wäre dann ungiftig. Er war geradezu darauf aus, an dem heiligen Berghang die Herrschaft der Muttergottheit oder des mittäglichen Pan zu spüren. Glück hatte er damit nicht. Vielleicht wäre er Wesen begegnet, die in Kleinasien vorkommen, zumindest in Erzählungen. So hätte er einer Amphisbaena begegnen können, jener Schlange mit einem zweiten, doppelte Bosheit anzeigenden Kopf am Schwanzende, die sich zu einem Reif zusammenrollt und pfeilschnell angreift; von ihr berichtet die *Naturgeschichte* des älteren Plinius. Anderseits fühlte er sich in der kleinwüchsigen Macchia sicher vor einem Laculus, den er aus einem Bestiarium des 12. Jahrhunderts kannte, jener geflügelten Schlange mit Raubtierpranken, die sich hoch aus den Bäumen auf ihre Opfer fallen lässt. Gefährlich, oder zumindest ekelig, wäre ihm auch der asiatische Bonnacon (vermutlich der Auerochs) vorgekommen, über den im gleichen Bestiarium zu lesen ist, er entleere auf der Flucht mit einem Donnerschlag von Furz seinen Darm und bedecke damit drei Morgen Land. Jeder Baum, den der Kot berühre, fange Feuer. Eine Sirene sah er auch nicht. Sie war, in einer wenig bekannten kleinasiatischen Version, eine weiße, geflügelte Schlange, schneller als ein Pferd, und konnte außerdem fliegen. Ihr Gift hatte ein zweifelhaftes Gutes: Es war so stark, dass einer starb, bevor er den Schmerz des Bisses spürte. Die gleiche Wirkung hatte der Biss der Schlange Dipsas, das unglückliche Opfer hatte nicht einmal Zeit, im Tode ein Trauergesicht aufzusetzen. Die imaginären Lebewesen gehören in eine durchaus ernsthafte mittelalterliche Naturkunde. Fast immer gibt ihnen der Autor eine zusätzliche christliche Auslegung. Am weitesten geht mit solchen Weiterdeutungen der im Ursprung spätantike Physiologus. Schriften dieser Art als bloße Kuriositäten abzutun, heißt, wie T.H. White, der gelehrte Übersetzer und Erklärer eines lateinischen Bestiariums unterstreicht, ihrer theologischen Auslegung nicht gerecht zu werden. Mit Vergnügen und freundlichem Dank hat Reinhold das eine oder andere von den Fachleuten übernommen.

Vom Erzählen des Märchenhaften

Gestatten wir Reinhold ruhig, aus Büchern kuriose Dinge und Lebewesen zu ziehen. In *The Book of Imaginary Beings* (1969) tut Luis Borges nichts Anderes und besteht auch nicht auf der Glaubhaftigkeit seines Sammelsuriums. Keineswegs ist unserm Erzähler jedoch erlaubt, vom Einbruch des Aussernatürlichen in den Alltag allen Ernstes zu reden. Ausgenommen ist ein andersgelagerter Fall: Orte, welche Tausende von Menschen über Jahrhunderte aufgesucht haben, um sich dort dem Göttlichen zuzuwenden, berühren den Reinhold tief, gerade, weil er sich für aufgeklärt hält; in der Türkei denkt er an die Hagia Sophia und die Mevlana Tekke in Konya. Von dem, was es nicht gibt, weil es es nicht geben kann, redet er im Unernst. Er spottet wie sein großer Vorgänger Lukian von Samosata (geboren um 120 n. Chr. eben noch auf dem Gebiet der heutigen Türkei). In dessen Wahren Geschichten verschluckt ein Riesenfisch ein ganzes Schiff, ein Fluß strömt mit (hoffentlich trinkbarem) Wein, Fische machen betrunken. Reinhold ist kein echter fantasista, so gerne er einer wäre. Es gibt zwei Cliquen von magischen Erzählern. Die erste zeigt uns ein Labyrinth: Die Alltagserfahrung und eine absurde Realität in ihrer Mitte. Eine reinliche Scheidung gibt es nicht und schon gar keinen Faden, mit dessen Hilfe der Leser aus dem Labyrinth herausfände. So gehen die Meister vor, etwa Luis Borges und Gabriel Garcias Marques. Ein Fremder, zum Beispiel, taucht in einer zunächst begreifbaren und historischen Welt auf und spricht dann, ein Leichnam, mit verstümmelten Leichnamen. Ein Ehemann erwacht neben seiner im Blute schwimmenden Frau in einem Bett, in dem ein Ritter vor Jahrhunderten seine Dame erdolcht hat. Beide Male schrecken die Erzähler die Leser. Die zweite Clique, der er, wenn auch in gebührendem Abstand, nahesteht, macht es genau anders herum: Sie erzählt Märchen, in denen Jenseitsgestalten – Riesen, Zwerge, Hexen, Tote, eine Arche Noah von imaginären Tieren – auftauchen, einfach so, mit der alleinigen Funktion, dem Helden oder der Heldin zu helfen oder ihnen zu schaden. Haben sie ihr Werk getan, verschwinden sie wieder, einfach so. Held oder Heldin nehmen die Jenseitsgestalten, wie sie kommen und gehen, und gruseln sich nicht im Mindesten. Ein Märchenerzähler, für einen solchen hält sich Reinhold, fürchtet sich ebenso wenig. Gelegentlich hört er einen Spötter: »Wenn du erzählst, du Simpel, gruselt man sich nie«. »Selten«, entgegnet er und ist's zufrieden.

Schlicht Erfundenes über Foça und Homer

Selbst Fachleuten ist eine Nachricht wenig bekannt von einem Besuch Homers in Foça, die uns ein namenloser kaiserzeitlicher Autor überliefert hat. Reinhold rafft aus der von Ulrich von Wilamowitz herausgebrachten Ausgabe der *Vitae Homeri et Hesiodi* (Bonn 1916) zusammen. Wo Homer geboren wurde, darum stritten sich ehemals sieben Städte der Antike. Unser Mann wusste es: Am Ufer des an Smyrna, dem heutigen Izmir, vorbeifließenden Meles. Der Junge war begabt und wuchs zu einem gesuchten Lehrer heran, doch wollte er, wie alle Prinzen im Märchen, reisen und die Welt sehen. Er besuchte Odysseus auf der Insel Ithaka und, Pech gehabt, erblindete dort. Der Erzähler widerspricht sich. Er behauptet später, Homer sei erst in Kolophon blind geworden. Nun gut, dann war es eben dort aus mit dem Ins-Land-Schauen. Homer schrieb Verse, rezitierte sie und fristete damit sein Leben. Er zog weiter nach Phokaia. Dort schwatzte ihm ein Lump namens Thestorides ein, er werde ihn pflegen und ernähren, sofern er niederschreiben dürfe, was Homer komponiere, und der Dichter schrieb ein Epos namens Phokais. Thestorides stahl die Manuskripte und verschwand zur Insel Chios, wo er das Epos als sein eigenes ausgab. Der Betrug flog auf, als dortige Kaufleute sich sagten: »Diese Verse haben wir doch schon von Homer gehört.« Als der Dichter von dem Betrug erfuhr, suchte er eine Schiffsbesatzung zu überreden, ihn mit nach Chios zu nehmen. Sie sagten zu, ließen ihn jedoch an einem öden Strand zurück. Homer rief einen gewaltigen Sturm herbei, der das Schiff an den Strand zurücktrieb. Die Seeleute bereuten ihre Missetat und brachten ihn nach Chios. Vielleicht, dass unser fantasista versucht, aus dem Märchen in die berechenbare Geschichtsschreibung zurückzufinden, indem er am Ende der Biographie nach abenteuerlichen Zeitsprüngen behauptet, Homer sei 168 Jahre (keins mehr und keins weniger) nach dem Trojanischen Krieg geboren.

Das Kybeleheiligtum

Das Kybeleheiligtum bedeckt einen Hügel landeinwärts, außerhalb, vermutet ein Teil der Archäologen, der antiken Stadtmauer. Die Spitze des Hügels ist künstlich zu einem Plateau abgeflacht, antike Dachziegel liegen umher und Dachziegel auf einem Gipfel bedeuten nur eines: Dort hat einst ein überdachtes Gebäude gestanden, an einem so profilierten Ort gewiß ein bedeutendes, vielleicht ein Tempel. Niemand schleppt Dachziegel einfach so auf einen Hügel. Die Felsen sind übersät mit Nischen, in denen Kultbilder der Kybele standen. Den Aufgang zum Gipfel ermöglichte eine Reihe von ausgemeißelten Stufen, einige so steil, daß sie sicherlich nur mit Hilfe einer Strickleiter zu bewältigen waren, andere bequem wie eine Treppe. Das ausgedehnte Heiligtum muß von frommen Verehrern der Göttin nur so gewimmelt haben. Kybele, die mächtige Muttergottheit, wurde schon in der Frühen Steinzeit verehrt; in Çatal Höyük, in der Nähe von Konya, hatten englische Archäologen Figuren der Göttin gefunden, die in die Mitte des 7. Jahrtausends vor Christi zu datieren sind. Ein Typ zeigt die Göttin, wie sie hochschwanger hockt, Brüste und Vulva deutlich markiert, wie wenn sie gebären wollte. Einige Wochen nach dem Aufstieg zum Kybeleheiligtum besuchte Reinhold seinen Freund Halil in dessen Geschäft. Eine ältere italienische Dame beschaute sich Tonlämpchen. Nein, antik seien die nicht, versicherte Halil, mit solchen Sachen handle er nicht. Die Lämpchen sollten aus den griechischen Bruchsteinhäusern des späten 19. und frühen 20. Jahrhunderts in Foça stammen. Sie zeigten am Boden ein Kreuz, freilich kein unwiderlegbares Kennzeichen der christlichen Herkunft. Darauf kramte Halil zwei daumengroße Tonfigürchen hervor; sie entsprachen, ungefügt modelliert, exakt dem neolithischen Typ der Kybele. Auch sie, beteuerte er, fänden sich im Schutt griechischer Häuser. Die Figürchen waren nicht antik, sie dienten als Amulette für glückliche Geburt und standen, vielleicht neben der Heiligen Jungfrau, in einem Göttinnenwinkel. »Ich kann«, wird sich eine schwangere griechische Landfrau gedacht haben, »nicht genug göttliche Fürbitterinnen haben.« Reinhold schaudert ein wenig, denkt er an die Macht weiblicher Göttinnen, welche, unter wechselnden Namen, ungeschwächt die Jahrtausende überleben.

Spuren der neuzeitlichen Griechen und einstiger ländlicher Reichtum der Stadt

Durch Foça wandeln, wenn man nur die Augen richtig auftut, allerorts griechische Geister. Die antiken Geister hatten vor vielen Jahrhunderten die Körperwelt in Foça verlassen und streiften durch die archäologischen Relikte; die neuzeitlichen Geister hatten 1922 samt Körper aus der Türkei fliehen müssen und kehrten aus Nostalgie in die alten Behausungen zurück. Reinhold folgte den Spuren der modernen Griechen anhand des Schmuckes der Wohnhäuser; wir sind noch im April 2001. In der 197. Straße hatte der ehemalige Besitzer die Stirnseite seines Hauses prächtig verzieren lassen. Ein Band lief über die

Hausbreite, das abwechselnd einen Löwenkopf und zwei Theatermasken zeigte, darunter waren sieben Marmorplatten angebracht, die jeweils ein kleines, rechteckiges Motiv zeigten: ein Schiff, eine Tür, zwei Tempelsäulen mit Balken; über ihnen stand ein Adler nach rechts, den Kopf zurückgewandt. In den Balkon war eine Steinplatte eingelassen, auf der eine Galeone mit geblähten Segeln nach links fuhr, darunter standen die Jahreszahlen 1676 - 1876. Die Zahl 1876 gab das Entstehungsjahr der Platte (vielleicht auch des Hauses) an, 1676 deutete wohl darauf hin, daß die Familie dieses Händlers und wohl auch eines Schiffseigentümers seit zweihundert Jahren in Foça ansässig war. Die Eingangstür des Hauses wurde von zwei konischen Säulen eingefaßt, über sie spannte sich ein Rundbogen, darüber zeigte ein Flachrelief Tempel der klassischen Antike; das Relief seinerseits war an beiden Seiten von Platten mit einfachen Kreuzdarstellungen eingerahmt. Der ganze Zierrat war wohl im späten 19. Jahrhundert entstanden. Reinhold fand auch geringere Zeichen für griechische Einwohner. Haus 28 in der 210. Straße trug eine Weinrebe als Schmuck; ein Teppichladen in der gleichen Straße zeigte über dem Eingang die Jahreszahl 1872, darüber ein großes E und M, ein Kreuz in einem Lorbeerkranz, die Ecksteine trugen Blumen. Das Restaurant Foça auf der Straße des kleinen Meeres hatte an der Rückseite eine alte Eingangstür. Eine große Tuğra, eine Sultanssignatur aus farbigem Glas, war zu sehen. Über dem Türsturz vermerkte ΔΕΚΕΜ - ΒΡΙUS, 1866 (= Dezember 1866) das Datum der Hauseinweihung. Die Inschrift war umrahmt von den Flügeln eines Vogels, an den Seiten sah man Ornamente, die vielleicht Teile eines Lebensbaums darstellten. Auch an der Architektur selbst erkannte man die Häuser wohlhabender Griechen. Diese bauten Häuser mit einem hohen Eingang, dessen Stufen schon über das Tiefparterre hinaufführten. Zu fast ebener Erde werden demnach die Lagerräume gelegen haben. Die Eingänge hatten Türbogen mit Namen und Jahreszahlen und reich gefasste Türen, ein Korridor führte durch bis zur Rückseite des Gebäudes und in den Garten.

Vom dörflichen Leben fand er nur wenige Spuren, etwas mehr erfuhr er aus Erzählungen seiner Freunde und Bekannten. So sei um 1920 die Stadt von Weinbergen und Olivenhainen umgeben gewesen. Alte Ölbäume standen noch auf dem Gelände hinter dem städtischen Krankenhaus, wo wegen einer archäologischen Grabung das Bauen untersagt war. Ein größerer Hain begann am Stadtrand hinter dem Sportplatz und zog das Tal hoch. Dort, unterhalb eines weiteren Kybelchügels, hatte Halil ein großes Grundstück, welches er stolz seinen Garten nannte, denn im Frühjahr 2001 hatte er dort Rosen und Kartoffeln gepflanzt. Eines Mittags nahm Halil ihn mit zum Garten, um sich mit seinem Freund Bora zu treffen, einem ehemals in Bergama stationierten Obristen der Luftwaffe. Bora war Amateurarchäologe und ein glühender Verehrer der Vergangenheit Foças. Ihm gehörte ein angrenzendes kleines Stück Land. Er saß neben einem älteren Mann vor seiner Bretterbude in der Sonne. Der Alte trug eine dicke, wollene Unterhose und ein wollenes Unterhemd und fühlte sich, derart adrett gekleidet, pudelwohl. In Deutschland, in Essen-Karnap, habe er unter Tage gearbeitet, die italienischen Gastarbeiter hätten ihm immer »piano, piano« zugeraunt; der deutsche Steiger habe geglaubt, die Italiener hätten von Musik gesprochen. Dann rückte er, fröhlich lachend und in derbem Ton, mit einer den Juden nicht so freundlichen Geschichte heraus:

Noah, durch ständigen Regen beunruhigt, baut die Arche. Bei dem Sauwetter suchen die Juden ein überdachtes Klo und scheißen und pissen ihm das Schiff voll. Noah zürnt und hadert mit Gott. Die Juden scheißen und pinkeln weiter, bis die Jauche knöcheltief im Schiffsrumpf steht, und erkranken an der Krätze (der Alte kratzt sich höchst überzeugend Hände, Beine und Lenden, um das Jucken zu demonstrieren). Doch dann geschieht ein hygienisches Wunder. Als eines Tages ein Scheißer die Füße aus dem Kot der Arche herauszieht und abwäscht, ist die Krätze verschwunden. Er läuft zurück zu den Juden und erzählt von dem Wundermittel. Ein Haufen Menschen rennt zur Arche und wirft sich, ja taucht in die stinkende Brühe: Alle gesunden. Weil derart viele Leute sich mit dem Kot bestreichen, geht der ihnen fast aus. Die letzten Kranken kratzen mit den Fingernägeln das letzte bißchen Scheiße aus den Ritzen und Fugen der Arche. Das Schiff ist wieder blitzsauber, die Krätze ist verschwunden, Noah ist es zufrieden, der Name des HERRN sei gepriesen.

»So war es«, fügte der Alte hinzu, »denn wenn es nicht so gewesen wäre, könnte ich es nicht erzählen.« Weiterhin berichtete er von der einst reichen Landwirtschaft um Foça. Die Täler nach Yeni Foça hin seien voller Weinberge gewesen. Auch sein Vater habe Wein angebaut und den eingedickten Traubensaft, den pekmez, hergestellt, der anstelle von Zucker verwendet wurde. Man musste den Saft gut einkochen und gelegentlich eine Probe machen. Wenn ein Tropfen auf dem Fingernagel stehenblieb und nicht wegrann, war der pekmez genügend eingedickt.

Die Traube »Schwarze Foça« und ihre Verehrer

Bora erzählte begeistert vom Weinbau. Im frühen 20. Jahrhundert habe man um Foça mehr Wein als Oliven angebaut, im Verhältnis von zwei Dritteln zu einem Drittel. Es existiere eine eigene, Jahrtausende alte Rebsorte, die Schwarze Foça, Kara Foça. Sie sei honigsüß und leider so gut wie ausgestorben. Er habe nach alten Rebstöcken auf dem Vorgebirge Karaburun am Golf von Izmir gesucht und sei fündig geworden. Auch das Nationalmuseum für Weinkultur in Tekirdağ am Marmarameer besitze einige Stöcke und habe ihm Triebe überlassen. Weinbau war ihm eine Ehrensache im Dienste der ohnehin an Ehren reichen Stadt Foça. Er reise oft nach Deutschland in die Pfalz, um Weinbau zu studieren; auch habe er zum gleichen Zweck die Provence besucht. Mit Glück würden seine alten, nunmehr gepfropften Stöcke neu ausschlagen. Geduld brauche man allerdings. Eine alte französische Dame habe ihm auf die Frage, wann denn die Stöcke trinkbaren Wein lieferten, geantwortet: »Nach zwanzig Jahren.« Auch an der Mosel kenne er mehrere Winzer, er fahre zur Weinlese hin, krempl e die Ärmel hoch und arbeite mit. Er könne im Übrigen nicht genug von seinen guten Freunden lernen. Es müsse allerdings festgehalten werden, dass, historisch gesehen, die Stadt Foça einer der hauptsächlichen Ursprungsorte des Weinbaus in Kleinasien sei und dass der Wein in der Antike allein von ihr aus seinen Weg nach Europa genommen habe; Seefahrer seiner Stadt hätten ihn nach Marseille und nach Avignon gebracht. Der Enthusiasmus des Mannes war ansteckend. Noch ein paar Gläschen Wein und Bora fuhr die Besucher in seinem klapprigen roten Auto zurück in die Stadt.

Im April 2007 hat Reinhold seinem Freund beim Ausbau seines Gartenhäuschens geholfen. Größer sollte es werden, einen Backofen erhalten, einen Estrich und ein wasserdichtes Dach. Also versammelten sich die Freunde der Traube Kara Foça und, natürlich, des Bora, und arbeiteten wie wild. Die drückende Hitze störte nicht. Bora kletterte auf das Dach und nahm die Dachpfannen ab, Reinhold stand an der Hüttenwand und reichte sie an Jennifer weiter, die stapelte sie säuberlich. Außerdem bereitete Jennifer den Estrich für den Boden und den Verputz für den Backofen, und zwar Lehm, angerührt mit Eimern von Yoghurt. Eine uralte, biologische Methode sollte dies sein, welche das Material sowohl wasserfester als auch abriebfester mache. Der Lehm fiel ihr auf die Kleider und ins Haar; die gute Laune blieb. Schwitzige Stunden vergingen; andere Freunde kamen hinzu und stellten Wurst, Wein, Käse, Brot, Obst, Oliven auf den laubüberdachten Tisch vor der Hütte; Bora kochte Kaffee und Tee; Reinhold erinnert sich an den Tag als einen seiner glücklichsten in Foça.

Foça

Momente der Gemütsruhe in einer unvollkommenen Welt

Ein blaues Auge gegen Haie

Die Küstenstraße diente, wenn Reinhold gut in Form war, als seine Joggingstrecke vom Liberty Hotel bis in die Nähe der großen Kaserne und zurück. Morgens früh um sechs lief er längs des Meeres, eine Staubfahne hinter seinen Fersen hochwirbelnd, traf Bekannte vor einem Hafencafé sitzend und den ersten Tee schlürfend, grüßte sie, ohne innezuhalten. Gelegentlich sah er Bahır Bey, genannt Ayı, der Bär, einen freundlichen, muskulösen Riesen mit nicht zu heilender Hautflechte, von Beruf Sachverständiger für Schiffshavarien, einen Mann, der in der Welt herumkam und sich in ihr auskannte, in London und Foça ein Haus hatte, Englisch mit Reinhold sprach, ihm Kuchen brachte und die einzige, überall bewunderte Harley Davidson in der Stadt fuhr, mit der er mythologisch in der Art eines Zentauren zusammengewachsen war. Oft traf er Ayhan Bey, einst Taxichauffeur, später Grundstücksmakler, dann Bezirksbürgermeister, einen ernsten und freundlichen Mann. Der feuerte den Läufer beifällig an, stand auf, holte ein Glas Wasser aus dem Café und reichte es ihm bei seiner Rückkehr. Reinhold kreiste um Ayhan, trank, gab das Glas zurück, dankte und schoss davon. Natürlich schoss er nicht davon. Langsam lief er, und die Staubfahne gab es auch nur in seiner Einbildung. Gegen Ende seines Laufs kam er an einem kuriosen Kunstwerk vorbei, das nach Oktober 1997 verschwand.

Dicht an der Kaimauer lagen zwei Schiffe vor Anker; ein uralter Kutter mit verrosteten Eisenteilen und zerfallenen Holzteilen; sein Heimathafen war Hamburg, eine Stadt, die er, wie das offene Meer, nie wieder erblicken würde: Holzstaub zu Holzstaub, Rost zu Rost. Neben ihm dümpelte ein jüngerer Fischerkahn, seine Bordwand trug den Namen des Besitzers, Ömer Akkar. Ob der auch das Ölgemälde über dem hölzernen Kapitänsstand angefertigt hatte, war ungewiss. Die Maltechnik deutete immerhin auf die Hand eines gestandenen Seemanns. Überhaupt fiel Reinhold ins Auge, wie oft in der Türkei alte Schiffe und hölzerne Karren an den Seiten schlichte und recht farbige Gemälde trugen, welche von einem guten Leben sprachen. In Deutschland war ein solcher Brauch, der wohl auch bestanden hatte, gänzlich erloschen. Das Bild hier zeigte zwei grauschwarze Haifische. Der eine attackierte irgendetwas schräg oben, es konnte gut das Schiff selbst sein; der andere prallte mit aufgerissenem Maul vor irgendetwas zurück, und wenn je einem Haifisch Schrecken ins Gesicht gemalt war, dann diesem. Zwischen den Räubern hing ein großes, blaues Auge mit blutroter Pupille, zauberkräftig genug, das Böse abzuwehren. Oben an dem Auge war ein Band kleiner Striche angebracht, sie stellten die Energiestrahlen des abwehrenden Auges dar und liefen auf den angreifenden Hai zu. Unten hatte der Künstler gegen den bösen Blick »Maşallah« geschrieben und einen Meeresgrund gemalt, aus dem blaue und graugrüne Pflanzen sich emporschlängelten. So dicht über dem Meeresgrund bildeten die Fische wahrlich keine Gefahr für das hoch oben über ihnen ankernde Schiff. Ohne den Meeresgrund hätte den Haien der feste Boden unter den Flossen gefehlt; sie wären in einem Blau geschwebt, von dem man nicht hätte sagen können, ob es das Blau des Himmels oder des Meeres sei.

Nach dem morgendlichen Joggen schlenderte er tagsüber die Uferstraße auf und ab und fand häufig genug Anlass, sich zu wundern, ja sich zu echauffieren über die türkische Gelassenheit im Umgang mit Unvollkommenheiten aller Art. Lange Zeit erschien sie seinem deutschen Drang nach Perfektion wie ein Mangel an planendem Denken und seinem deutschen Ordnungssinn als Fatalismus gegenüber Missständen, die niemand für abstellbar hielt. Erst mit den Jahren wurde sein Urteil milder, wenn auch, leider, nicht viel. Gehen wir für die folgenden Episoden in den April und Sptember 2008.

Gemeinsinn will gezeigt sein

Einige Male im Jahr kann Reinhold auf der Straße seines Hotels in Foça beobachten, wie die Garnison sich entschließt, die Straße vom Abfall zu reinigen. Hundert oder zweihundert Soldaten, zumeist junge Burschen, die ihre Rekrutenzeit abdienen, werden in eigens zum Reinigen angefertigte braun-gelbe Uniformen gesteckt und jeder bekommt einen blauen Müllsack in die Hand gedrückt. Die Truppe schwärmt aus und liest auf, was an leeren Plastikflaschen, zerfetzten Zeitungen, Plastiktüten, Zigarettenpackungen, Bierdosen an der Straße und im Gebüsch liegt. Die Aktion schreit natürlich nach Publizität. Also schreiten an der Spitze der Truppe einige Offiziere, daneben der Bürgermeister und andere Honoratioren; vor ihnen tanzen Fotografen auf der Strasse auf und ab, knien nieder und schießen Schnappschüsse. Die Allgewaltigen lesen gelegentlich selbst Müll auf, freilich nur, wenn sie Kameras auf sich gerichtet sehen. Was unter Müll zu verstehen sei, bleibt ihrer individuellen Definition überlassen. Reinhold sah, wie ein Offizier ein Steinchen von der Straße auflas, während der Bürgermeister einen fingerlangen trockenen Zweig in seinen Sack steckte. So zeigte man guten Willen und Gemeinsinn. Die Truppe zog weiter, doch zwei Nachzügler stocherten noch im Gras herum. Der eine hob ein Stück Plastik auf und steckte es in seinen Beutel; die leere Coca-Dose, dreißig Zentimeter entfernt, ließ er liegen.

Sonnenuntergang mit Steinwurf und jugendliche Umsicht

Nicht weit von dem bemalten Rostkahn lag das Park Restoran. Im Sommer sah man von dort die Sonne, die Wellen rötend, untergehen. Eines Abends hatte Reinhold Seezungen und den ersten doppelten Raki im Park Restoran genossen, lehnte sich bequem zurück und blickte ungehalten wieder auf. Neben ihm stand ein Mann mittleren Alters und warf Steine in die nächste Kiefer, dann sammelte er eine weitere Handvoll Wurfgeschosse auf, keineswegs kleine, und schleuderte auch die in die Äste. In dem Baum hockte eine Taube, die er mitnichten traf; die Steinbrocken fielen dicht neben Türken bei ihrer Abendpromenade auf die Straße; niemand schimpfte. Der Steinwerfer schlenderte laut lachend davon.

Noch ein Beispiel landesüblicher Gelassenheit. Reinhold spazierte mittags am Küçük Deniz, dem Kleinen Meer, entlang. Vor ihm stand ein gelber Lastwagen der staatlichen Tabak- und Alkoholregie Tekel und stieß ruckelnd schwarze Ölwolken aus dem Auspuff. Der Fahrer versuchte, mit zwei dünnen Seilen einen Kahn aus dem Wasser auf den schmalen Sandstrand zu ziehen. Die Seile würden bald reißen und der Ausländer ging in einem vorsichtig weiten Bogen um den Lastwagen herum. Neben dem Kahn standen sechs junge Männer, jeder gab lauthals dem Fahrer jeweils verschiedene Instruktionen. Kaum fuhr der Wagen an, da peitschten die Seile gegen das Holz, die Bootswand dröhnte, wie von einem Geschoss getroffen, auf. Der Fahrer sprang schimpfend aus seiner Kabine, die jungen Männer sahen sich zuerst lachend an und erst dann ein wenig eingeschüchtert.

Waldbrände und mutmaßliche Feuerteufel

Im September 2008 zeigte ihm sein Freund Aydoğan, der türkische Amerikaner, über einem Bier die Zeitung vom Tage. Waldbrände, Flammenwände rings um Istanbul, allein neun an einem Tag. Sabotage, schrieb die Zeitung, Brandstiftung. Aber zu welchem politischen oder unpolitischen Ende? Das Gespräch kreiste eine Weile um Waldbrände. In Foça brachen sie ziemlich häufig in dem Buschwerk hinter der Stadt aus und waren kaum zu löschen. Ein Brand hatte vor mehreren Jahren die Olivenhaine bis dicht an den Ort Bağarası vernichtet. Das Gelände gehörte der Armee, die Soldaten schossen manchmal scharf, und die übliche Erklärung der Offiziere, es handle sich um Brandstiftung, verdiente keinen Glauben. Irgendein mehmetcik, irgendein einfältiger Rekrut, wird die Sträucher in Brand geschossen haben. Aydoğan erinnerte sich, in seiner Jugend seien die Berghänge hinter der Stadt stark bewaldet gewesen, ausgedehnte Obst- und Olivenhaine hätten sich dort erstreckt. Mit jedem Jahrzehnt sei die Landschaft kahler geworden, regelmäßige Brände erstickten die halbherzigen Versuche zur Aufforstung. Es ging auf Mitternacht zu, als langsam ein Lastwagen der lokalen Müllabfuhr vorüberrumpelte und nach zwei Minuten wieder zurückkam. Der Anblick gehörte zu den alltäglichen Ungereimtheiten. Hatten Müllkutscher bis Mitternacht Dienst? Oder hatten Müllkutscher Lust und Erlaubnis, nächtliche Ausflüge mit ihrem Dienstfahrzeug zu unternehmen? Fort mit den nächtlichen Fragen – was sollten sie Reinhold scheren? – und hin zu Dingen, die ihm allezeit am Herzen lagen, Kochen, Essen und Festefeiern.

Afyet Olsun – Guten Appetit zu sagen hatten die Freunde Friedrich und Reinhold reichlich Gelegenheit. Mittags genügte ihnen eine Garküche im Ort gegenüber der Touristeninformation. Neben dem Touristenbüro lag ein Pissoir, dessen Wächter den Reinhold seit Jahren kannte. Vordem hatte der kleine Mann mit scharfgeschnittenen Zügen hinter Ekrems Hotel ein Büdchen betrieben, Reinhold kaufte dort jeden Morgen Brot, Milch und Zeitung, was ihm derart die Dankbarkeit des Mannes einbrachte, dass er eines Tages auf der Straße auf ihn zulief und ihm, mir nichts, dir nichts, die Hand küsste, was wiederum...HALT! DIE GARKÜCHE! Also, Wie war die Auswahl? Gedünstete Nierchen, Lammbrühe mit Fleischstückchen, grüne Bohnen mit Fleischstückchen, Döner Kebab, mit Lammhack gefüllte Auberginen, Reis, reichliche gemischte Salate, Kuttelsuppe und passierte Linsensuppe, Yoghurt, Pudding, Tee, Kaffee, nichts Alkoholisches. Was immer einer wählte, es war geschmackvoll zubereitet, appetitlich angerichtet und preiswert. Mehr als fünf bis sechs DM kostete ein Gericht nicht. Gewiss, gegen Abend glaubten die Freunde, nur einen hohlen Zahn gefüllt zu haben. Sie wanderten also zur genuesischen Stadtmauer, nahmen in dem Fischrestaurant Ayos Platz, das wie alle hölzernen Fischrestaurants an der Mauer aus plausiblen Gründen wie dem Neid der großen Restaurateure und ihrem Druck auf die Stadtverwaltung längst abgerissen ist, und bestellten ein Essen. So einfach waren dir Wünsche der kleinen Gesellschaft, zu der noch aus Deutschland zwei Freundinnen und ein Freund gestoßen waren, nicht auf eine Tischdecke zu bringen; also äußerte jeder seinen Wunsch nach Fisch, großem oder kleinem, Fleisch, Krabben, Kalmaren, Rotwein, Weißwein, Raki, Bier, und natürlich wollte jeder auch verschiedene Vorspeisen, mezeler, kosten. Gut, über die Vorspeisen war man sich bald einig, über den Raki auch, denn auf den, im Maße einer kleinen Flasche, erhob allein Reinhold Anspruch. Was den Fisch anging, so inspizierten sein Freund Friedrich und er die Leichname in den Kühltruhen vor dem Lokal, und Seebarsch stellte sich als gemeinsamer Favorit heraus. Am Ende der Mahlzeit präsentierte der Besitzer des Ayos noch eine große Platte mit geschnetzelten Äpfeln, Bananen, Erdbeeren. In seiner Wohnung angekommen, verlangte es Reinhold nach einem weiteren Raki. Er schaute wahrlich tief ins Glas damals, und tiefer noch, allzu tief, in den ersten drei Tagen des Alleinseins, nachdem der Freund sich nach Deutschland in die Luft begeben hatte. Doch Stehaufmännchen, welches er war, hielt er sich an die Zeilen aus Sebastian Brants Narrenschiff (1494) und der Rakidurst verflog:

Eyn narr mueß vil gesoffen han / Eyn wiser maeßlich drincken kann / und ist gesünder vil dar mit /
Dann / der mit kübeln in sich schüt.

Silvester 1995: Der klamme Bauch einer Tänzerin

Den Silvesterabend 1995 beschlossen Monika, David und Reinhold in einem Restaurant zu feiern, dem Bastiyali – es hat inzwischen einem Supermarkt Platz gemacht. Auf Plakaten hatte das Restaurant ein festliches Menü, Sänger und Tänzer angekündigt. Sie buchten einen Tisch und zogen abends los. Das Lokal war schon proppenvoll; die Kellner hatten so viele Tische wie möglich in den Raum gezwängt, und sie wurden zu einem Tisch weit hinten geführt. »Um so besser«, dachte er, »hier muß ich nicht den dichten Zigarettenrauch der Türken einatmen; was David und Monika an Schwaden produzieren, reicht zum Lungenemphysem.« Er sah sich neugierig um. An langen Tischen saßen türkische Großfamilien: Großeltern, Väter, Mütter, Tanten, Onkel, Kinder von einem Jahr an aufwärts. Die Väter sprachen dem Raki bereits munter zu, wie auch, zwar vorsichtiger, einige Frauen. Die Orthodoxen tranken Ayran, die Kinder Coca und Limonaden. So ziemlich jeder Erwachsene paffte Zigaretten. An der Vorderseite des Raumes kämpften ein Sänger und zwei Gitarristen gegen das fröhliche Stimmengewirr. Dann wurde das Mahl serviert. Kellner strömten herein, Tabletts mit Vorspeisen über dem Kopf balancierend, und servierten. Nach den Vorspeisen kam der Fisch, Stücke einer unbestimmbaren Art, paniert und gebraten, dann Hühnchen, Obst, süße Nachspeisen. Alles einzeln aufzuzählen lohnte nicht, kulinarische Kostbarkeiten waren es keine. Reichlich, überreichlich von allem, lautete die Devise. Er tat es den Männern gleich und trank Raki, Monika und David Rotwein. Der Lärm wuchs mit dem Trinken; David hockte wie eine Eule in der Mauser auf seinem Stuhl und schwieg vor sich hin. Lärm und Gemütlichkeit, sei sie deutsch oder türkisch, war nicht seine Sache. Nicht so die Türken, sie stimmten in die Lieder des Sängers ein, mal lauter, mal leiser, je nach Beliebtheit des Schlagers, endlich fortwährend laut. Paare standen auf, tanzten auf der winzigen Tanzfläche und in den schmalen Gängen, Monika trieb Reinhold an, es den Türken gleichzutun, und beide ernteten freundliche und ermunternde Blicke.

In der Stunde vor Mitternacht erschien die Hauptattraktion: Eine Bauchtänzerin, von wildem Klatschen begrüßt, rhythmisches Klatschen begleitete darauf ihre Hüftschwünge und das heftige Zittern ihrer vollen Brüste. In einem Nachtklub hätte die junge Frau ein erotisches, vielleicht sogar laszives Spektakel geboten, hier, unter Familien, wirkte ihr Tanz seltsam asexuell, nicht zuletzt deshalb, weil erotische Spannung nicht einhergeht mit wuselnden Kindern, Lachen, Schwatzen, Zuprosten. Während des Tanzes räumten die Kellner die Teller ab, dann kletterte die Tänzerin zu frenetischer Musik den Raum entlang auf Tisch nach Tisch; jeder Gast erhielt ein paar Schwingungen der Brüste und bedankte sich dafür mit Geldscheinen, die er (die Männer!) der Tänzerin zwischen Haut und Büstenhalter oder Haut und Höschen schob. Endlich kam die Frau auch zu Reinholds Tisch, er nahm seinen Mut zusammen und tat wie die türkischen Männer. Der Bauch der Tänzerin fühlte sich schweißnass, klamm und kalt an. Inzwischen war vorn im Saal die Ausgelassenheit gewachsen. Kleine Mädchen kletterten auf den Tisch und imitierten in ihren Festtagskleidchen die Bauchtänzerin, stolz betrachtet von den Vätern; die Mütter, die mutigeren jedenfalls, hielt es nicht mehr still auf dem Stuhl. Auf den Tisch zu klettern trauten sie sich nicht, doch wohl auf ihren Stuhl, auf dem sie ihre zumeist wohlgenährten Körper wiegten und drehten, die Arme über dem Kopf verschlungen. Wiederum empfand er ihren Tanz als etwas durchaus Schickliches, den Ausdruck einer Fest- und Lebensfreude. Um Mitternacht standen die Gäste auf, prosteten einander zu und wünschten unter Umarmungen der Familie und den Türken an den Nachbartischen alles Gute. Monika, David und er erhielten selbstverständlich ebenfalls Umarmungen und Glückwünsche von den Nachbarn. Die Freundlichkeit der Feiernden ist ihm in guter Erinnerung geblieben.

Foça

Der Tag des Kindes und das sorgfältig orchestrierte Chaos

Zu einem richtigen nationalen Feiertag gehören an den Orten der Westküste Tänze der alten, der uralten Freiheitskämpfer. Sie stapfen auf den Festplatz, martialisch anzusehen mit langen, zu einem Zopf geflochtenen Haaren, ausladenden Schnurrbärten, auf dem Kopf eine buntbestickte Seidenkappe, auf der Brust ein plissiertes weißes Leinenhemd, darüber ein offenes, samtenes Jäckchen mit reichen Silber- und Goldbordüren, um die Hüfte einen breiten Tuchgürtel, vollgestopft mit uralten Pistolen und Krummdolchen, eine weite Pluderhose, weiche, schwarze oder rote Lederstiefel. Europäische Maler des 19. Jahrhunderts haben so Wegelagerer, Banditen und Volkshelden gemalt, wie denn auf dem Balkan und im Orient der Wechsel vom Räuber zum Freiheitskämpfer und zurück stets ein schneller, bequemer und moralisch nicht unbedingt unterscheidbarer gewesen ist. Bei einem solchen Anlass im Jahre 2001 hoben die so ausstaffierten Männer die Arme in Kopfhöhe, grölten zu einer schrillen Militärmusik und stapften im Kreis umher. Dies tat jeder langsam und erinnerte dabei an japanische Sumoringer. Nicht, was den Leibesumfang anging, unser archetypischer Türke war hager, doch hob er auf gleiche Art langsam einen Fuß hoch, verharrte einen Moment auf dem andern Fuß und stampfte dann den erhobenen mit aller Macht auf die Erde. Magisches muß im Spiel gewesen sein: »Seht her, ich verwachse mit der allgewaltigen Erde, ich lasse den Erdboden zittern vor meiner männlichen Kraft, meine Feinde werden gleichermaßen erzittern, ein Erderschütterer bin ich.« »Erderschütterer« hätte ihn schon Homer genannt. Die Helden durfte es eigentlich nicht mehr geben, denn, rechnete man zurück im 20. Jahrhundert, so mussten sie schon zwischen 1890 und 1900 geboren sein, um 1922 die Muskete gegen die Griechen richten zu können. Im Jahre 2001 wären sie allesamt längst bei Allah versammelt gewesen. Derart schnöde Zählerei war nicht angebracht. Im Frühjahr, am 29. Mai, feierte man den Tag des Kindes, gestiftet, wie konnte es anders sein, von dem großen Mustafa Kemal.

Den »großen Mustafa Kemal« nennt Reinhold ihn in allem Ernst. In welchem Chaos von längst nicht mehr lebensfähigem Sultanat, unaufgeklärtem Islam der einfachen Menschen, ihrem geradezu mittelalterlichen Bildungsstand, überzogenem Militarismus und Nationalismus und weitverbreiteter Korruption würde die Türkei heute noch stecken, hätte er nicht mit harter Hand durchgegriffen. Sein Werk ganz zu vollenden ist ihm nicht vergönnt gewesen. Ob es in Zukunft weniger oder gar keinen Bestand haben wird, ist unsicher. Von Jahr zu Jahr schwindet nämlich die Geltung seines Säkularismus. Nochmals, bei allen Fehlern, die er hatte und beging, Mustafa Kemal ist in Reinholds Augen ein großer Mann. Wer immer als Regierungschef nach ihm kommt, ist durch die Bank einen Kopf kleiner.

In Foça begannen die Feier, die Reden und Kranzniederlegungen, der unumgängliche Tanz der Volkshelden auf einem Platz, an dessen Kai die Fischtrawler entluden. Dort stand das Denkmal Atatürks. Mustafa Pascha, der in den Städten und Dörfern mannigfaltige Rollen in Bronze und Stein zu spielen hat, wechselte um das Jahr 1997 seinen Part. Vormals sprengte er in unechter Bronze auf einem Pferd auf das Meer zu, mit gezogenem Degen den nachfolgenden Todesopfern die griechischen Inseln weisend. Nunmehr gab er sich friedlich als Vater des Vaterlandes. Er hielt eine Enzyklopädie in den Händen, zur Linken schauten ein Mädchen und ein Junge zu ihm auf und trugen ihm Blumen an. »Wissen ist eine Kunst«, sagte die Legende. Reinhold hatte den Beginn der Feiern verpasst, das Volk war schon abgezogen, doch das machte nichts, er hatte solche Feiern in früheren Jahren gesehen und sie liefen stets gleich ab. Schulklassen zogen in Kolonnen auf den Denkmalplatz und stellten sich dort auf. Eine Rednertribüne mit Mikrophon war schon aufgebaut; zuerst traten hohe Militärs vor das Mikrophon und hielten in knappem, Widerspruch ausschließendem und viel zu lautem Ton – einem Ton, den sich nicht nur in der Türkei die Militärs zulegen – vaterländische Reden. Natürlich konnte Reinhold nur den Ton deuten, die Worte musste er erraten. Darauf legten die lokalen Vertreter der Behörden, der Parteien und der ansässigen Banken ihre Kränze nieder und redeten ebenfalls. Von den fundamentalistischen Parteien traute sich keine, den Vater der Türken nicht zu ehren, auch wenn seine laizistischen Ideen ihrem Programm stracks zuwiderliefen. Die meisten Kränze waren aus Blech, die Blumen und Embleme fein säuberlich mit Ölfarben aufgepinselt. Die Vorteile, ein finanzieller und ein praktischer, lagen auf der Hand. Blechblumen verwelken nicht und brauchen Jahr für Jahr nur abgestaubt zu werden. Es folgten der Tanz der Volkshelden und der Vorbeimarsch von kleinen Formationen des Heeres, der Marine und der Polizei.

Dann zogen die Kolonnen der Schüler zum Fußballplatz, geleitet von ernst blickenden Lehrern im dunklen Anzug und Krawatte und von Lehrerinnen in Bluse, Jackett und knöcheltiefem, seitlich geschlitztem Rock. Der lange Rock versöhnte einerseits das fromme oder auch nur konservative Landvolk, sein Schlitz besagte anderseits, seine Trägerin sei weltlich und modern. Vor jeder Klasse marschierte ein Kind und trug ein Plakat, das den Namen der Schule und die Zahl der Klasse nannte. Es folgten drei kleine Fahnenträger und eine kindliche Kapelle, die auf schrillen Pfeifen und Trommeln einen Höllenlärm erzeugte. Von Takt war weder beim Marsch noch bei der Musik etwas zu merken, gleichwohl strahlten alle vor lobenswerter Begeisterung. Vor der Fußballtribüne war erneut ein Mikrophon aufgebaut; wieder traten hohe Militärs vor das Mikrophon und hielten vaterländische Reden. Es folgten erneut der Tanz der Volkshelden und der Vorbeimarsch von kleinen Formationen des Heeres, der Marine und der Polizei.

Vor einigen Jahren hatte die Garnison in Bergama es auf fünf Panzer gebracht, die in der Parade mitrasselten; in den Seitenstraßen parkten Lastwagen mit leichter Artillerie und Truppenlastwagen, auf ihnen hockten Soldaten mit Karabinern. Die jungen Soldaten blickten unbewegt vor sich hin. Eine Kompanie übte Maschinenpistole über, Maschinenpistole ab. Dann fuhr ein Jeep auf den Platz, in ihm standen, grüßend, zwei ranghohe Zivilisten und ein Offizier. Die Zuschauer sahen freundlich desinteressiert weg. Nicht so, als zum Schluss die Nationalhymne erklang. Die Menge sang lautstark mit, viele Männer traten in Hab-Acht-Stellung. Eine solch unangefochtene Liebe zur eigenen Geschichte und Nation war in der Bundesrepublik Deutschland schwerlich denkbar.

Zurück nach Foça. Reinhold besah die Blechkränze vor dem Denkmal und schlenderte dem Volk nach; auf dem Sportplatz hatte die Feier schon begonnen. Das Gelände war weiträumig mit einem hohen Drahtgeflecht abgesperrt, die Zugänge wurden bewacht von der Ortspolizei in blauen Uniformen, ausgerüstet mit Pistolen, Schlagstöcken und Handys, und dazu noch von der Militärpolizei der Marine und des Heeres, jeweils in weißen oder feldbraunen Uniformen, schwer bewaffnet mit Karabinern oder Maschinenpistolen. Jeder Bewaffnete schwenkte ein Mobiltelephon. Mannschaftswagen, besetzt mit Rekruten, parkten abseits auf einer Wiese. Die geballte Militärmacht sollte Attentäter abschrecken; Kontrolle wurde gleichwohl lässig bis überhaupt nicht ausgeübt. Die Unzahl todbringender Waffen, an denen er sich vorbeidrängen musste, schlug ihm einen Moment auf die Nieren. Auf dem Fußballfeld selbst hingegen herrschte fröhliches, friedliches Chaos, wie wenn weit und breit kein Soldat und keine Gefahr in Sicht wären. Die Sonne schien, große Wolken zogen schnell über die Hügel des Kybeleheiligtums und warfen ihre wandernden Schatten auf den Rasen.

Gruppen der verschiedenen Schulen der Stadt brachten einstudierte Meisterwerke vor der Haupttribüne dar. Als er eintraf, spielte gerade ein Geigenorchester von Jungen und Mädchen; die Mädchen trugen weißen Frack, schwarze Hemdbrust, die Jungen schwarzen Frack, weiße Hemdbrust; alle hielten sie in der linken Hand ein Taschentuch und in der rechten die hölzerne Nachbildung einer Geige. Ein Lautsprecher gab ihnen die Musik weithin schallend vor, zuerst ein Paganinikonzert, zu dem sich die kleinen Körper wie vom Veitstanz geschüttelt bogen, dann brüllte der Lautsprecher aus Mozarts Zauberflöte die große Arie der Königin der Nacht und ein zierliches Mädchen gestikulierte als wutschnaubende Herrscherin, während die Mitglieder des Orchesters wie vor Furcht zitterten und sich krümmten. Als nächster schmetterte ein kleiner Tenor, um die zwölf Jahre alt, mit der geborgten Stimme Placido Domingos »Es leuchten die Sterne«, bevor unversehens Bachklänge und ebenso unvermittelt Popmusik erschallten. Ein wildes Hopsen aller Befrackten setzte ein, unter Beifall zog das Orchester ab, nur die Dirigentin wollte nicht aufhören zu zappeln, zwei kleine Irrenhauswärter liefen mit einem Betttuch auf den Platz, wickelten sie ein und führten sie, unter erneut anschwellendem Beifall, ab.

Während der Vorführungen rannten kostümierte Kinder aus andern Schulklassen kreuz und quer über den Platz, als Fliegen waren sie verkleidet, als Engel und Laubfrösche, einige steckten in blauen, schwarzroten und goldenen Uniformen. Eltern photographierten ihre Sprösslinge. Die Kinderzahl war immens, die Anlage glich einem Fahnenmeer, die Gruppen warteten am Feldrand auf ihren Auftritt; kleine Mädchen tanzten um ein goldenes Brustbild Atatürks, anderswo auf dem Feld stand eine Pappscheibe mit einer zackigen goldenen Sonne; darüber hatte man ein Photo des großen Mannes geklebt. Volkstänze standen mehrfach auf dem Programm, die Kostüme mochten ethnisch oder landschaftlich getreu sein oder auch nicht. Die Kinder tanzten nach Geschlechtern getrennt. Die Jungen trugen flache bunte Kappen, blaue Jäckchen, einen breiten roten Gürtel, kurze blaue Hosen und Kniestiefel; die Mädchen zierten sich mit langen goldenen Kopfschleiern, roten bestickten Samtjäckchen, weißen bestickten Schürzchen, safrangelben Pluderhosen, weißen Schühchen. Am Ende einer jeden Vorstellung brandete reichlicher Beifall auf; die Lehrer versuchten, die ihnen anvertrauten Flöhe in geschlossener Formation vom Feld zu führen, stets ein untauglicher Versuch; die kindliche Begeisterung schlug über, Jungen und Mädchen stürzten los, zu den Großeltern, Eltern, den Geschwistern. Marineoffiziere schwatzten mit Bekannten, hielten ihre Kinder an der Hand, spendierten Eis, gelegentlich fiel ein Sprößling auf den Rasen, greinte und wurde getröstet. Ein kleiner Geiger lief vorbei, ein Schnurrbart war ihm mit gebranntem Kork angemalt worden, so war‘s bei Reinholds Kindergeburtstagen auch gewesen. Noch Wochen später dachte er bewundernd an das Kinderfest, die überaus angenehme Melange von Chaos und Ordnung, die Fröhlichkeit, die Kinderliebe. Im April 2002 besuchte er erneut die Feier zum Tag des Kindes. Eines war ihm im Vorjahr entgangen: auf den Kuppen sämtlicher Hügel rund um das Fußballstadium standen regungslos Fallschirmjäger in voller Gefechtsmontur, die Beine gespreizt, schwere Maschinenpistolen im Anschlag. Lebende Skulpturen der martialischen Abschreckung.

Foça

Harte Notwendigkeiten

Die Küstenstraße und winterlicher Fischfang

Von dem Liberty Hotel aus sah man fast jeden Tag auf der Küstenstraße einen dicken, ältlichen Fischer mit ergrautem Haar und tiefbraunem, fleischigen Gesicht. Dieser wohnte im Nachbarhaus und hantierte an einem kleinen hölzernen Landungssteg und auf seinem blau gestrichenen Kahn herum, welcher den Namen Ateş, Feuer, trug. Im Winter und Frühjahr ging der Mann tief vermummt einher, Gummistiefel, Pullover über Pullovern, Hals, Mund und Kopf mit einem Tuch dicht eingewickelt, das er oben auf dem Kopf verknotete. Die Vermummung hatte nichts mit religiösen Bräuchen zu tun, gab ihren Trägern jedoch einen verwegenen, fast banditenhaften Anstrich. Man sah sie oft bei Männern in der Gegend um Foça, bei Fischern, Landarbeitern und Traktorfahrern. Sie alle mussten sich vor dem schneidenden Nordwind schützen, der unverhofft über die Berge strich und auf die Bucht fiel. An einem sonnigen und kalten Morgen des Januars 1997 stand er am Steg, sein Kopftuch leuchtend gelb. Quer über die spiegelruhige, nur leicht gekräuselte Wasserfläche der Bucht tuckerte Ateş heran, gesteuert von seinem Helfer, dem jugendlichen Sohn. Auch er war bei schlechtem Wetter tief vermummt, trug aber jetzt nur eine blaue Wollmütze mit roter Spitze, eine alte braune Anzugjacke, Jeans und Turnschuhe. Die beiden hoben langsam ein mannslanges Bündel wasserdichter Plane in das Boot; bei Regen und Wind spannten sie es aus, wickelten es um einige Holzlatten des Bootes und bauten ein Schutzhäuschen. Sie fuhren zu den Inseln vor Foça, nach einigen Stunden kamen sie zurück; der Alte hatte für gewöhnlich eine Plastiktüte mit Fischen in der Hand, mehr als ein Dutzend waren es kaum. Seine Frau wartete schon am Steg, er kletterte an Land und die beiden verschwanden im Haus. Im Frühjahr lief das Geschäft besser. Drei bis vier Kisten Fisch hatten der Alte und sein Gehilfe schon auf dem Boot sortiert; kaum dass sie angelegt hatten, fuhr ein kleiner Lieferwagen vor. Die Männer wechselten wenige Worte und luden den Fisch in das Auto. Es fuhr die Küstenstraße entlang und verschwand.

Müll im Meer und Jagd auf den schnellen Reichtum

Reinhold setzte sich gelegentlich abends vor das Hotel und trank Bier mit Nachbar Aydoğan. Der Mann war in Foça geboren, hatte in Seattle lange Jahre als Gewerkschaftssekretär gearbeitet und war im Alter nach Palm Springs, Kalifornien, gezogen, des Golfspiels und der Sonne wegen. Gestorben ist er dort im April 2001. Aydoğan kam öfters in seinen Heimatort zurück und erzählte, dass er manchmal mit einem alten Fischer, dem Besitzer der Bootes Ateş, in Streit gerate, weil dieser auch die kleinsten und jüngsten Fische aus dem Wasser hole. Mit dieser üblen Praxis stand der Alte nicht allein; auf dem Fischmarkt in Foça verkauften alle Händler Fischbrut, winzige Seezungen, fingergroße Barsche. Bald würden die Küstengewässer leer gefischt sein, obwohl die Regierung ein zweimonatiges Fangverbot erlassen hatte. Wenige Fischer kümmerte die drohende Katastrophe. Auch die großen Trawler sündigten mit, weil sie viel zu engmaschige Schleppnetze auswarfen. Solange der Fisch Geld brachte, wurde er rücksichtslos auf den Markt gebracht. Reinhold entsetzte sich gelegentlich über die entfesselte Gier der Türken nach

Geld, nach sofortigem Reichtum, heute, heute, sogleich, nicht erst morgen sollte er kommen; am liebsten wäre ihnen ein ohne Arbeit erworbener Besitz, ein protzend zur Schau gestellter Besitz, sei es durch dicke Goldketten, dicke Autos oder keineswegs dicke Frauen. In Deutschland grassierte die gleiche Gier; jedoch fielen Reinhold die Statussymbole des Reichtums dort, gerade weil er ein Eingeborener war, weniger auf. Einen Mercedes zu besitzen machte einen nicht zum reichen Mann. Er hatte selbst einen alten. Die türkische Geldgier ging einher mit einer Missachtung des Gemeinwohls, des Fortschritts der Gemeinschaft, war es die dörfliche oder städtische. Auf gar nicht so seltsame Weise dachten die Türken archaisch. Was der eigenen Familie, allenfalls der Sippe, nutzte, war gut; auf den Rest der Gesellschaft Tatkraft und Geld zu verwenden, war Verschwendung. Natürlich gab es anders denkende Türken, aber sie waren in der Minderheit.

Vielleicht, dachte er, war der Materialismus der jetzigen Generation auch deswegen krasser als derjenige früherer, weil die Menschen sich nicht mehr durch das islamische Gebot der guten Werke, die an den Armen zu tun waren, gebunden fühlten. Barmherzige Seelen hatte es genug in Foça gegeben. Fikret hatte ihm von zwei alteingesessenen Familien erzählt, die Anfang des Jahrhunderts aus eigenen Mitteln zwei Schulen erbauten und unterhielten. Mehr noch: in der Stadt spendeten Brunnen gutes Wasser, deren fromme Stifter eine Inschrift in der Mauer nannte. In der heutigen Türkei dachten die ganz Reichen, die unvorstellbar Reichen, die Familienklans und Industrieimperien der Sabancıs und Koçs schon wieder philanthropisch, sie errichteten Museen und gründeten Stiftungen und Universitäten. Sie taten damit nichts anderes, als was die Fords und die Rockefellers in den USA und die Krupps und Thyssens in Deutschland getan hatten. Wie war die generationenversetzte kulturelle Großzügigkeit der Superreichen in diesen drei Ländern zu verstehen? Mochte es sein, dass der von der ersten und zweiten Generation mit ungeheurer Energie, nicht zuletzt krimineller Energie, zusammengeraffte Reichtum den Nachkömmlingen moralisch auf die Nieren schlug und sie ihn wieder, zum geringeren Teil versteht sich, unters Volk bringen und sich so eine Absolution oder wenigstens einen besseren Ruf verschaffen wollten?

Der türkisch-amerikanische Aydoğan dachte bitter und verächtlich über die Reinlichkeit und den Gemeinschaftssinn seiner armen und keineswegs überreichen Landsleute. Die Einwohner Foças hatten nur einen Schatz, ein Pfund und Kapital, mit dem sie wuchern konnten. Es bestand aus dem reinen Wasser der Meeresbucht, der reinen Luft, den antiken Denkmälern. Der reinen Bucht gingen sie kräftig zu Leibe. Natürlich hielten türkische Hausfrauen ihre Wohnungen peinlich sauber; aber schon wenige Schritte vor der Haustür lag achtlos hingeworfener Müll. Ordnungssinn und Sauberkeit galten nur innerhalb der Familie und des Hauses. Eines Morgens sah Reinhold, wie ein Türke einen vollen Sack mit leeren Dosen, Flaschen und Plastiktüten vor seinem Haus in das Meer kippte. Dabei hätte er anders handeln können, denn Aydoğans Bruder hatte vor wenigen Jahren der Stadt Abfallbehälter gestiftet, die er entlang der Küstenstraße an den Laternenpfählen anbringen ließ. Sie waren fast alle verschwunden, gestohlen, nur vor dem Haus des Müllsünders hingen sie noch. Entlang der Kaimauer in die Stadt schwappten Plastiktüten, Gummischuhe, Zeitungen und Melonenschalen im Meer. Einige Meter vom Liberty Hotel entfernt erhob sich unter Wasser ein Hügel aus Bierdosen; man konnte an ihm bei stiller und klarer See die Vorliebe der Säufer für die Marke Efes Extra ablesen. Vielleicht werden künftige Archäologen die Trinkgewohnheiten der Bevölkerung Foças aus diesen Dosen erfreut rekonstruieren, so wie den Ur- und Frühgeschichtlern die Müllhalden von Muschelschalen an den Stränden der Ostsee lieb sind, an denen sie die kulinarischen Gewohnheiten der vorgeschichtlichen Einwohner ablesen. Müll als Kultursediment braucht jedoch seine Jahrhunderte, bevor er aufhört, eine Beleidigung des Auges und der Nase darzustellen.

1994: Der Blick vom Hinterhof auf eine stockende Feriensiedlung

Ende der Achtzigerjahre, so erzählen Jeanne und Fikret, sei das Land hinter dem Liberty Hotel noch malerisch gewesen. Im Jahre 1994 lag gleich hinter dem Hotel ein Streifen Morast, den rechts und links mit Schutt zugeschüttete Entwässerungsgräben begrenzten. Die anfangs der Zwanzigerjahre ausgesiedelten Griechen hatten die Gräben angelegt und das Regenwasser von den nahen Berghängen ins Meer geleitet. Die Türken hatten das System verfallen lassen, wodurch das Land zwischen Hängen und Meer im Winter und Frühjahr versumpfte. »Macht nichts«, dachten Bauwillige und errichteten ihre Ferienhäuser mitten im fußtiefen Grundwasser, der Putz fiel von den Wänden, bevor das Haus fertig war, der schlechte Beton verrottete, die Moniereisen verrosteten. In Ekrems Sumpf schillerten flache Pfützen zwischen flaschengrünen Riedgräsern; Tausende von Mücken hatten dort ihr Domizil. Eigentlich, dachte sich Reinhold, ein wundervoller Brutplatz für mit dem Malariaerreger verseuchte Anophelesmücken. Dann hieße es: »Ade, Ekrems Hotel! Ade, Ihr Einwohner von Foça überhaupt!« Die pontinischen Sümpfe bei Rom, die ehemals sumpfigen Ebenen um Ankara und Bursa legten für eine aussterbende Bevölkerung trauriges Zeugnis ab. Wie es jetzt war, stapfte ein Arbeiter der Stadtverwaltung einmal im Monat durch die Wiesen und sprühte ein Gift, von dem zu vermuten stand, dass es ihn, trotz des Schutzes eines dünnen Tuches vor dem Mund, in wenigen Jahren töten würde, während es einen Elefanten sogleich umgelegt hätte. An den Sumpf grenzte eine Wiese mit vier Olivenbäumen, einer Bretterbude und einem Haufen Bautrümmer. Eine Teerstraße durchschnitt das Areal. Zwischen alten Holzmasten und neuen Betonpfählen hing ein Wirrwarr von elektrischen Drähten; eine zweite Wiese schloss sich hangaufwärts an, am oberen Ende zwei weißgekalkte Lehmhäuschen, hinter ihnen ein Transformatorenturm. Der Boden stieg steil an, Baugrube reihte sich an Baugrube, ein Erdweg führte hindurch, verzweigte sich nach rechts und links, lief auf den Berggipfel. Am obersten Hang sah man bereits Dutzende halbfertiger Ferienhäuser; teils stand nur das Betonskelett, teils waren schon rote Leichtziegel eingezogen. Bei Mondlicht glich die Siedlung einer Geisterstadt, wie sie Max Ernst gemalt hatte. Doch auch bei Tage rührte sich kein Leben. Kein einziger Bauarbeiter kletterte auf der riesigen Baustelle umher. Der Grund für den Stillstand wurde unterschiedlich angegeben. Der Kooperative von Bauwilligen, bemerkte Fikret, sei das Geld ausgegangen, oder es sei veruntreut worden. Aydoğan hingegen erklärte, man habe mit dem Bauen erst einmal, und ohne Blick auf eine behördliche Genehmigung, angefangen. Prompt sei die endgültige Baugenehmigung versagt worden. Der Gipfel sei für den lebensnotwendigen Wasserturm bestimmt gewesen, dann aber hätten die Archäologen auf dem Ort ein antikes Heiligtum entdeckt: Baustopp.

Auf dem nächsten Hügel standen die Ferienhäuser schon dicht an dicht gebaut; hangabwärts lagen noch leere Felder und wuchsen Olivenbäume; die alten Grenzmauern der Felder wie auch ehedem griechische Gehöfte waren eingestürzt. Kühe weideten im Schatten der Olivenbäume, vier Ziegen grasten auf dem Berg, sie kletterten gemächlich herab bis an das Liberty Hotel. Rechter Hand lag ein Garten mit verfallender Mauer, der Garten hatte sich einen malerischen Anstrich bewahrt, Granatapfelbäume wuchsen dort, Feigenbäume und Kakteen. Und doch bessern sich manche Dinge mit den Jahren: Die Sumpfpfützen waren im Jahre 2007 weitgehend trockengelegt; die Mückenschwärme kämpften um ihr Überleben, die Ferienhäuser waren zum größten Teil bezogen. Noch einige Jahre später legte Ekrems Nachbar einen kleinen Gemüsegarten hinter seinem Haus an, in dem er beständig und beständig wohllautend singend werkelte. Ging Reinhold vorbei, gab es ein Schwätzchen und ein Geschenk von knackig frischem Gemüse.

Das Liberty Hotel kommt zu einem annehmbaren Ende

Ökonomische Krisen konnten Ekrem Bey wenig anhaben, denn in sein Haus kamen Ausländer und damit Devisen. Er hörte dennoch nicht auf zu klagen. Gründe gab es in der eigenen Familie. Der dicke, freundliche, gutmütige Sohn Mehmet, er wog gut über zweihundert Pfund, war dreiunddreißig Jahre alt und ein Liebhaber der Pferdewetten und noch mehr des Alkohols, hatte seine gutgehende Garküche in den Ruin geführt und wohnte nun mitsamt Frau und Sohn Ekrem, dem von allen verhätschelten Enkelkind, in dem Liberty Hotel. Mehmet sollte eine Art Hotelmanager abgeben, doch dazu musste er erst die Arbeit erfinden. Vor Mittag erblickte man ihn nicht in der Rezeption, nach Mittag nur selten, halt!

wohl, wenn irgendwo im Lande Pferde um die Wette liefen. Dann lehnte er, im weißen Unterhemd, auf der Rezeptionskonsole und starrte auf den Fernseher, vor sich eine Rennzeitung, in die er seine Einsätze eingetragen hatte. Seine Frau Fatma half gelegentlich in der Küche mit. Ekrem Bey verrichtete die Arbeiten, die sonst keiner machte. Er strich Treppen und Geländer im Hotel an, säuberte den Garten, schaufelte Muttererde, beschnitt Blumen und Obstbäume, kaufte von Fischern Fisch billig und eimerweise ein, säuberte stundenlang den Fisch, grillte gelegentlich, fuhr in den Ort, verhandelte in der Hotelhalle lange und leicht geheimnisvoll mit seinen Bekannten, darunter auch Polizisten und Militärs. Mehmet dachte nicht daran, dem Vater bei praktischen Arbeiten zu helfen. Nermin kochte in der Küche große Portionen. Das Essen stand in der Küche auf dem Tisch und wurde kalt; jeder bediente sich, wann immer er oder sie Lust hatte. Allerhöchstens den einen oder anderen Abend speiste die Familie zusammen, dann jedoch um einen säuberlich gedeckten Tisch versammelt. Der Hotelbetrieb fand ein ziemlich gutes Ende. Nermin starb, die Kinder zogen weg und Ekrem verkaufte den ganzen Besitz für eine ansehnliche Summe. Die neuen Besitzer rissen alle Kochstellen aus den Apartments und von rohem Fisch kann keiner wochenlang leben.

Foca

Aus dem Tagebuch des Frühjahrs 2004

Der Hinflug

Im Mai und April 2004 führte Reinhold in Foça ein Tagebuch, das ihm, wie so viele Notizen, daheim verloren ging. Mit Hilfe des hl. Antonius von Padua tauchte es wieder auf und enthielt erstaunlich viel Berichtenswertes. Mehr jedenfalls als die überlangen Busfahrten durch die Türkei, als deren Merkmale sich oft Erschöpfung und Rückenschmerzen erwiesen, sowie die Monotonie der Übernachtung in Dutzenden von Hotels, von deren Orten er wenig erinnert. Die Eintragungen in seinem Tagebuch haben ein dichteres Gewebe, sie beschreiben, was anfassbar nahe lag und nicht jenseits des Busfensters. Er schrieb viel, Tag für Tag. Einige ausgewählte Eintragungen folgen.

Am 15. April 2004 war die geschätzte Verspätung des Fluges von Düsseldorf nach Istanbul auf anderthalb Stunden angewachsen. Die Maschine würde, wenn nicht Allah persönlich Hand anlegte und sie schneller schob, zu eben der Minute in Istanbul landen, in der ihr Zwilling nach Izmir abheben sollte. Allah lächelte und schob mit dem kleinen Finger. In Istanbul wurden die verspäteten Reisenden nach Alanya, Dalaman und Izmir durch einen Nebeneingang geschleust. Am Nebeneingang stand nur eine kleine Stewardess, die mit Piepsstimme Unverständliches ausrief. Der die Papiere kontrollierende junge Polizist hatte freundliches Mitleid, »Komm schon, Onkel«, sagte er halblaut zu Reinhold und schob ihn, die Schultern umfassend, durch alle weitere Kontrollen, so kam der Onkel noch auf das Flugzeug. Der alltägliche Unwillen der Türken, Vorschriften anzuerkennen, hat auch sein Gutes und Menschliches.

Eine Art von Spaßmacher

Zwischen dem 18. und dem 20. April fiel in Foça ein Nieselregen, der tagsüber auf die stahlgraue, glatte Oberfläche des Meeres Tausende von kleinen Kreisen zeichnete. Am andern Ufer der Bucht erhoben sich, verschwommen durch einen grauen Schleier betrachtet, Hügel und Häuser. Griseille-Malerei, dachte Reinhold, der mit ästhetischer Bewunderung hinsah, die freilich nicht stundenlang und noch weniger tagelang anhielt. Er ging mit sich selbst eine Wette ein, wann ihm der Regen aufs Gemüt schlagen würde. Der Regen schlug bald zu. Mit dem Motto der Sonnenuhr, welche nur die heiteren Stunden zählt, hielt er es nur zeitweilig. Er vertat viele Stunden, indem er, in seinem Zimmer der Liberty Pension auf dem Sofa liegend, einen Roman nach dem andern verschlang, junk food. Am Ende wusste er nicht mehr, wer mit wem die Bettlaken oder den Teppich verschwitzt hatte. Je mehr er las, desto größer wurde die Leere in seinem Kopf. Im Grunde verabscheut er mürrische, trübe, überaus ernsthafte Geister. Rheinisches Temperament und Redseligkeit verführen ihn allerorts zu schlichten, kindlichen Scherzen. Bei einfachen wie gebildeten Türken kamen die Scherze über Erwartung gut an. Nur einen will er erwähnen: Wie er bei einer Wirtin in Safranbolu vorgibt, Köfte-Koch zu sein. Solche Hörer stachelten ihn zu neuen unernsten Sprüchen an und erheiterten so – wer wird es ihm verdenken? – seine nicht mehr jungen Tage. Er mag die Strenge und eingetrocknete Würde gerade des Alters nicht. Er geht gerne über einfache Scherze hinaus und lässt seiner Fantasie mit Absicht die Zügel, wenn man will, zu absurden Gedankenspielen. Nicht alle posaunt er aus.

Griechische Kinder werben in der Stadt

Am Freitag, dem 23. April 2004, schrieb er am Morgen an seinem Tagebuch. Darauf, es war sonnig und noch nicht sehr warm, ging er schnell in die Stadtmitte zu dem Platz, an dem auf einem antiken Marmorsockel griechische Inschriften erhalten waren. Aus Anlass des türkischen Tages des Kindes hatte eine Volksschulklasse aus Athen, ταξη δ' σχολειο, Zeichnungen mit kleinen Kommentaren geschickt, die vor dem Marmorstumpf an einer Holztafel angeschlagen waren. Nach der Natur der Blätter zu urteilen zeigten sich die Kinder im frühen Volksschulalter als friedliebende Advokaten der Freundschaft zwischen Griechen und Türken. Insgesamt dreiundsiebzig Handzeichnungen, signierte und unsignierte, hatten sie ihren Freunden und Altersgenossen Παλαιασ Φωκαιοσ, des Eski Foça, geschickt. Die Auswahl der Symbole der kleinen Künstler war vorhersehbar. Picassos Friedenstaube flog oft umher in Gestalt von allerlei schwer bestimmbaren gefiederten Viechern; ebenso oft sah man olympische Siegeskränze und Olivenzweige, die olympischen Ringe, das kreisrunde Zeichen der Atombombengegner, die Nationalflaggen. Waren die kleinen Athener sozialistisch und pazifistisch angehaucht, oder waren es ihre Lehrer und Lehrerinnen? Die Erzieher hatten ab und an den Kleinen ins Kunstwerk gepfuscht, denn einige Inschriften zeigten deutlich eine erwachsene Denkart: »No War – Love in all the world: Turkey – Love in all the world: Greece.« Ein junger Künstler hatte unbeirrt hinzugesetzt FOCCA. Frieden fand sich oft in der griechischen Fassung H EIPHNH. Ob die alleinige Inschrift PIECE auf einem unsignierten Werk sich dem Kind oder der Englischlehrerin verdankt, weiß man nicht. Die kleinen Athener wären keine Griechen, wenn sie nicht im gleichen Atem- oder besser Schriftzug Werbung betrieben hätten, natürlich für die Olympischen Spiele 2004 in Athen. Folglich nahmen sie einige Sportarten und Sieger zum Thema, an erster Stelle geschlechtlich undefinierte Figürchen, die mit der Fackel des olympischen Feuers über die Plakate rannten. Die Fackel selbst hatten die Kinder sich wie ein überdimensionales Speiseeishörnchen vorgestellt. Gut gemacht. Also sah man Schwimmer, Tennisspieler, Ringer (ein Kompliment an einen Nationalsport der Türken), Ruderer, Sieger auf Podesten, wobei ein Kind den Drittplazierten auf das höchste Treppchen, über den ersten Sieger, gestellt hatte, eine Mahnung von geradezu antiker Weisheit, sich nicht im Moment des Triumphes zu überheben. An die kleine Eleni Skiada denkt Reinhold ganz speziell, denn sie hatte es nicht mit Friede, Freude, Eierkuchen. Ihr Bild stellt am ehesten noch das Kolosseum in Rom dar, Sitzränge, Säulen, eine Arena. Ein Krieger mit archaischem Helm kämpft mit einem Speer gegen einen Löwen, zwei weitere Krieger sehen weg. In erwachsener Schrift steht darunter: »ο βωμοσ του Δια και τησ Αθηυασ στηυ Περγαμο.« – Der Altar des Zeus und der Athena in Pergamon. Der gute Wille der athenischen Schulkinder fand seinen vollen Beifall; nur, blickte er auf die Erwachsenen, so dachte er: »Merke! Die Friedensfreunde beider Länder werden noch lange alle Hände voll zu tun haben.«

Gottverdammte Architektur

Es regnete und er schrieb am Morgen des 26. April. Der Regen versetzte ihn in eine Stimmung, in der er zum Kritisieren neigte. Er blätterte in einem alten Bordmagazin der Turkish Airlines. Es enthielt eine Fotoreportage über Foça. Über dem Hafenkastell hatte der Fotograf alte, bunte Häuser angebracht, deren Existenz allein der modernen Kopiertechnik zu verdanken war. Einen Hauseingang gab es, geschmückt mit griechischen Kreuzen und Jahreszahlen, den er so wenig wie seine Freunde in der Stadt jemals gesehen hatte. Was der Lügner nicht zeigte, waren die Dutzende von Ferienhäusern, Betonkisten, welche große Berghänge bedeckten, und auch nicht die grauen Kasernen. Es ging nicht um eine ausgewogene Reportage.

Diese hier sollte schließlich werben, dass jedoch ein Reporter ein Never-Never-Land erfand, beleidigte die Vernunft. Die Stimmung hob sich, als er im gleichen Magazin die Reklame einer Hotelkette sah. Hieß sie Sheraton oder Hilton? Es macht nichts. Er fand Luxushotels sündhaft. Schon das Mittelalter hatte unter die Todsünden den Prunk, den Luxus, den babylonischen Hochmut gezählt: superbia et luxuria. Vollends verdammenswert war das im Magazin abgebildete Sieben-Sterne-Hotel in Dubai, das teuerste der Welt, weil es mit dem Geld der Ölscheichs erbaut worden war. Er betrachtete den Bau wie auch das sonstige kriminell asoziale Gebaren der Scheichs als Fußtritt auf die soziale Gerechtigkeit, als Verhöhnung der blutarmen Mehrheit der Bevölkerung der arabischen Länder; näher an die Geldsäcke gerückt: Als Verhöhnung der gedrückten und unterdrückten Gastarbeiter in ihren eigenen Herrschaftsgebieten. Fordert nicht der Koran, den gewisse Islamisten ständig im Munde führen, soziale Gerechtigkeit ein? Von den vielen Stellen im Koran sei nur auf Sure 2:177 und 2:215 verwiesen. Wenn Allah ein Einsehen hätte, würde er ein hinreichend umwerfendes Erdbeben schicken, welches ruhig die stinkreichen Gäste ebenfalls aus der Welt kugeln dürfte. Das aber sollte eigentlich nicht erzählt werden, sondern dass die Reklame der Hotelkette Fotos von berühmten Gebäuden zeigte und unter jedes Foto den Namen der Stadt rückte. Also, Eiffelturm: Paris, Big Ben: London, Sheraton oder Hilton: Istanbul. Unter dem Bild des Schiefen Turms von Pisa las man: Roma.

Ein Schmuckverkäufer

Am Dienstag, dem 27. April, schrieb er morgens eine gute Stunde. Am Nachmittag saß er in Halils Laden hinter einer der Glastheken und durchmusterte einige Tabletts mit alten Silberringen. Ihn interessierten die Ringsteine, ihr Material, ob ihre Bilder einer bestimmten Epoche und einem bestimmten Land zuzuordnen seien, die Qualität des Schnitts, vereinzelte Jahreszahlen, das Alter der Fassungen. Einiges konnte er mit ziemlicher Wahrscheinlichkeit dazu sagen, weil er schon viele Objekte dieser Art gesehen und mit Kennern besprochen hatte. Die Ringe stammten aus Persien. Das Alter der Steine fiel wohl in das späte 17. und frühe 18. Jahrhundert, grob gesprochen, in die Herrscherzeit der Safawiden und dann eher in deren Endzeit. Wohlhabenden Männern hatten sie als Siegel gedient. Ein Stein zeigte einen abstrahierten Vogel auf dem blauen Grund des Türkis, ein anderer kalligraphische Legenden auf einem halb durchsichtigen bräunlichen Karneol, der dritte einen schmalen, länglichen Goldtürkis. Die schweren Silberfassungen waren sicher jünger und wohl in das mittlere bis späte 19. Jahrhundert einzuordnen. Halil stimmte seinen Datierungen zu; er hatte alle Ringe von einem Perser gekauft. Billig waren die Dinger nicht, dennoch überredete Reinhold sich selbst, mindestens einen für sich selbst zu erwerben. Es wurden derer drei, und er erfreut sich heute noch an jedem.

Als er probeweise einen Ring am Finger trug, kamen fünf ältliche Türkinnen in den Laden, jede offensichtlich betucht, die Finger mit Ringen bestückt. Sie stürzten sich auf die Tabletts; Halil redete, angestrengt lächelnd, noch schneller als gewöhnlich, tanzte im Kreis, hielt mal vor dieser, mal vor jener Kundin an, ein gewiegter Verkäufer. Eine Frau wandte sich an den Ausländer, verlangte sein Tablett zu sehen und fragte ziemlich barsch, was denn der Ring an seinem Finger koste. Der Ausländer sah in seinen eigenen Augen nicht aus wie ein Türke und wusste nicht recht, ob ihn ihre Einreihung seiner Person unter die Landsleute erfreuen sollte. Eigentlich nicht. Und außerdem, was war er denn, so hinter einer Verkaufstheke sitzend, etwas anderes in ihren Augen als ein Gehilfe, ein Ladenschwengel? Er blickte flehentlich auf Halil, der sogleich erklärte, dies sei sein alter Freund, ein Kenner alter Steine, ein Universitätsprofessor aus Deutschland. Aha, die Waage der gesellschaftlichen Gewichte hatte sich wieder eingependelt. War er doch wer. Erworben haben die Frauen nach langem Palaver nichts.

Die armselige Existenz eines Anstreichers

Das Fernsehen übertrug am Abend des 27. April das Fußballspiel der Türkei gegen Belgien. Schwer zu sagen, wer schlechter spielte. Ein hochgewachsener, sehr alter Mann mit Schal, eine dicke Wollmütze auf dem Kopf, ganz und gar unrasiert, tiefe Schatten unter den Augen, kam in die Eingangshalle des Hotels, grüßte Reinhold leise und antwortete auf dessen Frage nach der Gesundheit mit einem traurigen, hoffnungslosen Kopfschütteln. Er hatte einen unheilbaren Herzfehler und dazu Asthma, jeder Umschwung des Wetters machte ihm schwer zu schaffen und zwang ihn, langsamen Schritt um langsamen Schritt zu tun. Früher hatte der Mann als Anstreicher gearbeitet, Meister Çafir nannte man ihn, und lebte nun allein, ohne Frau, ohne Kinder, in niederdrückender Armut auf einem nahen Dorf. Von staatlicher Unterstützung zu leben sei eine schiere Unmöglichkeit, sagten türkische Freunde.

Den einen oder anderen Abend ging Çafir Usta zu den Uluers, um unter die Menschen zu kommen, setzte sich an den dunkelsten Tisch, zog ein Buch hervor und begann zu lesen. Er las Wissenswertes, politische und geographische Werke volkstümlicher Art; auf seine Weise und für seine Person betrieb er Aufklärung. Ein lehrreiches Buch, das nahm im Übrigen außer Reinhold niemand im Liberty Hotel in die Hand. Dabei standen sie, alte Schulbücher Ipeks waren es, in dem Glasschrank in der Eingangshalle. Dorther nahm sie auch Çafir Usta; Bücher zu kaufen war ihm unmöglich. Nermin stellte dem Alten eine Suppe oder ein spätes Abendessen hin. Sein Elend war nicht kalt und ungerührt anzusehen. Ekrem erzählte Reinhold, die Uluers gäben ihm jeden Monat etwas Geld; Reinhold hatte ebenfalls namenlose Umschläge mit Lirascheinen gespendet. Auch an diesem Abend steckte er dem Mann einen Umschlag zu. Nach der ersten Halbzeit des Fußballspiels zog sich Reinhold auf sein Zimmer zurück. Der Mann und sein erbarmungswürdiges Alter gingen ihm nicht aus dem Sinn.

Ein Grundstück löst sich in Luft auf

Am 3. Mai, einem Dienstag, Reinhold fuhr mit Halil, dessen Frau Fatma und Bora nach Seferihisar, dort in der Nähe besaß die Familie ein winziges Grundstück, 100 Quadratmeter, das Fatmas Vater ihr zur Hochzeit 1976 geschenkt hatte. Halil wollte es verkaufen, wusste aber nicht genau, wo es lag. Bora musste es wissen, da er als Offizier in Seferihisar stationiert gewesen war. In Karşyaka nahmen sie die große Autofähre zum andern Ufer des Golfs von Izmir, dann ging es sogleich auf die gebührenpflichtige Autobahn (otoban oder yeşil yol) nach Ceşme, für umgerechnet 45 Eurocent. Es folgte eine elende Straße nach Seferihisar, rechts und links war die hügelige Landschaft verschandelt durch Massen von Spekulationsbauten, Feriendörfern, usw., die meisten noch im Rohbau. Bora erklärte, die EU würde die Türkei, weil eine riesige Nation von Naturverschandlern, nicht aufnehmen. Wahrscheinlich dachte er zu optimistisch. Hinter Seferihisar fuhren sie ans Meer, das Grundstück fanden sie nicht, der Auszug aus dem Grundbuch war alt, die Straßen hatten ihren Verlauf und Namen geändert. Schließlich glaubten sie, den Fleck gefunden zu haben. Anschließend gingen sie zum Katasteramt, das, wie alle ältlichen staatlichen Einrichtungen in der provinziellen Türkei, insbesondere Krankenhäuser, Polizeistationen, behördliche Gebäude, von kafkaesker Trostlosigkeit war. Bittsteller irrten auf den Gängen umher, Beamte schlenderten mit dicken Büscheln von Akten von einem Büro zu andern, ein Advokat stand verloren am Treppenhaus, schon eingehüllt in seine Robe mit hohem roten Stehkragen und grünem Besatz. In Eile zu sein gaben nur die Männer vor, welche Gläser mit heißem Tee von Büro zu Büro trugen. Bora und Halil verschwanden, nach langem Warten kamen sie zurück mit einer unglaublichen Nachricht: Das Stück Land war nicht mehr auf Fatmas Namen eingetragen, die Armee hatte es gekauft, darüber jedoch existierten keinerlei Urkunden beim Katasteramt. Bora fuhr zum Katasteramt der türkischen Armee in Izmir, am Tor wurde der Wagen streng kontrolliert und mit Spiegeln von unten abgeleuchtet, eine Prozedur wie an den Grenzübergängen zur DDR. Bora, mit einem Pass, der ihn als ehemaligen hohen Offizier auswies, durfte das Gebäude betreten. Halil begleitete ihn, Reinhold und Fatma wurde bedeutet, im Wagen zu warten. Ja, berichtete Bora, die Armee habe das Land gekauft und Halil schon vor Jahren von dem Zwangskauf in Kenntnis gesetzt. Unterlagen fanden sich jedoch nicht. Die Armee wolle, falls sich die Urkunden doch auffinden ließen, den gleichen Preis für das Grundstück zahlen, den sie im Jahre 1986 angeboten hatte, damals schon einen niedrigen, inzwischen aufgrund der rasenden Inflation einen lächerlichen. Auf der Rückfahrt brach Halil in ein ohrenbetäubendes, nicht endendes Gezeter aus. Reinhold bat, an der Landstraße nach Menemen abgesetzt zu werden, von dort werde er einen Bus nach Foça nehmen. So geschah es. Am Abend gab er Çafir Usta, der schweigend mit ihm vor dem Fernseher saß, einen zweiten Umschlag.

Die Verlegenheit einer jugendlichen Eierfrau

An diesem Dienstag, dem 3. Mai, war in Foça der übliche Markttag gewesen. Reinhold wollte sich abends noch etwas Grünzeug für Salate und echte Landeier, köy yumurtalar, kaufen. An einem Stand bediente ihn eine junge Frau vom Dorf, sie suchte ihm sechs der weniger verschmutzten Eier aus dem Korb. Die Eier kosteten 150 000 TL das Stück. Mehr um etwas Türkisch zu sprechen als aus rechnerischen Schwierigkeiten fragte er, was denn nun die sechs Eier kosteten; daraufhin wurde sie sehr verlegen, und ihr hübsches ländliches Gesicht lief tiefrot an. Die junge Frau blickte stumm fragend auf den Kunden. Sie konnte es nicht ausrechnen, nicht sechsmal 150, ging zu ihrem Vater und kam, immer noch verlegen, zurück. Er reichte ihr einen 1-Million-Schein und wünschte einen guten Abend. Dass er ein wenig zu viel bezahlte hatte, entging ihr ebenfalls. Das Kind, so durfte er in seinem Alter sagen, das Kind tat ihm leid, an die kleine Begegnung denkt er immer noch. Möglich, dass ihre Eltern die Tochter, minder wertvoll als ein Sohn, gegen das Gesetz gar nicht erst zur Schule geschickt hatten. Im Haus gab es eben so viel Arbeit, und die Männer hatten ja ihre Verpflichtungen im Teehaus: Kartenspielen, Würfelspielen, Zeitungslesen, Fernsehen.

Künstlerischer Geschmack und die Schwächen des Alters

Am Samstag, dem 8. Mai, machte Halil sein Versprechen wahr, mit Reinhold einer alten Dame einen Besuch abzustatten, deren Haus von osmanischen Antiquitäten nur so strotzen sollte. Das Haus lag in der Vorstadt, umgeben von kleinen Villen mit recht großen Gärten und einem Meer von Blumen und Bäumen. Auch vor ihrem Haus lag ein Rosengarten; die gelb-rosa Blüten dufteten betäubend nach Aprikosen. Die alte Dame empfing sie höflich, eine Haushilfe kochte Kaffee, die Wohnzimmer waren in der Tat Museumsräume, was die Qualität und Anzahl der Gegenstände anging. Ihr Mann hatte im diplomatischen Dienst gearbeitet, in London, Istanbul und Ankara, ein Künstler und Intellektueller war er gewesen, nun war er nur noch die Ruine eines Menschen, denn er litt an Gehirnerweichung. Seine Frau musste ihn wie ein unmündiges Kind pflegen und beaufsichtigen. Der weißbärtige Mann schlurfte in den Salon und ließ sich schweigend in einem Ohrensessel nieder. Sie selbst wies unter ihren Vorfahren hohe Würdenträger im Dienste des Sultans auf. Einer war ein Professor der Kalligraphie am Herrscherhofe gewesen; zwei seiner Werke, eigene Gedichte auf Pergament gemalt, hingen an den Wänden. Einem anderen hatte der Vizekönig von Ägypten silberne Zeremonialdolche für seine Verdienste verliehen. Nach seiner Pensionierung machte der aus seinen Ehrenzeichen ein Steckenpferd und sammelte weiterhin Dolche. Ihr Mann hatte in London von einer Schar türkischer Juden, die es nach Schottland verschlagen hatte, einen über und über mit silbernen Arabesken bestickten, tiefvioletten Damastvorhang aus dem 17. Jahrhundert erworben; in der türkischen Botschaft hatte niemand das kostbare Stück haben wollen. Es bedeckte hinter Glas eine ganze Wand. In den Glasvitrinen standen Silberkannen, Porzellanservice, teurer Nippes, am Boden lagen alte

Teppiche. In den Ecken sah Reinhold Kupfergeschirr feiner Qualität, und zwischen all den Sachen schliefen sieben Katzen und zwei Hunde in freundlichster Eintracht.

Natürlich sprach die alte Dame ein fließendes und gepflegtes Englisch, Reinhold atmete auf, er war für einige Minuten der Qual entronnen, mit seinem Türkisch, will sagen, mit dem Wortschatz eines Neandertalers, eine Konversation bestreiten zu müssen. Er hatte zufällig Enzensbergers *Museum der modernen Poesie* bei sich, die Türkin blätterte in dem Band und erzählte, dass sie auch Lyriker liebe, auch Nazim Hikmet, den bei rechts gesinnten Intellektuellen als bösen Kommunisten verschrienen. Also doch zwei Liebhaber der Gedichte Hikmets an einem Teetisch. Doch mehr noch als die Poesie beschäftige sie die Philosophie, wenn sie auch in ihrem Alter den einen oder andern Satz zweimal lesen müsse, um den Sinn zu erfassen. Ausgezeichnete Bilder moderner türkischer Maler hingen in beiden Räumen. Ölgemälde völlig anderer Qualität standen auch in Halils Laden umher; eine alte Malerin, die früher in einem Orchester gespielt hatte, hatte sie produziert. Orchestermusiker waren daher ihr beherrschendes Thema geworden, Geiger, Pianisten, dazwischen wild fuchtelnde Dirigenten, alles ein wenig undeutlich gemalt, alles von einem begabten Amateur angefertigt. Reinhold kam auf seinen verstorbenen Freund in Gelsenkirchen, den Aydin Karahasan, zu sprechen, einen immerhin an der Akademie in Istanbul ausgebildeten Maler. Im Grunde war er ein aufrechter Mann gewesen, von Selbstbewusstsein und streng sozialistischer und säkularer Denkweise. Türkische Behörden hatten ihm sein Amt an einem Gymnasium genommen. Aydin malte, wie der Kunde es wünschte: Kubistisch, impressionistisch, symbolistisch. Seinen malerischen Eklektizismus hatte er zu einer besonderen Begabung umgemodelt: „Ich bin wie eine Biene, ich fliege von Blume zu Blume, doch der Honig ist mein eigener.“ Bei Bauersfrauen in anatolischen Dorfszenen ließ er das Gesicht weg und erklärte die leere weiße Fläche zum Ausweis der Sinnlosigkeit ihrer Existenz. Reinhold wusste jedoch, Gesichter zu malen, war nicht die Stärke seines Freundes. Ihm ging Aydins Ölbild »Leda und der Schwan« durch das Gedächtnis. Die Frauengestalt war allzu lang, überschlank, von Kopf bis Fuß in einem grünlichen Fleischton gehalten. Stets hatte Reinhold Mitleid mit dem armen Schwan gepackt.

AmDienstag, dem 10. Mai. schien die Sonne am Morgen. Mehmet fuhr Reinhold mit seinem dicken Auto zum Flughafen, seine Frau und der kleine Sohn Ekrem stiegen mit ein, auch Großmutter Nermin, die noch nie gesehen hatte, wie die Maschinen starteten und landeten. Vor dem Eingang des Abfluggebäudes kam es zu Umarmungen, Küssen auf die Wange, der Ermahnung, doch auch ja im September wiederzukommen – »Wir warten!« Der Sicherheitsbeamte vor dem Bildschirm winkte ihn durch, ohne von seiner Zeitungslektüre aufzusehen.

Hundeleben in der Türkei

Side: Ein Hund wechselt von Hand zu Hand

Als Reinhold mit seiner Frau und der kleinen Tochter Corinna in den frühen Siebziger Jahren in Side Urlaub machte, hatten sie neben dem Hotel Karamancı, damals noch einsam am Nordstrand des Dorfes gelegen, einen Bungalow gemietet. Neben ihnen wohnte eine türkische Familie, deren Oberhaupt ein zur NATO in Brüssel abkommandierter türkischer Major mit Namen Nusret Leblebicioğlu war. Corinna pflegte ihn Nuss zu rufen. Nuss, kinderlieb, untersetzt, mongolische Gesichtszüge, schweigsam, des Englischen einigermaßen mächtig, hatte einen leichten Schlaf, an sich keine schlechte Sache für einen Vaterlandsverteidiger, und stand bei Sonnenaufgang auf. Dann stieg er bedächtig in seinen Wagen und fuhr ins Dorf, den Meeresstrand entlang, die Reifen drückten ihre Spur in den festen, feuchten Sand, bis er vor dem Ort in einen steinigen Uferweg einbog, der geradewegs auf den kleinen Marktplatz führte. Das ein oder andere Mal fuhr Reinhold mit und sah zu, wie ein türkisches Dorf erwachte.

In den Läden stemmten sich die jungen Burschen hinter den Theken hoch, wo sie in ihren Kleidern geschlafen hatten, gähnten, kämmten sich ausgiebig, fummelten an ihren Jeans herum, fuhren in die an den Absätzen niedergetretenen Schuhe, ohne sie zu schnüren, und staksten verschlafen in die Morgensonne. Das Teehaus öffnete gegen fünf Uhr, der erste Tee wurde zubereitet, die Männer setzten sich steif von der Nacht auf niedrige Holzhocker und tranken den duftenden Tee. Sie nahmen ein Zuckerstückchen in den Mund und schlürften den Tee darüber hinweg. Hähne trieben ihre Hennen über den Marktplatz, plusterten sich und krähten, ein jeder auf die Grenzen seines Reiches und die Unversehrtheit seines Harems eifersüchtig bedacht. Ein Bauer führte an einem Seil ein Schaf über den Platz, die Hunde schliefen noch, das Meer lag ruhig und silberglänzend in der Sonne. Im Sommer waren dies die angenehmsten Stunden des Tages; die Sonne wärmte einem den Rücken; die Luft ging rein und leicht. Später am Tag würde die Hitze einem den Schweiß aus den Poren treiben und drückend und feucht auf Mensch und Tier lasten. Noch breitete sich eine Stille aus, die nur manchmal durch sanftes Gemurmel der Teetrinker oder ein jäh protestierendes Eselsgeschrei irgendwo im Dorf unterbrochen wurde. Nach einigen Gläsern Tee fuhren Nuss und Reinhold zu dem Gelände der Karamancıs zurück.

Nussens Frau hatte aus Ankara einen Hund von der Größe eines kleinen Schäferhundes mitgebracht, mit sandbraunem Fell und bernsteinfarbenen Augen. Man sieht diese Art von Hunden überall in der Türkei, meist sind es streunende Tiere. Sie haben einen schönen, ebenmäßigen Körperbau, einen langen, lebhaften Schweif, kurzes Fell und einen durchaus klugen Gesichtsausdruck. Die Tiere sind von Natur aus lieb und anhänglich. Dennoch wird fast jeder ländliche Türke, wenn er einem Hund begegnet, erst einmal einen dicken Stein in die Hand nehmen und auf das Tier schleudern. Als Nussens Urlaub zu Ende ging, schenkte er den Hund, mit dem Corinna jeden Tag gespielt hatte, einem der jungen Kellner in Karamancıs Hotel. Die Ehefrau weinte, der Major tat soldatisch ungerührt. Die Leblebicioğlus reisten ab. Der Hund war verstört und jaulte des Nachts vor dem Bungalow; jeden zweiten Tag trottete er, mit hängendem Schwanz und hängenden Ohren, neben einem andern Burschen über den Strand; die neuen Besitzer taten eine kurze Zeit, als seien sie stolz auf ihren Besitz. Sie führten das Tier an einem Strick hierhin und dorthin, versuchten es unter Gelächter und Johlen zu Tricks und Spielchen zu ermuntern, vergeblich, dann war es mit ihrer Hundeliebe auch schon vorbei; sie verschenkten es erneut. Der Rest dieses Hundelebens, das war vorauszusehen, würde elend sein.

Yeni Foça und Foça: Das Elend der Tiere und Monikas Hilfe

Im Januar 1996 unternahmen Monika und Reinhold zweimal einen Ausflug von Foça in das nahe gelegene, doch wenig attraktive Yeni Foça. Schon die Strandpromenade konnte damals nicht mithalten; selbst die eingestaubte Statue des pseudobronzenen Atatürk blickte verdrießlicher als ihr Gegenstück in dem andern Ort. Auf verwahrlostem Sand lagen Hügel von Tang und bunte, vom Meer angeekelt ausgespuckte Plastikfetzen. Hunde trotteten umher; fast alle lahmten sie auf einem oder dem andern Bein; eine Hündin, so schien es, suchte Trost bei ihr unbekannten Menschen. Sie näherte sich den Besuchern, wedelte demütig mit dem Schwanz und sah mit halbgeschlossenen, schmerzerfüllten, rotbraunen Augen zu ihnen auf. Ihr linkes Ohr war halb abgerissen und blutverkrustet. Eine Woche später sah Reinhold das Tier wieder, matt schlich es über den Sand, die Wunde war ein wenig geheilt. Ein Köter stand auf den Vorderpfoten aufgerichtet an einem Abfallbehälter und riss gelbe Plastiksäcke auf die Erde, den Müll verstreute er dann, nach irgendwie Essbarem suchend, weit im Kreis auf dem Pflaster. Ein anderer hatte sich unter ein Auto verkrochen und fraß eine verwesende Makrele.

In Foça lebten die Hunde leichter. Vor dem Liberty Apartment Hotel rannten tagaus, tagein kleine Rudel von vier oder fünf Hunden auf der Strandstraße vorbei. Sie beschnüffelten einander, verbellten passierende Autos; ihr Tag war erfüllt und scheinbar sorglos. Reinholds morgendlicher Gang zum Holzbüdchen, um frisches Brot, Eier, Milch und die Zeitung TAN zu holen, führte an verwahrlosten Wiesen hinter dem Hotel vorbei; auch dort spielten und balgten die Hunde. Stand, was selten geschah, eine Türkin mitsamt ihrem Hund vor dem Fenster des Büdchens und kaufte ein, dann blieben die andern Türken, Männer wie Frauen, in ängstlicher Entfernung stehen. Für ihn war dies eine Gelegenheit zur Angeberei. Er trat nahe an den Hund heran und sprach, auf Deutsch, freundlich und fest mit dem Tier, streckte ihm zum Gruß die Handfläche hin, und fast immer leckte es aus Höflichkeit zart seine Finger. »Weil ich Hunde mag, mögen sie auch mich.« Irgendwann würde vielleicht doch einer seine Hand beißen. Die Hunde in Foça zeichneten sich durch Freundlichkeit und Sanftmut aus, es sei denn, ein Auto erregte ihren Zorn. Einem Wagen nachzujagen und die Reifen kläffend anzuspringen war eine üble Sitte, welche ihre häufigen Fußverletzungen erklärte. Einigermaßen dunkel blieb, ob die Tiere Besitzer hatten. Sein Freund Fikret erzählte, in seiner Jugend hätten die Eltern in Foça selbstverständlich einen Hund gehalten; dem sei gestattet gewesen, das ganze Dorf als sein Revier anzusehen. So mochte es auch heute noch sein. Die Hunde waren teils verwildert und auf sich gestellt, teils kümmerte sich jemand um sie und fütterte sie ab und an. Jedoch waren die milden Gaben zu unregelmäßig, um ein Tier bei Gesundheit zu halten. Den meisten Hunden konnte man die Rippen unter dem Fell zählen.

Im Ort hatte seine Freundin Monika sich einiger Hunde angenommen. Drei – oder waren es vier? – Welpen versammelten sich, wenn sie Hunger hatten, am Rand eines Gestrüpps und einer weiten Wiese. Schnell wurde Freundschaft geschlossen, als Monika ihnen gekochten Reis, versetzt mit Fisch- oder Fleischsuppe in ziemlichen Mengen regelmäßig servierte. Sie hatte wohlwollend zugesehen, wie eine Frau aus der Haustür trat und einer rotgelben Hündin mit weißen Pfoten und einer weißen Halskrause Futter hinwarf. Auch dieses Tier freundete sich mit Monika an. Liebe geht, nicht zuletzt bei Hunden, durch den Magen. Monika kraulte und streichelte die Hündin, fütterte sie getreulich, indem sie von ihren Mahlzeiten selbst die reichlichen Fischreste und die Fettränder des Lammfleischs aufhob, säuberlich in eine Plastiktüte tat und sich auf die Suche nach ihrer Freundin machte. Nichts Essbares, will sagen: für Hunde Essbares, durfte achtlos weggeworfen werden. Übrigens, getrocknete Feigen aßen die Tiere nicht. Die rotgelbe Hündin verzehrte eines Tages ein Festmahl: börek (in Teigrollen ausgebackener Käse), Kartoffelkroketten, weißen Schafskäse. Das Festmahl kam so zustande: Reinhold und sein englischer Freund David wollten Ephesos besichtigen. Sie hatten zuvor Monika am Flugplatz Izmir abgesetzt, waren dann nach Selçuk weitergefahren, hatten ein Essen in einem Touristenlokal bestellt, etwas davon probiert und die Masse angeekelt für die Hündin eingepackt in, wie die Amerikaner so schön sagen, einen doggy bag. Ihnen war eine der im Lande ganz seltenen Enttäuschungen über eine Mahlzeit widerfahren, denn was in Öl zu backen war, war hier in garantiert antikem Öl gebacken worden. Wollte der Koch mit dem antiken Öl das uralte Ephesos und damit den genius loci ehren? Oder eine Verbeugung gegenüber zu erwartenden Freunden ranzigen Öls anbringen? Einige Stunden später fand sich in den Mauern der antiken Stadt ein Heft, ein Reiseführer durch Ephesos, abgefasst in türkischem Englisch. Vielleicht hatte das Büchlein recht, wenn es auf die seltenen und seltsamen Liebhaber des kulinarischen Selçuk anspielte: »There is a good choice of restaurants with menus to match a wide variety of culinary habits for the rare visitor.«

Ostanatolien: Hirtenhunde, Hundestopper und Wölfe

Im Landesinnern, überhaupt in ländlichen Gegenden, hatte es sich nichts mit der Freundlichkeit der Hunde. Insbesondere die großen, zottigen Hirtenhunde bedeuteten keine geringe Gefahr für den Reisenden. Wie oft war Reinhold im Wagen anatolische Landstraßen entlanggezockelt, bis wütendes Gebell ihn aufschreckte? Ein rasendes Ungetüm, im Glauben an treue Pflichterfüllung, schoss von der Herde her kläffend über Disteln und Gras herbei und sprang am Wagen hoch. Was tun? Gas geben und schneller fahren hätte meist bedeutet, den Hund unter die Räder zu nehmen, und ein Mercedes war allemal stärker und schwerer. Langsamer fahren oder anhalten hätte der geifernden Bestie erlaubt, an der Tür hochzuspringen und den Autolack kräftig zu verkratzen. In der Regel sahen die Hirten dem Kampf schafsköpfig zu, bevor sie schließlich ihren Hund zurückpfiffen. Traurig ungleich blieb der Kampf. Alle paar Dutzend Kilometer lag eines der schönen und tapferen Tiere, einem Lastwagen unterlegen, am Straßenrand. Im Tod schlief es anrührend friedlich.

Bettina Selby schreibt in *Beyond Ararat* von ihren Begegnungen mit angriffslustigen Hunden. Die Engländerin unternahm um 1990 eine Fahrradtour durch Ostanatolien. Selby berichtet Niederträchtiges von kurdischen Hunden. Gewarnt, die Tiere, denen man zur Zügelung große Stachelhalsbänder anlegte, würden sie anfallen, hatte sie einen batteriebetriebenen Hundebetäuber im Gepäck, ein Pfeifinstrument, welches derart hohe Töne aussandte, dass die Hunde, wie von einer Boxerfaust aufs Trommelfell geschlagen, innehielten und wegliefen, nicht wissend, wie ihnen geschah. Der Hundebetäuber musste so oft in Aktion treten, dass seine Batterie zu versagen drohte. Auf der Fahrt um den Van See kam sie dem Tode nahe. In Balavan attackierten sie vier riesige Hunde auf der Dorfstraße. Auf den Hundebetäuber hin schüttelten die Bestien ihre Schädel wie nur leicht angeschlagene Boxer und sprangen die Frau erneut an; ihre Hilferufe nutzen nichts; die Dorfbewohner sahen dem Spektakel aus Fenstern und Türeingängen zu, ohne einen Finger zu rühren. Selby führte die unbändige Angriffslust der Tiere darauf zurück, dass sie immer wieder mit wilden Wölfen gekreuzt würden. Die läufigen Hündinnen, so erzählte man ihr, würden von den Hirten eigens in die Berge getrieben, um von Wölfen gedeckt zu werden. »Mir«, wendet Reinhold ein, »erscheint dies nicht einleuchtend. Es ist schon möglich, dass der eine oder andere Wolf, eher aus Zufall, eine fruchtbare Liebelei mit einer Hündin eingeht. Aber Wölfe vererben keine derart geistlose Aggressivität.« Zu Wölfen eine wahre Geschichte.

Freund Fikret erzählte von seinen Jahren als Lehrer in einem Dorf in Ostanatolien. Um sein Gehalt abzuholen, an dem er wahrlich nicht schwer zu tragen hatte, musste er dreißig Kilometer die Landstraße entlang in den nächsten Ort wandern, im Winter durch tiefen Schnee. »Nur nicht rasten, nicht sich hinsetzen, nicht einschlafen in der Kälte«, lautete der gute Rat der Bauern. Eines Tages stapfte er allein in sein Dorf zurück, als er rechts und links auf den die Straße säumenden Hügeln Tiere erblickte, schwarze Flecken zunächst auf den weißen Feldern, schnell kamen sie näher; es waren nur zu gewiss Wölfe. Das Herz schlug ihm rasend in den Hals, doch, auch das ein Rat der Bauern, in solcher Gefahr durfte man keine Angst zeigen, sondern musste aufrecht, kraftvoll und gelassen weiterstapfen und den Wölfen ein seiner selbst und seiner Macht sicheres Tier vorspielen. Die Wölfe schielten aus den Augenwinkeln auf Fikret, Fikret schielte aus den Augenwinkeln auf die Wölfe, war aber ansonsten bemüht, einen überaus mächtigen

Zweibeiner und beileibe kein Beutetier zu verkörpern. Die Tiere nahmen ihn in die Zange, doch näherten sich nicht, sie huschten vielmehr an beiden Seiten ihm voraus, hielten an und sahen zu, wie er heranschritt und vorbeischritt. Nach einigen Minuten trollten sie sich seitab in die Hügel.

Istanbul: Streunende Banden einst und jetzt

Europäische Reisende, vornehmlich solche vergangener Zeiten, machten ebenfalls ihre Erfahrungen mit türkischen Hunden. Sie taten gut daran, sich nach Hunden umzuschauen, schon um ihre Gliedmaßen vor Hundezähnen zu retten. Im 18. und 19. Jahrhundert bildeten Tausende streunende Hunde in Konstantinopel eine Landplage und dienten in einem als Kadaver- und Müllabfuhr. 1785 weilte Lady Craven in Istanbul, abgestiegen war sie nicht in der englischen, sondern in der französischen Botschaft. Elizabeth Craven bewegte sich durch die Stadt in dem Stil, der einer großen Dame zukam. Sechs Diener trugen ihre Sänfte, zwei mit Holzstäben bewaffnete Janitscharen schritten ihr voraus. Doch Cravens englischer Aristokratenstolz kämpfte mit der Gleichgültigkeit osmanisch-proletarischer Hunde und wurde zweiter Sieger. Wann immer sie ausging, traf ihre Sänfte auf Dutzende von Hunden, welche friedlich auf der engen Straße in der Sonne umherlagen und im Traum nicht daran dachten, einer englischen Lady den Weg freizugeben. Ihren Dienern blieb nichts anderes übrig, als die Sänfte abzusetzen und die Tiere wie Mehlsäcke aus dem Weg zu hieven. Andere Reisende traf es in Istanbul böser. Dr. Edward Daniel Clarke und seine Reisegesellschaft wurden von kläffenden Hunden, an die fünfzig, bis zum Tor ihres elenden Gasthofes verfolgt. Die Engländer flüchteten mit knapper Not in das Haus. Vor dem Tor stellten sich die Tiere in einem Kreis auf und heulten wie Wölfe, denen ihre Beute entgangen war. Das war 1813. 1821 sah sich Dr. Robert Walsh in ähnlicher Gefahr wie Bettina Selby in Ostanatolien. Er und seine Freunde durchwanderten ein Stadtviertel, in dem Franken – der gebräuchliche Namen für Angehörige europäischer Nationen – nicht oft gesehen wurden. Die Straßenhunde, aufgeschreckt durch die für einen osmanischen Hund überaus anstößige Kleidung der Fremden, bellten den Kumpanen der anliegenden Quartiere die Nachricht zu, es gebe etwas Besonderes zu sehen und – wer weiß? – zu fressen. Aus allen Gassen rannten die Köter herbei und erhoben großes Geschrei. Daraufhin näherten sich gemessen türkische Männer, um den Grund des Aufruhrs zu erfahren. Nur Ausländer, Ungläubige zumal, warum also eingreifen? Sie zogen sich gemessen zurück. Die Frauen der Gasse hingegen engagierten sich umso hitziger. Hinter den Holzverschlägen ihrer Fenster zischten sie laut und feuerten die Tiere zum Angriff an. Zwei Hunde bissen Dr. Walsh ins Bein, seinen Begleitern wurden fast die Waden weggerissen.

Türken und türkische Hunde duldeten sich gegenseitig. Jedenfalls haben sie nicht, wie es scheint, einer des andern Blut vergossen. Alle paar Jahre freilich boten die Behörden der Hauptstadt der Landplage Einhalt, da die Hunde sich allzu arg vermehrten. Sie brachten die Tiere nicht einfach massenhaft um, sondern mit einer Lösung, die einem jesuitischen Geist wohl angestanden hätte, vermieden sie sowohl das Blutvergießen wie überhaupt den Anschein des Mordes. Die Hunde wurden zu Tausenden auf den kahlen und nahrungslosen Inseln im Marmarameer ausgesetzt. Ihr Überleben war damit in die eigenen Pfoten gelegt. Solche Kasuistik galt nur in Notzeiten, ansonsten ging man eher rücksichtsvoll mit den Hunden um. Als um 1870 die ersten Pferdebahnen durch die Straßen Istanbuls fuhren, zogen Männer mit langen Stöcken vor jedem Gefährt einher und scheuchten die Hunde von den Gleisen. Im frühen 20. Jahrhundert machte der steigende Verkehr den Hunderudeln, die weiterhin jede Gefahr zu ignorieren gewillt waren, den Garaus. Nur noch vereinzelt sah man die Tiere in den alten Vierteln der Stadt.

So war es, mochte man meinen, wäre da nicht Reinholds Freund Naci gewesen, ehemals Geograph an der Universität Istanbul. Eines sehr späten Abends in den Achtzigerjahren, erzählte Naci, verließ er sein Büro – das geographische Institut lag mitten in der Altstadt – als sich drei oder vier große Hunde an seine Fersen hefteten. Er dachte sich nichts dabei; doch da es immer mehr Tiere wurden, beschleunigte er seine Schritte und bald rannte er, so schnell er konnte, durch die nächtlich hallenden Gassen in Richtung Bayazit, den weiten Platz vor dem Haupteingang der Universität. Voller Todesangst erreichte er die vom fahlgelben Sodiumlicht der Lampen gespenstisch ausgeleuchtete Busstation, kein Mensch war zu erblicken, der ihm hätte Hilfe leisten können. Dort stand er, und die Biester begannen ihn drohend knurrend einzukreisen. Im letzten Moment, die Tiere verengten schon den Kreis, hielt ein Bus mit kreischenden Bremsen an, ein unfahrplanmäßiger zudem. Der Fahrer wollte gerade möglichst schnell seine letzte Fahrt zum Depot und in den Feierabend hinter sich bringen, hatte jedoch schlagartig die Gefahr erkannt. Naci sprang zur halbgeöffneten Fahrertür hinein. Dass die Fänge der Bestien noch dumpf gegen das Blech der Bustür geschlagen hätten, vermochte Reinhold nicht recht zu glauben.

Foça

Mit dem Nachtbus nach Mersin, Regenfluten in der Türkei und islamische Hilfe

Schmierenschauspieler

Reinhold langweilte sich in Foça, es regnete, sein Appartement war kalt, ihn fror auf seinen Spaziergängen. Ein kleiner Trost, dass im Oktober 1997 überall in der Türkei Ströme von Regen niederkamen. Dutzende von TV-Mannschaften berichteten über die Katastrophe. In Istanbul wurden Gehwege weggewaschen, Autobahnen brachen zusammen, Gebäude rutschten die Hänge hinab, Menschen mussten aus dem ersten Stockwerk gerettet werden, da die Straßen hüfttief überflutet waren. Braune, mit Mikroben verseuchte Wassermengen schossen wie kleine Geysire aus geborstenen Leitungen, Wasser und Schlamm allenthalben. Das Wasser war so schnell gekommen. Eine verschleierte junge Frau hatte nicht einmal ihr Teetablett wegräumen können; in der Tagesschau sah man die Teegläser treiben, immer noch warm, in einer See flüssiger Scheiße. All dies natürlich nicht in den eleganten Teilen der Stadt, sondern in den geçecondus, den elenden und gepfuschten Bauten der Vorstädte, die wie ein Kreis um die alte Hauptstadt lagen und sie zu erdrosseln drohten. Alibeyköy hatte es besonders hart getroffen; die Armen versuchten ihr armseliges Mobiliar zu retten, Plünderer kletterten umher und raubten das Wenige, was raubenswert schien. Bürgermeister, Offizielle, Politiker versprachen sofortige Hilfe, doch, das war gewiß, Hilfe würde nicht kommen. Die gleiche Katastrophe hatte sich am gleichen Ort im April ereignet; nicht ein einziger Teil des Abwassersystems war seitdem erneuert worden.

Kein Wunder, dass die Refah Partei, deren Geldsäcke von fundamentalistischen Saudis und möglicherweise dem Iran gefüllt wurden, die Armen und die Gläubigen anzog. Die Partei hatte finanzielle Rücklagen, sie bot Hilfe, die Regierung versagte in beider Hinsicht. Refahs Vorsitzender Erbakan war für eine ruhmlose Zeit Premierminister gewesen. Nun versuchte er, einen Fernsehsender für Refah zu finanzieren, und seine dreisten Behauptungen musste man mit eigenen Ohren hören, um sie für möglich zu halten. Wer dem Kanal Sieben Geld spende, werde stracks in das Himmelreich eingehen; seine Partei führe einen Heiligen Krieg gegen die Ungläubigen. Reinhold sah ihn im Fernsehen und hörte wiederholt eben dieses Wort vom Heiligen Krieg. Zorn erfüllte die Liberalen in der Türkei. Die Zeitung Akşam brachte am 24. Oktober ein Bild dreier weinender ägyptischer Mullahs, so lächerlich waren sie wie die drei Marx Brothers. Sie vergossen Krokodilstränen, weil ihre Spende von mehreren tausend US Dollar von den türkischen Behörden beschlagnahmt worden war. Die heiligen Heulsusen mit ihren Turbanen verkörperten leider nur zu deutlich die dystopische Zukunft einer fundamentalistischen Türkei – die Unterdrückung der Bürgerrechte, die Einführung eines mittelalterlichen Gesetzeskodes und Auflösung des Justizsystems, die Degradierung der Frauen auf den Stand von kindergebärenden Tieren. Er wusste wohl, dass diese Fanatiker und Erbakan nicht den Islam repräsentierten, eine würdevolle Religion, die der männlichen Hälfte der Welt ebenso gut zu irdischem Glück verhilft wie das Christentum. Der Islam bedeutete Fügung in den Willen Gottes, Brüderlichkeit, Gleichheit, Dienst an den Armen und Gerechtigkeit. Er wusste ebenso, dass es ungefähr so viele Spielarten des Islam wie des Christentums gibt. Aber in der Öffentlichkeit waren die Stimmen der gemäßigten, toleranten und friedfertigen Muslime leise; die Eiferer hatten ihr Geschrei erhoben, sie brachten ihre abstoßende Version unters Volk. Und hatten nicht fundamentalistische Stadtbehörden im Osten der Türkei dem Kanal Sieben Geld geschickt, Geld des Steuerzahlers, für die Einrichtung einer Partei? Warum klagte kein Staatsanwalt sie an? Sivas war besonders spendabel gewesen. Die Stadt hatte Schande auf sich geladen, als im Juli 1993 Fanatiker das Belediye Hotel (Reinhold selbst hatte dort einmal gewohnt) angezündet und eine Gruppe liberaler Intellektueller und Schriftsteller in ihm zu Asche verbrannt hatten. Fernsehkameras zeigten den Bürgermeister, wie er einen Mann in die Flammen zurückstieß; sechsunddreißig Menschen waren unter dem Beifall der Zuschauer umgekommen. Auf dem Bildschirm blickte Erbakan listig und ölig drein, während seine Partnerin Tansu Çiller sich selbstsicher gerierte – ein wenig füllig im Gesicht, ein kurzer Haarschnitt, elegante westliche Kostüme, wenn es in ihr Geschäft passte, islamische Kleidung und Gesten, wenn sie, in schamloser Rivalität zu Atatürk, als Mutter der Türken gesehen werden wollte. Zum Glück fand der Anspruch wenig Glauben. Reinhold gelüstete geradezu danach, die beiden in den scheißegefüllten Wassern Alibeyköys ertrinken zu sehen. Ertränken sie in den stürmischen Wellen des Hafens von Foça, dann wäre ihm auch das recht.

Hin und Her vor der Fahrt

Er fuhr nach Mersin hin und zurück nach Foça. In seiner klassischen Schlichtheit ist der Satz über jeden Tadel erhaben. Aber hinter ihm verbergen sich zwei Busfahrten von knapp über zweitausend Kilometer Länge und zweiunddreißig Stunden Dauer, zwei Nächte eingeschlossen. Er hatte in Erinnerung an frühere Jahre die Reise gefürchtet; er erinnerte sich an all die in türkischen Bussen verbrachten Nächte, umzingelt von Türken, die bis auf den letzten Mann die abscheulichsten Zigaretten rauchten. Und scheußlich bedeutete wirklich scheußlich in jenen Tagen. Die billigsten Marken hießen birinci, ikinci, üçüncü, d. h. von erster, zweiter, dritter Qualität. Üçüncü kam in braunen Pappepäckchen, die an den Falzen auseinanderklafften; die Bezeichnung war von Hand mit verschmierten Gummistempeln aufgedruckt worden; der Tabak schien aus den Wurzeln und der Rinde der Tabakpflanze gewonnen zu sein. Üçüncüs konnte man nur rauchen, wenn das Opfer auf dem Rücken lag, die Zigarette senkrecht hielt und ihr unteres Ende mit dem Daumen zukniff, ansonsten wäre der Inhalt sogleich auf sein Gesicht gerieselt. Üçüncüs wurden an Strafgefangene und Rekruten ausgegeben. Sein Bruder Herbert machte einen Versuch mit ikincis und erstickte fast. Alle drei Marken sind längst vom Markt verschwunden. Gleichwohl, spätere abscheuliche Marken wie Samsun oder 2001 erregten Krebs nur minimal langsamer. Das Innere eines Busses pflegte sich rasch mit Dunstschichten von Rauch zu füllen, zunächst mit blauem, dann braunem, dann körnigem Feinstaub. Den Einwohnern Herkulaneums und Pompejis muss in ähnlicher Lage ein Verdacht gedämmert sein, dass irgendetwas anbrenne, als die giftigen Dämpfe des Vesuvs sich durch ihre Straßen herabwälzten. Sie dachten, es handle sich um eine vorübergehende Unannehmlichkeit, beschlossen, im Haus zu bleiben und die Fensterläden zu schließen. Tss ... tss, die falsche Entscheidung, doch ein Glücksfall für zukünftige Archäologen.

Im Gegensatz zu ihnen wartete Reinhold nur darauf, würgend und nach Luft ringend sich aus dem Bus zu werfen, alle zwei Stunden, denn das war die Zeitspanne, welche türkischen Blasen zugemessen wurde. Busse hielten Tag und Nacht in solchen Zeitabständen, alles Volk rannte zuerst zur Toilette und dann in das Restaurant. In den Esslokalen verzehrten die Reisenden Pommes Frites (türkisch: pomfrit), schlürften heiße Linsensuppe, brachen dazu etwas Brot und tranken süßen Tee; sie taten dies um Mitternacht und erneut gegen zwei und vier Uhr morgens. Gelegentlich spendierten die Busgesellschaften den Tee. Nachdem die Blasen geleert und die Mägen gefüllt waren, kletterten Fahrer und Reisende zurück auf ihre Sitze. In früheren Zeiten hatten die Fahrer seltsame Gewohnheiten. Bergab, und es ging viel bergab im gebirgigen Anatolien, kuppelten sie den Gang aus und ließen das Fahrzeug im Leerlauf dahingleiten; auf den kurvigen Landstraßen fuhren sie im Dunkeln nur mit Standlicht, oder, noch beliebter, gänzlich ohne Licht; die Kurven zu schneiden galt allezeit als ehrenvoll. Das Reisen auf türkischen Bussen forderte einen festen Glauben an eine eingreifbereite Vorsehung. »Manus tua protegat me«, hatte Reinhold mehr als einmal gebetet.

Er bat Ekrem Bey, sich doch am Busbahnhof Izmir nach der besten Verbindung nach Mersin zu erkundigen; er wollte tagsüber fahren und war gewillt, zwei Tage auf die Reise zu verwenden. Einen Tag vielleicht bis Konya, jener heiligen und fanatischen Stadt, den nächsten Tag bis Mersin. Ein vergeblicher Wunsch. Gute Gesellschaften betrieben ihre modernen Überlandbusse hauptsächlich nachts; bei Tageslicht verkehrten nur kleine, wenig vertrauenswürdige Wagen von Stadt zur nächstgelegenen Stadt. Ekrem Bey kam mit dieser Information der Mersin Seyahat Gesellschaft zurück: ein täglicher Nachtbus, Abfahrt Izmir 19:00 Uhr, Ankunft Mersin, so Gott wolle, 8:00 - 8:30 am Morgen. Keine schlechte Prognose, wenn sie denn stimmte. Dennoch geriet Reinhold in Panik. Er telefonierte mit Istanbul Airlines und bat sie flehentlich, einen Flug nach Adana einzurichten, das an die sechzig Kilometer südlich von Mersin lag und wegen eines Militärflughafens bekannt war, der von amerikanischen Nato-Kampfflugzeugen genutzt wurde. Die Amerikaner suchten 1997 noch die Nähe zu Saddam, dem Präsidenten der Republik Irak. Istanbul Airlines winkte ab. »Fliegen Sie von Izmir nach Ankara und von Ankara nach Adana«, sagte eine freundliche junge Dame, »und Sie werden den größten Teil der Türkei sehen, vielmehr wegen der Regenfälle nicht sehen.« Er hatte keine Lust, wegen der Regenwolken den größten Teil der Türkei nicht zu sehen, noch fieberte er darauf, umsteigen zu müssen, unausweichlich den Anschlussflug zu verpassen und in der Hauptstadt zu übernachten. Turk Hava Yollari, die staatliche Fluglinie, lehnte es strikt ab, die Izmir–Adana Route zu kommentieren. Die Auskunft wusch ihre Hände in Unschuld. Warum sie das tat, war ein Rätsel. Am Telefon sprach er Türkisch noch viel hinterwäldlerisch gebrochener als gewöhnlich, folglich ließ er Osman an seiner Statt anrufen, und dem zeigte die Gesellschaft ebenfalls die kalte Schulter. Tage später, in der Universität Mersin, rief die süßstimmige Sekretärin des Rektors nochmals an, und Turk Hava Yollari war überglücklich, wöchentlich zwei Flüge Adana–Izmir im Fahrplan zu haben. »Direkt«, bekräftigten sie. Ein echtes Rätsel.

Hochschulpolitik, leider nicht von Arnold Schwarzenegger betrieben

Obige Information hätte ihm nicht geholfen, der zu diesem Zeitpunkt noch in Foça weilte, schrecklich schwitzte und seinen Reisesack packte. Der Grund seines Besuchs in Mersin war, dass er für das Jahr 1998 eine Gastprofessur an der Universität Mersin angenommen hatte. Der Rektor der Universität war Germanist und des Deutschen bewundernswert mächtig; er hatte ihn in Deutschland getroffen und nach Mersin eingeladen. Der Sack enthielt dunkelblaue Schuhe, dunkelblaue Socken, dunkelblaue Hosen, zwei cremefarbene, seidene Oberhemden, eine schlichte braune Wollkrawatte und ein Jackett der Marke Aquascutum mit einem Hahnentrittmuster in Blau und Braun. Reinhld wußte, dass türkische Professoren sich gern korrekt anziehen und Krawatten lieben; auch war ein Rektor schließlich ein Rektor. Er wollte den großen Mann nicht in die Verlegenheit setzen, sich neben einem Reinhold in kurzen Hosen und Joggingschuhen zeigen zu müssen. Dennoch packte er seine Joggingschuhe ein, zudem geeignete Kleidung für nächtliches Umherturnen auf Bussen und für Noahs Sintflut, denn heftige Regenfälle gingen immer noch auf das ganze Land nieder, dazu das Penguin *Book of Italian Verse* (er schätzte die cantice delle creature des heiligen Franziskus und Ungarettis wortkarge Gedichte), dazu Sonderdrucke einiger seiner Aufsätze über die osmanische Türkei, jedenfalls solche in Englisch oder Türkisch, dazu sein Notizbuch mit Vorschlägen für Vorlesungen, Seminare, Workshops usw. Daheim steckte der Rektor tief in Schwierigkeiten. Eine Gruppe von Ermittlern der obersten türkischen Aufsichtsbehörde über die Universitäten, YÖK, war in sein Büro marschiert, hatte ihn mehrerer Fehltaten bezichtigt und mit der Absetzung bedroht. Die YÖK-Leute waren, um es höflich zu formulieren, ein Trupp krimineller Erpresser. Legale Befugnis ging ihnen ab, dennoch gaben sie vor, solche zu besitzen und schüchterten dergestalt die Universitäten bis zur Unterwerfung ein. Freie Sitze in der Kommission waren in steigendem Maß mit Refahs eselhaften Sympathisanten besetzt worden; andere Universitätsleute hatten ihre Seele für ein doppeltes Gehalt verkauft, welches sie für den Job eines Zuträgers erhielten. Die Universität Mersin war ihnen wegen ihrer weltlichen Politik verdächtig und daher ein herausragendes Ziel. Er fühlte sich, dies vorweggenommen, auf dem Kampus der Universität schon beim ersten Besuch wie zu Hause. Es gab eine Ballettschule und ein Konservatorium; die männlichen Studenten schlenderten fein säuberlich gekleidet in Jackett, Hemd und Schlips umher; die jungen Frauen zeigten sich adrett in Jacken, Blusen, Schlipsen, Röcken; die Töne von Oboen und Geigen drangen durch die Wände, weit und breit kein Schleier in Sicht. Der Rektor und der Prorektor wurden zu Kreuzverhören geladen, an denen sie in Gegenwart ihrer Rechtsanwälte teilnahmen. Fragen, welche den Statuten nach mehrere Tage zuvor hätten vorgelegt werden müssen, wurden ohne Warnung auf sie abgefeuert. Die Rechtsanwälte protestierten ohne Erfolg. Die Fragen verrieten sublimen Schwachsinn. Der Senat der Universität Mersin verabschiedete umgehend eine einstimmige Resolution, welche die Einmischung von YÖK verdammen und den Rektor schützen sollte; die meisten Universitäten im Land sandten Unterstützungsbotschaften nach Mersin; der Rektor trat vor die Fernsehkameras und legte seine Sicht der Dinge dar. Nichtsdestoweniger: Ein Schwert hing immer noch über ihm. Was noch schlimmer war, in Mersin gab es keinen Arnold Schwarzenegger, dessen überdimensionale Pistole die Lumpen aus den Fenstern des Rektorats, Stockwerk 12, Metropol Tower, gepustet hätte. Gerechtigkeit war wohl ein seltenes und kostbares Gut in Mersin.

Am Nachmittag des 20. Oktobers, einem Montag, fuhr Osman ihn zum örtlichen Busbahnhof. Der Bus von Foça nach Izmir brauchte für siebzig Kilometer neunzig Minuten; davon dreißig für die ersten zehn und fünfundvierzig für die ersten sechsundzwanzig. Dies klang nur seltsam für jemanden, der mit örtlichen Buslinien nicht vertraut war. Der Bus kroch durch Foça, an Tankstellen vorbei, hin zu einem weiteren Halt, dem antiken Theater, bergauf an zwei Hügeln vorbei, welche bekrönt waren von verfallenen Windmühlentürmen und einem großen Heiligtum der Kybele, vorbei an der Müllanlage der Stadt, bis er auf der Höhe angelangt war, von wo man einen Panoramablick zurück auf Foça und die Bucht hatte. Während der ganzen Zeit hoffte der Fahrer immer noch Fahrgäste aufzulesen, die es nicht rechtzeitig zum Busbahnhof geschafft hatten oder keine Lust verspürten, dorthin zu gehen. »Warum«, fragte der behäbige Türke sein Weib, »warum warten wir nicht einfach an der Straße? Wir, vielmehr ich, der Ehemann, werde mit einer nicht allzu lebhaften Hand wedeln, der Fahrer wird schon auf uns aufmerksam werden.« Ein zivilisiertes Vorgehen, vorausgesetzt, Zeit spielte keine Rolle, doch das tat sie fast nie in der ländlichen Türkei. Der Bus kroch weiter zum nächsten einsamen Bauern. Im gegenteiligen Fall rief ein ländliches Individuum dem Fahrer zu, es wolle an diesem oder jenem Baum hinausgelassen werden, kletterte aus der Tür, schulterte ein Bündel und wanderte weit hinein in die menschenleere Landschaft.

Das Dorf der Wegelagerer

Bağarası, damals ein großes Dorf fünfzehn Kilometer hinter Foça, zählte sechs Haltestellen einschließlich der einen amtlichen. Bağarası war mit Abstand das verwahrloseste Dorf in der Umgebung. Seine Hauptstraße, holprig, schlammig, voller Löcher, zierten zwei schäbige Volksschulen, grauer Beton die eine, die andere ein wenig einnehmendes Rotbraun, ein paar Metzger, permanent herrenlose Marktstände, kleine, schmutzige Jungen, welche mit Stöcken und Steinen Enten und Gänse scheuchten, starke Banden von Männern, die von Straßenräubern nicht leicht zu unterscheiden waren und in den zwei oder drei Teehäusern an der Straße herumlungerten, und zwei Tankstellen. Es käme einen hart an, Bağarasıs hervorstechendsten Anspruch auf Ruhm auszuwählen; vielleicht wären die beiden Tankstellen die Favoriten. Sie mussten einen geheimnisvollen Zauber haben, denn die Busse aus Foça tankten stets dort auf und nicht in Foça, obwohl der Benzinpreis gleich war. Die nächste Anwartschaft auf Ruhm bildeten die Banditen in den Teehäusern. Stämmige Kreaturen waren sie; Unfreundlichkeit stand ihnen in das breite, runde Gesicht geschrieben. Zugegeben, arbeitslose oder ältere Männer gab es überall in dörflichen Teehäusern; sie sahen in der Regel nicht sprühend vor Lebenslust aus, sondern müde und lustlos. Sie hatten das Aussehen von Leuten, die von einem harten Leben besiegt worden waren, aber nicht dies böse Aussehen. Die Banditen kleideten sich in die gewöhnlichen Sachen armer Dorfbewohner: An den Fersen flachgetretene Schuhe (oft war der gesamte Schuh, eingeschlossen Schnürsenkel und Schnürlöcher, in Plastik gegossen), ausgefranste graue oder schwarze Hosen, Hemden von einstiger Farbe, möglicherweise der weißen, eine Anzahl von Pullovern, einer über den andern gezogen, eine gleichermaßen ausgefranste und geflickte graue oder braune Jacke. Was sie jedoch unterschied, war ihre Kopftracht, ein Turban aus weißem oder grauem gestreiften Tuch, das mehrfach um den Kopf gewunden war und wie ein Handtuch in den Nacken fiel. Ein Turban in den Neunzigerjahren? Nachdem der Reformsultan Mahmud II. in den späten 1820er Jahren den Turban verboten hatte und an seiner Stelle den komischen, krempellosen, konischen Fez eingeführt hatte? Nachdem Mustafa Kemal Pascha den Fez als Symbol osmanischer Rückständigkeit, Unwissenheit und Abneigung gegen Fortschritt 1925 in Acht und Bann getan hatte? Nachdem der große M. K. doch tatsächlich in Ostanatolien einige Dutzend Männer aufgeknüpft hatte, weil sie gegen sein Gebot verstoßen hatten? Wollte das männliche Bağarası versuchen, nicht nur eine vormoderne, sondern sogar eine vorreformatorische Türkei erneut aufzurichten? Durchaus nicht: Den Banditen anachronistische Gedanken zuzuschreiben, weil sie einen Turban trugen, hieß ihnen Unrecht antun. Sie und die Dorfbewohner der Gegend trugen Turbane gegen den beißenden Nordwind, der nicht selten auch an diesem Küstenstrich blies. An Markttagen kamen sie nach Foça. »Bağarası ist verschieden«, wie Osman aus der Liberty Pension erklärte, »seine Einwohner stammen aus dem Osten; sie sind Kurden, schlechte Kurden«, fügte er eilends hinzu, »im Gegensatz zu den guten in Foça.« Sein Vater war selber Kurde. Die von Bağarası gestatteten sich eine innige Abneigung gegen ehrliche Arbeit, so Osman, und die Leute in Foça verachteten sie deshalb.

Nach einer Dreiviertelstunde, nach einer Fahrt durch gefälliges, hügeliges Land, Äpfelplantagen, Olivenhaine, vorbei an einer riesigen, aufgelassenen und stinkenden Hühnerfarm, an einem Hundehotel, an mehreren Picknick-Plätzen von ungewissem Charme (Grillherde im Freien standen zur Verfügung), erreichte der Bus die Überlandstraße von Izmir nach Çanakkale und bog nach rechts ab. Auf die längste Strecke war dies noch keine vierspurige Autobahn. Der Busfahrer, überzeugt, keine weiteren Fahrgäste seien mehr aufzulesen, weil seine zahlreichen Rivalen auf der Überlandstraße es längst getan haben würden, beschleunigte und fegte an Buruncuk vorbei, an nicht mehr als einigen schäbigen Häusern am Fuß eines Bergvorsprungs, auf dessen Höhe die antike griechische Stadt Larissa lag. Eine Flanke des Berges und irgendwann wohl auch die Stadt wurden von einem Steinbruch und einer Zementfabrik allmählich weggefressen. Die Erzählung möchte kurz nochmals nach Foça zurück, geht aber dann weiter, versprochen, mit dem Bus nach Mersin.

Haarschnitt und Männlichkeit

Als Reinhold am Morgen des 26. Oktobers, einem Sonntag, aus dem Bett aufstand, sprang sein Herz hoch, als er einen wolkenlosen, stahlblauen Himmel erblickte. Die Sonne schien hell auf den Hafen von Foça, ein schimmerndes, zitronenfarbiges Fischerboot fuhr eilig über die bewegten, grünblauen Wasser zu seinem Landungssteg. Es zog eine Wolke weißer Möwen hinter sich her, ihre Schreie nach einem Anteil an dem Sardinenfang blieben ungehört und unbeachtet. Er sah mit Adleraugen auf die Bucht, schweigend, als stünde er auf einem Berggipfel in Ionien. Jetzt reicht die lyrische Pastiche, Reinhold, du törichter Tropf. Der Himmel war gar nicht wolkenlos, der Poyras hatte nur die Wolken auf die See hinausgeblasen, eine milchweiße Wand stand viele Meter hoch über dem Horizont und drohte, sich dem Festland erneut zu nähern und Regen auszuschütten. In der Nähe packte der dicke ergraute Fischer, Ekrem Beys Nachbar, große Plastiksäcke voller zerschnittener Melonen in sein altes Boot. Er trug zwei Turbane. Nicht, weil er doppelt fromm gewesen wäre, sondern weil er den unteren über seinen Mund gezogen hatte. Ein großer brauner Fuchs lief in großer Ruhe an Reinholds Balkon vorbei. »Ja, er liebt seinen Morgenspaziergang«, sagte Nermin Hanım, »er lebt in den Hügeln hinter dem Haus.«

Er erlaubte sich einen letzten lyrischen Versuch. Sein Herz hüpfte auf wie ein junges Lamm, als er seine Haartracht im Spiegel erblickte. Wenn einer so wenig Haar wie er hatte, dann wurde die Verteilung über den Kopf zu einem logistischen Problem. Er beschloss, heroisch zu sein, und bat den Barbier Süleyman Bey, das Haar so kurz wie möglich zu schneiden. Der muntere Süleyman, so an die Vierzig, hatte eine Reihe von Jahren in Genf gearbeitet, sprach gebrochenes Französisch und neigte zu Auslassungen über die Potenz ihm bekannter Männer. Die Wände seines winzigen Friseurladens – zwei Stühle, zwei Spiegel – auf der Hauptstraße waren mit weltlichen Atatürks dekoriert, auf der Fensterbank stellten Stapel von zerlesenen alten und neuen Illustrierten vorzugsweise kleiderlose Mädchen zur Schau. Dem Reinhold gefiel Süleymans Werk. In seinen kalifornischen Tagen hatte er das Haar mit Stolz sehr lang getragen, doch inzwischen hatte die Zeit sich als unnachsichtigen Barbier erwiesen. Sein Mut wurde gestärkt, wenn er sich erinnerte, dass junge Frauen ihm auf der Universität gesagt hatten, sein kurzes, weißes Haar stünde ihm. Kurz ließe ihn jünger aussehen. Es ließe ihn, nach amerikanischem Sprachgebrauch, great aussehen, Reinhold the Great. Was seine Schönheit anging, so betrog er sich selbst, das arme Schaf. Er sah einen Augenblick gedankenvoll drein, was, wie ihm auch eine viel jüngere Frau gesagt hatte, seinen Zügen einen anziehend melancholischen Ton verlieh. Schmeichelhaft, doch irreführend: Es war nur die Anstrengung des Nachdenkens. Sollte er eigentlich nicht an einem ganz anderen Tag auf der Fahrt nach Izmir sein? »Schon gut, schon gut«, murrte er, »ich sitze wieder im Bus.«

Einfahrt nach Izmir

Kurz hinter Menemen war die Landschaft immer noch freundlich. Der Bus fuhr durch ebenes Land, vorbei an Baumwollfeldern, Obstgärten, doch bald begannen die Vorstädte Izmirs; ein riesiger städtischer Auswuchs hieß Ciğli; er bot dem Betrachter im Bus eine Mischung des Modernen und des Ländlichen. Linkerseits Berghänge aus nacktem, roten Lehm, Ziegen angepflockt auf Grasnarben, einige wenige verstreute Schafe, vom Regen aufgeweichter Boden, alte verfallene Hütten, Polizeiwachen, ein Gefängnis. Immer öfters jedoch fiel sein Blick auf Dutzende neuer, hoher Apartmentblöcke, bezugsfertig oder im Bau, das Erdgeschoss bestimmt für kleine Läden. Entlang der Straße, die nun eine Art von vierspuriger Autobahn war, standen Möbelgeschäfte, ein verlorenes Hotel – Wer in aller Welt wollte eine Nacht in Ciğli zubringen? – vor dem ein zweisprachiges Schild einen Night Külüb ankündigte, eine endlose Anreihung von Tankstellen und Supermärkten. Er sah brandneue Moscheen aus Beton, alle nach einem einzigen Bauplan errichtet, welcher persische und osmanische Architekturelemente so vereinte, dass eine möglichst monotone Wirkung erzielt wurde. Die armen Leute in der Nachbarschaft hatten kein Geld, um die Moscheen zu bauen; das Geld für diese Beleidigungen des Auges kam ganz offensichtlich anderswoher, aus dem Ausland. Im 19. Jahrhundert, fiel ihm ein, hatten in Großbritannien die Mitglieder der Kirchenkommission ähnliche Methoden angewandt: Auftragsbücher mit fertigen Bauplänen hatten den billigen Bau von Kirchen in allen Größen und im neugotischen Stil ermöglicht. Die Hässlichkeit der Kirchen war gleichermaßen bemerkenswert wie die der Moscheen. Zeigten die modernen Teile Ciğlis einen neuen und wachsenden Wohlstand an, oder gehörten sie, wie türkische Freunde behaupteten, nur zu einer wirtschaftlichen Seifenblase, welche bald platzen würde? Er wusste es nicht und wünschte, um der einfachen Türken willen, denen er sich verbunden fühlte, dass die Wirtschaft des Landes tatsächlich einen Aufschwung nähme.

Als Ciğli in das eigentliche Izmir überging, fielen alte Schwären ins Auge: Dutzende von Autoreparaturwerkstätten; einige von ihnen machten Reklame für speziellen Service: Glasreparatur, Bremsenreparatur, Blechreparatur, Reparatur der Elektrik, Reifenreparatur. Fürwahr, die Besitzer der allerkleinsten und zerfallensten Schuppen hielten mit Liebe an der Fiktion fest, dass sie offizielle Vertragshändler für Mercedes, BMW und andere Luxuskarossen seien. Allerorts in der Türkei musste ein den Mercedes-Service ankündigendes Schild seinem wenig wohlhabenden Besitzer über die Maßen Genugtuung bereiten. Man sollte es verstehen als Ausdruck seines Verlangens und seiner Träume und als etwas, das keine irgend denkbare Verknüpfung mit der wahren Welt der Automobile hat. Daneben gab es kleine Esslokale, kleine, gedrängt volle Apotheken, einige etwas von der Straße zurückgesetzt gebaute Krankenhausgebäude. Patienten in grauen Schlafanzügen standen im Freien umher und sprachen mit ihren Angehörigen. Die Bürgersteige quollen über von einer hastenden, ärmlich gekleideten Menge; junge Männer eilten entgegen der Ampelregelung über die Straße; die Luft war erfüllt vom Hupenlärm der Wagen, Lastwagen, Tankwagen, Überlandbusse, der Minibusse auf ihrer Tour nach Izmir oder Karşyaka, der ehemals vornehmen Vorstadt am Golf. Karşyakas Hochhäuser schnitten rechterhand den Horizont ab. Zur Linken kletterten die schäbigen Häuser von Altizmir einen steilen, schlüpfrigen Hang hoch. Die Moscheen der armen Leute tendierten, wie angedeutet, ebenfalls zur Schäbigkeit; die Minarette bestanden aus grün gestrichenem Aluminiumblech, sie waren behangen mit nachts grün flimmernden Ketten von Neonbirnen; funkelnde grüne Halbmonde und Sterne krönten ganze Ensembles. Vorbei an einem Reparaturdock der Marine und rostenden Schiffsrümpfen, vorbei an nagelneuen Yachten, die noch auf dem Gelände der Reederei standen, glitt der Bus hinunter zum Meer, hinweg über eine Parzelle schlammiger Sümpfe, welche jahrzehntelang gestunken hatten wie kein anderer Strand, dem er jemals begegnet war. Das ölige Wasser des Golfs vermischte sich früher mit den Abwässern der örtlichen Gerbereien, kein Fisch lebte hier, die kreischenden Möwen, nahm er an, ernährten sich von einer Diät von toten Ratten. Jetzt hing ein schwächerer Gestank in der Luft; man hatte die Sümpfe trockengelegt und einen Volkspark gebaut, Bänke, schmale Rasenflächen, Spielfelder für Volleyball. Der Park trug Turgut Özals Namen.

Özal, ein kleiner, rundlicher Mann, war als Premierminister sowohl ein liberaler Wirtschaftsreformer als auch ein religiöser Traditionalist gewesen. Während seiner Amtszeit war er nach Mekka gepilgert. Eines Tages brach er aufgrund seines Übergewichts und eines schwachen Herzens zusammen. Reinhold war am Tag seines Todes in Alanya; die Menschen auf der Straße sahen geschockt aus und weinten heftig in die Fernsehkameras; die Polizei fuhr Streifenwagen durch die Stadt und bellte unentwegt durch Lautsprecher. Was denn? Nachrichten? Befehle? Aufrufe? Vielleicht wollten sie etwas halbwegs Patriotisches tun. Wie die Restaurantbesitzer, welche ihr Gefühl eines nationalen Verlustes damit ausdrückten, dass sie sich weigerten, den Touristen alkoholische Getränke zu verkaufen. Reinhold, unter keiner Verpflichtung, um Özal zu trauern, sicherte sich schließlich eine kleine Flasche Raki, die er auf den Tisch stellen durfte, solange sie in eine braune Papiertüte eingewickelt blieb. Der Bus schwang sich über einen Irrgarten von Autobahnbrücken hinein in den Busbahnhof von Izmir und allgemeines Tohuwabohu. Er fand das Büro der Busgesellschaft Mersin Seyahat, wartete anderthalb Stunden und stieg in einen sauber glänzenden Mercedes-Bus. Pünktlich um sieben Uhr kroch der Bus langsam und majestätisch aus dem Bahnhof. Ungefähr vierzehn Stunden durch die Nacht, in einem übervollen Bus, lagen vor ihm.

Nächtliches Anatolien

Izmir erstreckte sich längs der Straße nach Afyon viele Kilometer tiefer ins Land, als er von früheren Reisen in Erinnerung hatte. Bornova wurde schnell auf einer Hochbrücke passiert. Im 19. Jahrhundert war es ein lieblich gelegenes Dorf gewesen, in dem die Kaufherren der Levante und die ausländischen Konsuln in Smyrna ihre Sommervillen erbaut hatten. Die grauen Betonbauten der Ege Universität glitten vorbei, dann hell erleuchtete, modernistische Möbelfabriken, Automobil-Ausstellungsräume, Verkaufsräume von Kleiderfabriken, später, am Fuß der Berge, Steinbrüche und Zementfabriken, zuletzt der wohlvertraute Mischmasch von Tankstellen, Eßlokalen, kleinen, trübseligen Städten, Feldern. Die lydische Hauptstadt Sardeis lag in völliger Finsternis. Das Land stieg gegen Anatolien an; die Straße wand sich in Serpentinen durch eine vulkanische Region, welche die Alten Katakekaumene, das ausgebrannte Land, genannt hatten, vorbei an Uşak, dem einst wegen seiner Teppiche berühmten Ort. Um ein Uhr fuhr der Bus in Afyon, der Opiumstadt, ein; Süßigkeitsladen um Süßigkeitsladen säumte die Durchfahrt. Alle Läden hatten grelle Neonbeleuchtung, alle quollen über von Päckchen mit türkischem Honig, jeder Art von Nüssen, klebrigen

Bonbons, kandierten Früchten; alle waren geöffnet und alle waren leer bis auf einen jugendlichen Verkäufer, der, den Kopf auf die Verkaufstheke gelegt, in tiefen Schlaf versunken schien. Der Anblick war von der gleichen Melancholie wie Edward Hoppers Gemälde von Nachtcafés.

Hinter Afyon umhüllte die Dunkelheit der anatolischen Hochebene den Bus erneut. Reinhold döste unruhig vor sich hin, seine Knie schmerzten, sein Rückgrat schmerzte, seine Blase rief dringend nach einem Halt. Der Fahrer, in der marineblauen Uniform eines Flugkapitäns, drei goldene Streifen am Ärmel, steuerte schwungvoll auf einen Hof, der von einer Tankstelle und einem großen Nachtrestaurant begrenzt wurde. Die Restaurants, welche Mersin Seyahat anfuhr, gehörten zu einer Kette und sahen alle gleich aus. Benzinpumpen zur Linken, Restaurant in der Mitte, zur Rechten ein paar Läden, die Obst, Limonadengetränke, Kekse, Bonbons, Schokolade, Würste und rosa Teddybären verkauften, zur äußersten Rechten die Toiletten in einem eigenen Gebäude. Ein solcher Zwischenstopp blieb ihm besonders im Gedächtnis, denn vor dem Restaurant standen zwei antike Meilensteine (die er in »Busreisen durch Anatolien« zu entziffern sucht). Der Ort lag unterhalb des Tauruspasses; der Bus hielt um fünf Uhr morgens. Umgeben von türkischen Frauen, die energisch ihre Zigaretten pafften und zusahen, wie der Bus abgewaschen wurde, prüfte er erneut die schlecht erhaltene lateinische Inschrift auf einem Stein. Dann ging er ins Lokal und aß eine pfeffrige Fleischsuppe, rülpste, bestieg den Bus und fiel keineswegs in einen Schlaf. In den frühen Morgenstunden fuhr der Bus hinab in die kilikische Ebene; die Hostess verteilte Tee, kleine, trockene Obstkuchen und schüttelte zitronenduftendes Eau de Cologne in die aufgehaltenen hohlen Hände der Fahrgäste. Die rieben das Eau de Cologne durchs Gesicht und schnüffelten an den Fingern. Eine graue Morgendämmerung stieg auf; die verschwommenen Berghänge verwandelten sich in braune Felsen; die Reifen des Busses sangen auf dem glatten Asphalt. In Tarsus umkreiste der Bus das einzige antike Monument der Stadt, ein stark restauriertes römisches Stadttor, hielt zwischen gewaltigen Regenpfützen auf dem kleinen Busbahnhof, fuhr weiter vorbei an Fabriken, Raffinerien, Palmen, Docks, zur Arbeit eilenden Männern, seinem erwachenden Ziel entgegen. Mersin Seyahat rollte in den Busbahnhof von Mersin um acht Uhr morgens, auf die Minute pünktlich, nach knapp unter tausend Kilometern. Der Himmel war gelb und bedeckt; die schon schwüle Luft roch nach Regen. Er stieg aus, nahm seinen Reisesack in Empfang, streckte und reckte sich, zitterte vor Müdigkeit und stand da wartend. Der Prorektor hatte versprochen, ihm einen Fahrer zu schicken. Ein junger, ernsthafter Mann umkreiste den einzigen ausländisch aussehenden Fahrgast zweimal und fragte dann: »Schiver?« Reinhold nickte.

Die Erzählung schildert, wie es auf den unendlich lang erscheinenden Busfahrten quer durch Anatolien zugehen kann, zumal nachts. Mit dem Ende der dieser Fahrt endet auch der Bericht. Reinholds Erlebnisse in Mersin, die guten und die nicht so guten, bilden ein weites Feld, von dem spätere Erzählungen über die Stadt ausführlich handeln.

Türkische Zeitungen, Sex und Reinholds Sprachvermögen

Die Skandalzeitungen der Türkei sind zum größten Teil verschwunden angesichts der neuen Sittsamkeit. Doch gehen wir zurück in das Jahr 1994 und zu TAN oder BUGÜN, so vereinfachen diese Blätter die arg verworrenen erotischen Wünsche des Menschengeschlechts auf strikte Weise. Alle Frauen wollen nur das Eine; in der Türkei wollen alle ausländischen Frauen dieses Eine von einheimischen jungen Männern. Folglich wurden die Blätter nicht müde, barbusige Ausländerinnen abzubilden, umgeben von Jünglingen, denen ein dummes Siegeslächeln über die leichten Eroberungen im Gesicht stand. Was die Zeitungen so im Laufe einer Woche einer leichtgläubigen Männerwelt vorführten, summierte sich zu einer Vollversammlung der Vereinten Nackedei-Nationen; jedwedes Land war repräsentiert: Deutsche in Antalya, Französinnen in Bodrum, Engländerinnen in Side und so fort. Aus aller Frauen Länder waren sie hergereist. Australien schickte Starkknochiges, Finnland Zierliches, Russland Langmähniges, Israel Beleibtes. Nahm ein türkischer Einfaltspinsel TAN oder BUGÜN beim prahlerischen Wort, dann konnte die Versuchung, sich der Waren gewalttätig zu bedienen, übermächtig werden. So geschehen bei fünf jungen Männern in Erzurum, welche eine junge Frau aus Aserbeidschan von der Straße weg in ihr Auto zerrten, sie drei Tage lang gefangen hielten und ihr, mit den Worten der Journalisten, »Unziemliches« antaten. Ein Photo zeigte, wie die Fünf vor dem Richter standen. Dunkle Anzüge trugen sie und Krawatten, die Hände vor den Geschlechtsteilen verschränkt, hängende Köpfe. »Jetzt schämen sie sich«, kommentierte BUGÜN die Szene. Wenn nur nicht dieser nachschmeckerische Gesichtsausdruck gewesen wäre.

Ansonsten kam die Boulevardpresse dem simplem Türkisch Reinholds entgegen durch knappe Bildunterschriften und ein schlichtes Vokabular für einfache Sachverhalte: Vielfache Morde, massenhafte Autokarambolagen, Eröffnungen von diesem und jenem, Bekenntnisse von Filmgrößen und Schlagersängern, nachgestellte Photos (in Farbe) von Affären der Schönen und Reichen, schlichteste Comics. So erfuhr er, was die ehemalige Pornodarstellerin und spätere Frauenrechtlerin Müjde Ar über Orgasmen in ihren Filmen zu sagen wusste. BUGÜN belehrte ihn darüber was die glutäugige arabische Ehefrau eines von der englischen Steuerfahndung gesuchten Nordzyprioten (Nadir, der Seltene, lautete der rühmliche Name des unrühmlichen Multimillionärs) über Oliver Hoare ausplauderte, den angeblich einstigen Bettkumpan der Prinzessin Diana: »Yatakta canavar kesilir« – Im Bett verwandelt er sich in ein wildes Tier. Reinhold hat diesen Satz getreulich in seinem Gedächtnis aufbewahrt. Hoare gab vor, Antiquitätenhändler zu sein; dabei ist der Beruf doch wahrlich übel beleumundet genug. Immer öfters sah man in den einschlägigen Gazetten Photos von Löwen und Löwinnen der Gesellschaft, deren Beruf als Antiquitätenhändler verzeichnet wurde. Euphemistisch war die Berufsangabe zu lesen: Hinter ihr verbargen sich, ungeschickt genug, Edelnutten beiderlei Geschlechts, Nichtsnutze, die nichts anderes verstanden, als des lieben Gottes Tage und Nächte und anderer Leute Geld durchzubringen. Speichellecker, und, wie die politische Korrektheit seit jüngstem sie zu nennen vorschreibt, Speichelleckerinnen.

Gleichwohl zog er aus der Lektüre dieser Seltsamkeiten seinen Nutzen und wollte aus TAN unbedingt zwei weitere Sätze memorieren. Sie sprachen die klassische Verlockung Don Giovannis: »Und komm auf mein Schloss mit mir!« auf moderne, doch annähernd gleichsinnige Weise aus. Auf einem Photo sahen sich zwei Mitglieder der jeunesse dorée in die Augen, und man wusste nicht, sprach der Mann zur Frau oder sie zu ihm: »Komm in mein Haus und ich werde dir meine Antiquitäten zeigen!« Das andere Speichelleckerwesen antwortete: »Möchtest du nicht meine Sammlung sehen?« Welches des einen Wesens Antiquitäten waren und was des anderen Sammlung darstellte, erfuhren die Leser nicht. Genug, dass sie als Antiquitätenhändler unbezweifelt einer schönen, neuen Welt angehörten. Reinhold hatte nunmehr aus TAN und BUGÜN drei komplette Sätze entwendet, die ihm in nicht zu ferner Zukunft zu einem türkischen Hemingway reichen würden.

Manisa, Sardeis, Birgi und Gölcük, darunter ein Ausflug mit Rifat

Manisa: Das Museum und seine Sarkophage

Im April 2004 fuhr Reinhold von Foça nach Manisa, zunächst mit dem Bus bis Menemen und weiter mit einem Dolmusch zum Ziel. Er war vor langer Zeit die enge, kurvenreiche, langsame und gefährliche Landstraße nach Manisa mit dem eigenen Wagen gefahren, und sie hatte ihn zum Schwitzen gebracht. Nun befuhr der Dolmusch eine breite, neue Straße, nur wenn er in die Ortschaften abbog, hatte die Ebenmäßigkeit plötzlich ein Ende. In Emiralem, einem von weiten Erdbeerfeldern und Kirschgärten (die dickste Kirschenart heißt Napoleon) umgebenen Ort, und dann in Muradiye holperte der Bus von Loch zu Loch, links und rechts sah man zusammenfallende Lehmhäuser, armselige Verwaltungsgebäude, arme Leute. Wie arm sie waren, zeigte der Brotpreis an. In Foça kostete ein Weißbrot 350 000 TL, umgerechnet 35 Cent, in Muradiye war einmal in einer Bäckerei der Preis von 300 000 TL (30 Cent) angeschlagen, in einer zweiten von nur 200 000 TL (20 Cent). Hier war das Land, dem es wirtschaftlich nicht gut ging, wo man keinen Touristen sah, über welches keine Reportagen in Kunstdruckmagazinen erschienen, und doch: Dies war die wahre ländliche Türkei. In den Orten fuhren so viele Traktoren wie Autos, die Straße lief parallel zur alten eingleisigen Bahnstrecke; die kleinen Bahnhöfe waren, wie die Gleise, von den Deutschen vor dem Ersten Weltkrieg angelegt worden, ordentlich, einander gleichend, wie nach dem Pauspapier gebaut und seither verfallen. Im Dolmusch ging ein dicker Mann mit durchgeschwitztem Hemd durch den Mittelgang und bot jedem Fahrgast mit einem weiten Lächeln aus einer großen Tüte Fettgebackenes an, so etwas wie luftige Berliner könnte man sagen, jeder nahm erfreut ein Teil.

Manisa, in der Antike das Magnesia ad Sipylum, besaß eine ruhmreiche Vergangenheit unter den späten byzantinischen Herrschern, die ihre Residenz im 13. Jahrhundert dorthin verlegt hatten. So Johannes III. Dukas im Jahre 1222, der eine mächtige Zitadelle erbaute. Die Osmanen statteten Manisa mit prächtigen Moscheen und Medressen aus; unter Murad III. war die Stadt im späten 16. Jahrhundert zeitweilige Hauptstadt des Reiches. Die Stadt liegt am Fuß und an den Hängen des Sipylosgebirges, welches drohend steil und dunkel hinter ihr aufragt, eine Kulisse für eine romantische Oper. Auf dem Sipylos erkennt, wer will, eine fast völlig verwitterte Statue der Niobe, wenn die wohl hethitische Figur überhaupt zu identifizieren ist. In der Ebene liegt der moderne Teil, saubere und von Wohlstand sprechende Straßen, Supermärkte, Hochhäuser, ein Park, am Hang die Altstadt.

Auf dem Busbahnhof sprach er einen Herrn in schwarzem Anzug an, wie er denn am schnellsten in das Stadtzentrum komme. Der Herr führte ihn, stellte sich als avukat vor, man redete miteinander; er arbeite in einem Hochhaus auf der zweiten Etage und bitte um seinen Besuch, wenn er Hilfe brauche, oder auch einfach so, ein sehr höflicher, ja ein überaus freundlicher Mann. Reinhold schlenderte durch den Park zu den Hauptmoscheen; es war gerade Gebetszeit, die Männer wuschen an den Brunnen ihre Füße, Besuch musste warten. Auch das Museum hielt über die Mittagszeit geschlossen, er streifte durch die Altstadt, aß einen Kebab, trank Cola, betrachtete den mittelalterlichen Basar, die ärmlichen Läden, die vor ihrer Tür sitzenden und Tee trinkenden Besitzer. An den Waren erkannte man den Basar als einen Ort, zu welchem die Leute aus den umliegenden Dörfern zum Einkauf kamen. Pferdehalfter boten einige Läden an, dicke Hanfseile, Strohbesen, eiserne Hacken und Sicheln, Messer, verzinntes Geschirr, Plastikeimer. Ähnliches war auf dem Markt von Menemen zu sehen. Im Museum, einer um einen Innenhof gebauten einstigen

Suppenküche für islamische Gelehrte, war er der einzige Besucher. Ein uniformierter Wärter begleitete ihn und knipste in den dunklen Räumen vor ihm das Licht an und hinter ihm aus. Zwei Räume zeigten Ethnographisches, Stickereien, Trinkgeschirr, Kleider. Ein Bauernzimmer aus Kula hatte man aufgebaut, schön ländlich, selbst das braune Bakelitradio der Dreißigerjahre. Die ausgestellten antiken Dinge waren nicht sehenswert; die hochbedeutenden farbig bemalten lydischen Sarkophage, deretwegen Reinhold angereist war, standen hinter verschlossenen Türen. Die Direktion hatte den Besuchern den Rundgang eingegrenzt und mehr als die Hälfte der Räume für sich reserviert: Zutritt verboten. Und welcher war der wahre Grund, dass sie auch die Räume mit den Sarkophagen so hartnäckig verschlossen hielt? Später, zurück in Deutschland, erfuhr er, es gebe die Sarkophage überhaupt nicht mehr, jedenfalls nicht im Museum von Manisa. Das von der Direktion des Museums in Uşak gestohlene lydische Gold kam ihm sogleich in Erinnerung.

Ein Tee aus 21 Kräutern

Im Mai 2009 lud Rıfat Monika und Reinhold zu einem Tagesausflug nach Manisa, Sardeis und, jenseits des Tmolosgebirges, dem Dorf Birgi ein. Sollte der Gastgeber sich nicht doch, was die Zahl der Kilometer anging, erheblich überschätzt haben? »Nein«, lächelte der, »ich fahre Hunderte von Kilometern und ein jeder macht mir Spaß.« Durch das Tal des Hermos ging es. Gute Sitte erforderte, an den Ständen vor den vielen Obstfeldern an der Straße anzuhalten und einzukaufen, Kirschen und die unreifen grünen Pflaumen namens erik, die auch reif noch sauer schmecken und als Leckerbissen gelten. Manisa hatte am Sonntag wenig Autoverkehr, nach einigem Suchen fand Rıfat ihr Ziel am Ortsrand, ein Teehaus mit der Adresse: Ayni Ali Çay Bahçesı. Levent Işanlarlar. Kuyualan Mah. In der Nähe erhob sich eine mittelalterliches rundes Mausoleum, eine Türbe,, vor dem Teehaus standen Tische und ein alter zweirädriger, ungefederter Bauernwagen mit langer Deichsel. Der Laderaum war aus Spanten gebaut und glich einer halbierten Tonne, die Räder hatte der Erbauer aus massiven Holzscheiben gesägt. Reinhold kannte solch uralte, von Ochsen gezogene Gefährte aus der Osttürkei; ihre bei der Fahrt schrill quietschenden Räder hatten ihnen den Namen Anatolische Nachtigall eingebracht. Das Teehaus war ehemals ein Versammlungsraum der tanzenden Derwische, der Mevlevi, gewesen; Kelime und Teppiche bedeckten einen großen Raum, an der Tür rechts lagen auf Tabletts Häufchen weißer glimmender Asche, mit denen ein Genießer seine Wasserpfeife anzündete; sechs oder sieben schöne, alte Nargilehs, wie die Pfeifen auf Türkisch heißen, standen in einem Regal. Ein kleines, feines Museum der späten Ottomanen und Kemal Atatürks war dies. An allen Wänden hingen dicht an dicht Photos des großen Mannes, manchmal stand er in Gebetshaltung, mit nach oben geöffneten Händen, warum gab er sich fromm? War er eine Zeitlang fromm gewesen, bis das nicht mehr in seine Politik passte? Umgeben war Atatürk von Fotos der berühmten Gäste des Lokals, von Künstlern und Offizieren. Sie hingen neben ihm, doch werden nicht alle zu seinen nahen Anhängern gezählt haben. Zwischen den Fotos hingen ein Dutzend feiner Kalligraphien mit schrägverlaufender goldglänzender Schrift. Sie gehörten ehemals den tanzenden Derwischen. Hoch an der Wand angebrachte Bretter, auf denen Gläser, Vasen, Wasserpfeifen standen, alle von schönster vielfarbiger Qualität. Gläser waren wie umgedrehte Kelche in Reihen an der Decke befestigt und spendeten buntes Licht. Die Spezialität des Hauses war ein feiner, aus 21 Kräutern aufgegossener Tee. Reinhold hätte immer wieder in dem Teehaus sitzen mögen.

Hinter Manisa sahen sie in der Ferne die Grabhügel von Sardeis, einige so hoch wie kleine Pyramiden. Neu waren die Eintrittsgelder zum Gymnasium und zum Artemistempel. Der Paktolos war ein bloßes Rinnsal, und doch soll der Fluss einst Unmengen von Goldkörnchen aus den Bergen herabgeschwemmt haben, welche die Lyder in Schafsfellen auffingen, ein Widderfell war auch das Goldene Vlies gewesen, das die Argonauten in Kolchis am Schwarzen Meer stahlen. Der Tag wurde recht heiß und auf der Weiterfahrt überhitzte sich der Motor; ein Gummischlauch war gebrochen. Bis zu einer Tankstelle hielt der Motor noch, dann kramte Rıfat in seinem Gepäckraum und reparierte auf Vorschlag Monikas den Schlauch mit einem Plastikbecher und Nylonstrümpfen, Wundpflaster hielt das alles zusammen. Eine sehr brüchige Angelegenheit, dachte Reinhold und ängstigte sich wegen eines Abbruchs der Fahrt. Doch Rıfat und Monika waren voller Zuversicht, die Reparatur werde halten. Sie tats. Reinhold zweifelte weiterhin an der geglückten Reparatur des Gummischlauches, weil er von Technischem so gut wie gar nichts verstand. Pannen schlugen ihm gewaltig auf den Magen.

Der Gölcük See und in Birgi: Die Moschee und der Holzpalast

Immerhin fuhren sie weiter, auf engen, kurvenreichen Strassen über den Bozdağ Pass zu dem Gölcük See in tausend Metern Höhe. Beliebt sollte das Gewässer sein wie auch seine Wiesen als Ausflugs- und Picknickplätze, und so war es auch. Einen Strand hatte der See nicht, sein Wasser war schlammig, die Ufer breit mit Schilfgürteln bestanden; auf den Wiesen standen Holzkohlengrille und Tische, Familien saßen umher, die Väter kümmerten sich um die Lammspieße, einige versuchten sich im Angeln, im See lebten nur Welse geringer Qualität. Das vornehmste Hotel am Ort war ein altes, hölzernes, Prenses geheißen. Sauber und unter der Woche sehr ruhig sollte es sein. Rıfat verbrachte mit seinen Freunden gelegentlich dort ein Wochenende mit Bridgespielen.

Birgi war ein Großdorf von durchaus malerischer Qualität. Ein zimmerreicher Landsitz, ein Konak, 1761 von Çakır Ağa, einem der lokalen Großgrundbesitzer, einem derebey, erbaut, war prächtig restauriert worden und diente als Museum. Das dreistöckige Gebäude war an einem Hang gelegen; gemauert hatte man nur den untersten Stock, die beiden oberen bestanden aus Gipswänden und sehr zerbrechlichem Lattenwerk; der Wächter ließ nur eine sehr beschränkte Zahl von Touristen durch die Räume streifen, denn enorm fette alte Frauen stellten den Löwinnenanteil der Besucher. Die Frauen fassten alles und jedes an, auch die ausgedehnten Wandmalereien in zarten Farben, welche zumeist Ölzweige und blaue und grüne Früchte abbildeten. Die Angewohnheit, alles, auf dem Markt vor allem Obst und Gemüse, anzufassen, umzudrehen, noch mal anzufassen, schließlich zurückzulegen, haben viele Türkinnen aus ihrer Heimat mit in die Bundesrepublik gebracht. Ein Raum zeigte ein sehr ländliches Panorama von Izmir, ein anderer eines von Istanbul. Die Panoramen waren datierbar durch die Existenz oder das Fehlen von ihrerseits datierbaren Gebäuden in den Städten; die Bilder entstammten dem 19. Jahrhundert. In einem Raum lagen Küchengeräte, die Küche war die einzige, in der Reinhold je einen Kaffeekühler erblickt hat. Man ging durch Schlafzimmer für die Gäste und im Mitteltrakt das für den Hausherrn. Unten fanden sich Ställe und ein Raum, in dem man Obst trocknete. Im Innenhof lagerten eine erstaunliche Anzahl byzantinischer Marmortafeln, anderseits war dies nicht derart erstaunlich, da der Ortsname Birgi mit spätgriechisch Pyrgion verwandt ist, was wiederum mit burç, der Burgturm, zusammenhängt und auf einen wohlhabenden und befestigten byzantinischen Ort deutet. Neben dem Landsitz stand ein charmantes Kaffeehaus, das in ein kleines ländliches Museum verwandelt worden war, man sah Küchengeräte, Glas, Kupfer, Kelime, Radios aus den 30er Jahren, kleine gestickte Geldbörsen. Das Cafe war überfüllt und servierte vorzüglichen Kaffee. Fast hätte Reinhold die Große Moscheee, die Ulu Camı, aus dem 14. Jahrhundert vergessen, deren Innenraum durch einen Wald römischer Säulen gestützt wurde und eine prächtig geschnitzte Kanzel besaß. Der Imam, ein überaus freundlicher Mann, erklärte den Gästen die astrologischen Zeichen an den Kanzelwänden, die noch vor Galilei das Universum beschrieben hätten, und war hocherfreut, als ein Ausländer eifrig bei der Diskussion (mit Hilfe des Dolmetschers Rıfat) mithielt. Und zum Schluss: Monika kaufte auf dem Moscheenplatz, im Hintergrund sah man die verfallenen Kuppeln alter osmanischer Bäder, den preiswertesten Pfannkuchen mit Kräutern, den sie je gegessen hatte.

Menemen

Der Wochenmarkt

Auf der großen Straße von Çanakkale nach Izmir sah man noch Reste der ländlichen Türkei, bevor die Satellitensiedlungen Izmirs die Landschaft überwucherten. Die Stadt Menemen hat Reinhold mit dem Bus oft besucht, da dort auf dem Wochenmarkt niedrigere Preise galten als in Foça, insbesondere für den Fisch. Die Stadt war einfach nur trostlos bis auf eine Pizzeria, die sein Pensionsbesitzer Ekrem kannte. Entlang der Durchgangsstraße nach Izmir standen ein Dutzend Schuppen, die Aberhunderte irdener Krüge und Töpfe anboten; einige davon in der buckeligen Form und Machart ihrer prähistorischen Ahnen. Ihre Schlichtheit fiel angenehm ins Auge, doch nie hatte, so schien es, jemand gesehen, wie einer Töpfe und Krüge kaufte. Daneben gab es aus Schilf geflochtene und in den scheußlichsten Mustern bemalte Körbe und Matten. Die Keramikläden, nur diese allein, bildeten den ästhetischen Höhepunkt Menemens. Man ging vom Busbahnhof in die Stadt über einen Kanal; eine Brücke überspannte ihn, die aus schwarzem Schlamm gebaut schien, und der nahm kein Ende. Zur Rechten bedeckte er den Boden eines gewaltigen Marktes im Freien, auf dem die Dorfbewohner am Dienstag ihre Einkäufe tätigten. Die Männer trugen Turbane oder flache Filzmützen oder runde, wollene Schädelkäppchen, die, wenn weiß, anzeigten, dass ihr Träger die einem frommen Moslem vorgeschriebene Pilgerreise nach Mekka gemacht hatte. Die Frauen teilten sich in zwei Gruppen, die eine so auffällig wie möglich gekleidet, die andere so unauffällig wie möglich. Die in Tarnkleidung kamen in braunen Schuhen, beigen Strümpfen, langen, beigen Übermänteln und mausfarbenen Kopftüchern. Die zweite Partei war herausgeputzt mit vielen und vielfarbigen Kleidungsstücken, Sandalen, knöchellangen, ausbauschenden Hosen aus billigem, dünnen Material oder mit langen Röcken, Blusen, Westen, Jacken, alle in lebhaftesten Farben, die Kopftücher oft von schneeigem Weiß. Nur sehr wenige Frauen trugen lange, schwarze Gewänder und schwarze Schleier. Konnte es sein, dass die unauffälligen Frauen eher nach Menemen und seinen Vororten gehörten, während die bunte Schar wie eine letzte ländliche Erinnerung an osmanischen Glanz aus den entfernt gelegenen Dörfern kam und noch die Farbenfreude von Turkmenen oder Zigeunern in sich trug? Die Männer neigten zur Magerkeit und waren, wenn ältlich, niedergebeugt von der Gicht; die meisten ältlichen Frauen waren, um die unfreundliche Wahrheit zu sagen, griesgrämig, enorm beleibt und watschelten. Sehr viele junge, einkaufswillige Frauen watschelten auch, doch ein zufriedenes Glück schien aus ihren Augen; sie waren sichtbar hochschwanger. Reinhold hatte das schlichte, ehrliche Glück junger türkischer Mütter oft bewundert. Er hatte sich allerdings skeptisch gefragt, wie lange dieses Glück dauern würde, wenn die Kinder erwachsen wären und die reifen Jahre über die jungen Mütter gekommen wären.

Der Platz teilte sich, wie auch andere Märkte, in einen Bereich für Gemüse, Obst und Fisch und in einen anderen für Kleider, Schuhe und Textilien aller Art. Reinhold bestaunte aufs Neue den schieren Überfluss an Obst und Gemüsen, wie frisch und relativ billig das alles war. Er ging gerne zwischen den Spezereiständen umher, wo die Düfte von Gewürzen, deren Namen er damals ebenso wenig kannte wie ihren Gebrauch, seine Nase erfreuten. In dem Kleiderbereich stöberten Dorffrauen an Ständen, welche Unterbekleidung und Büstenhalter verkauften, die ihren ausladenden Bedürfnissen angemessen waren. Andere Stände boten Dinge feil, die Marktstände überall in Anatolien feilbieten: Maschinengewebte Teppiche, Vorhänge, Kleiderstoffe, alles in bunten Farben, Socken, die Plastikvarietät von Schuhen, imitierte Lacoste Hemden, imitierte Adidas Turnschuhe, imitierte Camel Jacken, imitierte Pariser Parfüms, imitierte

Schweizer Uhren. An den Rand des Marktes gedrängte Stände handelten immer noch mit den bäuerlichen Werkzeugen früherer Jahrzehnte: Hacken, Sicheln, Hammerköpfen, Seilen, Pferdegeschirren. Dunkle und staubige Geschäfte in den anliegenden Straßen offerierten Ware en gros: Kunstdünger, große Säcke Salz oder Baumwolle, große Kanister Olivenöl oder Motorenöl, Traktorenbatterien, Ersatzteile für landwirtschaftliche Fahrzeuge. Touristikunternehmen führen gerne ihre Kunden auf Märkte, weil sie so malerisch seien. Die Ausländer lassen ihre Kameras kreisen. Ein einziger scharfer Blick auf die schäbige Qualität der Textilien und Lederwaren würde die Szene um einiges weniger anziehend machen. Diese Waren mögen für Ausländer billig sein, für die Landbewohner sind sie es nicht. Die malerische Qualität der Szene würde ebenso verschwinden, wenn die Touristen sich bequemten, die zum Verkauf angebotenen Tiere zu betrachten, Singvögel, Wachteln, Küken und Welpen in winzigen Holzkäfigen, Hähne und Hühner, lebendig in Bündeln zusammengebunden und den ganzen Tag ihrem vergeblichen Befreiungskampf überlassen. So stellte sich der ländliche Markt zu Menemen dar. Was er zeigt, sind die charakteristischen Strukturen vieler Märkte auf dem Land.

Alaşehir

Reinhold trinkt Raki unter trinkfesten und freundlichen Türken, während das Fernsehen ein Fußballspiel zeigt

Alaşehir gehörte zu den hellenistischen Stadtgründungen. Attalos II. von Pergamon (159-138) oder, wie neuerdings vermutet wird, Antiochos I. (280-261) erbaute die Stadt und siedelte eine makedonische Kolonie an. Bekannt jedoch wurde Philadelphia, wie der Ort in der Antike hieß, erst durch das frühe Christentum, denn er war eine der sieben Städte Kleinasiens, an deren Engel sich der Verfasser der Apokalypse wendet. Der überschreibt seinen Sendbrief zwar mit Johannes, der Diener Gottes, doch ist diese Selbstidentifizierung überaus fragwürdig. Die Wissenschaft weiß nicht, wie er hieß, woher er kam, allenfalls vermutet sie eine ausgebreitete Bildung und eine Tätigkeit um 81-96, der Regierungszeit des Kaisers Domitian. Was die antiken Ruinen der Stadt anging, so stand es um sie nicht gut. Erhalten sind einige spärliche Reste der einst umfänglichen Stadtmauer. Es gab also eigentlich keinen Grund, warum Reinhold und Friedrich im April 1991 dort hätten übernachten sollen, außer dass Alaşehir am Ende der ersten Etappe einer Reise von Eski Foça nach Aizanoi lag. Ein Hotel zu finden war nicht schwierig, wohl aber, ein oder zwei Glas Bier nach einem heißen und staubigen Tag zu trinken, Bier, dem sie den treffenden Namen »Stützbier« verliehen hatten. Mit Stützbier war es in den Lokalen der frommen Stadt Essig. Der Mann in der Rezeption ihres Hotels flüsterte ihnen jedoch einen guten Rat ins Ohr: »Geht in das Sportkasino, dort könnt ihr heute Abend das Fußballspiel Trabzon Spor gegen Beşiktas Istanbul ansehen und so viel Alkohol trinken, wie ihr wollt.« Wohl geraten, schnell getan.

Sie traten in den Versammlungsraum des Kasinos ein und blickten auf Dutzende von Männern, eine blaue Dunstwolke von Zigarettenrauch schwebte über ihren Köpfen, alle hatten ihr Jackett abgelegt und die Krawatte gelockert, vor allen stand Raki oder Bier. Frauen fehlten. Die Menge brach immer wieder in Anfeuerungsrufe und Enttäuschungsschreie aus. Aller Augen hingen an einem überdimensionalen Fernsehschirm, auf dem das Spiel ablief. Die beiden Ausländer setzten sich an einen der hinteren Tische und bestellten Raki. Offensichtlich war das Kasino keine Touristenattraktion, denn zu ihnen, den hier seltenen Vögeln, drehten sich sogleich mehrere Männer um und lächelten. In der Halbzeitpause trat ein beleibter Herr an ihren Tisch, fragte freundlich nach dem Woher und Wohin, gab sich als Bürgermeister der Stadt zu erkennen und stellte, bevor das Spiel wieder begann, die entscheidende Frage: »Zu wem haltet ihr?« Friedrich hatte vom türkischen Fußball keinerlei Ahnung, Reinhold wusste wenigstens, dass Beşiktas der Favorit war, entschied sich aber für Trabzon, den Außenseiter: recht und richtig geraten. Bürgermeister und Freunde lächelten, einige klatschten sogar, der beleibte Mann ging an seinen Tisch zurück. Eine Minute später stand auf ihrem Tisch eine kleine Flasche Raki, ein Gastgeschenk des Stadtoberhauptes. In den frühen Neunzigerjahren waren solche kleinen Gastgeschenke nicht selten. Reinhold bedankte sich, indem er halb ernsthaft (wegen der erwiesenen Gastfreundschaft), halb spaßhaft (wegen der eigenen gründlichen Unkenntnis) mitklatschte, bei einem Tor Trabzons »Gol« schrie, aufstand und die Arme schwenkte. Friedrich konnte sich vor Lachen nicht halten. Trabzon gewann 3:1. Bleibt zu berichten, dass die beiden, vom Raki benebelt, ihre Jacketts zurückließen, Reinhold seine Brieftasche, Friedrich den Pass. Am nächsten Morgen eilten sie, ängstlich und besorgt, zum Kasino. Die Kellner warteten schon und streckten ihnen Jacketts, Pass und Brieftasche entgegen.

Sardeis und Uşak

Der Paktolos, Ruinen, Feldteufel und ein Herzchirurg

Sardeis: Der goldführende Paktolos und der Goldrausch in Kalifornien

»Das war früher«, behauptet Reinhold. Es wird jedoch 1974 gewesen sein, als er mit seiner Freundin Martina im VW durch die Westtürkei reiste. Von Izmir waren sie losgefahren und wollten Sardeis, die Hauptstadt der lydischen Könige, besichtigen. Vor dem Dorf Sart Mustafa, das die Erinnerung an den antiken Ortsnamen in sich trägt, bogen sie rechts ab und hielten in einem pappelbestandenen Tal zu Füßen des zerklüfteten Tmolosgebirges. Der Fluss Paktolos strömte dort rasch, kühl und klar dahin. Die blumenübersäten Uferwiesen luden wie ein verzauberter Ort zum Verweilen und zu Phantasiebildern ein. Der Paktolos war einst ein goldführender Fluss gewesen; die lydischen Könige hatten das kostbare Metall auswaschen lassen und waren darüber reich geworden. Zu unguter Letzt hatte sich der König Kroisos mit dem persischen Großkönig Kyros angelegt und war 547 v. Chr. vernichtend aufs Haupt geschlagen worden. Traurig, aber lange her. Die beiden Reisenden breiteten eine Decke auf der einsamen Wiese aus, picknickten und Martina legte, maßvoll, Kleidungsstücke ab, um das weibliche Ritual der Sonnenanbetung zu vollziehen. Reinhold, der es hasst, regungslos und untätig in der Sonne zu liegen, und sei es auch nur für drei Minuten, watete in den flachen Fluss und spähte ins Wasser. Vielleicht entdeckte er ja doch ein Goldkörnchen im feinen Sand.

In seiner Fantasie sah er sich in dem fernen Kalifornien und dem Goldrausch des Jahres 1849 und brummelte vor sich hin: »In the days of old, in the days of gold, in the days of ‚49.« Er musste damals ein Goldwäscher gewesen sein mit Bart, breitkrempigem Hut und Waschpfanne. Martina war seine Lagerbraut, deren schlanke Figur und kleinen Brüste allabendlich finstere Gesellen anzogen. Er saß dann, die Whiskyflasche in der einen und den Colt in der andern Hand, vor dem Zelteingang und verteidigte sein erotisches Besitztum. Ab und an befielen ihn Zweifel, ob sich das lohne. Immerhin hatte ihm Pistol Pete für den Besitz oder selbst nur die zeitweilige Ausleihe der Martina ein daumengroßes Goldnugget angeboten. Martina würde schreien, beißen und treten, doch nicht gewaltig lange. Zudem könnte er ihr für ihre Dienste ja auch ein sehr kleines Nugget zustecken. »Nuggets are a girl's best friend«, sang er unharmonisch vor sich hin.

Das Tal des Paktolos atmete Einsamkeit und Frieden, ein paar streunende Hunde blieben angelegentlich stehen, hoben den Kopf und äugten zu der leichtbekleideten Martina und dem bärtigen Mann im Wasser hinüber; die Sonne tat ihren Dienst und schien; der Fluss gluckerte zwischen den Felsbrocken, an Goldkörnchen fand sich kein einziges. Sie schlenderten zu den Ruinen des gewaltigen Artemistempels, dessen Säulen und Kapitelle so viel Geld verschlangen, dass der Bau nie völlig vollendet wurde. Begonnen hatte man ihn zu Alexanders Zeiten um 334 v. Chr.; die Seleukiden ließen ihn dann umbauen, kamen aber auch nicht voran, weil sie, so legte Reinhold es seiner Freundin dar, zu sehr damit beschäftigt waren, sich gegenseitig abzuschlachten oder zu vergiften, der Sohn den Vater, die Mutter, Brüder und Schwestern, die Mutter den Ehemann und, wenn leicht verärgert, die eigenen Kinder. Einen dritten architektonischen Anlauf machte der römische Kaiser Antoninus Pius, ein Mann des Friedens und Förderer der kleinasiatischen Städte, um 150 n. Chr. Heutzutage sah man vom Tempel nur den mächtigen Unterbau und einige Säulenstümpfe; zwei Säulen trugen noch ihr Kapitell; im 19. Jahrhundert standen derer noch drei. Die Kehlung einiger Marmorsäulen war immer noch nicht ausgearbeitet und das Muster einiger Basen nur teilweise. In der Nähe stand ein frühchristliches Kirchlein, dessen kleine, doch gut geformte Architekturformen sich wegen ihrer Intimität wohltuend von dem protzigen Riesenbau des Tempels abhoben. Reinhold bekannte, antike Grundmauern und Säulenbasen würden ihn keineswegs zu Bildern seiner Phantasie inspirieren, auf denen die Gebäude vollendet und vollständig prangten. Mochte sein, dass seine bildliche Einbildungskraft unterentwickelt oder verarmt war; sie entzündete sich jedenfalls leichter und lebhafter an den geringen Dingen des antiken Alltags, an Grabsteinen, Figürchen von Menschen und Tieren, Töpfen und Tellern, Kinderspielzeug, Münzen. Der kalte Marmor, in Gestalt von Triumphbögen, Theatern, barocken Säulenhallen ließ ihn vergleichsweise kalt.

Antike Säulen und alttestamentliche Feldteufel

In den Neunzigerjahren sollte ihn die Frage beschäftigen, wie in früheren Jahrhunderten europäische Reisende die Mischung von Heidnischem und Christlichem auf dem weit gezogenen Ruinenfeld des antiken Sardeis nach ihrer Fasson gedeutet hatten. In den Siebzigerjahren kannte er die meisten Reisenden noch nicht, was uns freilich nicht hindert, sein zukünftiges Wissen ein wenig hervorzukramen. Neben Ephesos, Smyrna, Pergamon, Thyateira, Philadelphia und Laodikeia war Sardeis eine der Sieben Kirchen der Geheimen Offenbarung Johannis gewesen, doch Gott hatte sich von ihr abgewandt, da sie sich von ihm abgewandt hatte. Für biblische Reisende des 16. bis 19. Jahrhunderts, das heißt solchen, die den tatsächlichen und vermeintlichen Spuren der Apostel und der frühen Christen in den Ländern der Bibel nachgingen, hatten die Orte der sieben christlichen Gemeinden eine gruselig schöne Anziehung. Sie legten nämlich Zeugnis ab von der Kraft und Gewalt eines gerechten Gottes, der im Zorn Tempel und Mauern mit schwerer Hand zerschlug, auf dass die Stätte öd und leer werde, eine Zuflucht nur noch für Schakale, Schlangen und Skorpione. Zu ihrer immensen Selbstzufriedenheit waren die biblischen Reisenden sich auch gewiss, warum einst blühende Städte ein Bild der Ruinen und Verödung boten – schuld daran waren die Sünden der Einwohner und ihr Abfall von Gott. Wann immer Sünde, Ruinen und Verödung zu beklagen waren, hatten die Propheten des Alten Testaments ihnen ein Vorbild geboten, vornehmlich Jesaja, Jeremia und Ezechiel. Jesaja ergötzt sich geradezu über die künftigen Ruinen Edoms:

Rohrdommeln und Igel werden es innehaben, Nachteulen und Raben werden daselbst wohnen. Denn ER wird eine Mess-schnur darüber ziehen, dass es wüst werde, und ein Richtblei, dass es öde sei [...] und es wird eine Behausung sein der Schakale und Weide für die Strauße. Da werden untereinander laufen Wüstentiere und wilde Hunde, und ein Feldteufel wird dem andern begegnen.

Ein früher Entdeckungsreisender in Anatolien, Francis Arundell, der anglikanische Geistliche der Levant Company in Izmir, reiste im Jahre 1834 zu den Ruinen von Sardeis. Die Stätte war menschenleer, sie lag in ägyptischer Finsternis, in brütender Einsamkeit; Gott hatte, wie in der Geheimen Offenbarung angekündigt, die Christen geschlagen. In *Discoveries in Asia Minor* (1834) fragt Arundell, wo die Einwohner nun seien und die vielen Grabhügel jenseits des Flusses Hermos antworten ihm: »All dead!« Reisende, denen weltlicher zu Mute war, sahen die Ruinen an als Schauder erregende, erhabene Zeugnisse einstiger Pracht. Der Schauder wurde noch intensiver, wenn zu den Ruinen noch ein nächtliches, von Banditen umgebenes Lagerfeuer oder Blitz und Donner hinzukamen, gleichgültig, ob in der Phantasie oder Realität. Reinhold fand ein hübsches Beispiel für Theaterdonner auf einem Stahlstich des nächtlichen Artemistempels zu Sardeis aus dem Jahre 1835. Der Stich wies das geläufige Inventar der Erhabenheit auf: Tiefschwarzen Wolkendunst, zuckende Blitze, den schroffragenden Tmolos, drei vollständige Tempelsäulen, Ruinen; ein sich aufbäumendes weißes Pferd, die Verkörperung tödlichen Schreckens. Doch wie geriet ein Schimmel, ohne Reiter oder Herde, in ein nächtliches Gewitter zu Sardeis? Er hatte sich verirrt, zweifellos, und das aus der romantischen Malerei. Eine Kopie dieses Stiches hatte Reinhold ebenfalls gefunden. Sie stammte wahrscheinlich aus dem einige Jahre jüngeren *Meyers Conversationslexicon*. Meyers ging, wie es sich für ein braves deutsches Lexikon schickte, entschieden unromantisch vor. Es retuschierte das sich aufbäumende Pferd und damit ein tragendes Element der Erhabenheit der sardischen Ruinenszene schlicht weg. Am meisten bewunderte Reinhold Hölderlin, der, selbst nie in Italien oder Griechenland gewesen, im Hyperion (1797-99) eine Beschreibung von Sardeis gibt, die offenkundig auf Reiseberichte zurückgeht. Die Ruinen – Hölderlins Gewährsmann sah noch fünf Tempelsäulen – sind dem Dichter nicht viel mehr als lyrische Staffage, Anlässe zur elegischen Gestimmtheit eines der Vergangenheit zugewandten Auges. Das Prinzip Hoffnung und der Blick in eine künftige Freiheit Griechenlands hatten seinen Wohnort nicht unter den Ruinen, sondern im freien Äther des Tmolus:

> Aus der Ebne von Sardeis kam ich durch die Felsenwände des Tmolus herauf. Ich hatt am Fuße des Berges übernachtet in einer freundlichen Hütte, unter Myrten, unter den Düften des Ladanstrauches, wo in der goldnen Flut des Paktolus die Schwäne mir zur Seite spielten, wo ein alter Tempel der Cybele aus den Ulmen hervor, wie ein schüchterner Geist, ins helle Mondlicht blickte. Fünf liebliche Säulen trauerten über den Schutt, und ein königlich Portal lag niedergestürzt zu ihren Füßen.

Uşak: Ein Herzchirurg kauft einen Kelim

Über all dem Nachsinnen war es später Nachmittag geworden. Sie fuhren weiter, an dem weit ausladenden Gebäudekomplex von Gymnasium und Synagoge vorbei, der von amerikanischen Archäologen unter der Leitung George Maxim Anossov Hanfmanns wiederaufgebaut wurde, doch, gottlob, am heutigen Tage geschlossen war. Die Straße stieg in ein wüstes, einstmals vulkanisches Gelände, das die Alten die Katakekaumene genannt hatten, das Verbrannte Land. Als sie in die Hauptstraße von Uşak einbogen, um für die Nacht ein Hotel zu suchen, war die frühe Dunkelheit schon über sie gekommen. Uşak hatte damals, sagt jedenfalls seine Erinnerung, nur ein Hotel, groß, schäbig, billig, die Zimmer ausgestattet mit den üblichen unverputzten Betonwänden und der ebenso üblichen schummerigen Beleuchtung durch eine einsame, grün, rot oder gelb gefärbte Birne von 25 Watt. Das Restaurant des Hotels war geschlossen und so aßen sie, auf den militärisch graubraunen Bettdecken hockend, einige Apfelsinen und paar Stücke Schokolade. Martina brauchte Aspirintabletten; aus dem Fenster sahen sie eine hell erleuchtete Apotheke just gegenüber und zogen los. Der Apotheker, ein großer, fülliger, älterer grauhaariger Mann begrüßte sie in ausgezeichnetem Englisch mit starkem amerikanischem Einschlag. Mit dem Kauf von Aspirin war es nicht abgetan, ein Kaffee musste getrunken werden, dem Apotheker wurde der Abend offensichtlich ebenso lang wie Martina und Reinhold, und eine Unterhaltung würde allen die Zeit verkürzen. Als der Mann hörte, sie hätten noch nicht zu Abend gegessen, ließ er warme, in Öl gedünstete Auberginen, Zwiebeln und Fladenbrot kommen und, bei Allah, eine Flasche Rotwein. Der kräftige, trockene Wein, dazu eine Zigarre, machte ihn gesprächig, und er breitete einen Teil seines Lebens aus. Er stammte aus der angesehensten und reichsten Familie der Stadt, Großgrundbesitzer war er und bebaute seine eigenen Weinberge, von denen auch der Wein auf dem Tisch stammte. Für Uşak war er der Abgeordnete in der türkischen Großen Nationalversammlung gewesen, doch damit nicht genug der Merkwürdigkeiten. Er zeigte auf medizinische Diplome an der Wand hinter ihm, die einen jungen, schlanken, ihm vom Gesichtsbau ähnlichen Arzt darstellten. Das sei er selbst, Dr. med. Alaettin Ergönenc, an amerikanischen Kliniken, an denen er als Herzchirurg gearbeitet habe. Im reifen Alter werde die Hand eines Chirurgen unsicher, und so habe er sich nach der ärztlichen Laufbahn lange Jahre der Politik zugewandt, was bei dem Reichtum und dem Ansehen seiner Familie fast eine Pflicht gewesen sei, und sich endlich in die Apotheke zurückgezogen, diese sei nur noch ein Zeitvertreib und Altenteil. Martina und Reinhold hörten gefesselt diesem wahren Grandseigneur in einer ziemlich elenden Landstadt zu und versprachen, am nächsten Morgen mit ihm zu frühstücken.

Gesagt, getan; beim Frühstück bat der einstige Herzchirurg ihn dringend, ihm aus Deutschland spezielle orthopädische Strümpfe zu schicken, welche gegen die Thrombose helfen sollten, an der seine Frau litt. Schon seltsam, dass ein Mann, der den medizinischen Fortschritt an amerikanischen Universitäten gekannt hatte und dessen Reichtum außer Frage stand, durch die ärmliche einheimische Versorgung in medizinischen Dingen gezwungen wurde, einen Fremden mit solcher Bitte anzugehen. Der Fremde erfüllte, in die Heimat zurückgekehrt, alsbald den Wunsch. Jetzt aber nahm man, unter der gegenseitigen Versicherung der Hochschätzung, einen sehr höflichen Abschied, dann zogen die beiden in ein Teppichgeschäft, um die Bestände an alten Kelims zu mustern. Teppiche sahen sie sich in der Türkei nicht an, weil sie Reinhold einerseits zu teuer waren und er anderseits zu wenig von ihnen verstand. Dabei hatte gerade Uşak europäische Berühmtheit wegen seiner langen Tradition als Webort kostbarer Teppiche erlangt. Man fand sie auf Gemälden Holbeins abgebildet, auf denen ein reicher Kaufherr sich porträtieren ließ und wie selbstverständlich seine Besitztümer – Schmuck, Teppiche, Ehefrau – mit ausstellte. Auch heutzutage noch produziert Uşak Teppiche, wenn auch von geringer Qualität. In dem Laden stach ihnen sogleich ein großer, quadratischer Kelim in die Augen, den der Besitzer gerade auf dem Boden ausbreitete. Das Format war ungewöhnlich, das Muster ebenfalls. Rhomboide überzogen schwarz, blau, dunkelrot, gelb die Fläche. Der Kelim war so düster wie prächtig. Ihn und keinen andern wollten sie kaufen. »Meine Großmutter hat ihn selbst aus Ziegenhaar gewebt«, erklärte der Mann, »nein, den können Sie leider nicht mehr haben, er ist schon von einem andern Händler gekauft und wartet nur noch, heute abgeholt zu werden.«

Enttäuscht wanderten sie zu ihrem Hotel. Der Apotheker stand in der Tür seines Ladens und erfuhr von dem Missgeschick. »Wir gehen zurück, ich komme mit«, sprach der ehemalige Abgeordnete, zog seinen Apothekerkittel aus, ging die wenigen Schritte bis zu dem Laden, begrüßte den Besitzer würdevoll, zeigte auf seine neuen Freunde aus Deutschland und befahl dem Händler in schnellem, keinen Widerspruch zulassenden Türkisch, den Kelim zu einem Paket zu verschnüren. Der Mann setzte nicht einmal zu einer erklärenden Antwort an; auch als ihm ein wesentlich niedrigerer Preis auferlegt wurde, murrte er nicht, sondern murmelte zustimmende Worte. Das Paket unter dem Arm tragend fragte Reinhold auf der Hauptstraße, wie der Apotheker dieses Mirakel vollbracht habe. »Nichts leichter als das«, erklärte der ehemalige Chirurg, »ich habe seine kleine Tochter am Herzen operiert, sie ist durchgekommen, der Vater steht in meiner Schuld.« Martina verkaufte den Kelim später, als es ihr nicht gut ging. Wie Reinhold wusste, viel zu billig.

Afyon Karahisar

Sahne, der Ramazan und ein mit Elfenbein eingelegter Kaffeekühler

Afyon ist der kurze Name für Afyon Karahisar, die schwarze Opiumburg, und tatsächlich wird der Mohn, aus dem man Haschisch gewinnt, auf großen Flächen dort angebaut, ehemals illegal und heute teilweise kontrolliert. David und Reinhold waren im April 1991 im fast leeren Köseoğlu Hotel abgestiegen; man hatte ihnen eine Suite überlassen, ein gutes Arrangement, denn David wurde so nicht durch Reinholds Schnarchen gestört und er nicht durch Davids Zigarettenrauch. Das Restaurant des Hotels war wegen des Fastenmonats geschlossen; es gab jedoch ein größeres Lokal in der Stadt, welches Reinhold schon in früheren Jahren besucht hatte, ein recht bekanntes: Schon die Innenausstattung – mannshohe Spiegel in dicken Goldrahmen hingen dicht an dicht an den Wänden – deutete auf ein althergebrachtes, ein geradezu osmanisches Renommee. Seine Spezialität war dicke, süße Sahne von der Art, wie sie die Engländer geschlagen und gezuckert als double cream zu frischen Erdbeeren zu genießen pflegen. Lisa und er hatten damals gerade ihr Mittagessen verzehrt und noch türkischen Kaffee bestellt, als der sie bedienende Oberkellner, ein würdiger Mann in weißem Hemd, weißer Jacke und schwarzer Hose, mit einem Löffel und einem Schälchen dieser Creme herbeieilte und Reinhold eine Kostprobe anbot. Der ruckte verneinend mit dem Kopf nach hinten, doch das half nicht. Der Mann griff ihm, mir nichts, dir nichts, an beide Backen, öffnete so den Mund und schob den vollen Löffel hinein. Recht hatte er getan, Gastfreundschaft ausgeübt, die Sahne schmeckte ganz vorzüglich.

Im Fastenmonat 1991 begann die Essenszeit wie immer, wenn die Dämmerung einbricht und ein weißer Faden nicht mehr von einem schwarzen zu unterscheiden ist. Ein Böllerschuss vom schroffen Burgberg würde den Moment ankündigen, und so rannten die Türken wenige Minuten vor Sonnenuntergang in das Restaurant, setzten sich an Tische, auf denen schon Suppen und Salate aufgetragen waren und warteten mit sichtlicher Ungeduld auf den Knall. Den beiden weltlichen, um nicht zu sagen ungläubigen Gästen bedeutete natürlich das Zeichen wenig und sie bestellten ihr Essen schon früher; sie fühlten sich nicht an die Gebote des Islam gebunden und aßen, sobald ihnen serviert wurde. In der Mitte des Raumes war eine lange Tafel ausgezogen worden, an der um die fünfzehn Menschen saßen, Männer, Frauen und Kinder. Die grünen Käppchen der Männer ließen sie als orthodoxe Muslims erkennen, und selten hat Reinhold solch feindselige Blicke erhalten wie von diesen frommen Fanatikern, welche ansehen mussten, wie ein Ungläubiger ihrem Fastenbrechen auf seine Art um Minuten zuvorkam. Aber war der türkische Staat nicht seit Atatürk eine säkulare Institution? Wurde die Säkularisierung nicht immer wieder offiziell ausgerufen und gepriesen? Reinhold, allzu leichtgläubig, hatte daher kein schlechtes Gewissen, auch wenn ihm diese blinde Ablehnung lange nachging. Geringer ist die Ablehnung der Fremden und Ungläubigen in den folgenden Jahrzehnten zudem nicht geworden.

Am folgenden Nachmittag besuchten David und er einen Antiquitätenladen im großen Markt. Hacı Ömer, der Inhaber, war dabei, einen sehr alten Kaffeekühler mit Dieselöl zu reinigen. Für neunzig DM kaufte Reinhold das Stück. Der Alte tat geheimnisvoll und flüsterte, in seinem Haus habe er noch das Prunkstück eines Kaffeekühlers: einen mit Elfenbein eingelegten, er koste nur ein halbe Million Lira (seinerzeit etwa 500 DM). Was Kaffeekühler sind und warum Reinhold sie unermüdlich kauft, erläutert seine Geschichte vom Sammeln der Kaffeekühler. Voller Neugierde folgten sie ihm in die Wohnung. Ganz in der

Nähe lag die Große Moschee. Das prachtvolle seldschukische Gotteshaus war 1272 völlig aus Holz erbaut worden, vierzig Holzsäulen stützten die niedrige Decke.

Im Wohnzimmer nahm Hacı Ömer Teppiche von einer großen Truhe und, siehe, sie war bis an den Rand gefüllt mit Folklore-Sachen, mit altem Zinn und Kupfer. Auch Kaffeekühler gab es reichlich. An die zwanzig legte Reinhold sich zur Auswahl auf den Fußboden, darunter auch den angepriesenen Elfenbeinkühler, nur, der hatte natürlich keine teuren Elfenbeineinlagen, solche sind bei einem ländlichen Objekt auch nicht zu erwarten, sondern die Einlagen bestehen bestenfalls aus Kamelknochen, welche man recht schön hat ausbleichen lassen, oder, wenn es noch billiger zugehen soll, aus Rinderknochen. David gab seine so unbegründeten wie festen Urteile ab: »That's no good; this one's worth buying.« Reinhold kaufte drei gute Stücke, der Preis lag zwischen hundert und hundertfünfzig DM, zwei Silberringe und einen silbernen Fingerhut für einen Fingerhutsammler in Trier. Der Alte pries weitere Schätze an, kaukasische Silbergürtel, ottomanische Brustpanzer, mit Gold- und Silberfäden bestickte Käppchen, bunt bestickte Tücher. Wenige Jahre später ist er gestorben. Sein Freund Veli, alias Ali Baba, erzählte Reinhold in Ürgüp, er habe den Großteil der Bestände übernommen.

Annäherungen an die türkische Eisenbahn

Istanbul: Sirkeci

Wie es auf der türkischen Eisenbahn zuging, ob gemächlich und sicher oder unter abenteuerlicher Streckenführung und mit Eile; ob sie nach Fahrplan oder nach Gutdünken fuhr; ob es sie überhaupt gab oder die Bahnhöfe nicht bloße Attrappen darstellten, Potemkinsche Vorgaukelungen der Stationen nie gebauter oder längst stillgelegter Strecken, darüber war Reinhold sich bis vor einiger Zeit und ganz bestimmt noch am Ende der Sechzigerjahre nicht schlüssig. Gewiss, er hatte von Eisenbahnreisenden in der Türkei des späten 19. Jahrhunderts gelesen. Aber waren europäische Reisende nicht gleichzusetzen mit notorischen Lügnern, denen, so schwatzten postmoderne Theoretiker der Reiseliteratur einem ein, es stets um die Schwärzung des Gastlandes und die Inthronisation der eigenen, überheblichen, imperialistischen Kultur ging? Gewiss, er hatte mit Leuten gesprochen, die unlängst eine Fahrt gemacht hatten und ihm für die Existenz der anatolischen Bahnen bürgten. Doch sie waren aus Kabul oder hinterindischen Orten zurückgereist, und ihr Sinn war, so stand zu befürchten, betört vom süßen, schwarzen, zweifellos eine Fata Morgana evozierenden Afghanen. Vermochten sie überhaupt noch Bahnzüge von den Reittieren in den Erzählungen aus den Tausendundein Nächten zu unterscheiden?

Gewiss, einen der Hauptbahnhöfe kannte er selbst aus mehrfacher Anschauung, den Bahnhof Sirkeci in Istanbul, am Eingang zum Goldenen Horn, auf dem die Züge aus Europa endeten. Aber was besagte das schon? Jedenfalls nichts darüber, ob auch jenseits des Bosporus Gleise in die anatolische Hochebene gelegt waren. Eine gültige, eine beweiskräftige türkische Bahnfahrt, so hatte er sich selbst eingeredet, musste ihn jedoch durch Anatolien und eigentlich bis Bagdad führen. Seine mehrfachen Hinreisen aus Deutschland, so seltsam sie auf dem Balkan zu Zeiten des Kalten Krieges auch verlaufen waren, wollte er nicht gelten lassen, denn die Wagen und die Lokomotiven kamen aus Europa, wenn auch der Glanz des ehemaligen Orientexpresses völlig abgeblättert war. Und wie hatte der Orientexpress gestrahlt! Albert Finney, pardon, der belgische Detektiv Hercule Poirot, war auf Lackschuhen die Gänge entlanggeglitten; Stiletts hatten sich in ordensschnallenbeschwerte serbische oder bulgarische Männerbrüste gebohrt; Nerze waren von elfenbeinernen Frauenschultern geglitten; zwielichtige Offizielle hatten ihre balkanischen Handflächen geöffnet. Reinhold kannte sich aus.

Die Strecke auf türkischem Boden bot keine Sensationen. Nach der Grenzstation Edirne hatten die sanft rollenden Hügel Thrakiens nichts vorzuzeigen an reißenden Gebirgsströmen, in die es zu entgleisen galt, an Schneewehen, die den Zug tagelang fest- und Interpol fernhielten, nicht einmal armselige Tunnels gab es, die doch für einen Mord im Dunkeln unerlässlich waren. Aus dem Bahnhof Sirkeci allerdings hätte ein Hollywoodregisseur etwas machen können. Die Fassade des Bahnhofs war cremefarben, massiv und gefüllt mit Schnörkeln und Ornamenten. Kaiser Wilhelm II., stets Garant für bramarbasierende Geschmacklosigkeit, hatte sich bei seinem Besuch beifällig geäußert über derartige osmanische Architektur. Auf einem Nebengleis stand, sorgsam ungeputzt, ein Salonwagen aus der Zeit des Sultans, Mahagoniwände, grün angelaufene Messinggriffe, blinde Fenster. In einige Warteräume fiel ein wenig Licht durch die bunten Glasmalereien der Fenster – türkisch-französisches fin de siècle – doch die Restaurants und Bars waren seit Jahrzehnten geschlossen, die Holzböden nie mehr poliert worden. Nur die Langsamkeit, mit der das Zollamt in einem Nebenflügel aufgegebenes Gepäck abfertigte, war osmanisch-lebendig geblieben. Die Mauern des verrußten, verwahrlosten Bahnhofs stanken, als hätten Millionen von türkischen Zigarettenrauchern die Wände gebräunt. Sirkeci und die türkische Eisenbahn insgesamt standen im Zeichen Saturns, unter seinem Stern erschienen die Dinge desolat, melancholisch, trist. Von einem der Gleise ging die elektrische Vorortbahn nach Yeşilköy und Florya ab, am Marmarameer entlang bis in die Nähe des Atatürk Flughafens. Eine Fahrt auf den klappernden, kreischenden, billigen und überaus nützlichen Zügen galt Reinhold durchaus nicht als türkische Reiseerfahrung.

Kino hinter dem Bahndamm

Im September eines arg heißen Herbstes in den Sechzigerjahren hatte er mit der Freundin Ella Istanbul besucht. Früh kam der dunkle Abend, die Museen schlossen noch früher, durch die Straßen der Stadt zu wandern hieß durch einen glühenden Backofen zu gehen. Sollten sie zurück zum Zeltplatz in Ataköy? Zur kühlen Brise am Meer? Zum Schatten? Schatten gab es nicht, die Brise ließ bis lange nach Einbruch der Dunkelheit auf sich warten. Wo der Zug einige Kilometer durch die ärmlichen Vorstädte fuhr, erstreckten sich damals zwischen Bahndamm und Meer Kleingärten. An irgendeiner Station stiegen sie aus, weil sie durch das Fenster des haltenden Zuges die Reklameplakate eines Freilichtkinos erblickt hatten. Freilichtkino, das lockte: Unterhaltung, frische Luft, der Bahnhof und somit die Heimkehr ins Zelt waren gleich im Rücken. Ein kurzer Tunnel führte unter dem Bahndamm durch auf das Gelände. Die zwei Ausländer gingen folgsam hindurch; die türkischen Arbeiter sprangen in Scharen auf beiden Seiten des Zuges von den Trittbrettern und hasteten über den Schotter heim. In den Neunzigerjahren erhoben sich dort Hotels, Supermärkte, Banken; er konnte den Bahnhof erneut finden, nicht mehr den Campingplatz. Das Freilichtkino bestand aus einem Kassenbüdchen am Eingang, einem mit Holzbrettern eingezäunten Hof und einer hinfällig gemauerten und weiß gekalkten Ziegelwand am hinteren Ende. Links und rechts des Büdchens waren Stellwände zu betrachten, auf welchen Plakate die gegenwärtigen und zukünftigen Attraktionen anpriesen, Heimatfilme, Kriminalfilme, alle türkischer Herstellung, europäische und amerikanische Filme waren wohl zu teuer zu mieten. Sexfilme fehlten in dieser armen, doch wohlanständigen Nachbarschaft gänzlich. Im Hof saßen Frauen und Männer nach Geschlechtern getrennt je auf einer Seite der Stuhlreihen. Was sie vereinte, war der Genuss von gazös, einer klebrig-süßen Limonade, und Sonnenblumenkernen. Weder Reinhold noch Ella erlernten je die Technik, die Kerne zu öffnen. Sie werden nämlich ununterbrochen mit dem dicken Ende voran in den Mund geschoben und mit den Schneidezähnen geknackt, dabei hält die Zunge das essbare Kernchen fest, und die Lippen spucken einen ständigen Strom der Hülsen auf den Boden. Die Besucher kamen und gingen, Kinder tollten im Mittelgang. Die Filme offenbarten den beiden ihren Sinn in unterschiedlichem Maße. Lange, tränenreiche Dialoge in den Heimatfilmen ließen den Sinn verschwimmen; Autojagden, Schießereien, Schlägereien in den Kriminalfilmen blieben verständlich, zumal wenn, wie beim Kölner Hänneschen-Theater und beim türkischen Karagöz-Puppenspiel, nie Zweifel aufkam, wer die Guten und wer die Bösewichter waren. Zwei, oft auch drei Filme durften die Zuschauer ansehen. Die Reihenfolge war kanonisch, aber für die zwei nichttürkischen Betrachter sterbenslangweilig: Erst kam eine Blutrache im Bergdorf, dann eine Blutrache im Wüstendorf, dann erotisch angehauchte Verbrechen in der Großstadt. Reinhold stotterte beim zweiten Besuch die Frage heraus: »Wann beginnt denn der Verbrecherfilm?« »Wann du willst«, antwortete der Besitzer, Kartenverkäufer und Vorführer in einem. »möchtest du den Verbrecherfilm zuerst sehen?« »Ja, bitte und tausend Dank.« Und so geschah es an diesem und mehreren folgenden Abenden. Wo waren wir stehen geblieben? Ach, ja, bei der elektrischen Vorortbahn, auf welcher eine Fahrt nicht als Fahrt auf der Eisenbahn gelten soll. Also zurück zu vollgültigen Fahrten. Wo konnte man solche besser antreten als in der Hauptstadt der Türkei?

Ankara: Züge als Phantome

Im Juli 1981 wanderte Reinhold in Ankara zum Hauptbahnhof hinaus, in sengender Hitze, getrieben von der Neugier, nachzusehen, ob die Züge, von denen er gehört hatte, auch tatsächlich fuhren. Der Hauptbahnhof war riesig, den Maßen und der Bauweise nach eine Ausgeburt der hochauffliegenden und abgestürzten Modernisierungspläne Atatürks. Die Seelen Albert Speers, Adolf Hitlers und Josef Stalins hätten, wäre ihnen eine Ausgangsgenehmigung aus ihrer derzeitigen Kasernierung erteilt worden und hätten sie die türkische Hauptstadt gefunden, an den öffentlichen Gebäuden Ankaras ihr Wohlgefallen gefunden. Eine architektonische Großmannssucht befällt Alleinherrscher leicht, und die Symptome waren in den Dreißigerjahren die gleichen. In dem kühlen, leeren, hallenden Gebäude studierte er Fahrpläne. Mancherlei Strecken befuhren die Züge – nach Istanbul, Izmir, Erzurum, jeden Abend um 19.00 Uhr nach Adana und Antakya und weiter, einmal die Woche, nach Aleppo in Syrien, nur: Je entfernter das Ziel, desto seltener fuhren sie: Alle zwei Tage, alle zwei Wochen, nicht im Winter, nur in Schaltjahren, nach Bagdad erst wieder nach der Neuerrichtung des osmanischen Sultanats. Mit wachsendem Misstrauen las er, dass der einzige wirkliche Luxuszug, der Blaue Zug, der Mavi Tren, zwischen Ankara und Istanbul täglich verkehren sollte. Die Fahrpreise aller Klassen waren bei einer in Lira umgerechneten Mark unglaublich niedrig, niedriger noch als die Fahrpreise auf den Überlandbussen. Die wiederum rasten praktisch jede Stunde zu ihren Zielen. Er hockte sich vor dem Bahnhof auf eine Bank im Schatten und überlegte, ob es ihm einen Tag seiner Ferien wert sei, auf die Abfahrt des Zuges nach Adana zu warten. Neben ihm saß ein junger türkischer Bauer, der mit Frau und Kindern nach Izmir fuhr. Er bot Reinhold von seinen Gurken an, die Frau lächelte schüchtern unter ihrem Kopftuch hervor, der Ausländer revanchierte sich mit Zigaretten. Die Marken Marlboro oder Samsun mussten es sein; sie galten als Luxus, und er trug stets ein Päckchen bei sich, um die vielen kleinen Gesten der Freundlichkeit erwidern zu können; selbst rauchte er nicht. Der Bauer paffte seine Zigarette, Zeit spielte keine Rolle, er würde den Nachtzug nehmen und eine Übernachtung sparen. Der ungeduldige Reinhold gab auf, kürzte seine weit reichenden Reisepläne und nahm einen rasenden Bus direkt nach Mersin für 500 TL (zu jener Zeit gleich zehn DM).

Die Bahnlinie von Smyrna nach Ephesos: Modenschau und Rotwein

Die Stadt Izmir, welche im 19. Jahrhundert auf ihren Titel Le Petit Paris du Levant mächtig stolz war, hatte sich den teuren Bahnhof Basmane gegönnt, dessen goldene Zeit freilich schon längst vergangen war. Ein sehr merkwürdiges Schauspiel gab es um die Mitte der Achtzigerjahre des 19. Jahrhunderts dort zu betrachten. Damals kam nämlich an der kleinasiatischen Küste ein regelrechter Tourismus zu den Orten der Bibel auf. Europäische Reisende, sofern sie fromme Christen waren, ruhten nicht eher, bis sie die Sieben Kirchen der Apokalypse besucht hatten. Die Sieben Kirchen der Apokalypse? Briefe des Apostels Paulus an die Engel von Pergamon, von Ephesos, von Sardeis? Falls die Namen Ihnen, verehrter Leser, zugetane Leserin, im Augenblick entfallen sind, hier sind sie: Pergamon, Ephesos, Smyrna, Sardeis, Laodikeia, Philadelpheia und Thyateira. Einige, so Sardeis, Philadelpheia und Ephesos, waren seit den Sechzigerjahren mit dem Zug von Smyrna aus zu erreichen. Englische und deutsche Ingenieure hatten Bahnstrecken angelegt, um den Transport der landwirtschaftlichen Erzeugnisse des Hinterlandes, Feigen, Rosinen, Baumwolle, in den Hafen von Smyrna zu erleichtern. Doch wie stand es mit dem Personenverkehr? Glänzend! Reisende aus Europa landeten im Hafen von Smyrna, begaben sich in Kaleschen oder mit der Pferdebahn zum Bahnhof und mieteten, falls ihnen genügend goldene Rubel, Dukaten oder Sovereigns in der Börse klimperten, einen Sonderzug. Der Bahnhofsvorsteher, ansehnlich ausstaffiert mit goldbordierter Mütze und Uniform, winkte eine dampfende Lokomotive und zwei messingblitzende Wagen herbei, komplimentierte seine Fahrgäste in Plüschsitze, pfiff auf seiner Trillerpfeife, und ab ging die Post.

Natürlich nicht: Das Züglein dampfte langsam das enge und steile Tal des Meles hoch, unter einem antiken Aquädukt hindurch und vorbei an der Karawanenbrücke, dem großen Sammelplatz der Kamelkarawanen, die, Hunderte Tiere stark, sich von dort hinauf nach Anatolien in Bewegung setzten. An christlichen Festtagen musste der Lokführer immer wieder die Dampfpfeife heulen lassen, um Flaneurs vor dem nahenden Zug zu warnen. Die türkische Damenwelt wollte nämlich ihre neuesten Moden zeigen. In Istanbul tat sie dies auf den Uferwiesen der Süßen Wasser Europas; in Smyrna hingegen hatten die modebewussten griechischen und armenischen Damen, wie Lord Redesdale 1864 schrieb, einen Laufsteg eigener Art, die Bahngleise, auf denen sie an Feiertagen ihre neuesten Kleider auf- und abwandelnd vorführten. Ein Sonderzug traf nach dem Überrollen etlicher Damen und nach etwas über einer Stunde in dem Dorf Selçuk ein, in unmittelbarer Nähe der Ruinen von Ephesos.Von dem Bahnhof in Selçuk ist heutzutage nicht mehr viel übrig und seinen alten Komfort hat er verloren. Dabei hatte um 1890 auch er floriert. In jenen Tagen ärgerte sich der preußische Offizier Georg Schweitzer maßlos darüber, im Bahnhof antike Marmorsäulen und Kapitelle aus Ephesos liegen zu sehen; sie wurden mit Güterwagen fortgeschafft, teils, um zertrümmert dem Ausbau der Strecke nach Aydin zu dienen, teils, um zu Kalk gebrannt zu werden. Schweitzer gewann seine gute Laune schnell zurück, als er am Bahnhofsbuffet in deutscher Sprache kalte Platten, Braten und vor allem Rotwein bestellen konnte, dem er mächtig zugetan war. Er muss wohl der einzige Reisende seiner Zeit gewesen sein, welchem mehr am Rothspon, wie er ihn nannte, als an antiken Ruinen gelegen war. In Smyrna trank er jeden Abend seine Flaschen in Krämers Bierhalle, die, an der Hafenpromenade gelegen, den Treffpunkt der deutschen Kolonie bildete. Zur Kolonie gehörte eine Reihe von Herren, welche in der Umgebung der Stadt, so auch an den Hängen des Pagos, Weingüter besaßen. Ein lebensgroßes Portrait seiner Majestät des deutschen Kaisers Wilhelm II. blickte von der Stirnwand des oberen Saals des Restaurants, dem sogenannten Kasino, in dem kommentmäßig gekneipt werden durfte, auf die Trinkernasen und Verfasser patriotischer Trinksprüche herab. Maulhelden der Monarch wie die Trinker. Bleiben wir bei der Symbiose von türkischer Eisenbahn und Alkohol.

Salihli: Bier hinter dem Bahndamm

Zu Ostern 1995 war Reinhold erneut in die Nähe der Staatsbahn gekommen. Er fuhr zusammen mit seinem Freund Friedrich in einem Mietwagen im Gebiet des antiken Lydien umher. Der Freund hatte seinen Führerschein (absichtlich? absichtlich!) in Deutschland zurückgelassen, und so sah er sich in die Rolle des alleinigen Chauffeurs gedrängt. Er nahm Friedrich übel, dass er sich nicht ans Steuer setzte, zumal die Verkehrsstrafen in der Türkei derart lächerlich niedrig waren, dass es geradezu Spaß machte, eine Verkehrsregel zu übertreten. Viel zu schnell gefahren? Fünf DM. Falsches Parken? Zwei DM. Ohne Führerschein gefahren? Ein erhobener und mahnender Zeigefinger. Anderseits: Ein Schaf, einen Hund, ein Huhn auf der Landstraße totgefahren? Für einen Ausländer zwanzig Jahre strenge Einzelhaft (ersatzweise: Einzug des halben Vermögens); für einen Türken umgerechnet zwei Mark und dreiundneunzig Pfennige. Der hohe Gegenwert, den ein Ausländer für Tierleichen zahlen musste, rührte daher, dass auf der Polizeiwache der Besitzer ungeachtet der Gattung des toten Tieres versicherte, sein Huhn, Schaf oder Hund habe sowohl sprechen als auch tanzen und goldene Eier legen können und damit die vielköpfige Sippe ernährt. Wie dem auch war, das ständige Risiko, die Hälfte seines ohnehin geschrumpften irdischen Vermögens abliefern zu müssen, heiterte den Chauffeur Reinhold nicht auf, es ließ ihn vielmehr nach glücklich beendeter Tagesfahrt gleich seinem Freunde nach Bier oder Raki lechzen.

Reinhold und Friedrich wollten, wie die biblischen Reisenden des 19. Jahrhunderts, einige der Sieben Kirchen der Apokalypse aufsuchen. Auf dem Weg nach Alaşehir, der Stätte des antiken Philadelpheia, hatten sie am Spätnachmittag in Salihli Quartier genommen. Dort konnten sie ihren abendlichen Durst auf Wein, Bier, Raki – gleich was, nur was – allein mit Hilfe des Bahnhofs, oder sagen wir besser, des um den Bahnhof entstandenen Ambientes, stillen. Das kam so: Kaum waren sie mit ihrem Leihwagen in das

Stadtzentrum eingebogen, als sie schon ein Drei-Sterne-Hotel vor sich sahen. Parken, auspacken, Zimmer reservieren, alles ging glatt und schnell; nach der heißen und trockenen Fahrt sollte auch schnell ein Bier her; am späten Nachmittag hieß es das Stützbier, weil es den Körper bis zum Abend und dem ernsthaften Trinken aufrecht hielt. Befragt, wo es Bier gebe, antwortete der junge Mann an der Rezeption: »Auf der Hauptstraße, gleich um die Ecke, finden Sie eine Menge guter Lokale, saubere, einladende, setzen Sie sich doch an einen der Tische unter der Baumallee.« Recht hatte er, man saß dort sehr angenehm, doch die Lokale zählten nur fromme Muslime zu ihrer Klientel. Ayran, Limonaden, Fruchtsäfte, Cola schenkten sie aus, alkoholische Sündengetränke mitnichten. »Wo sind wir hingeraten«,entfuhr es den Lippen der beiden, wenn sie wieder ein Lokal betraten und vergeblich, verdurstend, nach Bier- oder Weinflaschen auf den Wandregalen spähten, »sind wir im Gottesstaat Iran oder in der konstitutionell weltlichen Türkei Atatürks, des großen Rakitrinkers?« Im kommenden Jahrtausend sollte es für türkische Trinker noch schlimmer werden. Nun ja, auch die Frommen reklamierten Atatürk für ihre Partei, damals jedenfalls noch. Von der Wand vor der Kasse blickte sein Konterfei, ohne europäischen Smoking, sondern in der Kleidung eines einfachen anatolischen Bauern, voll schweren Kummers und wie wenn ihm unbeugsamer Wille zur Nüchternheit patriotisch vorkäme, auf die Batterien von Limonadenflaschen. Salihli lebte nüchtern. Nahe am Bahnhof, wurde ihnen widerstrebend bedeutet, fänden sie Bier ausschenkende Kneipen. Der Weg dorthin zog sich einen langen Hang hinauf, die Häuser wurden schäbiger, hinter der Bahnlinie lag, was in einer europäischen Stadt der Rotlichtdistrikt gewesen wäre. Den gab es in Salihli wahrscheinlich nicht, statt dessen schmuddelige Kneipen und Lokale, die knapp bekleidete und füllige Sängerinnen und Bauchtänzerinnen ankündigten, was alles, bis auf den Bahnhof selbst, die Frommen mit Abscheu erfüllte. Ein Bierlokal pries Efes Pils an, noch dazu fıçı, also vom Fass. Sie traten in einen sehr schmalen Raum und blickten sich um: Eine lange Theke, zur Straße hin dicht verhängte Fenster, Halbdunkel, ein paar angetrunkene Männer, ein Speak-Easy in Anatolien. Das Bier vom Fass schmeckte merkwürdig, sie aßen einige Handvoll Nüsschen dazu und gingen.

Ein paar Schritte weiter lag der Bahnhof. Das Gebäude war offensichtlich nach preußischen Bauplänen und von deutschen Ingenieuren vor ungefähr hundert Jahren erbaut worden. Auf der gegenüberliegenden Seite der Gleise hatte man dereinst einen Güterbahnhof mit ordentlicher Ablauframpe angelegt. Nun war er verkommen. Das riesige Büro des Bahnhofsvorstehers ging auf den Bahnsteig hinaus; es konnte einem wie der Wartesaal vorkommen. Aus Versehen traten sie dort ein, strenge Blicke und strenge Worte des Bahnhofsherrschers hinter dem Schreibtisch wiesen sie vor die Tür, einen Gang entlang, zu den ehemals säuberlich getrennten Schaltern für die Reisenden erster, zweiter und dritter Klasse. An der Wand hing ein Fahrkartenbehälter, die Pappkärtchen waren schon fertig ausgedruckt, wie noch nach 1945 in Deutschland. Eine Wandtafel zeigte viele Züge in die beiden Richtungen der Strecke an, nach Afyon oder zum Basmane Bahnhof in Izmir. Für Soldaten und vermischte Klassen von Zivilisten wurden großzügige Ermäßigungen angekündigt. Im Büro des Vorstehers hatten sie einen Kanonenofen gesehen, dessen Kaminrohre nun im Schalterraum wieder zutage kamen und an zwei Wänden entlangliefen – eine billige Zentralheizung. Der Zug aus Afyon wurde angekündigt, die beiden gingen zurück zum Bahnsteig, und wahrhaftig, es gab ihn: Eine verschrammte, verölte, dunkelblaue Diesellok zog einige Waggons, der Zug kam kreischend zum Stehen. Die wartenden Türken ließen ihre Zigaretten auf den Bahnsteig fallen, die Türen flogen auf, mit vielen und dicken Paketen beladen drängelten die Fahrgäste mühsam hinaus und warfen ihre Fahrkarten weg. Hunderte lagen wie ein Teppich gelb-grüner Herbstblätter zwischen Schienen und Schwellen und unausgetretenen Zigaretten. Er bückte sich und hob eine Karte auf als ein Zeugnis, von Alaşehir bis Sahlihi war sie gültig und kostete 1995 so gut wie keine Lira. Der Zug fuhr halbleer weiter. Gern wären die beiden ein Stückchen Wegs mitgefahren. So aber gingen sie über die Gleise zurück und kehrten in der Nähe des Bahnhofs in ein großes, schmutziges Lokal ein, das ihnen so viel Raki, Bier und Wein anbot, wie sie nur wollten.

Vor dem Restaurant schwammen in einem flachen, kreisrunden Betonbecken mittelgroße, dicke graue Fische, keine Forellen, keine Karpfen. Waren es Schleien oder Welse? Sicherlich zum Essen bestimmt, kamen sie aus einem nahen See oder einer Talsperre. »Wie wäre es«, ein Gedanke in zwei Köpfen, »mit gegrilltem Fisch?« Noch während ihnen das Wasser der Vorfreude im Munde zusammenlief, drehte erst ein Fisch den Bauch nach oben, dann ein zweiter, immer mehr Tiere und bald alle; sie schnellten matt mit den Schwänzen und trieben sterbend an der Wasseroberfläche. War ihnen das Leitungswasser nicht bekommen? Waren sie erstickt? Gehörten sie einer amerikanischen Sekte an, die vergeblich auf das Kommen des Messias mit dem Abendzug gehofft hatte und nun in einen gemeinsamen Freitod ging? Streng betrachtet war letztere Erklärung in Anatolien eher unwahrscheinlich. Der Besitzer des Lokals lief mit seinen Kellnern hinaus, sie standen vor dem nassen Massengrab, sagten kein Wort und rührten keine Hand. Reinhold und Friedrich platzte in der Nacht fast der Kopf; in ihrem Bier hatten sich Bakterien breitgemacht und waren mit dem Alkohol ins Gehirn gewandert, wo sie es sich vierundzwanzig Stunden gut sein ließen. Trinkern geht es demnach in Salihli schlecht. Ob Gott selbst zur Katerstrafe schritt, bezweifelten die beiden. Biertrinkern sei gleichwohl dringlich geraten, die Stadt zu meiden und den Abendzug nach Izmir zu nehmen.

Menemen: Warum fährt man nicht mit einem real existierenden Zug?

Im Herbst 1996 wollte er mit Friedrich eine Annäherung an die türkische Eisenbahn nochmals in Angriff nehmen. Sie hatten den Bahnhof in Salihli und seinen wirklichen Zug in der wirklichen Welt nicht vergessen. Von Izmir nach Afyon sollte er fahren, über eine Strecke von rund zweihundertzwanzig Kilometern. Ekrem Bey, ihr Freund in Foça, half. Er telefonierte mit dem Bahnhof in Izmir, nach hektischem »Allo, Allo«, wiederholtem »Ich verbinde weiter« und langem Schweigen in der Leitung bedeutete dort ein Beamter, der Zug nach Afyon gehe über Menemen, das näher an Foça liege, sie könnten dort einsteigen und sich die Fahrt ins Stadtinnere Izmirs sparen. Wann die Züge von Menemen abführen, wisse er freilich nicht zu sagen, doch, dessen sei er gewiss, nicht vor einer halben Stunde, nachdem sie Izmir verlassen hätten. Die ungewöhnliche Präzision der Auskunft erhöhte die Zuversicht der beiden Eisenbahnreisenden. Ekrem Bey fuhr sie in seinem Toyota zum Bahnhof Menemen, beileibe nicht am Reisetag, sondern am Vortag, damit Zeit bliebe, die Izmirer Auskünfte nachzuprüfen. Der Wagen bog von der Ringstraße um Menemen vor einer Bahnüberführung ab und hielt vor einem langstreckten grauweißen Betongebäude.

An den Außenwänden klebte ein Dutzend Plakate, welche vergangene und zukünftige Auftritte von Schlagersängern beiderlei Geschlechts ankündigten. Die drei wanderten über einen staubigen Platz um das Gebäude herum zu den Gleisen; Triebwagen, rostbraune, ausgemusterte, standen in einiger Entfernung, ansonsten Hitze, Leere, Totenstille. Sie spähten in die ersten Räume, völlige Leere, kein einziges Stück Möbel, auch die beiden Wartesäle enthielten weder Bänke noch Stühle. War der Bahnhof erst halbfertig oder bereits halb aufgegeben? Wo arbeiteten die Beamten? Die Fahrkartenausgabe war geschlossen, ein Eisengitter vor dem Fenster. Sie schlenderten ratlos an dem Gebäude vorbei, Gott war mit ihnen: eine Tür stand offen, in einem kleinen Büro saß ein kleinwüchsiger Beamter in Uniform hinter seinem Schreibtisch. Er blickte hoch, sah die Fremden, griff zum Telefon, wählte und sprach mit einer Dringlichkeit hinein, als ob er ganz allein den Schienenverkehr Westanatoliens zu dirigieren habe. Lange Minuten sah er nicht einen Moment auf, bestrebt, Würde und Geschäftigkeit im Akt des Telefonierens zu vereinen. Den beiden Deutschen kam die Lage peinlich vor; Ekrem Bey ließ sich unaufgefordert auf dem Stuhl vor dem Schreibtisch nieder, griff nach einem Fahrplanheft und begann es durchzublättern. Friedrich zählte und schrieb von einer Wandtafel die Haltestellen des Zuges bis zur Ankunft in Afyon ab, vielleicht würden sie nur eine Teilstrecke nehmen, er kam auf dreißig bis vierzig Stationen. Ungnädig wandte der Beamte sich endlich dem Auskunft heischenden Ekrem Bey zu, dann aber, als der ihm bedeutete, hier stünden prospektive Fahrgäste, ausländische zumal, hellte seine Laune sich zusehends auf. »Es gibt täglich zwei Züge«, erklärte er freundlich, »der eine verlässt Menemen um elf Uhr morgens und erreicht Afyon elf Stunden später; der andere geht um elf Uhr abends ab und braucht die gleiche Fahrtzeit; der Morgenzug ist auch der

Postzug; einen Express gibt es seit zwei Jahren nicht mehr; einen Restaurantwagen auch nicht; Kartenbuchung im Voraus ist unnötig; die einfache Fahrt kostet 280.000 Lira.« So schnell und präzise hatte der Mann die Information nicht gegeben, sondern nachschlagen müssen in Kursbüchern, von denen er augenscheinlich nicht so recht wusste, ob sie noch gültig waren oder nicht. Elf Stunden Fahrt für zweihundertzwanzig Kilometer! Ohne Restaurantwagen! Womöglich auf Holzbänken durch die Nacht! Und wie würden erst die Toiletten sich präsentieren! Reinhold und Begleiter sahen einem jähen Tod auf der Eisenbahn ins Auge, erbleichten und nahmen, keine Marco Polos, Abstand von ihrem Abenteuer. »Recht vielen Dank für die Auskunft, wir werden es uns überlegen.« Sie stolperten aus dem Büro, doch Reinhold wollte nochmals die Fahrpläne studieren, die in der verwaisten Bahnhofshalle an eine große Tafel geheftet waren. Auf dieser offiziellen Tafel waren viele Verbindungen mit einem Pappschildchen überklebt, »eingestellt«, war darauf zu lesen; doch selbst nach den Einstellungen zeigte die Tafel mehr Züge an, als der Beamte ihnen mitgeteilt hatte. Der Mann hatte einen Fahrpreis von 280.000 Lire für das Billet Menemen – Afyon genannt, das entsprach etwa 4,50 DM; die Tafel machte es mit 60.000 Lira deutlich billiger. War erneut oder immer noch ein geisterhafter und in die Türkei ausgewanderter Fürst Potemkin am Werk? Wer in der türkischen Eisenbahndirektion legte den gültigen Fahrpreis fest? Welchem Fahrplan sollten sie glauben? Welchem Zug, wenn er denn überhaupt existierte, war ihre Person anzuvertrauen?

Ephesos

Wie der Evangelist Johannes einst mit den Flöhen und Wanzen eines Gasthauses umsprang

Die apokryphe Apostelgeschichte des Johannes, niedergeschrieben nicht später als um die Mitte des 2. Jahrhunderts n. Chr., erzählt in den Kapiteln 59 - 61 wie folgt: Johannes begab sich auf eine Reise von Laodikeia nach Ephesos; in seinem Gefolge waren Verus, Andronikos und Drusiana, Lykomedes und Kleobios mit ihren Familien sowie eine namenlose Hure, die sich jüngst dem keuschen Leben zugewandt hatte. Am Abend des ersten Tages kamen sie an ein verlassenes Gasthaus. Dem Evangelisten ließen die Gefährten das einzige elende Bett, auf welches sie ihre Mäntel breiteten. Sie selbst legten sich auf den nackten Fußboden. Doch Scharen von Ungeziefer fielen über Johannes her, und er fand keinen Schlaf, bis er schließlich gegen Mitternacht laut und streng die Flöhe und Wanzen anredete: »Ich sage euch, Ungeziefer, verhaltet euch gesittet, ein jeder von euch, verlasst eure Wohnung für diese Nacht, bleibt ruhig an einem Platz und haltet euch fern von den Dienern Gottes.« Die Gefährten lachten und schwatzten noch eine Weile, Johannes schlief alsbald ein. In der Morgendämmerung erhoben sich Verus und Andronikos, gingen hinaus und erstaunten: Vor der offenen Haustür stand eine in Reihen und Fähnlein geordnete Truppe von Flöhen und Wanzen. Sie weckten die Gefährten, Johannes schlief weiter. Als auch er erwachte, berichteten sie ihm von dem Geschehnis. Der Evangelist setzte sich im Bett auf, sah die Flöhe und Wanzen milde an und sprach zu ihnen: »Da ihr euch gesittet verhalten und auf meine Zurechtweisung gehört habt, kommt nun wieder an euren Ort.« Kaum hatte er dies gesagt und sich erhoben, da rannte das Ungeziefer vor der Tür los, hastete zum Bett, kletterte die Pfosten hoch und verschwand in den Holzfugen.

Ephesos

Wundersame Heilung eines Wirtes

Im Jahre 1806 reiste der Schotte Thomas Macgill durch die Türkei. Was ihm in die entrüsteten Augen stach, war die Verwahrlosung der Städte und die Verödung der Felder, und als guter, aufklärerischer Agronom (Agronomie blühte im England des 18. und frühen 19. Jahrhunderts) wusste er genau, welche Verbesserungen, so einen Entwässerungskanal hier, eine Aufforstung dort, er als Sultan eingeführt hätte. Auch das Dorf Ayasaluk bei Ephesos erschien ihm trostlos. Ein einziges Kaffeehaus, ein einziger Raum, bot Unterkunft für ihn und die Reisegefährten, für Diener, Wächter, Führer und Gastgeber. Der Wirt sah ledern gelb in die Welt, und auf die Frage, wie es denn um seine Gesundheit stehe, antwortete er, »Dank sei Gott und dem Propheten, jetzt geht es mir recht gut, obwohl ich vor kurzem auf den Tod danieder lag.« Ein Stier hatte den armen Mann angefallen, übers Feld gejagt und niedergeworfen, ihm mit den Hörnern den Leib schrecklich aufgerissen und ihn eine beträchtliche Strecke durch die Luft geschleudert, worauf der Türke mit heraushängenden Därmen liegen blieb. Der Verwundete kroch, so gut er konnte, nach Hause und ließ seinen Freund rufen, der im Ort in vier Kapazitäten, als Arzt, Chirurg, Zahnbrecher und Schmied, sich um die Dorfbewohner verdient machte. Dieser Sohn des Äskulap legte Macgill seine Behandlung dar: »Ich hob den Wirt an einem Bein in die Höhe, ließ seinen Kopf baumeln und stopfte mit den Fingern das Gedärm in den Bauch zurück. Dann nähte ich die Wunde mit Packgarn zu und strich darüber ein Pflaster von Pech, um die Luft fernzuhalten. Nach vierzig Tagen Krankenruhe war der Mann, Allah ist gnädig, imstande, erneut seinem Handwerk nachzugehen und den Dorfbewohnern Kaffee einzuschenken«.

Kuşadası

Wie eine Stadt sich wandelt

Fischflug

An einem Sommertag des Jahres 1980 schlenderte Reinhold den Kai von Kuşadası entlang, als gerade ein griechischer Fährdampfer anlegte. Mehrere Matrosen waren mit einem Boot vorausgefahren, sie standen auf der betonierten Hafenmole und winkten mit kleinen Fahnen Signale; die Luft zitterte von schrillem, ständigem Trillerpfeifen; das Schiff näherte sich längsseits Zentimeter um Zentimeter der Kaimauer; riesige alte Traktorenreifen, an ihr aufgehängt, würden den Anprall mildern. Aus der Nähe ragte die Schiffswand gleich einer glatten, dunklen Hauswand empor. Strickleitern flogen hoch oben über Bord, fielen herab, ein halbes Dutzend Matrosen sprangen auf die Erde, sie trugen Eimerchen und Aufwischbesen in der Hand. Das Wasser hatte zwischen Kaimauer und Schiffswand einige Momente keinen Abfluss; es stieg schnell, wie in einem Behälter wallend, hoch. Silbrige Schwärme von Fischen, so klein wie Sardinen, hüpften plötzlich aus dem Wasser. Gehetzt von der Todesangst, zerdrückt zu werden, fielen sie auf den Betonkai und zappelten in der Sonne. Die Matrosen fegten sie allesamt säuberlich in ihre Eimer. Eine kostenlose Suppe oder Pfanne würden die Fischlein schon hergeben. Fisch war ansonsten im Ort ein teures Essvergnügen.

Seezungen bei Gaslicht

In den Siebzigerjahren hatten die Fischer noch einen Stand in der winzigen Markthalle vor der Hafenmole, nichts als ein paar Bretter; ausgespannte Planen schützten die Fische gegen die Sonne. Wenig genug brachten sie an Land. Markthalle und Fischer sind längst verschwunden. An dem gleichen Platz lagen in den Achtzigerjahren zwischen Teppichläden und Juweliergeschäften zwei oder drei große Fischrestaurants; ihre Tische standen auf Betonplatten dicht an der Hafenmauer. Die Inhaber übten ehrlichen Nepp aus, das heißt, sie schlugen, zumal bei den Fischgerichten, ihre Gäste ziemlich, aber nicht unziemlich, übers Ohr, ohne dabei Ausländer gegenüber Türken zu benachteiligen. Ihr Lohn war, dass im Sommer, wenn das Meer glitzerte und die Touristendampfer kamen und gingen, Schmausende die weiß gedeckten Tische dicht besetzt hielten. Alle waren zufrieden, vor allem die Herren in schwarzen Jacketts auf den Kassenstühlen. An einem späten Nachmittag im August 1978 kaufte Reinhold von den Fischern zwei, drei Handvoll Seezungen. Übrig geblieben vom Tagesfang lagen sie, nur handgroß und staubig, vor einem Stand auf der Erde, zu gering für eine Hotelküche, doch für den Kenner das Versprechen eines Genusses. Lisa und er hatten ihre Autofahrt in Kuşadası unterbrochen; sie wollten am nächsten Tag von Izmir die Fähre nach Venedig nehmen, und Kuşadası schien für die Nacht angenehmer als die glühendheiße Großstadt. Er wusste von früheren Reisen, dass ein Campingplatz am Rande von Kuşadası neben dem Club Méditerranée auf einem baumbestandenen Abhang mit einer eigenen kleinen Bucht Zelte vermietete. Seine Erinnerung trog nicht, doch an jenem Abend waren alle Zelte vergeben; der Platzverwalter bot ihnen ein winziges, stickendheißes Zimmer unter dem Dach im Hauptgebäude an. Was tun? Sie waren von der Fahrt aus dem Landesinnern erschöpft. Also nahmen sie die Bude. Wie aber waren die nachmittags erworbenen

Seezungen, neben Brot, Tomaten und Weißwein, mit dem Traum zu vereinen, vor dem eigenen Zelt unter Bäumen in Ruhe ein Pfännchen zu schmoren und bei kühlem Luftzug aufs dunkelnde Meer hinauszublicken? Es schien unmöglich, also beschlossen sie, wenigstens die fischige Hälfte des Traumes zu retten. Sie kramten aus dem Wagen einen kleinen Gaskocher, Gaspatronen, Pfanne, Olivenöl, Salz, Pfeffer und Besteck hervor und schleppten das Zeug samt den Seezungen auf das Dachzimmerchen. Die frühe Dunkelheit der Sommermonate brach herein. Im Schein einer Glühbirne begann er, die Fische zu schuppen. Dann traten Stromausfall und Finsternis ein. Stromausfall war in der Türkei ein häufiges Ereignis; er konnte Minuten, aber auch Stunden dauern. Das Elektrizitätswerk hatte sich an jenem Abend für Stunden entschieden. Kerzen hatten sie keine dabei, auch nicht den landesüblichen Nothelfer, eine Karbidlampe, doch unverdrossen (von einem Fischessen schreckt ihn so leicht nichts ab) nahm Reinhold beim fahlen Schein der Gasflamme des Kochers die Fische aus und bereitete das Mahl zu. Die zart gebratenen Fischlein – »Hier, Lisa, probier mal ein gutes Stück« – von Brot, Tomatensalat und Weißwein begleitet, schmeckten vorzüglich.

Ein türkischer Felix Krull

Wie gesagt, den Campingplatz kannte er von einer früheren Reise. Damals, es wird im Sommer 1975 gewesen sein, hatte er am Zaun des Geländes das Zelt aufgeschlagen und wurde eines Morgens durch aufgeregte Stimmen geweckt. Seinem Nachbarn, einem Franzosen, war die Batterie aus dem Peugeot gestohlen worden; türkische Gendarmen standen schwerbewaffnet um sein Zelt und hörten sich unbewegten Gesichts seine Klage an. Ein einfacher Rekrut übersetzte fließend ins Türkische, so schien es jedenfalls Reinhold, dessen Französisch der Rede nicht wert war. Nach geraumer Zeit zogen die Gendarmen ab, der Rekrut blieb zur Bewachung – der gestohlenen Batterie? – zurück. Englisch sprach er ebenfalls und erzählte, er sei reicher Eltern Kind, habe auch den Ehrgeiz, etwas zu werden in seinem Vaterlande, dies sei aber, wenn er nicht vorher seinen Militärdienst ableiste, unmöglich. Zwar könne ihn sein Vater mit dem Papiergeld in der rechten Hosentasche vom Militär freikaufen, übrigens ein völlig legales, wenn auch nicht übermäßig demokratisches Geschäft, doch bliebe der Makel dieses Menschenhandels an ihm, dem Sohn, haften und behindere spätere staatliche Laufbahnen. Also diene er hier seine Zeit ab; kleine Vergünstigungen habe ihm die Börse seines Vaters ohnehin verschafft; er stamme aus dem nahen Izmir und dürfe übers Wochenende heimfahren; den gemeinen Rekruten hingegen, fuhr er fort, bei der Musterung gefragt, ob er in der Nähe seines Heimatortes, der alten Mutter und des armen Vaters stationiert werden wolle, verlege man, auf sein freudiges Ja hin, mit tödlicher Sicherheit an die gegenüberliegende Grenze des türkischen Reichs; Humor hätten Musterungsbehörden reichlich; er sei nach der Grundausbildung einer Schreibstube zugeteilt worden, müsse Übersetzungen anfertigen und für seine Vorgesetzten mit dem NATO-Stützpunkt am Golf von Izmir telefonisch in fremden Zungen parlieren. Er lachte zufrieden: »Unabkömmlich bin ich den sprachunkundigen Offizieren, und meine Verdienste werden entsprechend belohnt, auch der Dienst im schönen Kuşadası kommt eher der Gewährung eines langen Urlaubs gleich.« Die Gendarmerie bewachte noch drei Nächte lang den Campingplatz mit Doppelpatrouillen, um dem Batterieräuber das Handwerk zu legen. Der Rekrut patrouillierte nicht mit. Ob Mustafa Kemal an diesem türkischen Felix Krull seine helle Freude gehabt hätte?

Goldkettchen

Kuşadası war im Sommer 1994 im Stadtinnern unerträglich. Fast Food Restaurants versorgten eine massenhaft auftretende jugendliche Klientel mit kleiner Geldbörse und großen Rucksäcken, der es zu jeder Tageszeit nach Hamburger, Coke – »I prefer coke, I guess, I'm a coke person, really«, offenbarte sich eine Amerikanerin – und Diskomusik gelüstete. Einkaufspassagen links und rechts der alten

Hauptstraße waren aus dem Boden geschossen; viele der alten Wohnhäuser hatte man abgerissen. In den Passagen dröhnte aus den kleinen Geschäften und billigen Esslokalen den lieben langen Tag Musik aus Kassettenrecordern. Die Lärmsucht der ausländischen Jugendlichen kam jener der Türken gleich. Die Hauptstraße, welche vom Hafen hoch zu einem osmanischen Stadttor, in dem ein Gendarmerieposten hauste, und durch dieses weiter durch den Ort auf die Berge und die Kreisstadt Söke zulief, veränderte, wie das sich wandelnde Publikum, jedes Jahrzehnt ihren Charakter. In den Siebzigerjahren schlenderte Reinhold an Ecklädchen, Imbissstuben und Teehäusern vorbei. Es folgte die Invasion der Teppichhändler, deren Läden ihrerseits einer Welle von Bankfilialen zum Opfer fielen.

Damals wie heute stand Goldschmiedeladen neben Goldschmiedeladen, denn an Markttagen legten die Bauern einen Teil des Erlöses in goldenen Armreifen und Kettchen für die Frauen der Sippe an. Frau, Mann, Kinder drängten in einen Laden, wählten ein Stück, dann warf der Goldschmied den Schmuck auf die Waage, wog mehrfach und notierte den Preis immer wieder auf einem Stückchen Papier, über das sich die ganze Familie stumm und ungläubig beugte, von Zweifeln geplagt, ob denn Gewicht und Preis richtig zueinander passten. Zu Feilschen gab es eigentlich nichts, denn der Goldpreis stand jeden Tag in der Zeitung und auf einer Tafel im Ladenfenster. Zudem waren die ländlichen Goldschmiede durch die Bank ehrliche Leute, denn jeder sah dem Rivalen auf die Finger. Sie tranken Tausende von Tees, zeigten eine Engelsgeduld und lächelten aushaltend, und das durch die ganze Saison. Solches Verhalten verhalf ihnen zu Bluthochdruck und Magengeschwüren, Berufskrankheiten. Mit Martin und dessen Freundin war Reinhold für den Tag von Selçuk herübergekommen, mehr weil bedrängt von der Freundin als auf eigenen Wunsch. Sie besuchten einen befreundeten Goldschmied. Die junge Frau ging dem Mann mit der Anmut der Jugend um den Bart, probierte diesen Ring, jenes Kettchen; dies erneut, das erneut, legte diesen und jenen Reif um den wohlgeformten Arm, betrachtete sich im Handspiegel, legte den Schmuck zurück, stand vor der Theke, ging hinter die Theke, gab vor, Verkäuferin zu sein, schäkerte mit dem Besitzer. Füllen achten den Lauf der Zeit gering. »But at my back I always hear Time‘s winged chariot hurrying near«, mahnte den Reinhold sein Lieblingspoet Andrew Marvell (1621-1678).

Unreife Oliven

Einen Antiquitätenladen an der Hauptstraße, schon fast am Ende des Ortes, besuchte er mehrfach, zuletzt im Sommer 1970, dann verschwand der Laden. Ein bisschen Kupfergeschirr hatte er von dem jungen, freundlichen Besitzer gekauft, ein paar Kelime, Kram, den er in Deutschland weiter verscherbelt hatte, zuletzt eine tönerne Feldflasche, rotgelb, bauchig, mit einem geriffelten Kreisdekor. Eine mittelalterliche Pilgerflasche sollte sie sein, doch die Flasche, das hatte er vermutet, aber nicht gesagt, stellte sich heraus als römisch, kaiserzeitlich. Eines Tages lud der Türke Martina und ihn ein, seinen Olivenhain zu betrachten. Ölbäume gehören zu den friedlichsten und kultiviertesten Kreaturen der Mittelmeerländer. Die Bäume werden uralt, sie trotzen Ziegenbissen und Waldbränden, ihre Früchte spenden den Menschen heilsame Nahrung, ihre Blätter flirren, beruhigend für das Auge, grün und silbern im Wind. Der junge Mann erntete seine Oliven auf traditionelle Weise. Unter die Bäume spannte er kleinmaschige Netze handbreit über den Erdboden, die Oliven fielen ab oder wurden mit Stöcken abgeschlagen und eingesammelt. Er las Früchte auf und schenkte Martina und Reinhold einen Plastikbeutel voll. Eine schöne Geste, aber eine unglückliche, denn ein Reisender konnte mit unreifen Oliven wenig anderes tun als sie wegwerfen; es sei denn, er führte im Gepäck zum Zwecke des Marinierens von Oliven ein Fässchen Salzlake mit sich. Der Hain lag an der Ausfallstraße nach Söke, wenige hundert Schritte von seinem Geschäft. Nicht viele Jahre später wurde das Gelände auf Kilometer von Hotelbauten überwuchert; den Grundstücksspekulanten vermochten die Ölbäume nicht zu widerstehen, man fällte sie alle.

Die Jagd auf den Yen

Zwischen 1985 und 1995 hatte die untere Hauptstraße sich zu einer wahren Prachtstraße gemausert: Banken, teure Teppichläden, teure Juweliergeschäfte, Porzellanläden, Büros der Fluggesellschaften; Fassaden aus Marmor, Glas, Bronze säumten den Weg. Man wartete nicht auf Rucksacktouristen, sondern auf betuchte Kunden, die schönen Menschen, die mit ihren Yachten in Kuşadası ankerten, und die eher ältlichen Teilnehmer an Mittelmeerkreuzfahrten. Kein Tag in der Saison, an dem nicht am Kai, drei Minuten Fußweg entfernt, ein Luxusschiff anlegte. Seine Passagiere begaben sich auf den obligaten Ausflug nach Ephesos; nur wenige Stunden verbrachten sie in der Stadt selbst. Da hieß es, den Dollar, die Deutsche Mark und den Yen in Windeseile aus ihnen herauszulocken. Angenehm an dem Streben nach Mammon war, dass die teuren Läden sich des Lärmes enthielten, die Straße also beruhigter war als noch vor wenigen Jahren. Auch sonst verwöhnte die Stadt die wahrhaft Reichen. Die wehrhafte und architektonisch überaus ansehnliche Karawanserei am Eingang der Straße, von dem Großadmiral Öküz Mehmet Pascha um 1610 als Zollstation und zum Schutze des Hafens errichtet, war lange Jahre ein verfallenes Gebäude, nun hatte man sie mit viel Geschmack in ein Luxushotel und Luxusrestaurant umgebaut.

Aus Kuşadasıs Historie

Ein paar Sätze zur Geschichte der Stadt: Viel Staat ist mit ihr nicht zu machen; zwei Blütezeiten scheint sie haben, die eine in der Gegenwart, die andere zwischen dem 16. und dem 18. Jahrhundert. Die antiken Nachrichten waren fragwürdig. Mochte sein, dass der Ort unter den Griechen Neapolis hieß; mochte sein, dass sich hier das byzantinische Anea befand. Anea wird jedenfalls als ein Hafen erwähnt, der den versandeten Hafen von Ephesos recht und schlecht ersetzte. 1261 hatte Genua dem geschwächten Byzantinischen Reich diese Niederlassung abgerungen und mit christlichen Kaufleuten aus der Lombardei besiedelt, so betucht, dass sie sich den Unterhalt von Kirchen und eines Klosters mit Minoritenbrüdern leisten konnten. Reinhold hatte dies wie manches Folgende von Wolfgang Müller-Wiener gelernt. Später wurde die Stadt in Scala Nova, Neuer Landungssteg, umgetauft, doch den türkischen Namen Kuşadası erwähnt Piri Reis, der große türkische Kartograph, schon 1521. Beide Namen liefen Jahrhunderte nebeneinander. Kuşadası war im 17. und 18. Jahrhundert ein blühender Umschlagplatz für den Export von Rosinen nach Ägypten und von Baumwolle, Leinen und Reis zu den Inseln der Ägäis. Evlya Çelebi, der bedeutendste Reisende im Reich des Sultans, staunte 1670 über die gepflasterten Straßen. In Konstantinopel jedoch, aber auch in London oder Köln, watete man noch fußtief im Dreck. Die Griechen und Armenier wohnten an den südlich der Altstadt hochsteigenden Hängen, der Erzbischof von Ephesos hatte hier seinen Wohnsitz. Die Türken lebten in der Altstadt hinter dem Hafen, dort lagen auch die alten Moscheen. Noch im frühen 19. Jahrhundert diente der Ort als Ausfuhrhafen für im Mäandertal erzeugten eingedickten Lakritzsaft. Ebenso berühmt war er für die Herstellung gefärbten Leders. Seit 1866 ging eine Eisenbahn, von einer englischen Gesellschaft gebaut, von Smyrna aus, berührte Selçuk, erschloss das Mäandertal, ließ jedoch Scala Nova abseits liegen. Die Bahn verbilligte den Transport von Massengütern gewaltig und machte so dem Karawanenhandel in dem Hafenort den Garaus. Kuşadası schlief ein. Erst mit dem Tourismus erwachte es aus der Lethargie. Aus der Antike war außer einigen in den Moscheen verbauten Architekturteilen nichts zu finden, kein Theater, kein Stadttor, keine Bäder, keine Statuen.

Phygela

Nur wenig nördlich von Kuşadası lag Phygela, ein recht kleiner antiker Hafen. Und doch musste der Nachbarort eine ziemliche wirtschaftliche Bedeutung gehabt haben, denn er prägte eigenes

Geld. Die Münzen sind äußerst selten. Die Nationalbibliothek in Paris besitzt die einzige erhaltene Tetradrachme. Phygela war berühmt wegen eines der Sage nach von Agamemnon gegründeten Heiligtums der attischen Artemis. In den nachantiken Jahrhunderten hat man Phygela oft mit Kuşadası verwechselt. Im Sommer 1994 bog Reinhold, von Ephesos kommend und von Martin angewiesen, irgendwo vor Kuşadası rechts in einen Fahrweg ein, nach wenigen Schritten standen sie vor einem mit Buschwerk bewachsenen Hügel, eine seiner Flanken wurde durch eine Mauer aus antikem Material abgestützt. Der Platz glich einem trostlosen aufgelassenen Friedhof, dort lagen die Überreste Phygelas. Ein paar Burschen lungerten umher, magere Pferde scharrten angekoppelt im Sand und fraßen Heubündel. Herren und Rösser warteten auf Kundschaft, auf Kinder und Jugendliche von den umliegenden Campingplätzen, denen ein kurzer Ritt den Strand entlang ein Abenteuer vorspiegeln sollte. Die Campingplätze zogen sich schon hin bis Kuşadası; die Küste war durchlaufend hässlich verbaut.

Raki und Eskimococktail

Im Weichbild der Stadt standen früher am Strand einige der traditionellen Fischlokale, auf Holzstelzen ins Meer gebaute Schuppen, die man über schwankende Planken betrat und durch deren nachlässig gezimmerte Holzwände eine frische Brise strich. Jetzt, in den Achtzigerjahren, erstreckte sich dort ein moderner Yachthafen und, zugegeben, die Schiffe mit ihrem Gewirr von Masten, Teakholz, Messingrudern, buntem Plastik, Radargeräten und Beibooten boten einen lebhaften Anblick. Das Badevergnügen war geschmälert: Ein bisschen Strand, ein bisschen Sand, ansonsten aalten sich die Touristen auf den Betonmauern der Marina in der Sonne. Früher bot nur ein vornehmes Hotel, das Tusan, vor der Stadt auf einer Halbinsel mit eigenem kleinen Strand gelegen, Luxus; während das ältliche Akdeniz Hotel, gleich rechts hinter dem Stadttor, Reinholds Geldbörse mehr entgegenkam. Es hatte 44 Zimmer ohne Bad, am Ende eines jeden Flurs lag eine Dusche; auf seinen steil abfallenden Parkplatz passten nicht mehr als vier Wagen. 1984 waren die Hotels und Pensionen nicht mehr zu zählen. Tausende von Betten warteten auf Touristenströme; der Ort, einst an die siebentausend Seelen zählend, fraß sich kilometerweit ins Landesinnere. Da und dort hatte die Stadt alte und nicht teure Vergnügungen bewahrt. In der lauen Luft des Abends spazierten die Türken immer noch am Hafen und dem kleinen Volkspark entlang; ihr Auge ruhte auf einer kleinen Insel – Kuşadası, der Vogelinsel – mit ihrem den Hafen schützenden Kastell. Den Vätern, die der Ehefrau und den Kindern ein von einem Hörnchen zu schlürfendes Eis spendierten, blieben immer noch einige Liranoten in der Tasche.

Über Bekannte an der Ege Universität in Izmir lernte er Osman Akbulut (schön zu übersetzen mit Weißwolke), den Besitzer des Hotels Akbulut, Istiklal Caddesı 13, kennen. Der Mann war ein auf Hotelbau spezialisierter Ingenieur und hatte ein Haus nach seinem Entwurf gerade gegenüber dem Fußballplatz errichtet. Lärm und Geschrei gab es daher nur während eines Heimspiels. Vor allem sorgte er für genügend große Wasserreservoirs und konnte so im Sommer, wenn selbst in den Luxushotels an einigen Tagen das Wasser ausging oder abgesperrt wurde, seinen Gästen die notwendige abendliche Dusche anbieten. Dies war ein wahrhafter Vorzug, denn an dem Übel, dass in der Hochsaison das Wasser versiegte und der Strom stundenlang wegblieb (in den Hotels sprangen dröhnende Generatoren an und raubten den Gästen, wenn es nachts geschah, den Schlaf), an diesem Übel hatte sich seit den frühen Jahren des Tourismus wenig geändert. Er freundete sich schnell mit dem Besitzer an, der ein exzellentes Deutsch sprach. Am zweiten Abend stand der Türke in Tränen aufgelöst hinter der Theke. Ein junger Bursche, den er seit Jahren zum Kellner ausgebildet hatte, war, wortbrüchig, zur Konkurrenz übergelaufen. Rührten die Tränen noch aus einem andern Winkel seines Herzens als dem kommerziellen? Die Trauer bekämpfte der Mann mit vielen Raki und gegrillten Spießchen. Reinhold nahm an Kummer, Speise und Trank brüderlichen Anteil, und zwar so: Die beiden zogen, die eigenen Rakiflaschen in braunes Packpapier eingeschlagen, in eine schlichte Garküche, deren Besitzer ein Freund des Hoteliers war. Unten hantierte der Koch an glühenden

Öfen, eine verwinkelte Holzstiege ging es hoch, dann ließen sie sich an einem wackligen Tisch nieder, die fetten Schwaden des brutzelnden Lammfleisches stiegen aus der Küche anregend in ihre Nasen, der Wirt richtete ihnen Salate an, schnitt Melonen auf und stellte Schafskäse auf den Tisch. Sie wickelten die Flaschen nicht aus dem Papier, sondern schenkten sich den Raki insgeheim ein, denn der Wirt hatte keine Konzession für alkoholische Getränke. Glas um Glas stürzten sie hinunter. Der Feldzug gegen die Trauer näherte sich schnell der Entscheidung. Es galt, mutig und unverzagt weiterzutrinken. Am nächsten Tag war der Kopf benebelt und die Trauer verflogen. Er überhörte einen der Späßchen Akbuluts. Einen deutschen Knaben winkte der zu sich an die Bar. »Möchtest du einen Eskimococktail?« – »Ja, Klasse.« – »Hier hast du deinen Eskimococktail«, sprach der Türke und schob dem Kind ein Glas hin, gefüllt mit kaltem Sprudel und einigen Eiswürfeln.

Baden im Nationalpark inmitten von Hornissen

Was das Baden anging, so lag in der Nähe von Kuşadası einer der wildesten und schönsten Strände der Küste. Man nahm einen Kleinbus und fuhr eine halbe Stunde durch Vororte und ziemlich verwahrloste Feriensiedlungen in den Dilek Yarımadası Nationalpark. Das Waldgebirge, eine Macchia, durchsetzt mit Lorbeerbüschen und Zypressen, reich an Füchsen, Wildschweinen und, behauptete kühn der Fremdenverkehrsverein, Luchsen und Bären, voll seltener Vogelarten und Schmetterlinge, reichte bis ans kristallene Wasser. Bleiche, tote Baumwurzeln und Stämme ragten ins Meer. Zwei Strände gab es, der eine hatte schwarzen, scharfkörnigen Sand, der andere war mit einem Geschiebe dicker Kiesel bedeckt, von denen es sich trefflich abrutschen und Knöchel brechen ließ. Beide fielen steil ins Meer. Dicht vor dem Betrachter standen griechische Inseln. Schiffe zogen wie greifbar nahe vorbei. Im Sommer breiteten Dutzende von türkischen Sippen ihre Decken aus, morgens, aber beileibe nicht zu früh, sagen wir also, vor Mittag, und picknickten im Schatten der Bäume. Die Mütter und Großmütter richteten Salate an, schälten Obst und stopften die Kleinen randvoll, die Männer behielten sich das Privileg des Grillens der Würste, Bauchseiten und Lammrippchen streng vor. Recht so: Hatte ihr Geschlecht doch durch Zehntausende von Jahren das Fleisch in Gestalt von erlegtem Wild, vom Säbeltiger und Höhlenbär bis zum Kaninchen, in die Höhlen geschleppt. Die Männer waren wortkarg. Mit einem Busch Reiser mehr Luft auf das Feuer zu fächeln oder weniger oder gar keine, das wollte ruhig und sorgfältig erwogen sein. In Texas und Deutschland agieren Männer nur darin anders, dass sie beim Grillen noch größere Mengen von Dosenbier schlucken. In Kuşadası durften die Mütter die modernen Würstchen statt des altsteinzeitlichen Wildbrets verteilen. Nach dem Essen schlief oder döste die Familie, nur die Kinder und Jugendlichen sprangen mit Vorliebe von Baumstämmen ins Wasser. Die köstlichen Essbarkeiten wie auch die überquellenden Abfallbehälter lockten neben Schmetterlingen zahlreiche riesige, schwarz-gelb gestreifte Hornissen an, welche, Allah sei Dank, nur hin und wieder stachen. So blieb der Strand ein Ort wahrer Beschaulichkeit. Am späten Nachmittag warf sich die Menge zur Rückfahrt in die Kleinbusse. Wenn Sie, freundliche Leserin, geneigter Leser, dem billigen Rummel oder der Verlockung zu kostspieligem Kauf in Kuşadası entfliehen möchten, dann empfiehlt Reinhold den Nationalpark, vorausgesetzt allerdings, Sie sind willens, sich während ihres Aufenthalts auch mit den Hornissen auf freundschaftlichen Fuß zu stellen.

Im Reich des Sultans: Lord Byron und Ali Pascha von Tepelene

Byron besucht Ali Pascha

Ali Pascha, schrieb der junge Lord Byron am 12. November des Jahres 1809 an seine Mutter in England, habe ihn mit vorzüglichen Ehren an seinem Hof in Mittelgriechenland empfangen. »He received me standing, a wonderful compliment from a Mussulman, and made me sit down on his right side.« Ali, Despot über Nordwestgriechenland und Albanien, der sich gern den Löwen nennen hörte und dem ein Vergleich mit Napoleon stets glatt einging, verstand sich vorzüglich aufs Schmeicheln. Byron sei, sagte er, ein Mann von hohem Stand und adligem Wuchs. Das falle ins Auge: Die kleinen Ohren, das lockige Haar und die weißen Händchen. Er, Ali, werde fortan wie ein Vater zu ihm sein; Lord Byron möge ihn doch besuchen, sooft er wolle, zumal nachts, wenn er mehr Muße habe. Byron, dem man eine Vertrautheit auch mit den entlegeneren Praktiken der Erotik nicht absprechen kann, mochte sich seinen Teil zu den Öhrchen, den weißen Händchen und den nächtlichen Besuchen gedacht haben. Er reiste weiter. Byron, der auf eine Bosheit nicht verzichtet, wenn sie nur geschliffen formuliert ist, bringt einen unglaublichen Vergleich der Türken und Engländer, übersetzt aus der vorzüglichen Biographie Byrons von L. A. Marchand:

Ich sehe nicht viel Unterschied zwischen uns & den Türken, außer dass wir Vorhäute haben und sie keine, dass sie lange Gewänder tragen und wir kurze und dass wir viel reden und sie wenig – In England sind die modischen Laster Hurerei & Saufen, in der Türkei Arschficken & Rauchen, wir ziehen ein Mädchen und eine Flasche vor, sie eine Pfeife und einen Jungen, der den Hintern hinhält. Sie sind vernünftige Leute.

Das schändliche Leben und der elende Tod des Löwen von Joánnina

Ali Pascha war jedoch wahrlich kein Mann solch einseitiger Neigung. Frauen, auch die Ehefrauen seiner Familie, waren seiner Aufmerksamkeit gewiss. Eine Ballade erzählte vom Schicksal der Euphrosyne, einer schönen Griechin, welche der Volksmund »Frozeni« nannte. Ali und sein ältester Sohn teilten sich in die körperlichen Freuden der Frozeni, doch wusste keiner vom andern, bis Ali eines Morgens die Augen aufschlug und an der Hand der neben ihm schlummernden Geliebten einen schimmernden Diamantring erblickte, den er selbst erst vor Monaten der Ehefrau eben dieses ältesten Sohnes (den Grund hielt Ali verborgen) geschenkt hatte. Frozeni wurde noch in der selbigen Nacht von den Häschern Ali Paschas in einem See ertränkt, der nahe dem Städtchen Ioánnina lag. Wie es in der Residenz Ioánnina zu jähem weiblichen Wassertode zu kommen pflegte, erfahren wir aus einer zweiten Geschichte. Eines anderen Morgens, als Ali die Frau seines Sohnes Muchtar Pascha besuchte, fand er sie in Tränen badend vor. Er tröstete sie nach Kräften und fragte dann nach dem Grund des Kummers.

»Ach«, erhielt er zur Antwort, »mein Mann liebt mich nicht mehr wie früher.«

»Hat er, mein Lämmchen, andere Frauen im Sinn?«

»Ja.«

»Kennst du sie?«

Aufschluchzend schrieb die Dame die Namen der fünfzehn schönsten Griechinnen und Türkinnen der Residenz auf ein Stück Papier. Das Volk murmelte später, die Namen seien ihr unbedacht aus der Feder geflossen. Doch wer will das glauben von einer eifersüchtigen Frau, welche die Gelegenheit ergriff, mit einem einzigen Schlag ihr Bett von tatsächlichen Rivalinnen zu reinigen und der auch eine auf die Zukunft sich erstreckende erotische tabula rasa verlockend vor Augen stand? Am gleichen Abend noch fingen Soldaten des Paschas die bezeichneten Frauen in ihren Häusern ein, brachten sie zum Palast, von dort auf Kähne am Seeufer, nähten sie in Säcke, ruderten hinaus aufs Wasser und ersäuften die Schönsten der Stadt wie junge Katzen.

Von der politischen Moral des Ali Pascha sollten wir gar nicht viel reden. Jahrelang übte er Straßenräuberei, Mord, Treulosigkeit; stieg auf mittels einer Diplomatie der Intrige und Perfidie und wurde so zu einem mächtigen Dorn im Fleisch seines Oberherrn, des Sultans. Doch, seltsam genug, im hohen Alter ließen ihn Misstrauen und Durchtriebenheit im Stich, und er kam zu einem elenden Ende. Ali hatte einen Sendboten des Sultans überfallen lassen, das Fass der Missetaten lief über: Kurzerhand wurde er des Amtes enthoben, das störte ihn nicht weiter; doch als die Truppen des Sultans ihm auf den Leib rückten, schloss er sich in seiner Festung in Ioánnina ein. Im obersten Geschoß versammelte er seine Leibwache, im mittleren seine Schätze, das Erdgeschoss füllte er mit Schießpulver. Ein Zündholz, so drohte er den Belagerern, genüge, um die Schätze und ihn selbst in den Himmel zu schicken. Die Schätze aber wollte der vom Sultan gesandte Pascha nicht opfern. Ein halbes Jahr hielt Ali aus, dann bewegte die Angst um sein längst hoffnungsloses Verräterleben den Greis, einem Vergleich zuzustimmen. Er übergab die Festung dem Pascha und zog sich gegen dessen Versprechen, sein Leben bliebe unangetastet, mit seiner Truppe auf eine Insel im See zurück. Der Pascha ging lange freundlich und, wie es Alis Rang als Pascha und Wesir zukam, ausgesucht ehrenvoll mit dem Alten um. Er besuchte ihn täglich, und bei einer dieser Unterredungen, man schrieb den 5. Februar 1822, bat Ali, ihm zwei Wünsche zu erfüllen. Zum einen gehe ihm das frische Lammfleisch sehr ab. Den quälendsten Mangel trug Ali mit einigem Stocken vor – war er doch dem Augenschein nach ein treuer Moslem – ,es dürste ihn schrecklich nach Wein. Ob man ihm Lamm und Wein schicken wolle? »Topp«, (oder was ein türkischer Pascha sagt), »versprochen; ist so gut wie geschehen, der Proviant wird am nächsten Tag eintreffen.« Die beiden gleichrangigen Freunde erhoben sich zum Abschied vom Sofa; der jüngere Pascha machte eine tiefe zeremonielle Verbeugung; Ali erwiderte diese, doch ehe er sich aufrichten konnte, hatte sein Freund ihm einen Krummdolch in den Rücken und durch das Herz gestoßen, mit solcher Gewalt, dass die Spitze zur Brust herausfuhr. Ali stürzte blutüberströmt zu des Paschas Füßen nieder. Der alte Schakal hatte einen andern Schakal einen Moment aus dem Auge gelassen.

Alis Kopf wurde abgeschnitten und mit einer Eskorte nach Istanbul gesandt. Dort behandelte man den Körperteil mit der Ehrerbietung, die schon einem ungeköpften Wesir zukommt. Byron hat das Haupt beschrieben, als es noch auf den Schultern seines Besitzers saß: Ein fein geschnittenes Gesicht, hellblaue Augen und ein weißer Bart. Zwischen dem zweiten und dem dritten Tor des Sultanspalastes sah Dr. Robert Walsh dieses Haupt eines bedeutenden Mannes in einer Schüssel auf einer niedrigen Marmorsäule aufgebahrt, wie bei einem islamischen Johannes dem Täufer. Die Haut war fein säuberlich ringsum vom Schädel gezogen und ausgestopft worden. Walsh tat sich nicht genug des Staunens, wie lebensvoll das Antlitz sei, bleich, doch fleischig und keineswegs eingefallen; ja, er glaubte, den Nachschein der Ehrlichkeit und einer freundlichen Wesensart zu erblicken. Ein Soldat wachte neben der Schädelstätte; die umstehenden Türken sahen mit unbewegter Miene und geringer Aufmerksamkeit auf das Schauspiel, gleich als ob ihre Blicke über eine nackte Marmorsäule glitten.

Ubi pisces, ibi patria

Das Alphabet der Fische und der drohende Zerfall der Welt

Die Suche nach dem ursprünglichen Alphabet der Fische

Auf den Parkplätzen der Ruhr-Universität Bochum stehen Autos, die auf den Heckscheiben einen aufgeklebten Fisch tragen. Ihre Fahrer legen Zeugnis ab: Sie wollen mit Fischen in ihrer leibhaftigen und natürlichen Gestalt weniger zu schaffen haben als mit einem göttlichen Fisch, dem Sinnbild, unter dem die frühen Christen Jesus Christus anriefen und verehrten. Zur Erinnerung: Das griechische Wort, ΙΧΘΥΣ, der Fisch, steht mit seinen Anfangsbuchstaben ins Deutsche übersetzt für Jesus Christus, Gottes Sohn, Heiland. Mit den frommen Verzierern von Heckscheiben hat Reinhold wenig gemeinsam. Er verehrt den Fisch als ein weltliches Lebewesen, »göttlich« ist, je nach Art, dessen Geschmack. Wo sich Fische in Meer, See und Fluss tummeln, wo der Geruch von Fischmärkten und Fischrestaurants ihm in die Nase steigt, dorthin zieht es ihn jederzeit. So ist auch das Motto ubi pisces, ibi patria auszulegen: Mit Patriotismus hat es überhaupt nichts zu tun; es besagt lediglich, dass er sich an Orten, wo auch immer, wohl und daheim fühlt, solange sie Meerestiere reichlich anbieten. Bleiben wir fürs Erste bei den essbaren Fischen. Er folgt diesen kulinarischen Idolen beharrlich durch Mythen, Kochbücher, Märkte, Restaurants, eigene Töpfe und Pfannen. Freunde erklären die Beharrlichkeit für Spinnerei, er schweigt pikiert. Er liebt die Nuancen des Wohlgeschmacks der Fische, bei einer Mahlzeit sollten sie alle schon begleitet werden von einer Flasche Wein oder Raki.

Reinhold erlaubt sich eine mythologische Spintisiererei, bevor er zu den Fakten kommt, dem Kauf der Arten und ihren Zubereitungen, dem Schuppen und Braten. Here goes: Bei rechtem Licht betrachtet, liebt er die essbaren Fische im Meer auf kabbalistisch-gnostische Weise. Das will sagen: Die Summe dieser Lebewesen stellt sich ihm dar als die Welt überhaupt und zwar in ihrem ungeschiedenen Ur- und Rohzustand, als ein Alphabet, bei dem die Buchstaben chaotisch über- und untereinander geworfen sind. Jeder einzelne Buchstabe steht für den Namen einer Fischart in den Wassern. Er bleibt jedoch nicht allein in dem Glauben an ein ursprüngliches wüstes Meer voller Untiere, er findet Glaubensgenossen. Der Grieche Hesiod nennt den Urzustand »Pontos«, das wüst tobende Meer. In der Bibel bedeutet »Tohuwabohu« das Chaos in den Wassern, nicht zuletzt ein Gewimmel von Fischen und, so sagt die Bibel mehrfach, ein Meer komplett mit einem Riesendrachen. In den Erzählungen aus den Tausendundein Nächten berichtet Schehrezâd in der 496. Nacht vom ozeanischen Reich eines Monstrums namens Bahamut. Der Bahamut sei ein Fisch, mit dem verglichen alle Ozeane der Welt winzig wie ein Senfkorn erschienen, das man in eine seiner Nüstern gelegt habe. Der Senf gilt im Orient als das kleinste aller Samenkörner. Kein Wunder, dass Jesus ohnmächtig zu Boden stürzte, als Allah ihm den riesigen Fisch zeigte. Anderswo geht der Mythos leicht abgeändert weiter. Drei Tage und drei Nächte vergingen, bevor Jesus wieder zur Besinnung kam. In Anlehnung an eine alte arabische Legende denkt sich das kosmologische Ungeheuer nicht weniger fantastisch: Die Position des Bahamuts im Kosmos ist diese, dass der Fisch in einer unergründlich tiefen See treibt, auf den Fisch setzte man einen Stier, auf den Stier einen Rubinberg, auf den Berg einen Engel, über den Engel sechs Höllen, über diese Höllen die Erde und über die Erde sieben Himmel. Die unergründliche tiefe See darf Reinhold getrost verknüpfen mit Pontos und Tohuwabohu. Der Bahamut hat in der Bibel einen gleichermaßen schrecklichen wie ungestalten Vetter. Der Prophet Jesajah, ohnehin ein feuriger Liebhaber von dem Boden gleichgemachten Städten und blutgetränkter Erde, spricht davon, dass der HERR mit seinem harten Schwert den Leviathan, die gewundene Schlange, den ungeheuren Drachen im Meer, erschlagen wird. Und das Buch Hiob erzählt vom Leviathan recht eindrucksvoll: »Nur der HERR ist stark genug, ihn zu fangen, ihm zwischen die Zähne zu greifen [...] Selbst Göttern graut es, wenn er sich erhebt, vor Schrecken ziehen sie sich zurück.«

Nun, der Weltendrache interessiert Reinhold nicht weiter: Er ist zu korpulent, zu fett als Gericht für eine Person und selbst für mehrere. Und wie sein Fleisch schmeckt, ist auch noch nicht heraus.

Reinhold nimmt einen eigenen skurrilen Anlauf. Die Schöpfung stellt sich ihm dar als ursprünglich gestaltloses, fischträchtiges, doch zur Individuation und Form drängendes Meer. Die vor Adam existierenden Riesen griffen ein und halfen, Ordnung und Sinn zu schaffen. Sie bereiteten aus allen Geschöpfen des Meeres Gerichte zu, deren jedes den Namen einer Tierart trug, und fügten diese Gerichte in die Ordnung eines Alphabets, welches über die zweiundzwanzig ursprünglichen Buchstaben der Kabbala unerfindlich weit hinausgeht. Am Ende des Marathons der Fischköche hatten die Präadamiten die jetzige Welt zusammengefügt. Freilich, wo zusammengefügt werden konnte, von dort kann auch Auflösung kommen. Das Mysterium des vollständigen Fischalphabets ist mit den Riesen untergegangen. Ob es damit auf alle Zeiten unauffindbar bleiben wird, wer will es wissen? Die heute bekannten Fischzubereitungen gehören vielleicht zum ursprünglichen Alphabet und enthalten damit Teile des verborgenen Sinns. Das Geheimnis, wenn es denn eines ist, hüten die Eingeweihten ängstlich. Schon durch ein bloßes Murmeln der Namen der Gerichte verschaffen sie sich unbeschreibliche Wonnen. Man lausche aufmerksam! Die Litanei läuft von à l'amiral über balık haşlaması, à la batelière, à la carmelite, à la Chavette, à la Dragomirow hin zu Içli tava, Midye tavası, à la Monvoisin, à la Mornay, à la Piombino und endlich zu à la Yvette und zur Zarzuela.

Reinhold wappnet sich auf einen Kampf mit einem gespenstigen Widersacher

Ein Mann wandert – nein, Ahasver heißt er nicht, der hat andere Sorgen – seit Jahrhunderten unerkannt durch alle Erdstriche und sucht jeglichen Namen der Fische und Fischgerichte zu erfahren. Wenn er sie daraufhin nach ihrer rechten und vollständigen Ordnung ausgesprochen haben wird, wird die Welt mit einem Schlag aufhören zu bestehen und mit einem Luftseufzer in ein Nichts zusammensinken. Niemand weiß, wie nahe der Mann seinem Ziel ist. Reinhold sputet sich daher, unter verzweifelter Missachtung seines Geldbeutels und seiner Leibeskapazität, Fischgerichte, geordnet zu einer möglichst vollständigen Buchstabenfolge, zu sich zu nehmen. Es könnte ja wirklich gelingen, dass er als allerletzter Gast den allerletzten Fisch seiner Art äße und der Namen der Mahlzeit in tiefste Vergessenheit fiele. Niemand würde mehr wissen, wie der Fisch zuzubereiten sei und zu welchem Gericht er sich eigne, denn er hätte den Koch gründlich befragt und nach dem Mokka erschlagen. Der Zweck heiligt die Mittel. Damit wäre die Welt aufgrund eines einzigen, in Ewigkeit unerreichbaren Gerichts und eines einzigen Fischs vor ihrem geheimnisvollen Widersacher gerettet. Er glaubt manchmal, er kenne beides schon, den Fisch und das Gericht, und bewahrt ihre Namen getreulich in seinem Herzen. Er schweigt zu allen davon, denn die Sorge für die Welt, soll sie weiter bestehen, lastet schwer auf seinen Schultern. Es schmerzt ihn beträchtlich, wenn Frauen, die ihm bei der Wahl der Fische zu einem ausgedehnten Essen zusehen – »Ja sicher, den großen nehme ich und den noch, und, ach was, dahinten, der kleine passt auch noch in die Pfanne« – wenn solche Frauen ihn einen Vielfraß von Fischen schimpfen und höhnisch den Mund verziehen, wo er doch im Dienst einer guten Sache – was sagen wir? – in tragischem Dienst wie ein zweiter Herakles die Säulen des Weltgebäudes stützt.

Er trifft - vielleicht - schon früh auf den Gegner; Kuşadası: In einem Fischlokal mit der Tochter Corinna

Er war einem weltdurchirrenden Mann begegnet, vor langer Zeit, so um 1973, in Kuşadası, als es noch ein verschlafenes Landstädtchen war. Mit seiner kleinen Tochter Corinna saß er in einem der Fischlokale an jenem Teil des Strandes, den später der Yachthafen einnahm. Auf hölzernen Pfählen hatten die Türken Bretterbuden in das seichte Wasser hineingebaut; innen gab es einen großen Speiseraum, dahinter, dem Meer zugewandt, die Küche, der Abfall fiel durch ein Loch im Fußboden ins Wasser. Über zitternde und schwingende Planken traten sie ins Innere einer der Buden. Trotz der Mittagshitze ging eine kühlende Brise durch Fenster und Türen, durch die Ritzen und Fugen der Holzwände. Das Kind kniete auf dem Boden, den Kopf an eine Spalte zwischen den Bohlen gelehnt, und blickte verzückt hinab auf das wogende kristallklare Wasser, die goldenen Kreiselchen des Sonnenlichtes auf den Wellen und auf die Schwärme von kleinen grün-goldenen Fischen, welche zu den hingeworfenen Brotkrumen immer wieder gierig hochschossen. Das Wasser brodelte einen Augenblick schwarz auf, dann sank der Brotbrocken, den Mäulern zu sperrig, schaukelnd in die Tiefe. Am Ende der Mahlzeit spießte Reinhold ein gutes Stück Fisch auf seine Gabel; das war eine Gewohnheit. Einen Leckerbissen sparte er sich immer bis zuletzt auf.

In früheren Jahren, als Junge, in den schlimmen Zeiten nach dem Krieg, wäre solche Betulichkeit fatal gewesen. Sein Vater selig hatte mehr als einmal einfach die Kostbarkeit, ob Fisch, ob Fleisch, reserviert von Reinhold – von Reinhold! – auf seinem Teller aufgespießt und in den eigenen Mund geschoben und zudem geglaubt, sich mit dem Spruch, »Dem Ochsen, der da drischt, sollst du das Maul nicht verbinden!« eine biblische Rechtfertigung für jene in den Augen des Kindes unverzeihliche Missetat zu verschaffen. Das war lange her, der Sohn ist sicher, sein Vater hat sich inzwischen am himmlischen Manna übersatt gegessen. Er selbst hat an anderen Esstischen sich daran gewöhnt, weniger argwöhnisch zu essen.

Corinna spielte weiter in dem hölzernen Lokal und Reinholds wohliger Blick schweifte über das glitzernde Wasser. Seinen vom Raki eingeschläferten Sinn störte ein plötzliches Daumenzwacken. Hatte nicht Shakespeare solches Zwacken für ein untrügliches Zeichen gehalten, dass sich ein böser Geist nähere? Das Zwacken nahm zu. Die Sonne stand im Zenith, ein schwarz geteerter Kahn tuckerte aufs silbern gekräuselte Meer hinaus, in ihm stand aufrecht und ohne einen Schatten zu werfen eine hagere Gestalt, schwarz gekleidet, einen flachen, dunklen, breitkrempigen Hut, aus Filz oder Fell mochte er sein, tief in die Stirn gezogen. Einen Augenblick kreuzten sich ihre Blicke; der Fremde starrte auf ihn und die Reste des Fischmahls mit Gier, Neid und Übelwollen. Schattig waren seine Gesichtszüge, nur über die Stirn zog sich eine weiße, schlecht vernähte Narbe. Sie glich, dachte Reinhold, bevor Mann und Kahn im gleißenden Meeresdunst sich auflösten, den Rippen und dem Rückgrat eines abgenagten Fisches.

»Kennen wir«, mögen Sie, kluge Freundin und kluger Freund, jetzt sagen, »auf die Geisterhaftigkeit des Mannes wird hübsch, aber doch ein wenig vordergründig angespielt. Auch wie es weitergeht, liegt auf der Hand: Der rätselhafte Fremde wird noch einige Male die Pfade des Reinhold kreuzen und endlich von dem Fluch erzählen wird, der ihn erst um den Preis des Weltuntergangs zur Ruhe kommen lässt. Reinhold wird erschrecken, zurückweichen, schließlich aber – wir durchschauen ihn längst, er hat einen Sinn für angemessene und unangemessene Weltuntergänge – den einsamen Kampf gegen den Verschlinger der Namen aufnehmen. Wir durchschauen ihn und haben unsern kleinen Spaß an den Finten.« Aber so offensichtlich war es nicht und wird es nicht sein, nein, wahrhaftig nicht. Er möchte mit Geistern keinen leibhaftigen Umgang pflegen. Für gewöhnlich erkennt er sie nicht, und sie machen um ihn ihre geisterhaft stillen Bögen.

Kumkapı: einst ein Ort des Fischgenusses

Vor vielen Jahren hatte Reinhold mit Ella in Istanbul Urlaub gemacht; ein winziges Zelt hatten sie im Vorort Bakırköy auf einem Campingplatz aufgeschlagen, in spärlichem Schatten, wenige Schritte vom Strand. In jenen fernen Zeiten konnten die Menschen sich noch ins Wasser des Marmarameers werfen, ohne krätzig daraus aufzutauchen. Ruhig war der Platz nicht. Im Anflug auf den Flughafen Atatürk gingen landende Maschinen mit pfeifenden und heulenden Triebwerken herab; die elektrische Vorortbahn nach Florya und Yeşilköy kreischte alle paar Minuten hinter einem Erddamm vorbei. Von einer Schnellstraße, die entlang der byzantinischen Seemauer bis zur Galatabrücke führte, waberte blauer Dieseldunst herüber. Dennoch war der Campingplatz kein schlechter Platz, um Istanbul zu erkunden. Nach Mitternacht ruhten die Züge. Nachts schliefen die Flugzeuge und Lastwagen auch. Tagsüber und abends jedoch brachten die Triebwagen in dichter Folge die Reisenden in die Stadt und wieder hinaus. Ausgestiegen waren die beiden das ein oder andere Mal in Kumkapı, dem Viertel um das alte Sandtor. Sie stiegen über eine schmutzige Treppe den Bahndamm hinab und gingen dann ein, zwei Minuten den Hang hinan auf einer mit Fischköpfen, Fischblut und Innereien beschmierten Straße, zwischen Dutzenden von Hunden und Katzen hindurch, zu den Fischständen und gleich daneben den Fischlokalen. Was ein Fisch auf den Holztafeln des Fischhändlers und was er auf dem Teller im Lokal kostete, war schnell ersehen und erfragt. Sauwohl hatten sie es sich dort sein lassen, die Bäuche vollgeschlagen mit ein, zwei, drei Portionen Fisch, Raki, Honigmelonen, denn der Kenner verzehrt die ordinäre Wassermelone nicht gern zum Raki, weiterhin weißen Käse, Oliven, Kresse und Rukola. An bitteren Kräutern als Beilagen zum Fisch sieht man, was der Koch versteht. Ächzend und rülpsend, beide Leibesgeräusche waren unerlässlicher Ausweis des Wohlbefindens, von Rakidunst und Knoblauchduft wolkig umhüllt, nahmen sie späten und gestenreichen Abschied vom über die Rechnung wahrhaft erfreuten Patron, noch einen Raki auf den Weg geschluckt, dann schwankten sie, in klammernd-stützend-zärtlicher Umarmung, zum vorletzten Zug. And so to bed.

Bakırköy: Ein Zeltnachbar und Kochversuche mit Hechten

Die Erzählung von Fischen geht noch ein wenig weiter. Nach einigen Tagen wechselten Ella und Reinhold mit ihrem Zeltnachbarn in Bakırköy einige zögerliche Worte. Nach einigen Tagen kamen sie mit ihrem Zeltnachbarn in ein ebenso zögerliches Gespräch. Seit langem besuche er den Campingplatz. Sein Hobby trieb ihn, als Angler war er besonders auf Hechte aus. Vor der Stadt, nach Thrakien hinaus, gebe es eine Reihe kleiner Seen, unberührt, zwischen Bauland und Ödland, unbefischt, die Angel brauche man im Morgengrauen nur übers Wasser zu hängen, die Hechte würden mit selbstmörderischer Lust beißen. Um vier Uhr morgens ziehe er los. Die beiden schliefen lieber ihren Rausch aus. Die Sonne stieg in den Himmel, im Zelt wurde es stickig-warm; sie erwachten, steckten die Köpfe an die Luft. Da stand der Herr Nachbar, zurückgekehrt vom Fischfang, noch angetan mit seiner Angelkleidung, hohen Stiefeln, wasserdichtem Zeug, einem dunklen, breitkrempigen Hut, tief in die Stirn gezogen. Sechs junge Hechte, Weidenzweige durch die Kiemen gezogen, waren seine Ausbeute. »Sie gehören Ihnen, wenn Sie sie wollen. Mir liegt nichts an Hechten, seit einer Ewigkeit esse ich Hechtgerichte.« Reinhold war ein Anfänger und wusste die Fische nur in die Pfanne zu schlagen. Sie auszunehmen, war ihm ein Angang; der gallig-bittere Geruch der Innereien nahm ihm den Appetit; beim Schuppen zeigte er sich überhaupt nicht anstellig. Fahrig trieb er ein großes Messer über die Fische vom Schwanz gegen den Kopf. Ein Regen von silbernen Schuppen fiel auf seine bloße Brust, auf Arme und Beine. Die Hechtschuppen klebten an ihm wie der Panzer eines mittelalterlichen Ritters. Ach Gott, und dann die gebratenen Hechte: Zu wenig gewürzt, zu lange in der Pfanne gelegen, ausgetrocknet, kulinarische Ruinen. Sein Nachbar sah das Machwerk an und schwieg belustigt. Reinhold kaute an einem Fisch, hustete, drohte an den Gräten zu ersticken, würgte die Hechtbrocken hinaus, dreimal, dem Nachbarn vor die Füße. Der wich jäh zurück und warf einen langen, so verächtlichen wie erbitterten Blick auf den Stümper. Am nächsten Morgen zeigte das niedergetretene Gras an, wo sein Zelt gestanden hatte.

Istanbul 1992

Wintertage mit Monika

Das Hotel Nomade

Zwischen Weihnachten und Neujahr 1992 wollte Reinhold seine Freundin Monika zum Abendessen nach Kumkapı einladen; er gestand sich die Verrottung des Ortes nicht ein, der alte wohlige Fischgeruch hing ihm immer noch in der Nase. Sie wohnten im Hotelchen Nomade, Divan Yolu, Ticarethane Sokak, 7-9, zwanzig Schritte zum Hippodrom. Eine enge Stiege führte zum zweiten Stock hoch. Die Rezeption und gleichzeitige Bar glich einem gemütlichen, hippiesken Wohnraum, Kelims auf dem Boden und an den Wänden, Kupfergeschirr, Ziegenfelle vor niedrigen Bänkchen und Tischen. Damit hatte es sich auch mit der Gemütlichkeit. Enge Treppen schraubten sich weiter die Stockwerke hoch; schmale Gänge liefen ab. Das winzige Doppelzimmer hätte Spartanern oder Masochisten (der Unterschied war Reinhold ohnehin nicht ersichtlich) behagt: Ein Bett mit vielen, schweren, nicht-wärmenden Decken, ein wackliger Schrank, dessen Tür zu schließen ihnen unmöglich war, große gurgelnde Heizungsrippen, von denen gleichwohl so gut wie keine Wärme ausging, also ein klamm-kaltes Gemach, die eisige Toilette lag am Ende des Ganges. Halt, ausgewogen will Reinhold stets berichten: Poetisch schön fand er den morgendlichen Blick aus dem kleinen Fenster. Hinter den verschmierten Fenstern des Zeitungsviertels, schon die ganze Nacht durch, so schien es, waren Arbeiter an blechern klappernden und klickenden Druckmaschinen schnell hin und her geschritten, jetzt immer noch. Über Hochhäuser glitt der Blick auf die streng gerundeten Kuppeln der Hagia Sophia, Puderschnee glänzte im Sonnenlicht auf den Bleidächern, Taubenschwärme durchquerten knatternd die seidige Luft.

In der Rezeption des Nomade hätten ausgelegte Farb- und Hochglanzprospekte ihn nachdrücklich abschrecken müssen; sie trieben den Ruf der Fischlokale ins Märchenhafte, sagenhaft sollten Frische und Vielfalt der Fische sein, mäßig hingegen die Preise. Die vorgewiesene Visitenkarte ihres Hotels, versicherte der junge Türke an der Rezeption, werde wie ein Sesam-Öffne-Dich das Herz des Besitzers, er kenne ihn seit Jahren, aufschließen und den Preis auf einen privaten, nur von Einheimischen zu erlegenden, sinken lassen. Reinhold, dem jedes türkische Versprechen erst einmal ein sanft vergehendes rosa Wölkchen ist, das über den tiefblauen Himmel der Erzählungen aus den Tausenundein Nächten dahinsegelt, war misstrauisch, weil die so heiter wie bereitwillig abgegebenen Versprechen, denen er aus Anstand im Voraus großen Dank abzustatten verpflichtet war, nicht selten zu einem Nichts vergingen. Er hätte zu dem Angebot »Nein« sagen sollen, doch da die Gier nach Fischen ihm den Sinn erhitzte, blieb er zwar misstrauisch, aber nur halbherzig misstrauisch. Vor dem heißen Fisch stand noch ein naßkalter Abendspaziergang.

»The black ooze of Istanbul is everywhere,« schimpft Jan Morris

Das winterliche Istanbul war, wie gewöhnlich, abends wenig einladend. Vom Beyazit Platz vor der Universität stolperten und schlitterten Monika und Reinhold Hand in Hand die steile Straße nach Kumkapı hinab. Nieselregen, feuchtkalte Luft, wie immer kroch der Schwefelrauch aus tausend Öfchen, welche die Armen dieses Viertels nur mit billiger Braunkohle zu heizen wussten, und biss in Kehlen und Lungen. Die Männer hasteten mit hochgeschlagenen Jackettkragen nach Hause. Das weißgelbe Licht der Bogenlampen verschwamm in der rieselnden Feuchtigkeit zu trübgelbem Nebel. Im Dunkeln ragten die Bordsteine hoch, genickbrechende Drachenzähne. Zur Rechten wie zur Linken fielen rasselnd und dröhnend Eisengitter vor die Fenster und Türen der kleinen Läden, die Lichter wurden gelöscht, die dunklen Gestalten der Besitzer drängten sich missmutig aus den Eingängen, schüttelten sich, ehe sie noch nass wurden, stellten die Rockkragen hoch und schlurften dann eilends davon in stockfinstere Nebengassen. Merkwürdig, wie wenige Männer in der Stadt einen Wintermantel trugen. Wollten sie die kalte Jahreszeit mit Nichtachtung strafen? Oder folgten sie dem winterlichen Vorbild des großen Atatürk, welcher auf einer inzwischen als wertlos aus dem Verkehr gezogenen Zweieinhalb-Lira-Münze im dünnen militärischen Habit, den Kragen, versteht sich, hochgeschlagen, vornüber gebeugt durch ein blechernes Anatolien stapft? Patriotische Türken bestehen darauf, Mustafa Kemal bei Gallipoli sei derart abgebildet worden. Auf allen winterlichen Straßen und Plätzen Istanbuls hatte ein riesiges und unermüdliches Heer der Geister Allahs gleichmäßig und sorgsam Schlamm aufgetragen.

So auch auf der Divan Yolu. Über jeden Pflasterstein und jeden Asphaltflecken, die Schlaglöcher nicht vergessend, hatten sie einen Estrich aus glitschigem, daumendickem, holzkohlenschwarzem, ätzend schwefligem Schlamm gestrichen. Jan Morris, die er als Reiseschriftstellerin bewunderte, war »the black ooze of Istanbul« ebenfalls im Gedächtnis geblieben; er hatte sich mit ihr einmal über Istanbuls schwarzen Schlamm unterhalten. Niemand entging dem Schlamm, er kroch über die Schuhe, die Strümpfe und Beinkleider hoch bis ans Knie; er verschonte weder die Lastträger rings um den großen Basar noch die eingemummten Frauen und die adrett uniformierten Schulkinder auf den Gehsteigen noch die Reichen auf den wenigen Schritten von ihrer Limousine bis zur Drehtür des Hilton. Auf osmanisch fromme Art machten die Geister mittels des unerschöpflichen und in seiner Allgegenwärtigkeit unumgehbaren Schlammes die Menschen gleich.

Vor und in Fischlokalen: frierende Schlepper und aufgebahrter Fisch in den Kühltruhen

Schließlich erreichten Monika und Reinhold den kleinen Platz in Kumkapı. Sie suchten noch nach Orientierung im Gewirr der Gassen, als aus mehreren Restauranteingängen junge Männer hervorschossen und sie in ihr eigenes Lokal zu komplimentieren trachteten. Der Schnellfüßigste gewann, die anderen pirouettierten, drehten ab und nahmen erneut ihre Wacht auf. Der junge Mann begrüßte überschwänglich sie, die lang verlorenen Freunde, denen er zwar kein Mastkalb, aber den vortrefflichsten Fisch seiner Küche anrichten werde, um einige zehntausend Lira, ein wahres Nichts für seine Gäste, den Wein dazu gäbe es fast als Geschenk des Hauses dazu. »Natürlich kenne ich euch«, rief er strahlend und zugleich mit verfrorenem Mund auf Deutsch aus, »seid Ihr nicht voriges Jahr im August mit einer Neckermann-Gruppe in mein Lokal eingekehrt? Das war doch ein Abend – Fisch, Wein, Raki, Musik, Bauchtanz. Verbrüderung haben wir gefeiert, Ich bin«, ein wenig Pikiertheit glaubte er sich schon anlässlich der Vergesslichkeit des abı, des älteren Bruders da vor ihm, leisten zu dürfen, »doch der Ali.« Oder war er der Mehmet oder der Yusuf? Monikas und Reinholds abwinkende Handbewegungen trafen ihn ins Herz. »Mein Angebot«, begann er unverzagt einen neuen Vorstoß, »ist, ich schwöre es, von allen Lokalen das günstigste. Hier, werft einen Blick auf die Speisekarte, da ist die Holztafel mit den Preisen. Ach was, kommt herein, schaut euch die Fische an, so was von frisch, eben erst gekauft, vom Patron selbst ausgewählt, Fische sind ihm eine Ehrensache.« Säuberlich aufgebahrt auf Eis lagen die Fische da, ein Stillleben wie von einem viertklassigen Holländer des 17. Jahrhunderts gemalt, einem Adriaan Kaaskop de Oude oder de Jonge. Angegammelt waren sie, glanzlose Haut, eingesunkene Augenwinkel, schlaffe Schwänze, wie ältliche Leichen sie nun mal haben. Glatt gelogen hatte der Bursche. »Sollen Patron und Gehilfen sie doch nach Mitternacht selber fressen, hoffentlich daran ersticken, kein St. Blasius würde auch nur einen Finger für die Ungläubigen krümmen«, murmelte Reinhold. Der Schlepper schwadronierte weiter: »Ihr habt, Freunde, keinen Hunger? Dann tut einfach einen Blick hinein, trinkt einen Tee auf meine Kosten, machen wir ein Schwätzchen unter Freunden, vielleicht trinken wir einen Raki. Das Abendessen, ach, das können wir später bereden, wenn euer Bauch sich danach fühlt, abgemacht? Kommt!« Ein Griff an den Ärmel des angeblichen Freundes.

Der junge Mann war nicht einmal so ärgerlich. Lobenswert die rhetorische Anstrengung und die Erfindungsgabe: Den Touristen wollte er umgarnen mit einer ziemlich clever ausgedachten Sirenenmelodie. Reinhold sah ihn nachdenklich und, freilich nur einen Augenblick, freundlich an. Das vertrauliche »Ihr« gefiel ihm nicht. Es entsprang nicht der Unkenntnis der deutschen Sprache, sondern der ausgeklügelten Anbiederung an Ausländer. Listenreich hatte Odysseus, sein Lieblingsgrieche, sich stets gezeigt, ihm wollte er nacheifern, also setzte er Lügenmärchen gegen andrängende Geschäftsgier: »Sehr gern würden wir die Fische in Yusufs Lokal verzehren, leider, maalesef, sind wir bereits auf ein Fischessen mit türkischen Freunden verabredet und schon spät dran, die Freunde warten im Lokal Zu den Fünf Brüdern, hier gleich um die Ecke, morgen Abend werden wir allein bei dir, Mehmet (oder Yusuf oder Ali), einkehren, versprochen.« Treuherziger Blick und Händedruck, das gehört sich so, gegen treuherzigen Blick und Händedruck: Beide Parteien glaubten kein Wort, hatten aber das Gesicht gewahrt. Mehmet (oder Ali oder Yusuf) trug im Übrigen seinen Part bei zu dem im allgemeinen entschieden plumper inszenierten Spiel namens »Wie vergälle ich einem ausländischen Touristen sein Flanieren?« Wer spielte es? Das Personal von Restaurants, von Teppich-, Leder-, Jeans-, Blusen-, Hemden-, Socken-, Uhren- und Goldschmiedeläden, ein schier unzählbares Aufgebot von Wegelagerern, eine Heerschar, ähnlich in ihrem wimmelnden Schrecken den Janitscharen vor den Mauern Wiens. Was waren die beliebtesten Spielzüge? Inständig-leeres Geschwätz, Katzbuckeln, Schulterklopfen, Händeschütteln mit dem völlig Fremden. Wo war die osmanische Würde und Reserviertheit geblieben? Tausendfach flog das verbale Lasso, um das Opfer vor dem eigenen Laden festzuzurren. »Allo, mein Freund! Wie geht es Ihnen? Sind Sie Deutscher? Aus welcher Stadt kommen Sie? Wie ist Ihr Name? Treten Sie ein! Nur kucken, nicht kaufen!« So war, leider, die türkische Gastfreundschaft, durch nicht mehr zu verkraftende Massen von Touristen und unter dem Zwang, so schnell wie möglich an deren Geld zu kommen – die Konkurrenz lauerte fünf Schritte weiter – zur elenden Rhetorik verkommen.

Auf Bauchtanz kann einer lange warten

Leid konnten ihnen die Schlepper an jenem Istanbuler Dezemberabend schon tun, wie sie in ihren dünnen schwarzen Kellnerjäckchen, den Kragen hochgestellt, im eiskalten Nieselregen ausharrten, auf die spärliche Beute lauerten und sich eine um die andere Abfuhr holten. Weil ihm aber doch an einem Fischessen in Kumkapı gelegen war, suchten sie das vom Hotel empfohlene Restaurant auf. Der junge Mann an der Rezeption wollte eigens ihretwegen angerufen haben. Schon möglich, unter gleichzeitiger Anmahnung eines Anteils an der Einnahme macht ein Portier dies gerne. Der Rest ist schnell erzählt: Das Angebot war klein, aber nicht fein, teurer als auf der Karte, teurer auch im Nachhinein, als der bedienende Kellner vorhergesagt hatte. Die servierten Fischlein waren der Art und Sippe nach andere als die von Reinhold ausgewählten, doch frisch und schmackhaft zubereitet; zwei Flaschen weißen Villa Doluca kamen gerade recht; ein Korb Weißbrot stillte den Hunger. Der Abend war, wie wenn sie nouvelle cuisine gespeist hätten, von prätentiöser Anämie. Bauchtanz und Gesang hatte man ebenfalls versprochen, gleich sollten die Darbietungen beginnen. Eine füllige junge Türkin lehnte in einem roten Flitterkostüm an der Bar. Monika und Reinhold nahmen auf der Empore Platz, mit der besten Sicht auf die Tanzfläche, wie der Kellner versicherte. Ihr Mahl kam und ging, die junge Frau schäkerte mit den Kellnern. Nichts tat sich mit dem angekündigten Bauchtanz; die junge Frau hatte das Schäkern aufgegeben und sah angestrengt auf einen türkischen Heimatfilm, der, unerfindlich warum, ohne Ton über die Mattscheibe des Fernsehers in der Bar flimmerte. Leer war es immer noch im Lokal und ungemütlich obendrein. Vielleicht hatte er sich auch verhört, was das Programm anging, sein Türkisch war eben fehlerhaft. Vielleicht hatten sie ihm bedeutet, die Bauchtänzerin werde Frühstückstee und Frühstücksei servieren, beides balanciert auf ihrem üppigen Bauch. Beschämt gestand er Monika seine sprachliche Niederlage ein, zahlte, nach großem Trinkgeld war ihm nicht, holte die Mäntel. Sie wurden kühl in die kalte Nacht hinauskomplimentiert. Der Nieselregen fiel immer noch, am Boden gefror er schon; die Schlepper waren heimgegangen; ein Taxi, schnell herbeigewinkt, fuhr mit durchdrehenden Reifen den Hang hoch zum At Meidanı, noch einige tastende Schritte zum Hotelchen Nomade. Warm wurde beider Stimmung erst, als sie auf ihrem Zimmer eine letzte gute Flasche türkischen Weins entkorkten.

ISTANBUL 1983

Lehrstunden im Fischessen

Männlich sei der Steinbutt, verfügt der wohlinformierte Dr. Mareis

Reinhold, dem ein wortreicher Lobpreis seiner vielen vergangenen Besuche der Türkei nur schwer auszutreiben ist, begann von einem Fischessen in einem Restaurant zu erzählen, während Monika und er in dem elenden Lokal in Kumkapı auf Bauchtanz warteten. »Damals habe ich«, mit einem Glas Wein befeuchtete er die Kehle, »im Steinbutt, im kalkan, geschwelgt, als ich im Dezember 1983 an der Istanbuler Universität Vorträge hielt.« Der Monat war wichtig, denn der Steinbutt gehört zwar jederzeit zu den wertvollsten Fängen der Fischer am Bosporus, jedoch präsentiert er sich um die Jahreswende in seinem wohlschmeckendsten Fleisch, wenn er aus dem Schwarzen Meer einwandert. Die Köche der Stadt sollten ihn eigentlich mit der Hochachtung behandeln, die seiner majestätischen Erscheinung gebührt. Wird er doch bis über einen halben Meter lang und an die achtzehn Kilogramm schwer. Ein solcher Riese ist sehr selten geworden. Ein Sakrileg wäre es gewesen, ihn zu zerstückeln; eine Festschüssel für eine ganze Sippe stellte er dar, und für seine Zubereitung war eine Turbotière nötig. Jean Anthèlme Brillat Savarin erzählt in der *Physiologie des Geschmacks* (1826), wie er dieses Gerät erfand. Einen riesigen Steinbutt wollte er unzerschnitten zubereiten, fand keinen passenden Topf und nahm einfach einen kleinen Waschkessel, schnitt ein Korbgeflecht von der Größe des Fisches zurecht, schüttete darauf ein Bett aus Kräutern und Wurzeln, legte den Butt gewaschen, getrocknet und gesalzen darauf zur Ruhe, deckte ihn mit Kräutern und Wurzeln zu und dämpfte das Tier mit lieblichem Erfolg.

Heutzutage hat nicht jeder eine seitdem so genannte Turbotière. Die mittleren Fische mag man daher zu Steaks zerlegen, ein kleines Exemplar jedoch sollte unzerstückelt gesotten oder gegrillt aufgetragen werden, mit gebräunter Butter oder einer Krabbensauce, allenfalls steht ihm ein Kranz von Petersilie und Tomaten wohl an. Anderseits liebt Reinhold es auch, wie die Türken den Butt und sonstige große feste Fische in einer Gemüsebrühe zuzubereiten. Er hat sich ein sehr einfaches Rezept von Freunden aufschreiben lassen. Verdient hat der Fisch auch feinere Zubereitungen, welche spezieller auf seine Natur eingehen. Für sechs Personen, oder, wenn Reinhold zugeladen ist, für vier, nehme man einen Fisch von anderthalb Kilo, entferne die Innereien, wasche ihn, tupfe ihn trocken. Dann salzen und mit Zitrone säuern, beiseite legen. Sechs große Kartoffeln, gehälftet, zwölf Möhren, gestückelt, sechs Stängel halbierte Staudensellerie, zwei mittlere Zwiebeln, geschält, sechs Körner schwarzen Pfeffer, sechs Teelöffel Olivenöl, Salz ad lib., werden in einem großen flachen Topf mit Wasser übergossen, so dass dieses fast zweieinhalb Zentimeter über dem Gemüse steht. Aufkochen und bei mittlerer Hitze bedeckt zwanzig Minuten köcheln lassen. Den Fisch hineingeben und die Brühe weitere zwanzig Minuten unbedeckt simmern lassen, vielleicht etwas Gemüsebrühe nachgießen, zum Schluss reichlich gehackte Glattpetersilie dazugeben. Entweder den Fisch und die Gemüse herausheben, abtropfen lassen und servieren oder den Fisch in der Brühe auf den Tisch bringen. Wenn ein Gast den Steinbutt in einem türkischen Restaurant mit dem Kellner bespricht, dann erwirbt er mit folgenden Anweisungen geziemende Hochachtung. Natürlich muss der Fisch frisch sein, dazu eher klein, und er darf nur leicht gegrillt werden. Die Hauptsache ist, dem Koch einzuschärfen: »Du darfst nur ein Exemplar männlichen Geschlechts nehmen.« Die Herren der Spezies, so ist es nun einmal bei den Butts, verdienen nach Wohlgeschmack und Festigkeit des Fleischs den Vorzug. Woher wusste Reinhold dies?

Unterricht im Essen des Steinbutts

Ein kurzer Abstecher nach Side ist nötig. Dort hatte Reinhold bei seinem Freund, dem Teppichhändler Hermes, einen liebenswürdigen Österreicher, Dr. Hermann Mareis, kennen gelernt, einen der Direktoren von Türk Tuz, der staatlichen Monopolgesellschaft für Salz. Das Ehepaar Mareis wohnte in der Istanbuler Nobelgegend des Taksim, beide sammelten Kelims und waren über der Fachsimpelei bei Hermes mit ihm ins Gespräch gekommen. In Istanbul möge er sie doch besuchen. Dies tat er im Dezember 1985, der Direktor hatte wenig Zeit, aber zu einem Fischessen in Kumkapı reichte sie, abholen werde man ihn abends im Hotel. Ein riesiger neuer BMW fuhr vor, Herr Mareis lenkte ihn vorsichtig durch die engen Gassen; die einheimischen Autofahrer achteten so sorgsam auf das Wunder der Technik, als gehöre es ihnen selbst. Im renommierten Fischlokal Zu den Fünf Brüdern hatte Mareis einen Tisch im oberen Stock reserviert. Überheizt war das Lokal, Reinhold wollte seinen Mantel am Garderobenständer aufhängen und stieß im Gedränge, er ist nun mal nicht der Geschickteste, einen hageren Mann an, dem daraufhin sein großer, schwarzer Hut aus der Hand fiel und eine Stirnnabe aufdeckte. Der Mann hob den Hut auf und bürstete mit dem Ärmel den Dreck ab, während sein forschend feindseliges Auge über Reinholds Gesicht ging. »Hab dich nicht so«, dachte der, »wird nicht wieder vorkommen.« Der Fremde schüttelte unwillig den Kopf und ging hinaus. Sie nahmen Platz, die Speisekarte wies Dutzende von Fischgerichten auf. »Nicht einmal hinsehen«, sagten die Mareis, »es ist Saison für den Steinbutt, wir werden Sie lehren, Steinbutt auf die korrekte Art zu bestellen.«

Im Restaurant Zu den Fünf Brüdern kam kein duzender Kellner an den Tisch und stellte unnütze Fragen nach Heimatstadt und Landsmannschaft, sondern ein Duett von Kellner und Gast erklang, beide Kenner, jede Seite geehrt und geschmeichelt durch Vorschläge und Komplimente. Reinhold fasste die Namen der vielen Vorspeisen nicht recht, noch verstand er damals genügend, dass dieses Mahl nach bester türkischer Höflichkeit ablief. Übermäßig viele Teller voller Vorspeisen hoben die jungen Kellner von Servierwägelchen vor das kritische Auge des Dr. Mareis, ein kurzes Prüfen, ein Nicken zum scheinbar unbeteiligten Oberkellner. Der Oberkellner, eine stattliche Erscheinung in schwarzer Hose, weißem Hemd und schwarzer Dinnerjacke nickte seinerseits zu den Unterkellnern in schwarzer Hose und blütenweißem Hemd. Der Tisch füllte sich mit zehn, zwölf, fünfzehn Köstlichkeiten. Welche hielt der Gaumen im Gedächtnis? Nur diese: Pfeffriges, püriertes kaltes Rindfleisch, sanftes gedünstetes Lammhirn mit gewürfelten Zwiebeln und Zitronensauce, gesalzenen Fischrogen, harten, salzigen Schafskäse, kalte Anchovis, kalte gefüllte Weinblätter, höllisch brennendes Tomatenpüree mit untergehobenen Chilischoten und Petersilie, eingelegte Oliven, marinierte Walnüsse.

Der Schweiß brach Reinhold aus und lief in zwei kleinen Bächen die Nasenflügel entlang. Dazu tranken sie zunächst türkischen Weißwein, aus dem Marmaragebiet versteht sich. Die Flaschen wurden angeschleppt von kleinen, rotjackigen Eleven und übergeben an einen der weißhemdigen Kellner, von ihm entkorkt und zeremoniell zur Probe eingeschenkt, wobei er seine linke Hand und Arm auf dem Rücken bewegungslos verschränkt hielt. Halt, zuallererst schüttete er mit lebhafter Handbewegung die Portion Wein im Flaschenhals, weil sie den Korken berührt hatte, auf den Fußboden. Ernst, wachsam und wohlgesonnen stand im Hintergrund der Meisterdirigent. Reinhold nahm sich von diesem und jenem auf den Teller, kostete, verschnaufte und merkte, dass seine Pausen, seine stillen Rülpserchen, auf die Kellner wie Trompetensignale wirkten. Sie sprangen geradezu herbei und rissen ihm den halbleeren Teller weg, fast aus den Händen. Ein Rotjäckchen lief wie um sein Leben, brachte ein frisches Papiertischtuch, deckte neu auf, Teller, Besteck, und trat tief aufatmend zurück hinter den Gast.

»Gut gemeinte, doch übel angebrachte Hektik«, dachte er damals, doch an allen Tischen ringsum herrschte sie ebenso. Später wurde er vertraut mit der guten türkischen Art, zu Ehren des Gastes unansehnliche Speisereste schnell verschwinden zu lassen; es war ja genug von allem da, anderes Essen kam neu und frisch, Geschirr stand gleichfalls im Überfluss bereit, und was die Arbeit anging, so war es ein Arbeitsvergnügen, dem Gast zu seinem Essvergnügen zu verhelfen. Er hat nie in den Ländern seiner Reisen eine solch durchgehend freundliche Art und so viel Freude an der Arbeit der in einem Restaurant angestellten Menschen gefunden wie in der Türkei. Auch machten sich die Türken wenig verkrampfte Sorge, was denn im Lauf eines Mahls korrekterweise zuerst und danach komme. Es herrschte, zumal bei den Vorspeisen, die sehr zu Unrecht mit diesem herabsetzenden Namen belegt werden, eine große egalité und fraternité unter den Gerichten und Getränken: Viele und vielfältige, gleichzeitig serviert, machten dem Genießer die Wahl schwer. Die Gäste gingen, als nach geziemender Zeit der Fisch aufgetragen wurde, zu Raki und Eiswasser über. Wein hätte man zum Fisch weiterhin trinken können, Bier zur Not, nur kein Getränk aus saurer Milch, den ayran etwa, da sei Gott vor gewesen. Den Geist des Spruches »Fisch will schwimmen« kennen auch die Türken; vor einer kleinen Flasche Raki wird sich ein rechter Mann nicht fürchten. Er beschloss, den rechten Türken nachzueifern, die Sitte gefiel ihm, auch er wollte seinen Mut mit Löwenmilch aufrichten. Der Steinbutt brauchte Raki als Partner, denn wohlschmeckendes Fett saß unter der dicken köstlichen Haut. Die namengebenden Steine waren eigentlich weiche Knöchlein, von denen man den einen oder andern durchaus mit den Zähnen zermahlen sollte. Er tat dem Fisch Ehre an, nahm Portion um Portion, stopfte den Mund voll, schüttete Raki nach, vergaß das Eiswasser, aß toller und hitziger. Stärker und kräftiger stieg ihm der längst verflogene Duft eines Urahns jenes Fisches in die Nase, des ersten Steinbutts in seinem Leben, auch er eine Gabe Istanbuls.

Die Galatabrücke: Hamsı

Als er im Jahre 1972 mit seinem Bruder Herbert Istanbul besuchte, stand noch die alte Galatabrücke über das Goldene Horn. Nun, so alt war sie wiederum nicht, zwischen 1909 und 1913 (die Angaben schwanken heute schon!) hatte die deutsche M.A.N. sie zweistöckig gebaut, die Brücke schwamm auf ausfahrbaren Pontons, in ihrem Untergeschoss reihten sich die Fischrestaurants. Wie oft hatte er zu Jahreszeiten, in denen die Touristen nur ein Rinnsal, keine Überschwemmung waren, in einem der sanft schwankenden Lokale gesessen, Stunde um Stunde Raki getrunken und mit wachsender Seelenruhe in den Rhythmus des Bauwerks sich einschwingen lassen!

Von der wachsenden Seelenruhe erzählt Reinhold daheim auf Deutsch für eine Sendung des WDR Köln. Seine leisen Worte werden simultan von dem türkischen Lyriker Yüksel Pazarkaya in die eigene Sprache übertragen. Hinzu legen die Techniker gellende Möwen und brummende Fähren. Das Ganze wurde vom Rundfunk gesendet, und die CD klingt immer noch ansprechend.

Er schaute auf die Mündung des Goldenen Horns in den Bosporus, die geschäftigste Wasserfläche der Stadt, zerschnitten von Booten, Fischkuttern und Fähren mit langen rußigen Rauchfahnen, die unter gellend auf- und abschwellendem Geheul von den nahe gelegenen Anlegestellen Eminonü und Karaköy loslegten. Die Welt, so schien es ihm in jenen Momenten, tat recht daran, sich um ihn, den ruhenden Pol, zu drehen. Entlang der Brüstung der Brücke standen Dutzende von Anglern, die aus dem Gewimmel kleiner Fische einen um den andern heraufzogen. Es war ein solches Gedränge, dass für einen guten Platz sogar etwas Geld gezahlt wurde. Die wenigsten hatte eine ordentliche Angel, die meisten, jedenfalls alle kleinen Jungen, fischten mit einer Leine, die sie durch die Finger gleiten ließen, und einem Haken, den sie mit einem Stückchen Brot gespickt hatten. Neben ihnen standen Schüsseln und Eimer halbvoll mit Wasser, in denen ihr Fang umherschwamm und um Luft rang. Mit Glück fing einer mit einer richtigen Angel eine ölige Makrele, türkisch uskumru, doch nur fingergroß waren die allermeisten Fische an den Leinen, es werden hamsı gewesen sein, einige Pfund konnte ein Mann mit Muße schon einfangen. Wie würde die Ehefrau sie zubereiten? Natürlich ging sie mit ihnen um wie mit den hamsı aus dem Schwarzen Meer, die zwischen Oktober und Februar in riesigen Schwärmen in den Bosporus einwandern, in Mengen gefangen werden und, der bevorzugte, der wohlfeilste und der bestschmeckende Fisch der Saison, tagtäglich auf den Tisch kommen. Hamsı-Gerichte gibt es in so vielen Variationen, unter ihnen Hamsı-Brot, wie es Köche gibt. Die überzeugten Verehrer des Fisches aus dem Schwarzen Meer, hat ihm ein türkischer Freund gesagt, streiten rundweg ab, dass er überhaupt zu den Fischen zählt. Hamsı sei hamsı, ein Lebewesen eigener Art, die hamsı des Mittelmeeres dabei von deutlich minderer Qualität. Hamsı pilakısı ist ein sehr einfaches und sehr beliebtes Gericht. Reinhold aß es mehrfach and es schmeckte ihm vorzüglich, obwohl er zugeben musste, dass er in seinen reifen Jahren die köstlichen, doch öligen Sardellen nicht ohne die Hilfe und Stütze eines oder zweier doppelter Raki verdauen konnte. Es gibt schlimmere kulinarische Nöte. Für vier Personen lautet ein Rezept so:

1 Kg. frische Sardellen, Saft einer Zitrone, 100 Ml Olivenöl, 300 Ml. Wasser, Salz, ½ Bündel Dill, fein gehackt, ½ Bündel Petersilie, fein gehackt. Die Sardellen säubern, waschen und trocken tupfen; sie nebeneinander in ein flaches, feuerfestes Gefäß legen, die restlichen Zutaten außer dem Zitronensaft hinzufügen. Das Gefäß zudecken, wenn nötig mit Alufolie, und bei mittlerer Hitze sieben oder acht Minuten köcheln. Er warnt davor, den Fisch so lange in der Hitze zu lassen, wie die drei biblischen Jünglinge in ihrem babylonischen Feuerofen ausharrten, noch die Hitze hochzustellen. Alan Davidson, dem er das Rezept verdankt, rät, die Fische vom Feuer wegzunehmen, kurz danach den Zitronensaft hinzuzufügen und sie kalt zu servieren. Dies ist eins der einfachsten Gerichte; es wird an Einfachheit nur noch übertroffen durch Sardellen, die in Paniermehl gewälzt, kurz in Öl gebraten und mit Zitronenscheiben serviert werden. Mit Fikret aß er viele Portionen solcher Sardellen in kleinen Restaurants am Bosporus. Köstliche Mahlzeiten.

Herbert und ein Riesenbutt

Was wollte Reinhold erzählen, bevor ihm seine Fischgerichtsmanie in die Quere kam? Ach ja, dass es die alte Brücke nicht mehr gibt. Abgebrannt ist sie, im Mai 1992, Brandstiftung, munkelte man, der erbitterten Fischlokalinhaber, denen auf der neuen, breiten, technisch vollendeten und gänzlich unmalerischen Brücke kein Platz für Lokale mehr eingeräumt worden war. Einige Jahre hatte in der Stadt der Streit gewogt, ob die Brücke nicht allmählich ein Kulturdenkmal und damit ein zu rettendes Bauwerk geworden sei, neben dem neuen Monstrum eine Art Ponte Vecchio. Nichts davon hatten die Stadtplaner angenommen (hatten sie auf eine Bank Einzahlbares angenommen?); zu Recht hatten die Gastwirte gezündelt. Das Wrack wurde einige hundert Meter das Goldene Horn hoch entsorgt. Auf der Stambulseite, schlossen sich früher Holzschuppen an Holzschuppen, Lager an Lager, Schrottplatz an Schrottplatz, alles wirr durcheinander gebaut, alles halb verfallen. Der Fisch- und Gemüsemarkt bei dem Ägyptischen Basar ging hinab bis an das Ufer. Herbert und Reinhold waren eines Abends dort umhergebummelt, die Dunkelheit fiel herein, die meisten Fischstände waren schon abgeräumt, an andern wurde noch die letzte Ware feilgeboten. Einige Männer und Frauen hatten ein kräftig loderndes Feuer entzündet, an dem sie ihr Abendessen bereiteten. Sie saßen zigarettenrauchend dicht neben einer winzigen Tanksäule, an der ein Schild »Rauchen Verboten» angebracht war. Eine Handpumpe förderte Dieselöl aus Fässern. Fischverkäufer waren es, und als Reinhold in einer Holzkiste einen mächtigen Fisch erblickte, war es um seine Fassung geschehen. Mit stotternden und wenig eleganten Worten wandte er sich an seinen Bruder: »Komm, den essen wir – Den kaufen wir, egal was er kostet – Ich lade Dich ein – Hast du so einen Riesen schon mal gesehen – Toll schmecken soll er – Ein Steinbutt ist es – Hab‘ ich noch nie gegessen – Komm, wir fragen mal, ob sie uns zwei große Portionen an ihrem Feuer braten wollen – Hier kriegst du mich nicht wieder weg – Komm endlich!«

Nun, mit seinem Parlieren auf Türkisch war es damals noch nicht weit her; zumal, wenn ihm schon anderes auf der Zunge lag. Immerhin, die Türken verstanden, dass er zwei Portionen haben wollte, und lehnten, das Kinn hochwerfend, ab: »Es ist schon spät, einen angeschnittenen Fisch werden wir nicht mehr los, bedauerlich, leider.« »Dann nehmen wir ihn, so wie er ist, ganz. Und, bitte schön, braten Sie uns den Butt? Und noch eine Frage: »Tun Sie uns die Freundlichkeit, den Fisch mit uns zu essen?« Ein Riese war er, viele Mäuler hätte er gesättigt; die Türken winkten die beiden zum Feuer. Nachbarn tauchten auf, bald hockten sie allesamt um das Feuer; Brot wurde auf Zinntabletts gebracht; Flaschen mit Raki und Wasser erschienen aus dem Dunkel. Dann, als der brutzelnde Steinbutt in einer riesigen Pfanne lag, schnitt eine Frau Scheibe um Scheibe herunter, legte den beiden Fremden zuerst vor, danach ihren Freunden; der Fisch und der Raki nahmen kein Ende. Malerisch war der Abend geworden, das Dunkel, das flackernde Feuer, die brutzelnde Pfanne, die Bissen reihum ausgeteilt, die gewaltigen Schnurrbärte der Männer, die rußigen Gestalten. »Salvator Rosa malte so etwas«, dachte Reinhold, »Banditen beim Nachtmahl.« Das Sujet jenes alten Meisters vermengte sich inniger mit der gegenwärtigen Realität, als es dieser gerecht wurde. Von Banditen durfte man nicht sprechen, deutsch-türkische Freundschaft erwärmte, wortarm und gestenreich, die Gemüter aufs Menschlichste. Ein hagerer Türke mit einer blassen Stirnnarbe zog sich ins Dunkel zurück: »Nein, danke, mir ist nicht nach Fisch.«

Nochmals zu dem Steinbutt des Dr. Mareis

Schwitzend arbeitete Reinhold sich durch seine Mahlzeit. »Friss, bis du dampfst«, sagte man in seiner rheinischen Kindheit dazu. Doch schon saß er nicht mehr über einem Steinbutt vor dem Ägyptischen Basar, sondern wieder bei den Fünf Brüdern. Dort wurde es kühler, die Mareis und er blieben bei Raki und Eiswasser, hinzukamen Honigmelone auf Eisstückchen, Vanilleeis, eisgekühltes Obst. Das Gespräch plätscherte dahin, versiegte, die vollgestopften Bäuche schläferten die Zungen ein, sprachloses Wohlbefinden. Dr. Mareis winkte dem Oberkellner und zahlte. Unstatthaft wäre für Reinhold gewesen, seinen finanziellen Anteil zu offerieren. Die gute türkische Lebensart will, dass der vermögendste Gast zahlt und im Lokal zum Gastgeber wird, selbst für ein Dutzend Freunde und Bekannte, die ihm dann Dank murmeln, aber keinen zu unterwürfigen. »Auf deutsche Art zahlen«, heißt sprichwortlich im Türkischen, knauserig zahlen, jeder für sich und Gott für uns alle. Das trifft auf Gott überhaupt nicht zu. ER – wir kennen doch seine Spendierlaune und wunderbare Vermehrung des Weins bei der Hochzeit zu Kana – würde abwinken: »Bemüht mich nicht, ihr Geizkragen, ich halte es diesmal lieber mit den Muslimen und der uneingeschränkten Gastfreundschaft.« »Die Mareis haben mich noch zum Hotel zurückgefahren«, schloss Reinhold seine Erzählung.

Istanbul 1981

Fähren und deutsche Seeleneinkäufer

Reinhold ging im Sommer 1991 in Istanbul recht oft einer seiner angenehmsten Zeitvertreibungen nach, nämlich die Fähre von der Galatabrücke zum asiatischen Üsküdar zu nehmen. In Üsküdar verließ er dann eilends das Schiff an der Anlegestelle, kaufte sogleich eine Rückfahrkarte und fuhr schiffswendend zurück. Vom Wasser aus ruhte der Blick auf den wie graue Elefantenrücken sich immer wieder gegeneinander bewegenden Hügeln der Stadt; auf einem sich entfaltenden Panorama, das schon seit Jahrhunderten die Reisenden in bares Entzücken versetzt hatte, wenn auch ihr Lobpreis der goldglänzenden Dächer der Moscheen von den Erzählungen aus den Tausendundein Nächten herrührte. Die osmanische Wirklichkeit war prosaisch; Kupferplatten belegten die Dächer und vermochten neu und bei guter Pflege eine Zeitlang wie Gold zu glänzen. Das hatte auch eine chinesiche Delegation im 19. Jahrhundert herausgefunden, deren Bericht Reinhold in die Hände geraten war, und Chinesen verstehen etwas vom Bronzeguss .Nun saß er wieder einmal auf einem der betagten Schiffe. Kellner eilten, Tabletts balancierend, über das Deck und boten frischen Tee an; er trank ein oder zwei Gläschen Tee, höllisch heiß war der, geruhsam über einem Zuckerwürfel zu schlürfen. Dazu war schon Zeit, bevor er in Üsküdar ausstieg. Die asiatische Stadt näherte sich, das Getümmel der kleinen Boote wurde dichter, unter ständigem tiefem Hupen zogen die Fähren schnell und wie wenn sie einander rammen wollten ihre Bahn. Sein Schiff legte rumpelnd an, Taue wurden ausgeworfen und um kurze Eisensäulen geschlungen, ein Menschenschwall ergoss sich auf das Ufer, verlief sich. Er stand allein. Eine Fülle von Bildern, eines der angenehmsten Erlebnisse, die Istanbul zu bieten hatte, und um den Preis einer Mark eines der billigsten.

Bei einer Gelegenheit wollte Reinhold ein wenig durch Üsküdar spazieren und wandte sich an der Anlegestation nach rechts, um die nahegelegenen Fischstände zu beschauen, die stets auf ihn eine magische kulinarische Anziehungskraft hatten. Neben sich hörte er zwei Männer in mittlerem Alter Deutsch sprechen und wandte sich mit einer unverfänglichen Bemerkung über das Wetter an sie. Sie kamen ins Gespräch; die beiden stammten aus Mönchengladbach und hatten in Istanbul Dreher und Schweißer für ihre Fabrik angeworben, Seeleneinkäufer für Mechaniker gewissermaßen, im Jahre 1991 war so etwas üblich. Sie waren voll der Klagen über die Stadt. Zwar wohnten sie im Hilton, doch hatte man ihnen die Schuhe über Nacht nicht geputzt, außerdem hatten sie am Abend zuvor eine herbe Niederlage ihres männlichen Stolzes eingesteckt. Sie waren in Pera in ein Bauchtanzlokal gegangen; zwei der Animiermädchen hatten sich mit ihnen nach kostspieligem Verzehr von Getränken für die Stunden nach der Vorstellung verabredet. Die Mädchen hatten einen der ältesten Tricks angewandt und die Herren gebeten, am Seiteneingang auf sie zu warten, da die Direktion es nicht leide, wenn sie gleich im Lokal ihre Kunden ansprächen. Natürlich waren die Mädchen niemals aus dem Seitenausgang aufgetaucht, und die beiden Romeos mussten unverrichteter Dinge in ihr Hotel zurückkehren. Nun aber war der letzte Tag ihres Aufenthaltes gekommen, und sie wollten noch einige Geschenke für ihre Ehefrauen einkaufen. Auf seinen Vorschlag hin gingen sie von den Fischständen zu dem nahegelegenen kleinen Marktplatz, und er riet ihnen, doch das vorzügliche natürliche Rosenöl oder eines der dezenteren Parfüms zu kaufen. Nach abgeschlossenem Geschäft kam der Durst, sie setzten sich vor ein Teehaus, und er bestellte drei Tees. Die beiden, bass erstaunt über sein fließendes Türkisch, waren großherzig gesonnen; sie bedeuteten ihm, er brauche seinen Tee nicht selbst zu bezahlen, er sei eingeladen. Damals kostete ein Glas Tee umgerechnet sieben Pfennige. Seine Dankbarkeit entsprach dem Preis. Die zwei Herren äußerten plötzlich Zweifel, ob sie aus den Gläsern wirklich trinken dürften, denn ihren Frauen wollten sie keine Ansteckung mitbringen. Die zarte Rücksicht klang umso erstaunlicher, als sie am Abend zuvor, gedrängt vom Eros, ganz andere Ansteckungsquellen in Kauf genommen hätten. »Nein, die Teegläser sind schon o.k.« Was noch? Man trennte sich sehr bald; der Tee der Rückfahrt wartete schon auf ihn.

Eskişehir

Ein Kongress an der Universität und ein wohlinszeniertes Chaos

Reservierte Zimmer

An einem Oktobertag des Jahres 1985 reiste Reinhold von Istanbul nach Eskişehir. Sein Bus quälte sich durch lange Staus vor der Bosporusbrücke, kroch in strömendem Regen durch das Tal des Sakarya, legte Stunden um Stunden an Verspätung zu und fuhr in babylonischer Dunkelheit in den zentralen Busbahnhof Eskişehirs ein. Es goss immer noch. Müde, doch wohlgemut nahm er ein Taxi zu dem Universitätskampus am Rande der Stadt. Dort sei im Gästehaus sein Zimmer reserviert, hatte ihm Mehmet Ali, Dozent der Germanistik, in einem Brief versichert. Mehmet Bey hatte ein Internationales Symposium über Bilder der Türken bei Europäern und der Europäer bei Türken in Reiseberichten organisiert, und Reinhold sollte einen Vortrag über »Das Bild der Türken in englischen Reiseberichten des 19. Jahrhunderts« halten. Durch die Regenfluten rannte er ins Gästehaus. An der Rezeption überprüfte der Portier die Buchungsliste. Ein Reinhold Schiffer war nicht zu finden, weder als sie gemeinsam die Nachnamen noch die Vornamen durchgingen. Sein Mut sank, der Flug von Düsseldorf nach Istanbul und die Busfahrt forderten ihren Tribut, von einem Moment zum andern fühlte er sich durchnässt, hundemüde, enttäuscht und verlassen. »Nur keine Sorge, Mehmet Bey sitzt gleich nebenan im Speisesaal«, tröstete der Portier, »ich werde ihn sogleich holen lassen.« Nach wenigen Minuten entließ die Drehtür Mehmet Bey, einen Mann mittleren Alters, untersetzt, korpulent und quirlig; die Begrüßung war wie unter alten Bekannten und von überströmender Freundlichkeit. »Wie, im Gästehaus ist kein Zimmer reserviert? Ist mir unverständlich, doch kein Problem; einen Teil der Gäste haben wir ohnehin im besten Hotel der Stadt untergebracht. Jetzt muss ich erst etwas mit Ihnen trinken.« Gesagt, getrunken, dann fuhren sie in seinem Wagen zu dem Hotel. Wiederum wollte der Mann an der Rezeption nichts wissen von einer Buchung, ohnehin sei kein einziges Zimmer mehr frei. Schließlich – die Mienen waren bedenklich geworden, hellten sich jedoch plötzlich auf – fanden türkische Findigkeit, Großzügigkeit und Gastfreundschaft eine Lösung, zwar gebe es weder ein freies Einzel- noch Doppelzimmer, allerdings eine freie Suite; wenn sie ihm gefalle, stünde sie selbstverständlich zur Verfügung. Sie gefiel.

Fast ein Staatsakt

Am Morgen des 28. Oktober fand in der Aula der Anadolu Universität die große Eröffnungszeremonie statt. Dem Betrachter bot sich ein faszinierendes Schauspiel, halb prunkvolles Staatsbegräbnis, halb menschlicher Ameisenhaufen. Zum Staatsbegräbnis gehörten, so schien es, die schwarzverhangene Bühne, von der eine riesige rote Fahne mit der weißen Silhouette Atatürks herabhing, und ein gutes Dutzend auf Drahtgestellen aufgebahrte Blumengebinde und Kränze. Auf seidenen Kranzschleifen wünschten Bürgermeister, Provinzgouverneure, Generäle, Bankdirektoren dem Kongress einen alles übersteigenden Erfolg. Ein Ameisenchaos war nicht so leicht zu inszenieren, obschon durcheinander wuselnde Universitätsleute ihr Bestes gaben. Zum baldigen Triumph des Chaos trugen oberflächlich unverdächtige und scheinbar der Ordnung zuträgliche Maßnahmen bei. Jedem Vortragenden wurde nämlich ein Moderator oder eine Moderatorin an die Seite gestellt; zusätzlich wählte man ein Podium von ausländischen Experten und älteren, dergestalt zu ehrenden türkischen Kollegen. Zur Eröffnung nahm nach dem gemeinsamen Absingen der Nationalhymne der junge und für seine Tatkraft im ganzen Lande bekannte Rektor das Mikrophon und las eine Reihe von Glückwunschtelegrammen vor, abgesandt vom Staatspräsidenten, Ministerpräsidenten, dem Erziehungsminister, dem Provinzgouverneur, etlichen Generälen, dem Bürgermeister, kurzum der gleichen Riege von Notabeln wie bei den Kränzen. Beifall rauschte immer wieder auf; die Bedeutsamkeit des Kongresses und damit auch der Teilnehmer, war – man sah einander lächelnd an – offiziell bestätigt worden. Dann sprach der Rektor knapp und vorzüglich über Reisen, Reiseliteratur und den Sinn eines Kongresses mit solchen Themen. Als nächster trat ein älterer Professor ans Mikrophon, ein Mitglied des YÖK, des obersten Universitätsgremiums der Türkei, einer Art politisch von rechts infiltriertem Wissenschaftsrat. Dieser Mann, ein Historiker, hatte angekündigt, zur Eröffnung über den berühmtesten Reisenden des 14. Jahrhunderts, Ibn Battuta, zu sprechen; er sprach jedoch über den im 17. Jahrhundert ebenso berühmten Evlya Çelebi.

Redezeiten und Gallenkolik einer Professorengattin

Sein Vortrag in türkischer Sprache schweifte so weit aus wie die Reisen Çelebis. Er hatte den seltenen Vorteil, dass die Worte des Vortragenden sich nicht ungebührlich weit von den Worten des Originals entfernten, denn der berühmte Professor erzählte die Reiseroute nach, etwa so: »Und dann reiste Çelebi von Istanbul nach Bursa und blieb dort zwei Tage, worauf er von Bursa nach Eskişehir ging, wo er einen Tag blieb, worauf er...« Die Zuhörer hatten wohl gedacht, eine solche Nacherzählung würde unausbleiblich schnell ans Ende der Reise und damit des Vortrags kommen, aber nein: Der alte Herr verstand es, die Zeit totzuschlagen und seine Redezeit um das Doppelte zu überziehen. Als Simultandolmetscherin war ihm eine vielsprachige Professorin aus Izmir an die Seite gestellt worden, deren geradezu verzweifeltes Augenrollen dem Publikum vom Podium herab bedeutete, was sie von der intellektuellen Qualität des Vortrags hielt. Nach dem Alten sollte Professor Johann Strauss aus Österreich sprechen, den vorher alle Teilnehmer im Gespräch als einen der geistigen Anreger und als eine Triebkraft des Kongresses mit Recht hoch gelobt hatten. Strauss begann über irgendeinen Reisenden zu sprechen, doch nach zehn Minuten wurde er jäh durch Herrn Professor Abdul Aziz, seinen Moderator und den Direktor der Germanistischen Abteilung Eskişehirs, im RedeFluss gebremst: »Ihre Redezeit ist abgelaufen. Ich schließe hiermit die Sitzung, der offizielle Empfang beim Rektor ist pünktlich auf 13 Uhr angesetzt.« War dies der erste Giftpfeil eines Mannes, welcher aus dunklen Gründen, wahrscheinlich auch dem der grenzenlosen Trägheit, den untergeordneten Dozenten Mehmet Bey mit der Organisation des Kongresses betraut hatte, während er gleichzeitig, ein böser Zauberer, neidisch darauf sann, seinen Erfolg zu vereiteln? Im Saal zeigten sich nur die ausländischen Teilnehmer konsterniert, sie protestierten gegen das rüde Einschreiten, und dann kam es, wie es des Öfteren kommt. Es wurden zwei Kompromisse vorgeschlagen. Der erste war für den Vortragenden noch beleidigender als Azis' Kappung seiner Redezeit, »Kommen Sie nochmals zum Mikrophon«, sagte der Moderator tatsächlich, »und erklären Sie in fünf Minuten schnell alles, was in dem Rest Ihres Manuskripts steht.« Der andere Vorschlag lautete: »Wir setzen Herrn Strauss am Nachmittag außerhalb und vor der eigentlichen Tagesordnung an die erste Rednerstelle, damit er seinen Vortrag wiederholen kann.« Der zweite wurde angenommen. Im Wettkampf mit dem Empfang des Rektors und die an ihn geknüpften kulinarischen Hoffnungen hatte das akademische Protokoll jedenfalls keine völlige Abfuhr erfahren. Natürlich dehnte sich der Empfang des Rektors aus, dafür sorgten ein überaus köstliches kaltes und warmes Buffet sowie verlockend viele Getränke. Der Kongress zog also rundum gesättigt, leicht beschwipst, wohlig gelaunt, ganz verspätet, doch ohne jede Hast in die Nachmittagssitzungen.

Reinhold schwört auf die Wahrheit der nun folgenden Ereignisse. Der österreichische Professor durfte seinen Vortrag wiederholen und er begann, verständlich, nochmals am Anfang. Als er eben jene

Stelle erreicht hatte, an der ihm am Morgen das Wort abgeschnitten worden war, schlug Prof. Abdul Aziz erneut zu: »Ihre Redezeit, Herr Strauss, ist zum zweiten Mal abgelaufen.« Johann Strauss erbleichte angesichts solch unmenschlichen Gebrauchs des Fallbeils und wankte, von mitleidigem Gemurmel des Saales begleitet, in seine Sitzreihe zurück, wo er, ein tödlich verletzter Mann, neben seiner Frau auf den Stuhl fiel. Das mitfühlende Eheweib aber wurde am gleichen Nachmittag mit einer Gallenkolik in die Universitätsklinik eingeliefert.

Wie man Dolmetschern aus dem Weg geht

Ein Kongress, der so beginnt, setzt Absurditäten frei, deren Lauf und Potential nicht leicht auszumachen sind. Die Absurditäten gingen auch an Reinhold nicht vorüber. Alle Vortragenden waren gebeten worden, ihr Manuskript oder eine Kopie am Abend der Ankunft dem Veranstalter Mehmet Bey oder seiner Hilfstruppe auszuhändigen. Der Zweck sollte sein, die englischen oder deutschen Manuskripte über Nacht ins Türkische zu übertragen, damit die Simultandolmetscher, von denen, wie sich herausstellte, mit Ausnahme der Dolmetscherin aus Izmir überhaupt keine ansichtig wurden, nicht in große Not gerieten. Morgenländische Präzision vorausahnend hatte er mehrere Exemplare seines Vortrags mitgebracht und gab abends zwei Kopien einem jungen Germanistikdozenten. Der Dozent las die ersten Sätze und begann zu zittern, weil sein Deutsch der Aufgabe offensichtlich nicht gewachsen war. Eines der Manuskripte ging sogleich verloren; man hat es nie wiedergesehen, man hat auch nie eine türkische Übersetzung gesehen. Am Tage des Vortrags fragte Mehmet Bey Reinhold besorgt: »Warum haben Sie Ihr Manuskript noch nicht abgegeben?« Auf die Antwort: »Ich habe sogar zwei Exemplare vor zwei Tagen abgegeben«, wuchs Mehmet Beys Ratlosigkeit. Schließlich fiel ihm ein, eines der Manuskripte könne ja an der Hotelrezeption deponiert worden sein; ein Student jagte mit dem Auto als fahrender Bote ins Hotel und kam triumphierend mit der deutschen Fassung zurück. Der junge Dozent hatte das Manuskript nicht mit nach Hause genommen, sondern muss es verstohlen auf eine Ablage unter dem Empfangstisch geschoben haben, in der verzweifelten, aber nicht aussichtslosen Hoffnung, wenn es erst einmal verschüttet sei, würde die Blamage an ihm vorübergehen. Jetzt, fünf Minuten vor dem Vortrag, war an Übersetzen nicht mehr zu denken.

Bei türkischen wie ausländischen Rednern hatten die Veranstalter sich viel einfallen lassen, um wenigstens den Sinn der Worte denen zu vermitteln, die der jeweiligen Fremdsprache nicht mächtig waren, denn, wie schon gesagt, die angekündigten Simultandolmetscher hatten bis auf jene Professorin aus Izmir den Weg nach Eskişehir nicht gefunden. Zunächst sprachen Redner und Übersetzer im Duett, stichomythisch geradezu: Nach jeweils nur einem Satz des ersten erhob der zweite seine Stimme. Keine gute Methode, die Zeit verrann, der Sinn zerriss, also musste beschleunigt vermittelt, der Originaltext verkürzt werden. Nun las der Redner eine Seite vor und der Übersetzer gab eine Kurzfassung. Schon bald zerfiel das Argument des Vortrags in isolierte Sätze. Die gepeinigten Übersetzer traten, wie nach einem türkischen Vortrag ein schwitzender Anglistikdozent, vor die Zuhörer und stammelten: »He say ... and then he say.« Reinhold wollte sich solches nicht antun lassen. Er kündigte an, den gekürzten Vortrag zweimal frei zu halten, einmal eine Viertelstunde auf Deutsch und dann eine Viertelstunde auf Englisch. Selbstredend gab es eine Panne, denn als er Dias zeigen wollte, deren Einsatz er brieflich angekündigt hatte und für die er um die notwendige technische Apparatur gebeten hatte, fehlte im Saal ein Projektor. Eilends schleppte ein Dozent den Apparat aus einem andern Teil des Gebäudes herbei, doch die Glühbirne fehlte. Freundlichkeit, Eifer und rühriger improvisierender Einsatz der Gastgeber sind wirkliches Lob wert. Sollte man nun Giftpfeile abschießen? Nein, das waren diese Hindernisse alle nicht wert, sie waren nur schlichte Pannen. Ach, und was sind die schon? Wenn nur, wie geschehen, Redner und Publikum ihre heitere Laune nicht aufgeben.

Exkursion mit Picknick, der unaufhaltbare Lauf der Sonne, ein Tempel im Dunkeln

Hätte sich die Exkursion, welche Mehmet Bey für die ausländischen Gäste organisiert hatte, von allen bisherigen Ausrutschern abheben und einfach nur so gelingen können? Natürlich nicht. Nach dem Frühstück sollte ein Bus gegen zehn Uhr vom Hotel losfahren, zuerst nach Seyitgazi. Dort war die umfangreiche Burganlage der Mutter des seldschukischen Sultans Alaattin Keykubat I. zu besichtigen mit Moschee, Küchen, Krankenhaus, Wehrbauten, Grabmälern. Recht bedeutend war der Ort in früheren Zeiten; unter den Seldschuken diente er als neunte Raststation auf dem Wege von Istanbul nach Bagdad oder nach Mekka. Über Staubstraßen würde ihre Fahrt dann weitergehen zu dem phrygischen Heiligtum von Midasşehir und nochmals über lange Feldstraßen zu dem berühmten Jupitertempel in Aizanoi. Die Rückkehr schloss einen Umweg über Kütahya ein; für acht Uhr abends hatte Mehmet Bey im Gästehaus der Universität ein gemeinsames festliches Abendessen bestellt. Reinhold erschien das Unterfangen wegen der langen Wege und des auf den löchrigen Staubstraßen langsamen Busses entschieden zu umfangreich, er schwieg, denn es war nicht sein Plan. Der Tag begann, wie ein solcher Tag beginnen musste, mit einer Panne. Um zehn Uhr standen die ausländischen Gäste vollzählig versammelt um den Bus vor dem Hotel, während drinnen der alte Herr vom YÖK in aller Ruhe sein Frühstücksei löffelte, denn er hatte es nicht mit dem frühen Aufstehen. Niemand besaß den Mut, dem Alten zu bedeuten, er möge sich beeilen, weil er sich unhöflich zu den Gästen verhalte wie auch den Zeitablauf des Programms gefährde. Nein, sie fuhren erst nach elf Uhr los. In Seyitgazi gab es viel zu besehen; die Grüppchen der Reisegesellschaft verliefen sich auf dem weitläufigen Gelände und überschritten die für Seyitgazi vorgesehene Zeit kräftig. Gegen Mittag fuhr der Bus ab, gegen drei Uhr kam er in Midasşehir an. Dort wurden erst die für mittags vorgesehenen gebratenen Hähnchen mit Brot und Salaten verzehrt, dann schlenderte man zu den phrygischen Felsdenkmälern. Die Uhr zeigte auf halb fünf.

Reinhold flüsterte der Professorin zu, im Oktober gehe die Sonne gegen fünf Uhr unter, Aizanoi sei mindestens anderthalb Stunden entfernt, der Bus würde also die letzte Stunde im Dunkeln durch Phrygien kurven. Den Tempel sähen sie wahrscheinlich bei unsicherem Mondlicht, wenn sie ihn nicht sogar im Stockfinstern bewundern müssten. Ob es nicht geraten sei, Mehmet Bey zu drängen, den Bus direkt nach Eskişehir zurückfahren zu lassen, um zumindest pünktlich zum Abendessen im Gästehaus eintreffen zu können? Reinhold, muss der geneigte Leser wissen, hängt mit fortschreitenden Jahren sein Herz und seine vorausdenkende Sorge immer stärker an verlockende Mahlzeiten und immer weniger an den Besuch antiker Tempel. Die Dame zuckte die Schultern und redete auf Mehmet Bey ein. Der, eine gequälte Seele, sah das Dilemma, doch der Plan war der Plan; alle Ausländer hatten ihn in der Hand; jede Änderung wäre einer Niederlage und dem erneuten Einbruch des Chaos gleichgekommen. Der Bus fuhr also spät ab, die Sonne hielt sich an ihren Lauf, Finsternis brach über die Landschaft herein; der Fahrer verlor auf den Staubstraßen mehrfach den Weg; sie kamen gegen sieben Uhr bei den Ruinen von Aizanoi an; der Tempel stand unzweifelhaft irgendwo umher, zu sehen war er nicht. Der Wagen rumpelte kreuz und quer über das Gelände, der Busfahrer schaltete das Fernlicht ein und, siehe da, die Basis des Tempels und der unterste Teil der Säulen tauchten aus der Dunkelheit auf. Die Gesellschaft wandte sich zurück nach Eskişehir und kam Stunden nach der vereinbarten Zeit an.

Nächtliche Lammnierchen

Kein Fenster leuchtete im Gästehaus, die Türen waren geschlossen, Köche und Bedienung, des Wartens überdrüssig, hatten sich auf den Heimweg gemacht. Also fuhr der Bus vom Universitätskampus zurück zum Hotel, und ein schwitzender Mehmet Bey überlegte fieberhaft, wo und womit er seine dreißig Ausländer speisen sollte. »Gehen wir doch alle in eine Pizzeria um die Ecke«, schlug er vor, und das hungrige Volk folgte ihm. Nicht alle: Dr. Anhegger, witzig, weise, der langjährige frühere Direktor des Goetheinstituts in Istanbul und eine Koryphäe, was die Geschichte der Stadt anging, daneben ein scharf denkender österreichischer Historiker aus Graz und Reinhold, absentierten sich und fuhren mit dem Lift zum Dachrestaurant ihres Hotels. Einige wenige Türken saßen dort, die Küche war noch offen, der Koch entschuldigte sich: »Viel kann ich nicht mehr anbieten, nur noch Lammnierchen mit frischen Steinpilzen oder Lammkoteletts mit grünem Salat.« Das Angebot erschien ihnen überhaupt nicht dürftig, einige Flaschen Wein standen schnell auf dem Tisch. Die Lammteile schmeckten exquisit; die Runde beschloss, eine zweite Mahlzeit einzunehmen, diesmal mit vertauschten Rollen. Wer vorher die Nierchen gegessen hatte, nahm nunmehr die Koteletts, und alle nochmals die Steinpilze. Die Prozedur fand den wortreichen Beifall des Kochs, der seine Kunst so spät noch so sehr geschätzt sah.

Am Abreisetag hätte Reinhold mitten in der Nacht einen Bus nehmen müssen, der früh genug in Istanbul eingetroffen wäre, um ihm Zeit für die Fahrt zum Flughafen zu lassen. Das Problem löste sich auf die angenehmste Art. Eine Dame vom österreichischen Generalkonsulat in Istanbul lud ihn ein, in ihrem chauffeurgesteuerten Dienstwagen bis Istanbul mitzufahren. Der schwere Mercedes glitt das geschlungene und enge Sakaryatal schnell und elegant hoch. Die junge Abgesandte ihrer Kulturabteilung, voller Freundlichkeit und Gelassenheit, fuhr, ihr erstes Angebot übertreffend, Reinhold bis vor die Abflughalle des Flughafens Atatürk.

Arnold von Harff

Ne rheinische Jong kütt dürch de Orient

Arnold und Reinhold sprechen Rheinisch

Den Ritter Arnold von Harff hätte Reinhold heftig umarmen mögen, denn sie teilen mehrere Reiseerfahrungen, anderseits nicht zu oft und zu heftig umarmen, um ihn nicht auf falsche Gedanken zu bringen. Zum Ersten war auch Arnold im Orient umhergezogen, in das Heilige Land und in noch weitere Ferne, und das bereits zwischen 1496 und 1498. Unterwegs hatte er Wein und Weibern gegenüber keineswegs den Kostverächter und Asketen gespielt. Zum Zweiten war er wie Reinhold ein Kind des Jülicher Landes. Neben der römischen Landstraße, welche von Maastricht über Jülich, dem einstigen Juliacum, nach Köln lief, lag fünfzehn Meilen östlich von Reinholds Elternhaus das Dörfchen Harff. Im Ort erhob sich eine spätmittelalterliche Wasserburg, der Stammsitz der Herren von Harff. Reinhold spricht von solcher Vergangenheit in einem eingegrenzten Sinn, denn mit Mann und Maus ist alles vom Erdboden verschwunden: Das Geschlecht, die Burg, der Ort. Das Geschlecht starb im 16. Jahrhundert im Mannesstamme aus; Ort und Burg versanken in einem riesigen Loch, das die Bagger der Rheinischen Braunkohlegesellschaft in die Landschaft fraßen. Das Loch lief mit Grundwasser voll; ein See entstand; nur manchmal erklingt in stillen Nächten die Burgglocke aus der Tiefe.

Reinhold wie Arnold kennen das Deutsch ihrer Heimat. Er redete in seiner Kindheit das Jülicher Platt, Arnold schrieb seine Reiseerlebnisse nieder in »der nordwestlichen (jülichschen) Variante der spätmittelripuarischen Schreibsprache«, so der Linguist Hartmut Beckers, und überreichte das Manuskript 1499 seinem Lehnsherren, dem Herzog Wilhelm IV. von Jülich-Berg und dessen Gemahlin Sibylla von Brandenburg. Keine schlechte Leistung: »spätmittelripuarisch«. Das war schon was, dazu schriftlich, womöglich bereits mit »Einschlägen der frühneuhochdeutschen Gemeinsprache«. Und so klingt Arnold, etwas stockend, am Anfang seines Reiseberichtes:

Loff danck sy dem Vader in ewigkeit dem Son vnd dem heiligen Geist Zo trost vund heill mynre seelen seligkeit hain ich Arnolt van harue Rytter vur mich genomen ein loebliche pilgrimmacie zu vollenbringen ... .

Kein schlechtes Stück Prosa für einen Burschen vom Lande. Ab jetzt wird Reinhold ihn Nöll nennen statt Arnold, weil eben der Dialektname geeignet ist, das Band der Freundschaft zwischen den beiden Reisenden anzuzeigen. So spannend die sprachhistorischen Varianten Nölls für Spezialisten auch sein mögen, Reinhold interessiert anderes an ihm, namentlich, wie er es mit der Wahrheit über seine Reisen hielt.

Sind Wunder und Wahrheit trennbar?

Wenn es um morgenländische Wunder ging, um die mirabilia, von denen spätmittelalterliche Reisende nicht genug erzählen konnten, erwies sich Nöll als ein Fabulierer von großer Klasse, fast so gut wie Sir John Mandeville, den es womöglich nie gegeben hat. *Mandeville's Travels*, ein Orientbericht des 14. Jahrhunderts, ist in der schönen Formulierung Michel Butors »eine von Realismus eingerahmte Fantasie«. Mandeville berichtet vom sonderbaren Benehmen eines Flusses im Heiligen Land. Fromm war das Gewässer und am Sabbat, den alle Welt durch Ruhe respektierte, bemüht, den Sabbat ebenfalls zu ehren, freilich auf eine nur einem Fluss mögliche Weise. Zwischen der Stadt Archas [einer Kreuzfahrerburg bei Tripolis] und der Stadt Rafineh, versichert Mandeville, gibt es einen Fluss, welcher Sabatorie [Sabbat] heißt, denn am Samstag fließt er schnell und die ganze Woche danach steht er still und fließt gar nicht oder nur ein wenig. Andere Flüsse hatten auch ihre Sonderlichkeiten, die sich bis zur Diskriminierung der einen oder andern Religion steigerten. Schehrezâde erzählt in der 505. Nacht der Erzählungen aus den Tausenundein Nächten von einem großen Strom im Judenland, der am Sabbat aus lauter Ehrfurcht vor Jahwe austrocknet, und Edward Webbe spricht in seinem trefflich benannten Bericht aus dem Orient, *Rare and Most Wonderful Things* (1590), von einem Fluss in Syrien, der ebenfalls theologische Partei nimmt und seine überaus zahlreichen Fische nur von Christen und Muslimen, keinesfalls aber von Juden fangen lässt.

Nöll stand an kavalierhaftem Umgang mit den Tatsachen den Fabulierern nicht nach. Schon der Verlauf seiner Reise ist nicht widerspruchsfrei zu rekonstruieren: Zu viele Meilen presst seine Erzählung in die zwei Jahre der Reise. Denkbar ist allerdings, dass der Ritter die Gabe der Anwesenheit an zwei Orten besaß und so doppelt reisen sein konnte. Er zog auf den verschlungensten Pfaden zu den bedeutenden Pilgerstätten der abendländischen Christenheit, nach Jerusalem, Rom und Santiago di Compostella. Von Köln aus wanderte er den Rhein aufwärts, durchs Allgäu, durch Südtirol, über Verona, Bologna, Florenz, Siena nach Rom, wo er in der Karwoche und zum Osterfest 1497 den Papst und die Heiligtümer der Stadt aufsuchte. Darauf reiste er über Rimini und Ravenna nach Venedig und nahm ein Schiff nach Alexandria. Er segelte über Korfu, Kreta, Rhodos nach Ägypten und schloss sich in Kairo einer Karawane des Priesterkönigs Johannes an, die in der arabischen Wüste das Sinaikloster berührte und ihn über Mekka und das Rote Meer nach Abessinien und zu fernen, sagenhaften Ländern bis nach Madagaskar führte. Die Pilgerfahrt ging von den Mondbergen in Abessinien den Nil abwärts zurück nach Kairo und nun endlich nach Jerusalem. Die Rückreise aus dem Heiligen Land führte ihn durch Kleinasien über Damaskus, Antakya, Adana (natürlich ehemals so benannt, erklärt Nöll, da von Adam gegründet), Konya, Bursa nach Konstantinopel, mit Abstechern nach Trapezunt am Schwarzen Meer und Troja an den Dardanellen. Ein Schiff brachte den Nöll zu guter Letzt nach Venedig. Der Besuch der Mondberge und des Reichs des Priesterkönigs, noch hinter dem fernen Indien, muss seinen Zeitgenossen glaubhaft erschienen sein. Die modernen Fachleute hingegen sind maßlos skeptisch. Die Existenz der Märchenländer streiten sie rundweg ab, und chronologisch sei die Pilgerreise, deren Anfang und Ende dokumentarisch bezeugt sind, überhaupt nicht auf die Reihe zu bringen. Sein Herausgeber Eberhard von Groote zweifelt sogar, ob er Venedig, den zweifachen Anlaufhafen, aus eigener Anschauung beschrieben hat. Zugegeben, Nöll mag von seinen Vorgängern abgeschrieben haben, doch mit dem Abgeschriebenen kamen seine Leser gut zurecht. Er war als praktischer Baedeker durchaus von Nutzen und in jedem Falle spannender als James Boswell, der auf seiner Grand Tour 1765-66 die Lagunenstadt besuchte und den kahlsten Satz über sie schrieb, den Reinhold kennt: »There were buildings and paintings to see at Venice.«

Da ging es bei dem Ritter von Harff doch bunter her, wie einige Leseproben zeigen. In Rom: In der Kirche der SS. Sebastian und Fabian ruhten dreihundertneunzehn Jahre die Körper des Petrus und des Paulus unentdeckt. Sie wurden erst von den sieben Schläfern, die eigens zu diesem Behuf aufwachten, dem Papst Urbanus angezeigt. »In Wirklichkeit«, wirft Reinhold ein, »schliefen die Sieben ihren Schlaf eingemauert in einer Höhle bei dem kleinasiatischen Ephesos und wachten dort einhundertzwölf Jahre nach der Christenverfolgung des von 249 bis 251 regierenden Kaisers Decius auf, hatten nur längst außer Kurs geratene Münzen dieses Kaiser in den Taschen und konnten damit keine Frühstücksbrötchen kaufen. Sie wunderten sich bass über die verflossene Zeit, priesen umgeben vom Bischof von Ephesos und staunendem Volk den HERRN und entschliefen sogleich erneut, friedlich und auf immer.«

Abermals in Rom: Der römische Dichter Vergilius, der dem Mittelalter als großer Zauberer galt, bannte ein Bild der gotteslästerlichen Päpstin Johanna auf einen Stein, und die Römer konnten sich an ihrer Scham Feuer holen, Fackeln anzünden und andern Schabernack treiben.

Im Roten Meer: Dort lagen zwei Inseln, auf der einen hausten nur Männer, auf der andern nur Weiber, die sich zwecks militärischer Ausbildung eine Brust abgeschnitten hatten, damit sie so den Bogen enger an die Rippen bringen konnten. Die sagenhaften Amazonen verfuhren gleichermaßen.

Im Indischen Ozean: In Nölls Schiff war kein einziger eiserner Nagel eingeschlagen, damit es so den zahlreichen Magnetbergen entgehe.

Im Heiligen Land: Im Hebrontal hatten Adam und Eva gewohnt nach dem Verstoß aus dem Paradies. Gleich nebenan sah Nöll den Acker, dessen Lehm zum Bau des ersten Menschen gedient hatte. Im Übrigen haben über die Jahrhunderte die Einwohner des Heiligen Landes nicht verlernt, gegen ein Bakschisch den Touristen für jeden Schritt Jesu und jedes keusche balsamische Fürzchen der Heiligen Jungfrau den akkuraten Ort anzugeben.

Dem Nöll Naivität angesichts solcher Wunder vorzuwerfen, heißt ihm Unrecht tun. Die Alternative von Wahrheit und Lüge stellte sich ihm und seinen Zeitgenossen nicht so scharf wie seinen modernen Lesern, zumal nicht an traditionell verehrungswürdigen christlichen Plätzen. Er wird gedacht haben, mirabilia seien zu allermeist faktisch und, wenn einer sich nur recht anstrenge, auch auffindbar. Mühselig war es freilich schon, Erdstriche und Orte zu erwandern, an die man mit Fug und Recht glaubte, an das Paradies oder das Reich des Priesterkönigs Johannes, an den immerhin ein echter Papst einen echten Brief geschrieben hat. Das irdische Paradies, nahm die eine Partei an, läge im äußersten, dunstigen Westmeer, jenseits der Säulen des Herakles. Es hieß Die Inseln der Seligen oder auch Die goldenen Gärten der Hesperiden. Und hätte nicht der irische Abt St Brennan die Inseln fast erreicht, wenn sie nicht weiter und weiter vor ihm zurückgewichen wären? Weit hinten im Orient, doch auf festem Boden, so glaubten die anderen, läge das Paradies, denn schon die Bibel versichert in der Genesis: »Dann pflanzte der HERR, Gott, einen Garten in Eden im Osten«, zudem von den vier im Paradies entspringenden Flüssen seien zwei der Tigris und der Euphrat. Die kannten auch die mittelalterlichen Geographen.

Das Benediktinerinnenkloster Ebstorf in der Lüneburger Heide besaß früher die vielleicht schönste und größte Erdkarte des Mittelalters. Die um 1373 entstandene mappa mundi war von doppelter Mannshöhe. Sie legte das Paradies zwischen Ganges und Kaukasus; vor dem Kaukasus sah man den Berg Ararat komplett mit Arche Noah; nicht weit davon wohnten die Amazonen, je weiter es nach Osten ging, desto märchenhafter wurden Einwohner und Tiere. Hätte Nöll die Weltkarte gesehen, so hätte er ausgerufen: »Genau so ist es!« Die Entdeckung des Gartens Eden war gleichbedeutend mit dem Auffinden eines wirklich Vorhandenen. Wenn Eden auch im Lande Irgendwo lag, so brauchte man nur den Weg zu finden – einen Weg, zugegeben, voller Riesen und einäugiger Menschenfresser, einfüßiger Monster, Schatzhöhlen, Drachen, inselgroßer Fische und schifferaubender Greifvögel – um am ursprünglichen Licht, dem Glück vor dem Sündenfall, teilzuhaben, in dem Maße jedenfalls , in dem ein Sterblicher durch den Zaun des Paradieses das Glück erblicken konnte.

Arnold schreibt sich Sprachführer für das eigene Bedürfnis

Neben Nölls Umgang mit dem Fabelhaften und Fantastischen faszinierte Reinhold die Art, wie der Pilger die harten Notwendigkeiten einer Reise bewältigte, wie er sich sein täglich Brot, seinen täglichen Wein und sein tägliches Bett verschaffte. Fragen musste er stellen, und immer wieder die gleichen.

Wie aber fragen in christlichen und heidnischen Ländern? Wie die vielen und unverständlichen Sprachen auch nur in den Anfängen beherrschen, wenn einer, wie Nöll, mit dem Spätmittelripuarischen aufgewachsen war? In Deutschland, bis zu den Alpen, mochte die Verständigung noch angehen. Dann wandte er sich in welsche Lande und, siehe da, er entfaltete eine unerhörte sprachliche Findigkeit, hörte genau hin und schrieb die Namen der unumgänglichen Dinge nieder, dazu einige Sätze des Alltags, die Zahlen von 1 bis 10, die Hundert und die Tausend. Derartige winzige Glossare verfasste er für das Kroatische, Albanische, Griechische, Sarazenische (d.h. das Arabische), Türkische, Ungarische und Baskische. Einiges hat er grässlich verballhornt, anderes nicht viel anders als in der modernen Aussprache aufgezeichnet. So versteht er im Türkischen yok (nein) als jock, ekmek (Brot) als meck, yumurta (Ei) als gemortar und im Griechischen ochi (nein) als oischi, psomi (Brot) als ipschomij und krassi (Wein) als kressij. Nölls Listen führen die Dinge in der Rangfolge ihrer Lebensnotwendigkeit auf. Ganz oben stehen Brot, Wein und Wasser, gefolgt von Salz, Fleisch, Käse, Fisch, Eiern. Man denkt zunächst, Nöll sei ein Weinkenner und Säufer vor dem Herrn gewesen, weil er dieses Getränk stets noch vor dem Wasser aufführt, sodann sagt eine reifliche Überlegung, dass es zu seiner Zeit und in heißen Landen gesünder war, Wein statt des sehr oft verseuchten Wassers zu trinken. Nöll wusste natürlich nichts von Bakterien, wohl aber wusste er von den Folgen unbedachten Wassertrinkens. Wie jemand – sagen wir auf Spätmittelripuarisch und Albanisch – die Tageszeiten bot, erfahren wir ebenfalls: »guden morgen« entspricht »mirenestrasse«; »guden nacht« entspricht »myreprama«; »guden daich« heißt »meretzewen«.

Was bewegte sein Gedächtnis sonst noch? Dass er wusste, wie Dinge hießen und was sie kosteten, dass er eine Herberge fand, dass man ihm seine Hemden wusch. Der fünfundzwanzigjährige Reisende hatte so gute Manieren, wie sie einem Ritter anstanden. Allerdings ist eine starke Vorliebe, die sich in einer Reihe von Phrasen kundtut, nicht so recht mit dem Bild eines frommen Pilgers zu vereinen. Nöll hatte es mit den Frauen, den schönen und jungen und den gegen Entlohnung entgegenkommenden. Und es ging ihm durchaus nicht nur um das Hemdenwaschen. In Kroatien spricht er so: »Frau, soll ich bei Euch schlafen?« In Griechenland: »Gute Frau, lasst mich bei Euch schlafen.« In Arabien stört ihn der unchristliche Glaube der Wirtin keineswegs in seinen erotischen Bemühungen: »Frau, soll ich bei Dir schlafen?« Im Baskenland wird er im Originalton geradezu poetisch: »Schoin junfrau kumpt bij mich slaeffen.« Was jeweils aus seinem Werben wurde, verschweigt der Pilger. Nöll heiratete bald nach seiner Rückkehr, die Ehe blieb kinderlos; Anno Domini 1505 starb er mit dreißig Jahren. Reinhold möchte nicht glauben, die vielfältigen Strapazen der Reise hätten seinen Freund, den lebenslustigen Nöll, ausgezehrt und unter die Erde gebracht. Harff lag nicht an der römischen Straße zwischen Jülich und Köln, sondern in der Nähe, im Abbaugebiet der Rheinischen Braunkohlegesellschaft. Diese hat tatsächlich Ort und Burg weggebaggert. Ein See entstand nicht, doch mit der versunkenen Glocke erzählt sich's schöner.

Side

Eine ungewisse Idylle oder der Liebe und des Meeres Wellen

Der alte Pelivanoğlu und dunkle Profite

In den Siebzigerjahren, es wird 1976 gewesen sein, dehnte sich im Sommer die weite Nordbucht von Side einsam und flach unter einer gleißenden Sonne. Die Kette der Betonburgen alias Hotels lag noch in der hässlichen Zukunft; dort stand nur das zweistöckige Hotel Pelivanoğlu; sein Besitzer war, wie er im Dorf hieß, der »alte Pelivanoğlu«. Reinhold, seine Frau Patricia und die kleine Tochter Corinna hatten hinter dem Hotel einen Bungalow bezogen, von dem ein Hohlweg durch eine Düne hinab zum Strand lief. Der Strand war feinsandig und mittags glühend heiß. Zwischen den Felsbrocken im seichten Wasser lagen perlmuttern schimmernde Muscheln und die Henkel und spitzen Füße antiker Amphoren; das Wasser hatte alles kunstvoll rund geschliffen; für Corinna kam die Suche nach solchen Dingen einer Schatzsuche gleich. Wenn der Familie nicht nach Kochen zu Mute war, gingen sie in das Hotel, setzten sich auf die Terrasse über dem Strand, bestellten ihren Salat und Fisch und ließen es sich gut sein. Tag für Tag saß der alte Pelivanoğlu unter einem Sonnenschirm auf der Terrasse, in schwarzer Hose und frisch gebügeltem weißen Hemd. Seit den Morgenstunden schon trank er Glas um Glas milchigen Raki. So schrecklich alt war er wohl gar nicht, aber er sah eben schrecklich alt aus: Groß, abgemagert, zusammengesunken, schüttere weiße Haare und eine papiergraue Haut, wässerige Augen, in denen die geplatzten Äderchen rot schimmerten, eine matte Stimme. Auf Filzpantoffeln schlurfte er ins Hotel und wieder zurück zu seinem Stammplatz, an dem er mittags, den Kopf auf den Tisch gelegt, in Volltrunkenheit einschlief. Sein Körper war dabei, im Kampf gegen den Raki zu kapitulieren. Wenige Jahre später ist er an Leberschrumpfung elend eingegangen. Zu Reinhold war der Alte stets ausgesucht höflich, er lud ihn mit weit ausholenden, wenn auch fahrigen Armschwüngen ein, einen Raki mit ihm zu teilen, was der auch gelegentlich tat. Sie saßen dann schweigend zusammen. Mehmet Ali Pelivanoğlu schien in sich hineinzuhorchen. Gutes mag er nicht gehört haben, im äußersten Maße landgierig muss er gewesen sein, dabei kaltblütig und skrupellos. Im Dorf erzählte man sich, er habe einen Mann, der sich weigerte, ihm Land zu verkaufen, rücklings erschossen. Weiter soll er als Strohmann eine Villa für eine deutsche Diplomatenwitwe gekauft, nach dem Kauf das Haus als eigenen Besitz ausgegeben und die Frau kaltherzig ausgewiesen haben. Ob dies nun Wahrheit oder böse Nachrede war, stehe dahin, die Pelivanoğlus gehörten zu den reichsten Familien in Side, und über die Reichen lässt sich gut das Maul zerreißen. Es folgen einige Anmerkungen zur moralischen Geschichte Sides.

Eine Tradition von schmutzigen Geschäften

Gewissenlosigkeit und Reichtum scheinen seit der Antike bei den Bewohnern Sides Hand in Hand gegangen zu sein. Solche Geschäftstüchtigkeit hallt heute noch laut nach. Athenaios überliefert die Antwort, die im 4. Jahrhundert v. Chr. Stratonikos von Athen gab, als er nach den verworfensten Menschen gefragt wurde: »In Pamphylien [dem Landstrich zwischen Antalya und Alanya] sind es die Leute aus Phaselis, in der ganzen bewohnten Welt jedoch die Leute aus Side.« Weiterhin, der griechische Geograph und Historiker Strabon berichtet von dem ausgedehnten und einträglichen Sklavenhandel, den die Sideter im

1. Jahrhundert v. Chr. auf ihrem Marktplatz zuließen. »Geld stinkt nicht«, werden sie gedacht haben und denken es immer noch, wenn sie heutzutage den Touristen die Kröten aus der Tasche ziehen. Wie oft hatte sich Reinhold geärgert, wenn wieder einmal ein junger Mann aus seinem Teppichgeschäft hervorschoss und mit einem scheinbar unverfänglichen: »Guten Tag, mein Herr, ich habe bloß eine Frage« einen Handelskontakt herzustellen suchte. Die Prozedur hat ihre ausgeklügelten Stadien. Erst hält der Händler das Opfer an, dann bittet, ja zwingt er es in seinen Laden, bietet Tee an und legt schließlich einige Teppiche vor: »Nur schauen, nicht kaufen!« Ein zeitstehlendes Kaufpalaver folgt, dem nur schwer zu entkommen ist. Schon die Aussicht, solche Prozedur jeden Tag mehrfach über sich ergehen lassen zu müssen, verleidete ihm Side, und wenn seine im Weitergehen gegebene Antwort: »Wie schön, dass Sie eine Frage haben, bewahren Sie sie gut auf« auch nicht von Höflichkeit zeugte, so verminderte sie doch seine Verstimmung. Dabei bildete der junge Teppichhändler nur ein kleines Ärgernis. Ein viel bösartigeres, ein wucherndes Geschwür am Körper Sides war der Dorfbürgermeister, der sich freudig bestechen ließ, solange die Summe groß genug war, und durch Ränke und Gewalt fast vierzig Jahre an der Macht blieb. Der Bürgermeister war Volksschullehrer, ein Beruf, von dem wir alle wissen, dass er seinen Mann nährt, nicht aber, zumal nicht in der Türkei, zum Millionär macht. Und doch kam es so. Der Lehrer besaß am Ende mehrere Läden und zwei große Hotels. Einige seiner Bauten standen illegal auf dem gesetzlich von Neubauten freizuhaltenden archäologischen Gelände. Eine auf die antike Seemauer gebaute Diskothek gehörte seinem Neffen. Der Neffe kannte keine Sperrstunde und brauchte keine Polizei zu fürchten. Die Bässe der Musikboxen schallten bis in die Morgenstunden über die ruhig flutende See und an das Ohr der unruhig sich wälzenden Schläfer. Reinhold wusste von den bürgermeisterlichen kriminellen Machenschaften aus den Erzählungen seiner einheimischen Freunde, und die Disko hatte er selbst mehr als einmal in die Luft sprengen wollen. Und da wir gerade beim schmutzigen Geschäft und Geld sind, gehen wir noch einmal auf einen Sprung in die Vergangenheit des Ortes zurück.

Side ist sehr alt, wenn es auch nicht exakt im Jahre 1405 v. Chr. gegründet wurde, wie Eusebios, der gelehrte frühchristliche Bischof von Caesarea, dem modernen Kayseri, zu wissen glaubt. In dem Namen Side, der aus einem anatolischen, vorgriechischen Dialekt genommen ist, las schon früh der antike Volksmund das griechische Wort für Granatapfel, und einen Granatapfel hatten seither die Sideter als redendes Wappen auf ihre Münzen gesetzt. Als waschechte Griechen erwiesen sie sich freilich nicht. Die Sideter sind über die Jahrhunderte ein ethnisch, sprachlich und konfessionell changierendes Völkchen geblieben. Die ältere Geschichte findet sich bei dem Historiker Arrian, der im 2. Jahrhundert n. Chr. schrieb. Die Einwohner Sides, erzählt er, behaupteten von sich selbst, sie stammten aus der griechischen Hafenstadt Kyme, oberhalb des heutigen Izmir. Als aber die ersten Kolonisten aus den Schiffen an Land gesprungen seien, hätten sie stehenden Fußes und wie aufs Maul geschlagen ihre Muttersprache vergessen und in einem barbarischen Dialekt weitergesprochen und zwar nicht dem der umwohnenden Einheimischen, sondern in einem eigenen, ganz besonderen, wie es ihn vorher nicht gegeben habe. An dem Lügenmärchen ist Erstaunliches wahr. Die Einwohner sprachen und schrieben tatsächlich einen eigenen Dialekt, das Sidetische, eine Sonderart des Pamphylischen. Die Sprachwissenschaftler kratzen sich darüber bis heute die Köpfe, denn außer dem sidetischen Stadtnamen auf Münzen gibt es nur kümmerlichste Inschriftenreste der Sprache. Darunter allerdings eine zweisprachige Inschrift auf sidetisch und griechisch, zu sehen in dem kleinen, aber faszinierenden Museum von Side, einem antiken Bad. In der römischen Kaiserzeit blühte Side als Handelshafen, doch es verfiel, verödete und versumpfte nach den Arabereinfällen des 7. Jahrhunderts n. Chr.

Im Jahre 1890 schreibt Karl Graf Lanckoronsky in *Städte Pamphyliens und Pisidiens*, die Ruinenstadt liege unbewohnt vor ihm. Angesichts des heutigen Gewimmels von Menschen, des Geschreis, Gedränges, Geschiebes, der ohrenquälend plärrenden Musik mutet des Grafen Beschreibung der Landzunge von Side wie von einem anderen, menschenunberührten Planeten an:

Die völlige Einsamkeit in der großartigen Umgebung des weiten herrlichen Meeres im Süden, der im Norden nahe hinter mannigfaltig bewegtem Vordergrunde aufsteigenden, östlich und westlich in dunstiger Ferne verschwindenden Berglinien, verlieh diesem Aufenthalt einen wunderbaren Reiz. Ein gegen die Nordseite immer dichter werdendes, ja an den meisten Stellen völlig undurchdringliches Dickicht von Myrthen und Lorbern bedeckt die Halbinsel, deren sich selbst überlassene, immer treibende, immer vergehende Vegetation in dichtem Schatten unter sengender Sonne Fieberdünste haucht. [...] Die jetzt von Südosten her [...] landeinwärts rückende Düne muss ihre Wanderung zu einer bestimmten Zeit einmal angefangen haben. [...] Von dem südlichen Strande her fegt der Südostwind den Staubsand die Düne hinauf über die glatte Fläche hin, über grünendes Leben unmittelbar die weiße Todesdecke legend.

Die Fieberdünste, die grassierende Malaria, stammten von dem versumpften Boden. Lanckoronsky hatte Mühe, trinkbares Wasser zu finden; seine Leute gruben ein Loch in den flachen Strand in der Nähe des Meeres, und es schien sich mit Süßwasser zu füllen, doch das Wasser versalzte bald so sehr, dass die damit bereiteten Speisen nicht mehr genießbar waren. Die Diener mussten das Wasser alle Tage von dem eine Stunde weit entfernten Manavgat herantragen. »Der Wasserlosigkeit«, fügt er hinzu, »half im Althertum eine großartige Leitung vom Gebirge herab.« Heute noch fallen die Ruinen dieses auf Side zulaufenden Aquädukts romantisch ins Auge.

Nun zu der zweiten, jüngeren Geschichte. Sie spielt Ende des 19. und Anfang des 20. Jahrhunderts. Im Zuge der ethnischen Verschiebungen zwischen Griechen und Türken, vor allem 1923, kamen Familien aus Kreta an die türkische Südküste und siedelten sich in den Ruinen Sides an. Die kretischen Türken waren keine ursprünglichen Anatolier, sondern, genau besehen, Griechen, welche die Insel wegen ihres islamischen Bekenntnisses verlassen mussten. Die frühesten Familien galten auch in den Sechzigerjahren noch als die Ersten, die vornehmsten unter den Armen. Selbstredend lebten sie in Feindschaft mit den Bewohnern Manavgats, des nächsten Dorfes, und Heiraten hin oder her standen außer Frage. Reinhold lernte drei solcher Familien kennen; die Generation der Großeltern sprach untereinander fließendes Griechisch, den Eltern war der Wortschatz geschrumpft, die Kinder kannten nur noch wenige Redewendungen – »Kalimera«, Guten Tag – »Kalinichta«, Gute Nacht – »Posiste«, Wie geht es Ihnen? Am reinsten verkörperte der Vater des Teppichhändlers Hüseyin Güzel den kretischen Typ. Der Mann war ein hochgewachsener, grauäugiger, blonder, griechischsprechender Muslim.

Ländliches Bad im Meer

Ein Schauspiel aus den Tagen vor der touristischen Sintflut steht Reinhold freundlich vor Augen. Das Hotel Pelivanoğlu der Siebzigerjahre und den weiten, flachen, leeren Nordstrand kennen wir bereits. Selbst im Sommer und Herbst sah man dort unter der Woche kaum einen Schwimmer, doch an den Wochenenden schaukelten morgens aufheulende Traktoren über die Feldwege und die Dünen heran und zogen mühsam große, flache Anhänger; die Räder versanken im tiefen, weichen Erdreich; die Gespanne hielten stotternd auf dem festen, feuchten Sandstrand an. Männer steuerten die Traktoren oder auch kleine Jungen, die gewiss nicht alt genug waren, um legal ein Fahrzeug zu führen. Selbst die Trittbretter der Traktoren quollen von Menschen über. Von den Anhängern kletterten vielköpfige Sippen; sie stammten aus den nahen, landeinwärts gelegenen Dörfern, es waren zumeist Frauen jeden Alters und jeglicher Beleibtheit. Die Frauen, alle mit Schleiern tief vermummt, trugen schwarze Überröcke, bunte Röcke, bunte Unterröcke, schwarze Beinkleider, braune oder schwarze Plastikschuhe. Erleichtert, dem schaukelnden Gefährt entronnen zu sein, machten sie es sich bequem. Sie holten aus Körben Äpfel, Birnen, Honigmelonen, Wassermelonen, Gurken und Tomaten hervor, Schafskäse, schwarze Oliven und Fladenbrot, dazu Wasser und Flaschen mit gekühltem Ayran und legten die Vorräte, von allem überreichlich, säuberlich auf Tücher oder Zeitungspapiere. Die Mahlzeit brauchte ihre Zeit. Kinder tollten durch den Sand und schleuderten ihn mit bloßen Füßen mutwillig auf die Erwachsenen. Die Männer, nur sie, schnappten sich ihre Knäblein, wirbelten sie durch die Luft, lachten. Die Mädchen und Frauen saßen ernst und beschäftigt da, sie sahen nicht einmal hin auf das Getolle. Nach dem Picknick wateten die Mutigen unter den Frauen ganz langsam ins Wasser. Die Röcke bauschten sich auf, die Jacken schwammen auf den Wellen; das salzige Nass, selbst wenn es nur bis zu den Schenkeln reichte, brachte Erfrischung. Die ganz Mutigen setzten sich auf den seichten Meeresboden und ließen die Wellen bis an den Hals steigen. Folgte helles, weibliches Gekreisch, Spritzen und Planschen und Juxerei? Nichts davon: Die Frauen tauchten langsam und schweigend auf und nieder, wie wenn dunkelgefiederte Wasservögel auf den Wellen dümpelten. Dann stapften sie in ihren tropfnassen Gewändern an ihre Plätze zurück und hockten sich nieder in den Sand. Die Sonne trocknete die Kleider schnell. Das Meer war vergessen; sie kehrten sich von ihm ab, auf das Wasser dösend hinauszuschauen wäre keiner eingefallen: Die See, die Seefahrt, damit haben innerasiatische Nomaden seit altersher wenig im Sinn, jene türkischen Nachfahren auch nicht. Baden macht hungrig, eine neue Runde des Obstschälens und Knabberns begann. Andere Frauen vertrauten allein dem festen Land. Einige ältere ließen sich von Töchtern oder Schwiegertöchtern im glühenden Sand vergraben, nur die Gesichter blieben frei, welche ein kleiner Parasol vor der Sonne schützte. Dem Sand wird eine medizinische, wenn nicht gar magische Heilkraft gegen Rheuma und Arthritis zugeschrieben. Am späten Nachmittag stiegen die Dörfler wieder auf ihre Gefährte, die Traktoren brachten sie ins Dorf zurück. Diese so einfachen wie erquickenden Landpartien sind in Side ausgestorben. Von der neuen, asphaltierten Straße, die hinter den Hotelburgen vorbeiführt, gibt es für Bauern und Traktoren keinen Zugang mehr zum Nordstrand. Auf Hunderten von Metern haben Hotels und Strandpächter Sonnenschirme und Holzbetten in Reihen aufgepflanzt und harren der zahlenden Touristen.

Eine antike Säule und ein neuzeitlicher Zeh

Einen Steinwurf entfernt von den Tempeln der Athena und des Apollon, neben den Mauern der byzantinischen Basilika, hat er in den Siebzigerjahren mehrfach, zuerst mit Martina, seine Ferien in einer kleinen Pension verbracht. Der Besitzer war ein großer, schwerer Mann mittleren Alters, bleich, sorgfältig rasiert, das schwarze Haar glatt zurückgestrichen. Er sprach mehrere Sprachen und arbeitete einige Sommer in der Rezeption des renommierten Hotels Turtel. Überaus höflich gebärdete er sich, wenn er nach vielen Stunden Arbeit in seinem dunklen Anzug und kreidebleich vor Müdigkeit in sein Heim zurückkam und mit dem Gast sprach. Seine Frau war viel jünger, klein, dick, frech, gierig. Als es noch zwei Metzgereien auf der Hauptstraße gab, hat sie Reinhold die letzten Lammkoteletts, fürwahr, den gesamten letzten Lammrücken, vor der Nase weggeschnappt, den er schon fast gekauft hatte, den er aber wegen seines kümmerlichen Türkisch nicht schnell genug für sich reklamieren konnte. Eines Tages hat der Metzger seinen Laden aufgegeben, er kaufte sich ein Taxi und wollte reich werden; das Geschäft florierte jedoch wegen der übermäßigen Konkurrenz nicht, er musste seinen Wagen verkaufen und stieg ab zum einfachen Taxichauffeur. Sein Schicksal ist nicht ungewöhnlich in der Türkei. Die Männer, mit den Marktchancen völlig unvertraut, setzen all ihr Erspartes auf eine Karte, ein Taxi oder ein kleines Geschäft, vorzugsweise mit einem nichtssagenden aber wichtig klingenden Namen wie Import – Export, und verlieren alles.

Noch aber reden wir von den idyllischen Tagen. Das Quartier war ein zweistöckiges Gebäude, das untere Geschoss aus unverputztem Beton, an der rechten Seite lief eine Treppe hoch, vor dem Haus war ein Vorgarten einen Spatenstich tief in den Erdboden eingelassen, Blumen standen dort in verrostenden Öl- und Benzinkanistern, die allenthalben auf dem Lande als Blumenkübel dienen; acht Holzpfeiler trugen ein üppig sprießendes Blumen- und Rankendach. Zwei Gästezimmer sahen nach vorn und auf das Meer hinaus, die Familie wohnte im Sommer in einem angelehnten Blechschuppen und schlief auf dem Flachdach. Vor dem Garten stand ein Holzbänkchen, auf dem sich gut im Schatten sitzen ließ; ein schmaler und buckliger Fußpfad, kein Auto hätte ihn bewältigt, lief zu dem Haus hin und verlor sich im Gestrüpp.

Still war dieses äußerste Ende der Halbinsel, der Blick ging über Felsen hinaus aufs offene Meer, weder Strände noch Ruinen rahmten die Aussicht ein. Im Rücken hielten eine Reihe strauchüberwucherter byzantinischer Bauwerke den Trubel Sides fern. Nur selten kletterten Touristen durch die beschwerlich zu begehenden Trümmer zu den Tempeln und den berühmten marmornen Medusenhäuptern, die sie auf Postkarten im Dorf so viel bequemer betrachten konnten. Linker Hand der Pension stand erhöht am Strand ein verfallendes Holzhaus aus grauen Schindeln, näher auf das Domizil zu fanden sich antike Bautrümmer, darunter einige Marmorsäulen. Hühner kratzten im reichlich ausgebreiteten Abfall, in Plastiktüten, Zeitungen, Cola-Dosen, verfaulendem Gemüse und Obst. Ein angepflocktes Schaf und zwei Ziegen fraßen das magere Gras, Katzen blinzelten in der Sonne, Taubenschwärme erhoben sich klatschenden Flügelschlags, dörflich türkische Idylle.

Eines Mittags setzte sich Reinhold auf den Stumpf einer der nahen Säulen und blickte lange auf die weinfarbene See hinaus. Martina, die Freundin, schlief, schön und unverhüllt, im dunklen, kühlen Zimmer. Spielte er den Odysseus bei einer verführerischen Kalypso? Eher nicht, denn weder zerriss er am Strand sein Herz mit Tränen, noch zog es ihn zu einer Penelope, schon gar nicht ruhte er, mit Homers Worten, die Nächte ohne Wollen bei ihr, der Wollenden. Er hätte nicht gedankenlos auf der Marmorsäule hocken sollen, denn sie neigte sich bedächtig, kippte um und rollte über seinen linken Fuß. Hatte sie die Jahrhunderte auf diesen Moment gewartet? Wollte sie ihn erinnern, dass sein sidetisches Glück mit der begehrenswerten Freundin auf zerbrechlichen Füßen stand? Dann hat sie recht behalten. Zunächst tat ihm nur der kleine Zeh weh. Seiner Klage, er sei verletzt, schenkte Martina wenig Glauben. Da er stets allzu wortreich klagt, stumpft die Glaubwilligkeit ab – das ist sein Los bei Frauen. »Hab dich nicht so«, heißt dann die Replik. Aber seine Rechtfertigung und Genugtuung kam. In Deutschland hat er den Zeh röntgen lassen und, siehe da, er war gebrochen.

Die Kamer Pension: Wenige Fische, doch über viele Jahre glückliche Tage

In den Achtzigerjahren wohnten Lisa und Reinhold stets in der Kamer Pension (Side, Tel. 7), betrieben von Ahmet Bayrak und seiner Frau, seinen beiden Söhnen Erol und Gürol, und diversen Schwiegertöchtern, unter denen Ülkü die Klügste war, denn sie hatte eine höhere Schule besucht und sprach deutsch. Beide fühlten sich wie in die Familie aufgenommen. Als Ülkü schwanger wurde, brachten sie einen großrädrigen Kinderwagen aus Deutschland auf dem Dach seines Mercedes mit nach Side. Altmodisch großrädrig, von der feinen englischen Bauart, musste der Wagen sein, weil im Ort die Straßen und Wege damals noch derart voller Schlaglöcher waren, dass sie den Speichen eines kleinrädrigen Gefährts bald den Garaus gemacht hätten. Die Tochter Fatma war mit einem Tunichtgut aus Ankara verheiratet, der, arbeitslos, sich in Manavgat umhertrieb. Die Familie Bayrak gehörte zu den alteingesessenen Einwohnern Sides, den aus Kreta dorthin verpflanzten. Ahmet sprach noch Griechisch mit seiner Frau, die Kinder kannten nur einige Brocken. Anfang der Achtzigerjahre war Ahmet Mitglied der Fischerkooperative von Side. In dem kleinen Hafen – einst eine der antiken Landestätten – fand man ihn morgens vor einem Holzschuppen, wenn die wenigen Fischer ihre Boote anlegten und die noch wenigeren Fische aus den Netzen pulten. Die Männer trugen ihren Fang in den Schuppen, Ahmet wog ihn und trug das Gewicht in ein großes Hauptbuch ein. Von Zeit zu Zeit brachte er ein paar Garnelen oder einen Fisch nach Hause und verkaufte die Dinge an Reinhold, denn von Anfang an war es für den ein schier hoffnungsloses Unterfangen gewesen, überhaupt an Fisch zu kommen. Er ging morgens gegen sieben Uhr zum Fischerhafen und wartete in der frühen Sonne auf die Boote. Das hätte er ebensogut sein lassen können: Die türkischen Käufer waren schneller und ungeduldiger als er. Sie drängelten vor, und wenn er endlich seine wenigen Türkischbrocken arrangiert hatte, waren die

Fische verschwunden, jedoch nicht in seine Einkaufstasche. Lisa hingegen heimste den gelegentlichen Triumph beim Fischkauf ein. Eines Morgens stellte sie sich in die Schlange der Käufer und kam fröhlich und stolz mit einem Kilo Fisch zurück. Ihr Charme hatte selbst die harten Herzen der Fischverkäufer erweicht.

Bei jenem Urlaub war ihr englischer Freund David mit von der Partie. Die beiden Männer kletterten unterhalb der Kamer Pension auf eine Felsplatte über dem Meer, schuppten die Fischlein und wuschen sie in dem Salzwasser, welches das Meer in die Felslöcher spülte. Um sie herum kauerte ein Kreis auf Abfall lauernder Katzen. Zwei Stunden putzten sie Fische, am Ende füllten alle nur eine große Pfanne. Mit reichlich Weißwein heruntergespült, von freundlichen Reden begleitet, schmeckt auch ein grätiges Fischlein vortrefflich. Die Kooperative der Fischer ging irgendwann ein, als die Fische ausgingen. Man mag die Erzählungen von Fischen und Fischmahlzeiten eintönig finden; sie sind aber auch unerlässlich. Der Vorzug des frühen Side war es eben, wie Sonne, Stille, Meer und Fische zu einem einfachen und guten Leben verschmolzen. Die beiden Männer machten im April 1991 erneut in der Kamer Pension Urlaub; da saß Ahmet, ein alter, kranker Mann, stundenlang in der Sonne vor seinem Haus. Ehemals sah er mit seinem runden Kopf und kurzen Bart wie ein wilder Kater aus, nun glich er einem sehr müden und sehr kranken Kater. Hochbetagt hatten er und seine Frau eines der Gebote des Islams erfüllt und mit dem Bus eine Pilgerreise nach Mekka unternommen. Eine Strapaze mussten Pilgerreisen für alte Leute sein. In Çorum war Reinhold vor Jahren in einem Hotel abgestiegen, das gegenüber einem riesigen Parkplatz lag. Die Ausmaße wurden erklärlich, als er eines morgens Hunderte von Pilgern und Dutzende von Bussen erblickte. Die Buskarawane würde nach Mekka fahren. Wie oft und wie lange sie Pausen machen würde, wusste er nicht. Ahmet und seine Frau kamen beide schwer herzkrank zurück. Flüsternd nur noch gab der Alte seine Anordnungen an die Söhne, seither wird er zu Allah eingegangen sein.

Die Kamer Pension war auf ein kleines, flaches Vorgebirge gebaut, das an der Seeseite von den Mauern eines byzantinischen Bauwerks gestützt wurde. Sah man auf die See hinaus, so erstreckte sich rechts hinter dieser Felsplatte das offene Meer; zur Linken bog ein kleiner Sandstrand nach innen; der Blick ging weiter zu den Ruinen der Agora und dem weiten Sandstrand nach Manavgat hin, den Dünen, einem Wäldchen, den nahen Gebirgskämmen des Taurus. Anfangs bestand die Pension aus zwei einstöckigen Betonzügen, Zimmer neben Zimmer, jedes mit eigenem Balkon und Meeresblick, am Ende der Zimmerflucht jeweils eine Küche, im Hofe ein umlaufend erhöhter Holzdurchgang. Später setzten die Bayraks ein hölzernes Stockwerk auf. Die unteren Räume waren zu Ostern kalt und klamm; dafür speicherten die Holzwände im Sommer die brütende und feuchte Hitze. Reinhold hatte im August 1991 ein Zimmer, nahe dessen Balkon ein Maulbeerbaum wuchs. Ein feiner Duft nach Terpentin stieg aus den Maulbeeren, er beugte er sich vor und pflückte zum Frühstück reife, zweifarbige, weiße und violette Früchte, ein flüchtiger Genuss, doch eine verlässliche Erinnerung. Im Laufe der Jahre war die Kamer Pension sauberer, ordentlicher, zugemauerter geworden. Im seewärtigen Gärtchen holzten Erol und Gürol die jungen Palmen ab. Einst blühten vor der Pension gelbe Mimosenbäume in verschwenderischer Fülle; auf dem kleinen staubigen Vorhof tummelte sich eine Hühnerschar, angeführt von einem Hahn, der um fünf Uhr in der Frühe die Nachtruhe der Gäste beendete. Jetzt erhoben sich neben einem asphaltierten Parkplatz dicht an dicht ein hölzernes Restaurant, die Rezeption und ein Kaffeehaus. Die Küchen im Erdgeschoss, in denen türkische Familien ihre Mahlzeiten zubereitet hatten, waren verschwunden. Er hatte Stunden in der Küche mit dem Schuppen, Säubern und Braten von Fischen zugebracht und erhielt sich die Gunst der alten Frau Bayrak, indem er jeweils bei der Abreise eine der aus Deutschland mitgebrachten Küchenutensilien als Geschenk zurückließ, ein scharfes Messer, eine gute Teflonpfanne, derartiges. Als Koch erregte er die Verwunderung, doch wohl kaum den Respekt der türkischen Ehefrauen, denen es nicht in den Kopf wollte, dass ein Mann solch niedrige Arbeit auf sich nahm. Freundlich zu ihm waren die Frauen stets, herzlich kamen sie Lisa entgegen. Natürlich war es gerade in der Türkei für Frauen einfacher, unter und mit Frauen zu reden, eher noch: zu gestikulieren, als solches über die Geschlechtergrenzen hinweg zu tun.

David und Reinhold tranken im April 1991 ihren Morgenkaffee auf dem Balkon. Die Zeremonie lief stets gleich ab. Reinhold eilte zum Büdchen vor dem Haus und kaufte Brot, deckte den Tisch und rief mehrmals nach seinem Freund. Endlich trat David aus seinem Zimmer, blieb selbstvergessen stehen und zog bedächtig an seiner selbstgedrehten Zigarette. Plötzlich setzte er sich wie erschrocken auf seinen Stuhl und begann, schnell zu essen. War er geistesabwesend oder noch im Halbschlaf? Man musste ihm oft sagen, was als Nächstes zu tun war, und das tat er ohne Murren, ohne seinen Gleichmut oder gute Laune zu verlieren. Doch Entschlüsse fasste er höchst ungern, und wäre es nach ihm gegangen, so hätte der Tag erst nach elf Uhr mit dem Frühstück begonnen. Währenddessen stieg die Sonne über dem pamphylischen Taurus schnell und kräftig hoch, die Luft ging noch kühl, auf dem Strand tummelte sich niemand, das stille Meer glitzerte, und er sah zu, wie ein Eisvogel, der in der Seemauer unterhalb der Kamer Pension nistete, gleich einem kleinen, grün-blau funkelnden Edelstein über die Wellen hin und her schoss.

Am Südstrand: Missklänge, erzeugt teils vom Alkohol, teils von der Existenznot

Der August 1991 steht lebhaft in Reinholds Gedächtnis. Dreizehn Stunden hatte die Busfahrt von Bergama gedauert. Im Ort machten vornehmlich Türken ihren Urlaub, von denen niemand gegen den allgegenwärtigen Horror der Lautsprechermusik protestierte. Reinhold, der zu wenig schlief und zu viel trank, entschloss sich, seine Kreise in den seltenen Oasen der Ruhe zu ziehen, also wanderte er durch die Ruinen bis zum Apollontempel und Hafen, auf der andern Seite bis zum kleinen Strand neben der Pension. Die Hauptstraße mied er. So entkam er, wenn das Glück mitspielte, den Transistorradios und ihrem geisttötenden Lärm, anderseits besaß er nicht so tatkräftige Schutzengel, dass sie die Fahrzeuge mit Außenbordmotor und die motorisierten Wasserski samt ihren Fahrern auf den Grund des Meeres hätten versenken können. Die Luft am Strand erzitterte von Heulen und Dröhnen. Am frühen Morgen, so gegen sieben Uhr, pflegte er ein Bad im Meer zu nehmen, ein halbes Stündchen, bevor noch der vom Land her aufspringende Wind das Meer kräuselte. Die Stille und das spiegelglatte Meer erquickten ihn. An der unbewegten Oberfläche war das Wasser über Nacht um eine Handbreit abgekühlt und schloss sich wie ein kalter Ring um den Hals eines Schwimmers. Darunter jedoch bewahrte die See ihre sommerliche Wärme. Am späten Morgen pilgerten vielköpfige türkische Familien mit Schirmen, Decken und Körben zu dem kleinen halbrunden Strand gleich neben seiner Pension. Vater, Mutter, Tanten und Nichten machten sich‘s bequem, und die schrillen Stimmen der Kinder erfüllten die Luft aufs angenehmste, denn sie kämpften, zumindest auf einige Zeit, gegen den motorisierten Radau.

Eines Morgens sah er, vor der Bucht schwimmend, zu, wie ein magerer Mann und eine dicke Frau in das Wasser wateten und, als es ihnen bis an die Brust ging, wasserspritzend auf und ab hüpften. Dabei brüllten beide: »So ein Tag, so wunderschön wie heute«, nur diesen Vers, diesen Vers allerdings immer wieder. Die Frau hatte einen tomatenroten Kopf und tomatenrote Schultern (Sonnenbrand, versteht sich), gelbes, halblanges Haar, ein breites Gesicht; ihr Mann war ebenso gerötet, klein, dunkelhaarig und hatte hagere Züge. Reinhold schwamm zurück ans Land und auf seinem Balkon ausruhend konnte er das Paar noch eine geraume Weile bei seinem so einseitigen wie energischen Tun beobachten, Planschen, Grölen – »So ein Tag, so wunderschööön ....«. Gegen Mittag warf er sich erneut ins Wasser. Die beiden saßen nunmehr im Badeanzug auf Hockern an der Bar neben seiner Pension; sie hatten die Arme auf die Theke gestützt und tranken doppelte Raki, nicht die ersten augenscheinlich. Von Zeit zu Zeit brach aus der Frau, inzwischen am ganzen, wenig ansehnlichen Körper krebsrot, ein Lallen hervor: »Ein Tag ... wie heute.« Der Mann verharrte stumm und unbeteiligt neben ihr, den Blick auf die Flaschen der Bar geheftet. Als Reinhold vom Baden zurückkam, hockten sie immer noch dort. Die Frau hatte, vom Raki übermannt, ihren Kopf auf die Theke sinken lassen und war eingeschlafen, halblaut schnarchte sie vor sich hin, ihr Haar war strähnig, ihr Gesicht verschwitzt; der Mann saß stocksteif und weiterhin von ihr abgekehrt und versuchte sich in einigen Brocken Unterhaltung mit dem türkischen Barjungen. Holländisch war es, was er mit ihm redete.

An einem andern Nachmittag suchte am nahegelegenen Strand ein Verkäufer von Sesamkringeln, ein junger Mann gegen Ende zwanzig, groß, fetter Bauch und breite Hüften, doch starkknochig und mit festen Beinen, etwas Geld zu verdienen. Seine Waren, einen Berg von Gebäck, trug er auf einem Kupfertablett auf dem Kopf und erfreute die türkische Kundschaft mit seinen Späßen. So stapfte er ein über das andere Mal, das Tablett auf dem Kopf balancierend, wie ein sich wiegender Elefant in die Wellen, bis ihm das Wasser unters Kinn reichte und stieg dort, seine Sesamkringel weiterhin lauthals anpreisend –»simit, simiiit« – auf und nieder, während Kinder um ihn herumschwammen und nach den Backwaren griffen. Dann kehrte er aus dem Meer zurück, und unter dem rhythmischen Händeklatschen vielköpfiger Familien drehte und wandte er sich im Bauchtanz, ohne das Tablett zu verlieren. Fünf Minuten später stand er wieder im Wasser und sang mit lauter Stimme, während er das Tablett mit den Armen um sich schwenkte und in den Wellen auf und ab hüpfte. Ob er stets und aus eigenem Antrieb zu diesen Späßen geneigt war oder ob nicht die elende Notwendigkeit, Kunden anlocken zu müssen, ihn zu seinem Tun trieb, wer will es sagen? Ganz so lustig konnte sein Leben nicht sein, denn vor zwei Tagen hatte Reinhold ihn in der kalten Frühe gesehen, wie er, hingestreckt gleich einem angespülten Ertrunkenen, auf dem Sandstrand lag und schlief.

Hermes und sein Ring: Reinholds späte Verneigung vor einem Freund

In den Siebziger- und frühen Achtzigerjahren, als Side vom Tourismus allmählich erwürgt wurde, trank Reinhold so manchen Tee und verbrachte so manche Stunde bei einem Teppichhändler mit dem göttlichen Namen Hermes, unter Menschen wurde er Hüseyin Güzel gerufen. Er war ein freundlicher, ernsthafter, noch junger Mann, pausbäckig, mit graublauen Augen und kurzen blonden Haaren, untersetzt und kräftig. Sein Leben drehte sich nicht allein um den Gelderwerb, er wusste es auch zu genießen. Im Sommer und Herbst sprang er jeden Morgen von dem kleinen Strand hinter dem elterlichen Gehöft aus ins Meer und schwamm weit und lange in die Bucht hinaus, über die Mittagszeit durchschlief er lange Siesten und vermied in den übrigen Stunden den einen oder anderen Flirt und intimeren Umgang mit einer Touristin durchaus nicht. Seine Familie gehöre zu den Moslems, sagte er, die vor der Jahrhundertwende aus Kreta in den damals leerstehenden Ort gekommen seien. Die Familie besaß mehrere Häuser im Dorf. Die Hermes Boutique stand an einer landeinwärts gelegenen Ecke des kleinen Platzes, der in den Siebzigerjahren ein Treffpunkt der Männer des dörflichen Side und die Stelle des Wochenmarkts gewesen war. In jüngerer Vergangenheit verdrängten Banken, Restaurants, Goldschmiedegeschäfte und Boutiquen die kleinen Händler, Bäcker, Metzger und Besitzer von Teehäusern. Die Esslokale überzogen den Platz völlig mit Tischen und Stühlen, die Touristen wanden sich hindurch, ratlos, wem der wortstark einladenden Kellner sie ihr Ohr und später ihre Lira schenken sollten. Zum Nordstrand hin schloss eine große Disko das scheußliche Ensemble ab. Das kleine Postamt wurde verlegt, es musste einem Lokal weichen. Nur die Militärwache an der Seeseite hielt sich; an der respekteinflößenden Gegenwart der Gendarmerie scheiterte der größte Raffsinn.

Zum Leidwesen seines alten Vaters, eines großen, mageren, aufrechten Mannes, wollte Hüseyin viele Jahre nicht heiraten; seine beiden Schwestern blieben ebenfalls lange ledig; ein Bruder, Goldschmied seines Zeichens, wohnte in Antalya, hatte dort Geschäft und Familie und kümmerte sich wenig um die Belange in Side. Mit Hüseyin hat Reinhold erstmals çöp kebab, wörtlich Abfall-Kebab, gegessen. Der Name täuscht: Man nimmt dazu schieres und gutes Rindfleisch, schneidet es in Würfel von der Größe einer Kinderfingerkuppe und sautiert es mit Tomaten, Zwiebeln und Pfefferschoten in der Pfanne. Anlass gab es eigentlich keinen. Weder hatte Reinhold einen Kelim gekauft noch Hermes eine Eroberung gemacht. Es war ein kalter und verregneter Osterabend. Sie gingen in ein sidetisches Restaurant, dessen Namen inzwischen mehrfach gewechselt hat; es musste nur dieses und durfte kein anderes sein. Die Gründe für solch exklusive Wahl waren vielfältig: Dort kochte wirklich der einzig wahre Könner, oder ein seine Käufer einladender Händler hatte mit dem Besitzer ein Abkommen auf Gegenseitigkeit getroffen: »Schickst du mir deine Kunden, komme ich mit den meinen«, oder der Besitzer war ein entfernter Vetter, da blieb das Geld in der Sippe. Rotglühende Eisenöfen erhitzten die feuchtwarme Luft im Lokal, Dunstschwaden schlugen gegen die Fensterscheiben, draußen liefen schwarze Ströme nächtlichen Regens am Glas herunter, drinnen lief ihnen der helle Schweiß den Rücken hinab. Reinhold geriet in Entzücken über den Duft des Gerichts und den Rotwein. Hüseyin, die Pausbacken bald kräftig gerötet, lächelte, weil er seinen Gast glücklich gemacht hatte. Hermes war trotz seines göttlichen Namens gegen den Tod nicht gefeit. Im Jahr 1985 heiratete er ein reiches Mädchen aus Antalya, kaufte einen großen schwarzen Peugeot und ging auf Hochzeitsreise. Auf dem Rückweg nach Side prallte der Wagen vor Antalya in den Serpentinen der Bergstraße auf einen Lastwagen. Das Hochzeitspaar kam an der Unfallstelle um; die alten Eltern haben den Verlust nicht verwunden, der Vater starb nach wenigen Monaten, die Mutter wurde wunderlich. Das große Geschäft blieb jahrelang verwaist, trotz der günstigsten Geschäftslage und trotz eines reichen Lagers. Teppiche hingen vor den Fenstern und verwehrten den Einblick in das ständig dunkle Ladeninnere; ein melancholisches memento mori. Hermes verdiente, was Teppiche und Kelime anging, jedes Vertrauen. Ein überaus ehrlicher und honoriger Mann, machte er seinem Namenspatron, dem Gott der Diebe und Händler, nur Unehre. Reinhold hat über die Jahre an die zwei Dutzend Kelime bei ihm gekauft, auch für Freunde und Bekannte in Deutschland. Nie hat Hüseyin versucht, ein Stück durch eitles Händlerschwatzen attraktiver zu machen als es war. Ungeschickt ging er gleichwohl nicht vor. Seine Ladenjungen ließ er Stück um Stück eine Wiese von grellen Mustern, sanften Mustern auf den Boden ausrollen, stundenlang. Er selbst saß schweigend und lächelnd dabei und nippte an seinem Tee. »Du wirst selbst wissen, welchen Kelim du nimmst«, pflegte er zu bemerken, »beim ersten Anblick wird dein Herz schneller schlagen. Vertraue deinem Herzen.« Hüseyin teilte die Leidenschaft türkischer Teppichhändler, in jedes Muster und jede Farbe symbolische Bedeutungen hineinzulesen. Nichts tat er lieber als eines seiner vielen Teppichbücher aufzublättern und den Finger zu legen auf eine Seite, auf der einer Raute, einem Stern, einer Spinne, einem Lebensbaum oder irgendwas eine landschaftliche oder, besser noch, eine göttlich-kosmische Herkunft zugeschrieben wurde. Der Umgang mit seinen Teppichen machte ihn zu einem angehenden Mystiker. Das mag auch sonst gläubigen Muslims zustoßen. So webte Maqsud von Kaschan im Jahre 946 der Hidschra in den berühmten Ardebil-Teppich (nunmehr im Victoria and Albert Museum) die Verse:

Es gibt keine andere Zuflucht für mich in dieser Welt
als Deine Schwelle.
Wenn nicht dort, so gibt es keinen Platz für mein Haupt.

Ganz zu Anfang ihrer Freundschaft handelte Hermes nebenbei noch mit Antiken, nichts Bedeutendem, ein paar Münzen, ein paar Ringen, einigen Öllämpchen. Eines Abends holte er aus einem Schächtelchen im Safe einen schönen Silberring. Hüseyin wollte ihn Reinhold verkaufen und beteuerte steif und fest, das Stück sei antik, während dieser ebenso eselsstarrig darauf bestand, der Ring sei zwar alt, jedoch nicht antik. Der Streit der vermeintlichen Experten wurde hitziger; einige Gläser Raki kühlten ihn nicht ab.

»Ich werde den Ring nur dir verkaufen, keinem sonst, aber erst, nachdem du mir zugegeben hast, dass er wirklich antik ist.«
»Antik ist der keinesfalls.«
»Ich schenke ihn dir, wenn du mir zustimmst.«
»Lieb von dir, Freund, aber der Ring stammt aus dem 19. Jahrhundert.«
»Dann soll ihn, beim Satan, niemand haben!«

Hermes nahm das Schmuckstück, lief die wenigen Schritte zum Strand und warf es in hohem Bogen in die Nacht. Das Meer nahm den Ring lautlos auf. Die beiden Streithähne sahen sich blöde ernüchtert an, beschämt wegen der eigenen Rechthaberei. Im Vertrauen und im Nachhinein bedacht, Hermes hatte recht.

Side

Die Stadt wächst aus den Fugen und verkommt

Aydemir, Penny und ihr Restaurant Soundwaves

»Mein Freund, die bösen Verhältnisse in Side sind shogginck«, pflegte Aydemir zu sagen. Aydemir war Reinholds alter, doch an Lebensjahren jüngerer Freund und wusste, wovon er redete, doch er redete nicht von allem, was er wusste. Wie die Bayraks der Kamer Pension und der Teppichhändler Hermes stammte er aus einer Familie, die um die Jahrhundertwende aus Kreta eingewandert sein sollte. War es, trotz ihrer andern Zeitrechnung, nicht erst nach 1923 geschehen? Wie Hermes sprach er noch einige Brocken Griechisch. Ihm und seiner blonden, schlanken, schweigsamen australischen Frau Penny gehörte ein namens Eßlokal namens Soundwaves, erst ein altes, nach vielen Jahren ein neues. Zuerst zum neuen Lokal. Soundwaves deutet auf die nostalgische Musik, welche ihr Haus angenehm aus dem türkischen Gedudel ringsum heraushob. Die beiden liebten und spielten Bänder der Beatles, der Rolling Stones, Bob Dylans. Penny war eine Tochter aus gutem Hause, ihr Vater war Richter; den ländlichen Aydemir als Schwiegersohn anzunehmen, muss ihm gleichwohl leicht gefallen sein. Denn Aydemir war ein Gentleman, den die Natur, nicht die Schule, geschaffen hatte: Freundlich, hilfsbereit, eigenständig denkend, ehrlich, treu; er liebte seine schöne Frau und seine hübschen Kinder. Er war schlank gewachsen und athletisch trainiert, denn dem Surfen und der Jagd ging er gern nach, wenngleich während der Sommersaison der Trubel ihm zu beidem keine Minute ließ. Und wie einem geborenen Gentleman fiel es ihm nicht schwer, seinem Gesinde Befehle zu erteilen, knappe, deutliche, wiederholte. Wiederholung der Befehle musste sein bei der Stutzigkeit seiner Untergebenen. »Shogginck«, kommentierte Aydemir ein übers andere Mal, wenn wieder ein zweibeiniger Esel etwas vergessen oder falsch ausgeführt hatte, »shogginck«. Aydemir ärgerte sich leicht, denn er strebte nach der Vortrefflichkeit seines Soundwaves. Reinhold setzte dem Mann einen symbolischen Lorbeerkranz auf, er kannte keinen Türken, der soviel von Fischen verstand wie Aydemir. Penny hingegen besaß ein antipodisches Phlegma. Er redet, da er »Phlegma« ein hässliches Wort findet, lieber bewundernd von ihrer madonnenhaften Ruhe, der Ruhe einer sportlich durchtrainierten, australischen Madonna. Penny surfte und kraulte, wie es der echten Madonna selbst mit Hilfe des Heiligen Geistes nicht gelungen wäre; sie erteilte im Lokal die Befehle, behielt den Überblick über die Bestellungen und die Kassenzettel, schlichtete kleinere Reibereien und hatte hin und wieder Zeit, mit den Stammgästen, von denen Reinholds englischer Freund David einer der getreuesten war, ein Wort zu wechseln und ihnen einen Drink zu spendieren.

Das allererste Lokal der beiden, noch zu Lebzeiten von Aydemirs Vater, war eine schlichte Teestube auf dem Marktplatz gewesen. Das erste Soundwaves lag im Rücken der Stadt, auf jener Felsplatte am Meer, die sich bis zu dem Nachbargrundstück der Kamer Pension erstreckt. Ein kurzer, von Lampions gesäumter Weg führte durch einen Garten zu ihm hin. Das Lokal war aus Holz, romantisch und unbequem, ein Erdfußboden, hohe Pfähle, darüber gespannte und genagelte Binsenmatten als Dach und Wände, einige wacklige Holztische, die Andeutung einer Bar und die australische Musikanlage, die Küche ein Holzverschlag. Eigentlich war Soundwaves nur im Sommer zu benutzen, dann ging an stickig heißen Abenden ein kühler Zug vom Meer her durch die Binsenmatten. Doch im Frühjahr und Herbst war das Lokal schlechthin unwirtlich. Wie oft hatten Reinhold und Lisa in den schlimmen Jahreszeiten abends dort in ihren Lammfelljacken und Pullovern gehockt und gezittert und einen allzu kalten Wein getrunken, während der Regen durch die Matten auf das Essen tropfte. Die Elektrizität in Side hielt nie einen Abend lang durch; wurde der Fisch aufgetragen, so erloschen, gewöhnlich auf Befehl eines orientalischen Dschinns die Lampen; Bob Dylan gurgelte Baßtöne und verstummte; einige Kerzen begannen zu flackern und gingen sogleich aus. Schnell aber eilten die Kellner in bester, ungetrübter Laune mit zischenden Karbidlampen herbei, bei ihrem kalkweißen Licht hoben Reinhold und Lisa mit klammen Fingern weiterhin ihre Gläser.

Das zweite Soundwaves lag weiter auf die antike Agora zu, ein fester, stattlicher Holzbau mit Terrasse; Regen tropfte nun nicht mehr durch das Dach, der Blick aufs Meer war gleich schön, der nahe kleine Strand brachte mehr Kundschaft und mehr Lärm. Es war erstaunlich, welche Treue eine große Zahl von Gästen dem Soundwaves hielt. Viele kannte Reinhold vom Ansehen her seit Jahren, einige auch mit Namen, so Mahmut Bey, der seinen Stammplatz an Aydemirs Theke direkt neben der Eingangstür hatte. Mahmut Bey war weniger den Frauen als den Männern zugetan, ein weitgereister, freundlicher, gesprächiger, unterhaltsamer Mann, von Beruf Bühnenbildner an einer Oper. Er gab Reinhold ein langes, an Einzelheiten seines Berufes reiches Interview. David rief die Stammgäste fast alle beim Namen, fast alle nannten ihn David oder »Davut amca«, – Onkel David. Thekenhocker, der er war, hatte er eine leichte und ungezwungene Art, mit andern Gästen ins Gespräch zu kommen. Reinhold selbst, wiewohl er Aydemir und Penny viel länger als David kannte, blieb, was ihn in leichten Unmut versetzte, auf einem distanzierten Fuße, nicht zuletzt deswegen, weil er zwar unter dem Beinamen »der Professor« allgemein bekannt war, niemand jedoch, mit Ausnahme von Penny, sich die Mühe machte, seinen Vornamen zu lernen. Auch im neuen Soundwaves ging an den Aprilabenden des Jahres 1991 des Öfteren das Licht aus. Der Lärm der Radios brach ab, in die plötzliche Stille drängten die schönen, alten, vertrauten Geräusche: das Zirpen der Zikaden und das leise Zischen der Wellen entlang den niedrigen Felsenklippen und dem Strand.

Esslokale, Staub und arglose Gäste

Soundwaves war das bei weitem beste Fischlokal am Ort. Aydemir hatte hektische Konkurrenz, zumeist der windigsten Art. Jede Saison schossen in Side, wie in allen Touristenorten, neue Esslokale aus dem Boden; die Pächter mühten sich ein paar Monate ab und trieben dann eines frühen Morgens, enttäuscht in ihrer Hoffnung auf Millionen von Lira, reihenweise selbstentleibt und mit gasgeschwollenem Bauch nach oben, sanft schaukelnd hinaus aufs offene Meer. Ihre Kurzlebigkeit verriet naiven Optimismus und mangelndes Kapital. Den meisten eingesessenen Familien fehlte das Geld zu einem Restaurant oder Laden; doch wer ein Geschäftslokal besaß, forderte ein veritables Pfund Fleisch als Mietpreis. Mit einem ausgeschnittenen Pfund Fleisch, das wusste Shakespeares Shylock, lebt es sich als Geschäftsmann so leichthin nicht. Die verlangten Mieten waren in einer Saison nicht zu erwirtschaften, und zu längeren Pachtverträgen waren die Hausbesitzer in ihrer jährlich wachsenden Gier nicht zu bewegen. Den Pächtern stieg das Wasser über den Hals, daher das frühmorgendliche Schauspiel; im nächsten Jahr versuchte ein neuer Tropf sein Glück. Aydemir war gegen solchen Schicksalsschlag gefeit, ihm gehörten Grundstück und Haus. Mit der Treue seines Teams hatte auch er zu kämpfen. Nicht selten warb ein Lokal dem andern den Hauptkoch oder einen Kellner mitten im Sommer ab. Aydemir geriet jede Saison in diese Bredouille und in Raserei. Kaum hatte Reinhold sich an das Gesicht eines jungen Hilfskochs im Soundwaves gewöhnt und ihm in stockendem, fehlerhaften aber immerhin vokabelreichen Türkisch zu verstehen gegeben, wie er seinen gegrillten Fisch eben nicht haben wollte, nämlich als Holzkohle mit Gräten, denn der Junge am Grill hielt seine Augen nicht auf die Fische gerichtet, sondern auf die weiblichen Gäste oder, fast die größere Versuchung, auf das Fußballspiel (ohne Ton) auf der Mattscheibe des Fernsehers; kaum also hatte Reinhold seinen Magen vor einer von dem Verzehr von Holzkohle herrührenden Gastritis zu schützen gesucht, da war der Bursche verschwunden und wurde in einem andern Lokal am andern Ende Sides wiedergesehen. Wenn wenigstens die Einheimischen von dem Touristenboom profitiert hätten! Doch auch die Speisung der touristischen Zehntausend warf für die ärmeren Helfer wenig ab. Die jungen Männer verdienten beim Kellnern und Kochen nicht viel. Voll des besten Willens, waren sie ganz und gar unausgebildet, sprachen keine fremde Sprache und wurden daher von der Konkurrenz aus den großen Städten verdrängt. »Wo sind Sie zu Hause?«, fragte Reinhold gelegentlich, und der Kellner antwortete: »In Antalya«, oder: »In Istanbul.«

Natürlich hätte den allermeisten Esslokalen keine Lizenz erteilt werden dürfen, denn sie erfüllten nicht einmal annähernd die hygienischen Vorschriften, derer die Türkei ebenso viele gute und nützliche hat wie Italien und Griechenland. Über Sauberkeit in Toiletten und Küchen sahen die Betreiber hinweg und der Bürgermeister erst gar nicht hin. Im Side der Achtziger- und Neunzigerjahre hätte ein kalifornischer Goldgräber des Jahres 1849 die private Moral und behördliche Gesetzestreue seiner Zeit unerfreut wiedererkannt und im Bürgermeister einen Sheriff, der kalten Auges Lizenzen an die Meistbestechenden vergab. Für einige Monate gingen solche illegale Restaurants auch leidlich gut: Ohne Lizenz, voller Dreck, Abfall, Ratten und natürlich geduldet von der lokalen Obrigkeit. Auf den ersten Blick merkte ein Tourist nicht, auf was er sich einließ, wenn er einem jener Lokale, die ihre Vorspeisen auf Tischen unter dem freien Himmel aufgebaut hatten, das Heil seines Magens anvertraute. Hätte er sich nur an einen Tisch gesetzt, nach fünf Minuten mit dem Finger über die Tischplatte gefahren und die angesammelte Staubschicht betrachtet! Eine ähnliche Staubschicht lag nämlich unsichtbar auch auf Vorspeisen und Salaten. Jahrelang, noch 1991, sorgten Erdstraßen für genügend pulverisierten Schmutz. Wenn der nicht ausreichte, fegte der Wind feinen weißen Sand von der gewaltigen Wanderdüne vor den antiken Stadtmauern (wir kennen sie schon aus Lanckoronskis früher Schilderung Sides) über den ganzen Ort. Was Fischmahlzeiten anging, so traf Touristennaivität auf einheimische Geldgier. Natürlich war die Ankündigung, man serviere jeden Tag frischen Fisch, völlig aus der Luft gegriffen. Ein Blick in die milchigen, eingesunkenen Augen der in Kühltruhen ausgestellten Leichname belehrte jeden Wissenden eines Schlimmeren. Nur ein Beispiel: Der alte Holzschuppen nahe dem Apollontempel war eines Tages zum Restaurant umgewandelt worden. Ein malerisches Ambiente ohne Zweifel, doch Zweifel hätten den Gästen kommen müssen angesichts der niedrigen Preise für Fischgerichte, Preise, zu denen die Fische nicht auf dem Markt von Manavgat zu kaufen waren. Die Sonne glänzte, das Meer war warm. »Urlaub in Side«, sagte sich der Tourist, »ist nur einmal.« Auch Reinholds Zugehfrau aus dem Ruhrgebiet, die gute Frau Brammert, las erst die auf einer Holztafel angekreideten Preise, fragte dann, argwöhnisch gegenüber Fremdländischem, nochmals nach und bezahlte, nachdem sie und ihr Mann einige kärgliche Fischlein verzehrt hatten, eine Rechnung, auf welcher der Fischpreis wundersam auf das Vierfache gestiegen war. Den Durchfall bekam sie gratis. Obrigkeit, Lokale und Salmonellen lebten eben gut vom Massentourismus. Aydemir und Penny hingegen waren grundehrlich. Reinhold kannte ein Fischlokal, das sich für ein Jahr in den Ruinen der byzantinischen Basilika eingemietet hatte. Der Besitzer besprach mit ihm Preis, Frische und Zubereitung der Garnelen, Rotbarben und Barsche, immer ernsthaft und mit sichtlicher Freude, einen fischkundigen Gast zu bewirten. Das Lokal trug sich nicht und kapitulierte schnell. Später lärmte eine Disko in den Ruinen.

Die Hauptstraße als trügerische Goldene Meile

An Geld zu kommen, auch nur an hinreichend viel Geld, war für gewöhnliche Pächter von Läden und Lokalen überaus schwierig und risikoreich, weshalb sich die wirtschaftliche Struktur des Ortes und insbesondere der Hauptstraße, der vermeintlich Goldenen Meile, von Jahr zu Jahr änderte. Das Prinzip des Wandels war die brutale Verdrängung. David, der um die Mittagszeit auf ein frisch gezapftes Bier keinesfalls verzichten mochte, musste im April 1991 schon weit im Ort zu ihm ausschreiten, denn die Biergärten auf der Hauptstraße waren verschwunden. Während in den Siebzigerjahren die Hauptstraße ein Gemisch von Bäckern, Metzgern, Tante-Emma-Läden, Kelimläden, kleinen Juwelieren, dem Kino und dem Postamt aufgewiesen hatte, zogen in der folgenden Phase alle diese kleinen Läden in die Nebenstraßen, da dort die Mieten niedriger waren. Das Kino starb, das Postamt erhob sich aus einer Kellerexistenz zu einem eigenen

Bau. An der Hauptstraße siedelten sich Teppichläden, Juweliere, Andenkenläden, vereinzelte Lederwarengeschäfte und Restaurants an. Der Einsatz der dritten und letzten Phase (die Rede ist von der Zeit nach 1991) brachte nochmals eine Ladenwanderung. Auch die Restaurants gaben auf, ebenso wie die Verkäufer von gefälschten Luxuswaren. Der Wandel ging nicht einmal an den Betrügern vorbei. Die Imitationen sündhaft teurer Dinge wie Uhren von Louis Cartier oder Philippe Patek verkauften sich nicht gut, weil der biedere Massentourist schon die Originale nicht kannte. Flugs stiegen die Händler auf Luxuswaren zweiter Güte um und boten in den Seitenstraßen Hemden von Lacoste oder Boss und Laufschuhe von Adidas an. Die Bäcker, Metzger und kleinen Läden mussten sich ihrerseits noch weiter in die Hintergassen verdrücken. Auf der Goldenen Meile eröffneten Geschäfte mit Kapital, viele gehörten zu Ketten von Reisebüros, Autovermietern, teuren Ledergeschäften und Juwelieren. Ein riesiges Schild gleich hinter dem antiken Stadttor verkündete, siebzig Juweliere in Side hätten sich zu einer Vereinigung zusammengeschlossen. Eine Juwelierkooperative statt der früheren Fischerkooperative. Wer weiß, in der Zukunft wird eine Monokultur von einhundertfünfzig Juwelieren die Hauptstraße besiedeln.

Die Wanderungen des Postamts und des Busbahnhofs

Auch der Busbahnhof und das Postamt reagierten auf den wirtschaftlichen Druck und die touristische Explosion. Folglich wurden sie zu Pilgern und wanderten mit den Jahren von Platz zu Platz, stets weiter hinaus aus dem Ort, aus den stets dichter verstopften Straßen, verdrängt von immer mehr neu gebauten Hotels. An das erste Postamt erinnert sich Reinhold geradezu liebevoll. Seine Versuche, von Side aus nach Deutschland zu telephonieren, hatten noch das Flair der Zeit zwischen den Weltkriegen. Ein eigentliches Postamt gab es nicht, doch in einem Eckhaus der Hauptstraße, in einem alten, aus Natursteinen gebauten Haus, hausten im Keller, es ging nur vier Stufen hinab in den dämmerigen Raum, zwei Postbeamte. Den lieben langen Tag suchten sie vergeblich nach Arbeit, was sie ins Schwitzen brachte, also knöpfte jeder die Uniformjacke weit über dem weißen Leibchen auf und schob die Amtsmütze zurück aus der nassen Stirn. So saßen sie, türkische Idylliker, auf Schemeln im Schatten und warteten auf Kundschaft. Ihr Schatz war ein ehemals militärisches Feldtelephon, dem man mittels einer großen Kurbel Signale oder Laute entlocken musste. Morgens ging Reinhold zu den Beamten und trug seinen Wunsch vor. Am späten Nachmittag solle er wiederkommen, wurde ihm beschieden, und das ging auch in Ordnung, denn der technisch Begabtere der beiden kurbelte erst einige Minuten und rief das Postamt in Manavgat an, dem damals nächstgelegenen Großdorf. Die Kollegen in Manavgat versuchten ihr Glück und gaben die Voranmeldung des Gesprächs nach Antalya weiter. In Antalya war der Vorgang fast schon in der großen, weiten Welt. Die Anmeldung brauchte bloß noch bis Istanbul und von dort nach Deutschland durchgegeben zu werden. »Bloß noch«, wiederholte der Beamte, das »bloß noch« hatte es in sich, denn überall auf der Strecke lauerten Fallen. Vielleicht war der Kollege in Manavgat an jenem Tage zum Zahnarzt oder auf den Markt gegangen; es mochte sein, dass auf dem Amt in Antalya der Strom zusammengebrochen war; nicht unwahrscheinlich war ein derartiger Stau von Anmeldungen in Istanbul, dass die Leitungen nach Europa heißliefen und die Istanbuler in Verzweiflung die Hände über dem Kopf zusammenschlugen und sich strikt weigerten, weitere Gespräche auf den Weg zu bringen. Der späte Nachmittag war also, alles in allem, eine optimistische Prognose, ab und an wurde der Ausländer gebeten, am nächsten Morgen nochmals vorzusprechen, dann würde das Telefonat klappen, ganz schnell, ganz gewiss. Nebenbei gesagt: Er, dem jegliches Warten verhasst ist, hat solches später, als ein Telephonat in die Welt hinaus nur einiger in der richtigen Reihenfolge gedrückter Knöpfe bedurfte, nie wieder so ruhig ertragen wie damals auf den Stufen des sidetischen Postkellers, freundlich bedauert von den beiden Beamten und unermüdlich traktiert mit Apfeltee. Reinhold muss gestehen, er habe nicht die geringste Erinnerung an die folgenden Postämter und ihre Adresse.

Nun zum Busbahnhof. Ganz früher fuhren die Dolmusche und wenigen Taxis, doch beileibe noch keine Busse auf dem Marktplatz ab, dann zogen die Fahrzeuge um in die Hauptstraße, schließlich vor das Amphitheater am Rande des Dorfes. Wenige Jahre später errichtete man dort quer zur Hauptstraße eine Holzschranke, welche den Autos die Einfahrt nach Side sperren sollte – es seien denn einheimische. Sie tat dies keineswegs, da die Wächter ihre Sippe und Freunde ohne jede Gebühr und Fremde gegen Trinkgeld durchwinkten. Noch später gab es einen Parkplatz, staubig und voller Schlaglöcher, von dem auch lokale Busse abfuhren, gegenüber dem Theater, also noch innerhalb des Dorfes. Die Busse zwängten sich durch das enge antike Stadttor, und weil die Geschicklichkeit der Fahrer zu wünschen übrig ließ, schrammten ihre Wagen ein übers andere Mal an die Torwände, zum Schaden des Lacks, was nichts besagte, wohl aber zum Schaden des antiken Denkmals. Dann wurde der große Plan wahr: Vor der Stadt, dies war Side seit den Neunzigern, erbaute man einen weitläufigen Busbahnhof mit Schalterhallen und nummerierten Perrons. Die Überlandbusse nach Antalya oder Alanya fuhren ihn an. Ein wandernder Busbahnhof sieht nach einer vernünftigen Planung aus, zumindest für eine expandierende Touristenhochburg. Die eigentlichen Einwohner Sides konnten über ihn so glücklich nicht sein. Der Umgang mit der Zeit und ihre Herrschaft über sie wurde ihnen entzogen. Ganz früher, um nochmals in der Zeit zurückzugehen, warteten drei, vier Dolmusche in der brütenden Hitze auf dem Marktplatz, alle gingen sie nur nach Manavgat, die Chauffeure saßen vor ihren Gläsern Tee und riefen halblaut das Fahrtziel aus, schwatzten mit den ersten Kunden, und wenn ihnen deren Zahl genügend erschien, fuhren sie ab. Da mochte einer schon einmal zu einem Fahrer sagen: »Yusuf, warte ein paar Augenblicke, ich habe noch ein Paket mitzunehmen, und meine Frau ist auch noch nicht fertig« und gemächlich heimschlendern, um Gepäck und Eheweib zu holen. Yusuf würde gleichmütig mit einem »Geht in Ordnung« zusagen, die Fahrgäste beifällig murmeln. Auch von dem Platz vor dem Theater ging die Fahrt nach Manavgat noch ohne Eile und Hektik ab, Reinhold wanderte von seiner Strandpension durch einige Gassen dorthin, zu warten brauchte er meist nur wenige Minuten. Dann aber war der neue Busbahnhof zu Fuß nicht mehr zu erreichen, ohne dass einer auf dem Marsch von zwanzig Minuten in der Sommerhitze in todbringenden Schweiß ausbrach oder vom Schlag gerührt wurde oder verdurstete. Unangenehm oft sah man zerbröckelte weiße Knochen in den ginsterbestandenen Straßengräben. Wer war sich sicher, sie stammten von Schafen oder Eseln und nicht auch von Menschen? Und wie sollten die Dorffrauen ihre unförmigen Bündel und Taschen hin- und herschleppen? Wie trug ein Bauer zwei, drei lebende Hühner heim vom Markt? Die Abhilfe traf sie härter als die Touristen: Ein Traktor zog einen Planwagen, beflaggt mit Wimpeln der verschiedenen Touristennationen, vom Busbahnhof an das Stadttor. Er fuhr vorbei an einem erbärmlichen Vergnügungspark mit einem rostigen Riesenrad und einigen Karussells. Was sollte der Lunapark weit vor den Ruinenfeldern? Die Kinderscharen der Touristen waren ohnehin nicht vom warmen Meer wegzulocken. Der Landbevölkerung hingegen waren die Vergnügungen schon wieder zu teuer. Es schien, als habe ein Türke den landesüblichen Traum geträumt, in dem ein Mann in einer Sommersaison steinreich, aber wirklich steinreich wird. Wohlverdienter Ruin war ihm vorauszusagen. Der Fahrer fuhr erst ab, wenn sein Anhänger, auf dessen Ladefläche er Bänke mit weißen Plastikkissen geschraubt hatte, gefüllt war. Er fuhr zudem, da er viele Leute auf einen Rutsch beförderte, nicht so häufig. Die Fahrt nach Manavgat war durch das Umsteigen am Busbahnhof umständlicher geworden, dauerte länger und kam insgesamt teurer. Umgerechnet eine halbe deutsche Mark war für einen Dörfler nicht wenig; einen niedrigeren Preis für die Einheimischen als für die Ausländer hätte man sich gewünscht. Keine machbare Idee, denn der Unternehmer mit seinem Traktor stammte nicht aus dem Dorf, Freundschaftspreise galten nicht, er wollte seinen Gewinn. Der Bürgermeister, dem alles an der Mehrung seines Profits und so gut wie nichts an dem Wohl seiner einfachen und armen Bürger gelegen war, war dies alles schnurzegal. Die Touristen wussten von Nichts nichts und hätten sie etwas gewusst, hätte es sie nicht gekümmert; sie saßen enggepfercht auf den Plastikkissen nebeneinander und fanden das bunte Gefährt eminent folkloristisch, echt türkisch, wie im Prospekt abgebildet. Wenn sie Glück hatten, fuhren unter drei Dutzend Europäern fünf Einheimische mit.

Das antike Theater

Das römische Amphitheater in Side glich in den frühen Sechzigerjahren einem Stich des 18. Jahrhunderts in der Manier Piranesis: Eine gewaltige, von Bäumen und Büschen überwucherte Ruine, menschenleer, nur gelegentlich ein Ruheplatz für Ziegen und Hirtenjungen. Der englische Reisende und gelehrte Sammler antiker Inschriften, Richard Chandler, hatte solche Ansichten um 1764 in Ionien entzückt betrachtet und von seinem Begleiter William Pars zeichnen lassen; pittoresk, malerisch, hatten seine Zeitgenossen sie genannt und damit höchstes Lob gespendet. Gewiss, Professor Arif Müfit Mansel, der tatkräftige türkische Ausgräber Sides, hatte in den Fünfzigerjahren im Theater ein wenig aufgeräumt und die mauersprengenden Bäume und Sträucher abschlagen lassen. Aber noch in den Siebzigerjahren lag die Bühnenwand, ihre Marmorbrocken, Säulen, Kapitelle und Trommeln wirr durcheinander, so hingestreckt, wie ein antikes Erdbeben sie umgeworfen hatte; die Stufen des Auditoriums waren weder ausgebessert noch gerichtet worden; die Gänge konnte einer nur gebückt durchkriechen, weil der Schutt und die Erde der Jahrhunderte sie angefüllt hatten. In dem eingewölbten Eingangskorridor standen nachts angepflockte Ziegen, ihr stinkender Kot bedeckte den Boden. Riesige Farnstauden überwucherten die Trümmer. Einen Wächter mochte es geben, doch der döste den lieben langen Tag im Schatten, meist war Reinhold allein in dem Gebäude, kein Zaun sperrte es ab. Wenig war in Side romantischer gewesen, als an einem Septemberabend auf der Mauerkrone des Theaters zu sitzen und über den Golf von Antalya zu blicken, der von Gebirgen umstellt war, die erst um diese Stunden aus dem heißen Dunst emportauchten, dann in Abschattungen von Grau und Blau Konturen gewannen, um später, wenn die Sonne hinter ihnen ins Meer fiel, in roten Tönen aufzuglühen, kirschrot, ziegelrot, ein rötliches Umbra. Bei sehr klarer Luft standen am Horizont weiße Wolkenschlösser dicht über dem Meer, sie standen ruhig und wandelten sich nicht; es waren in Wahrheit, über hundert Kilometer entfernt, die schneeglänzenden Gipfel des Taurus im Norden Antalyas. Ein paar junge Burschen und Mädchen des Dorfes kletterten bei Sonnenuntergang bis zur Mauerkrone, schwatzten halblaut miteinander, kauten auf Sonnenblumenkernen, eine glimmende Zigarettenkippe segelte ab und an durch die Dämmerung zur Erde hinab. Dann schlenderten sie nach Hause, die Luft wurde kühl und feucht, die Zikaden verstummten, die Dunkelheit rollte wie eine schwarze Nebelwolke über das Meer heran. Zeit für Reinhold, zu gehen und seinen Raki zu trinken.

In den Achtzigerjahren kam die touristische Nutzung des Theaters. Das Gelände wurde, wenn auch sorglos, eingezäunt, der Theaterraum aufgeräumt und eingeebnet, die Marmorblöcke und Säulen mit Ziffern bemalt und fein säuberlich in Reihen nebeneinander gestapelt. Notwendige archäologische Alltagsarbeit, doch das malerische Ineinander von altem Gemäuer und Gestrüpp war dahin. Die Stufen und Sitze wurden renoviert, man erbaute eine Holzbühne mit Scheinwerfern und Mikrophonanlage für irgendein touristisches Festival. Abends kamen stattliche Gruppen von Touristen und Einheimischen, um den Sonnenuntergang zu betrachten. Auf der Mauerkrone war kaum noch ein Platz zu ergattern. In den Neunzigerjahren verkam das Theater zum Rummelplatz. Die Stadtverwaltung von Side besserte den Zaun aus und ließ ein Kassenhäuschen bauen, an dem Eintritt zu zahlen war. Am Abend wurden Busladungen von Touristen, dreißig Japaner, hundert Holländer, zweihundert Deutsche, aus den umliegenden Hotelburgen herbeigekarrt. Auf den steilen Stufen kraxelten ältliche Leute steifbeinig und mühselig umher. Reiseführer schwatzten, mit dem Unverstand und dem Stimmaufwand von Reiseführern allerortens, von den Ruinen Sides. Blitzlichter flammten, Camcorder surrten, Eisverkäufer, Limonadenverkäufer, Dosenbierverkäufer, Sesamkringelverkäufer, Stickereienverkäufer zwängten sich mit ihren Bauchläden ständig auf den schmalen Theaterstufen an den Sitzenden vorbei und priesen lauthals ihre Waren an. Die Schreie wurden von den Theatertreppen zurückgeworfen. Die Zikaden hatten es schwer, sich überhaupt noch Gehör zu verschaffen. Die weißen Wolkenschlösser standen immer noch dicht über dem Meer, die Berge erröteten und erkalteten wie ehedem. Nach dem Sonnenuntergang spien die Ausgangstore, die in der treffenden Fachsprache die Vomitorien, des Theaters die Bustouristen wieder aus; doch über das bleifarbene Wasser heranrollende Schatten brachten keine Stille mit sich. Gerede, Kofferradios, Verkäuferstimmen füllten die dunkle Abendluft; die Nacht brach herein, und es erdröhnte die nahegelegene Disko.

Der Mord an einer Freundin und Abschied von der Stadt

Tommy Sel wohnte neben dem neuen Soundwaves in ihrem kleinen, alten Haus aus Natursteinen. Als sie schon über die Siebzig war, hatte sie sich mit David angefreundet und ihn gelegentlich eingeladen, auf dem Sofa des Wohnzimmers zu übernachten. In ihrem ummauerten und verwilderten Garten strich allerlei Getier umher, Schildkröten, Schlangen und Hühner. Die Hühner nisteten auf den Ästen eines großen Maulbeerbaums. Vor allem liebte Tommy Katzen. Sie besaß derer eine unbestimmte Anzahl, fünfzehn bis zwanzig, aller Farben, jeden Alters. Tommy hatte ein spannendes Berufsleben hinter sich. In den USA geboren, hatte sie als Bibliothekarin an einem kleinen College in den USA gearbeitet. Das war ihr, verständlich, langweilig geworden. Flugs wurde sie Reporterin für eine französische Zeitung im Vietnamkrieg. Mit dem berühmten Cartier Bresson hatte sie zusammengearbeitet und war mit den letzten Soldaten aus Saigon ausgeflogen worden. Lange Jahre in Paris folgten, am Ende bezog sie von ihrem Zeitungsverlag eine französische Rente, deren Kaufkraft in der Türkei auf ein Vielfaches stieg. Sie kam nach Side, traf einen türkischen Schönling, verliebte sich in ihn und heiratete. Der Mann hatte die dem Alkohol entsprungene Idee, im Garten des von Tommy gekauften Hauses ein Bassin zu bauen und Aale zu züchten. In seiner ständigen Trunkenheit übersah er, dass mit Aalen kein Geschäft zu machen ist. Die Türken verabscheuen den Schlangenfisch, den yilan balık, wahrscheinlich, weil sie mit Aristoteles glauben, der Aal entstehe aus dem Flussschlamm. Jedenfalls, auf dem Fischmarkt in Manavgat warfen die Fischer einen zufälligen Aal in ihrem Fang den Katzen vor oder verkauften ihn, kopfschüttelnd, Reinhold für ein paar Lira. Die Aalzucht kostete Geld und brachte nichts ein; der gut aussehende Ehemann nahm sich noch die Zeit, das restliche Vermögen durchzubringen, und verschwand dann auf Nimmerwiedersehen. Tommys Verhältnis zu Männern wurde ein leicht gespanntes. Sie verließ Side selten, nach vielen Jahren sprach sie immer noch ein erbärmliches Türkisch und von der Türkei kannte sie auch nicht allzu viel. So überredete David sie eines Sommers, mit ihm nach Bursa zu fahren. Dort angekommen, sahen die beiden liebenswerten Mondkälber sich auf dem Busbahnhof um, architektonische Hässlichkeit über Hässlichkeit starrte zurück, und stehenden Fußes fuhren sie weiter, in dem Glauben, Bursa, die Stadt großartiger Moscheen und Mausoleen des Sultanshauses, habe den gleichen ästhetischen Reiz wie ihr Busbahnhof. Auf ihre alten Tage folgte Tommy einer selbst auferlegten Routine. Am späten Morgen aß sie auf der Terrasse des Soundwaves ein Kräuteromelett, ein menemen, und trank dazu einen kleinen Raki, den der liebe Aydemir jedesmal als einen doppelten einschüttete. Tommy gab vor, das nicht zu bemerken. Sie war eine kleine, zierliche Person, weißhaarig und blauäugig, ihre Kleidung war stets gepflegt, ihr Geschmack untrüglich, ihre Belesenheit in moderner Literatur erstaunlich. Zäh auf ihre Selbständigkeit bedacht, schwanden ihr doch Kraft und Vitalität. Katzen konnte sie noch betreuen, ihren Haushalt nicht mehr. Das Innere des Hauses, Küche wie Wohnzimmer, glich einer Müllkippe. In allen Ecken standen Näpfe, das Katzenfutter hatte jeden Grad der Verwesung erreicht, die Teppiche stanken nach Katzenurin, kleine Ratten krochen über die Wände, selbst bei Tag liefen sie David während seiner Siesta über das Gesicht. Die Katzen sahen interesselos zu.

Es gab im April 1991 auch eine schlimme Nachricht, nämlich von der Ermordung Tommy Sels. Aydemir und Penny erzählten davon an einem traurigen Abend. Es schien, dass ein Einbrecher in ihr Haus ging und nach Wertsachen suchte, aber nichts fand. Tommy meldete den Vorfall der Polizei, diese kam, stellte jedoch nichts Verdächtiges fest. Zwei Tage später kehrte der Einbrecher zurück, und Tommy, die unerschrockene, aber unkluge Frau, stellte ihn. Er hat die gebrechliche Person erwürgt und floh wiederum ohne Beute. Das Haus war versiegelt, die Katzen in alle Gassen verstreut. Es gab nur einen weit entfernten Erben, einen Neffen, der möglichst schnell Tommys Wohnung in Paris übernehmen wollte, sich aber weigerte, die Querelen wegen des Nachlasses mit den türkischen Behörden auf sich zu nehmen. Dies taten, aus der Freundlichkeit ihres Herzens, Aydemir und Penny, ohne von dem beschissenen Neffen Dank zu ernten. David traf der Tod seiner Freundin sehr und er beschloss bei der Ankunft, sich abends völlig zu betrinken, was ihm auch unter Reinholds Mithilfe gelang. Einige Tage später besuchten sie das Grab Tommys in Side. Reinhold empfand das Ende alter Freundschaften und das Fortgehen alter Freunde aus Side, ob nun in ein anderes Land oder aus der Welt, als deutliches Zeichen, dass auch seine Tage in dem Ort ihr Ende gefunden hatten. Es war ja auch keine geringe Zeit seines Lebens, von den frühen Siebzigerjahren bis hin zum August 1991, während derer er sich an Side erfreut hatte. Er ging zu dem Wohnhaus seines verstorbenen Freundes Hermes, trat in den kleinen, von Blumen überquellenden Innenhof und blickte auf die in Höhe des ersten Stocks umlaufende Balustrade. Dort hatte er 1983 für einige Wochen gewohnt und an einem Vortrag für die Universität Istanbul gearbeitet. Er erinnerte sich, wie eine Katze ihm einen großen Fisch aus der Pfanne in der Küche gestohlen hatte, blitzschnell, während er den Gasherd andrehte. Jetzt trat ein Mann auf den Fremden zu und fragte nach seinem Begehren. Der erzählte von den vergangenen Besuchen, der Mann kannte natürlich den Hermes und war gerührt. Er hatte das Haus von Hermes' Erben gemietet und ließ es gerade zu einer Pension umbauen. Allerorten tempi passati. Aydemir, Penny und ein paar Fische, so überredete Reinhold sich selbst, reichten nicht mehr als Gegengift gegen den allgegenwärtigen Rummel.

Manavgat

Der alte Markt: Ein Photo fördert Reinholds Fischkauf

In den Achtzigerjahren war Manavgat noch ein freundlicher, zu beiden Ufern des Manavgat Çay, des antiken Melas, gelegener Marktflecken. Eine klappernde Eisenbrücke verband den neuen Teil, mit Postamt, Banken, Busbahnhof, und den alten Ortskern, in dem, entlang des Melas, damals der Wochenmarkt lag. Gleich hinter der Brücke gab es ein Kino und einige Esslokale, deren Holzterrassen über dem schnellströmenden Fluss hingen. Eigentlich ein recht ordentliches Angebot an Attraktionen für ein Landstädtchen. Bei Ferien im nahe gelegenen Side fuhr Reinhold öfters mit einem Dolmusch nach Manavgat, teils, wenn ihm vor Ort langweilig wurde, teils, weil der Markt das kärgliche Fischangebot in Side weit übertraf. Er pflegte also gegen zehn Uhr morgens aus dem Dolmusch zu klettern, über die Brücke zu schlendern und dann nach ein, zwei Minuten auf dem Marktplatz seine Kaufchancen schon von weitem einzuschätzen. Sah er um den Fischstand eine Traube von Türken, dann gab es Fisch oder sollte ihn bald geben; lag die Bretterbude verlassen in der Sonne, dann war der Fisch schon ausgegangen oder keiner angeliefert worden. Die guten Sachen verschwanden nach Minuten; allzu oft musste er, in der Menschentraube gedrängt und drängelnd, zusehen, wie ein Abgesandter eines Restaurants die im voraus besprochenen Riesengarnelen auf der marmornen Fischtheke mit der Hand allesamt zu einem Haufen strich, den in eine Plastiktüte füllte und triumphierend davonschritt. Schließlich fand Reinhold einen Nothelfer. Ein schwer gebauter, dunkelbrauner Mann mit einem Schnauzbart wie auch augenscheinlich der Kraft eines Walrosses rief mit heiserer Stimme den Fisch und seinen Preis aus. Er schien unter seinen Kumpanen das Sagen zu haben. Diesen Kerl, der in jedem Film einen überzeugenden Korsarenkapitän abgegeben hätte, photographierte Reinhold, ließ vom Photo ein Poster machen und schickte es ihm zu. Beim nächsten Urlaub fand er das Poster mit Heftzwecken an die Budenwand geheftet. Der Korsar erblickte, umarmte und küsste ihn, und, was noch herzerhebender war, er legte in Zukunft einen schönen Fisch oder ein paar Garnelen eigens für seinen Freund beiseite, wenn der ihm seinen nächsten Fischkauf ankündigte.

Filmkunst im Flohkino

Ansonsten gehörte zu den steten Möglichkeiten, in Manavgat die Zeit totzuschlagen, ein Besuch im Kino. Side hatte in der Frühzeit von Reinholds Urlauben ein Kino auf einem Dachgarten an der Hauptstraße besessen, doch das war längst dem Bauboom zum Opfer gefallen. Manavgats Kino bestand aus einem großen Ziegelschuppen dicht am Fluss. An der Außenmauer, dem Ort und prospektiven Kunden zugewandt, klebten verschossene Plakate von Filmen, die vor undenklichen Jahren gelaufen waren; im Eingang hatte der Besitzer Standphotos der gerade gezeigten Kunstwerke an einem Holzrahmen festgenagelt; auch diese stammten aus früheren Dezennien des Kinos, gerade so alt, dass sie kaum noch Tantiemen kosteten, nicht alt genug, um vom Türkischen Nationalen Filmmuseum gesammelt zu werden. Das Kino besaß uralte Projektoren und Lautsprecher. Der Besucher fand sich in einem Zuschauerraum, dessen Gestühl zur Hälfte zertrümmert war und zur anderen Hälfte aus grob zu Bänken zusammengeschlagenen rohen Brettern bestand. Wie in den Kinos der ländlichen Türkei in früheren Jahren üblich, sahen die Zuschauer für den Preis von umgerechnet anderthalb deutscher Mark drei Filme in einer Vorstellung. Einer schilderte eine rührselige Dorfgeschichte mit Blutrache und weinenden Frauen; der zweite Film handelte von Verbrechern oder Abenteurern; der dritte zeigte Sexszenen. In einem anständigen Kino durften Frauen und Kinder das Pornoprodukt nicht anschauen; es lief daher als letztes, so gegen Mitternacht.

Manavgats Cineast jedoch kannte keine solche Fürsorge; er spielte die Filme in der Reihenfolge, in der ihm die Filmrollen in die Hand fielen. Wenn Reinhold an einem frühen Nachmittag, so gegen zwei Uhr, in das gähnend leere Kino ging, um der glühenden Hitze zu entkommen, konnte er vorher nicht feststellen, welche Art Film schon begonnen hatte. Einer ist ihm noch vor Augen. Als er sich an das Flackern des Projektors gewöhnt hatte, erblickte er einen uralten amerikanischen Pornofilm. Das Werk, in dem die unendlich dicken Brüste der Darstellerinnen hervorstachen, besaß eine surreale Qualität, weil im Saal ohnehin Halbdunkel herrschte, die Szenen in einer schummerigen Nacht spielten und zudem in dem Filmmaterial die Farben so weit ausgebleicht waren, dass sich bei den fortlaufenden Bett-, Tisch- und Teppichszenen nur noch sepiafarbene Körper vor einem dunkelgrauen Hintergrund wälzten. Von dem pornographischen Sinn und Zweck des Films war nichts übrig geblieben, und man hätte ihn auch gleich jugendfrei geben können. Nach fünf Minuten verließ er den Saal. Dann war es ihm schon lieber, an den kühlenden Wellen des Managat Çay zu sitzen und einen doppelten Raki zu schlürfen, bevor ihn ein Dolmusch nach Side zurücktrug.

Ein Polygamist handelt mit Silberschmuck

Auf dem Wochenmarkt am Montag gab es neben dem Fisch eine weitere Attraktion, die Reinhold jedes Mal nach Manavgat zog. An der alten Hauptstraße, die an einer Seite des Marktes entlang führte, stand für gewöhnlich ein Händler hinter seinem Karren. Er war ein kleiner, magerer, vornüber gebeugter Mann, der stets kummervoll aussah oder so, als leide er seit seiner Geburt an einem Magengeschwür. Von seinem Karren und Bauchladen aus verkaufte er Fläschchen mit billigen Parfüms, Kämme, Knöpfe, Münzen und allerlei Metallkrimskrams, aber auch gelegentlich Silberschmuck. Begrüßte Reinhold den Mann, dann ließ er Bauchkarren Bauchkarren sein, zog den Fremden verschwörerisch in das nahe Teehaus, setzte sich in eine hintere Ecke und begann, Papierröllchen aus den Taschen seiner Hose, Jacke und des Hemdes hervorzuziehen. In Zeitungspapier hatte er antike Kupfermünzen, darunter viele sidetische, und den besseren Silberschmuck eingewickelt. So ganz geheim konnte die Verschwörung nicht sein, jeder am Markt kannte den Mann und wusste, womit er handelte. Gleichwohl legte er schnell eine braune Hand über seine Schätze, wenn ein Dorfpolizist oder ein Gendarm in das Lokal trat. Reinhold kaufte Ringe, Ketten und gravierte osmanische Siegelsteine. Er erfuhr so einiges über den Mann, so von ihm selbst, er habe zwei oder drei Ehefrauen. Seine Bekannten flüsterten, er stehe in dem Rufe, eine weitere Ehefrau ermordet zu haben, ohne dass man ihm die Bluttat anhängen konnte. Mit seiner Polygamie verhielt es sich so: Er zog mit seinem Karren zu den jeweiligen Wochenmärkten in einem gewissen Umkreis um Manavgat und besaß, wie er stolz berichtete, ein Haus samt Frau in dieser Stadt und die gleiche Kombination in einem andern Ort. Außerdem hatte er im Sommer einen weiteren Standort an den Wasserfällen von Şelale. Eines Tages lud er Lisa und Reinhold zum Abendessen in das Haus in Manavgat ein. Lisa fühlte sich besonders geehrt, als sie mit in den Raum zu den Männern gebeten wurde. Diese saßen auf dem Boden und griffen gemeinsam in Platten und Schüsseln, während die Frauen des Haushalts mit frischen Speisen ins Zimmer traten, sie absetzten und wieder verschwanden. Der männliche Teil der Sippe erklärte, die Frauen würden später die Reste des Lammfleischs verzehren. Lisa hatte damals eine Allergie, die hässliche Wasserbläschen an den Lippen hervortrieb, und das Auge des alten Vaters wich nicht von diesem ihn faszinierenden Anblick. Er ging so weit, fragen zu lassen – ob wirklich Ernst in der Frage lag, wusste man nicht – um wie viel der Wert einer so verunstalteten Frau gemindert sei und welchen Preis Reinhold für sie fordere; er wolle sie kaufen. Der Wochenmarkt wurde später verlegt, weg vom Fluss hin zu einem freien Feld und einer

Markthalle an der Umgehungsstraße nach Alanya. Als Reinhold ihn 1991 besuchte, hatte der neue Markt den zehnfachen Umfang des alten. Sein Bauchhändler, der Polygamist, war nicht mehr zu finden.

Der Manavgat Çay und kein gutes Ende

Reinhold und sein Freund David saßen im April 1993 zu einem letzten Besuch auf der schattigen Terrasse des Devliler Restoran. Ein deve ist ein Kamel. Das Lokal lag gleich hinter der Brücke über den Manavgat Çay; sie waren nach links abgebogen auf eine Staubstraße; vor ihnen erhob sich die schmutzigrote Backsteinwand des Flohkinos. Doch den beiden stand nicht der Sinn nach sex and crime, sie delektierten sich lieber an vor ihnen aufgetischten Vorspeisen und gebratenen Forellen aus dem Fluss; jeder hatte sich darüber hinaus zunächst einmal eine Flasche kühlen Weißweins neben den Teller gestellt. Einige Vorspeisen waren höllisch gepfeffert, denn das Devliler gehörte einer Kette von Restaurants an, die sich auf südtürkische Küche spezialisierte. Der Wein stieg Reinhold in den Kopf, die Worte gingen ihm aus, er blickte hypnotisiert auf das Wasser. Unter der Terrasse strömte der Manavgat schnell, wirbelreich und Kühle spendend vorbei und glitzerte grün und braun in der Sonne; ab und an tuckerte ein weißes, mit Touristen besetztes Boot vorbei und verschwand hinter der Flussbiege auf seiner Fahrt nach Şelale, den Wasserfällen, die einige Kilometer flussaufwärts lagen. Die Strudel im Fluss schwemmten Erinnerungen hoch an einen Ausflug, den Reinhold einige Sommer früher mit einem Boot von Side hinauf bis Şelale unternommen hatte. Die Reisepartie bestand aus Frank, einem ältlichen englischen Maler, und seinem Lebensgefährten, dessen Name Reinhold entfallen ist, einer Amerikanerin namens Patricia, alle drei Freunde der Mrs Friendly, David, Reinhold, Lisa sowie dem Besitzer des Bootes, einem reichen Türken aus Side. Mrs Friendly gehörte mit Recht zu den legendären Einwohnern Sides. Sie besaß eine große, alte, aus Naturstein gebaute Villa im Dorf, dicht am Meer, von hohen Bäumen beschattet, die Räume waren hoch und kühl, eine Terrasse ging auf den Nordstrand. Die Villa zeigte noblen Charakter; sie soll, hörte er 1997, Jahre später von seinem Freund Ali Yeşilipek gekauft worden sein. Ein Mann mittleren Alters und von einer traditionellen türkischen Würde und Freundlichkeit, in England wäre er Verwalter und Butler zugleich, sah nach dem Anwesen und ging, in einen schwarzen Anzug gesteckt, bei Empfängen umher und reichte auf silbernem Tablett ausgesuchte Crackers mit mancherlei Käsefüllungen, diverse Weine, Whiskys, Cognacs, Soda, Fruchtsäfte. Kurzum, ein solcher Empfang, an dem Reinhold eines Abends teilnahm, mischte die vorzüglichsten Ingredienzien der türkischen und amerikanischen Gastlichkeit. Mrs Friendly nahm an dem Empfang nicht teil. Sie pendelte zwischen ihren Wohnungen in Washington, London und Side. Das türkische Haus besuchte sie selten, da die Diskotheken am ehemaligen Marktplatz, einige Schritte nur von ihrer Villa, auch ihr das Vergnügen am Ort vergällt hatten. Ihr Mann, Alfred Friendly, war ein Herausgeber der Washington Post gewesen und hatte sich vor einigen Jahren das Leben genommen. Die Erstausgaben seiner Bücher lagen auf dem Arbeitstisch in Side, die Witwe hatte ihrem Ehemann einen kleinen Altar errichtet. Mrs Friendly besaß den seltenen Ruhm, in Side die Müllabfuhr eingeführt zu haben, eine Neuerung, die dem Bürgermeister, da kostenträchtig, nicht in den Kopf gekommen wäre. Neben dieser Fürsorge für die Gegenwart hatte sie sich noch mehr um die Vergangenheit des Ortes verdient gemacht. Sie gründete den Verein der Freunde Sides, der große Summen aufbrachte, um den Apollontempel nahe dem antiken Hafen wiederaufzurichten; eine Reihe der Säulen ragte erneuert in den Himmel; von den Marmorblöcken, die das Antlitz einer Medusa trugen, waren die besterhaltenen im örtlichen Museum deponiert und so dem Vandalismus oder Diebstahl entzogen worden.

Am antiken Hafen traf sich die Reisegesellschaft, unter allerlei Hallo kletterten Damen und Herren in einen großen, schwankenden Kahn mit Außenbordmotor. Sein Besitzer, in den Fünfzigern, ein gepflegt alternder Weiberheld, muskulöse, schwarzbehaarte Arme, schwere Goldkettchen an Brust und Handgelenken, hatte eingeladen. Solche Sexualprotze betrachtete Reinhold für gewöhnlich mit leichtem Ekel, vielleicht auch Neid. Doch damals hat er umlernen müssen: Dieser Mann war dem männlichen Geschlecht gegenüber freundlich distanziert und dem weiblichen gegenüber von ausgesuchter Höflichkeit. Zunächst ging es südwärts, das von Sanddünen gesäumte Meeresufer entlang. Am Strand standen Reihen von hölzernen Schuppen auf Stelzen – Holzhäuser wäre ein zu anspruchsvolles Wort –in denen die ländlichen Türken der Umgebung ihre Sommerfrische zu verbringen pflegten. Sie kamen nicht nur zum Wochenende, nein, hatte man ihm erzählt, einige Familien trafen sich dort jeden Sommerabend. Die Schuppen waren auf der ersten und einzigen Etage durch eine Mittelwand in zwei Räume abgeteilt, einen für die Frauen, den andern für das Mannsvolk. Gekocht wurde unter dem Gebäude im schattigen Freien. Einige Schuppen waren verfallen, die Dächer geneigt, die Böden eingebrochen, andere wurden für den Sommer instand gesetzt. Die Besitzer nagelten Brett an Brett; gab es dabei Spalten und Lücken, war dies kein Fehler, denn im heißen Sommer brachte Zugluft Erquickung. Dicht hinter den Strandhütten erstreckte sich ein dichtes Wäldchen, am Rand Macchia, dann duftende Kiefern und hohe Bäume. Ein seichter Bach fiel aus dem Wald ins Meer. An dieser Idylle des Zerfalls und der Erneuerung fuhr der Kahn vorbei, und sobald er über eine flache Sandbank in den Manavgat Çay abgebogen war, versenkte der Herr des Bootes mehrere Flaschen Rotwein an Schnüren ins Wasser, und eine Flasche nach der andern wurde später wohlgekühlt an Bord gezogen und ausgetrunken. Die Gäste tauchten die Hände in den Fluss und zogen ihre eigenen kleinen Kiellinien durch das spiegelglatte Wasser. An beiden Ufern stand eine Wand von undurchdringlichem Gestrüpp und Bäumen, der Fluss gehörte allein ihrem tuckernden Boot. Kam der Kahn nahe an die Bäume, so schwangen sich Scharen von großen, braunen, breitflügeligen Wasservögeln langsam in die Luft und ruderten wie Pelikane gemächlich in den Himmel. Das Boot glitt an einem einsamen zerfallenen Gemäuer vorbei, einst ein Turm der byzantinischen Flusswache, dann wieder an Ufergestrüpp. Auf den von der Sonne beschienenen Ästen der fast in den Fluss fallenden Bäume saßen Dutzende von grünbraunen, handgroßen Wasserschildkröten Sie waren hochgekrochen, um die Wärme zu genießen, und ließen sich von den Menschen nicht stören. Nur ab und an plumpste eine, aus freien Stücken so schien es, ins Wasser und tauchte rudernd ab.

In Şelale legte der Kahn vor den Wasserfällen an. Die Türken liebten den Ort; sie kamen im Sommer in ganzen Busladungen dorthin und hatten ihn in einen Landschaftspark der türkischen Art verwandelt. Die Fälle selbst stürzten auf ungefähr zwanzig Meter Breite hinab, nicht mehr als zwei bis drei Meter tief. Im Sommer führte der Manavgat Çay auch kein starkes Wasser; die Fälle boten ein allenfalls mittleres Spektakel. Unterhalb verbreiterte sich der Fluss, kreisende Wellen deuteten auf kräftige Strudel, dann fand er zurück zu seiner bescheidenen Größe. Am linken Ufer lagen zwei bis drei Gartenrestaurants. Schmale Betonkanäle, mit einem weiten Schritt leicht zu übersteigen, leiteten Flusswasser in das Ufergelände; auf künstlichen Inselchen standen Tische und Stühle, in den Bäumen hingen bunte Glühbirnen. Ein Netz von Stegen, über welche Kellner und Gäste balancierten, verband die Inseln. Dicht stehende Bäume überschatteten das Gelände; am Ufer bespülte der Manavgat Çay ihre Wurzeln und tief hängenden Äste. Auch im heißesten Sommer ging ein kühler und feuchter Luftzug. Was aßen türkische Familien dort? Natürlich frische, kleinwüchsige, gegrillte Forellen aus dem Fluss, unendliche Vorspeisen und Salate, dazu tranken die Männer, sofern nicht streng rechtgläubig, und das waren erfreulich wenige, im Übermaß Raki, knabberten am weißen Schafskäse und schoben sich Stücke von Honigmelonen in den Mund. Mrs Friendlys Gäste taten es den Türken nach, zudem wollte der mitgebrachte Rotwein ebenfalls getrunken sein. Das brauchte Zeit, erst am späten Nachmittag hieß der Kapitän seine Passagiere erneut in den Kahn steigen. Wie viel einer trinken durfte, wenn er noch ein Boot flussabwärts und nicht in die Uferböschung steuern wollte, davon hatte Reinhold keinerlei Ahnung; es schien auch ohne Bedeutung.

Er saß immer noch mit David am Manavgat Çay und trank den Weißwein in hastigeren Zügen. Die Erinnerung bürdete ihm schwarze und unaufhellbare Melancholie auf. Er wollte, wenn er die nun erneut gegenwärtigen Bilder vorbeiziehen sah, nicht erst sorgsam unterscheiden müssen, welche seinen Lebensmut niederzogen und welche nicht. Sie ließen ihn ohnehin alle die Fassung verlieren: Zwei Tage nach der Bootspartie fuhren die Freunde der Mrs Friendly mit ihrem schweren Wagen über Antalya nach Izmir; bei Dazkırı prallte ein Lastwagen, die Schuld des Lastwagenfahrers, auf ihr Auto, die Freunde waren auf der Stelle tot. Die Holzschuppen am Strand waren längst abgerissen; in dem Wäldchen erhoben sich mehrere von Maschendraht eingezäunte Hotelburgen; mehr und mehr Touristenboote knatterten den Manavgat Çay hinauf und hinab; durch Lautsprecher schallte nicht endende Schlagermusik; statt der wohlschmeckenden Forellen aus dem Fluss wurden den Gästen in Şelale dänische Zuchtforellen serviert; Lisa hatte sich von Reinhold getrennt; die Stille am Fluss war zerstört; die Wasservögel zogen fort; das Glück seines Spätsommers war dahin.

Alanya

Frösche in Lykien

Antike Schimpfer

Die Frösche des antiken Phaselis gelten unter Kennern als die infamsten. Eine gar nicht schöne Geschichte erzählt Ovid in den *Metamorphosen*: Die griechische Göttin Leto lässt sich mit dem allzeit und in jeder Gestalt zeugungskräftigen Zeus ein und gebiert prompt die göttlichen Zwillinge Apollon und Artemis. Hera, die eifersüchtige Gattin des Zeus, verfolgt sie, und auf der Flucht, die Kinder an der Brust, kommt Leto nach Lykien, fleht, vor Durst dem Tode nahe, Bauern um einen Trunk Wasser an. Diese mit dem steinernen Herzen und dem staubigen Hirn von Landbewohnern allerorts versagen ihr die Gabe und werden zur Strafe in Frösche verwandelt, welche im neuen Leib die alte Bosheit getreulich bewahren. »Quamvis sint sub aqua, sub aqua maledicere temptant«. – Obschon sie unter Wasser sind, versuchen sie unter Wasser zu schmähen, kommentiert der lautmalende Dichter. Ein poetisches Echo stieg, gleichsam als oberstimmiger Begleitgesang, zweitausend Jahre später nochmals auf, als ihre späten Nachfahren, in einem Sumpf bei den Ruinen von Phaselis hockend, zu quaken begannen, vereinzelte Stimmen zunächst und dann viele, wie zur Chorprobe sich einstimmende. Monika und Reinhold hörten ihnen eine Weile wohlwollend zu. Dann verließen sie Lykien und fuhren zurück nach Alanya, welches in einer Landschaft gelegen ist, die in der Antike Pamphylien hieß. Die Pamphylier hatten das Pamphylische, gesprochen, das wir so gut wie nicht verstehen, weil uns so gut wie nichts erhalten ist. Auf das Nichtverstehen ist Reinhold schon einmal gekommen und wird es nochmals tun.

Die Natur hasst ein Vakuum

Die beiden waren für die Osterferien 1993 in das Hotel Aytur gezogen. Es lag unmittelbar an der großen Straße, die nach Mersin und, misslicher noch, zu den riesigen Hotelkomplexen Bananas, Ananas und Dutzenden von ähnlichen von Touristen bevölkerten Monstrositäten vor der Stadt führte. Busse, Kleinbusse, Taxis und Lastwagen füllten die Luft mit Abgasen und Lärm und machten das Überqueren der Straße zum Strand zu jenem Lebensrisiko mittleren Ausmaßes, welches Wild an deutschen Autobahnen auf sich nimmt. Nur, in der Türkei warnte kein Schild die Autofahrer vor Passantenwechsel. Die beiden hatten ein Zimmer zur Rückseite hin verlangt; der Blick vom Balkon ging auf den Swimming Pool des Hotels, der auf drei Seiten von Hotelbauten und auf der vierten Seite von einer Nebenstraße eingefasst wurde, die, so schien es, stracks in die nahen, steilen Berge führte. Über den Hotelbauten ragten Felsen auf, zwischen denen an einigen Tagen schwarze Wolken regendrohend hingen und dann auf die Ebene als grauer Nieselnebel herabrollten, während an andern Tagen frühmorgens der in der Nacht gefallene schüttere Schnee auf den entfernten Kämmen schien. Eine Mauer waren die Berge über Jahrtausende gewesen zwischen dem pamphylischen Küstenstrich und Anatolien; nur wenige Pässe öffneten den Weg. Von Alanya aus gab es keine Autostraße geradenwegs ins Landesinnere, sondern man musste weit nach beiden Seiten ausweichen, nach Norden bis Manavgat oder südwärts bis Silifke.

Umso erstaunter waren Monika und Reinhold, wenn am Abend in der Dunkelheit Lichter in Serpentinen den Berg hochkrochen, in den Kurven einen Augenblick einen Scheinwerferstrahl in die leere Nachtluft warfen und verlöschten, nachdem sie die Kuppe überwunden hatten. Bei Tag stellten die Lichter sich als Lastwagen heraus, beladen mit Hölzern, Sand, Steinen, Betonmischern, die den lieben langen Tag an ihrem Hotel vorbei auf der vermeintlichen Nebenstraße brüllend und dieselstinkend ihre Last auf Baustellen beförderten. Vielleicht warfen die Türken eine Straße über den Berg, vielleicht zogen sie weitere Dutzende von Hotels oder Apartmentbauten hoch. Gleichwie, was sie an Vernunft hatten, war im Bauwahn untergegangen. Auch neben und hinter ihrem Hotel schossen dicht an dicht moderne Bauten empor. Gleich auf dem nächsten Grundstück im Rücken des Hotels hatte der Architekt in seinem fieberhaften Drange zur Füllung der kleinsten freien Fläche eine große Grube ausgehoben. Betonpfeiler und eiserne Armierungen verrieten den Grundriss des zukünftigen Gebäudes, doch mochte das Fieber abgeflaut oder das Kapital ausgegangen sein: Arbeit war auf dieser Baustelle seit Monaten nicht mehr verrichtet wurden, sie lag leer da. Der Natur ist ein Vakuum verhasst, sie schickte sich an, den Boden zurückzuerobern.

Das Gelände war hier – bis vor wenigen Jahren lag es noch außerhalb der Stadt – seit eh und je sumpfig und morastig gewesen, erst recht so im Frühjahr, wenn zahlreiche Bäche und Rinnsale aus den Bergen Schmelzwasser und Erdreich in lehmig-braunen Strömen ins nahe Meer trugen. So war auch die Baugrube eigentlich nur als eine Vertiefung und unvollkommene Geometrisierung eines vorher schon bestehenden Sumpfes anzusehen; Schilf und Ried umstanden die Wasserfläche und zeigten an, dass diese nicht allein den jüngsten, heftigen Regenfällen zu verdanken war, sondern, flach und im Sommer wohl ganz austrocknend, den ehemaligen Zustand des Geländes andeutete. Mitten im Wasser war ein Erdpflock stehen geblieben, eine Hundehütte hatte man darauf gesetzt, über schmale Holzbretter schoss ein Kettenhund bellend hervor, wenn ein Fremder sich näherte, ein Hahn und Hühner kratzten im Gras, Wäsche hing vor einer baufälligen Holzhütte. Die Grube gehörte zu gleichen Teilen der noch nicht völlig Gegenwart gewordenen betonierten Zukunft und der verschwindenden, ländlichen, erdigen Vergangenheit an, sie sprach derart sinnbildlich nicht nur von sich, sondern von vielen Orten und Küsten in der Türkei.

Lobgesänge und das voraussagbare Ende eines Chores

Die umständliche Erklärung eines kleinen Teiches ist nicht ohne Sinn. Wäre es nur eine Pfütze für eine Woche gewesen, dann hätte es die alteingesessenen Anrainer nicht gegeben, derer es jedoch eine Unzahl gab: Frösche im Schilf, Frösche im Wasser, Frösche auf den Betonsockeln. Tagsüber sonnten sie sich, nicht anders als die Touristen am nahegelegenen Swimming Pool, aber mit mehr Kultur, denn sie bewahrten meditierende Stille, ein jeder für sich und alle miteinander. Die Menschen ihrerseits ließen sich von dem Musikschleim der Kofferradios beträufeln; ein jeder von dem seinigen und alle zusammen von der akustischen Verschmutzungsanlage des Hotels. Ein Ansinnen für die pamphylischen Frösche wäre es gewesen, ein streng und zugleich freundlich abzulehnendes Ansinnen, die Touristen (hätte ein Gott sie als Strafe für ihre tumben Ohren in Frösche verwandelt) an ihrem Teich brüderlich und schwesterlich willkommen zu heißen. Hängebäuchige und spindelbeinige, fischbauchfarbene und blöd glotzende Holländer und Deutsche wären dann holprig angehüpft. Die Metamorphose hätte die Gottheit, bei so eng verwandter Angelegtheit der äußeren Froschnatur, nur ein Handumdrehen gekostet. Nein, dann blieb man doch lieber unter sich, den philosophierend der Sonne sich zuwendenden, goldäugigen, grün und braun gesprenkelten Pamphyliern.

Am Abend erhoben die Frösche ihre Stimmen, erst einer, dann antiphonisch andere, schließlich unisono der Chor, dessen Gesang im Volumen anschwoll und in der Tonhöhe anstieg, bis er schließlich schrill und unermüdlich wie ein Betonmischer die Nacht durchpulste. So war es auch verzeihlich, dass Reinhold, auf dem Balkon sitzend und das abendliche Glas Raki schlürfend, zu Monika gewendet sich beklagte über die Missachtung der Nachtruhe durch türkische Bauunternehmer; hörte er doch den Mischer ganz in der Nähe schrillen. Freilich, seltsame Bauarbeiter mochten es schon sein, geregelte Arbeitsstunden schienen sie nicht zu kennen, doch machten sie, je kühler die Nacht wurde, desto weniger Lärm, um, nachdem sie einige Minuten recht leise geschrillt hatten, vollends zu verstummen. Als am nächsten Abend der Lärm erneut aufkam, trieb ihn die Neugier nachzusehen, wo denn die mit crescendo und decrescendo ausgestatteten Baumaschinen seien. Nach wenigen Schritten stand er an dem Teich, dessen Oberfläche den Gesang der Frösche nach allen Seiten abstrahlte. Einige Minuten später hatten seine Augen sich an die Finsternis gewöhnt und er konnte den einen oder andern Sänger ausmachen – zitternde Kreise im Wasser, treibende, schwarze Leiber, kleine Plumpsgeräusche, wenn der Chor jäh verstummte. Er lief aufgeregt zu Monika zurück, der Wunsch hatte ihn gepackt, sein Handdiktaphon den Fröschen als Mikrophon hinzustrecken und so ihr Konzert aufzunehmen. Doch die Frösche spielten an diesem Abend nicht mit; sie schwiegen, als er zurückkam. Ihr Repertoire hatten sie hinter sich gebracht – mal muss auch mal Feierabend sein – und außerdem fröstelte es sie. Gute Nacht also.

Warum aber spielt Reinhold in Gelsenkirchen sich und Freunden ab und an Froschgesang vor? Weil er, wenn es um Kultur geht, zumal von Fröschen, welche er nächst den Kröten liebt, nicht leicht verzagt und ablässt und den nächsten Abend nutzte und so eine gute halbe Stunde hymnischen Chorgesangs und meditativer Solostimmen, Verdi und Zen, einfing. Und wenn ihn ohnehin Melancholie ankommt, dann hört er den pamphylischen Fröschen zu und denkt an ihren Lobgesang auf das gute, froschige Leben und wie glücklich sie waren, dass sie ihr traurig nahendes Schicksal nicht kannten, denn längst werden die wahren Betonmischmaschinen gekommen sein und ihren schilfumstandenen Teich auszementiert haben. Wo hätten die Frösche denn hin sollen und wie sich erklären angesichts so vieler Baustellen und so vieler Touristen und wo sie doch nur pamphylisch sprachen?

Elmali

Der Umgang eines Schafes mit Menschen

Elmalı ist eine Landstadt 1200 Meter hoch im Gebirge Lykiens, die Luft geht rein und abends recht kühl. Die dort angebauten Äpfel gaben der Stadt den Namen. In den Neunzigerjahren fuhren Monika und Reinhold von Antalya mit ihrem Wagen nach Kaş und wollten ungefähr auf halbem Wege in Elmalı übernachten. Sie sahen schöne alte Holzhäuser und nur ein Hotel, das städtische, dessen Betten auf gewaltigen, in Beton gegossenen Gestellen ruhten. Am späten Nachmittag spazierten sie oben über den schräg abfallenden Marktplatz, neugierig angezogen von einem lauten, hölzernen Klack-klack-klack aus einer offenen Tür. Hinter ihr arbeitete ein junger Mann an einem Webstuhl und verfertigte aus grober, kratziger, dunkelblauer Wolle Mützen, welche Kopf und Nacken eng umschlossen, keine Mundöffnung hatten, sondern nur Schlitze für die Augen. »Spezialanfertigung für Bankräuber«, dachte Reinhold und kaufte sich eine.

Unten an dem menschenleeren Platz erblickten sie ein Café. Ein Tisch und Stühle standen davor, ein ältlicher Mann stieg vorsichtig zu dem Lokal hinab, ein Schaf trippelte ohne Halsband und Leine dicht an seiner Seite. Der Mann blieb vor dem Tisch stehen und grüßte seine Bekannten mit Handschlag. Das Schaf drängte sich eng an sein Bein und blieb stehen. Der Mann öffnete die Tür zu dem Café und ging hinein, um sich ein Glas Tee und einen Ölkuchen zu kaufen; das Schaf folgte ihm zur Kasse. Der Mann kehrte zu dem Tisch zurück, setzte sich, schlürfte seinen Tee und hörte den andern Gästen schweigend zu. Das Schaf drückte sich erneut gegen das Bein seines Herrn und wandte den Kopf hierhin und dorthin, wo gerade einer der Männer am Tisch sprach. Mitgeredet hat das Schaf nicht.

Mersin

Rückblicke

Ankunft in Adana: Die Polizei leckt Bleistifte

Im März 1998 besuchte Reinhold erneut die Universität Mersin. Der Flug von Düsseldorf über Istanbul nach Adana hatte ihn nicht sonderlich aufgeregt. Selbstverständlich war der Anschlussflug der THY verspätet in Istanbul abgeflogen; natürlich hatte man ihm die falsche Bordkarte ausgehändigt. Auch dass am Ausgang 109 die Maschine nach Adana mit zwei verschiedenen Abflugzeiten vermerkt war, störte ihn nicht, eher schon, dass in der pechschwarzen Nacht mehrere Busse vor der Tür standen, ohne dass ein Mensch, eingeschlossen die Fahrer, sagen konnte, welcher Bus zu welchem Flugzeug fahren werde. Er folgte einigen Geschäftsleuten, die Bordkarten nach Adana schwenkten und das Chaos eigentlich kennen mussten, in einen Bus und setzte sich. Kopfschüttelnd sah er zu, wie in letzter Minute eine junge Frau mit zwei Kindern aus seinem Wagen floh, sie hatte nach Izmir gebucht, während eine alte Frau auf gekrümmten Knien die Busstufen mühselig hinabrutschte, weil ihr Reiseziel nicht Adana, sondern Ankara war. Die nach Adana reisenden Geschäftsleute redeten aufgebracht auf den Fahrer ein, als der Bus neben der Maschine nach Nordzypern hielt und sie aufgefordert wurden, das auf dem Flugfeld stehende Gepäck zu identifizieren. Richtig mulmig wurde ihm erst, als er in der Wartehalle des Flughafens Adana nach dem Fahrer des Rektorats der Universität Mersin Ausschau hielt. Der Mann war nicht zu sehen. Was war schiefgelaufen? Reinhold hatte doch einige Tage vorher mit Ebru, der jungen, blonden, schlanken Sekretärin des Vizerektors telefoniert; die beiden hatten mit Hilfe seiner armseligen türkischen Sprachbrocken ausgemacht, zu welcher Zeit der Chauffeur ihn abholen solle. Und Prof. Adnan Sözer, der stellvertretende Rektor, hatte sich bislang als ungemein tatkräftig gezeigt.

Vor der Passkontrolle standen dicke Trauben von Reisenden und warteten. Alle Computer streikten. Der Fahrer, tröstete Reinhold sich, würde das wissen und daher nicht aufgegeben und nicht nach Hause fahren. Die Polizisten versuchten keineswegs, die Computer hochzufahren, oder falls sie es taten, ließen sie es sich nicht anmerken. Geschäftig und zu keiner Auskunft bereit, eilten sie von den Schalterkabinen in ihr Hauptbüro, tauchten wieder auf, verschwanden erneut; ein Resultat ihrer Geschäftigkeit war nicht zu sehen. So verstrich eine halbe Stunde, dann eine Dreiviertelstunde; endlich besannen die Beamten sich auf Mittel des vorelektronischen Zeitalters, nahmen ein Blatt Papier, leckten an Bleistiften und schrieben Namen und Nummern mit der Hand auf. Eine gute Stunde war dahin, als Reinhold endlich in die Wartehalle trat und immer noch keinen Chauffeur sah. Sein Herz sank, als er sich die weiteren Schritte ausmalte: Viel zu schweres Gepäck zu einem Taxi schleppen, nach Mersin zum Busbahnhof fahren, in einem der billigen Hotels in der Nähe ein Hotelzimmer buchen, am nächsten Tag das Rektorat im Metropol-Turm aufsuchen, dort, hoffentlich, seine Bleibe und seinen Stundenplan erfahren. Doch das Glück war ihm hold. Suat Bey, der Chauffeur, stand in der Dunkelheit vor der Internationalen Ankunft, kam freudig erkennend – »Good night, pirofessör« – und lächelnd auf ihn zu, verstaute das Gepäck im Wagen und fuhr ihn zu dem Soli Hotel in Mezitli, in dem Reinhold schon im Oktober 1997 gewohnt hatte. Auf der Fahrt fiel ständiger Regen.

Die Neandertaler haben nicht mehr gefroren als der hundertzwanzigjährige Reinhold

Der Regen sollte bleiben. Das Zimmer in dem Hotel war groß, abgewetzt und warm, nach zwei Tagen quartierte man ihn um in das Apartment Hotel jenseits des Binnenhofes. Seine Räume auf dem achten Stockwerk waren riesig, abgewetzt und eiskalt. Zentralheizung gab es nicht, Wärme war letztmals mit den Sonnenstrahlen des vergangenen Spätherbstes in die Betonmauern gedrungen, welche seitdem hatten auskühlen dürfen. Der Fußboden aus kaltem Marmorimitat, die Wände kahl, die Fenster groß und zugig, aus jedem der drei Zimmer ging eine Tür auf einen Balkon, von dem aus man zwischen diesem und dem nächsten Hochhaus ein Stück Meer sah. Das Meer, nur hundert Schritte entfernt, rauschte beständig, wie es so seine gedankenlose Art ist. Eine gut ausgestattete Küche gab es (auf jeden Fall eine hinreichende Anzahl von Rakigläsern) und ein Badezimmer mit Dusche, dazu noch, für ländliche Türken, ein eigenes Plumpsklo, dem er nur einen schaudernden Blick zuwarf, um die Tür während seines Aufenthalts nicht mehr zu öffnen. Zu heizen war der ganze Komplex nicht. Als er sich bitterlich bei seinem Freund Adnan, dem Vizerektor, beklagte und Furcht um sein Leben kundtat, wies der ihn zurecht: »Zieh einfach einen Pullover mehr an.« Die Auswahl an Pullovern bestand aus einem. Also beklagte er sich zusätzlich und ebenso bitterlich bei dem Direktor der Hotelanlage. Der wiegte zweifelnd den Kopf, als Reinhold versicherte: »Ich bin hundertzwanzig Jahre alt und dementsprechend wenig rüstig; für einen Mann mit so vielen Jahren auf dem Buckel ist die Aussicht zu erfrieren kein Spaß.« Vorweggenommen: Als es im April sehr heiß wurde, begegnete er dem Direktor mehrfach bei Spaziergängen. Ein ums andere Mal fragte der Mann besorgt, wie es denn dem Hundertzwanzigjährigen gehe. »Prächtig«, erwiderte dieser, »ich fühle mich wie verjüngt, genç, nur noch so um die hundert.« Der Spaß erheiterte die beiden Gemüter jedesmal. Der Direktor ließ ihm einen Ölofen in das Apartment stellen, der zwar widerlich stank, aber doch Hitze abgab, freilich nicht genug für den riesigen Wohnraum.

Reinhold hatte nun die Wahl, den Ofen über Nacht im Schlafzimmer brennen zu lassen – dann stand zu erwarten, dass er erstickte – oder ihn zu löschen – dann stand zu erwarten, die Morgensonne werde eine Eisleiche bescheinen. Reinhold, ein Mann der Kompromisse, streifte jeden Abend seinen Schlafanzug über, zog darüber eine Trainingshose und darüber eine windundurchlässige Goretexhose. Er ruckte zwei Schlafdecken bis zum Kinn hoch, setzte sich eine Wollmütze auf den Kopf, um wenigstens einem Hirnschaden zu entgehen, und versuchte zu schlafen. Seine türkischen Kollegen klagten ebenso herzerweichend; auch sie saßen in Decken gehüllt in ihren ungeheizten Zimmern; die elegante junge Archäologin bekannte, jeden Winter nur mit Bronchitis zu überleben. Geteiltes Leid war ihm keinesfalls ein halbes Leid, »Es geht«, redete er sich immer wieder ein, »um dich, um dein Wohlbefinden.« Also liefen Abend für Abend Fragen durch seinen Kopf: »Was machst du überhaupt in Mersin? Warum kehrst du nicht stehenden Fußes zurück in deine große, warme Wohnung in Deutschland? Wirst du spät im Leben zu einem Masochisten?« Nun, im folgenden Jahr sollte vieles besser werden.

Die Soli Apartments: Vogelschreie und junge Flegel

Die Anlage der Soli Apartments hatte sich nicht verändert, als er im Frühling 1999 erneut eintraf. Der Direktor gab ihm ein noch größeres Apartment, ein noch höher gelegenes, mit einem wundervollen, weit ausladenden Blick auf die Taurusberge. Die lebenserhaltende Veränderung gegenüber dem Vorjahr war das Wetter. Es wurde schnell warm, bald heiß. Auf dem Hof zwischen Hotel und Ferienwohnungen blühte ein Hain von Apfelsinenbäumen, in einem kleinen, von Draht eingefassten Tiergarten stolzierten Tauben in der Morgensonne, einige Äffchen vollführten ihre Purzelbäume, ein Paar zierlicher Gazellen knabberte zwischen Schildkröten an dem spärlichen Gras. Am Abend zog der süße, betäubende Duft des Lavendels und der Apfelsinenbäume hoch zu seiner Wohnung, der metallische, klagende Schrei eines Pfaus durchschnitt die Dämmerung. Oft saß er auf einem seiner seewärts gelegenen Balkone und blickte den zu ihren Nachtplätzen zurückkehrenden Vögeln nach. Zuerst kamen die Spatzen. Hunderte, einer gefiederten Wolke gleich, erhoben sich aus den Büschen unter seinem Balkon. Hysterisch tschilpend schlugen sie die Flügel wie die Besessenen, stiegen im Steilflug an, huschten soeben noch über das Dach des Apartment Blocks und fielen, immer noch hysterisch tschilpend, auf der Gegenseite hinab. Er erwartete, dass einige Spatzen geradenwegs gegen den Beton fliegen würden, nichts davon. Dann kamen die Krähen. Sie flogen hoch gegen einen dunkelnden Himmel, ihre langen, schwankenden Linien und krächzenden Schreie deuteten an, dass die Vögel ebenso viel Raki tranken wie er, wenn nicht mehr. Wenn die Nacht fiel, verfolgte er die blinzelnden Positionslichter von Flugzeugen, die vom Flughafen Adana gestartet waren oder zur Landung ansetzten. And so to bed.

An der Rezeption des Soli Apartment wechselten ständig die Aufsichten. Im Vorjahr hatte dort manchmal der Manager selbst gesessen, jetzt waren es junge Burschen, welche hinter der Theke schliefen oder sonst die Zeit auf jugendliche, lärmende Weise totschlugen. Die Burschen sprachen leidliches Englisch, sie hatten hellwache Augen, doch es war eine animalische Vitalität und Wachsamkeit, ohne, so schien ihm, moralische Beimischung. Sie würden ohne Schwierigkeit und mit Gewinn den Beruf des Touristenbetrügers ausüben. Mehrfach versuchten sie, Reinhold in ihre Spielchen einzubeziehen. Eines Morgens übte der eine Bauchtanz und forderte wiederholt Reinhold auf mitzutanzen. Dem schoss das Blut ins Gesicht. Auch jungen Hunden tut eine Lektion gut, und so sprach er den Knaben langsam und ernsthaft an: »Ich kann von meinem Alter her dein Vater sein. Mit deinem Vater wirst du nicht so umgehen. Also zeige mir Respekt.« Der Bursche lachte blöde und schwieg. Die beiden grüßten ihn nicht mehr, doch seinem Blick wichen sie auch nicht aus. Höfliches und Unhöfliches kam, wie gewöhnlich, vermischt. Am gleichen Tag ging er an einem älteren Arbeiter vorbei, der in der Anlage den Staub zusammenkehrte. Der unbekannte Mann grüßte: »Günaydin, bay baba.« – Guten Tag, Herr Vater. Die Kollegen an der Universität erklärten, dies sei ein zugleich freundlicher wie respektvoller Gruß.

Bus mit Ausblicken: PICASSO, NATO, LADINO

Wenn er in Mersin einen stadteinwärts fahrenden Bus nahm, wusste Reinhold nicht, wohin er seinen Blick wenden sollte. Schaute er dem Fahrer über die Schulter und nahm dessen Rennfahrermanöver im Geiste vorweg, dann standen Visionen vor ihm von frontalem Zusammenstoß, jähem Tod und anschließendem Teetrinken im Paradies. Alles nicht sehr einladend. Blickte er aus dem Seitenfenster, so floss eine nicht endende Reihe von Geschäften und Händlern vorbei: Autoreparaturwerkstätten, kleine Gemüsegeschäfte, Metzgerläden, Friseure, Möbelgeschäfte, Autovermietungen, Immobilienhändler, dazu Super-, Hyper- und Giga-Märkte, deren Namen ohne Beziehung zu der tatsächlichen Größe des Ladens waren. Gelegentlich erspähte er Namen von Ladenlokalen, die ihm Rätsel aufgaben. In der Stadt selbst nannte sich ein Fast-Food-Imbiss PICASSO, eine unergründliche Namensgebung, denn weder gehörte dem Maler das Lokal, noch war er, soweit Reinhold wusste, von Fast Food angetan gewesen. Auf der Straße nach Tarsos fuhr er an einem völlig heruntergekommenen Esslokal namens NATO vorbei. War der Besitzer ein ehemaliger NATO-Soldat, oder hatte er in ehemals besseren Zeiten gehofft, amerikanische Soldaten von dem nahen Militärflugplatz in Adana anzulocken? Oder war er Zivilist und wollte demonstrieren, wie die marode Militärallianz aussehen würde? Ein Café in der Stadt trug den Namen LADINO. Der Name wies in die tolerante Epoche des frühen Sultanats zurück. 1492 wurden die Juden aus Kastilien vertrieben, Bayezid II. gewährte ihnen Zuflucht; Saloniki entwickelte sich zu einer jüdischen Hochburg, aber auch Istanbul gewann eine beträchtliche sephardische Minderheit. Die spanischen Juden behielten ihre Sprache, das Ladino, bei, ein über die Jahrhunderte immer altertümlicher werdendes Kastilisch, in dem sie nur ihre heiligen Schriften schrieben und rezitierten. Existierte eine sephardische Gemeinde in Mersin? Er wusste es nicht. An einem andern Tag nahm er den Bus der Kooperative Mezkop aus der Stadt zurück nach Soli. Die Schulen hatten gerade geschlossen, und der Bus war vollgepfercht mit Schulkindern. Er blieb im Gang des Wagens stehen und hantierte mühsam mit seinen Einkaufstaschen. Der junge Fahrer erkannte seine Verlegenheit, fuhr den Bus an den Straßenrand, hielt an und sagte: »Gel, amca« – Komm, Onkel. Reinhold stieg aus und ins Fahrerhaus wieder ein. Der junge Mann setzte ihn auf den Sitz neben sich. Steinalt kam Reinhold sich vor und war gleichzeitig beglückt über den schier unerschütterlichen Respekt der Türken vor bejahrten Leuten.

Gute Momente an der Universität

Einige Vignetten an der Universität sollen nicht fehlen, die alle aus seinem erfreuten Herzen kommen. Reinhold stand in einem überfüllten Dolmusch zur Universität. Vor ihm saß eine Studentin und las in ihrem Übungsheft. Er sah ihr über die schmale Schulter. Auf Deutsch und in sehr kindlicher Handschrift hatte sie zwei Sätze eingetragen, denen seine stille und tiefe Bewunderung galt: »Zwei Personen surfen auf dem Mittelmeer.« »Neben der Kirche gibt es ein Stahlwerk.« Ach, die Einsamkeit der Mittelmeersurfer! Ach, welch wohlgebaute Weltordnung, in der Gottes Haus den Vorrang einnimmt vor einer Fabrik des Mammons! Am Eingangstor des Campus überprüfte junges Wachpersonal die Ausweise der Studenten. Reinhold zeigte seine Karte vor; sie war eine authentische Fälschung, denn M. hatte sie auf dem Computer in einer halben Stunde samt Lichtbild erfunden und ausgefertigt. Die Karte wies ihn als den Gastprofessor aus, der er tatsächlich war. Die Wachmänner agierten freundlich und höflich. Ein Student auf dem Platz neben ihm schaute der Kontrolle neugierig zu. Beim Aussteigen grüßte er höflich: »Good day, teacher.«

Nach seinem beifällig aufgenommenen Vortrag über »Istanbul als ästhetisches Objekt« sah er neben der Mensa einen großen Kreis von Studenten. Sie saßen in der heißen Mittagssonne auf den Stützmauern eines kleinen runden Platzes oder hockten im Gras und unter den noch nicht lange gepflanzten Bäumchen. Einige Hundert werden es schon gewesen sein. Sie lauschten drei Musikanten, einem Alten mit schmalem Kopf und schlohweißem, kurzen Haar, einem Mann mittleren Alters und fleischigem Gesicht; zwischen ihnen saß ein dritter, ein junger Mensch, welcher vorerst nichts tat. Der Alte sang zur langhalsigen Gitarre einige Sätze in ein krächzendes Mikrophon, der Fleischige antwortete in einem melodisch gleichbleibenden Singsang, der mittlere spielte nunmehr Akkorde auf der Gitarre. Das Duett der Sänger endete stets mit dem Refrain: »Merhaba, öğrenciler«. – Hallo, Studenten. Immer wieder brach Applaus los, die Studenten pfiffen, lachten und klatschten in die Hände, ihre Gesichter spiegelten eine echte, einfache Freude. Auch die Musikanten lachten. »Good vibes«, hätten Reinholds amerikanische Freunde gesagt. Der junge Dozent der Germanistik an seiner Seite erklärte, die Musikanten übten sich in kleinen, gegenseitigen Spottreden, auch die Studenten bekämen ihr Fett weg, gelegentlich erzähle der Alte eine Anekdote, alles sei gutmütig und ohne bissige Schärfe. Noch etwas, was ihm an der freundlichen Universität Mersin sehr gefiel. Er wollte überhaupt daran festhalten, dass, zog er eine Bilanz, seine Besuche in Mersin angenehm waren: Hilfsbereit und freundlich die Kollegen, sehr höflich und aufmerksam die Studenten, hilfsbereit die Türken innerhalb und außerhalb der Universität. »Nein«, versicherte er, »selbst die einzige herbe Enttäuschung hat dieses Urteil nicht umgestoßen. Das einzige bösartige Verhalten will ich allerdings auch nicht verschweigen.«

Rückblick im Zorn: Ehrabschneider

Wenn er im Dämmerlicht des frühen Morgens auf seinem Balkon saß, gestand er sich ein, Mersin war nicht allezeit ein Eden, sondern vielmehr ein Eden, in dem zwei bis drei der bösesten Schlangen Unterschlupf gefunden hatten, und zwar recht nahe an ihm selbst. Er hatte mit einer jungen Frau ein wenig geflirtet, ohne den Vorsatz, mit ihr anzubändeln, und war auf rasche, einem erotischen Strohfeuer gleichende Zustimmung gestoßen. Außer zu Worten, allerdings zu ihrem unerwartet plötzlichen Angebot, am nächsten Abend sein Bett zu teilen, war es nicht gekommen; er hatte die Frau nicht geküsst, keinen ihrer Finger hatte er berührt, geschweige denn gekrümmt, keinen sie ihm. Zwei gemeinsame Spaziergänge, ein Fischessen zu zweit: Lappalien sind das, keine Affäre. Sie besann sich, mutmaßte er, noch am Tage des Versprechens auf ihre Moral, doch nicht in Seelenruhe, mied Reinhold, und als sie ihn zwei Tage später traf, fuhr sie ihn erbittert an, als sei seine bloße Gegenwart schon unerträglicher Schimpf und Tort. Einen Gernegroß schalt sie ihn, ein akademisches Großmaul, einen imperialistisch denkenden Deutschen, einen Nazi. Reinhold, zutiefst erschrocken angesichts so wütenden Hasses, wich zurück, fragte auch nicht nach dem Grund des Sinnesumschlags, was ein törichter und kein sehr mutiger Fehler war, griff seinerseits zu spitzen und ironischen Bemerkungen. Ein Freund der jungen Frau, bis dahin anscheinend sein Freund, schlug antideutsche Töne an und fühlte sich bemüßigt, den nazistischen Grundcharakter der Deutschen auf seine eselhafte Weise darzutun. Wollte er den Gast beleidigen? Wohl schon. Wollte er seine eigene akademische Unterlegenheit kaschieren? Wohl auch. Trieb ihn chauvinistische Arroganz? Das gewiss. Reinhold mochte auf keinen Fall den Nazi auf sich sitzen lassen und antwortete scharf. Ausführlicher anzuklagen, die Individuen mit Namen zu nennen, verbietet er sich noch heute und zog sich damals zurück. Die versprochenen gemeinsamen Abendessen und die gemeinsamen Ausflüge zu griechischen, römischen, byzantinischen Ruinenstätten im Taurus kamen zu nichts. Gerade auf solche historischen und archäologischen Exkursionen hatte er sich gefreut und anhand der Fachliteratur vorbereitet. Er selbst hatte keinen Wagen, und was er von Mersin und Umgebung sah, sah er zumeist aus dem Busfenster.

Oft genug sah er sich in der glühenden Hitze auf dem Fischmarkt und an dem Kai der Küstenboote nach essbarem Meeresgetier um. Da hatte der Freund der jungen Frau ihm anfangs geholfen, ihn im Wagen die Küste hoch mit nach Erdemli genommen, einer Kleinstadt, wo der Fisch auf dem Markt halb so viel kostete wie auf dem Markt der Großstadt Mersin, ihn mit einem Fischhändler bekannt gemacht, bei dem Reinhold telefonisch nachfragen sollte, ob er an dem Tage guten, frischen Fisch habe. Oh Gott, sein Herz war mächtig tief gesunken, denn am Telefon war sein bisschen Türkisch noch holpriger als ohnehin. Aber der Händler hatte ihn stets erkannt; an der Stimme schon, wie er behauptete. Also nahm er wiederholt den Bus, fuhr die dreißig Kilometer nach Erdemli, setzte sich auf einen wackligen Holzschemel des Händlers, radebrechte mit Kunden und Freunden, trank einige Gläser Tee, packte sein Fischpaket in eine Kühltasche und fuhr zurück. Nach dem ersten Besuch stellte er in der häuslichen Küche zunächst mit Argwohn fest, dass in den Plastiktüten nicht drei der telefonisch besprochenen Fische lagen – sein kilikischer Liebling, der Zackenbarsch mit dem zauberhaften Namen Epinephelus Aeneas, der wolkige Aeneas, (auf Türkisch lagoz) – stattdessen aber vier schwarzstreifige Brassen mit Namen karagöz, ebenfalls feine, wenn auch von Gräten strotzende Fische. Der Händler hatte ihn jedoch weder betrügen noch mit dem Preis übers Ohr hauen wollen, sondern nur in der Kühltruhe das falsche Paket erwischt. So war es gewesen, und so klärte es sich beim nächsten Besuch auf.

Die ungute Atmosphäre zwischen Reinhold und seinen Bekannten klärte sich hingegen keineswegs auf. Man ging sich aus dem Weg, redete nur das Nötigste und schied verfeindet unter einer Tünche der Freundschaft. Später versuchte er dann von Deutschland aus, in einem Brief die Harmlosigkeit seiner erotischen Unternehmung darzulegen, und erinnerte zugleich daran, dass man unter Freunden über Misshelligkeiten sich doch hätte aussprechen können. Die Antwort kam in Form einer Parodie seines eigenen Briefes, und er hat in seinem ganzen Leben keine so aberwitzig überzogene, böswillige, schurkige Attacke auf seine Ehre erfahren. Die erste Verleumdung wollte ihn als akademischen Lehrer treffen. Nicht nur sei er ein Ignorant im Fach; zu seinen Praktiken gehöre sexueller Mißbrauch seiner Studentinnen in Deutschland wie auch, da dies dort nicht mehr gelinge, nunmehr in der Türkei. Hinzu kam die Verleumdung als Mann: Er sei impotent (was, bei Licht betrachtet, mit dem Lüstling schwer vereinbar war); seine Frau habe sich aus Ekel vor ihm scheiden lassen, wie sich denn jede Frau vor ihm nur ekeln könne. Schließlich die Besudelung der deutschen Herkunft: Seine nazistische Denkart sei offenkundig, sie sei gewiss das Erbgut der Eltern, jener Erznazis. Dies stellt nur einen kahlen, einen unvollständigen Abriss der Verleumdungen dar. Die Angriffe auf seine ehemalige Frau und seine Eltern waren die giftigsten Pfeile und schmerzten am meisten. Das Schreiben war anonym, der oder die Absender gleichwohl mit Bestimmtheit zu erschließen, denn wem, außer wenigen Menschen, die er für seine Freunde hielt, hatte er von den Eltern und seiner Ehe erzählt? Zudem kannte er das Paar, dem er den Brief geschickt hatte mit der Bitte, dessen private Natur zu respektieren. Er glaubte, die Sache mit einem Achselzucken abschütteln zu können; er konnte es nicht; sie hat ihn lange verfolgt. Seinerzeit vor türkischem Gericht auf Ehrabschneidung zu klagen wäre einer unwürdigen und hoffnungslosen Posse gleichgekommen. Seine Tochter Corinna, selber hohe Juristin, riet ihm von einem Prozess ab. Den richtigen Freunden in Mersin teilte er die hundsföttische Attacke nicht mit. Welche Lügen waren ihnen schon ins Ohr geblasen worden? War die Atmosphäre nicht längst vergiftet? Er hätte sich vor ihnen umständlich rechtfertigen müssen, doch dazu sah er keinen Anlass. Die Hunde selbst würdigte er keiner Antwort.

Der Leberpalast

In der Stadtmitte stieß er 1998 auf einen kleinen, erst vor wenigen Jahren angelegten Platz; winzige Rasenstücke und einige wenige Bäume, Brunnen, Bänke. Alte Männer hockten auf ihren Sitzen, im Winter in der Sonne, im Sommer im Schatten und sahen betulich der den Platz umkriechenden Schlange von Autos nach. Anderseits warfen sie kaum je einen Blick auf die Schwärme von hübschen Mädchen in hautengen Jeans. An einer Seite des Platzes lag ein geräumiges, auf Leberkebab spezialisiertes Esslokal. Die Gäste hatten die Auswahl zwischen Lammleber und Lammleber, beide in kleine Würfel geschnitten und abwechselnd mit Fettscheiben auf lange dünne Metallspieße gesteckt und kurz gegrillt. Eine Portion umfaßte fünf Spieße; mit dem Fleisch kamen hauchdünne Fladenbrote, große Bündel Petersilie, rohe Zwiebeln, Tomaten, wahlweise Yoghurt und die schärfsten kleinen Pfefferschoten diesseits von Syrien. Man legte ein Fladenbrot wie ein Taschentuch in die linke Hand, ergriff einen Spieß, legte ihn auf das Brot und zog ihn mit der rechten aus den Leberwürfeln, häufte darauf Grünzeug und Tomaten, wickelte das Ganze zu einer unförmigen Zigarre und biß hinein. Die Lammleber war stets frisch und auf den Punkt gebraten, köstlich. Die Pfefferschoten verspeiste man besser einzeln und in winzigen Bissen. Reinhold wurde eines Tages, nachdem er ein wenig bekannt geworden war, an einen abgesonderten Tisch geleitet, die Kellner stellten sich in einem Halbkreis um ihn auf. Warum, erkannte er, als er eine ganze Pfefferschote in den Mund nahm, Feuer spuckte und ein fröhliches Gelächter hervorrief. Ein Gast konnte, wenn hinreichend hungrig, sogleich zehn Spieße bestellen. Viele taten dies; sie tranken kaltes, klares Wasser aus verzinnten Krügen oder mit Wasser vermischten Yoghurt oder Coca Cola. Alkohol wurde nicht serviert. Das Innere des Restaurants schreckte auf den ersten Blick ab. Die Stühle waren aus weißem Plastik, ebenso die mit Papiertüchern eingedeckten Tische. Die Tischtücher wurden nach jedem Gast, der sie bis an den Rand mit Speiseresten bekleckert hatte, flink abgezogen. Sägemehl war dick auf den Fußboden gestreut; es überdeckte die Leberstückchen und Petersilienzweige, welche sich wie kulinarische Endmoränen um die Esstische wölbten. Ein lauter und freundlicher Ort. Kellner riefen Bestellungen für fünf oder zehn Spieße und die Getränke aus und eilten zwischen den Tischen umher; die Gäste, eine vergnügliche Mischung von Alt und Jung, von Männern und Frauen, schwatzten und lachten; sie aßen sehr schnell, zahlten an der Kasse, gaben ein Trinkgeld, nahmen nur dann Zahnstocher und verließen das Lokal. Reinhold gefiel die Vortrefflichkeit des Restaurants ebenso wie seine egalitäre Qualität. Er wurde zum Leberessen eingeladen vom Rektor der Universität, vom Prorektor und Universitätsfreunden; er seinerseits lud den Chauffeur des Rektors dorthin ein. Nebenbei bemerkt, als er einen türkischen Professor der Anglistik in dem Lokal fragte, wie er den Titel von Malcolm Bradburys *Roman Eating People Is Wrong* verstehe, antwortete der: »Ja, natürlich, umschrieben bedeutet er *Der Widerstrebende Kannibale.*« Ihm lag daran, auch seiner Freundin Monika den Leberpalast zu zeigen. Sie aßen mehrfach dort; ihr gefiel das Lokal, sie wusste sich auf Fremdes und Unerwartetes einzustellen und tat es gerne, dort auf Fast Food von der angenehmsten Art.

Volkspark und Hafen

Die Erinnerung half Reinhold, sich im umgebauten Stadtzentrum Mersins zurechtzufinden. Der alte Fischmarkt lag noch am alten Platz. In der Straße quer zum Fischmarkt hausten wie früher die Metzger, vor ihren Läden lagen Haufen von stinkenden Schafs- und Ziegenköpfen, allen waren Haut und Haare belassen, daneben weitere Haufen von aus dem Fell geschlagenen Hammelbeinen, in den Fenstern und Ladeneingängen hingen die Innereien an Haken. Der süßliche Gestank drehte ihm den Magen um wie eh und je. Nun fand er auch das Hitit Hotel wieder, in dem er zwei oder dreimal untergestiegen war. Gegenüber dem Hotel stand die alte, heruntergekommene Herberge, auf deren erstem Stock Türken wohl um Pfennige logierten. Er hatte vor Jahren nichtsahnend einen Blick aus seinem Hotelfenster geworfen und gesehen, wie zwei nackte Männer in ihrem Zimmer miteinander masturbierten und augenblicklich zu ihm hinüberstarrten. Er hatte sich wie ertappt abgewandt. Auch heute war nicht sein Tag. Als er seine Erinnerungen vor dem Hitit Hotel stehend in ein kleines Handdiktaphon sprach, fuhr ihn ein junger Mann barsch an: »Was hast du da zu reden?« Was, wenn überhaupt etwas, hatte sich dieser Flegel gedacht? Dass er ein Spion sei? Aber ein solcher wäre doch besser um den Hafen und den Kriegshafen gestrichen. Tun wir dem Flegel den Gefallen und versetzen Reinhold in den Volkspark nahe dem Hafen. Es war Sonntag, die einfachen Leute der Stadt ergingen sich auf der betonierten Promenade. Schatten gab es dort keinen; spärlichen Schatten spendeten allenfalls von der Kaimauer zurückgesetzte Bäume. Dennoch verschafften sich die Menschen mit kleinem Geldbeutel ihr festtägliches Vergnügen, vor allem mit Picknicks. Auf dem Rasen, dem abgetretenen, staubigen, von der Sonne verbrannten, von Papierfetzen übersäten, am hellichten Tage von gelegentlichen Ratten überquerten Rasen, lagerten Männer, Frauen und Kinder, Tanten, Omas und Freunde, breiteten Handtücher aus, stellten darauf Brot, Obst, Yoghurt, Tomaten, Gurken, Wasser und ließen sich eine wohlfeile Mahlzeit schmecken. Was es anders an Belustigungen gab, erstand man mit Kleingeld an fahrenden Ständen: Wassereis am Stiel, nicht die teuren Haselnüsse, sondern die billigen Sonnenblumenkerne. Männer hatten an Schnüren bunte Luftballons aufgereiht und die Ballonkette über einem Kahn befestigt, der etliche Meter von der Hafenmauer entfernt im Wasser lag. Junge Burschen nahmen uralte Luftgewehre in die Hand und versuchten, mit Bleikügelchen möglichst viele Ballons zu zerschießen. Getroffene Ballons platzten mit einem zufriedenstellenden Knall. Es ging ähnlich zu wie auf einer deutschen Kirmes, wo man der Freundin Teddybären und Rosen schießen kann, nur dass hier kein Gewinn außer der Lust am Knall heraussprang. Reinhold sah aufs Wasser. Gelegentlich tauchte ein Kriegsschiff aus dem Dunst, gewann Kontur und Aufbauten, hielt auf der Reede an, aus dem Kriegshafen rauschte mit beträchtlicher Bugwelle ein Pilotboot heraus, machte neben dem Schiff fest, der Pilot ging an Bord und bugsierte das graue, stählerne Ungetüm vorsichtig in den Hafen. Mersin diente als wichtiger Marinestützpunkt, und das umstrittene Zypern lag nur wenige Seemeilen vor der türkischen Küste.

Mersin

Ein griechischer Exporteur und ein armenischer Kapitän

Griechische Sommerfrische

Gehen wir in den März 1998 und zu noch früheren Besuchen. Reinhold streifte durch die Altstadt Mersins. Die alten Viertel hatte man bis auf geringe Reste abgerissen, die niedrigen Häuser, die engen Gassen ersetzt durch moderne Hotels und Banken, breite Straßen, eine Fußgängerzone und einen neuen weiten Platz an der Hauptmoschee. Mersin zeigte sich als reiche, prächtige Stadt. In einer Straße hinter der Strandpromenade suchte er das Ladenlokal seines Freundes Yanni. Er erinnerte sich: Gegenüber einem Juwelier war es ein einfacher, fast leerer Raum gewesen, in dem ein Tisch, ein Stuhl und ein Telefon standen, dazu ein winziges Hinterzimmerchen. Das Ladenfenster hatte Yanni weiß kalken lassen, damit niemand ihm bei seinem Tun zuschauen konnte. Auf der blinden Scheibe hatte er seinen Namen angebracht und jene Geschäftsbezeichnung, welche türkische Geschäftsleute über alles lieben, denn sie sagt alles und nichts aus und klingt zudem nach internationaler Bedeutung: IMPORT – EXPORT. Der Laden war verschwunden, dem Umbau des Stadtzentrums zum Opfer gefallen. Nicht einmal den Gebäudekomplex fand Reinhold wieder. Yannis Name und seine Nummer waren aus dem Telefonbuch gestrichen, die Adresse der Wohnung hatte er noch, aber an der Hautür des vielstöckigen Gebäudes sah er kein Namensschild.

Yanni hatte wegen seiner griechischen Herkunft Repressalien hinnehmen müssen. Vor vielen Jahren hatte er ein Esslokal betrieben; der Ruin folgte, als missgünstige Nachbarn das Gerücht ausstreuten, er verarbeite in seinen Gerichten Schweinefleisch. Die Gäste blieben schlagartig weg. Es lebten noch eine ganze Anzahl von Griechen in Mersin und Umgebung; sie kannten sich untereinander und hatten türkische Namen angenommen. An einem Sonntag nahm Yanni ihn in seinem klapprigen Auto mit in die Berge, in ein Dorf, in eine kleine und kühle Sommerfrische der griechischen Christen. Die Häuser waren in eine schattige Schlucht gebaut, Wasser fiel von den moosigen Felsen, den Dorfplatz beschatteten riesige Esskastanien. Unter den Bäumen hatte der Wirt des Ortes Bänke und Tische zusammengeschoben; Reihen von Männern und Frauen, eigentlich recht viele Frauen, saßen dort und schmausten stundenlang, ein fröhliches und lautes Stimmengewirr. Wie gegensätzlich waren doch diese Esser zu einer Tischgesellschaft von Türken, die zwar auch lange und mit Lust der Speise und dem Trank zusprachen, doch dabei eher einsilbig vorgingen. Die Frauen trugen auf. Obstsäfte, Coca Cola und Wasser für sich selbst, Wein und Raki für die Männer, dazu Dutzende Teller mit Vorspeisen aller Art, schließlich als Hauptgericht gegrillte Lammstücke, Leber, Nieren, Rippchen. Alles kam in Unmengen, war viel zu viel, war trefflich. Beschlossen wurde die Völlerei mit Trauben, Pfirsichen, Melonen und türkischem Kaffee. Gegen Ende der Mahlzeit stand ein stattlicher, schwerer, alter Mann vom Kopf der Tafel auf und verschwand in der Küche. Er bezahlte, so wollte es die gute Sitte, für alle, denn er war der Betuchteste. Die Gesellschaft verlief sich; Reinhold stand noch ein Weilchen unter einer Platane, und Yanni schwenkte den Arm über die steinigen Bergspitzen, über die kühlen Wälder und die flimmernde Hitze der Ebene um Mersin. Dort, im Dorf jenseits der Schlucht, hätten die Armenier ihre eigene Sommerfrische; auch sie waren alle mit türkischen Namen versehen, auch sie eine kleine, auf gegenseitige Hilfe angewiesene Gemeinde. Griechen und Armenier lebten, so versicherte er, in Eintracht, wenn auch nicht unter einer Decke. Die Eintracht wird durch die gemeinsame Feindschaft gegenüber den Türken gefestigt worden sein. Welch ein Gemeinschaftsleben führten Griechen und Armenier! Ungeduckt konnten sie nur im sonntäglichen Exil leben. Für einige Stunden, auf der kleinen Bergin-sel, tratschten sie in ihrer Muttersprache, sprachen sich mit ihren wahren Namen an. Der türkische Alltag, der moderne türkische Staat hingegen zwang sie zur Tarnkappe, zum Verstummen, zum Verleugnen, zum geduckten Gang. Solches rächt sich in der Zeit, und wenn es sich rächt, geht Schlimmes von beiden Sei-ten aus und auf beide Seiten zu. Toleranz gegenüber ethnischen Minderheiten im Lande, selbst nur eine wegsehende Duldung der andern, gehörte nicht zu den Tugenden der modernen Türkei. Die Sultane hatten es zu allermeist besser gemacht.

Ein Armenier beschläft Frauen und mordet Muslims, beides heiteren Gemüts

Yanni hatte seinen alten armenischen Freund Serkiz im Wagen zu dem Picknick mitgenommen. Der Mann zählte an die fünfundsechzig Jahre und war schon vom Alter gekrümmt, hager, ein zahnloser Mund in einem kastanienbraunen Gesicht, einen Zinken von Nase, der Ausweis der armenischen Reinblütigkeit. Kapitän sei er gewesen, erzählte er, ein Schiff habe er gesteuert, nicht über die sieben Weltmeere oder auch nur entlang der levantinischen Küste, nein, einen Leichter im Hafen von Iskenderun habe er kommandiert; im Hafen und am Hafen und um den Hafen herum sei er geschippert. Der Mann widerlegte in eigener Person den Satz, dass ein Seemann in jedem Hafen eine Braut habe, denn er, noch bis in die vorgerückten Jahre ein kraftvoller Schwerenöter, besaß er, sagte er, mehrere Frauen an verschiedenen Ecken dieses einen Hafens. Außerdem noch eine in jeder größeren Stadt der Türkei. Er hatte entweder ein unglaubliches Leben geführt oder war ein gottbegnadeter Lügner. Möglich war beides in einem. Serkiz wandte sich an Reinhold: »Wie lange bleibst du in Mersin? Ist es mehr als ein Blitzbesuch, kann ich dir eine Frau besorgen. Du kannst auch eine aus meinem Harem haben. Ich muss für einige Zeit verreisen, und du würdest mir einen Gefallen tun, wenn du mehrere Nummern für mich schiebst.« Seinen lachenden Freund Yanni beschimpfte er als Rum, als Griechen, also einen Abschaum der Menschheit, und würden die Armenier jemals Griechenland besetzen, so würden sie mit Gewalt die Einwohner zum armenischen Christentum bekehren. Der Armenier, eine Fundgrube unflätiger Frauengeschichten, erzählte, bis den Griechen am Tisch der Bauch bebte – Unflätiges natürlich.

Serkiz macht in Samsun die Bekanntschaft einer Witwe, die im Handelskontor einer Reederei arbeitet. Er dient ihr als Laufbursche und nach Geschäftsschluss bleiben sie im Büro und schlafen miteinander. Plötzlich sieht er einen Mann vor dem Haus im Schatten warten und bekommt Angst, denn die Lazen am Schwarzen Meer spaßen nicht bei außerehelichem Geschlechtsverkehr. Er deutet auf den riesigen Mann: »Ist der einer von deinen Verwandten?« »Nein«, antwortet sie, »das ist ein Standbild Atatürks.« Serkiz erklärt seine Vorliebe für den Beischlaf mit älteren Frauen. Ganz ernsthaft führt er aus: »Ich bin ein guter Christ, und weil alte Frauen nicht genügend gebumst werden, tue ich an ihnen eine gute Tat, die mir einen Platz im Himmel einbringen wird.« Was sollte Reinhold, der sich in den feineren Distinktionen der Moraltheologie nicht auskennt, darauf entgegnen? Vielleicht mit dem Spruch des Mönchs Jean in Rabelais' *Gargantua*: »Ein guter Tischler bohrt alle Bohlen.«

Eine der weiteren Geschichten des Armeniers entsetzte ihn gerade deshalb, weil ihre Wahrheit so handgreiflich nahe schien und doch nach einer Erfindung klang. Der Alte, ein glühender Patriot, erzählte, er habe in seiner Jugend während des Freitagsgebets einen Brandsatz in eine vollbesetzte Moschee bei Iskenderun geworfen, viele Tote, noch mehr Verletzte habe es gegeben. So plauderte er lächelnd bei einem kalten Bier, während er an Pistazien, Oliven und Schafskäse knabberte, versonnen, als ginge es um den Streich eines dummen Jungen oder ein Kindermärchen, in dem grausliches Tun und idyllische Mahlzeit gelegentlich nebeneinander liegen. Später wollte Reinhold sich vorstellen, der Armenier habe eben auch nur kindlich-spielerisch erzählt. Es gelang nicht recht.

Maikäfer und Kümmeltürken

Er selbst hatte viele Kinderreime seiner kleinen Tochter Corinna vorgelesen, fast alle aus der wunderbaren Sammlung *Allerleirauh*, herausgegeben von Hans Magnus Enzensberger. Daher sagte er sich, in einer Art Teufelsaustreibung der armenischen Geschichte, einen Kinderreim auf, in dem der Maikäfer Türkenmännchen gerufen wird:

Maikäfer flieg!
Dein Vater ist im Krieg,
dein' Mutter ist in Pommerland,
Pommerland ist abgebrannt,
Maikäfer flieg!

Der historische Hintergrund wird der Dreißigjährige Krieg sein, in dem schwedische Soldaten Pommern brandschatzten. Im weiteren Lied will das Türkenmännchen aber nicht wegfliegen. Und so geschehen die Dinge, wie sie geschehen müssen, und sie wenden sich selten zum Guten:

Türkenmännchen, flieg hinweg!
Die Weiber mit den Stangen
Wollen dich empfangen.
Die Männer mit den Spießen
Wollen dich erschießen.
Flieg hoch in den Himmel,
bring 'nen Sack voll Kümmel.

Zumindest endet dieser Kinderreim auf einer friedlichen Note. Im 18. Jahrhundert hießen keineswegs die Türken Kümmeltürken, sondern die deutschen Studenten an der Universität Halle, welche in den Ferien von dem Kümmel, der bei Halle angebaut wurde, Samen nach Hause brachten und so ihre Finanzen aufbesserten.

Mersin

Banken und ihr Spiel auf Zeit

Reinhold zieht seinen mannigfachen Umgang mit türkischen Geldinstituten in einer beispielhaften Darstellung zusammen. Es macht durchaus nichts, dass er die Einzelheiten verschiedenen Jahrzehnten und unterschiedlichen Instituten entlehnt. Wie es 1975 in Manisa zuging, so ging es nicht sehr viel anders in Mersin im Jahre 1999 zu. In einer türkischen Bank waren Plätze und Positionen ins Auge fallend verteilt. An den Schaltern saßen fast nur junge Frauen, an der Kasse ein Mann. Der Gebieter über die Bank war immer ein Mann. Der Geringste unter seinen Brüdern und Schwestern, welcher allein die Aufgabe hatte, den ganzen Tag volle Teegläser auf die Schreibtische zu stellen und leere abzuräumen, war auch ein Mann. Zwischenträger, welche Geldbeträge, Schecks und Formulare von Tisch zu Tisch brachten, konnten beiderlei Geschlechts sein. Sodann die Platzierung. Sie glich der Schlachtaufstellung einer römischen Armee. Wie dort waren hier drei Reihen zu unterscheiden. Die vorderste Linie an den Schaltern, wo das Scharmützel begann, das heißt, nur parliert wurde, war von leichten Truppen, den Frauen, besetzt. Die mittlere Reihe wurde von einer gemischten Truppe gehalten, welche Papiere prüfte, aber nicht über ihre Gültigkeit entschied. In der dritten Reihe, im Hintergrund, hockten an größeren Schreibtischen die ergrauten und erfahrenen Kämpfer; sie trugen bei jeder Hitze Jackett und Krawatte. Der Oberkommandierende hatte zwar keinen Feldherrnhügel aber ein durchaus passendes Gegenstück. In vielen hundert Banken saß der Direktor seitwärts in einem Glashäuschen. Er sah die Seinen und die Seinen sahen ihn. In dem Glaskasten hatte er fünf bis sechs Bilder und Büsten Atatürks um sich versammelt, einen übergroßen Schreibtisch, einen übergroßen Aschenbecher, denn ein Rauchverbot galt selbstredend nicht für ihn, zwei Telefone, dazu in den letzten Jahren ein Mobiltelefon und eine Sitzgruppe aus Lederimitat.

Sobald Reinhold in stockendem Türkisch sein Anliegen vortrug, er wolle einen Euroscheck oder Bargeld einlösen, begann der Kampf. Es ging nicht um Sieg oder Niederlage, sondern darum, die Entscheidung möglichst lange hinauszuschieben, Zeit zu gewinnen. Die junge Frau hinter dem Schalter lächelte, sie war höflich, zuvorkommend, sprach ein wenig Englisch oder Deutsch. Sie forderte dem Ausländer Reisepass, Banknoten oder Scheckkarte und Scheck ab, damit erlosch ihre Verantwortung. Die Papiere wurden von einem Zwischenträger zur mittleren Schlachtreihe gebracht und dort umgedreht, studiert und zunächst einmal festgehalten. An die Front zurück kamen Formulare, dreifach auszufüllende. Türkische Banken waren neugierig, selbst wenn es nur um fünfzig Mark ging. Sie wollten wissen, woher der Fremde überhaupt und am vorigen Tag angereist war, wo er im Heimatland und vor Ort wohnte; sie erfragten sein Hotel, dessen Adresse und Telefonnummer. Sie wollten seinen Beruf kennen lernen, das Geburtsdatum und vor allem den Vatersnamen. Letzteren vermochte er am leichtesten zu nennen. »Hans« würde sein Vater stets heißen, der wahre Name lautete zwar Christian, aber Hans hieß im türkischen Volksmund nun einmal jeder gute und nicht so gute Deutsche: Hans passte. Die ausgefüllten Formulare gingen in die zweite Kampfesreihe zurück, wurden erneut geprüft und von einem Zwischenträger zur Xeroxmaschine getragen und kopiert. Sodann wurde das ganze Bündel vor einen der ergrauten Krieger gelegt, welcher den Pass ernsthaft betrachtete; sei es, dass ihm das Konterfei missfiel, sei es, dass er die Möglichkeit eines echten ausländischen Passes überhaupt bezweifelte. Schließlich beglaubigte er, weiterhin ziemlich beunruhigt, die Papiere mit schwungvoller Unterschrift, denn auf den islamischen St. Nimmerleinstag konnte er den Ausländer leider nicht festhalten. Alles ging zum Kassierer, der nochmals argwöhnisch den Euroscheck oder die fremdländischen Banknoten musterte, die türkischen Millionen dreimal zählte und dann aushändigte. Die junge Frau am Schalter wünschte charmant lächelnd einen schönen Tag. Dies war ein günstiger Ablauf.

Ebenso gut war es möglich, einen großen Teil des Aufenthalts in der Türkei vor einem Bankschalter zu verbringen. In Mersin führte im Mai 1999 die Iş Bankası ein ausnehmend gelungenes Bravourstück ihrer Verzögerungstaktik vor. Lang und schmal war die Bankhalle; er ging durch eine Drehtür an dem pistolenbewaffneten Wächter vorbei und sah rechter Hand eine Reihe von Schaltern. Die Kunden zogen, sobald sie in der Bank waren, an einer kleinen Maschine ein Stückchen Papier, auf dem fortlaufende Nummern aufgedruckt waren. Über den Schaltern blinkten diese Nummern grün auf, das Publikum saß entlang der linken Seite und wartete auf einen Aufruf. Er zog Nummer 93 und ließ sich, da alle Nummern in den Siebzigern blinkten, auf einen Stuhl fallen. Die Kunden wurden unterschiedlich abgefertigt. Mütterchen vom Dorf, in Schleier und schwarzen Röcken, junge Bauersfrauen, hochschwanger, ein Kind an der Brust, zwei kleine im Schlepptau, schlurften in die Halle, traten an den nächsten Schalter und brachten ihr Anliegen vor. Unwirsch wurden sie zurückgestoßen. Eine hochhackige, kurzberockte Bankangestellte erbarmte sich ihrer endlich aus weiblicher Solidarität und zeigte ihnen, wie sie ihre Marke ziehen sollten. Verwirrt und zugleich beruhigt aufseufzend nahmen die Frauen vom Lande Platz. Warten hatten sie gelernt, Warten kannten sie aus ihrem ganzen Leben. Junge Männer, schwarze Hose, weißes Hemd, eilten an die Schalter, ohne sich um die Nummern zu kümmern, begrüßten ihr Gegenüber herzlich, tauschten ein paar Neuigkeiten aus, schoben Bündel von Papieren über den Schalter, nahmen andere in Empfang und eilten federnden Schritts wieder aus der Bank.

Als Nummer 92 angezeigt wurde, stand er unruhig auf und spähte nach dem Schalter über dem seine Nummer als nächste aufblinken würde. Richtig, die 93 erschien geradenwegs vor ihm. Er erklärte einer freundlichen jungen Frau, dass er einen Euroscheck einzulösen wünsche, händigte ihr Scheck, Karte und Reisepass aus, wartete, bis die Dokumente aus der mittleren Reihe zurückkamen, und gab bereitwillig Auskunft über Vatersnamen und diverse Adressen. Ihm wurde beschieden, doch wieder Platz zu nehmen, ein schlechtes Omen. Seine Papiere wanderten von Tisch zu Tisch und landeten bei einem Kämpen der letzten Reihe. Der Mann sah kurz hoch, erblickte einen Ausländer und fuhr in seinem Telefonat fort. Nun gut, solches darf gelegentlich sein, aber dann stand er auf und verschwand für zehn Minuten aus dem Raum, kam zurück, setzte sich, sah erneut hoch, wählte seine Frau oder Geliebte an und vertiefte sich in ein neues, minutenlanges Telefonat, nicht ohne den gelegentlichen Augenaufschlag in Richtung des lästigen Kunden. Das mit der schamlosen Nichtachtung des Ausländers mochte nicht einmal stimmen; der Mann fühlte sich Landsleuten, den schlichten und daher unwichtigen, gegenüber ebenso als hohes Tier und behandelte sie nicht wie Kunden, sondern wie Bittsteller. Nummer 93 blinkte immer noch über Reinholds Schalter, an den andern Schaltern kletterten die Zahlen auf 120, 130. Warum ging es bei ihm nicht weiter? Das Blut schoss ihm in den Kopf. Eine winzige Handgranate, eine auf einen einzigen Bankmanager ausgelegte Sprengladung, hätte er liebend gern in die dritte Reihe gelupft. Die junge Dame hinter dem Schalter blickte ihn bedauernd lächelnd an. Er erhielt sein Geld nach siebenunddreißig Minuten; das Freitagsgebet fiel oft kürzer aus.

Von anderen zeitschluckenden Variationen führt er nur zwei an. Zum einen heißt ein Schildchen an der Eingangstür der Bank, welches das Logo der Mastercard oder des Euroschecks trägt, durchaus nicht, dass dort solche Plastikdinger akzeptiert werden. Die Schildchen sind bunt und fröhlich und geben dem Eingang ein internationales Flair etwa wie die Aufkleber von Reisegesellschaften an einer Hoteltür oder auf einem in der Welt umhergekommenen Koffer; sie sind also zuallererst pure Dekoration. Nach einigem, mitunter langem Warten wird dem Kunden am Schalter beschieden, das Schildchen gelte nicht für diese Filiale, sondern nur für die Hauptstelle in einem entfernten Stadtteil oder überhaupt nicht für diese Bank. Er möge sich zur Zentrale oder zur Konkurrenz begeben. Die zweite Variation ist im Grunde eine gastfreundliche, Zeit kostet sie gleichwohl. In Orten, welche den Touristen nur wenig kennen, wo also

Marsmenschen weniger oft vom Himmel fallen, möchte der Bankdirektor den Außerirdischen kennenlernen. Dieser wird in den Glaskasten geladen; es gilt, ein bis drei Gläser Tee zu schlürfen, Auskunft über sich und sein Reiseziel zu geben, ein wenig über die Türkei zu parlieren. Wortarm ist die Konversation auch deshalb, weil der Allgebieter über die Lira zwar fließend Türkisch, aber nur dieses spricht. Er ist höflich und zuvorkommend, des Außerirdischen türkische Sprachbrocken müssen aushelfen und werden über den grünen Klee gelobt. In den gleichen Jahren, und schon in früheren, ging Reinhold, wenn möglich, zu einer der Wechselstuben vor dem Großen Bazar in Istanbul, übergab die Valuta, nahm die Lira in Empfang und zog, mit einem Vielen Dank und Guten Tag verabschiedet, davon. Der Wechselkurs war stets besser als in den Banken.

Mersin

Grazien und Siebenschläfer

Ein eiskalter Fluss

Über die Nachtfahrt mit dem Bus von Ankara nach Mersin im Frühjahr 1981 gibt Reinhold keinerlei Auskunft, außer dass fast die ganze Zeit Arabesk Musik aus dem Radio plärrte. In Mersin wanderte er mit seinem Gepäck zu dem Laden seines Freundes Yanni, der ihn sogleich mit dem Wagen in seine Wohnung fuhr, wo Reinhold, auf eine Liege auf der Dachterrasse gebettet, sich von dem Tag und der Nacht der Busreise erholen sollte. Yanni war sehr beschäftigt, Anrufe, Anrufe, Anrufe. Ein Teppichhändler kam, offensichtlich auf einen solchen Anruf hin, und zeigte vier kleine Kelime vor, die er dem örtlichen Museum angeboten haben wollte. Es waren mottenzerfressene Ruinen. Am folgenden Vormittag fuhren die beiden hinaus nach Narlıkuyu, wo sie baden und Fisch essen wollten. Ein kleines Badehaus, das Bad der Jungfrauen genannt, war am Rand des Dorfes über ein Mosaik des späten 4. Jahrhunderts n. Chr. gebaut worden, welches die drei Grazien darstellte. Die Mädchen hießen Euphrosyne, Aglaia und Thalia und sie personifizierten in gleicher Reihenfolge Schönheit, Sanftheit und Freundschaft. Umgeben waren sie von Tauben, den Begleiterinnen der Aphrodite, und Rebhühnern. Der römische Dichter Statius soll den Rebhühnern die Gabe der menschlichen Rede zugesprochen haben; so recht glaubwürdig ist er nicht. In der Nähe des Badehauses brach ein unterirdischer Fluss, der Cennet Deresi, aus den Felsen ins Meer. Yanni hatte den Freund nicht gewarnt: Als der sich ins Meer warf, hätte er es gleich am Nordpol tun können, schweinekalt war das Wasser, aber nur die oberste Schicht von, sagen wir, zwanzig Zentimetern, die sich wie ein eisiger Ring um seinen Hals schloss. Die starke Strömung drücke das Salzwasser des Meeres zurück, das erlaube, fügte Yanni hinzu, den Bauern, ihr Vieh an den Fluss zu treiben und saufen zu lassen. Sie soffen nur Süßwasser. Reinhold erinnert sich an einen alten deutschen Reisebericht, der von dem Fluss als »tatlü su«, Süßwasser, spricht. Die beiden aßen in einem der Restaurants zwei exzellente Fische, lokal »lahos« genannt. Das war 1981. 1995 schrieb der *Blue Guide Turkey* mit fast den gleichen Worten über das Mosaik als auch über den eisigen Fluss als Viehtränke. Die Fischlokale nannte er gut, wenn auch ziemlich teuer. Reinhold freute sich über jemanden mit gleichem Urteil. Nur den lagoz, wie er sich eigentlich schreibt, als grey mullet, eine graue Meeräsche, zu identifizieren, stimmte nicht: Der Fisch war ein Brauner Zackenbarsch und ist ein einheimischer Aristokrat. Sie fuhren nach Mersin zurück. Es gab weder Strom noch Wasser, beides war für 17:30 zugesagt, beides kam pünktlich. Den nächsten Morgen fuhren Yanni und Reinhold an den Ort, an dem das antike Pompeiopolis gelegen hatte; nur noch einige Säulen standen aufrecht. Die beiden Männer hatten Mühe, da ohne Anhang, in das Familienbad am Strand eingelassen zu werden. Yanni wurden von einem Händler in der Nähe Kelime gezeigt, aus Kula in der Westtürkei sollten sie sein, der Mann schwor Stein und Bein, es seien Museumsstücke. Auch Yanni musste sich also mit falschen Behauptungen herumschlagen.

Siebenschläfer und ihre außer Kurs geratenen Münzen

Gleichwohl, ganz ohne Gewinn für Reinholds ethnographische Sammlung ging der Besuch nicht ab. Er kaufte zwei Silberringe. Der eine, schlicht, ein großes Kreuz auf der Deckplatte, stammte sehr wahrscheinlich aus dem Mittelalter. Ein Kreuzfahrer mochte ihn vergessen haben, als er morgens ermüdet aus dem Bett stieg. Der andere, ein islamisches Stück, gehörte ins mittlere 19. Jahrhundert, und seine Legende stammte auf kuriose Weise aus der christlichen Mythologie. Sie erzählt von den Höhlenschläfern: Unter der Herrschaft des römischen Kaisers Decius (249-251 n. Chr.) wollten sich sieben christliche Jünglinge in einer Höhle bei Ephesos einmal ordentlich von der fortwährenden Verfolgung ausschlafen. Als sie erwachten, war die Zeit um zweihundert Jahre fortgerückt. Unter Kaiser Theodosius II. wurde 447 ihr Kleingeld für die Frühstücksbrötchen aber nicht mehr angenommen. Schon lange außer Kurs geratenes Geld kann freilich heiliges Tun bezeugen. Die einheimischen Christen und ihr Bischof bestaunten das Wunder der Langlebigkeit, welches nicht lange währte, denn die Jünglinge legten sich bald darauf erneut und zum ewigen Schlaf nieder. Ihre Namen waren Maximianus, Malchus, Martinianus, Constantinus, Dionysius, Johannes und Serapion. Das Ereignis erhielt später einen eigenen Feiertag, den 27. Juni. Die Geschichte geriet unter islamische Geschichten. Zu den arabisierten Namen der Jünglinge kam der Name ihres Hundes; die komplette Mannschaft hatte jemand auf die Deckplatte des Ringes graviert.

Die Insel Kızkalesi

Reinhold entkommt nur knapp dem Ertrinken

Nach einigen Nächten, die er auf dem Dach von Yannis Wohnung in Mersin verschlafen hatte, machte er sich auf zum Bus nach Silifke, der ihn in Kızkalesi absetzen sollte. Kızkalesi galt als der feinste Strand weit und breit. Der Busfahrer schlug alle Langsamkeitsrekorde: Er hielt nicht nur an jedem sprichwörtlich dicken Baum, sondern mit Vorliebe auch in Kurven. Er hielt auch, um mit Aussteigenden Informationen auszutauschen, die ihrer Länge nach auf den Gesundheitszustand eines jeden Bewohners ganzer Dörfer bezogen sein mussten. In Kızkalesi hatte Yanni bei einem Bekannten nachgefragt, ob er ein Zimmer in seiner Pension zu vermieten habe. So war es. Umsonst könne der Fremde es haben, am Ende würde ja wohl ein Gastgeschenk herausspringen. Das Dorf war seinerzeit klein und verwahrlost. An der Straße lag das Zimmer, gleich neben einem Lautsprecher; in dem Zimmer stapelten sich Ballen alter Teppiche und Kleiderhaufen, verdreckt war alles und alles stank. Nein, danke. Immerhin konnte Reinhold einen schlichten Bungalow am Strand mieten, einen hölzernen, die Stufen hinauf zu ihm waren aus Beton gegossen; der Balkon sah auf das Meer, die Insel Kızkalesi und ihre verfallene Burg hinaus. Er bezog den Bungalow. Der war leer, ohne Bettzeug, und die Toilette arbeitete nicht. Er nahm es mit türkischer Gelassenheit hin, sollte Allah sich doch um Kleinigkeiten kümmern. Nicht freilich um die Mücken. Gegen die würde er selbst kämpfen. Eine Apotheke hatte Autan im Fenster, eine Flasche und dazu noch Spray genügten fürs erste. Übel nach Autan riechend setzte er sich abends auf seinen Balkon, genoss die milden Farben der See, ließ das Auge auf der Insel Kızkalesi ruhen und schlürfte Raki ohne Eis. Ein Esslokal offerierte schon früh am nächsten Morgen Musik; der Strand war sauber, sandig und riesig lang, das Wasser warm und durchsichtig klar.

Sein guter Vorsatz war, jeden Tag zwei bis drei Stunden zu schwimmen, doch die Strahlen der Sonne brannten für seine empfindliche Haut viel zu heiß. ES GAB KEIN MENSCHLICHES WESEN, DAS (DIE) IHM SONNENÖL ZWISCHEN DIE SCHULTERBLÄTTER RIEB! Wie Siegfried hatte er eine ungeschützte Stelle am Leib! Eheu, die einsamen Helden! Die Lautsprecher des Restaurants versagten an diesem nächsten Tag, Allah sei Dank, nach fünf Minuten, Kindergeschrei störte Reinhold nicht. Abends aß er ganz vorzügliches Lamm und bestellte eine Flasche Rotwein mit dem ebenso kuriosen wie verdächtigen Etikett *Tausend und eine Nacht. Französisches Monopol. Gamay 1967.* Der Wein schmeckte intensiv nach verbrannten Pflaumen. Das Lokal hatte eine Band, die ihre Geräte stimmte. Dabei spielten sie gut, Trommeln, Saz, Geigen. Die Musik klang rhythmisch und schön. Im Restaurant blieb kaum einer sitzen, die Gäste wanderten auf den Strand, setzten sich im Halbkreis um die ebenfalls ins Freie kommenden Musiker und klatschten im Rhythmus mit. Hätten die Musiker nur nicht weit über zwei Uhr morgens hinaus gespielt! Am nächsten Morgen kam Mehmet, der Besitzer der Bruchbude, in der er umsonst hätte hausen können, an den Strand, nannte ihn andauernd Hodscha und zeigte ihm gestickte Tücher, hundert Jahre alt sollten sie sein; auf einen Widerspruch hin verringerte sich ihr Alter auf vierzig. Pflanzenfarben hatten sie auch nicht. Schließlich bot er eine kupferne Kanne an, deren breite arabischen Schriftzüge verrieten, dass sie aus Mardin oder Urfa stammte, wo sie in großer Zahl gefertigt werden. Reinholds bestimmter Hinweis, die Kanne sei neu, ließ ihn ruhig und er stimmte zu. Je öfter der Mann »garantiert echt« sagte, desto unglaubwürdiger wurde er.

Reinhold lernte am Strand den Ali kennen, einen jungen Textilingenieur aus Adana. Er wohnte mit seiner Frau, einer Gymnasiallehrerin, in einer Holzhütte. Die Schwester der Frau, zwanzig Jahre alt, sehr attaktiv, teilte mit dem Ehepaar eine Woche lang ein Zimmer. Ali kommandierte beide Frauen herum und stellte fest: »Women are the same the world over.« Im Ausland war er noch nie gewesen. Abends las Reinhold im *Penguin Book of Japanese Poetry*. Was ihn faszinierte, war die Tatsache, dass es sich für einen gebildeten Mann, und selbst für einen einfachen Soldaten in einer fernen Garnison, gehörte, zumindest technisch korrekte Verse (ein Haiku oder ein Tanka) aufs Reispapier zu werfen. Sein europäisches Empfinden fand freilich den Themenkreis beschränkt auf die stetige Melancholie eines Wintertages, eines Regens, des Herbstes, des Mondes, der Zikaden. Und hundertmal als Respons nassgeweinte Kimonoärmel. Seine Vorliebe für den wundervollen Basho hingegen wuchs.

Kızkalesi, das Mädchenschloß, nimmt seinen Namen von einem verbreiteten Märchenmotiv. Ein Wahrsager warnt den König, seine einzige und wunderschöne Tochter werde von einer giftigen Schlange gebissen werden und sterben. Der erschrockene Vater baut daraufhin auf einer Insel ein befestigtes Schloss und wähnt seine Tochter dort in Sicherheit. Vergebens. Ein Diener bringt dem Mädchen Obst, in seinem Korb hat sich eine Viper versteckt, das Mädchen greift in den Korb. Der Kölner sagt: »Dä!« Heißt in weniger fettem Hochdeutsch: »Ich habe es ja kommen sehen!«

Die Inselburg verführt den *Blue Guide* von 1995 zur Schwärmerei: Sich spiegelnd in den ruhigen Wassern des Hafens bei Sonnenuntergang schwebe sie fern und unwirklich zwischen Meer und Himmel. Ursprünglich verband ein Damm die Inselfeste mit einer Landfeste mit dem Ziel, die Stadt Korykos und ihren Hafen zu schützen. Eine armenische Inschrift auf der Insel bezeugt, dass die zwei Festungen im 12. Jahrhundert erbaut wurden, als Korykos Teil des kilikischen Armenien war. Der *Blue Guide* empfiehlt, die Besucher mögen sich zu der äußeren Burg auf Booten begeben, die vom westlichen Strand abgingen; die Überfahrt dauere zwanzig Minuten. Im Jahre 1981 gab es keine Boote. Reinhold, damals auf seine Schwimmkünste mit nicht geringem Recht stolz, beschloss, zu der Insel zu schwimmen. Hatte er doch früher schon im Mittelmeer Buchten durchschwommen, meist mit Hilfe von Schwimmflossen. Auch die Flossen hätten ihn nicht gerettet, als er bei Çanakkale in das braune Wasser der Dardanellen watete und im gleichen Moment von der Strömung von den Beinen gerissen wurde. Hätte er sich nicht, zu Tode erschrocken, am Ufergebüsch an Land gezogen, würde jetzt niemand von dieser Episode lesen. In Kızkalesi klang ihm zudem Lord Byron in den Ohren, der vom europäischen Ufer aus am 3. Mai 1810 die Dardanellen überschwamm und immer wieder mit seinem Erfolg prahlte, weil er den auf dem Weg zu seiner geliebten Hero ertrunkenen Leander übertroffen hatte und ihn selbst der Wassertod nicht ereilt hatte. Was Byron verschweigt, ist, dass zu seiner Sicherheit und Rettung ein bemannter Kahn neben ihm her fuhr. Von seinem verkrüppelten Fuß, der den Lord am Tanzen hinderte, jedoch Schwimmen zu einem Pläsier machte, lesen wir auch nichts. Er mokiert sich geradezu über den Schwimmer und seine unglückbringende Rückkehr: Leanders voreheliche Kräfte seien doch wohl bei seinem Besuch im asiatischen Paradies erschöpft worden.

Reinhold wählte für ein Konkurrenzunternehmen einen Tag, an dem selbst am Spätnachmittag das Meer nur gekräuselt war. Er schwamm langsam, aber stetig näher an sein Ziel. Dass der *Blue Guide* es dereinst fern und unwirklich nennen würde, konnte er nicht wissen. Zehn Meter vor dem Inselufer blickte er auf den Meeresboden. O Gott, Hunderte, Tausende giftige Seeigel versperrten die Landung! Nur nicht in Panik geraten! Also schwamm er das Ufer entlang, doch der bedrohliche Anblick blieb gleich. »Also«, sprach er zu sich selbst, »tritt Wasser, lege dich einige Minuten auf den Rücken, sammle Kraft und schwimme langsam zurück.« Jetzt erst spürte er, dass es mit dem Kräftesammeln nicht so weit her war. Er schwamm und schwamm und spürte, wie eine Strömung ihn von dem Sandstrand ab- und auf Felsen zu trieb. In der Nähe des Festlands war seine Energie am Ende; er keuchte, rang nach Luft und schluckte bitteres Wasser. Noch zwanzig Schwimmzüge! Er blickte auf felsigen Meeresboden. Auch hier Heerscharen von Seeigeln! Ihn packte eine doppelte Angst, einmal, einen Steinwurf vom Strand entfernt zu ertrinken, zweitens, in diese Heerscharen zu treten. Seltsam, die zweite Angst war die stärkere. Mit letzter, aber wirklich letzter Kraft schaffte er es, über sandigen Boden zu schwimmen und an Land zu kriechen. Er fiel wie ein nasser Sack auf den warmen Sand und blieb lange liegen. Die Angst war verflogen, doch Freude über seine

Rettung oder eine angebrachte Dankbarkeit gegenüber Gott fühlte er nicht. Er kroch in den Schatten, und ein wirrer Schlaf überkam ihn. Seit dem Tage ahnt er etwas von der Rettung des Odysseus, der nach einem Seesturm zwei Tage um sein Leben schwamm, zwar nicht fürchtete, von Seeigeln vergiftet, doch elend an Uferfelsen zerschmettert zu werden, und zu Tode erschöpft in ein Gebüsch kroch. Er selbst hat, einmal an Land, keinen vernünftigen Gedanken mehr gefasst, doch Odysseus, »reich an Erfindungen« nennt ihn Athena, musste weiter denken, vorsorgen, denn er fürchtete die Nachtkälte:

Alsbald häufte er sich ein Lager [...] denn es war von Blättern dort eine genugsam reiche Schütte [...] und ihm goss einen Schlaf auf die Augen Athene, dass er ihn aufs schnellste befreie von der mühsamen Ermattung, indem er ihm die Glieder rings umhüllte.

Übers.Wolfgang Schadewaldt

Was Wunder, dass der Mann zu den von Reinhold geliebten Gestalten, historischen wie erdichteten, gehört; vergleichen will er sich nicht mit ihm. Dem Ertrinken auf den letzten Schwimmzügen sind viele Schwimmer nahe gekommen, woran ihn Monika daheim erinnerte; wenige haben ihr Leben so zurückgewonnen.

Reinhold nahm es an den nächsten Tagen leicht: Er genoss ein schönes, langes Bad im Meer, einen fast leeren Strand und einen leichten Wind vom Meer, Abendessen und Trinken mit einem Berliner Studentenpärchen. Eigentlich waren sie keine echten Berliner, trotz ihrer Adaption des widerwärtigen Berliner Tonfalls. Der junge Mann (der Name war ihm entfallen) stammte aus dem Bergischen Land und studierte Bierbrauerei; Anita, die junge Frau, studierte ebenfalls, irgendwas. Sie schliefen in einem Zelt auf dem Strand und hatten beide wenig Geld. Weil Anita seit Tagen ein Brechreiz quälte, hatte er ihnen sein Apartment überlassen und war in die hölzerne Bude nebenan gezogen. Durch die dünnen Wände hörte er, wie Anita sich immer wieder übergab. Auch ihm war nicht wohl im Magen. Sie unterzogen sich allerdings einer Rosskur gegen Erbrechen. Auf dem Balkon seines neuen Apartments tranken die drei zusammen eine kleine Flasche Raki und jeder eine Flasche Bier, freilich von der uralten Sorte Tekel, dem schwachen und billigen Staatsbier. Daraufhin leerte das Pärchen noch eine große Flasche Raki und schlief sturzbetrunken ein, die Köpfe auf dem Tisch. An nächsten Morgen wusste Reinhold nicht, wie er selbst mit Hilfe seines in Kızkalesi überbeschäftigten Schutzengels in die eigene Bude gelangt war. Die junge Frau fühlte sich wie tot; der Bierbrauer jedoch trank sein Bier, erst langsam, dann schneller, um sich, wie er es ausdrückte, auf Standgas zu halten. Mittags war er auf Vollgas und erneut völlig abgefüllt. Reinhold sah den Studenten mit Staunen, mit einem Hauch Ehrerbietung, an. Selbst in seiner trinkfesten Jugend hätte er solche Großtaten nicht vollbracht.

Antakya

Säulenheilige, die Altstadt und eine biblische Heuschreckenplage

Anreisen von Adana nach Daphne, dem Ort antiker Orgien

»Adana«, urteilte der *Blaue Führer* 1968, »besitzt nur eine geringe Eigenart und Schönheit.« Nur zu recht hatte er in jenen Zeiten. Später, im Sommer 1999, war Adana eine aufsteigende, reiche Stadt geworden, mit sauberem Zentrum, Park, Hochhäusern und Prachtstraßen, teuren Boutiquen. Reinhold fuhr in jenem Jahr mit dem Dieseltriebwagen von Mersin nach Adana; der Zug war schnell, billig, überfüllt, nur mit Platzkarte zu benutzen. Auf dem Bahnhof erblickte er auf einem Abstellgleis die Wagen des Taurusexpress, der zwischen Aleppo und Ankara verkehrte. Schon in Istanbul hatte der Zug ihn an Agatha Christies *Murder in the Orient Express* erinnert. Hercule Poirot musste auch durch Adana gekommen sein, nicht ahnend, welcher Mord seiner Aufdeckung harren werde. Eine breite Autobahn führte um die riesig angeschwollene Stadt, und Durchreisende taten gut daran, auf ihr zu bleiben. Nicht nur entgingen sie so den mörderischen Manövern der Lastwagen auf der Landstraße, die Autobahngebühr war außerdem für ein europäisches Portemonnaie lächerlich gering. In den Sechzigerjahren war Reinhold auf einer unter dem römischen Kaiser Hadrian von dem Ingenieur Auxentius errichteten Brücke über den Seyhan, den antiken Saros, in die Altstadt gelangt, hatte sich im Gewirr der Straßen verirrt und war schließlich entnervt in einem der größeren Hotels abgestiegen, an denen es nie mangelte, denn Adana war früher eine reiche, wenn auch schmutzige und feucht-heiße Stadt, reich einst, weil die umgebende Çukurova-Ebene Schafe, Obst und Baumwolle hervorbrachte, reich nun wegen einer rasch aufschießenden Energie- und Leichtmetallindustrie.

Er erzählt in »Silvan oder die Reise ins Unvermutete« von einer noch viel früheren Busfahrt von Adana in den fernsten Osten der Türkei. In der Stadt hatte ein türkischer Bekannter ihn und seine Freundin Ella zu einer großen Hochzeit in einen Park mitgenommen; die beiden hatten zum ersten Mal Bauchtänzerinnen gesehen, die sich von den Gästen auf die Bühne geworfene Geldscheine auf die zitternden und schweißtriefenden Brüste und Bäuche klebten. Ein recht bedeutendes archäologisches Museum gab es in Adana, ausgestattet mit Direktor und stellvertretendem Direktor und zahlreichen Wächtern, die alle Allah einen lieben Mann sein ließen, mit Teeschlürfen die Stunden füllten und ergeben ihren Dienstschluss erwarteten. Reinhold schaute fasziniert in die Glaskabinen, in denen der Chef oder einer seiner Untergebenen saß und, das Glas Tee an der Seite, stundenlang in Zeitungen nachlas, wie weit weg hinten in Europa die Fußballklubs aufeinander schlugen. Allein das Museum möge der geneigte Leser sich merken, denn jetzt hat es sich schon mit Adana; es taucht überhaupt in dieser Geschichte nur auf, weil es auf dem Weg nach Antakya liegt, der einstigen hellenistischen Weltmetropole, dem Antiocheia am Orontes.

Auf der Fahrt nach Süden führt die Autostraße über sanft gewellte Hügel hinab in das Tal des Ceyhan. Am Ufer des Flusses liegt auf einem Felssporn die Schlangenburg, Yılan Kalesi, eine jener durch die Jahrhunderte heißumkämpften Burgen, deren Besitz zwischen Byzantinern, Armeniern, Mamelucken, Kreuzrittern und Türken hin und her ging. Christ betrog Muslim, Muslim Christ, Christ erschlug Christ, Muslim Muslim. Die Kreuzzüge erheitern den Zyniker. Den mittelalterlichen Namen der Festung kennen wir nicht, ein Schlangengigant soll dort gehaust haben, ein Magier und Herr über ein Schlangenheer. Den Tod fand er in Tarsos, wohin er gezogen war, um die Tochter des dortigen Königs zu rauben. »Geschah ihm recht«, murmelte Reinhold und nahm zugleich davon Abstand, den Felsrücken zur Burg hinaufzuklettern. Seine Ruinenlust war im Laufe der Jahre geschwunden. Die malerische Silhouette einer Ruine gegen den strahlenden Himmel abgezeichnet zu sehen, genügte ihm zumeist. Die leeren Innenhöfe waren ohnehin mit Taubenkot vollgeschissen. Die Straße näherte sich der Küste und ging durch Dörtyol, ein Nest voller Staub und Straßenlöcher, dessen Name, »Straßenkreuzung«, einen wenig strahlenden Klang hatte. In den umliegenden Feldern standen kümmerliche Reste einer römischen Wasserleitung, dazu andere schwer identifizierbare Ziegeltrümmer, vielleicht ein Stadion. Er wusste es nicht. Dennoch war dieses für ihn ein magischer Ort. Issos hieß er in der Antike, der jugendliche Alexander schlug im Jahre 333 dort den persischen Großkönig Dareios III. Kodomannos und eine gewaltige Übermacht. Als Dareios die Schlacht sich wenden sah, verlor er den Mut. Er warf sich auf seinen Streitwagen und floh. Auf dem berühmten Mosaik der Alexanderschlacht im Nationalmuseum von Neapel blickt er mit schreckgeweiteten Augen auf den von links heransprengenden Sieger. Sieger kommen, dies in völlig unsozialistischer Absicht bemerkt, in der antiken Kunst stets von links. Frauen und Kinder des Gegners fielen in die Hand des Makedonen, er gab sie dem Dareios unangetastet zurück. Der Weg in das Innere des Perserreiches stand Alexander offen, auch wenn er und seine Soldaten noch wochenlange Gewaltmärsche vor sich hatten. Da hatte es ein motorisierter Reinhold einfacher. Schnell kam er nach Iskenderun, einer Gründung des Büyük Iskender nach seinem großen Sieg bei Issos, nun eine saubere, moderne Stadt mit einem französisch anmutenden Flair (weil sie einst dem französischen Protektorat angehörte), das noch auf der Strandpromenade spürbar war. Schnell und steil stieg die Straße auf 1800 Meter zu dem Pass von Belen, die Luft ging kühl und erfrischend, Kiefernwälder drängten an die Straße, Wasser flossen von den Felsen. Von der Höhe, einst die Tore Syriens, Pylae Syriae, genannt, schweifte der Blick weit in die dunstflimmernde, gelb-grüne nordsyrische Ebene, dann ging es hinab in weit geschwungenen Kurven.

Kleine Notizen über Antakya und antike Mosaiken

Die Stadt Antakya hat ein mildes, angenehmes Klima; der Wind weht Kühlung vom nahen Meer in den Talkessel; gegen das Inland schützen die dicht hinter der Stadt hochragenden Gipfel des Silpios, über dessen schartige Kämme einst die Mauern und Türme der alten Akropolis und Zitadelle liefen. Das antike Antiocheia besaß, wie Manhattan, ein rechtwinkliges Straßennetz, so gerichtet, dass es den meisten Schatten und den besten Einfall für den Seewind bot. Auf dem Silpios thronte einst die berühmte Statue der Tyche von Antiocheia, einer Frau mit Mauerkrone im Haar. Sie verkörperte zugleich die Stadt und das Glück und den Reichtum des Gemeinwesens; der Fluss Orontes, in Gestalt eines schmächtigen Jünglings, schien sich zu ihren Füßen im Kraulstil zu üben. Heute trennte der gelbströmende Orontes den modernen Teil von der Altstadt, er durchfloss ein gewaltiges Betonbett und stank im Sommer wie eine Kloake. Das Umland war reich an Obstgärten und Wasserläufen, Lorbeerbäumen, Zypressen und Maulbeerbäumen. Bis vor wenigen Jahren galt die Ortschaft Harbye, eine knappe halbe Stunde vor der Stadt nach Syrien hin, als die kühlendste Idylle. Nun säumen Neubauten, Hotelbauten, Ferienwohnungen die Straße von Antakya bis nach Harbye. Staub und Autolärm quält die Leute, wo vorher Obstgärten sich erstreckten. In der Antike bewogen reiche Quellen und Wasserfälle die Wohlhabenden, ihre prunkvollen Villen in dieser Sommerfrische mit dem Namen »Daphne« zu errichten. Alexander der Große, berichtet der Redner Libanios, trank vom Quellwasser und es erinnerte ihn an die Milch seiner Mutter. Der Boden Antiochiens und Daphnes hat Überreste jenes alten Luxus freigegeben, eine Unzahl prächtiger Mosaiken, welche im Museum von Antakya versammelt sind und seinen Weltruhm ausmachen. Sie zeigen einen Orpheus, der die wilden Tiere verzaubert (ein Löwe und ein Panther hören ihm so gefesselt zu wie die Kleinen dem Reinhold, wenn er im Kindergarten Märchen erzählt), einen buckligen Zwerg, der den bösen Blick abwehren soll, und, in Daphne gefunden (wo sonst?), Apollon und Daphne. Wie in einem irdischen Paradies ließ es sich dort vor

Jahrhunderten leben; die Einwohner standen in dem Ruf, Luxus und Müßiggang zu pflegen; ja, in der späten Römerzeit waren daphnesche Sitten geradezu ein Synonym für beneidenswerte Orgien und Dekadenz.

Styliten und der Geruch der Heiligkeit

Weichheit der Natur und Weichheit der Kultur standen in schroffem Gegensatz zu der harten, düsteren Landschaft und Denkweise des benachbarten Nordsyrien. Jenes karge Land hatte Eiferer und Fanatiker, politische wie religiöse, hervorgebracht, kaum je seltsamere als im frühen Byzantinischen Reich die Styliten, die Säulenheiligen, Mönche, die ihren Körper dem Wetter preisgaben, indem sie jahrzehntelang im Freien auf einer niedrigen Säule standen. Sie nahmen die Qual schwerer Eisengewichte auf sich und priesen die Wunden und den Verfall des Gefängnisses Leib. Wundertätig waren die Besten unter ihnen; das Volk verehrte sie und pilgerte zu ihren Stätten. Eine Darstellung ist uns überliefert, auf der Laien eine Leiter hochsteigen, um dem Säulenheiligen Essen zu bringen. Selbst Patriarchen und Kaiser mussten sich von den Styliten die Leviten lesen lassen. Für Reinhold waren diese Leute, so Symeon der Jüngere und der heilige Daniel, seltsame Wesen geblieben, und er fragte sich, ob der Geruch ihrer wundenbedeckten Körper wirklich von Gott als zu seiner größeren Ehre zum Himmel aufsteigend empfunden wurde oder ob die Männer aus theologischer Überhebung Gottes Aufmerksamkeit schlechthin erzwingen wollten: »Ich stinke, also bin ich [heilig].« Den Nasen der olympischen Götter hätte ihr Duft nicht behagt. Vielleicht waren sie eher psychopathologisch zu verstehen? Solche gelegentlichen Überlegungen waren für ihn mit den Bergen rings um Antakya eng verknüpft, denn dort hatten Styliten sich angesiedelt. Vom älteren Symeon möchte er später nochmals erzählen.

Er erinnerte sich deutlich, wenn auch in der Lokalisierung nicht präzise, zu Ostern 1983 im weiteren Umfeld Daphnes zu den Ruinen der Begräbniskirche eines Styliten gefahren zu sein. Es mochte wohl auf dem Weg nach Samandağ die Stätte des jüngeren Symeon gewesen sein. Die frühen und berühmten Säulenheiligen bauten sich im fünften Jahrhundert jeder eine Säule, um auf ihr stehend mehrere Jahrzehnte lang den odor sanctitatis, den Geruch der Heiligkeit, auszuströmen. Kein Dach schützte den Mönch vor der sengenden Sonne, vor dem Sturz allein eine Plattform mit niedrigem Geländer; das ständige Stehen ließ seine Füße anschwellen, vereitern und schließlich bis auf die bloßen Knochen verfaulen: Eine Berufskrankheit der Säulenheiligen und gleichzeitig eine Berufsausstattung, denn um das eitrige Fleisch gewickelte Schnüre und Binden galten als die tatkräftigsten Wundermittel, die den Frommen gereicht werden konnten. Und was den odor sanctitatis anging, so muss er durchdringend gewesen sein, zumal die Säule ohne Toilette dastand. Die fromme Nase der Christen wird gewiss einen himmlischen Duft aus dem irdischen Unrat herausgeschnuppert haben.

Staubig und heiß war der Fahrweg gewesen. Das Denkmal des unbekannten Styliten lag irgendwo weit ab vom Schuss auf einem Hügel. Reinhold war säuerlich verdrossen, weil er sich mehrfach mit dem Wagen verfahren hatte, auch Lisa und ihre Mutter erheiterten ihn nicht, obgleich sie ihm, weiblich freundlich, keine Schuld an den Irrfahrten zuschoben. So brütete er, vor der glühenden Sonne in den Schatten der Ruine geflüchtet, über mögliche Lebensenden seines Styliten nach oder vielmehr der ganzen Clique. Sie säten nicht, sie ernteten nicht, und das Volk der umliegenden Dörfer ernährte sie doch. Was aber geschah, wenn einer aus der theologischen Mode geriet? Unversehens (und unversehens kam schnell bei den dogmatischen Buchstabenklaubereien der byzantinischen Theologen) in eine Irrlehre fiel? Wenn ihm bei Strafe kein Hirsebrot mehr gereicht werden durfte? War er dann langsam verhungert, oder hatte er sich nächtens aus dem Staub gemacht, nachdem er mit knackenden Kniegelenken seine Säulenleiter hinabgeklettert war? Was, wenn die Umgebung von einem feindlichen Heer verheert worden war und er, weit vom Schuss, weder bemerkte noch erfuhr, dass seine frommen Ernährer ins Gras gebissen hatten? Gab es eine angemessene Zeit, die ein Stylit als Professioneller einzuhalten verpflichtet war, bevor er an Hilfe dachte, um sie betete und endlich nach ihr schrie? Konnte es nicht geschehen, dass dem Heiligen, von Durst und Hunger übermannt, die Innenwelt mit der Außenwelt zusammenfiel, dergestalt, dass ihm das Rumpeln in seinen Eingeweiden wie das Rumpeln von hinter den Hügeln vorbeirollenden feindlichen Heereskarren vorkam; oder hatte er die Geräusche eines ihm verborgenen Barbarenzugs tatsächlich lauschend wahrgenommen und aus seinem Inneren kommende gedeutet? Was endlich, wenn weder die Frommen noch die Barbaren noch – ein letztes Entertainment – die erotischen Versuchungsbilder des Teufels kamen? Lebensüberdruss und darum ein tödlicher Kopfsprung von der Säule? Dreißig Jahre Venenstauung in den Beinen, theologisch gewertet völlig für die Katz? Solches bedachte ein dem Asketischen abholder Reinhold, trank getröstet mehrere Glas Cola und fuhr nach Harbye zurück.

Die Altstadt Antakyas

Die Altstadt Antakyas war die orientalischste und volkreichste der Türkei. An ihren Rändern sah Reinhold etwa zwischen 1967 und 1998 einige der ehemals prächtigen mehrstöckigen Holzhäuser der reichen Osmanen, doch in späteren Jahren verfallene Architektur, aufgerissene Straßen, ausströmendes Wasser, schwarzen Schlamm, Kanalisation als Sisyphusarbeit. In den Hauptstraßen gab es viel staubiges Volk, Kolonnen von Schuhputzern mit ihren Messingkästen, auf dem großen Platz ein Gewirr von Eseln, Pferdekarren, Lastwagen, Traktoren. Das eine oder andere Gefährt trug an der Seitenwand ein grellfarbiges Gemälde: Europäische Alpenlandschaften, schneeige Berge, Matten, Wasserfälle, Flüsse. Anrührend waren solche Bilder; sie erzählten unter der glühenden Sonne der Südosttürkei von einer Sehnsucht nach Kühle, Grün und Wasser im Überfluss. Im Inneren der Altstadt verlief sich die Menge; die Häuser duckten sich in ein Labyrinth von engen Gässchen, Durchgängen, verwinkelten Gebäuden; diese waren in satten wie pastosen Farben getüncht, nicht je und je eine ordentliche, einfarbige Hauswand, nein, Türen und Fensterrahmen waren abgesetzt von den Wänden, die Wände aufgelöst in ein Nebeneinander von Farbaufträgen, alten und frischen. Gelegentlich mochte die Tünche ausgegangen sein: Ockerbraun stand neben Arsengrün, Zitronengelb neben Kobaltblau und Ochsenblutrot: Matisse neben Macke. Winzige ummauerte Gärten allerorts, der Duft von Orangen, Zitronen und Lavendel, die Holzbalkone behängt mit trocknenden roten Pfefferschoten. In der Mitte hatten die alten Gässchen eine im Pflaster säuberlich ausgearbeitete Ablaufrinne. Verschleierte Frauengestalten sah Reinhold, Männer mit arabischen Kopftüchern – Araber und Syrer lebten in Antakya in ziemlicher Zahl. Sie, wie die Türken und Kurden, gingen im Großen und Ganzen ihren Glaubensbekenntnissen erfreulich friedlich nach, deren Namen, unsäuberlich von Reinhold gemischt, in die Jahrhunderte zurückdeuteten: Sunniten und Schiiten, Alewiten und Rotköpfe, Teufelsanbeter, nestorianische Christen, Chaldäer, Jakobiten, Juden und Griechisch-Orthodoxe. Einen kulturellen Schmelztiegel wie Antakya würde man sich gern an vielen Orten wünschen. Der Wunschtraum gedeiht jedoch immer seltener unter religiösen wie säkularen Fanatikern.

Bildchen

Drei Bildchen stehen Reinhold vor Augen. Hinter dem Torbogen der griechisch-orthodoxen Kirche öffneten sich die engen Gassen zu einem Plätzchen, einem kleinen Markt. Ein dicker Türke in brauner Joppe und schwarzen Pluderhosen feilschte in der prallen Sonne mit einer beleibten, in weiße Kopftücher gehüllten Frau. Der Mann hatte einen großen, braunen Hahn an den Beinen gepackt und ließ ihn von der rechten Faust baumeln. Der Kopf des Vogels hing ermattet herab, die dicklichen, gelben Augenlider geschlossen, die Flügel fielen ihm langsam, wie in Trance, offen, er schüttelte sich krampfhaft und schloss sie wieder und nochmals. Der Mann nahm den Vogel in die linke Faust und feilschte weiter.

Drei kleine Mädchen und zwei Jungen standen vor einer Mauer, den Rücken zur Gasse, selbstverloren, in äußerster Geistessammlung. Ein Junge warf sachte die Blechkappe einer Limonadenflasche gegen die Wand, sie prallte zurück und blieb liegen. Der zweite Junge tat Gleiches. Eines der Mädchen warf ganz behutsam ihren Blechverschluss und strich die übrigen ein; sie hatte das feinste Händchen: Ihre Kappe lag am nächsten an der Mauer. Mit Münzen – doch woher sollten die kleinen Antakyer solche besitzen? – war das Spiel auch zu spielen. »Deutsche Kinder kennen es auch,« sagt Monika.

Der Eingang eines Flohkinos war mit Plakattafeln ausgeschlagen. Zwei ältliche Männer in schwarzen Pluderhosen, der eine trug ein rotes Wollkäppchen, der andere eines aus weißem Garn, war also ein frommer Muslim, standen dort sinnend und reckten ihre Hälse zu den Standphotos im Eingang. Plakate und Bilder lockten zum Besuch schon am frühen Nachmittag. Drei Filme wurden ihnen versprochen, und die Abfolge der Filme war die kanonische. Ein Melodram aus der ländlichen Türkei gab es als erstes; Tränen liefen den Darstellern, Kindern wie Großeltern, über die Wangen wegen der tragischen Verstrickung des Elternpaares. Es folgte eine Räuberpistole aus den Bergen mit Cüneyt Arkın, dem alten Filmkämpen; Cüneyt schwang in jeder Hand ein Gewehr und übte sich in dem Kunststück, trotz eines Messers zwischen den Zähnen ein siegesgewisses Lachen zu lachen. Endlich ein erotischer Streifen mit der kurvenreichen Ahu Tuğba, der Mord und Totschlag im Luxusmilieu, insbesondere aber viel und gequältes weibliches Fleisch ankündigte.

Unnützes Zeug statt Schmuck

In der Altstadt suchte Reinhold nach Anzeichen, dass der Besitzer eines Ladens nebenbei mit Antiquitäten handelte, als da waren: In einer Ecke der Auslage eine Handvoll Münzen des 19. und 20. Jahrhunderts, ein oder zwei abgegriffene byzantinische Bronzemünzen, ein zerbrochenes Kreuzchen, ein silberner osmanischer Armreif. Solche Geschäfte, meist Juwelierläden, lagen für gewöhnlich im Bazar. Den Bazar fanden Lisa und er 1981 in Antakya nicht, wohl aber die traditionellen Gassen der Goldschmiede. Geradenwegs zu einem Juwelier zu gehen und nach altem Silberschmuck zu fragen, dazu ging ihm mit der Zeit zusehends der Mut aus; der Mann schickte sich an, zur Maus zu schrumpfen. Er strich also unschlüssig vor einem Ladenfenster voller Lockzeichen auf und ab. Dem Unschlüssigen musste Mut zugesprochen werden, was Lisa auch tat: »Wer nicht fragt, der nicht gewinnt.« Einmal im Laden stotterte er seine oft vorgebrachte Frage nach altem Schmuck hervor. Kein Glück, der Händler tat, als verstünde er ihn nicht, und so trat er wieder aus dem Geschäft, wischte sich vor der Tür den Schweiß von der Stirn und verfluchte seine elende Sammelleidenschaft, die ihn in derartige Unannehmlichkeiten stolpern ließ. Im Laden hatte ein zweiter Kunde an der Theke gelehnt und mit dem Goldschmied geplaudert, dieser folgte ihm nun auf die Straße. Ein Herr um die vierzig war es, trotz der Hitze in einen eleganten englischen Anzug gekleidet, glatt rasiert, braun, gepflegter Haarschnitt. Er habe mitgehört, hub er in fließendem Englisch an, wie Reinhold nach altem Schmuck gefragt habe, jener Juwelier handle auch damit, sei aber nur ein kleiner Fisch; zu seinem Glück sei er auf ihn gestoßen, den wahren Herrn und König über die Antiquitäten Antakyas; er bewahre in seinem Haus ganze Kästen voll mit Uhrketten, Fingerringen, Armreifen, Anhängern, Amuletten, Petschaften, Idolen, wenn sie ihm nur folgen wollten. Ganze Kästen voll: Händler hatten Reinhold solche Träume aus den Tausend und Einen Nächten schon oft vorgegaukelt, bei Licht besehen waren sie stets auf eine armselige Handvoll zerbrochener Stücke geschrumpft. Fast missmutig pflegte er die Enttäuschung bereits mit in den Traum hinein zu nehmen. Doch wer wusste es, vielleicht wurde er nur dieses eine Mal wahr, der Glücksrausch der Entdeckung. Das Angebot des Türken, in seinen Wagen zu steigen und mit ihm nach Hause zu fahren, war bedenklich, mochte gefährlich sein: Ein Unbekannter, eine unbekannte Gegend. Setzten die beiden Besucher sich unbedacht einer Beraubung aus?

Also halbierten sie das Risiko und fuhren im eigenen Wagen hinter dem alten, riesigen, chromblitzenden, roten Buick ihres neuen Freundes her. In einem Vorort hielt er gegenüber einem halbfertigen Rohbau, jener Lieblingsform der türkischen privaten Architektur. Bei diesem Haus bestanden Keller und Grundgeschoss aus nackten Betonpfeilern ohne Zwischenwände, während das bereits ausgebaute erste und zweite Stockwerk über eine frei durch die Luft führende Betontreppe zu erreichen waren, die an einem viereckigen Loch in der Decke endete. Mühsam kletterten sie in die Diele, gingen in ein mit Teppichen über und über belegtes Wohnzimmer, nahmen Platz. »Was darf ich Ihnen anbieten«?, fragte ihr neuer Freund. »Alles in meiner Wohnung ist verkäuflich, Teppiche, Kelime, Silberschmuck, Antiquitäten, meine alte Mutter.« Reinhold brannte darauf, die Kisten voller Schmuck zu sehen. Gemach, erst machte Timur Bey Lisa ein Geschenk, eine kleine silberne Hand der Fatma, hübsch anzusehen, nicht ohne Wert. Alsdann holte er eine Kiste unter dem Sofa hervor, stülpte sie auf einem großen Zinntablett um, und Reinhold sondierte die Stücke mit fliegenden Fingern. Übel erhaltene Stücke lagen da vor ihm ausgeschüttet, gutes Silber in zerbrochenen Teilen, dazwischen Mengen schlechten Silbers, dünn abgewetzte Kettchen, grün angelaufene Amulette, grob geschnittene Petschaften und Siegel, klobige Ringe aus Messing oder Kupfer, bar jeden Reizes, bar jeden Wertes. In Silvan (auf den Ausgang einer »Reise ins Unvermutete« verweist Reinhold) hatte er eine ähnlich bittere Enttäuschung erlitten, doch das war ein ärmliches Städtchen gewesen und der alte Verkäufer ein armer Schneider. Antakya hingegen war reich, Timur Lenk betucht. Warum dieser nicht viel mehr und besseren osmanischen Schmuck haben sollte, wo doch seine Quellen wahrscheinlich reichlich sprudelten, wollte ihm nicht in den Kopf. Hatte er ihn willentlich getäuscht? Aber warum das, wo ihm doch am Verkauf gelegen sein musste?

Gewiss, es mochte mit Antiquitäten nicht mehr so sein, wie Reinhold es aus einem Reisebericht des Jahres 1842 wusste. Damals zogen die Kinder nach einem Regenguss mit Handbesen durch die Gassen Antakyas, kehrten den Schlamm aus den Ablaufrinnen im Pflaster und lasen Kupfer- und Silbermünzen auf, die das Wasser von den Berghängen herabgespült hatte, oft auch antike Gemmen. Selbst in jenen Zeiten taten Antikenhändler besser daran, sich mit den Behörden gut zu stellen. Ein gewisser Haçı Ali, ebenso illiterat wie halunkig, kaufte von den kleinen Straßenkehrern einen antiken Smaragd mit einem siebenköpfigen Bild für einen lächerlich geringen Preis und suchte ihn für einen lächerlich überzogenen Preis an englische Seeoffiziere zu verhökern. Ein Kadi erfuhr davon, konfiszierte den Stein für den eigenen Besitz und ließ Ali zum Entgelt die Bastonade verabreichen – nicht eben Gerechtigkeit, doch ein kräftiger Anstoß, zwar weiterhin Touristen übers Ohr zu hauen, die Geldnot der Obrigkeit darüber aber nicht zu vergessen.

Mit Timur Lenk war ähnliches nicht zu bewerkstelligen. Ob ihn die Bastonade zu einem wahrheitsliebenden Manne gemacht hätte? Reinhold spielte einen kurzen Augenblick mit dem Gedanken an solche Besserungserziehung, kehrte aber schnell in die Gegenwart zurück. Er wollte, wie in Silvan, überhaupt nichts mehr von dem unnützen Zeug, dem ıvır zıvır kaufen. Wie dort bestand der nicht unbeträchtliche Gewinn in einer neuen Geschichte, die freilich noch ein Ende brauchte. Hier ist es: Lisa und Reinhold fuhren ins Hotel nach Daphne zurück. Am nächsten Abend tranken sie müde und ruhig ihren roten Villa Doluca in Ürgüp in Kappadokien; arg lang waren der Tag und die Fahrt gewesen.

Eine biblische Heuschreckenplage

Über der hastigen Abreise vergaß Reinhold zu erwähnen, was ihnen begegnete, als sie den alten Mercedes die türkische Grenze entlang fuhren. Die Straße nach Kahramanmaraş war völlig leer; zur Rechten weitete sich die dürre und baumlose nordsyrische Ebene. Plötzlich verdunkelte sich die Sonne, ein dröhnendes, brausendes Geräusch erfüllte die Luft und die achte der zehn Plagen Ägyptens brach über ihre Köpfe herein, ein ungeheurer Schwarm von Millionen und Abermillionen von Heuschrecken:

Auf Geheiß des HERRN hatte Moses seine Hand über Ägypten ausgestreckt und ein Ostwind hatte die Heuschrecken in das Land getragen, das sie mit Finsternis überzogen und sie fraßen alles Kraute des Landes und alle Baumfrüchte [...] Nichts Grünes blieb übrig an den Bäumen und vom Kraut des Feldes im ganzen Lande Ägypten. [...] bis endlich der HERR einen überaus starken Westwind wehen ließ, der trug die Heuschrecken fort und blies sie ins Schilfmeer. Nicht eine Heuschrecke blieb übrig im ganzen Lande Ägypten.

Saubere Arbeit. Das moderne Ungeziefer war gelblichbraun und so lang wie der kleine Finger. Die Tiere prallten auf die Fenster und das Dach des Wagens wie Hagelkörner und platzten; ihre grünlichen Eingeweide stanken ekelerregend. Dunkelheit fiel über die beiden von einem Augenblick zum andern; die Wagenscheiben waren dick verschmiert, die Heuschrecken krochen selbst unter die Motorhaube. Der Schwarm flog weiter, hinter seinem düsteren Zentrum hing ein durchsichtiger, an- und abschwellender Schleier. Dann lagen nur noch Zehntausende halbtote Heuschrecken auf der Straße.

Daphne

Das Hotel Hidro und der bunt leuchtende Mustafa Kemal

Am höchsten Punkt Daphnes fällt jäh und tief zur Rechten eine Schlucht ab, dicht bestanden mit Zypressen und Lorbeerbüschen, durchströmt von rauschenden und in Kaskaden fallenden Bächen, die aus einem mächtigen Wasserfall am oberen Ende der Schlucht gespeist werden, eine Wildnis, die sich in die Ebene verliert. Biegt man hingegen vor der Ortsmitte nach rechts ab, dann liegt das Hotel Hidro (Tel. 6, 16 Z.), frei übersetzt: »Das mit Wasserkraft«, einige hundert Schritte weiter an einer abfallenden Straße. Reinhold pflegte dort bei mehreren Besuchen zu wohnen. Das Hotel war nicht zu verkennen, denn als einziges hatte es einen Park, darin einen länglich rechteckigen Teich, an dessen hinterem Ende und betonierter Ausflussschleuse eine aus bunten Glühbirnen geformte meterhohe Silhouette eines massigen Männerkopfes montiert war. Mustafa Kemal leuchtete jeden Abend über die trüb-grüne, von Entengrütze bedeckte Wasserfläche. An der Stirnseite des Teiches, hinter einer Terrasse lag das Restaurant. Der Besuch der Anlage gehörte offensichtlich zu den abendlichen Freuden der wohlhabenden Familien Antakyas, welche, die Männer in dunklem Anzug, an reich gedeckten langen Tischen die wasserrauschende Kühle genossen. Ein mächtiger Bach schoss, durch einen Graben aus Beton geleitet, von den Wasserfällen herab durch das Gelände, kein zierlich murmelnder, sondern ein laut rauschender Wasserstrahl, der Feuchtigkeit und Abkühlung in die Luft warf. Zudem lockte die vorzügliche Küche, darunter kuriose Süßspeisen. Von einer wohlriechenden Speise aßen und schwärmten die Gäste, unter ihnen Lisa und ihre Mutter, während dem armen Reinhold wieder einmal Magen und Darm rebellierten: künefe, ein südtürkisches Pfannengericht aßen sie, Puffer aus feinen Nudeln, angerichtet mit Käse und Honig und in Butter gebraten.

Um die Osterzeit 1983 fuhren sie von Daphne nach Samandağ ans Meer zur Stätte des antiken Seleukeia in Pierien. Es war ein kalter, nieselnder Tag; als der Mercedes schließlich vor einem Lokal mit verbretterten Fenstern und Türen parkte, bot sich ein Anblick verlorener Melancholie: Die Buden und Läden der sommerlichen Saison noch geschlossen, von den Betonwänden der Häuser die Farbe abgeblättert, der düstere, graphitfarbene Sandstrand übersät mit Schwemmgut, Ästen, Hölzern, rostigen Dosen, Plastikflaschen. Graubrauner Schaum säumte das ölig-ruhige Wasser. Keine Seele war zu sehen; die Wächterhäuschen des türkischen Militärs standen leer; selbst die Telephonleitungen hingen von den Masten bis auf den Boden herab. Eine Szene aus Fellinis La Dolce Vita schob sich aus seiner Erinnerung über das türkische Bild: Das überdrüssige Morgengrauen am Strande von Ostia.

Im Jahr 1998 besuchten Monika und Reinhold erneut Harbye und stiegen im Hidro ab. Dem Hotel gegenüber erhob sich immer noch Mustafa Kemal, freilich nunmehr jeder seiner Glühbirnen beraubt, ein bloßes Drahtgeflecht. Im grünlichen Wasser des Teiches lagen Plastikflaschen, bunte Plastikbeutel, Unrat aller Art; Hunderte von Fröschen trieben auf dem Teich und quakten. Den Baumbestand der wilden Schlucht hatten die Einwohner schon tatkräftig und geschäftstüchtig dezimiert.

Die Gottheiten verlassen eine Waldschlucht

1995 spricht der *Blue Guide Turkey* noch von dem Hain der Zypressen und des Lorbeers als von einem Urwald, einer Wildnis so bezaubernd, stimmungsvoll und gotterfüllt wie in den Tagen der Seleukiden und Römer. Leider ist diese Magie und mit ihr die Wohnstatt von Göttern und Halbgöttern dahin. Möglich, dass in dieser Schlucht (statt auf dem Berg Ida) Paris seinen Urteilsspruch über die Schönheit der drei Göttinnen Hera, Athene und Aphrodite abgab. Von Daphne erzählt Reinhold einen Augenblick später. Er nimmt sich die Zeit zu einigen Bemerkungen über türkische Wälder im Vergleich zu deutschen, bei denen er auf die Wälder der Brüder Grimm zurückgreift. Selbst wenn der Wald von Daphne von Gottheiten strotzen würde, wäre er doch, antik gedacht, ein den Menschen eher freundlicher Ort. Ovid, eigentlich kein Waldliebhaber, lässt Jupiter in einem Wald, den keine Zeit berührt hat, das heißt einem Urwald, mit der Kallisto schäkern. Wenn ein Urwald einen Drachen beherbergt, so schnauft das Untier bei dem Gewimmel von Heroen nicht lange. In einer der Versionen des Gilgamesch-Epos steht die Stadt, die Stadtmauer, im Gegensatz zum offenen Land und vor allem zum Zedernwald, den der Stadtmensch Gilgamesch fällen will und dessen Herrscher, den Baumgott Humbaba, er tötet. Demgegenüber erfinden die Brüder Grimm im 19. Jahrhundert in ihren Märchen für ein bürgerliches, ein weitgehend städtisches Lesepublikum tiefe, dunkle Wälder, die mehr Unheil als Heil beherbergen. Anachronismen sind diese Wälder, Rückgriffe auf ein gesetzloses Land, in dem, historisch gesehen, noch viel zu roden und zu richten war. In den Märchen gibt es dort Hexen, Riesen, Räuber, Wölfe und Bären; Kinder, tun gut daran, derartige Orte zu meiden, ebenso (fast) heiratsfähige Mädchen, es sei denn, sie haben Glück und ziehen als großes Los einen verwandelbaren Bärenprinzen.

Und wie steht es mit der modernen Türkei? Große Wälder, dunkle Wälder gibt es kaum. Es gibt auch, soweit Reinhold weiß, im türkischen Volksglauben keine zauberhaften Wälder. Über die Jahrhunderte haben Vernachlässigung der Bestände, gewinnsüchtiger Raubbau und eine regenarme Natur solche Naturphänomene ausgerottet und nicht wieder aufkommen lassen. Gekümmert hat das lange Zeit niemanden. Seit langem aber haben einsichtige, zumeist private Türken zwar keine Märchenfiguren in den Bergen ausgewildert, jedoch überaus dankenswerte Stiftungen zur Wiederaufforstung ins Leben gerufen und kraftvoll unterstützt. Ein Türke kann sich Bäumchen kaufen und für ihre Pflege zahlen. Wenn Reinhold zum Flughafen Izmir fährt, sieht er links und rechts der Schnellstraße tausende, ja zehntausende junger Bäume. Diesen erfreulichen Anblick bieten viele ehemalige Kahlflächen im ganzen Land. Mag sein, in fünfhundert Jahren leben dort im Dickicht waschechte Untiere und in Höhlen fromme Einsiedler mancherlei Glaubens, während in tausend Jahren schon wieder verwunschene Bären auf ihre Prinzessinnen warten werden.

So weit war es in Daphne noch nicht. Eine Erdstraße führte ins Gelände, Teehäuser und Restaurants standen auf künstlich aufgeschütteten Plateaus: Wenn ein Gast ein Auto besaß, so war er nicht davon abzubringen, selbst den steilsten Hang hinabzufahren und seinen Augapfel mitten auf dem Weg zu parken. Dem Vergnügen der Sippen an ihren ausgebreiteten Mahlzeiten taten die Blechkolonnen keinen Abbruch. Freundlich und neugierig waren einige Familien, wenn die beiden Fremden vorbeikletterten; die Großmütter – nicht die Väter! – sprachen sie darauf an, aus welchem Land sie kämen, luden sie zum Tee ein und waren freudig erstaunt über Reinholds wenige und Monikas reichlichere türkische Brocken.

Lady into Laurel

Der antike Name Harbyes soll auf die Nymphe Daphne, die jungfräuliche Tochter des Flussgottes Peneus, zurückgehen, welche, vom liebeserhitzten Apollon gehetzt und sich verweigernd, im Augenblick vor der göttlichen Überwältigung zum Vater betet und von ihm in einen Lorbeerstrauch verwandelt wird. Seitdem trägt im Griechischen der Lorbeer ihren Namen. Nur einen Baum konnte Apollon umarmen, zwar fühlte der Gott im Stamm immer noch das Herz des Mädchens pochen, doch seine Leidenschaft erkaltete; er wand einen Zweig des Lorbeers um seine Leier und stiftete so eine Art Orden für siegreiche Feldherrn und Kulturschaffende. Reinhold hatte die Geschichte in Ovids geschmeidigen Versen gelesen und in der Villa Borghese in Rom eine der elegantesten Skulpturen Berninis bewundert, die den Moment der Metamorphose in marmorkühle Unbeweglichkeit bannt. Es gibt einen Führer durch das Mosaikenmuseum Antakya: *A Short Knowledge About Mosaics*. Seine Verfasser führen in so unangebrachtem wie unerschüttertem Vertrauen in ihr Englisch eine Version des Mythos an, welche der treuherzigen Moralität nicht entbehrt:

DAPHNE: It is a place eight km. from Antioch. An antique settlement place. Now, it is called Harbiye. While the nice daughter of Peleu, the nymph of Teselia river, walks in the forest, she meets Apollo. Apollo falls in love with her and follow her. Frightened Daphne runs away, but Apollo catches her. Just at that moment, the nice girl turns into a laurel.

Ob gegenwärtig nice girls, selbst in der ländlichen Türkei, männlich-göttlichem Zugriff doch nicht mehr als ein seufzendes »Ach!« und die geduldete Verwandlung in ein Küchengewürz entgegensetzen, wer will es sagen? Ein erster Besuch, viele Jahre vorher, war ruhig gewesen. Reinhold kletterte auf glitschigen Pfaden in der Schlucht einsam umher. Eines heißen Mittags ging er zum Rand des Abgrunds, brach einen Zweig von einem Lorbeerbusch, wickelte seinen Seidenschal um einen Stein und warf beides in die Tiefe. Der Schal gehörte zu den ältesten Luxusgegenständen in seinem Besitz. Anno 1953, als er in London studierte, hatte er ihn bei Lillywhites gekauft und den Preis vom Munde abgespart; als Inbegriff der Eleganz war sein blaugraues Paisleymuster dem armen Studenten erschienen. Mit dem Wurf wollte er der Nymphe des Ortes eine Opfergabe darbieten. Eine Geste, eine schöne Erinnerung an Ovid, Bernini und Lillywhites war dies; nicht dass er, weltlich und undeutlich empfindend, an die Gottheit glaubte. Ein kalter Luftzug strich aus dem Tal hoch, ihn fröstelte, die Vögel verstummten, aus den stark bewegt rauschenden Lorbeerbäumen erhob sich, drei Herzschläge lang, auf kräftigem Hals ein gewaltiges, marmorblasses Gesicht, jäh zurückgewandt, umrahmt von schweren Tressen, Augen und Mund vom Schrecken weit aufgerissen.

Ein Massaker an Lämmern und das Lob ihrer Hoden

Ein theologisch begründetes Schlachten

Das Bayramfest bringt eine veritable Bartholomäusnacht über die Schafsbevölkerung der Türkei. Hunderte Lastwagen karren Ladungen von Lämmern durch das Land; auf ihr Fell gesprühte rote, grüne, blaue Farbkleckse kennzeichnen, wessen Eigentum die zum Tode verdammten Opfer sind. Vor dem Fest stehen an den Straßenrändern die Lämmer zu Hunderten angepflockt in der Sonne, gottergeben und schweigend. Nach dem Fest grast nur hier und dort ein überlebendes Tier. Die übrigen sind ohne prophetische Warnung hingeschlachtet worden; ihre Leichname hat man in Hälften zerstückelt und in die Kühlhallen getragen. Die stinkenden Felle, dazu Läufe, Köpfe, Gedärme liegen in fliegenumschwirrten Haufen im blutigen Staub und in einer stechenden Hitze. So war es auch in Harbye, von wo aus Monika und Reinhold im Mai 1999 nach Mersin zurückreisen wollten.

Reinhold vermag das Schlachten wohlwollend zu betrachten. Ein Schaf soll ja nicht bis ins hohe Greisenalter leben, sondern fleißig Wolle und Milch geben, sich fortpflanzen und dann, wenn schon nicht freudig, so doch folgsam in die Küche wandern. »Immerhin«, erinnerte Monika ihren Freund, »tut dies Tier auch nützliche Dienste als Beistellschaf, wenn es, einem nervösen Pferd im Stall beigesellt, durch sein bloßes Dasein beruhigend und besänftigend wirkt.« Das Schaf ist nun einmal ein Sinnbild der Geduld, Wehrlosigkeit und Furchtsamkeit. »Ich sehe wohl, mein frommes Geschöpf, ich habe dich allzu wehrlos geschaffen«, spricht Zeus (in einer der Anfangslektionen des deutschen Griechischunterrichts). Das Schaf hat durch den Jahrtausende währenden Umgang mit dem Menschen jede Spur selbständiger Intelligenz verloren. Glücklich sind jene Lämmer zu preisen, welche die Götter jung sterben lassen; dann findet ihr kurzes Dasein auf Erden zu einem guten Ende. Auf ein Tier im Pferch mehr oder weniger kommt es ohnehin nicht an. Erst aus dem Leben geschieden, erst zerlegt in seine schmackhaften Teile, die Keulen, die Rippen, den Rücken, die Nieren, die Leber, trägt das Lamm zum Festmahl bei und bereitet den Menschen kulinarischen Genuss. Dem Essgenuss unterlegt Jean Anthèlme Brillat-Savarin einen theologischen Sinn. Über die Feinschmeckerei sagt er in der *Physiologie des Geschmackes* (1825):

Moralisch betrachtet bedeutet sie die unbedingte Hingabe an die Gebote Gottes, der, seit er uns essen hieß, um zu leben, uns durch den Appetit einlädt, durch den Geschmack erhält, durch das Vergnügen belohnt.

Dem können auch die braven Muslime in der Türkei zustimmen. Ganz so gottesfürchtig denkt Reinhold nicht über das Verhältnis von Nahrung und Verzehr; ehrlich gesagt, er denkt über das erbarmungswürdige Los der Lämmer überhaupt nicht nach, sondern sieht im Geist, während ihm das Wasser im Munde zusammenläuft, die stundenlang sanft geschmorte Keule, die in Rotwein flugs gedünsteten Nierchen, ja auch die in feine Scheiben geschnittenen, im Handumdrehen in Butter gebratenen und leicht gepfefferten und gesalzenen Lämmerhoden vor sich auf dem Teller liegen. Seine ungemeine Hochschätzung des Lammfleischs lässt ihn zu einer weltlichen Verharmlosung des Schlachtens, zu einer entschuldigenden Sentenz greifen. «Das Übel«, behauptet Georg Forster in den *Ansichten vom Niederrhein* (1790), »bleibt in den Schranken, die ihm die Unerheblichkeit des Individuums anweist.« Und wie groß ist die Erheblichkeit eines einzelnen Schafes? Der Zusammenhang liegt ein wenig fernab, zugegeben, auch äußert sich Forster nicht darüber, wie er zu Lammnierchen und Lammrücken, geschweige denn zu Lammhoden steht.

Lämmerhoden sind ihre Lorbeeren wert

»Hoden« ist ein Name, der dem Feinschmecker nur missfallen kann. Ältere Schriftsteller Englands kämpfen gegen den Aberglauben, dass ein Biber, um dem Jäger zu entkommen, seine Hoden oder Steine abbeißt. «Steine«! Welch trefflicher Name! Er bezeichnet die Sache viel genauer als die prüde nordamerikanische Rede von Austern, zu allem auch noch Rocky Mountain Oysters. Dutzende von Austern wurden dereinst in Pariser Chambres Separées geschluckt, um einer schwankenden Virilität aufzuhelfen. Der Glaube machte, hoffentlich, potent. Auch heute noch, hat Reinhold gelesen, verzehrt man in den Hügelgegenden der Britischen Inseln Hoden. Im späten Frühjahr, wenn die rechtmäßigen Besitzer durch Kastration der Steine beraubt werden, stellen sie ein jahreszeitliches Nahrungsmittel dar. Im Übrigen sei in der weiten Welt das Essvergnügen an Hoden unvermindert. Türkische Metzger brechen in ein so ungläubiges wie wohlwollendes Lachen aus, wenn der Ausländer Reinhold Hoden, welche bei ihnen unter dem Namen »Eier« oder manchmal auch »Steine« gehen, verlangt. Leider sind sie immer seltener zu haben, in Supermärkten schon gar nicht mehr.

Das Anatolische Hochland und die Stadt Erzurum

Die Leiden Lisas und Reinholds und mehr noch ihres Mercedes

Reinhold hatte Erzurum mehrmals besucht, als es nicht mehr einem sibirischen Verbannungsort und noch nicht einem Tummelplatz für Wintersportler und Mafiosi glich. Er erinnerte sich gut an die Reise im Sommer 1986. Sie ging vom Schwarzen Meer hoch nach Erzurum und weiter nach Kars. Mit Lisa war er im Wagen von Trabzon her den steilen Weg über die Pontischen Alpen gefahren, über Bayburt, auf von Schlaglöchern übersäten Straßen. Immer steiler stieg die Straße an, hinter stinkenden, brüllenden Lastwagen kroch der alte grüne Mercedes 200 Diesel stundenlang die Serpentinen hoch, das Kühlwasser wurde heiß, drohte zu kochen, der Motor zu platzen. Reinhold, hysterisch aus Angst vor einer Havarie in der Einöde der Osttürkei, stellte die Heizung auf volle Touren, der Ventilator sollte Kühlung bringen. Der Temperaturanzeiger stieg weiter. Er kurbelte die Fenster herunter, die sengend heiße Luft aus der Bodenheizung strich beiden über die Schuhe, ihre Füße brannten. Erst auf dem Scheitel des Kop Passes, in 2300 Metern Höhe, atmeten sie auf, hielten an und stiegen mit weichen Knien aus. Um eine windschiefe Bretterbude parkten Lastwagen, ihre Motorhauben gähnten in die kühlende Luft, Wasserdampf zischte leise aus überhitzten Kühlern. Die Fahrer, Zigaretten im Mundwinkel, vertraten sich die Füße. Zwei Männer packten Klumpen von roh zusammengeschlagenem Fleisch auf einen Bratrost, blassrotes Blut lief über dickes, gelbes Fett. In der Glut zischte das Fett, das Fleisch kohlte, fettige, schwarze Schwaden waberten von dem Holzkohlefeuer in den Himmel. Wollten sie der Gottheit des Passes opfern? Reinhold wollte ebenfalls opfern wegen der glücklichen Überquerung. War das nicht Lammfleisch, was die beiden Männer grillten? Er liebte Lammfleisch und nahm an, seinen Göttern sei es ebenfalls genehm. Er kaufte eine gewaltige Portion, das Fleisch war zäh, außen verbrannt, innen blutig, an ihm klebten noch Haare. Er riss wie ein Wolf an den Brocken, kaute verzweifelt, warf verdrossen das Fleisch fort. Bald hob sich ihm der Magen und er würgte die Brocken wieder heraus, er hatte frisches Ziegenfleisch verschlungen.

Ein Picknick am Araxes

Voraus fiel die Straße ab ins sommerlich kühle ostanatolische Hochland. Hinter Aşkale schwang die Landschaft in großen Talebenen wieder empor. Sie durchfuhren sanft gewelltes Land; die Straße lief über einen niedrigen Kamm und in das nächste, weite Becken. Die Berge standen schneeig am Horizont, trügerisch niedrig, da schon die Ebenen den Himmel zu berühren schienen. Einsam war die Landschaft; sie fuhren vorbei an unreguliert dahinströmenden Flüssen, die seicht, breit und glitzernd über ihr Felsbett flossen, vorbei an Dörfern, deren niedrige Häuser aus großen Steinen und Lehmverputz errichtet waren. Leitern führten auf die flachen Dächer, dort, oder neben dem Haus, hatten die Bauern runde braune Bündel meterhoch gestapelt, getrocknete Kuhfladen, das Brennmaterial für den Winter. Eiskalte Rinnsale, gespeist von der Schneeschmelze, liefen blaßgrün durch die Ortschaften; die Dorfstraßen waren menschenleer, zottige Hunde kläfften und sprangen den Wagen mit gefletschten Lefzen an; vor den Orten schimmerten Tümpel, ungezählte blaue, gelbe, weiße Sumpfblumen wuchsen in den nassen Wiesen. Gänse und Enten schnatterten, bewacht von kleinen Gänsehirtinnen, Mädchen mit langen Stecken: Grimms Märchen ins Türkische übertragen. Wie aus dem uralten Anatolien, wie aus der Morgenzeit des Landes, kamen ihnen hölzerne Karren entgegen. Sie rumpelten die Wege entlang, ihre Räder waren aus massiven Holzscheiben geschnitten, von einem Baumstamm wie von einer Riesenwurst abgesägt. Die Räder quietschten, die Kutscher dösten, die gelben Zugochsen trotteten in ihrem Joch. »Anadolu bülbül« – Anatolische Nachtigall, lautete der treffende Name des Gefährts. Entstanden im 4. Jahrtausend v. Chr., hatte ihm die Ausbreitung des Traktors bis ins hinterste Dorf fast schon den Garaus gemacht. Am Rande der Landstraße nach Kars, am Ufer des schnellströmenden Aras, des antiken Araxes, bereiteten sie ein Picknick. Den Nil, den Vater der Flüsse, hatte Reinhold noch nicht gesehen, doch wenn er in Ostanatolien dem Lauf des Araxes, des Euphrat, des Tigris nachblickte, schien es ihm einige Augenblicke, als möchten ihn die Ströme in die lehmigen frühen Kulturen an ihren Wassern zurücktragen, der Euphrat und Tigris gar in das irdische Paradies, dem sie entflossen. Sie bauten ihren Campingtisch auf, entfalteten die Aluminiumstühle, zündeten den Gaskocher an und brauten sich einen Nescafé. Dazu gab es siruptriefendes Gebäck. Eine menschenleere, braune und grüne Felslandschaft breitete sich vor ihnen aus, in den Karen lag Schnee, niedrige, bauchige Wolken zogen in rasender Flucht vom Schwarzen Meer nach Osten. Wenn die Sonne durchbrach, starrten sie in einen kalten, blauen Himmel. Schwarze Punkte kreisten hoch oben, Raubvögel. Ihre gellenden Schreie durchdrangen die Stille, Reinhold, der nichts davon verstand, erhob die Schreivögel zu Adlern. Stechendes Licht fiel auf die Erde, der Boden war übersät mit schwarz glitzernden Brocken. Er erinnerte sich, im türkischen Osten werde Jett abgebaut, schwarze, versteinerte Kohle. Die Türken verarbeiteten den weichen Stein zu Gebetsketten. Im vorigen Jahrhundert exportierten die Osmanen das Zeug nach Europa, England nahm große Mengen ab. Königin Viktoria hatte aus der Trauer um ihren Prinzgemahl Albert ein lebensabendfüllendes Hobby gemacht; sie zeigte sich jahrzehntelang in Schwarz, ihre Kleider waren schwarz, ihr Schmuck schwarz, die Untertanen machten die Mode mit; der türkische Jett kam da gerade recht. Diese Brocken hier jedoch waren aus Lava, wie zu Glas geronnener Lava, schwarzgrünem Obsidian. Er legte ein Stück Obsidian neben seinen Becher. Seine Kante war scharf und geschwungen; ein Neolithiker hätte daran durchaus eine Schabe- oder Rasierklinge gefunden. Hatten die Neolithiker, Männer wie Frauen, sich rasiert? Ein billiger Einfall. Reinhold wickelte die Klinge in ein Taschentuch und nahm sie mit nach Deutschland. Immer noch wissbegierig, zeigte er seinen Fund Jahre später Sabine. Die verstand von Ur- und Frühgeschichte bewundernswert viel, schüttelte ihr blondes Haar und lachte, »Das ist weder eine Blattspitze noch eine Klinge, schon gar nicht hat ein Homo sapiens sapiens die bogenförmige stumpfe Kante durch kleine hintereinandergesetzte Abschläge erzielt. Tut mir leid, kein Werkzeug.« Recht hatte sie, selbstredend hatte sie recht, aber er verweigerte ihr den Glauben. Das neolithische Werkzeug – dies sollte es bleiben – lag in seinem Arbeitszimmer; es berührte ihn als ein Andenken an die unerhört geschickten Hände eines entfernten Vorfahren. Vor handwerklich gut gemachten Gegenständen überflog ihn leichte Melancholie; ihm, dem Kopffüßler, ging die Fähigkeit ab, mit den Händen Schönes in die Welt zu setzen. In das Sammelsurium seiner Reisemitbringsel passte es ganz gut, wenn er aus dem anatolischen Hochland ein Ding, noch vor der Geschichte entstanden, mitbrachte, denn ansonsten prägte sich um Erzurum herum wenig Antikes in die Erinnerung, ein paar Grabhügel, einige byzantinische und seldschukische Brücken, die Ruinen einiger Kastelle. Was ihm nie aus der Erinnerung ging: das Licht, die Wolken, die Berge, die Weite, die Einsamkeit und Stille Ostanatoliens.

Bergforellen in Erzurum

Die Stadt Erzurum liegt, knapp unter 2000 Meter hoch, im hintersten Winkel einer Ebene. Als Reinhold und Lisa auf sie zufuhren, wuchsen die Doppeltürme der Çifte Minareli Medrese in die Luft. Am Rande der Stadt stießen sie auf ein staatliches Touristenbüro, ein dicklicher junger Mann begrüßte sie aufs freundlichste. Er sei Student der Germanistik, an der Universität Konstanz eingeschrieben, einen Namen der dortigen Professoren vermochte er nicht zu nennen. Warum auch? Sein Ratschlag war, im Güzelyurt Restoran zu speisen. Ein exzellenter Ratschlag. Die Spezialität des Lokals waren Bergforellen, nur handspannengroße, braune Forellen aus den nahen Felsbächen. Reinhold sah sich im fein gedeckten Speisesaal um, überall eilten Kellner zu den Tischen, in der Armbeuge mehrere Teller, bedeckt mit knusprig gebratenen kleinen Fischen. Wo immer es türkischen Männern schmeckte, den Honoratioren eines Ortes zumal, da ließ er sich gerne nieder. Sie bestellten pfeffrige Vorspeisen, Forellen und einen bitteren Salat von Brunnenkresse, dazu Weißwein, etwas Weißbrot. Er aß einen ganzen Teller Fischlein und sogleich noch eine zweite Portion, spülte die Forellen mit dem Wein hinunter und trank drei doppelte Rakis zum Ende des Abends. Er hätte Erzurum umarmen mögen. Die Zuneigung schlug zurück – wie der Fremde auf seinem Stuhl saß, weingerötet, übersatt, milde rülpsend, Türkisch radebrechend, die Teller auf dem Tisch gestapelt, die Gläser geleert, das fand den leicht ironischen Beifall der Einheimischen; sie nickten ihm zu, sie prosteten ihm zu. Lisa, gesittet, aß und trank sparsam, doch mit Genuss. Türkische Freunde erzählten ihnen später, das Lokal und seine Forellen seien in der Provinz berühmt.

Seldschukische Minarette

Erzurum besaß eine Reihe bedeutender Bauwerke aus der Seldschukenzeit. Reinhold hat die soziale Fürsorge der Seldschukenherrscher stets bewundert, ihren Bau von Hospitälern, Armenküchen, Schulen, Moscheen, Bädern, der prächtigen, festungsartigen Karawansereien auf den großen Straßen des Reichs, jeweils an die dreißig Kilometer voneinander entfernt, entsprechend dem Tagesmarsch einer Kamelkarawane. In der Stadt gehörte die Çifte Minareli Medrese, um 1250 von der Tochter des großen Sultans Alaeddin Keykubad erbaut, zu den schönsten Bauwerken. Ihre beiden Minarette waren in kläglichem Zustand. Die Türme standen schief und krumm, die Ziegel brachen an Stellen weg, wo sie in feinen Wülsten gemauert waren, der Mauerkern schien roh und blassrot durch das Schokoladenbraun der Ziegelhaut. Türkisblaue glasierte Fliesen liefen in einem Zickzackmuster an den Türmen hoch; viele waren bereits abgefallen. Gleichwohl atmete die Ruine imperiale Macht, vergeistigte Frömmigkeit und eine Schönheit, die auch dem Andersgläubigen imponierte. Eine Skulpturtafel an der Fassade zeigte einen Lebensbaum, zwei Löwen schritten auf ihn zu, über ihm erhob sich ein doppelköpfiger Adler, das vertraute Symbol kaiserlicher Macht. In der Nähe der Medrese fanden sich weitere seldschukische Bauwerke, die schlichte Große Moschee, ein paar zylindrische Grabmäler mit spitzem, kegelförmig gemauertem Dach. Reinhold und Lisa schlenderten in den verwahrlosten Gassen umher, in einer Bude erstanden sie zwei große, schlichte Kupferkannen, armenisch der Anpreisung nach; das Kupferhandwerk hatte in Erzurum eine große Tradition. Alte, braun und schwarz verhüllte Frauen holten Wasser von den Brunnen, Verkäufer boten von ihren Pferdewagen gewaltige Wassermelonen an; Unrat lag auf dem Pflaster, staubige, dürre Hühner scharrten, räudige Katzen schliefen in der Sonne, ein alltägliches Bild, so malerisch wie unhygienisch. Außerhalb der Altstadt bot Erzurum breite Alleen, moderne und schon abbröckelnde Verwaltungsgebäude, vor allem aber trostlose Langeweile. In den Sechzigerjahren lag das größte Bordell von allen Städten der Osttürkei in Erzurum, und das wollte etwas heißen. Die Reiseführer verkünden solchen Ruhm der Stadt nicht, doch er erklärt sich leicht, denn Erzurum war der Standort eines ganzen Armeekorpses, welches die nahe Grenze vor den Russen schützen sollte.

Russen in der Stadt

Bordelle finden sich in allen Orten, die eine Garnison beherbergen. Die Zahl der freudenspendenden Damen – Abertausende sollen es gewesen sein – maß sich an der Größe und dem Bedürfnis der Truppe und nicht der Stadt. Erzurum soll damals an die 90.000 Seelen gezählt haben. In den ersten Jahren war die neu gegründete Atatürk Universität ein dürftiges Institut. Man hatte für sie ein schäbiges Hotel mitten in der Stadt requiriert; eine bessere Herberge hätte sich auch nicht gefunden, weil das Hotel Örnek – das »Vorbild« (56 Zimmer, 40 mit Bad), gleichzeitig alleiniges Hotel am Platz war. Ihrem Ursprung nach war die Universität eine landwirtschaftliche, von der Universität von Nebraska betreute Hochschule. Gleiche Kälte und gleiche Schneemassen ließen im nördlichen Amerika und in der äußersten Türkei gleiche Nöte für Vieh und Landwirte aufkommen. Im Winter war die Stadt wochenlang durch den Schnee von dem Rest der Türkei abgeschnitten. Weder Bus noch Zug gelangten zu ihr, gewaltige Verwehungen sperrten den Flugplatz. Dass der Universität das Brot ausgegangen sei, weil niemand aus den Bäckereien es habe hintragen können, mochte Reinhold nicht glauben. Jahre später, so um 1986, war die Universität auf einen von hohem Stacheldraht eingezäunten Campus vor der Stadt verlegt worden; schwerbewaffnete Gendarmerie kontrollierte den Eingang. Nunmehr hatte Erzurum, auf über eine Viertelmillion Einwohner angeschwollen, eine ganze Reihe von Hotels und einen Winter- und Skitourismus, der sich dadurch auszeichnete, dass, gegen alle statistische Wahrscheinlichkeit häufig, die Pisten auf den umliegenden Bergen von Lawinen heimgesucht wurden, welche Skifahrer unter sich zu begraben pflegten. Erzurum war über die Jahrhunderte das Tor zum Kaukasus und nach Persien gewesen, zudem ein bedeutender Umschlagsplatz für den Handel. Kamelkarawanen, Tausende von Tieren stark, brachten dorthin ihre Waren. Aus Persien schleppten die Kamele den Timbaki heran, einen Tabak, edler als alles, was in der Türkei selbst wuchs, darum geschätzt, begehrt und hoch bezahlt von Kennern in Istanbul, deren wahrer Genuss der Wasserpfeife vom Timbaki abhing. Die Russen hatten 1829, von ihrem expansionistischen Imperialismus getrieben, Erzurum erobert und widerwillig an Mahmud II. zurückgeben müssen. Wegen der strategischen Bedeutung verstärkten die türkischen Sultane immer wieder die Befestigungen und die Garnison. Neun Forts lagen vor der Stadt, doch in ihr selbst gab es nur wenige Brunnen. Truppen und Bevölkerung hingen von zwei Wasserleitungen ab, beide waren leicht abzuschneiden. 1916 standen russische Truppen erneut in Erzurum; ein Jahr zuvor war das furchtbare Los der Deportation über die Armenier hereingebrochen. Von dem Hin und Her der Kämpfe sprach bei Reinholds und Lisas Besuch nicht mehr viel. Die Mauern der Festung waren verfallen, ein paar Soldaten hielten Wache, Liebespaare suchten auf den baumbestandenen Wällen ein wenig Abgeschiedenheit, während Halbwüchsige deren Vorhaben mit Geschrei und Gelächter zu stören trachteten. In den Neunzigerjahren sollten die Russen in Massen kommen – Prostituierte, Drogenhändler, Waffenschieber – nicht in einem militärischen Handstreich, sondern als Touristen verkleidet über das Schwarze Meer und über die Pässe.

Von Erzurum zur Schwarzmeerküste: »Das Meer, das Meer«!

Die Fahrt von Erzurum nach Hopa und - fast - nach Russland

Noch heute steht die Bergwelt Ostanatoliens klar, deutlich, groß vor Reinholds Augen. Ihr Anblick weitete die Seele und machte das Herz leicht. Alte, abgeschliffene Gesteinsmassen hoben ihre runden Rücken bis in die Wolken, sie glichen urzeitlichen Meerestieren, fischfressenden Sauriern, gigantischen Buckelwalen. Allerorten fielen Wasser aus den Schründen und Klüften, sammelten sich zu Bächen, rissen den roten Lehm mit sich und überströmten im Frühjahr als dünne, flache Blutrinnsale die Landstraßen. In dem flachen Land um Erzurum dehnten sich sumpfige, sattgrüne Wiesen, im Grün weiße und bunte Farbtupfen; Aberhunderte von Gänsen und Enten. Von der Straße zurückgesetzt, standen einstöckige Häuser am Hang, auf den ebenen Dächern und an den Hausmauern lagerten mannshohe Stapel von getrocknetem Viehmist. Nur ab und an trat eine Frauengestalt, verschleiert und scheu, hervor und verschwand sogleich, wenn Fremde sich näherten.

Von Erzurum zum Schwarzen Meer war Reinhold in den Achtzigerjahren mehrmals mit seinem alten Mercedes 300 D gefahren, einmal, im Frühjahr 1984, mit Lisa und David. In Erzurum schon überkam seine beiden Reisegefährten der Wunsch, einen Tag in Russland zu verbringen, wo man doch ohnehin an der türkisch-russischen Grenze dicht vorbeifahre. Reinhold war gegen einen Abstecher ins Reich des Bösen und verbarg seine Abneigung hinter wahren Gegengründen. Gewiss, ein Grenzübergang hinter Hopa sei auf der Landkarte eingezeichnet, der sei aber seit Jahrzehnten gesperrt; die ganze Gegend militärisches Sperrgebiet. Ein Konsulat fänden sie auch nicht; selbst mit einem in Deutschland oder Ankara eingeholten Visum bleibe der Plan eine von Wodka oder vielmehr Raki inspirierte Idee. Sein Protest verhallte. Einstimmig übertönte ihn das Duo: »Hab dich nicht so, schon wieder eine deiner Miesmachereien, denk endlich einmal positiv!« Reinhold, dem positiv zu denken nicht immer gegeben ist, schloss die Augen, trat im Geiste einen Schritt zurück und betrachtete seine Opponenten mit dem inneren Auge. David und Lisa bildeten zusammen eine anrührende Mischung aus Unkenntnis des Landes, Freundlichkeit, guter Laune, Optimismus und leicht entzündbarer Initiative. Ihm selbst ging, dachte er beschämt, die Initiative gelegentlich zu früh aus, denn er sah Hindernisse, wo noch keine standen. Die beiden brachten ihn auf Trab; er hätte sie im Grunde umarmen müssen. Nur, dieses Mal gingen sie ihm an die Nieren. Zu kindlich war ihr Ansinnen, Zeit würde es kosten und nichts, aber auch gar nichts, einbringen. Eine Majorität aus zwei Kindsköpfen, einem sehr liebenswerten und einem übermäßig geliebten, bildete allerdings auch eine Majorität. Sie lenkten folglich den Mercedes von Erzurum in Richtung Hopa, dem letzten größeren Ort vor der russischen Grenze an der Küste des Schwarzen Meeres. Würde Reinhold nur dem auf der Landkarte wandernden Finger nach erzählen, so kämen sie zwar auch nicht in einer Tagesreise und einem fortlaufenden Geschehen nach Hopa, aber er würde darauf verzichten müssen, aus den Kästen seiner Erinnerung einen Abstecher zum Ararat hervorzukramen, verzichten aber wollte er keinesfalls.

Der Ararat, die Arche Noah und Büffelmilch

Also sollte auch der Ararat zu Wort kommen, nicht zu Unrecht, denn Reinhold und Lisa hatten tatsächlich einmal im August 1980 auf der Fahrt nach Van an seinem Fuße in Iğdır Rast gemacht. Der

Ararat hatte was. Was er aber genau hatte, wollte er partout nicht preisgeben. Die Bibel gibt den ersten Hinweis. Das Erste Buch Moses erzählt, als die Sintflut zurückging, sei die Arche Noahs im siebten Monat am siebzehnten Tag auf den Bergen Ararats (wohl gemerkt: einer Mehrzahl von Bergen!) auf Land gestoßen. Ararat nämlich bezeichnet eine Gegend, die unschwer etymologisch zu erkennen ist als das alte Urartu, und dies war kein ein einzelner Berg. Dieser Befund aber passte einigen wenig denkfähigen Christen, wie den amerikanischen Adventisten der Sieben Tage, überhaupt nicht in ihre Bibel. Ein einziger Berg musste her, auf seinem Gipfel wollten noch die Bohlen der Arche aus dem ewigen Schnee geschaufelt sein. Flugs versetzte ihr Glaube nicht allein Berge, sondern auch ein gestrandetes Schiff. In den Fünfziger- und Sechzigerjahren unterstützten sie die amerikanische SEARCH Gruppe, welche ihnen prompt Holzreste lieferte, die allerdings, nach der Radiokarbonmethode datiert, sich als entschieden zu jung, nämlich nur lächerliche anderthalbtausend Jahre alt erwiesen. Mit Noahs Arche war Essig. Buchstabengläubigen Christen stellte sich ohnehin ein weiteres, gipfelhohes Hindernis entgegen, denn es gab mindestens eine Arche zu viel. Schon in Vorzeiten, lange bevor von dem sagenhaften Noah berichtet wird, war nach einer Weltflut eine Arche auf dem Berg Nisir gelandet, wie das altbabylonische Epos von Gilgamesch in einer Fassung aus dem 2. Jahrtausend v. Chr. erzählt. Die frühere Arche, der Form nach ein exakter Würfel, hatte der Baumeister in sieben Tagen mit Pech bestreichen lassen und mit Gold und Silber gefüllt, dann seine Familie, die Handwerker und die Tiere des Feldes hineingetrieben. Schlimm ging es zu; das Wasser stieg und stieg, selbst die Götter flohen voller Furcht vor der Flut an den höchsten Platz im Himmel und »duckten sich«, erzählt das Epos, »wie Hunde gegen die äußere Wand [des Himmels]«. Nur soeben gut ging es aus; sieben Tage, nachdem die Flut verebbt war, schickte der Held eine Taube in die schlammige Welt, doch sie kehrte zurück, da sie keinen Ort zum Rasten fand, ebensowenig wie daraufhin eine Schwalbe und ein Rabe. Erst ein Götteropfer brachte die Sache ins Reine. Der Berg ließ die Fantasie des mittelalterlichen Abendlandes nicht schlafen. Er lag vor dem Paradies, in seiner Nähe flossen der Tigris und der Euphrat, zwei der vier Ströme, die ihre Quelle im Garten Eden hatten, so weiß es die biblische Genesis. Dem Marco Polo berichteten die Einheimischen im 13. Jahrhundert, im Herzen Armeniens liege ein himmelhoher Berg, auch er in der Form eines Würfels, auf dem habe Noahs Arche gelegen. Die Arche selbst sei im Schnee als ein schwarzer Fleck sichtbar, dem sie den poetischen Namen »Das Schiff der Welt« gaben. Der unendlich hohe Schnee verhindere jedoch eine Ersteigung. Das war's schon (*Reisen*, Kap. 2). Marco wollte mehr nicht wissen, erwarteten ihn doch weit fantastischere Länder.

Reinhold und Lisa kamen dem Ararat auch nicht näher. Auf der Straße nach Iğdır lag er zu ihrer Linken, der Hauptgipfel ragte schneeglänzend in den klaren Himmel; natürlich hielten sie an, picknickten und betrachteten den Wunderberg; natürlich photographierten sie sich, den alten Mercedes und den Ararat. So weit, so gut touristisch. Doch weckte der Ararat in Reinhold auch die Ehrfurcht, welche hohe und alleinstehende Berge in seinem Herzen erwecken, der Fujijama und in der Türkei insonderheit der Mons Argaios, der Ercyas nahe der Stadt Kayseri. Mag sein, dass Götter dort wohnen oder der Gebirgsstock selbst eine Gottheit ist, eine majestätische und den Menschen wohlgewogene. Die Reinheit der Form und des schneeigen Gipfels teilt sich dem Wanderer mit; der Berg ist ein Ort der Meditation, Reinigung und geistlichen Erhebung. Reinhold jedoch, dessen ist er gewiss, würde sich beim Aufstieg einen Knöchel brechen oder zumindest die Füße wund laufen. Also blieb er ein virtueller Bergguru. Weltlich ging es dann wieder in Iğdır zu. Sie übernachteten in einem Hotel; um das Obergeschoss lief eine hölzerne Veranda und machte so Einbrechern ihr Geschäft leicht; ein wenig ängstlich waren die beiden schon, wenn in der Dunkelheit türkische Sandalen vorbeiklapperten. Um Iğdır lagen sumpfige Wiesen, in denen sich zahlreiche Wasserbüffel malerisch suhlten. Das Hotel bot ihnen zum Frühstück eine lokale Spezialität an, auf dem Tisch standen Gläser mit frischer Büffelmilch. Auf der Milch schwammen dicht gedrängt eklige kleine gelbe Fettklumpen; Reinhold und Lisa sahen einander entsetzt an. Jemand anders würde die Gläser austrinken.

Armenische Spuren

Gehen wir wieder ins Frühjahr 1984 und zurück zur Fahrt nach Hopa. Links und rechts der großen Straße lagen versteckt armenische und georgische Kirchen. Zu einer solchen Kirche gelangten sie über eine klapprige Holzbrücke, das mittelalterliche Gebäude war halb in die Erde gesunken, die Fenster und Türen mit Brettern verrammelt; wenn die Kirche überhaupt noch genutzt wurde, dann als Lagerschuppen. Kinder tauchten auf und standen verlegen schweigend um die Fremden, Lisas Kekse nahmen sie schüchtern an. Reinhold sah in bleiche, ein wenig gelbliche, ovale Gesichter, in pechschwarze Augen und auf langgezogene, gebogene Nasen. Armenisches Blut musste in den Kindern fließen, bei solcher Physiognomie konnte es nicht anders sein. Über das Schicksal der Armenier in Ostanatolien, ihr schlimmes, hunderttausendfaches Sterben im Frühjahr 1915 wurde zumeist Widersprüchliches berichtet. Zu einseitig, zu propagandistisch war die Erklärung des Massensterbens bei Türken wie Armeniern – den Begriff einer objektiven Geschichtsschreibung konnte man getrost vernachlässigen – als dass ein beruhigtes Urteil und Eingeständnisse leicht zu finden gewesen wären. Das war nicht gut, denn es gibt Untaten, über welche kein Gras wächst. Leider lag der Wille nationalistischer türkischer Kreise, die Spuren der armenischen Kultur nach Kräften zu tilgen, offen zu Tage. Reinhold wollte wegen seiner Sympathie für die einfachen Türken die Augen vor solchem Nationalismus nicht verschließen. Dutzende von Kirchen hatte man (das Militär? – die Behörden? – fanatisierte Individuen?) abgerissen und gesprengt. Eine britische Zeitung zeigte Photos aus neuerer Zeit, auf denen die gesprengten Kirchenmauern von innen nach außen gefallen waren. Bei Erdbeben pflegen sie umgekehrt zusammenzustürzen. Einige Denkmäler wie Achtamar im Van See und Ani an der russischen Grenze wurden nur deshalb nicht zerstört, weil sie entweder im militärischen Sperrgebiet lagen oder Ausländer dorthin reisten und Geld in die Gegend brachten. Reinhold hoffte auf eine tolerantere, wenngleich wahrscheinlich nicht nahe Zukunft.

Yusufeli: Das wohl billigste Hotel Ostanatoliens

Nach Hopa war in einer Tagesreise nicht zu gelangen. Wo also sollten Lisa, Reinhold und David übernachten? Größere Ortschaften, die kleinere Gasthöfe aufweisen mochten, Tortum etwa, lagen nur dicht hinter Erzurum. Die hoch in die Felsterrassen gebaute Stadt Artvin war damals noch nicht, wie in den Neunzigerjahren, von russischen Waffenschiebern, Rauschgifthändlern und Huren überrannt, sie schien ohnehin unerreichbar weit. Doch Yusufeli, eine kleine Kreisstadt, an die zehn Kilometer von der Hauptstraße ab gelegen, bot sich an; der Ort war ihnen sogar in Erzurum empfohlen worden, dort gebe es mehrere alte Hotels und sogar ein großes neues auf einem Hügel über der Stadt. Die Straße nach Yusufeli lief durch ein schreckerregendes Seitental, in das ein reißender Gebirgsfluss, der Çoruh, sich tief eingefressen hatte; die Bergwände schossen steil zu beiden Seiten hoch, sie sahen nur einen schmalen Streifen des Himmels über sich, der, zuvor azurblau, in der Abendsonne von gelb nach grün die Farben wechselte. Hängebrücken, aus verrottenden Bohlen und Seilen gefertigt, schwangen sich über Fluss und Abgrund, die Landstraße klebte an einer Talseite und bog um Felsnase nach Felsnase. Dem Fahrer war sehr mulmig zu Mute, er kam nur langsam voran, bei jeder uneinsehbaren Kurve konnte ihm ein rasender Tatzelwurm in Gestalt eines Sattelschleppers den Weg streitig machen. Der Abend fiel plötzlich ein, über das enge Tal warfen die hohen Berge längere und dunklere Schatten. Ein dem Sinn nach gleicher, wohlklingender Vers des Vergil, »maioresque cadunt de altis montibus umbrae«, ging Reinhold durch den Kopf. Daheim zwischen Büchern hatte der Vers gefahrlos geklungen. Nun galt es jedoch, immer genauer aufzupassen. Endlich, die Fahrt war lange und ermüdend gewesen, kam im Talkessel das Städtchen in den Blick, ein Bergkegel trug weithin sichtbar das neue Hotel, ein steiler Schotterweg führte über Haarnadelkurven zu einem Plateau vor dem Gebäude. Erleichtert stiegen sie aus dem Wagen, streckten die Beine, eine junge Frau näherte sich und antwortete auf die Frage nach freien Zimmern: »Das Hotel ist komplett belegt«. Eine Erfindung, um hier höflich zu bleiben, eigener Art, denn ganz offenkundig wurde am Haus noch gebaut, es war nicht nur nicht vollbelegt, sondern noch nicht beziehbar. Warum aber dann die Erfindung? Die Drei stiegen wieder in den Wagen und fuhren die Haarnadelkurven hinunter in die Stadt.

Yusufeli besaß damals zwei weitere Herbergen, die eine schien von Landarbeitern favorisiert zu werden und schied daher aus. Wie es mit von Landarbeitern favorisierten Unterkünften steht, hatten Reinhold und sein Bruder Herbert Jahre zuvor, 1972, an der Südküste, in Demre, dem antiken Myra und Sitz des heiligen Bischofs Nikolaus, zu ihrem Ungemach erfahren. Sie hatten zur Erntezeit dort übernachten wollen; Erntearbeiter waren in dem Ort zusammengeströmt; ein schäbiges Hospiz nahm sie auf, Zimmer und Gänge waren mit Matratzen und Decken belegt. Sie teilten ihren Flur zwar nicht mit den Saisonarbeitern, doch mit einer Horde putzmunterer und durstiger Flöhe.

In einer Seitenstraße Yusufelis befand sich der Eingang zum andern Hospiz, eine gewöhnliche Haustür, hinter ihr führte sogleich eine steile, schmale Holztreppe in den ersten Stock. Die Rezeption fanden sie auf der Straße, dort hockte der dicke Hotelbesitzer auf einem Holzschemel. Der Mann schnaufte die Treppe hoch und zeigte sein Etablissement. Ein gesondertes Badezimmer gab es nicht, der Waschraum, mehrere Becken an der tiefbraunen, mit Linoleum verklebten Wand, war nicht nach Geschlechtern abgetrennt; doch eine heiße Dusche gab es schon, nur musste erst der mannshohe, schwarzeiserne Holzofen in der Diele angefeuert werden, nach zwei Stunden würde ein überreicher Schwall kochenden Wassers sich aus dem Monstrum ergießen. Ihnen war nicht mehr nach Duschen. Reinhold und Lisas Zimmer lag hinter der Diele, so groß, dass ein Badetuch als Teppich den ganzen Boden bedeckt hätte, auf dem Bett hatte der Wirt schwarzgraue, kratzige Wolldecken ausgebreitet. Aus dem Elend war an diesem Abend kein Entkommen mehr. Der Wirt forderte für das Doppelzimmer den Gegenwert von sechs Mark und fünfzig Pfennigen. David zahlte vier DM. Den Trost hielt Yusufeli in Gestalt eines Esslokals bereit, das, überhängend über einen schäumenden und tosenden Gebirgsbach, zum Abend frisch geschlagene, gegrillte Forellen anbot. Nicht viel mehr bleibt von dem Städtchen zu berichten. Yusufeli war zum Mittelpunkt eines gut organisierten Wildwasser-Tourismus geworden, der den Reinhold keinesfalls erneut in den Ort locken würde, weil die Fahrt, auf einem gischtübersprühten Floß, die reißenden Ströme Barhal und Çoruh hinab, ihm nichts als angstweiche Knie eingebracht hätte. Am nächsten Morgen frühstückten sie in einem Straßenlokal, auf einem Balkon, in der Sonne. Der Besitzer hatte in Oberhausen gearbeitet und radebrechte Deutsch, für ein Omelett mit Oliven verlangte er einen gesalzenen Preis. Reinhold vergaß, seine Kamera mitzunehmen, erst am Wagen entdeckte er den Verlust; der Wirt hatte die Kamera schon in Sicherheit gebracht und rückte sie sogleich heraus, nein, nein, keinen Finderlohn; der Mann hatte eine durchaus sympathische Beimischung von Ehrlichkeit. Durch wabernde Nebelschwaden fuhren sie aus dem Hochland viele Kurven hinab an die Küste. Teeplantage um Teeplantage bedeckte die smaragdgrünen Berghänge, die Luft wurde feucht, schwül, drückend.

Tristesse in Hopa

Hopa erwies sich als Sitz und Thron der Tristesse; auch in mythischer Vorzeit war die Gegend, Kolchis ihr antiker Name, nicht gastlicher gewesen. Medeia, die gewaltige Zauberin und Hexe, verliebte sich dort in den Griechen Jason, der mit einem Schiff, der Argo, und seinen Gefährten, den Argonauten, gekommen war, um das Goldene Vlies zu erwerben. Golden wurde das Schafsfell genannt, weil Goldkörner beim Waschen in einem goldhaltigen Fluss in ihm hängen geblieben waren, sagte man. König Aietes weigerte sich, das kostbare Tierfell herauszugeben, prompt raubte Jason es mit Hilfe der Königstochter Medeia und lud sich, Medeia und seinen Banditen, damit die Verfolgung durch den zornentbrannten König auf den Hals. Medeia wusste grausigen, wiewohl effektiven Rat: Sie zerstückelte ihren Bruder Apsyrtos und warf die Fleischbrocken ins Schwarze Meer. Das Brudergulasch hielt den Vater lange auf, als er die Stücke einsammeln musste.

In der Jetztzeit lagen schon bei den ersten armseligen Häusern reihenweise die Gerippe auf die Seite gefallener, ausgeweideter rostiger Tankwagen am Straßenrand und in den Feldern. Die Stadt war von grauem Staub bedeckt, die Straßen voller Löcher, die Verwaltungsgebäude verkommen, abgerissen, trostlos. Im Hafen ankerten vielleicht schon seit Jahren einige wenige Leichter, auch sie von Rost zerfressen. Die Tristesse hatte ihren Grund: Seit dem Zweiten Weltkrieg war die Grenze zur Sowjetunion gesperrt, der ehemalige Umschlagplatz für Rohöl tot, Fischfang existierte kaum, viele Bewohner waren weggezogen. Auch sein Freund und Maler Aydın Karahasan, Freund schon wegen seiner menschlichen und politischen Nähe zu dem großen Dichter Nazım Hikmet, kehrte nur selten aus dem Ruhrgebiet in sein dortiges Haus zurück; in der Stadt liegt er begraben. In einem großen, leeren Hotel, dessen weite Glasfenster auf das hellblau flirrende Meer hinausblickten, aßen sie, die einzigen Gäste, eine Bohnensuppe. Der Mann an der Kasse bestätigte Reinholds düstere Diagnose: Ein russisches Konsulat gebe es nicht, der geschlossene Grenzübergang werde vom türkischen Militär schwer bewacht, allein der Versuch, in Richtung Rußland zu fahren, müsse scheitern. Hinter Hopa, nach wenigen hundert Metern, würden Polizeikontrollen sie anhalten. Es war keine Schande, sich in einem Lande gut auszukennen, dennoch machte es Reinhold verlegen, seinen früheren Protest bestätigt zu hören. Also, nervös entschlossen, allen weiteren Einwänden zuvorzukommen, drehte er den Mercedes in die Gegenrichtung, der türkischen Zivilisation entgegen.

Ünye: Lisas Durchfall und ausdauernde Tänzerinnen

In Ünye, einer kleinen Stadt am Schwarzen Meer, hatten Lisa und Reinhold auf einer im Gedächtnis verblichenen früheren Reise von Erzerum und Hopa her kommend Halt gemacht; der Halt freilich war ihm nicht leicht aus dem Gedächtnis geschwunden. Der Ort zog sich über eine Halbinsel, zwei Buchten fielen steil zum Strand ab. Die asphaltierten Gehwege am Meer entlang waren bedeckt mit handhohen Schichten von Haselnüssen. Haselnüsse brachte der Landstrich überreich hervor und so Wohlstand unter die Leute. Zur Erntezeit trocknete die Sonne die Haselnüsse auf der Straße, dabei fiel deren grüne Blatthülle ab; die Nüsse selbst wurden in Säcke gefüllt und in alle Welt exportiert. Viele Jahre später brach das Unglück von Tschernobyl über das Schwarze Meer herein; die radioaktiven Wolken schlugen sich an dem pontischen Gebirge nieder, die Haselnüsse mutierten zu todbringenden Früchten. Die türkische Regierung sah das anders. Für die eigenen Leute gab es keine Warnung; im Gegenteil, Regierungssprecher wie auch chauvinistische Zeitungen verkündeten: »Wir Türken sind ein gesundes Volk; uns kann Radioaktivität nichts anhaben«. Dann wunderten sich solche Volksverführer noch, dass ihre dummdreisten Prahlereien ausländischen Spott ernteten. Reinhold und Lisa fuhren bei hereinbrechendem Abend durch die Stadt; eine einsame Kuh stand unbewegt und verloren inmitten der Haselnüsse. Sie suchten am Meer nach dem Platz Europa-Camping, der im ADAC Führer ausgewiesen war. Der Platz war verschwunden, einige Holzhütten, welche den Einheimischen als wochenendliche Datschas dienten, kündeten davon, dass es ihn einst gegeben hatte. Zum Meer hin fiel der Platz über eine Klippe steil zu einem schwarzen Sandstrand ab. Gleich neben der Klippe stand ein Holzverschlag mit Erdklo, unsäglich verdreckt, bestialisch stinkend. Reinhold und Lisa schlugen ihr prächtiges amerikanisches Rundzelt nicht weit von dem Abort, dem der Name Toilette nicht ziemte, auf, weil Lisa kläglich an Durchfall litt. Sie hatten nicht darauf geachtet, ob es im Ort ein Hotel gebe, jetzt zog die Dunkelheit schnell heran, eine dichte, schwarzgraue Nebeldecke breitete sich auf dem Meer aus, an Land wurde es warm, schwül, gewittrig. Sie beratschlagten, ob sie nicht besser umkehren und ein festes Quartier suchen sollten, doch Lisa entschied sich dagegen, denn im Zelt atme sie wenigstens frische Meeresluft in der Nacht. Der Platz füllte sich mit jungen Leuten, Männern und Frauen, an die zehn Paare. Einige schlenderten neugierig zu dem fremden Zelt, man geriet in ein Gespräch; es stellte sich heraus, dass unter ihnen ein Arzt war, der auch sogleich Lisa untersuchte, Ruhe verordnete und ihr riet, möglichst viel Cola zu trinken. Die andern hatten inzwischen Holzbänke herbeigeschleppt und an Tischen aufgestellt, unter Grillstellen Feuer gemacht, eine Party konnte beginnen. Natürlich wurden die Fremden eingeladen. Reinhold aß ein wenig mit, Lisa verzichtete. Dann gab es Musik vom Band aus Kofferradios, türkische Schlager, amerikanische Schlager. Paare begannen zu tanzen. Lisa, die trotz ihrer grünlichen Gesichtsfarbe schöne Lisa, musste mittanzen, einmal, zweimal, dann zog sie sich erschöpft in das Zelt zurück. Reinhold, dem Tanzen öfter ein Grauen ist als nicht, wollte sich tot oder zumindest schlafend stellen, hatte aber die Rechnung ohne die jungen Wirtinnen gemacht. Die Türkinnen schossen geradenwegs auf ihn los und forderten ihn zum Tanz auf. Wo war die islamische Untertänigkeit des schwachen Geschlechts geblieben? Wo die Aufsicht des türkischen Ehemannes über sein Weib? Nichts davon war auf dem Platz in Üniye zu sehen, eine erfreuliche Sache. Es gab wohl nicht nur Dörfler und Militärs, sondern auch ein gewisses Bürgertum. Und so tanzte er noch ziemlich lange; gegen Ende des Abends sollte er einigen Frauen den Walzer beibringen und dies auf einem Rasen, der frisch gepflügt zu sein schien und dessen Lehmschollen ihn, den ohnehin wenig leichtfüßigen, wieder und wieder zum Straucheln brachten. Den nächsten Tag noch musste Lisa im Zelt verbringen und ausruhen, der freundliche junge Arzt kam erneut zur Visite. Reinhold hatte vor, im Meer ausgiebig zu schwimmen, und warf sich mit freudig gestreckten Armen in die Wellen, als ein starker Sog in der Tiefe ihn auf die See hinauszuziehen drohte. In Angst um sein Leben ruderte er mit Händen und Füßen panisch aufs feste Land zu, wobei ihn, zu allem Ungemach, gewaltige Brecher an die scharfsteinigen Klippen zu schleudern drohten. Das Schwarze Meer wollte sich ihm gegenüber in seiner unverhüllten, unheilvollen Natur zeigen und dem beschönigenden und beschwichtigenden Namen eines gastlichen Meeres, des Pontos Euxeinos, hohnlachen.

»Das Meer, Das Meer !«
Giftiger Honig: Ein Abschiedsgeschenk des Pontos

Da war das Meer dem athenischen Feldherrn Xenophon und seinen zehntausend Söldnern, den Vorgängern Reinholds im Jahre 400 v. Chr., doch ein wenig freundlicher begegnet. Die Griechen hatten rabenschwarzes Unglück gehabt. Angelockt durch orientalisch-überreichen Sold, hatten sie dem persischen Prinzen Kyros, als er sich gegen den Großkönig Artaxerxes II. erhob, auf seinem Zug von der kleinasiatischen Küste bis in die Gegend von Babylon gedient. Dort kam es zur Entscheidungsschlacht; Kyros siegte, freilich mit dem kleinen Schönheitsfehler, im Getümmel erschlagen zu werden. Die Sieger standen, peinlich berührt, ohne ihren Kronprätendenten da und mussten sich auf dem Rückzug durch die feindliche, unwirtliche Bergwelt Armeniens zu den Rettungswege verheißenden griechischen Hafenstädten am Schwarzen Meer durchschlagen. Endlich, nach starken Verlusten und unmenschlichen Entbehrungen, erkletterte die Vorhut den letzten Kamm des Pontosgebirges. In der Anabasis erzählt Xenophon in bewegenden Worten von dem bewegenden Moment:

Und bald schon hören sie, wie die Soldaten, »Thalassa! Thalassa!«¬ [Das Meer! Das Meer!] rufen und wie das Wort von Mann zu Mann weitergegeben wird. Da nun liefen sie alle, auch die Nachhut, und trieben die Lasttiere und Pferde an. Als nun alle die Höhe erreicht hatten, umarmten sie einander unter Tränen, auch die Obersten und Hauptleute.

Noch hatten die Leiden kein Ende gefunden. Etwas Merkwürdiges, Unerklärliches geschah. Die Berghänge waren dicht bewachsen mit orangefarben blühenden Azaleen, und die Eingeborenen hatten zahlreiche Bienenkörbe aufgestellt. Die Soldaten stürzten sich auf die Honigwaben in den Körben und aßen gierig. Sogleich packte sie Durchfall und Erbrechen. Die wenig gegessen hatten, glichen sinnlos Betrunkenen, die aber viel in sich hineingestopft hatten, glichen Rasenden oder Sterbenden. Hunderte fielen zu Boden und lagen hilflos und verzweifelt hingestreckt auf der Erde; eine letzte, die bitterste Niederlage schien sich anzubahnen. Am nächsten Morgen jedoch war niemand gestorben; die Giftschwaden hatten sich aus den Köpfen verzogen, und die Griechen zogen, wacklig auf den Beinen, hinab an die Küste von Trapezunt. Der Honig aus den toxischen Azaleenblüten hatte zugeschlagen. Noch heute warnen die Türken vor dem Genuss des, wie sie ihn nennen, wahnsinnig machenden Honigs, des deli bal. Die Azalea Pontica produziert Andromedotoxin, erklärt ein Botaniker, auf den Reinhold sich beruft, weil sonst niemand ihm glauben würde, in der Zeitschrift *Gartenpraxis*, Jahrgang 1990, Heft 8, S. 32-35, und berichtet von Tierversuchen mit dem Gift. Frösche bekommen Krämpfe und liegen schließlich völlig gelähmt da, Hunde leiden an Erbrechen, Konvulsionen und sterben an Atemstillstand. Menschen, tröstet der Fachmann, müssten schon Unmengen des Honigs zu sich nehmen, um in Lebensgefahr zu geraten. »Ende gut, alles gut«, murmelt Reinhold, der ohnehin Honig nicht sonderlich mag.

Safranbolu und Amasra

Köfte, der Oberst Reinhold und Graffitti

Eine allzu lange Anfahrt vom Flughafen Sahiba Gökcen

Nein, einen Nachtflug mit anschließend langer Busfahrt wird Reinhold so bald nicht wieder auf sich nehmen; der geht über seine sich selbst zugetraute Kraft. German Wings flog im April 2007 von Köln/Bonn nach Sahiba Gökcen auf der asiatischen Seite Istanbuls. Abflug 10:45, Ankunft 2:40. Und weil er am Schwarzen Meer mehrere Städte besuchen wollte, hatte Reinhold zu Hause sein Gepäck, zwei kleine Rucksäcke, Gramm um Gramm erleichtert bis auf ein Gewicht von 9,5 Kilogramm, das er seinen Schultern wohl zutraute. Das war Selbstüberschätzung. In der Abflughalle wartete eine türkische Menschenmenge; die ältesten Frauen und Männer schoben und drängelten am heftigsten, sie wurden dreimal zurückkommandiert, drückten schließlich das Flughafenpersonal beiseite und rannten und humpelten über das Flugfeld zu der Maschine, als ob es um den letzten freien Platz und damit die Mitfahrt überhaupt ginge. Reinhold fragte den Kontrolleur der Bordkarten: »Spielt sich diese Posse bei jedem Flug ab?« »Ja.« Das Flugzeug war alt, laut, unbequem, pünktlich. Seinem türkischen Freund in Gelsenkirchen hatte ein Freund am Istanbuler Busbahnhof Harem zugesagt, Metro, eine der schnellsten und sichersten Busgesellschaften, werde einen Chauffeur nach Sahiba Gökcen schicken und den Ausländer zu ihrem Büro in Harem bringen. Die Passkontrolle raubte die übliche Zeit; Reinhold spähte nach einem Schild mit seinem Namen und einem darunter stehenden Chauffeur, vergeblich. Er wartete eine halbe Stunde und nahm den Havaş Bus nach Harem auf der asiatischen Seite Istanbuls. Nach wiederum einer halben Stunde stand er in dem Büro der Metro und beklagte sich bei einem höflichen jungen Mann über den ausgebliebenen Fahrer. Der telefonierte nach dem Chauffeur, zuckte die Achseln und bot schließlich an, als Wiedergutmachung ein kostenloses Ticket nach Safranbolu auszustellen. Die Freizügigkeit der Türken überrascht einen Deutschen immer wieder; Reinhold war es zufrieden und hatte nur noch bis elf Uhr im Büro zu warten; es war inzwischen gegen halb fünf morgens.

Ein kleines Mädchen, an die vier Jahre alt, setzte sich neben ihn und begann ein Spielchen. Das Kind hatte wie ihre ein wenig ältere Schwester schneeweißes Haar und blaue, unkontrolliert rollende Augen. Die Mutter, Türkin, stämmig, braunäugig, kümmerte sich kaum um die beiden Albinos und schwatzte mit anderen Frauen. Das Spiel des Kindes ging so: Das Mädchen nahm ein zusammengerolltes Papiertaschentuch in die kleine linke Hand, rollte es auf und hob in der Handmitte ein Stück mit Spucke aufgeweichter blauer Pappe hoch, welches sie vorher dort platziert hatte. Dann glättete es das Papiertaschentuch, legte die blaue Pappe erneut in die Mitte, rollte alles zusammen, rollte das Taschentuch wieder auf und nahm die Pappe hoch. Das Spiel begann dann von vorn. Reinhold lächelte über ihren Eifer, und sie bat ihn, ganz unschüchtern, auf seiner Hand die gleiche Prozedur zu wiederholen, und wenn das blaue Stückchen Pappe zum Vorschein kam, ungefähr zwanzig Mal, kicherte das Kind froh los.

An den Ufern des Marmara-Meeres löste sich der Morgennebel schnell auf, als die Sonne hochstieg. Der Bus fuhr um 11 Uhr ab. Die Großstadt Istanbul nahm kein Ende, neue Hochhäuser reihten sich an neue Hochhäuser, die Ufer des Golfs von Izmit entlang fuhren sie durch eine zerstörte Landschaft. Erst im Hochland des alten Bithynien kamen die vertrauten kahlen Berge in Sicht, glänzender Schnee lag noch auf ihren Gipfeln. Vor Karabük sah er fertige und halbfertige Autobahnen sowie gewaltige Erdbewegungen für einen neuen Staudamm, auch eine zerstörte Landschaft. Karabük selbst war eingehüllt in einen gelben Dunst, den die Schornsteine riesiger, schmutzbedeckter Stahlwerke in die Luft spien, eine vergiftete Stadt. Der Bus hielt am Ortseingang von Kiranköy, wie der neue Teil von Safranbolu hieß; es gab einen Service zum Zentrum, von wo ein Taxi Reinhold die wenigen Kilometer zum alten Safranbolu, dem in einer tiefen Schlucht gelegenen Weltkulturerbe, brachte.

Safranbolu: Die Suche nach einer Pension

Es war später Nachmittag geworden, doch die Plackerei hatte noch kein Ende. Aus Reiseführern hatte er sich angenehm klingende Pensionen herausgeschrieben, also wanderte er mit seinen immer schwerer lastenden Säcken durch die heiße Sonne zur Çarşı Pansyon, deren verriegelte Fensterläden verrieten, dass hier seit Wochen niemand mehr wohnte, weiter zur Çiftlik Pansyon, deren Besitzer vor einigen Monaten gestorben war; endlich fragte er in einem kleinen Hotel nach einem Zimmer. Der freundliche junge Besitzer bedauerte, keines frei zu haben, und verwies ihn an die Bostuncu Pansyon. Reinhold hatte Glück, denn nicht nur nahm die Pension einen Teil eines vielräumigen historischen Holzhauses ein; er erhielt auch ein prächtiges Zimmer: Ländliche Teppiche auf dem Boden, ein Diwan entlang einer ganzen Wand und sechs holzvergitterte Fenster, aus denen er auf die Stadt unter sich sah. In der Toilette hätte selbst eine Maus keine Pirouette drehen können, das störte ihn wenig; auch nicht, dass das Duschwasser durch ein Loch im Beton ablief. Im Nebenhaus, sagte man ihm, sei eine Moschee und zwei Häuser weiter eine Disko, um die Nachtruhe stehe es schlecht. Allah sei Dank, ein falscher Alarm. Mit Allah kam er in recht enge Tuchfühlung, denn die Gastgeber waren streng islamisch gesinnt; die jungen Frauen trugen fest gebundene Kopftücher und sahen vorzugsweise ohne Lächeln in die Welt. Seiner Lust auf Raki und Wein sollte er wohl besser keinen sichtbaren Ausdruck verleihen. In der Rezeption waren die Wände mit mannigfachen Ankündigungen und weit mehr als zehn Geboten bedeckt; die meisten Zettel trugen orientalische Schriftzeichen, japanische und koreanische. Eine schwangere junge Türkin parlierte in fließendem Japanisch. Reinhold, der einzige deutsche Gast, war am Frühstückstisch umgeben von einem Dutzend Orientalen, die er physiognomisch ebenso wenig in Japaner und Koreaner aufteilen konnte wie sie uns in europäische Landsmannschaften. Die Altstadt hatte großen architektonischen Zauber. An der ursprünglichen Seidenstraße gelegen und berühmt wegen ihrer Produktion von Safran, war die Stadt wohlhabend gewesen, und eine Unmenge weitläufiger Konaks, prächtiger Holzhäuser des 18. und 19. Jahrhunderts, zeugte noch von diesem Reichtum. Die Universität von Zonguldak hatte die Häuser mit großer Sorgfalt restauriert. Natürlich gab es Tourismus, doch die Läden, welche Stickereien und Textilien anboten, taten dies nicht auf die marktschreierische Art der Orte an der Mittelmeerküste. Das Leben floss einen ruhigen Fluss, Reinhold wollte in sein Wasser eintauchen und buchte ein Holzzimmer für vier Nächte. Er schlenderte bewundernd durch die Gassen der Innenstadt und ließ die von den Reiseführern empfohlene Aussicht von den Berghöhen, rechts und links gingen steile Pfade hoch, links liegen. Nur einen Spaziergang gönnte er sich, einen blumenbestandenen, doch mit Müll verstopften Bach entlang bis zu einer alten Moschee, die quer über dem Flüsschen saß. Tee sollte man an dem malerischen Ort trinken können, dem war nicht so. In den Gassen sah er in Schmieden hinein, die kunstvolle eiserne Türbeschläge herstellten, und in die wenigen Antiquitätenläden, die unnützes Zeug, ıvır zıvır, anboten. Ein Händler, der um vier Uhr nachmittags eine mächtige Rakifahne vor sich her trug, zeigte ihm einen griechischen Kerzenständer, Messing, wohl 19. Jahrhundert, nicht mehr als fünfzehn Zentimeter. hoch, und faselte von einem Preis von 400 Dollar.

Ein byzantinischer Schatz wäre zu heben

Ein anderer Händler kramte einen echten, aber wertlosen Denar des Trajan hervor. Der Mann war freundlich, politisch beschlagen und saß tagelang ohne einen Kunden in seinem Laden. Reinhold trank mit ihm Tee und hörte zu, wie er über die schlimme Armut seiner Nachbarn, der Alten und Arbeitslosen, klagte. In verkommenen Dachzimmern müssten einige hausen, in denen die Ratten die Wände hinauf- und herabliefen. Von weißem Brot, dem subventionierten und dickmachenden Brot, müssten sie satt werden, Fleisch komme nicht auf ihren Tisch. Reinhold erinnerte sich an die unzähligen Hochhäuser vor Istanbul. Wer konnte sich dort eine Wohnung leisten? Gewiss waren dort die Mieter auch keine reichen Leute. Aber waren sie so bettelarm wie die Armen in der Provinz? Wohl nicht. Ein andermal hörte er zu, wie der Händler von byzantinischem Gold erzählte. In den Bergen gebe es einen Hügel, auf dessen Spitze die Ruinen einer Kirche stünden. Einer byzantinischen? Der Hügel falle steil ab und im Frühjahr wasche der Regen den Erdboden hinunter. Scherben kämen ans Licht und jedes Jahr habe er bisher auch eine Goldmünze gefunden. Unter der Kirche müsse ein ganzer Schatz dieses Goldes vergraben sein. Wenn er doch nur einen starken Metalldetektor hätte! Ob Reinhold beim nächsten Besuch nicht einen solchen aus Deutschland mitbringen könne? Sie würden sich den Fund teilen. Reinhold erfreute sich an Geschichten wie aus den Erzählungen aus den Tausenundein Nächten, doch wirklich glauben an sie, das tat er nicht. Zudem hatte er sich all die Jahre die heftigste Allergie gegen türkische Gefängnisse erhalten.

Reinhold plant ein Festmahl mit Frikadellen

Gleich um die Ecke von der Bostuncu Pension lag ein kleines Esslokal namens ›Der Esstisch von Safranbolu‹, Safranbolu Sofrası. Zwei Frauen betrieben es: Die eine war um die sechzig, dick, mürrisch, dumm und stumm, die andere jünger, so um die fünfundvierzig, heiter, auch keine Gazelle, freundlich und neugierig, um den ausländischen Gast bemüht. Reinhold aß dort mehrfach Linsensuppe und Frikadellen mit Salat und trank dazu ein großes Glas Cola Light. Die Wirtin bereitete die Frikadellen jedesmal frisch zu, würzte sie vortrefflich und reichlich mit grünen Kräutern, das Fleisch war stets saftig, locker, weitab von einer Verwandlung in Holzkohlestücke. Neugierig, wie sie war, fragte sie Reinhold aus: »Woher kommst du; was ist dein Beruf; hast du Kinder; wohin sonst willst du in der Türkei?« Reinhold, bei gutem Essen immer guter Laune, antwortete gern und entdeckte bei einer Gelegenheit auf einem Stuhl einen Stapel von Beilagen der Zeitung Hürriyet. Jede Beilage widmete sich der türkischen Küche mit Rezepten und Farbphotos der Gerichte. Angegeben wurden die Mengen, bezogen auf die Zahl der Esser, die Zutaten und die Zubereitung. Er studierte ein Heft, das sich ausschließlich mit Frikadellen beschäftigte, und lernte Küchen- und Kochvokabular. »Kann ich das Heft vielleicht kaufen?« »Nein, das nicht, nimm es als Geschenk.« Und dann die etwas ungläubige Gegenfrage: »Was willst du denn in Deutschland damit anfangen?« »Nun, türkische Freunde werde ich einladen zu einem Mahl mit drei Gängen. Als erster Gang kommt humuslu şiş köfte [das ist: Frikadelle aus gehacktem Lamm, Käse, Zwiebeln und Zitronensaft] auf den Tisch; daraufhin tavuk köftesi [will sagen: Frikadelle aus gehacktem Hühnerfleisch, Eiern und Zwiebeln] und schließlich als Hauptgang und Überraschung Hasan Paşa köftesi [das ist: Frikadelle aus gehacktem Rindfleisch, Eiern, Milch und gestampften Kartoffeln]. Dies werden die Gänge sein, dazu trinken wir reichlich Raki.« Die Wirtin sah Reinhold erst ungläubig an, zweifelte dann langsam ob seines ernsthaften Gesichts an ihrem Unglauben und brach unvermutet in lautes Gelächter aus. Nein, sie wollte sich nicht beruhigen: »Dreimal Frikadellen, sonst nichts! Kein Salat? Kein Brot?« An den folgenden Tagen, wenn Reinhold erneut vor ihrer köstlichen Köfte saß und Freunde der Wirtin ins Lokal traten, zeigte sie auf den Fremden und erzählte die Geschichte unter heiterem Lachen aufs Neue. Was blieb Reinhold anderes, als sich über die Schlichtheit seines eigenen Einfalls zu wundern sowie darüber, welchen Spaß die Türken aus ihm zogen, mit ihnen zu lachen und zu versichern: »Ja, so werde ich es machen, ganz gewiss, so Gott will.«

Amasra: Zur Geschichte der Stadt

Amastris, das heutige Amasra, hatte Reinhold schon seit langem in den Ohren geklungen. Die Königin Amastris gründete die Stadt um 300 v. Chr. und gab ihr den Namen. Ihr Leben war angefüllt mit den kaltblütigen dynastischen Heiraten und ebenso kaltblütigen Scheidungen, die in hellenistischen Dynastien zum Alltag gehörten, Sie war eine Nichte des persischen Großkönigs Darius III., dem Alexander der Große bei Issos eine entscheidende Niederlage beigebracht hatte, deren Datum einstmals deutschen Gymnasiasten durch den Merkvers »333, bei Issos Keilerei« eingebläut wurde. Amastris heiratete zuerst Krateros, einen Soldaten in der Leibwache Alexanders, der sich die Freundschaft seines Befehlshabers erwarb, indem er ihm auf einer Jagd einen Löwen buchstäblich vom Hals hielt, als zweiten den Dionysios, seines Zeichens Tyrann von Herakleia Pontika, und im Jahre 302 den schon ältlichen Lysimachos von Thrakien, welcher sie jedoch verstieß, um Arsinoe II., die junge Tochter des Ptolemaios, zu heiraten. Wie Peter Green in der faszinierenden Studie *Alexander to Actium* (1990) bemerkt: »a choice he lived – but not long – to regret.« Inzwischen regierte die Königin für ihre mit Dionysios gezeugten Söhne. Die Münzen der Stadt zeigen möglicherweise ihren schönen Kopf. Um 284 riss ihr Lebensfaden: Die beiden Söhne hatten, der Aufsicht überdrüssig, ihre Mutter hinreichend lange Zeit tief in das Badewasser gedrückt.

Es ging hin und her mit der Stadt, bis sie in die römische Provinz Asia aufgenommen wurde und, zumindest für Reinhold, die Dinge ein wenig interessanter wurden. Er hat über die römische Zeit viel von Christian Marek, *Pontus et Bithynia* (2003) gelernt. So ernannte um 110 n. Chr. der Kaiser Trajan den jüngeren Plinius zum Statthalter der Provinz Pontus-Bithynia. Plinius residierte in Nikomedia, dem heutigen Izmit, doch kümmerte er sich auch bis ins Kleinste um andere Städte, wie er überhaupt die Provinz mit seinen unentwegten Nachrichten erst recht in die spätere Geschichtsschreibung katapultierte. In einundsechzig Briefen lag er seinem Kaiser gleichermaßen mit Wichtigem wie mit Quisquilien in den Ohren. Er fragte an, ob und wie er die frühen christlichen Gemeinden bestrafen solle, wenn sie sich dem Kaiserkult verweigerten, oder ob er die Kanalisation von Amastris abdecken dürfe. Bei Licht betrachtet sei die Stadt nämlich geschmackvoll und schön gebaut; sie besitze zudem eine prächtige und lange Prachtstraße. Nur ein durch die Stadt gehender Fluss stinke fürchterlich, und für Kloaken besaß Plinius eine fachmännische Nase, hatte er doch in Rom das zuständige Amt eines Verwalters der Kloaken der Stadt bekleidet. Trajan hatte Verständnis für reine Luft und gab die Erlaubnis. Aus Amastris wurde weiterhin nichts Besonderes. Die Byzantiner unterhielten dort eine Garnison, dann die Genuesen. Kritoboulos von Imbros berichtet, nach dem Fall Konstantinopels im Jahre 1453 habe der Eroberer Mehmed II. den größeren und vermögenderen Teil der Einwohnerschaft aus Amastris in die menschenentleerte Hauptstadt umgepflanzt, um diese erneut zur funktionsfähigen Residenz zu machen.

Als die Wirtin seiner Pension Reinhold fragte, ob er an einem Tagesausflug nach Amasra interessiert sei, sagte er zu. Der Vater der jungen Frau besorgte einen Minibus, acht Fahrgäste stiegen ein: Ein englisches Paar, vier Japaner, ein Südkoreaner und Reinhold. Neben ihm saß Kazu Nagashima, ein junger Elektronikfachmann aus Tokio, und erzählte, er sei auf dem Landweg unterwegs nach Indien und China. Der Fahrer war augenscheinlich mit englischer Kultur in Berührung gekommen, denn er fuhr vorzugsweise auf der linken Straßenseite, durch tiefe Täler, einen völlig verschmutzten Fluss entlang und über einen Pass von 1030 Metern Höhe. Im Hafen von Amasra parkte der Minibus, der Vater kramte sein Angelzeug hervor, die Mitfahrer verstreuten sich. Kazu bat, sich Reinhold anschließen zu dürfen, die beiden wanderten zum malerischen Nebenhafen, tranken Tee um Tee und betrachteten, von der Sonne beschienen, die genuesischen Mauern der Zitadelle, welche, durchsetzt mit vielen Spolien, sich auf hellenistischen und römischen Befestigungen erhoben. Einer der Japaner, jung, korpulent, setzte sich zu ihnen, versank in Schweigen und wehrte Konversation in Englisch mit seiner einzigen Verteidigungswaffe ab: »I don't speak English«, während er fort und fort lächelte, ein fernöstlich rätselhaftes Lächeln. Kazu dolmetschte dessen Japanisch und kritisierte den Landsmann: Er habe zwar sechs Jahre Englisch auf der Schule gelernt, sage jedoch kein einziges Wort, weil er vor Fehlern Angst habe. Der in Fremdsprachen schweigende Jüngling wollte nach Berlin reisen, doch seine Geographiekenntnis war ein weiteres östliches Mysterium. Die beiden wanderten weiter. Der kleine Markt war noch überraschend ländlich. Stände gab es keine, die Frauen hockten auf der Erde, vor sich Häufchen von ganz frischem Gemüse und Obst. Eine Bäuerin verkaufte stolz Eimerchen mit richtig steifem Yoghurt: Zur Qualitätsprobe drehte sie ein Gefäß um, ohne dass er herausfiel. Über eine römische Brücke und durch einen engen Torgang wanderten sie in die Zitadelle; innerhalb der Mauern lud eine blonde Frau Reinhold in ihre Pension ein, deren langer Balkon eine prächtige Aussicht auf den kleinen Hafen bot; ihr Besucherbuch war angefüllt mit ausländischem Lob.

Reinhold erhebt sich in den Offiziersrang

Reinholds Energie ebbte schnell ab; sie kehrten durch den Torgang zurück und sahen sich umringt von siebenundzwanzig jungen Männern, Rekruten, doch nicht im Dienst und ohne Uniform. Sie waren auf einen Tagesausflug von der Garnison Bartin gekommen, erklärte der Feldwebel, ein junger Mann mit rotblondem Haar, in schnellem und fehlerhaftem Englisch. Der Deutsche bot keine Attraktion; nein, der wahre Exote musste herhalten: Alle jungen Männer ließen sich, der eine rechts, der andere links, Arm in Arm mit dem Japaner fotografieren. Ihr Anführer war auf den ersten und auf den zweiten Blick unausstehlich, denn zum einen scheuchte er seine Untergebenen mal hierhin, mal dorthin, zum andern baute er sich während der Fotozeremonie vor dem Deutschen auf und wies auf seinen Rang hin, er sei immerhin Feldwebel. Was denn Reinholds Beruf sei? »Ich bin im Ruhestand.« »Und vorher?« Reinhold sah ihm einen langen Moment in die Augen: »Vorher war ich Oberst in der deutschen Armee.« Der Feldwebel zuckte zusammen und nahm Haltung an: »Oberst?« »Ja natürlich, in einem Generalstab, zuständig für die Logistik der Verpflegung.« Reinhold hatte, ohne nachzudenken, die richtigen Worte gefunden. Hauptmann wäre ein zu niedriger Rang gewesen, General ein zu hoher. Und da er keine Minute seines Lebens Soldat gewesen war und von Gewehren, Geschützen, Panzern weniger als nichts verstand, war sein Ressort intuitiv unangreifbar gewählt, denn von Essbarem und Trinkbarem hatte er schon eine gehörige Ahnung. Nun wurde auch der Oberst an der Seite des Feldwebels fotografiert, allerdings nicht Arm in Arm mit ihm, nicht mit Schulterklopfen und zog dann an der Seite seines Japaners weiter. Der lachte sich halbtot über die virtuelle Obristenexistenz und sagte bewundernd: »You are good storyteller!« Ein Geschichtenerzähler heißt übrigens auf Japanisch »sakka«, und der ganze Satz steht in den schönen Schriftzeichen der Sprache in Reinholds Moleskin-Notizbuch, einem Geschenk Monikas.

Graffitti am Hafen

Amasra bot merkwürdige Überraschungen. Die lange Mole am Großen Hafen war mit den üblichen Sprühereien bedeckt, etwa: »Aysche, Ich liebe dich wahnsinnig, Ali«. Welch starken Glauben Ali doch an die Macht des Wortes haben musste! Erwartete er eine zweite Sprühschrift – »Ich dich auch, Aysche« – in rosaroter Farbe? Oder würde sie in Schwarz hinmalen – »Du kannst mich mal?« Oder würde sie, an dem Realitätsgehalt seiner Versicherung zweifelnd, spöttisch vor sich hin murmeln: »Ist doch nur fiktionale Topik« und gar nicht sprühen? Alltägliche Probleme der Pubertät tun sich so kund; nicht alltäglich waren an die Betonwand geschriebene Zitate, in Französisch, aus Nerval und Baudelaire. Wer in Amasra kannte sich unter modernen französischen Lyrikern aus? Wenn es jemanden gab, was augenscheinlich der Fall war, was hatte ihn zu solchen Graffitis bewegt? Die unterschiedlichen Sprühschriften verrieten zudem verschiedene Verfasser. Was trieb sie? Ebenfalls Liebeskummer? Liebe zu den Lyrikern? Der Wunsch, dem Städtchen ein literarisches Flair zu verleihen? Der Wunsch, sich selbst als einem gebildeten Menschen zu begegnen: Beim nächsten Spaziergang zu murmeln: »Das habe doch ich geschrieben?« In Pompeji haben die Archäologen Tausende von Graffittis an den Gebäuden entdeckt. Die Mehrzahl spricht von pornographischen Techniken, viel Neues gibt es nicht: Eine Frau etwa heißt »Fickmaus«, ein Mann »Fotzenlecker«. Doch Liebe zur Poesie findet sich auch hier. Neben andern Literaturzitaten erscheint mehrfach der Anfang von Vergils Aeneis: »Arma, virumque cano« – Waffen und den Mann besinge ich. Römerstolz oder Langeweile im Schulunterricht mag die Schreiber getrieben haben. Wer weiß es? Reinholds deutsche Wohngegend, von Heimat mag er nicht reden, ist auch übersät mit Graffitis, vorzugsweise die Bahnanlagen. Doch es sind banausische Aufsprühungen, nein, proletenhafte: Kein Literaturzitat, überhaupt wenige Texte, wenn, dann zu Fußballklubs. Reihungen von Abkürzungen liest er unverstehend; sie lassen sich sowohl als die Namen der flachköpfigen Verfasser der Schmierereien wie als Rockgruppen oder als Obszönitäten verstehen. Zurück nach Amasra.

Inzwischen war es später Mittag geworden; sie fanden das kleine Restaurant Şafak – »Morgenröte« und aßen gemeinsam drei Portionen hamsı. Jeder wollte danach einen Kaffee trinken, also bestellten sie einen mit Zucker, einen ohne. Der Kellner brachte zwei ohne Zucker. Ermahnt, kam er zurück, in jeder bloßen Hand ein Stück Zucker, doch ohne Löffel. Was sollten denn die beiden Kaffees kosten? Neun Lira. Das war entschieden zu viel. Was kostete denn ein Kaffee? Anderthalb Lira. Das war der normale Preis. Reinhold legte dem Kellner drei Lira hin; der wusste zwar, dass dieser teuflische Europäer ihn überlistet und auf den üblichen Preis zurückgeführt hatte, aber welche List er gebraucht hatte, das wusste er nicht, einen Rest Arroganz behielt er sich gegenüber den Ausländern gleichwohl.

Am großen Hafen parkte nachmittags neben ihrem Minibus ein Militärbus und die Rekruten vertraten sich wartend die Beine. Der Feldwebel eilte auf Reinhold zu und fragte: »Sind Herr Oberst tatsächlich Oberst?« »Was sonst?« Der junge Mann zögerte, ob er militärisch grüßen solle, setzte an, zögerte nochmals, denn Militärs grüßen die Uniform und nicht den Menschen, und führte dann zackig die Hand an die Kappe. Reinhold, seit einer Stunde Oberst und schon im Ruhestand, entließ ihn mit einem jovialen Winken.

PS: Izmir, Flughafen: Ein Lederklopfer oder ein hethitisches Siegel?

Reinhold hatte 2007 in Safranbolu in einem Antiquitätengeschäft einen Lederklopfer gekauft. Der Gegenstand, nicht jedem geläufig, wie sich zeigen wird, ist aus Metall; die neuen sind aus Stahl, die älteren aus Messing, die noch älteren aus Bronze. Nun, mit dem Alter ist es eine relative Sache; seiner aus Bronze zählte auch nicht mehr als vierzig bis fünfzig Jahre und war ganz gewiss keine Antiquität. Ein Lederklopfer hat eine kreisrunde, leicht gewölbte Basis, aus der ein konkav sich verjüngender Stiel wächst, der in einem walnussgroßen Knauf endet. Das ganze Ding ist ungefähr zehn Zentimeter hoch, schmiegt sich ausgewogen in die Hand und eignet sich trefflich, die Schädeldecke eines Widersachers mit einem Schlag zu zertrümmern. Dazu dient es, sei's gehofft, nur gelegentlich; seinen eigentlichen Zweck erfüllt es für Schuhmacher, die mit ihm Schuhleder, insbesondere Kappen, weich, glatt oder in die gewünschte Form schlagen. Um die Mitte des 20. Jahrhunderts muss es in der Türkei noch Tausende von Schuhmachern und folglich Zehntausende von Lederklopfern gegeben haben. Mit der wachsenden Popularität von gegossenen Plastikschuhen oder, bedrückender, mit der wachsenden Armut der Käufer wurden handgemachte Schuhe zu teuer und somit diese Werkzeuge arbeits- und herrenlos. Reinhold benutzte sie daheim beim Lesen als Seitenbeschwerer. Bei der Heimreise erschien ein derart massiver Gegenstand natürlich auf dem Kontrollschirm des Zolls am Flughafen Izmir. »Auspacken, bitte!« forderte ein junger, höflicher, ja freundlicher Beamter, »Was ist das?« Erklärt wurde ihm, in Reinholds kümmerlichem Türkisch, der Lederklopfer sei weder antik noch wertvoll; er sei so und so alt und habe diese und jene Funktion. Der junge Mann hörte ihm lächelnd zu und deutete mit dem Finger auf die Unterseite des Klopfers, die deutliche Schrammen und Arbeitsspuren zeigte: »Ist dies keine Inschrift und der Gegenstand nicht daher ein hethitisches Siegel von unschätzbarem Wert?« Reinhold lachte: »Ich kann das Ding auch hier lassen.« Aber überzeugt hatte er den freundlichen Zöllner noch nicht. »Zeigen Sie das Siegel doch Ihrem Kollegen am nächsten Kontrollschirm.« Der junge Mann warf ihm einen überraschten Blick zu, ging fünf, sechs Schritte in Richtung seines Kollegen, blieb stehen, betrachtete nochmals die hethitische Inschrift, drehte sich um und drückte Reinhold den Lederklopfer in die Hand: »In Ordnung und gute Reise!«

Der Busbahnhof als Dschungel und Bussitten unterschiedlicher Attraktivität

Betrat ein Reisender in den Siebzigerjahren überall und auch heutzutage noch an den meisten Orten die Hallen einer der großen Busbahnhöfe der Türkei, so wurde sein Auge magisch und verwirrend zugleich angezogen von einem Dickicht aus Holz- oder Plastiktafeln, die riesengroß und in schreienden Farben Städtenamen verzeichneten. Die bedeutendsten und weitest entfernten Orte hatten die größten Buchstaben, dann nahmen Distanzen und Lettern ab, bis am unteren Rand der Tafeln nur noch unbedeutende, nahe gelegene Lokalitäten winzig verzeichnet waren. Die Tafeln gehörten den verschiedenen Busgesellschaften und zeigten an, wohin ihre Busse fuhren. Fahrkartenschalter reihte sich an Fahrkartenschalter, jeder gehörte einer Gesellschaft, doch teilten sich oft mehrere Linien in ein Büro. Kleine und mittlere Unternehmen bedienten die unmittelbare Umgebung oder Teile des Landes wie den Westen oder Nordwesten. Ihr Name schon deutete auf den Wirkungsradius hin. Eine Gesellschaft aus Bergama hieß Bergamalar, d.h. die Leute aus Bergama, Sahililer, ebensolche aus Sahili; Pamukkale fuhr das Mäandertal ab, Akdeniz die Mittelmeerküste. Große Firmen hingegen wie Kamıl Koç und Varan hatten den Ehrgeiz, mit ihren Überlandbussen über Hunderte und Tausende von Kilometern Fahrgäste auch in die entlegenen Winkel des Landes zu tragen. Schon im Westen und Nordwesten der Türkei, sagen wir in Bursa, priesen sie Ziele im fernen Osten und Südosten an, Städte wie Kars, Van, Diyarbakır, Hakkarı, Urfa, Antakya.

Man mochte nicht recht glauben, von Bursa aus seien viele Reisende unterwegs nach dem elenden Kaff Hakkarı in den Bergen an der irakischen Grenze oder nach dem ebenso elenden Kars nahe der russischen Grenze; und so ganz fest beim Wort nehmen durfte einer die Verheißung der Zielorte auch nicht. Jedenfalls nicht in dem wörtlichen Sinne, dass der mit Diyarbakir ausgeschilderte Bus auf eigenen Rädern dorthin fuhr; er fuhr einige hundert Kilometer in die ungefähre Richtung, und irgendwo würde man umsteigen müssen. Das aber gestand der Mann hinter dem Fahrkartenschalter nicht ein. »Dieser unser Bus da drüben auf Perron vier fährt«, versicherte er, einen Schwur auf der Zunge und mit der Miene eines Ehrenmannes, »in fünf Minuten ab und ohne anzuhalten von Bursa bis zur persischen Grenze. Unser Bus ist zudem billiger, bequemer und um viele Stunden schneller als die Konkurrenz, die fährt eigentlich überhaupt nicht bis zur Grenze, und wenn schon, erst wieder den nächsten Monat.« Die Firmen heuerten Schlepper an, welche in dem Dschungel des Busbahnhofs gleich Raubtieren umherschlichen, die Namen der Ziele herausbrüllten, ihre Klauen in ratlose Fremde schlugen und diese als Beute zum eigenen Schalter zerrten. Dort verkaufte man den Fahrgästen die Karte und erteilte eine mit Ehrlichkeit versetzte Auskunft. Bleiben wir ein wenig bei den alltäglichen und allgemeinen Geschehnissen einer Busreise.

Die großen Busunternehmen gaben sich den Anstrich von Fluglinien. Der Fahrer trug eine marineblaue Uniformjacke mit breiten goldenen Armstreifen, er hörte nicht ungern auf den Titel kaptan; bei der Abfahrt in der Großstadt kletterte eine Stewardess in eleganter, eng anliegender Uniform an Bord. Die Schöne stieg allerdings an der nächsten Haltestelle aus und in einen Bus um, der sie zum Büro zurückbrachte. Je länger die Fahrt dauerte, desto mehr erblindete der Glanz der erdgebundenen Fluglinie. Der Fahrer behielt immerhin die gewaltige Sonnenbrille auf und die Krawatte mit dem Logo seiner Firma an, sein Beifahrer aber, der einen Teil der Nacht in den Kleidern geschlafen hatte, erreichte schnell den landesüblichen Grad an Verknautschtheit. Er ging durch den Bus und bot Limonade, Wasser und ein stark nach Zitronen riechendes Eau de Cologne an; er blieb freundlich und verschwitzt, einer Rasur bedürftig. Zu den häufigen Anblicken gehörte, dass auf einer Landstraße ein Bauer einen Bus mit knapper, auf und ab wedelnder Handbewegung anhielt. Wenn der Mann noch hundert Schritt entfernt seinen Feldweg entlang schlurfte und gestikulierte, wedelte er beileibe nicht ausladender. Der Wagen hielt, die Insassen sahen dem neuen Fahrgast neugierig zu, wie er sich im Schneckentempo näherte. Langsam, wiewohl eilig humpelnd, folgte seine Frau hinterher. Reiste er mit der Ehefrau, würde der Mann durch die hintere Tür in den Bus steigen, denn in den ländlichen Orten stiegen die Kopftuchträgerinnen dort in den Bus und ließen sich, massige Hüfte an massige Hüfte gepresst, auf der Rückbank und den hinteren Sitzplätzen nieder. Die Männer respektierten ihr Reservat. Dauerte der Einstieg eine Minute, dann dauerte er eine; dauerte er zwei, war es auch kein Beinbruch; der Beifahrer rief dem Fahrer zu, wann er weiterfahren konnte; niemand würde sich aufregen. Busfahren in der Türkei hätte beruhigende Wirkung gehabt, wäre es nur um das Einsteigen gegangen.

Ein weiteres Schauspiel: in den Siebzigern hatte man es oft gesehen, später, in den Neunzigern, auch noch, aber seltener: Der Überlandbus rollte langsam durch ein Dorf, ein Mann erhob sich von seinem Sitz, öffnete das Fenster, wickelte die zwei oder drei Tageszeitungen, die er frühmorgens an einem städtischen Busbahnhof gekauft hatte, zu einem Bündel und warf es mit Schwung auf die Straße. Sogleich ging jemand mit langem, langsamem Schritt zu den Zeitungen und hob sie auf. Der Mann im Bus hatte den Dörflern einen Gefallen getan, denn die Türken, auch die armen, waren starke Zeitungsleser. Und noch eine Bussitte, freilich der weniger angenehmen Art. In den Siebzigerjahren begegnete man ihr auf fast allen Busfahrten, später, in den Neunzigern, nur noch in kleinen und ärmlichen Bussen. Landfrauen waren lange Busfahrten weniger gewohnt als Männer, folglich wurde ihnen nach kurzer Zeit übel; sie reisten viel seltener, denn eine Fahrt durch die Provinzen oder in die große Stadt setzte einen frohen oder traurigen, in jedem Falle aber einen gewichtigen Anlass voraus. Sie nahmen also die von der Busgesellschaft bereitgestellten Papiertüten und erbrachen sich in diese; man möchte sagen, wie im Chor. Aber gerade das taten sie nicht: Selbst wenn fünf oder sechs Frauen sich gleichzeitig übergaben, so hörte man sie kaum; kein Klagen, kein Wimmern, kein Würgen. Still und demütig erbrachen sie sich; die Ungemach gehörte zur Reise.

Von Istanbul nach Manavgat, aber nur fast

Reinhold fuhr gern mit dem Bus durch die Türkei; es ging auch meist gar nicht anders, denn die Eisenbahnen erschlossen das Land nur kümmerlich. Wenn seine Geschichten Jahr und Reiseziel stets penibel angeben, so deshalb, weil er den jeweiligen zeitlichen und geographischen Zustand festhalten will, denn die Art und Qualität der Reisen ändern sich überaus schnell zum Besseren. Wie einer in den Siebzigerjahren vorankam, hatte mit Reisen in dem neuen Jahrtausend nichts mehr gemein. Wie lange ein Bus tatsächlich unterwegs war, zum Beispiel von Istanbul nach Izmir, verrieten einem am wenigsten die Busgesellschaften, welche aus Prinzip gewaltig untertrieben. Unter uns: Zwölf bis vierzehn Stunden, wenn der Wagen nicht im Umfeld von Istanbul in riesige Staus geriet. Überraschungen fehlten nie. So hatte Reinhold Ende der Achtzigerjahre in Istanbul bei der Busgesellschaft Akdeniz eine Fahrkarte nach Manavgat erstanden. Der Ort liegt an der Südküste, auf halbem Weg zwischen Antalya und Alanya. Einen Nachtbus hatte er sich ausgesucht, um der Hitze des Tages zu entgehen. Überdies hatte der Mann am Schalter versichert, selbstredend mit der oben erwähnten ehrlichen Miene, der Bus halte kaum und fahre wie der Blitz über Antalya und Manavgat geradenwegs nach Alanya. In Istanbul hängte also am Abend der Fahrer an die Vorderscheibe des Busses das Schild »Alanya«. Am nächsten Morgen stiegen alle Türken schon in Antalya aus; der Fahrer nahm das Schild ab, setzte Reinholds Gepäck neben den Wagen, und ehe der Ausländer sich von der Verblüffung erholt und seine Türkischbrocken zusammengeklaubt hatte, fuhr der Bus auch schon in einer Dieselwolke davon. Der Mann hinter dem Schalter der Akdeniz-Gesellschaft sprach mehr verwundert als entschuldigend auf ihn ein: »Soll unser Bus wegen eines einzigen Passagiers bis Alanya weiterfahren?

Bei den hohen Benzinpreisen? Der nächste Bus, einer von der Konkurrenz, geht doch schon in einer Stunde. Nochmals bezahlen brauchst du auch nicht, warum also die Aufregung?«

Körpergeruch und Kinderzahl eines Imam

Im Bus setzt Hermes, der Gott der Reisenden, stets einen Mann neben Reinhold, der sogleich den Ausländer erkennt und freimütig und unbefangen aus seinem Leben erzählt, dann jedoch ihm voll Neugier und mit persönlichen Fragen auf den Leib rückt. Reinhold tut sich schwer, auf derartige Kreuzverhöre einzugehen, mögen sie noch so landesüblich sein. Er liebt den Austausch intimer Information nicht; ist er nicht zu vermeiden, lügt er. In die Enge getrieben, traut er sich zudem selten, Zuflucht in hartnäckigem Schweigen zu suchen. Ein leichtes Wort hingegen, mit dem er eine angemessene Distanz zwischen sich und dem Frager hätte aufrichten können, kommt ihm nicht über die Lippen. Ob er den Inquisitor duldet oder zum Teufel wünscht, hängt von Laune, Hitze und Fragen ab. Er saß im Frühling 1998, auf einer Busfahrt von Bergama nach Izmir, neben einem jungen, fetten, schwitzenden, streng dünstenden Türken. Die Nachmittagssonne knallte auf die Fenster, selbst die staubigen Vorhänge hielten die Hitze nicht ab. Der Mann wandte sich ihm zu und erklärte mit vielen Brocken Englisch, er sei Imam, auf der Rückreise zu seiner Familie in einem Dorf bei Diyarbakir. Darauf kam er zu der üblichen Befragung nach Zahl der Ehefrauen und Kinder. Sein Nachbar gab vor, nur eine Frau, dafür jedoch zwei Kinder zu besitzen. Die spätere Ehefrau verschwieg er, zum Ausgleich legte er sich neben der real existierenden Tochter einen imaginären Sohn zu. So machte er es auf Fahrten in der Türkei schon seit langer Zeit, um des Ansehens willen, welches ein Sohnerzeuger genoss und auf das er, vom Gewicht der Wahrheit nicht erdrückt, ungern verzichtete. Anfangs hatte er sich immer wieder vertan, wenn er das Alter des Sohnes angeben sollte, bis er den imaginären Sohn mit dem einst real existierenden Hund Samuel gleichsetzte. Wie alt der Hund Samuel und folglich sein Sohn war, daran erinnerte er sich unschwer. Der Imam hatte sieben Kinder und eine Frau. Sieben Kinder seien yeter, genug. Sein altmodischer Vater, ebenfalls Imam, habe einundzwanzig Kinder mit zwei Ehefrauen gezeugt. Der junge Imam zeigte sich wohlwollend gegenüber den Christen, sie seien schließlich Leute des Buches. Er erkundigte sich nach islamischen Bräuchen in Deutschland, blieb umgänglich und räumte ein, ein Imam müsse in einem fremden Land seine Gläubigen nicht bei Tag und durchaus nicht bei Nacht mit dem Lautsprecher rufen und so die Einheimischen gegen sich aufbringen. Sein strenger Körpergeruch, fand Reinhold, störte längst nicht mehr so wie zu Beginn der Reise, dem Mann stand er gerne Rede und Antwort.

Karateschläge gegen einen Luftgegner

Wenn freilich jugendliche Dummköpfe seine Privatheit um nichts in der Welt respektieren wollten und ihn mit Fragen belästigten, kam er in Rage. Auf ein seltenes Flachhirn traf er auf einer Fahrt im Frühjahr 1998 von Mersin an der Südküste nach Ürgüp im Herzen Kappadokiens. Wie stets ging die Reise zunächst langsam voran. Der Bus quälte sich auf überfüllter Straße an den Industrieanlagen Mersins vorbei hinein nach Tarsos, weiter nach Adana, zum Busbahnhof weit vor der Stadt. Dort hörte Reinhold über die scheppernden Lautsprecher Städtenamen aus dem fernen, weiten Anatolien, und ihre Namen allein riefen Erinnerung und Sehnsucht nach einem Wiedersehen wach: Diyarbakır, Urfa, Iğdır, Erzurum, Samsun, Ankara. Hinter Adana führte eine Autobahn in die Taurusberge; das Wetter schlug um, kalter Regen fiel, nasser Schnee lag auf den Kuppen, zog sich herab bis zur Straße, ein Schneegestöber setzte ein, der Fahrer verringerte das Tempo nicht; die Reifen auch dieses türkischen Omnibusses waren, wie üblich, abgefahren. Neben ihm saß ein junger Türke und erzählte, er studiere in Konya. Reinhold hörte ihm kaum zu, sondern starrte ihn gebannt an. Zur Radiomusik im Bus trommelte der Student hektisch und unentwegt mit seinen Fingern auf einer Buslehne, dies Tun unterbrach er des Öfteren durch beidarmige Karateschläge in die Luft auf einen imaginären Gegner. Der Knabe brauchte weniger einen Sessel im Bus als eine Couch beim Psychiater. Nach dieser Vorstellung wollte er alles Mögliche wissen, Reinholds Alter, Beruf, Einkommen, Kinderzahl. Der fragte zurück: »Was nützt Ihnen die Information?« Der Inquisitor gab nicht auf und stellte die gleichen Fragen nochmals. Reinhold fuhr auf: »Ich denke nicht daran, mein Privatleben einem jungen Mann preiszugeben.« Das Nervenbündel schwieg pikiert und malträtierte weiterhin seinen Luftgegner mit Karateschlägen.

Ein schüchterner Vamp und ein antiker Meilenstein im Taurus

Auf der Rückfahrt von Kappadokien nach Mersin schien strahlende Sonne. In Ürgüp war der Bus noch fast leer. Ihm schräg gegenüber saß ein hübsches Mädchen, so um die achtzehn, neunzehn Jahre. Als ein junger Mann eine Karte für den Sitzplatz neben ihr vorwies, bat sie, sich zu Reinhold setzen zu dürfen. Der hatte noch nie so schüchterne, feucht-braun schimmernde Augen gesehen, eine richtige kleine Puppe mit Piepsstimme, doch aufgemacht wie ein Vamp. Das Gesicht bleich gepudert und stark geschminkt, das Haar hoch toupiert, eine hautenge Hose und hohe Plateauschuhe. Doch selbst ein türkischer Vamp hatte augenscheinlich Scheu vor jungen Männern, während Reinholds weiße Haare Vertrauen erweckten. Die Hinwendung einer sehr jungen Frau schmeichelte ihm; dass sie jedoch wegen seines Alters und nicht seiner männlichen Anziehungskraft neben ihm saß, gab ihm einen ganz leichten, ganz kurzen Stich. »In Belgien bin ich geboren und aufgewachsen«, plapperte das hübsche Kind auf Englisch, »jetzt studiere ich in Ankara Niederländisch, doch ich will zurück nach Brüssel. In Belgien lebe ich unbehelligter als hier, und dort möchte ich später, wo ich schon drei Sprachen spreche, im Tourismusgeschäft arbeiten.« An den Tourismus als Sesam-Öffne-Dich zum Reichtum glauben allzu viele jungen Menschen im Land. In Nevşehir stieg die belgische Türkin um in den Bus nach Konya.

Als der Bus in die Taurusberge fuhr, wurde die Luft leicht und hell. Der frisch gefallene Schnee glänzte. An der üblichen Raststation vor dem Ort Pozantlı hielt der Wagen, die Fahrgäste strömten in das Lokal; Reinhold nahm eine heiße Kuttelsuppe, streute roten Pfeffer darauf, aß, zahlte und ging an einem Bassin mit Forellen vorbei zurück zum Parkplatz. In der linken Ecke verkaufte ein Händler Pornohefte. Türkische Frauen standen am Eingang des Lokals vor zwei antiken Meilensteinen und pafften, so schnell es ging und bevor der Bus weiterfuhr, ihre Zigaretten. Reinhold kramte seine Kamera hervor und photographierte die Inschriften der Meilensteine, welche er früher bei Nacht oder schlechtem Licht schon mehrmals inspiziert hatte. Jetzt studierte er den linken genauer und glaubte zu lesen:

...A]X G E[...
...]POTEST[...]IMP III COS[
...]VIAM TAVRI VETUSTATE[...
...]AM CON PLANAM S MONTI[...
...]SIS RVPIBVS AC DILATA
...]RIBVS CVM PONTIBVS
...]RESTITVIT
...]A PYLAS M P XV

Den Sinn konnte er zu seiner Befriedigung in den Grundzügen ausmachen. Jemand, ein hoher römischer Provinzbeamter, hatte die altersschwache Passstraße, fünfzehntausend Meilenschritte von der Taurischen Pforte an gezählt, ausbessern lassen, die Brücken erneuert, die Straße erweitert und Fels wegschlagen lassen. Dies geschah, als der regierende Kaiser zum dritten Mal den Imperatortitel trug und in dessen (soundsovieltem) Konsulat.

Die Türken als Erfinder der Mathematik

Im feuchtheißen Mersin drängte es ihn im Mai 1999 wieder einmal nach einem Wochenende in der kühlen, reinen Luft Ürgüps. Also bestieg er den Bus nach Nevşehir, dort würde er umsteigen müssen. Ein dicker Mann zwängte sich auf den Platz neben ihn. »Ich bin«, begann er sogleich ein Gespräch, »Mathematiklehrer an einer Volksschule und habe Sohn und Enkel in Mersin besucht und fahre jetzt zurück in mein Dorf vor Nevşehir.« Der Mann, das Inbild eines guten, gemütlichen Großvaters, stellte die üblichen Fragen nach Alter, Beruf und Familie, drehte sich um und gab die Auskunft sogleich an die Reisenden auf den nächsten Sitzreihen weiter. Die neuen Freunde (anders gesagt: der halbe Bus) nahmen die Antworten beifällig auf. Reinhold bemerkte radebrechend, welch schlechte Noten er in der Schule in Mathematik erhalten habe, und schnitt damit offenbar ein Lieblingsthema an. »Die Türken«, versicherte der Großvater, »sind das einzige mathematisch begabte Volk auf Erden; wir haben die Mathematik erfunden und den Europäern gebracht.« Als Beweis führte er einen Hofmathematiker Selims I. an, der alle Europäer in Erstaunen versetzt habe. Reinhold hatte von dem Mann irgendwo gelesen, wusste aber nicht mehr, wo. »Aber haben nicht auch«, wandte er ein, »die mittelalterlichen Araber eine große Rolle als Lehrmeister Europas in der Mathematik gespielt?« »Pah«, entgegnete der Dorfschulmeister hitzig, »die Araber haben mit Mathematik nichts zu tun, sie verstehen von ihr überhaupt nichts, von Arabern hat noch nie jemand irgend etwas lernen können.« Und wiederholte mehrfach: »Wir Türken sind die Erfinder der Mathematik.« Sein Nachbar blickte aus dem Fenster auf die triste Industrielandschaft vor Tarsus und schwieg. Bis zu dem vor Nevşehir gelegenen Dorf des Rechenmeisters plauderten sie dann noch über dies und jenes, darunter den türkischen Fußball.

Die Willenskraft von Landfrauen

Auf dem Busbahnhof von Nevşehir herrschte das alltägliche Durcheinander. Nur fünf Reisende fuhren weiter bis Ürgüp, für sie lohnte sich kein großer Bus der Firma Nevtur. Ein wortreicher Streit entspann sich unter den umherstehenden Busfahrern; jeder weigerte sich, die kleine Gruppe mitzunehmen, niemand schien das Sagen zu haben. Endlich durften die Fünf in einen leeren Minibus einsteigen, Reinhold setzte sich in die Mitte des Wagens, vier bäuerliche Frauen nahmen auf der Rückbank Platz. Kurz vor Ürgüp, neben dem Dorf Ortahisar, wollte der Fahrer geradenwegs auf der Landstraße durchfahren, aber die Frauen erhoben lautstarken Protest; sie bestanden darauf, nach Ortahisar gebracht zu werden, auf einem Umweg von einigen wenigen Kilometern. Ihre Wortführerin reckte einen muskelreichen Arm in die Luft und hämmerte mit eiserner Stimme unablässig auf den Fahrer ein, ihr Stakkato klang wie ein schweres Maschinengewehrfeuer. Reinhold blickte auf den Fahrer. Der drehte sich einige Male halb um und versuchte, Einwände anzubringen, nichts davon, das Gewehrfeuer ließ nicht nach, der Mann rutschte auf seinem Sitz in sich zusammen und sagte keinen Ton mehr. Sein junger Beifahrer schaute den Fremden stumm an und zuckte leicht mit den Schultern. Der Bus bog nach Ortahisar ab und entließ die Frauen. »Lass mich hier hinaus«, gebot die eine und deutete auf eine Straßenecke. Die zweite protestierte: »Ich will erst zwei Häuser weiter aussteigen.« Die dritte und vierte wollten ans andere Ortende gefahren werden. »Merke«, rät der Erzähler, »es soll einer scharf hinsehen, bevor er von der Unterdrückung der Frau durch den Mann spricht.«

Wie heißt das beste Buch über die türkische Geschichte?

Auf der Rückreise von Ürgüp nach Mersin saß neben Reinhold ein junger Mann, dessen glutvolle Augen an arabischen Einschlag denken ließen, und erzählte von seiner Familie. Er stamme aus

Maraş im Südosten der Türkei; sein Vater habe seine Mutter nach alter Sitte bei Nacht entführt, da beide Familien sich einer Heirat widersetzt hätten. Die Brüder der jungen Frau hätten die Verfolgung aufgenommen, freilich eher um den Schein der Rache zu wahren als auf Blutvergießen erpicht. Eine Entführung mache die sofortige Heirat unumgänglich, sie sei heute noch ein probates Mittel gegenüber renitenten Eltern. Reinhold wunderte sich über die intimen Auskünfte, doch dann wechselte der Junge das Thema. Die Eltern seien arm und ungebildet, sie hätten ihn nur mit Mühe durch die Schule gebracht. Gleichwohl habe er es als erster in der Familie bis zur Universität gebracht, fügte er stolz hinzu, er studiere Tourismus in Nevşehir, an einem Ableger der Universität Niğde und pries beide Städte – sie waren in deutschen Augen gleichermaßen trist und öde – als gute Orte für ein Studium. Auf seine Weise klang er einleuchtend: »In Niğde ist so wenig los, dass man sich auf die Arbeit konzentrieren kann. Wir Studenten bilden unsern eigenen Kreis und haben mit den andern jungen Leuten der Stadt nichts zu tun. Die Abende verbringe ich unter Freunden beim Billard und mit Teetrinken. Nur einmal im Monat trinke ich ein Glas Bier, und das schmeckt mir nicht einmal.«

Dann kritisierte er seine Professoren auf eine naive, aber nicht unsympathische Art. »Niğde ist die Hauptstadt Patagoniens«, sei ihr ständiges Klagelied. Reinhold, der Patagonien aus eigener Anschauung nicht kannte, war dennoch geneigt, ihnen zuzustimmen. Der Geschichtslehrer kam besonders schlecht weg. »Er vertritt die Politik der Türkei wie ein elender Chauvinist«, klagte der junge Mann, »die Türkei hat in allem recht und er, der Lehrer, selbstredend ebenso.« Seine Lehren diktiere er ihnen ins Heft, und diese hätten sie wortwörtlich zu memorieren. »Es gibt doch«, so der Zweifler, »sicher auch andere Meinungen? Was sagen denn Historiker in Europa und Amerika? Ich will mir demnächst ausländische Geschichtsbücher kaufen, dort kann ich unterschiedliche Standpunkte nachlesen, dann bilde ich mir meine Meinung. Kennen Sie das beste ausländische Buch über die türkische Geschichte?« Der junge Mann hatte recht; er wurde von einem Lehrer daran gehindert, ein eigenes, kritisches Bewusstsein auszubilden. Solche akademischen Esel hatten die Studenten der Universität Niğde nicht verdient. Der Student zeigte sich auch auf anderem Gebiet als vorläufiger Idealist. Er beklagte die Moral im Touristengeschäft, zu viel werde betrogen, selbst die Mitstudenten lernten und übten schon eifrig den Betrug; er selbst wolle sich von solchem Tun fernhalten und anständig bleiben. »Ich weiß allerdings nicht«, lachte er, »ob mir dies gelingen wird.« Reinhold, über eine mongolische Steppe von Jahren von dem jungen Mann entfernt, blickte zu ihm hinüber, angerührt von seinen Zukunftsentwürfen, mochten sie auch undeutlich und naiv sein.

Freie Busfahrt für Kinder

Monika und Reinhold hatten im April 1998 einige Tage in Antakya verbracht und fuhren zurück nach Mersin. Auf dem Busbahnhof von Antakya drängte ein Menschenschwall in die Fahrzeuge; der Fastenmonat Ramadan und das Bayram-Fest waren vorüber. Jeder Bus war fast bis auf den letzten Sitzplatz gefüllt; ein Wagen nach Mersin fuhr langsam auf den Ausgang des Bahnhofs zu, die beiden sprangen gerade noch durch die offene hintere Tür, sie gewandt und mutig, er angestrengt und ängstlich, und ließen sich aufatmend auf die letzte Bank fallen. Vor ihnen schaukelten die runden, schwarzhaarigen Köpfe der Fahrgäste, geduldig der unausweichlichen Schlaglöcher harrend. Nur eine Familie gab keine Ruhe. Der Vater, klein, schmächtig, unscheinbar, die Mutter, schlank und schön, standen immer wieder auf, um nachzusehen, wo denn in dem übervollen Bus ihre Kinder wie die Puppen beim türkischen Karagöztheater auf- und abtauchten. Vier Mädchen waren es, ungefähr im Alter von acht, sechs, vier und zwei Jahren, sie drängelten nach vorn zu einem frei gewordenen Platz, dann drängelten und schubsten sie zurück zu den beiden Sitzen ihrer Eltern, wo sich ein Säugling flennend über Schoß und Brust der Mutter wälzte. Darauf drängten die Kinder wieder nach vorn. Kein Fahrgast beklagte sich; kein unwirsches Wort fiel über die stete Schubserei; im Gegenteil: Die Erwachsenen waren selbst Väter und Mütter und sahen den wuselnden

Kindern lächelnd zu. Die Kinderfreundlichkeit und Gelassenheit der Türken war zu bewundern und so viel ansprechender als das Schimpfen deutscher Reisender in ähnlichem Gedränge. Und wie viele Sitzplätze hatte die augenscheinlich arme Familie bezahlt? Der Beifahrer, von Reinhold gefragt, flüsterte ihm ins Ohr: »Zwei.«

Konya

Ramazan, Rumi, Scherben der Seldschuken und ein Geschichtenerzähler

Auf der Suche nach sündigem Getränk

Ende der Siebzigerjahre verbrachte Reinhold nicht zum ersten Male einige Tage in Konya. Er mochte die Stadt nicht; Fremdenfeindlichkeit lag in ihrer Luft; eine junge Frau trat aus der Haustür und spuckte ihm mitten ins Gesicht, als er durch die Altstadt schlenderte. Das hätte ihn weniger überrascht, wenn er damals gewusst hätte, dass Konya eine Hochburg des islamischen Fundamentalismus war. Er erinnerte sich, wenige Jahre früher mit Lisa in einem Hotel in der Stadtmitte (dem Şehir Oteli?) irgendwo hinter dem Hauptpostamt gewohnt zu haben. Am Abend wollten sie ausgehen, um ein Glas Bier nach einem heißen Tag zu trinken. Also gingen sie über den Konak Platz und die Hauptstraße, den Alaedddin Bulvarı, hinauf und hinab: Kein Restaurant, kein Hotel, keine Bar verkaufte ihnen Bier oder Wein, von Raki ganz zu schweigen. Auch die Ladenbesitzer hatten allesamt ihre Regale bis auf die letzte Flasche von alkoholischen Getränken geleert. Es war Ramazan, der Fastenmonat, und Konya hatte mit der weltlichen Türkei Atatürks nichts am Hut. Die stickige Abendluft und die Wolken scharfkörnigen Staubs, die der Wind von der anatolischen Ebene herabtrieb und durch die Straßen fegte, kratzten an ihren Kehlen. Endlich gab ihnen eine mitleidige Seele an der Hotelrezeption einen Ratschlag, der ihr am Tor des christlichen Himmels reichen Lohn einbringen wird.

»Geht«, sprach der Mann, »in den Park der Internationalen Messe Konya; dort, im Messerestaurant, werdet ihr in vollen Zügen schlürfen können wie ein ermatteter Hirsch an seiner abendlichen Wasserstelle.« Die beiden zogen nochmals den Alaeddin Boulevard hinab, erschöpft, als hätten sie die anatolische Hochebene durchquert, wanderten um den riesigen Hügel des Alaeddin Park herum und fanden schließlich das Restaurant. Es lag gut verborgen hinter Bäumen, und ihr erstaunter Blick fiel auf ein malerisches Bild: Bunte Lampions hingen in den Zweigen und warfen, vom Winde bewegt, huschende Lichter. Im Lokal und auf der Terrasse waren alle Tische besetzt. Ein nicht unbeträchtlicher und tapfer sündigender Teil der männlichen Bevölkerung Konyas stocherte munter in Schüsselchen mit diversen Vor- und Hauptspeisen und trank milchiges Zeug aus hohen Gläsern. Gerötete Wangen und eine weithin tragende Konversation verrieten, dass Raki, und nicht mit Wasser versetzter Yoghurt, die Kehlen hinabfloss. Reinhold und Lisa wurde flink ein Tischchen hingeschoben, zwei Stühle, dann nahmen sie eine köstliche Mahlzeit zu sich, gebratene Lammnieren, verschiedene Salate, kalter, kremiger Reispudding, frische Trauben und, das sei nicht vergessen, zwei Flaschen guten Weißwein. Gott lächelte herab, und nicht nur auf die Gläubigen.

Die Mevlana Tekke: Ein frommes Museum

Konya besaß viel bewundernswürdige seldschukische Kunst. Die Alaeddin Moschee war wegen Restauration geschlossen, sooft Reinhold sie besichtigen wollte, aber das machte nichts. In Istanbul hatte er im Ibrahim Pascha Palast mehrfach die eleganten mittelalterlichen Kelims der Moschee gesehen, die Farben schwarz und tiefblau, ochsenblutrot und elfenbeinweiß, die kühnen geometrischen Muster aus

Sternen und Rhomben. Türen und Mauern vieler mittelalterlicher Gebäude in Konya trugen kufische Inschriften, ihre kraftvolle, männliche Kalligraphie liebte er sehr. In der Mevlana Tekke, durch die Jahrhunderte der größte Anziehungsort für Pilger, später ein Museum und nun wieder gefüllt mit Pilgern, fühlte er sich fehl am Platz. Von Staats wegen ist die Klosterschule immer noch ein Museum. Sie birgt das Grab Mevlanas, des großen persisch-türkischen Mystikers, gestorben 1273, und Reinhold, ein weltlicher Besucher, hätte unbesorgt in ihr umherspazieren können. In der Tat hatten die Klosterzellen einen weltlichen Anstrich; die in ihren Zellen betenden Derwische, nachgebildet aus Pappmaché, verliehen der Szene einen Hauch von Disneyland. Im Innern der Tekke, unter der grünen Kuppel, blickte er auf einfache ländliche Menschen, auf die vielen Pilger, welche in die Grabkammer eintraten und dort in Gebetshaltung innehielten, die Handflächen vor das Gesicht gehoben. So viele waren ihrer, dass die Luft von frommen Wünschen und demütigen Gebeten zitterte. Die drängelnden Seelen, ihre vielen und verschiedenen Wege auf der Suche nach Gott rührten ihn an. Er blieb stehen vor dem Sarg Mevlanas, dessen Name im Arabischen »Herr« bedeutete und der nach seinem langjährigen Wohnort Konya, der Hauptstadt, dem Rom der seldschukischen Sultane, den Beinamen »der Römer«, Rumi, trug. Von Mevlanas Gedichten kannte er zu wenige. Eins übersetzte er sich aus dem Englischen:

Ich starb als Gestein und wurde zu einer Pflanze,
Ich starb als Pflanze und erhob mich zu einem Tier,
Ich starb als Tier und wurde zu einem Menschen.
Warum sollte ich mich fürchten? Wann wurde ich durch den Tod weniger?
Doch noch einmal werde ich als Mensch sterben, um aufzufahren
mit den gesegneten Engeln. Aber selbst aus dem Engeldasein
muss ich weitergehen. Alles außer Gott vergeht.
Wenn ich meine Engelseele geopfert habe,
werde ich werden, was kein Verstand je gefasst hat.
Lass mich nicht existieren! Denn Nichtsein
verkündet in Tönen der Orgel: 'Zu IHM werden wir zurückkehren.'

Er lauschte einem endlosen Band, welches Ney, die melancholische Flötenmusik der Derwische, spielte, und wurde selber melancholisch. Über der Tür des Mausoleums stand eine persische Inschrift:

Jedem, der unerfüllt hierher kam, wurde hier seine Ganzheit gegeben.

Er war kein Derwisch; die Worte trösteten ihn nicht, von zurückgegebener Ganzheit spürte er nichts. Wenn er eine grämliche Laune verscheuchen wollte, würde er in das archäologische Museum mit seinem gefälligen kleinen Garten gehen. Dort saß er manchmal im Schatten der Bäume, umgeben von schweigenden späthethitischen Steinlöwen, und trank seinen Tee. Die Löwen lächelten, zumindest gaben sie sich Mühe zu lächeln.

Die Gesichter Kaykubads

Die Büyük Karatay Medresesi, ein gut restauriertes Gebäude aus der Mitte des 13. Jahrhunderts, beherbergte die Funde aus Kaykubad, dem Sommerpalast, den sich der Seldschukensultan Alaeddin Kaykubad um 1230 am Ufer des Beyşehir Sees baute. Die Vitrinen des Museums waren gefüllt mit kleinen glasierten Ziegeln. Künstler hatten das frohe, festliche Leben seiner Höflinge auf die Scherben gemalt.

Reinhold betrachtete phantastische Lebewesen: Greifen, Meerjungfrauen und Meermänner, Drachen, halbmenschliche Vögel, doppelköpfige Adler, jene autokratischen Vögel. Doch die Gesichter der seldschukischen Menschen zogen ihn am stärksten an. Ihre Physiognomie war fast chinesisch, jedenfalls viel fernöstlicher als die Gesichtszüge irgendeines Türken draußen auf der Straße. Diese Männer und Frauen waren wohlgenährt; man darf wohl sagen: Sie hatten fette Gesichter. Es war eine heitere, ausgeruhte und in sich ruhende Fettheit, wie die im Gesicht eines chinesischen Buddhas. Die Augenbrauen, stark und tief schwarz, liefen in der Mitte der Stirn zusammen, die Wangenknochen standen hervor, die Münder waren puppenhaft klein und zierlich geformt. Die Gesichter strahlten die Lebenskraft und Macht eines Steppenvolkes aus und zugleich die Verfeinertheit eines königlichen Hofes. Er erinnerte sich lebhaft, einmal einen lebenden Türken mit ähnlichen Gesichtszügen gesehen zu haben, in Mersin, auf der medizinischen Station der Universität. Ein junger Arzt, so schien ihm, leuchtete in dem abgedunkelten Zimmer wie eine mittelalterliche, mongolisch-chinesische Schönheit: Ein helles Gesicht, volle Wangen, reine, hochgeschwungene Augenbrauen; er hätte für einen göttlichen, männlichen Mond gelten können.

Ein Geschichtenerzähler

In den späten Siebzigerjahren, als Konya weder Verkehrsampeln noch Kreisverkehr noch Verkehrspolizisten hatte oder, falls es sie gab, diese gänzlich beiläufig waren und nicht einmal zur Dekoration dienten und Fußgänger bei einer Straßenüberquerung um ihr Leben laufen mussten, kam Reinhold einmal knapp mit dem seinen davon. Gegenüber der Selimiye Moschee warf er sich mit einem für seine Körperkräfte gewaltigen Sprung auf die hohen Bordsteine und vereitelte so im letzten Moment, von einem unbeteiligt dreinschauenden Lastwagenfahrer zu Tode gepresst zu werden. Da stand er nun zitternd und schwitzend. Neben ihm saß auf den Bordsteinen ein halbes Dutzend ältlicher, stoppelbärtiger Türken; sie trugen flache Kappen und hatten sich in braune Pullover und graue Jacken gewickelt; es war Juli. Die Männer tranken ihren Tee, als ein ältlicher Türke auf einem quietschenden Fahrrad heranstrampelte. Er setzte beide Füße in den Straßenstaub, bremste und, das Fahrrad noch zwischen seinen Beinen, schüttelte ringsum die Hände. Dann nahm er ein Glas Tee in Empfang und begann zu erzählen. Die Männer hörten wie verzaubert zu.

Der Türke erzählte eine Geschichte, in der das Wort şeytan, Teufel, häufig vorkam; mehr konnte Reinhold nicht ausmachen. Als die Geschichte sich entfaltete, kam von den Lippen des Mannes die schrille Stimme einer Frau, dann die süße Stimme eines jungen Mädchens, ein junger Mann rief dazwischen, ein Greis polterte. Die Gesten des Erzählers wurden theatralischer, seine Stimmführung dramatischer, doch plötzlich hielt er inne, und seine Zuhörer sahen zu ihm auf, der Tee in ihrer Hand und die Zigarette zwischen ihren Fingern waren vergessen. Er nahm eine Zigarette und einen weiteren Tee von seinen Freunden an, trank und rauchte in aller Ruhe, setzte die flache Mütze ab und ließ sie umhergehen. Ohne Murren legten die Männer kleine Geldbeträge hinein. Der Erzähler strich die Kollekte zusammen, räusperte sich und fuhr in der Geschichte fort. Als er geendet hatte, kam kein Laut von seinen Zuhörern, doch ihre Gesichter glänzten vor Vergnügen. Der Mann schob das Fahrrad, das er immer noch zwischen die Beine geklemmt hielt, ein paar Schritte und radelte gemächlich schwankend davon.

Kayseri

Reinhold verehrt den Berg Erciyas

Im Mai 1999 nahm Reinhold den Bus von Ürgüp nach Kayseri. Hinter Ürgüp stieg die Straße an; rechts beherrschte das düstere Tepe Hotel, wie ein kleines Kastell mit Zinnen versehen, einen Hügel, aus der Nähe sah man den Verfall. Veli Baba, sein langjähriger Freund in Ürgüp, erklärte, es stünde schon seit einiger Zeit leer. Neue, große Feriensiedlungen türkischer Konzerne und Gewerkschaften folgten, dann wurde die Straße eng, kurvenreich und gefährlich, denn auch daran hatte sich nichts geändert, dass türkische Fahrer an die Existenz von Gegenverkehr nicht glaubten und Kurven am liebsten schnitten. Die Dörfer rechts und links waren vom Tourismus unberührt; wie überall in Kappadokien standen von sehr vielen Häusern nur noch halb zerfallene Mauern; die griechischen Besitzer waren seit Jahrzehnten außer Landes. Die Fahrt führte auf halber Talhöhe an von Höhlen durchlöcherten Felshängen vorbei. Dicht neben der Straße reihte sich unter der Erde Vorratskeller an Vorratskeller. Der weiche Bimsstein der Vulkangegend war ohne Mühe auszuhöhlen, die Eingänge brachte man ein bis zwei Meter unterhalb des Ackerbodens an und verschloss sie mit einfachen Holzladen. In riesigen unterirdischen Gewölben der gleichen Machart, so vor Ortahisar, wurden Orangen und Zitronen gelagert, die mit Lastwagen aus andern Teilen der Türkei herbeigekarrt wurden. Die Früchte sollten in der gleichbleibenden Temperatur nachreifen. Bei einigen kleinen Kellern war das Dachgewölbe eingestürzt, weil die deckende Felsschicht zu dünn geworden war. Den Talgrund bedeckte ein Teppich von Weinstöcken; in dem Grün der Baumkronen schimmerten weiße Blüten wie spärlicher Schnee. Die Straße schlängelte sich auf eine Passhöhe, von der sie in weiten Serpentinen abfiel in die Ebene von Develi; im Sonnenlicht glänzten unten drei silberne Spiegel, Salzseen. Die Ackerkrume verschwand, eine kahle Steinwüste bedeckte die Hänge. Vor Jahren hatte Reinhold neben der Straße zwei riesige Geier hocken sehen. Der majestätische Erciyas, mit 3916 Metern der höchste Berg Kleinasiens, erhob sich gegenüber, unterhalb seiner Spitze trieben dichte Wolken dahin, der einsame Hauptgipfel schien, von der Erde getrennt, im hellblauen Himmel zu schweben, an seinen Hängen glitzerte Eis. Reinhold hatte den in der Antike als Argaios berühmten Berg seit dem ersten Anblick immer mit einer Mischung aus Ehrfurcht und Zuneigung betrachtet. Ein heiliger Berg war er seit Urzeiten und in der Schönheit seines Umrisses und der ihm entgegengebrachten religiösen Verehrung ein Bruder des Fujijama. Strabo behauptet, von ihm aus seien sowohl das Schwarze Meer wie das Mittelmeer zu erblicken. Der Erciyas ist ein erloschener Vulkan; eine gewaltige Eruption hatte einst einen Krater gerissen, dessen Felsmassen zu Staub und Wolken zermalmt über Kappadokien hinwegzogen und zu phantastischen Tuffformationen hinabsanken. Der Argaios war die Wohnstätte eines uralten, vielleicht hethitischen Gottes oder sogar der Berggott selber, dem noch eine menschliche Gestalt abging. Peter Weiß erklärt das Bild des Berggipfels auf antiken Münzen so, dass er als eine Gottheit, die man leibhaftig vor Augen hatte, dargestellt wurde.

Der Bus nahm in der Ebene die wohlausgebaute, von Niğde kommende Straße und legte Tempo zu. Er bog hinter Incesu nach Kayseri ab. Die weite Landschaft war kahl geblieben, doch wie überall in der Türkei hatte sich das Weichbild der Städte stark verändert, die Vorstädte wuchsen kilometerweit ins Land hinaus. Das neue Kayseri machte einen modernen, wirtschaftlich avancierten Eindruck, weitläufig angelegte Gebäude internationaler Gesellschaften und Autokonzerne säumten die Einfallstraße. Bis vor wenigen Jahren boten Dutzende von kleinen Autoreparaturwerkstätten ein einförmiges Bild anatolischer Armut, elend, verdreckt, verfallen und malerisch, letzteres nur für die Touristen. Ihre Besitzer hatten aufgegeben oder waren anderswohin gezogen. Vom Busbahnhof, dem für Dolmusche auf der Osman Kavuncu

Caddesi, nicht dem großen, weit draußen gelegenen des Fernverkehrs, ging er nur wenige Minuten bis zur alten Stadtmauer und versuchte vergeblich, sich an den Bauplan der Festung und überhaupt an das Kayseri früherer Besuche zu erinnern. Neue, weite Straßen, eine Unzahl von neuen Banken, Parkanlagen, ein mörderischer Verkehr verwirrten ihn. Der Innenhof der Zitadelle beherbergte einst Bauschutt, Gerümpel und stinkenden Abfall. Wie ehedem prallte er im Jahre 1999 vor infernalischem Gestank zurück. Ein Hof diente als Abdeckerei; die Pflastersteine waren dick mit dunklem, geronnenem Blut beschmiert, die Köpfe von Schafen hatte man auf einen gesonderten Haufen geschichtet, die blutigen Felle auf einen andern. Er trat zurück und schlenderte durch wohlaufgeräumte, saubere Basarstraßen. Ihn schwindelte angesichts des Wandels, der ihn schmerzhaft darauf stieß, wie viel älter er geworden war. Er setzte sich in ein Café und sah einem Storch nach, der über die Zitadelle flog.

Ella erscheint

Ende der Sechziger- oder Anfang der Siebzigerjahre war er schon einmal in Kayseri gewesen, allein, aus Deutschland war er bedrückt und bekümmert geflohen. Sein Herz schlug auch in Kayseri nicht ruhiger. Gegen Abend kroch er in ein kleines, nicht sonderlich sauberes Hotel dicht an der Zitadelle. Die Mauern der Festung, besetzt mit vielen Storchennestern, hätte er aus dem Fenster gebeugt fast berühren können. Er verfiel in einen unruhigen Schlaf, aus dem er am frühen Morgen, das milchige Tageslicht fiel schon ins Zimmer, jäh emporschreckte. Seine Freundin Ella stand leibhaftig am Fuße des Bettes und sah ihn unverwandt und tiefernst an. Die Haare standen ihm zu Berge; er wusste, würde er auch nur ein einziges Wort an sie richten, geschähe Schreckliches; die Zunge war ihm gelähmt. Er starrte voller Furcht auf sie, im Fenster zeichnete sich die Mauerkrone der Zitadelle deutlich ab; ein Traum war dies nicht, nicht jedenfalls in diesen Minuten, denn die Erscheinung blieb, schwieg und war dem Anfassen nahe. Was wollte sie von ihm, was sollte er tun? Er war zur Flucht, zu jedem Gedanken unfähig, das gesträubte Haar prickelte, eine Gänsehaut überlief die Arme. So unvermutet, wie sie gekommen, verschwand Ella, doch nicht wie ein Nebel, der sich langsam auflöste: Von einem Augenblick zum nächsten war sie gegangen. Reinhold blieb noch Minuten aufrecht im Bett sitzen, stand auf, ging zum Spiegel, sah sein Haar noch immer zu Berge stehen, trat ans offene Fenster. Die Luft strich kühl über sein erhitztes Gesicht; plötzlich erklang schnelles, lautes Gewehrfeuer, Reinhold fuhr zusammen: Die Störche auf der Zitadelle hatten, wie auf ein Kommando, ihr morgendliches Schnabelklappern begonnen. Er schlief nicht mehr ein. Noch viele Jahre nachher sträubten sich ihm die Haare und lief ihm ein Schauer über die Haut, wann immer ihn die Erinnerung an Ellas Erscheinung und die Störche überkam. Landläufige Erklärungen lehnt er verächtlich ab.

Deutschstunde und Wegweisungen

Das kleine Hotel fand er nicht mehr, also wanderte er außen um die düsteren Basaltmauern der Zitadelle und setzte sich auf eine Bank vor einer Moschee, neben dem von dem Großwesir Ibrahim Pascha gestifteten gedeckten Basar. Sogleich steuerten zwei Jungen auf ihn zu und fragten ihn auf Deutsch: »Woher kommst du?« Der eine zählte, wie er später erfuhr, fünfzehn Jahre, der andere sechzehn, beide trugen die blaue Jacke eines Anadolu Lisesi, eines Gymnasiums für türkische Rückwanderer, weiße Hemden, blaue Krawatten mit dem Emblem der Schule. Sie wollten den Fremden begleiten und ihre deutsche Zunge an ihm wetzen. Die nächsten zwei Stunden wurden zu einer sprachlichen Geduldprobe, der er sich mit einigem guten Willen, da er die kleinen Türken nett fand, unterzog. Ihr Repertoire an kurzen Sätzen hatten sie bald aufgebraucht: »Bist du deutsch?« – »Was ist deine Stadt?« – »Was ist dein Name?« – »Liebst du Türkei?« – »Ist Kayseri schöne Stadt?« –» Wo ist dein Hotel?« Längere Sätze bedurften der Beratung. Sie steckten die Köpfe zusammen und tuschelten, bevor der ältere das sprachliche Ergebnis vortrug. Ab und an gelangen ihnen Sätze von tiefer poetischer Dunkelheit wie: »Gehst du spät?«

Sie führten ihn zunächst zur Touristeninformation. Dort, einige Stufen hinab, in einem großen, kühlen Raum, saß ein beleibter älterer Türke, trug Anzug und Krawatte und trank Tee; ein jüngerer, mit offenem weißen Oberhemd und schwarzer Hose, bediente ihn. Der Ältere erhob sich freundlich und bejahte die Frage, ob das ethnographische und das archäologische Museum geöffnet seien. Sein Famulus überreichte zudem einen xerokopierten Plan der Stadt, auf dem die Lage der Sehenswürdigkeiten mit Ziffern eingetragen war. »So weit, so gut«, dachte Reinhold und suchte auf dem Blatt den Weg zum archäologischen Museum, was aber so einfach nicht war, da zwar die Hauptstraßen eingezeichnet waren, diese aber nur in der kleinen Minderheit einen Namen trugen. Er befragte also den älteren Türken, der wedelte mit der Hand, welches bedeutete: »Immer geradeaus und dann links.« So verlief der Weg auf dem Plan durchaus nicht; unser Türke jedoch hatte sich durchaus landesüblich verhalten.

Wegbeschreibungen, das hat nicht nur Reinhold erfahren, folgen nicht selten diesem Muster: »Geh immer geradeaus, doğru, es ist nicht sehr weit, du kannst es nicht verfehlen.« Den Weg nach der Länge, in Metern oder Kilometern, zu messen, kommt dem Landeskind, insbesondere dem dörflichen Mann, nicht in den Sinn; allenfalls gibt er eine ungefähre, nach einem Eselsritt bemessene Zeit an. Freundlichkeit gegenüber dem Fremden, er will ihn ja nicht von dem Ausflug abschrecken, verleitet ihn dazu, die Zeit allzu niedrig anzusetzen. Befragt, wo eine antike Ruine liege, wird er sagen: »In zehn Minuten,« – dazu gibt es die schöne Variante »Nach drei Zigaretten kommst du an die alten Steine.« Nach einer Viertelstunde Fußmarsch trifft der Reisende auf eine unvorhergesagte Weggabelung und steht in der menschenleeren Wüstenei ratlos da. Geht er nach links, kommt er bald an eine zweite Kreuzung und dringt, soweit die Füße tragen, ins Innere Anatoliens vor, ohne die Ruinen, gemeinhin »alte Steine« genannt, je zu Gesicht zu bekommen. Geht er nach rechts, geschieht ihm nichts anderes.

In Kayseri wäre es ihm ähnlich gegangen, denn nach links führten viele große Straßen. Die beiden Jungen nahmen sich seiner an und wiederholten: »Komm mit!« Über staubige Bauplätze gelangten sie schließlich zu dem Museum. Er kramte Geldscheine aus der Hosentasche, den Eintritt für die beiden Jungen wollte er mitbezahlen, aber der Mann an der Kasse winkte ab, er wollte kein Geld für die Kleinen. Die zeigten ihm sogleich das Prunkstück des Museums, zwei Kindermumien, armlang, wie aus braunem Leder, gebleckte Zähne, verkrümmte Zehen, in einer Höhle gefunden. Ansonsten gefielen ihm ein Heraklessarkophag, Idole und Siegel aus Kültepe und im Garten Freunde wie in Konya, späthethitische Löwenskulpturen. Auf dem Weg zurück in die Stadtmitte lud er die beiden Jungen in ein von Gläubigen betriebenes Lokal zu einer Cola ein.

Ein unerquickliches Bild der Stadt, das Reinhold nicht teilt

Er dachte über sein Bild von Kayseri nach, denn er hatte kürzlich einen Engländer gelesen, der in den Achtzigerjahren durch die Stadt gekommen war. Der Mann kannte ebenfalls die Reisenden des 19. Jahrhunderts und ihre Erzählungen von türkischen Städten, denen er mit viel Geschick sein eigenes Bild gegenüberstellt. Er notiert eine stark ländliche und zugleich drohende Atmosphäre in Kayseri; er fühlt sich isoliert, fremd, unsicher, was ihm, da er kaum ein Wort Türkisch sprach, auch nicht zu verdenken ist. Aber sein Nachdruck auf dem Schmutz, dem Verfall, der Unfreundlichkeit der Bewohner, dem Vieh auf den Straßen ist, bei allem Recht auf Subjektivität des Urteils, verfälschend. Sein Versuch, eine anständige Mahlzeit zu sich zu nehmen, schlug fehl; er geriet in eine Garküche, die er aus der Londoner Unterwelt des 19. Jahrhunderts abgemalt haben konnte:

Ganz in der Nähe fand ich ein fettstarrendes Esslokal, in dem Männer mit Ledermützen Fleisch, Brühe und Brotbrocken in ihre Münder schaufelten. Vor ihren flachen, unhöflichen Blicken war kein Entkommen. Aus den Kochtöpfen wählte ich etwas zu essen, es wurde mir auf den Teller geschüttet, und ich aß es an einem fleckenbesäten Tisch.

Dabei hätte er anständig, mehr noch, vorzüglich essen können, hätte er nur einen Passanten gefragt, wo denn die besseren Kreise Kayseris äßen, die Ärzte, Rechtsanwälte, höheren Beamten. Außerdem hatte man ihm im Museum von den beiden Kindermumien nichts gesagt. Freilich, dachte Reinhold in einem Anflug kindischer Selbstüberhebung, dazu musste einer mehr als ein Wort Türkisch sprechen. Er jedenfalls aß in dem blitzsauberen Lokal mit den beiden Jungen Patlican Kebab und verabschiedete sie dann freundlich und bestimmt. Er trank dazu Ayran, darauf einen Tee; als er diesen bezahlen wollte, antwortete der Kellner: »Der geht auf mich.« Reinhold wanderte zum Basar zurück und setzte sich nochmals auf die Bank, von der aus sein Rundweg begonnen hatte. Das Mittagsgebet war zu Ende, und aus der Moschee strömten alte Männer, bärtig alle, sie trugen braune, weiße und grüne Wollkäppchen, viele humpelten an Stöcken, die alten Gelenke wollten nicht mehr recht. Zwei Greise setzten sich neben ihn auf die Bank und murmelten: »Salam Aleykum.« »Aleykum Salam«, entgegnete er, die Männer schwiegen, sie schauten Reinhold mit freundlichen Blicken an; dass er weder Türke noch Moslem war, erkannten sie leicht. Kayseris fromme Muslime, jedenfalls die, denen er begegnete, hatten seine Sympathie.

Kappadokien

Ürgüp und die Homoerotik

Halma im Höhlenhotel

Reinhold kam schon 1969 nach Kappadokien. So undeutlich ihm die Jahreszahl geworden ist, so deutlich stehen einige Bilder in seinem Gedächtnis. Der Bus brachte ihn nach Ürgüp, und ihm sollte diese kleine Stadt jahrelang als Ort der Ruhe und Ausgang in die staubtrockene und damals wenig erschlossene kappadokische Mondlandschaft dienen. Die frühesten Erkundungen waren mühsam. Seinen *Blauen Führer* von 1968 hatten zwar hervorragende französische Gelehrte, Robert Boulanger, Albert Gabriel und Robert Mantran, verfasst (und damit auf Jahre nachfolgenden Verfassern von Reiseführern einen Steinbruch geboten, den sie für historisches Material aller Art ausbeuteten), doch über Unterkünfte in Ürgüp hatte der *Blaue Führer* nichts und über Straßen wenig gesagt, weil es wenig zu sagen gab. Trinkwasser gab es durchaus nicht jeden Tag, und elektrisches Licht war eher eine Sache des Roulettes. Im Jahr 2008 las es sich seltsam, wenn 1969 von einer Fährte nach Ortahisar oder einem Fahrweg nach Avanos die Rede war und dass Reinhold in winziger Schrift am Buchrand vermerkt hatte: Neue Straße.

Den alten Marktplatz fand er wo im Führer angegeben und an ihm eine sehr kleine Touristeninformation. Ein freundlicher Türke riss ein Blatt aus einem Schulheft und zeichnete mit dickem Bleistift auf, in welche Dörfer Minibusse fuhren. »Von dort an musst du fragen und dich zu Fuß zu den Felsenkirchen durchschlagen. Wann ein Dolmusch vom Markt abfährt, wirst du vom Fahrer erfahren; sprich mit ihm, setz dich in den Torweg des Gasthofs da drüben und warte dort.« Also sprach Reinhold mit einem Fahrer, ging in den Innenhof eines ansehnlichen Gebäudes, das sich an den Burgberg lehnte, blickte sich um, sah eine zweigeschossige Galerie aus Holzbohlen, von der aus die rückseitigen Zimmer in den Felsen gegraben waren. Höhlen waren das, nichts anderes, und Troglodyt zu werden schien ihm reizvoll, denn er hatte noch keine Gelegenheit dazu erhalten. Er mietete einen Raum, strich mit der flachen Hand vergnügt über die trockene und angenehm kühle Tuffwand, warf das Gepäck aufs Bett und polterte die Holztreppe hinab in den Hof. Zwei junge, magere Burschen tauchten auf, einer gesteckt in eine schlechtsitzende, froschgrüne Jacke mit schwarzem Kragen und schwarzen Aufschlägen, hinzu kam eine breite schwarze Bauchbinde, der andere in Hemd und Jeans; Kellner und Freunde waren sie. Die beiden setzten sich um einen Tisch und begannen Halma zu spielen. Sie luden Reinhold ein mitzumachen und zogen lange Gesichter, als der die ersten Spiele haushoch gewann. Halma hatte er als Zwölfjähriger gerne mit seinem Onkel Arnold gespielt, daher seine relative Meisterschaft. Er hielt inne, besann sich auf das Wohlbenehmen eines Fremden in der Türkei und verlor, mit größerer Anstrengung als zu den Siegen nötig gewesen war, alle kommenden Spiele.

Ein Überangebot an Homoerotik

Gegen Mittag fuhr ein Dolmusch nach Sinassos, einem ehemals griechischen Dorf, oder eher dem Reichtum nach einer kleinen Stadt, die in dem Bevölkerungsaustausch von 1920 – 1923 ihre Bewohner und ihren Namen verloren hatte, den überaus häufigen und daher nichtssagenden Namen Mustafapascha (Kemalpascha hätte auch gepasst) annehmen musste, doch seit einigen Jahren ihren griechischen Namen Sinassos wieder tragen durfte. Großes Lob gilt einer verständigen Regionalverwaltung. Sinassos besaß noch eine ganze Reihe prächtiger Häuser aus dem ausgehenden 19. Jahrhundert mit reich geschmückten Fassaden und schmiedeeisernen Balkonen (Balkone sind in einem muslimischen Dorf nicht denkbar, da sie die Frauen allzu sehr zur Schau stellen) und fein geschmückten Fassaden. Die griechische Gemeinde hatte dort ein Priesterseminar besessen. Außerhalb von Sinassos lag die Kirche des hl. Basilios, eine zur Hälfte unterirdische, orthodox griechische Kirche mit aus dem Felsen gehauenen, schlichten, leicht kannelierten Säulen, deren Schlichtheit Frömmigkeit aufkommen ließ, und bunten Wandmalereien des 19. Jahrhunderts; darunter waren eine Taufe Jesu am Jordan (Η ΒΑΠΤΙΣΤΙΣ ΤΟΥ ΧΡΙΣΤΟΥ) und ein bärtiges Haupt des lehrenden Christus, das den wie stets barbarischen muslimischen Dörflern als Zielscheibe für Steinwürfe und Pistolenschüsse gedient hatte. Der Eingang befand sich am Rand einer wilden Schlucht.

Er kam mit einem türkischen Postbeamten auf Urlaub ins Gespräch, nennen wir ihn Mustafa, der sich erbot, ihm den Weg zu zeigen, und ihn durch Weinfelder führte. Mustafa pflückte Trauben, aß sie samt dem Staub des Feldes und bot Reinhold davon an. Ein Photo zeigt die beiden auf dem Rückweg: Reinhold sitzt in schwarzem Hemd und hellgelber Leinenhose auf dem staubweißen Erdboden, der Postbote in weißem Hemd und schwarzer Hose posiert stolz zurückgelehnt auf einem Esel. Der Türke sieht gepflegt aus und fröhlich drein; er ist wohl Ende dreißig, sein Haar schwarz, dicht und gelockt. Ein Dorfjunge war mitgelaufen und verlangte schreiend für sich ebenfalls Trauben – »Üzüm, üzüm!« – Mustafa stopfte ihm den Mund voll und jagte ihn dann ins Dorf zurück. Er muss Reinholds Alleinsein falsch gedeutet haben: nachdem er den Weg und die Kirche gezeigt hatte, erbot er sich, auch sein Geschlechtsorgan zu zeigen, an dem der Ausländer freilich nicht das geringste Interesse hatte, sondern eher gelangweilt den Armen sich trollen hieß. Am nächsten Morgen saß Mustafa doch tatsächlich in dem Innenhof seines Gasthofes und wartete darauf, dass der Fremde aus dem Zimmer schön wie der junge Tag hervortrete. Die Hartnäckigkeit des Werbens erbitterte Reinhold, ohne dass sie seiner Eitelkeit im Geringsten schmeichelte. Er verschmähte Mustafa zum zweiten Mal. Am Abend wollte Reinhold auf der Terrasse eines Lokals am Marktplatz in Frieden seinen Weißwein trinken, so dachte er jedenfalls. Aus den Augenwinkeln sah er Mustafa heranschleichen. Der nahm einen Stuhl am Nachbartisch, deutete lächelnd auf die Weinflasche und sagte, »şarap«, offensichtlich ein Angebot, mit ihm zuerst den Wein und dann weiteres zu teilen. Noch mehr vergrätzt, schenkte sich Reinhold ein Glas voll, hob es, blickte seinem schon zweimal verschmähten Liebhaber fest in die Augen und sagte: »Wein, ja, Wein, aber allein mein Wein«, und trank es leer. Kein Donnerschlag, kein Erdbeben folgte. Der Postbeamte saß noch eine Weile verdattert am Nebentisch und verzog sich. Als Reinhold die Flasche Wein geleert hatte und endlich sich allein fühlte, trat der Kellner heran und fragte: »Haben Sie nicht Lust, mit mir in einer Stunde, wenn mein Dienst beendet ist, im Dunkeln spazieren zu gehen? Ich möchte so gerne Ihre kühle Hand halten.« Das Maß lief jedoch noch nicht über.

Vier Esel

Ein, zwei Wochen wanderte Reinhold durch Kappadokien. In Ortahisar erblickte er beim Aufstieg auf den Felskegel in dem Zimmer des Wächters ein Photo des damaligen Bundeskanzlers Willy Brandt, der auf Besuch dort gewesen war. Wollte er weiter in die menschenleere Landschaft hinaus und zu entlegenen Höhlenkirchen, so benötigte er einen Führer. Der freundliche dicke Mann in der Touristeninformation, welcher ihm mit Bleistift eine Wegekarte gezeichnet hatte, half erneut. Reinhold mietete für einen halben Tag einen jungen Mann und zwei Esel: Wenn man ihn selbst mitzählte, war es, wie offenkundig wurde, ein eselhaftes Quartett. Nun, mit den vier Eseln hatte es ein Kreuz. In munterem Trab wollte der junge Türke aus Ürgüp hinaus auf einen Feldweg reiten, doch zwei Esel, Reinhold und sein Reittier streikten. Der leibhaftige Esel widmete sich mit Eifer den Disteln am Wegesrand, blieb stehen und fraß. Reinhold schnalzte mit der Zunge, der Esel rührte sich nicht; Reinhold gab ihm die Hacken in die Flanken, der Esel legte seine Ohren zurück. Sein Führer ritt zurück und trat den Esel, so heftig er konnte, in den Bauch. Das Tier tat einen Satz voran, warf Reinhold fast ab, trabte einige Schritte, blieb stehen und fraß erneut Disteln. Die Prozedur nochmals und nochmals zu beschreiben bringt nichts. Sie änderte sich nicht, den Leser würde sie langweilen, während Reinhold der Schweiß ausbrach: Einerseits steigerte sich seine Wut auf die sprichwörtliche Halsstarrigkeit des Tieres, anderseits fuhr er selbst bei jedem der kräftigen Fußtritte schmerzhaft zusammen. Gleichwohl, nach einer halben Stunde gelangten sie an den Rand eines grasigen Tales. Ein Saumpfad von kaum drei Handbreiten führte über Geröll und kalkigen Sand steil hinab zum Talboden. »Wenn das Vieh ausrutscht, breche ich mir den Hals«, dachte Reinhold, doch er kannte seinen Esel schlecht. Auf zittrigen dünnen Beinchen kletterte der Schritt um Schritt nach unten und brachte seinen Reiter sicher ins Gras. Reinhold ließ sich schweratmend auf einem Stein nieder, wischte sich den Schweiß von der Stirn und sah auf eine Herde Schafe. Dann wanderte er, etwas erholt, zu den Höhlenkirchen und wurde enttäuscht Er sah nur spärliche, grauschwarze Malereireste. Offensichtlich hatten Hirten seit langer Zeit ihre Feuerchen in den Höhlen entzündet. Er ging zu seinem Stein zurück und setzte sich neben den jungen Führer. Ein Fehler, denn der witterte ein erotisches Abenteuer und bot Reinhold, sein Glied zu streicheln. »Gott im Himmel«, durchfuhr es Reinhold, »hört das kappadokische Angebot homosexuellen Glücks denn nie auf?« Gleichzeitig bekam er es auch mit der Angst zu tun. Was, wenn der starke junge Mann, dem er in dieser Einöde keineswegs entkommen konnte, seinerseits Angst bekäme, der Fremde würde zur Polizei gehen und ihn anzeigen? Dann wäre es doch sicherer, den Reinhold umzubringen und seinen Leichnam in aller Ruhe verwesen zu lassen. Es galt, Gehirn gegen Muskeln auszuspielen. Er wehrte die tastende Hand des Jungen ab: »Bak, sieh doch, die Schafe stehen im Halbkreis um uns herum und warten interessiert.« Eine Fantasievorstellung, in Wirklichkeit bildeten die Schafe ein eher enterotisierendes Publikum. »Ist es nicht besser, zu warten, bis wir wieder in Ürgüp angelangt sind, dort habe ich ein kühles und verschwiegenes Zimmer.« Die Angst hat ihn selten so beredt Türkisch stammeln lassen, doch die List gelang. Die beiden ritten zurück; Reinholds Esel witterte den heimischen Stall und trippelte gefügig, den jungen Türken hat Reinhold nie wieder gesehen.

Reinhold hatte nicht geglaubt, seine körperliche Schönheit locke männliche Zudringlichkeit in der Türkei an. Anziehend sah er 1969 wohl noch aus: Er hatte einen schlanken Kopf und ein schmales Gesicht. Auf den ersten Blick hätten Betrachter Klugheit und Skepsis, auch Verschlossenheit in seinen hellblauen Augen gelesen. Was es in Wahrheit mit Klugheit und Skepsis auf sich hatte, stand auf einem andern Blatt, das leider unter einem Berg von Notizen, Entwürfen, Prospekten, Karten und Ausschnitten aus der türkischen Daily News verschüttet lag. Gleichwie: War seine Schönheit anziehend für einen türkischen Postboten? Eher nicht. Kappadokien war gewiss kein Brutplatz für Homosexuelle, doch vielleicht, wie manche Städte am Meer, attraktiv für ausländische Touristen mit schwulen Neigungen. Ein moralisches Verdammungsurteil über Homosexualität lag ihm fern, ebenso fern lag ihm, sich body and soul auf schwule Praktiken einzulassen. Näher der traurigen Wahrheit kam die Vermutung, diese jungen Männer seien schwul auf Zeit, weil sie unter ökonomischem Zwang litten. Reinhold stellte für solch mittellose Landbewohner ein zweitklassiges Bedarfsgut dar, ein billiges Surrogat im Vergleich zu den Kosten, die der Erwerb einer leibhaftigen Frau verursacht hätte.

Kappadokien

Göreme

Göreme und Zelve: Höhlenkirchen und ihr theologisch diverses Bildprogramm

In den frühen Jahrzehnten, so zwischen 1969 und 1993, wanderte Reinhold jeden Tag seines Aufenthalts zum Tal von Göreme; dort war nichts abgesperrt, keine Kirche, keine Ruine. Wächterhaus und Wächter existierten noch nicht, Wasser und Obst nahm er tunlichst selbst mit; in die byzantinischen Wandmalereien ritzten die Dorftrottel immer noch ihre nichtssagenden Namen. Später haben die türkischen Behörden das Gebiet abgesperrt. Sie taten dies, stand zu vermuten, nicht aus Respekt vor der christlichen Stätte, sondern weil wachsende Touristenströme soeben noch erkennbare Kunstwerke besichtigen wollten und Eintrittsgelder versprachen. Reinhold sträubt sich, über seine ausgedehnten Streifzüge durch die verfallenden Höhlenkirchen Kappadokiens zu sprechen. Anderswo gesellt er sich einigermaßen unbefangen zu den Ruinenliebhabern. Doch hier war eine ausgedehnte, fromme, Gott dienende Gemeinschaft verschwunden, ihre bleichenden Gerippe ebenso. Was erhalten blieb, erfüllte ihn mit Unbehagen: Sein Blick ging die Felsen hoch auf Dutzende von eingestürzten Kirchenkuppeln, Kirchenschiffen, verfallenen Refektorien und Schlafräumen der Mönche. Die Vergänglichkeit schloss ihn ringsum drückend ein. Die Ruinen sprachen alle von einer versammelten Frömmigkeit, der er nichts entgegenzusetzen hatte. Die Vergänglichkeit irdischer Dinge allein traf ihn wenig. Hätten archäologische Befunde sein Mitgefühl sonst so wenig berührt? Dort jedoch, in Kappadokien, hatte der Kampf der Mönche für den immerwährenden Ruhm Gottes eine längst noch nicht beendete Niederlage erlitten. An jedem Tag seiner Besuche mochte ein weiteres Gewölbe, eine weitere Kuppel krachend zusammenstürzen und eine dichte gelbe Staubwolke den Erdboden entlang auf ihn zu rollen.

Im Gedächtnis gingen ihm schließlich die Kirchen und Wandbilder durcheinander, und er versuchte auch gar nicht, dieses Fresko da und jenes dort zu lokalisieren. Ein gewaltiger theologischer wie politischer Streit half ihm, die Höhlenmalerei im Ansatz zu verstehen. Der Bilderkult des mittleren Byzanz, insbesondere der des mächtigen Mönchtums, drohte die Orthodoxie und damit die Macht des Kaisers zu untergraben. Was sollte der Herrscher antworten, wenn das Volk ihm entgegenschrie, ein Heiligenbild oder ein Bild Christi, womöglich ein nicht von Menschenhand erschaffenes, wundertätiges, verlange göttliche Verehrung und Gehorsam? Ein byzantinischer Kaiser war auch immer Theologe, und Leon III. nahm um 726 n. Chr. den Kampf auf. Er und seine Nachfolger betrieben mit Wut den sogenannten Ikonoklasmus, die Vernichtung der Heiligenbilder. Nur noch weltliche Themen waren erlaubt und abstrakte Dekorationen. Erst 843 wurde der Bilderkult wieder endgültig zugelassen. Selbst in dem von der Hauptstadt weit entfernten Kappadokien richtete der Bilderstreit gewaltigen Schaden an. Fast alle bildlichen Fresken datierten aus später Zeit. Einfache, rohe Zeichnungen, mit roter Farbe auf dem weißen Tuff angebracht, stammten aus der Ikonoklastenzeit. Seltsame Wesen fanden sich darunter, so eins mit erhobenen dünnen Armen und Beinen, von dem man schwer sagen konnte, ob es nicht doch eine Art vermenschlichter Käfer, ein überdimensionales Insekt sei. Kafkas Gregor mag so ausgesehen haben. Das Vieh kletterte auf ein weiteres Insekt zu. Reinhold glaubte, wenn die beiden als Käfer zu verstehen seien, dann als dämonische Teufelsgeburten.

Leichter fiel es ihm, einige der Dutzenden von Heiligen zu identifizieren, denn meist war ihnen der Name beigeschrieben, aber bei Lokalgrößen half der auch nicht. Immerhin hatten viele Gestalten dem Verfall getrotzt. Reinhold betrachtete die Schönheit solcher Malereien mit Sorgfalt und, anders als bei den Ruinen, voller Trost. Er spricht nur von wenigen, so einem (apokryphen?) heiligen Ambakton und einem heiligen Sergios. Auf zwei Fresken erkannte er die beiden Soldatenheiligen, den jugendlichen heiligen Georg, den Siegträger, und seinen durch die Legende mit ihm verbundenen älteren und daher bärtigen Bruder, den heiligen Theodor Stratilates, den Heerführer. Beide waren beritten und gepanzert; wehende Umhänge zeigten die Kraft und Schnelligkeit an, mit der sie angriffen und ihre Lanzen durch sich windende Drachen stachen. Leider waren die Drachen auf den Fresken meist zerstört. Die Szenen verkörperten den Sieg des Glaubens über das Böse. Anderswo stand ein prunkvoll gewandeter König Salomon, gekrönt mit dem Perlendiadem des byzantinischen Herrschers, die rechte Hand im Sprechgestus erhoben, in der linken hielt er eine Schriftrolle. Solomon, wie ihn die Juden, Christen, Muslime und Heiden nannten, genoss Verehrung als der weiseste aller Könige, dem sein Wissen Macht über die Dämonen gab, was wiederum seinen Ruhm als größter aller Zauberer befestigte. Gott hatte ihm ein Siegel gegeben, mit dem er die bösen Mächte bannte. Was Wunder, dass die Juden, Christen, Muslime und Heiden sich Amulette mit seinem Bildnis und einer nicht verstehbaren (und dadurch die Dämonen verwirrenden und abschreckenden) magischen Inschrift um den Hals hingen? Später erwarb Reinhold auf einer Antikenbörse in Dortmund ein solches grob geschnittenes Amulett.

Avanos: Eine Disko in den Ruinen und der Halys

Reinhold besuchte Avanos mehrfach zwischen 1988 und 1993. Das angenehme Städtchen lebte von der Töpferei und dem Tourismus. Ein Photo von der Holzwand eines Lastkarrens, 1988 gemacht, fiel ihm später wieder in die Hände. Auf einer grünenden Wiese, im Hintergrund Bäume, stehen zwei Schafböcke mit gewundenen Hörnern. Ihr Fell ist weiß bis auf die braunen Wangenpartien. Um den Hals haben sie ein Kettchen mit Glöckchen. Gemalt hat sie vielleicht der Murat, der seinen Namen über ihnen in einer weißen Inschrift nennt. Die Tiere stehen seitlich im Feld, doch gegeneinander, ihre Köpfe geradenwegs zum Betrachter gewandt. Der Blick aus den großen Augen hat etwas Fremdes, Distanzierendes, die ausgeprägte Stilisierung und Parallelisierung der Schafe gibt der ländlichen Szene einen hohen Grad von Abstraktion. Hatte der Maler bewusst (oder doch eher unbewusst) ein altorientalisches Schema abgewandelt, bei dem ein antithetisches Tierpaar sich von beiden Seiten an einem Lebensbaum aufrichtet? In Avanos lag die Vergangenheit, das griechische Leben, in Trümmern. Reinhold betrachtete einen alten, vor einem zerfallenen Wohnhaus gebauten buckligen Backofen, neben ihm führte eine Brettertür in einen Hauskeller. Die Keller in Kappadokien hatten in der damaligen Gegenwart einen beträchtlichen wirtschaftlichen Wert. Waren sie groß, und die in der Nähe von Ortohisar waren riesig, dann dienten sie als unterirdische Speicher vor allem für Zitrusfrüchte. Ihre stets gleichbleibende Temperatur war für die Reifung des Obstes geradezu ideal. Reinhold sah zu, wie Lastwagen um Lastwagen aus der nahen und fernen Umgebung ent- und beladen wurde. Eine altertümlichere Art, mit Obst umzugehen, fand er in Üçhisar. Vom Burgberg blickte er hinunter auf die Häuser am Hang. Fast alle Flachdächer trugen Schichten von leuchtend roten Aprikosen, welche in der Sonne zum Trocknen ausgelegt waren. Auf ein gegenwärtiges Übel – oder war es ein schon glücklich vergangenes? – deutete die in schwarzen Großbuchstaben auf ein Stück Hausmauer schief gepinselte Inschrift DISCO. Ein Pfeil gab die Richtung an; unter ihm las man »10 m«. Folgte ein Sucher dem Wegweiser die wenigen Schritte, so stand er vor einem umgeworfenen und verrottenden Holzwagen inmitten weiterer Ruinen, Eine Disco fand er nicht. Er würde sie, vielleicht, in der Zukunft finden. »Da seien«, wünschte sich Reinhold, »zukünftige Erdbeben vor.« Durchflossen wird Avanos vom Kızılırmak, dem Roten Fluss. Er ist nicht rot von Blut erschlagener Ungläubiger (gleich welcher Varietät), sondern von der lokalen Tonerde und schäumt im Frühjahr hoch entlang seiner Böschungen. In der Antike hieß der Fluss Halys; er bildete die Grenze zwischen dem Reich der Lyder und dem Reich der Meder. Die folgende Anekdote lässt sich auch zweimal erzählen. Der lydische König Kroisos pflegte vor Feldzügen Orakel zu befragen. Eine Prozedur, so unsicher wie die Vorhersage des Hauptgewinns im Lotto. Als er 547 v. Chr. gegen die Meder ziehen wollte, gab das Orakel zu Delphi eine berüchtigt gewordene Antwort: »Wenn du den Halys überschreitest, wirst du ein mächtiges Reich zerstören.« Kroisos ging über den Fluss und zerstörte sein eigenes.

Kappadokien

Ürgüp: Reinholds Freund, der Satan Ömer

Ehrlichkeit in Nevşehir und Ürgüp

Im Frühling 1997 fuhr Reinhold mit dem Bus der Gesellschaft Nevtur von Mersin nach Ürgüp. Am Meer schien die Sonne und wärmte ihm den Rücken, ja, er schwitzte ein wenig, doch als der Bus aus der Ebene um Adana in die Taurusberge stieg, verhängte sich der Himmel. Auf den Passhöhen, die immerhin zwischen 1500 und 1600 Metern hoch lagen, wurde die Luft grau, trüb und kalt und begrenzte die weite Sicht auf die anatolische Hochebene. Regen fiel, dann ein wenig Schnee, der Fahrer nahm die glatte Straße hinab nach Niğde langsam und vorsichtig. Der Bus verspätete sich mehr und mehr und endete am Nachmittag in Nevşehir auf dem neuen Bahnhof vor der Stadt. Nevşehir expandierte gewaltig; noch mehr neue Hotels wurden hochgezogen; neue, breite Straßen entstanden. Aber wie mächtig musste der Touristenstrom anschwellen, damit auch das letzte Hotelbett gefüllt wurde? Ein Minibus sollte die wenigen Fahrgäste nach Ürgüp bringen, sie kletterten in den Wagen; Verwirrung entstand unter dem Buspersonal: nein, der kleine Bus wurde anderswo gebraucht, mehrere Männer gaben widersprechende Anweisungen, keiner schien befugt zu entscheiden, die Passagiere stiegen aus und standen frierend auf dem Parkplatz umher. Die Zeit verrann, ein Mann lief ins Bahnhofsgebäude und verschwand, ein anderer kam eilends aus dem Gebäude und gab aus, was sich wie die endgültige Fahrtanweisung anhörte. Einige Touristen kletterten in einen großen Bus. So ging die Weiterfahrt einigermaßen glatt vonstatten, doch was sollte ein Tourist machen, der wenig Türkisch sprach, und dem auch keiner in einer außertürkischen Sprache erklärte, wie es weiterging. Reinhold redete mit einer Handvoll Deutscher und Engländer und ging mit wagemutigem Beispiel voran, indem er sich türkischen Landfrauen, die ebenfalls in Richtung Ürgüp wollten, anschloss und in den großen Bus kletterte. Der Busbahnhof von Nevşehir beherbergte eine nicht geringe Anzahl von Lumpen. Lumpen gibt es in allen Ländern, nicht zum wenigsten in Deutschland. Die dortigen Lumpen, wahrscheinlich eine verschworene Bruderschaft aus Busfahrern und Bahnhofsangestellten, hatten sich auf den Busbahnhof spezialisiert. Ein Trick war, den Touristen einzureden, es gäbe überhaupt keinen Bus nach Ürgüp; für die restliche Strecke müssten sie ein Taxi nehmen, überdies sei es zweifelhaft, ob sie in Ürgüp noch ein Hotelzimmer bekommen würden. Warum nicht in Nevşehir ein Hotel nehmen? Sie könnten ein billiges empfehlen. Beide Male würde ein Anteil der Einnahmen von ihnen abkassiert werden. Der zweite Trick war noch dreister: Touristen, denen man an den Orten der Türkei eine Fahrkarte bis Ürgüp verkauft hatte (Reinhold hat die Billets selbst in der Hand gehabt) und die auf dem Zielort bestanden, setzte der Busfahrer einfach auf der Landstraße ab; bei einfallender Dunkelheit kein spaßiger Einfall.

Für die Nacht ging er in Ürgüp ins Park Hotel. Reinhold mochte das einfache Hotelchen, es lag neben der Kayseri Caddesı und gegenüber dem Postamt; Geschäfte und Lokale waren nur wenige Fußminuten entfernt. In dem schmalen Gang, der als Rezeption diente, saßen am frühen Abend zehn Männer kettenrauchend vor dem Fernseher und sahen sich ein Fußballspiel an; Reinhold fragte: »Wer spielt gegen wen, und wie steht es, kaç kaç?« Die Türken lächelten, boten ihm mit ausholenden Armbewegungen einen Platz mitten unter ihnen an und sogleich stand ein Glas Tee vor ihm. Die männliche deutsch-türkische Eintracht war, was jedenfalls die Fußballbegeisterung anging, noch in voller Blüte. Einzelzimmer gab es nicht, also erhielt er ein Doppelzimmer mit Dusche für den Preis von umgerechnet 17.- DM. Reinhold warf sein leichtes Gepäck auf das Bett, das Zimmer war schlicht bis trist, also ging er in ein Restaurant an der unteren Ecke des Marktplatzes und siehe, es war übervoll mit Gästen. Eine Gesellschaft von Lehrern, deutschen, französischen, türkischen, feierte. Drei Männer spielten auf türkischen Instrumenten, laut und dissonant, zwei Frauen tanzten miteinander. Dann ließen sich die Türkinnen nicht länger abhalten, energisch luden sie die mehr steifbeinigen als flotten Ausländer aufs Parkett. Ausreden schienen nicht zu gelten. Die Musik dröhnte weiter über das Stimmengewirr und das Klappern der Teller hinweg, die Luft wurde stickig und heiß. Reinhold saß an einem Nebentisch und sprach mit dem freundlichen und redseligen Inhaber; er bestellte gleich zweimal den vorzüglichen çöp kebab und trank dazu zwei doppelte Rakis. Dann bezahlte er und ging.

Am nächsten Morgen klopfte sein Herz, als er die wenigen Schritte vom Busbahnhof zur Kayseri Caddesi, zurücklegte, an welcher der Teppich- und Antiquitätenladen seines Freundes Ömer lag. Er hoffte auf den glückhaften Kauf von Kaffeekühlern und Silberschmuck. Doch vor der geschlossenen Ladentür waren die schweren Eisengitter herabgelassen; Ömer war also nicht nur für einige Minuten oder Stunden außer Haus, ein Schlag gegen Reinholds Busfahrt von Mersin hierher. Wie sollte er damit umgehen? Auf eine eher fatalistische Art, schlug er sich vor, denn er hatte selbst einen Fehler gemacht. In seinem Taschenkalender standen alle möglichen türkischen Adressen und Telefonnummern, den Ömer hatte er vergessen einzutragen. In der Tür des Teppichladens neben Ömer saß ein älterer Mann. Ihn fragte Reinhold, ob Ömer überhaupt in Ürgüp sei. Der Mann begann eine freundliche Unterhaltung. Er sei Aserbaidschaner; sein Vater habe erst mit Antiquitäten und Goldmünzen gehandelt, dann habe er selbst den Laden übernommen und sei auf Teppiche umgestiegen, er sei, wie alle Welt wisse, ein Händler der ehrlichen Preise, mehr noch: Ein Mann mit Herz und Freund der Menschen. Ömer hingegen, wie auch alle Welt, zumal die in Ürgüp, wisse, sei verschlagen und habgierig; im Ort habe er den Beinamen Satan. Der Satan wohne zur Zeit in seinem Ferienhaus bei Antalya, er werde auch in den nächsten Tagen nicht erwartet. Der Mann gab Reinhold Ömers Telefonnummer und versprach, ihm von dem deutschen Besucher zu erzählen. An diesem Tag konnte Reinhold nicht mehr nach Mersin zurückfahren, also wollte er über Nacht bleiben, durch einige Geschäfte bummeln und wenigstens ein gutes, alkoholreiches Abendessen verzehren. Er ging die Kayseri Caddesi hoch und fragte in einigen Läden nach Kaffeekühlern. Das Angebot war klein, ein schlichtes Stück mit Jahreszahl sollte 200 Mark kosten, ein anderes mit einem recht üblichen Flechtmuster 150.

Er wanderte die Straße zurück und traute seinen Augen nicht. Wer stand vor Ömers Ladentür und schlug gerade die eisernen Riegel zurück? Ein leibhaftiger Ömer. Die beiden umarmten einander, küssten die Luft vor den Backen, fragten nach dem jeweiligen Wohlbefinden der Person und der Familie und zeigten sich befriedigt über die Antworten. Ömer kam keineswegs aus Antalya, er hatte auch an den Tagen zuvor im Geschäft gesessen. Reinhold dachte unfreundlich an das Ebenbild der Ehrlichkeit, den Aserbaidschaner von nebenan. Der Laden war eiskalt und dunkel. Ömer erklärte, er mache gerade Inventur. Nun, Reinhold kenne ja den Weg, er möge doch sich schon im Lager auf dem ersten Stock umsehen. Der kletterte eine enge, gewundene Treppe hoch und setzte sich auf ein niedriges Bänkchen vor einen schmalen Tisch. Der Raum über dem Laden war, wie oft in alten türkischen Läden, kaum mannshoch. Nur eine schwache Glühbirne erhellte ihn. Das machte nichts, Reinhold wusste, wo die starke Tischlampe lag, stellte sie auf und, siehe, Ömers Schätze kamen ins Licht. Ein großes Wort, wenn es um Stapel von alten Kelims und Teppichen ging wie auch um Haufen von bunten, ländlichen Blusen, Röcken, Gewändern, an denen allen die Motten schon geknabbert hatten, um verbeulte und verbogene kupferne Pfannen, Tabletts, Kannen, gesprungene Gläser, Teller und Kaffeetassen, zerbrochene Uhrenketten, Ringe und Anhänger aus schlechtem Silber, schnell gesagt: um nichts als Trödel, verstaubte und verdreckte Waren dritter und vierter Qualität, welche Ömer mit Umsicht und Absicht auf dem Dachboden verstaut hatte. Neben dem Schrott lagen dicke Alben mit Münzen. Er richtete den Strahl der Tischlampe auf die Plastikhüllen und prüfte den Inhalt. Die Münzen standen dem Trödel an Schäbigkeit nicht nach; alle waren abgeschabt und ziemlich wertlos. Reinhold legte das Zeug zurück in die Alben. Mit Silbersachen, denen sein eigentliches Interesse galt, hatte er auch kein Glück: Nichts, das ihm gefallen hätte. Am Abend, auf dem Heimweg ins Park Hotel, fiel Schnee. Er tauchte schnell noch in einen Eckladen und kaufte eine Flasche Yeni Raki und eine Flasche Wasser. Im überheizten Zimmer lag er noch lange wach. Ömer hatte doch in einem Wohnhaus ein Lager mit ganz anderen und besseren Dingen. Er würde ihn morgen danach fragen, beschloss Reinhold und trank die Flasche Raki halb aus. In den Morgenstunden trampelten laut redende Türken durch den Korridor und weckten ihn. In seinem Kopf ging es wüst zu, so viel Alkohol war ihm schlecht bekommen.

Der nächste Tag ging lustlos an, das Hotel servierte kein Frühstück. Reinhold ging in kaltem Regen zu Ömers Laden und brachte seinen Wunsch vor, die Privatschätze besichtigen zu dürfen. »Natürlich«, antwortete Ömer, »komm, setz dich ins Auto.« In dem Haus an der Peripherie der Stadt (nicht seinem Wohnhaus) entriegelte er Eisentür um Eisentür; in seinem Ausstellungsraum standen Vitrinen voll mit wirklich guten Sachen. Reinhold nahm sich Zeit, besah sich alles, kaufte schließlich zwei osmanische Silberringe und ein schweres Silberarmband, nicht billig, aber von sehr guter Qualität; Ömer war ohnehin nicht billig. Reinholds Laune verbesserte sich, er nahm seines Freundes Einladung zum Mittagessen an; dessen Frau brachte zwei Pakete in den Laden, dort saßen sie auf niedrigen Schemeln und tranken zum dürüm (einer Art Fleisch- und Gemüserolle) Mineralwasser aus Messingbechern. Eine Familie aus Niğde kam mit großen, braunen Tüten in den Laden, der Mann sah argwöhnisch zu dem Ausländer hin; Ömer beruhigte ihn: »Das geht schon in Ordnung.« Was sie verhandelten, konnte und wollte Reinhold nicht verstehen. Nur so viel bekam er mit: Der Mann kam aus einer Gegend, in der frühe antike Keramik gefunden wurde.

Xenophon über eine unterirdische Stadt

Ömer lud ihn ein, mit nach Kaymaklı zu fahren. Wie Derinkyu gehört der Ort zu den berühmten unterirdischen Städten Kappadokiens, über deren Ausmaß und Funktion man sich leicht in Reiseführern unterrichten kann. Nur einen Besucher zitierte Reinhold gern, der lange vor der christlichen Besiedlung Kappadokiens die unterirdischen Städte beschrieb, nämlich Xenophon, der mit fast noch 10.000 griechischen Söldnern nach der im Herbst 401 v. Chr. verlorenen Schlacht von Kunaxa (bei Babylon) quer durch Anatolien und Armenien zum Schwarzen Meer flüchtete. Xenophon zeichnet vom Ende des langen Marsches oberhalb von Trapezunt eine anrührende Szene, die hier anderswo in »Das Meer! das Meer!« nacherzählt wird. Kulturgeschichtlich faszinierend war, was der Grieche in der Anabasis über das Leben unter der Erde zu berichten wusste:

Die Häuser hier waren unter die Erde gebaut; am Eingang eng gleich einer Brunnenmündung, unten aber weit. Für die Tiere hatte man unterirdische Gänge gegraben, während die Menschen über Leitern hinabstiegen. In den Häusern lebten Ziegen, Schafe, Rinder und Federvieh mit ihren Jungen. Alles Vieh wurde unter der Erde gefüttert. In großen Krügen bewahrte man Weizen, Hülsenfrüchte und Gerstenwein auf. In Gefäßen, worin die Gerste bis an den Rand ging, standen knotenlose Rohrhalme [...] Wer durstig war, nahm sie in den Mund und saugte den Wein. Ohne Zumischung von Wasser war es ein sehr starkes und geschmackvolles Getränk, wenn einer daran gewöhnt war.

Xenophon wird der Genuss unverdünnten Weines mit Gruseln erfüllt haben – zehn Teile Wasser auf fünf Teile Wein waren in Griechenland sonst üblich – und auch, dass auf dem Gebräu eine Schicht vergorener Gerstenkörner schwamm, wird ihn wenig entzückt haben. Zwei Erfahrungen schienen Reinhold nicht unbedingt zum touristischen Repertoire zu gehören. Als er bei einem frühen Besuch in Derinkuyu auf der untersten Ebene abgesondert von den übrigen Touristen umherkletterte, fiel die elektrische Beleuchtung aus. Er hatte keine Lampe mitgebracht und musste eine halbe Stunde in undurchdringlicher Finsternis ausharren. Wenn auch keine Geister oder geisterhaften Untiere nach ihm griffen, so gewann das unterirdische Derinkuyu doch merklich an gruseliger Intensität. Die andere Besonderheit war, dass

Ömer, als die beiden in seinen Wagen stiegen, eine gewaltige Pistole in das Handschuhfach legte. War, so fragte sich Reinhold, eine Pistole bei Ömers Geldgeschäften ein überzeugendes Argument? War Ömer ein schneller und treffsicherer Schütze? Und wollte er, Reinhold, wirklich bei den Verhandlungen im gleichen Raum sein? Nein. In Kaymaklı setzte er sich in ein Teehaus und horchte beunruhigt auf Pistolenschüsse. Es blieb still.

In Ürgüp schlenderte er abends zum Busbahnhof. Das Billett für die Rückfahrt nach Mersin am nächsten Morgen kostete 1.75000 TL; für die Hinfahrt hatte er nur 1.50000 bezahlt, umrechnen kann es nicht mehr. Reinhold regte sich auf: Warum sollte die Rückfahrt, über weite Strecken bergab, teurer sein als die Hinfahrt, über weite Strecken bergan? Sein Freund Behçet lachte, als er ihm von den Preisen erzählte, und erzählte seinerseits eine Anekdote aus dem *Dede Korkut*, einer Sammlung von mittelalterlichen Texten. Der Wilde oder Verrückte Dumrul ließ eine Brücke über einen ausgetrockneten Fluss bauen. Er forderte dreiunddreißig Silberstücke von jedem, der sie überquerte, und wer sie nicht überquerte, den prügelte er kräftig durch und nahm ihm vierzig Silberstücke ab. Reinhold ging nochmals in das Lokal des Vortags. Natürlich war es jetzt gähnend leer, die Auswahl an Speisen gering, doch hatte er ohnehin wenig Hunger, das Mittagessen und die Pistole lagen ihm noch im Magen. Er ging zurück ins Park Hotel; der junge Mann an der Rezeption versprach, ihn frühzeitig zu wecken. Mitten in der Nacht trampelten erneut laut redende Türken durch den Korridor und sein Schlaf war dahin. Niemand weckte ihn am nächsten Morgen, der junge Mann lag zusammengerollt wie ein Hund auf dem Sofa der Rezeption und schlief tief. Mürrisch zog Reinhold mit seinem Seesack zum Busbahnhof, der Gedanke an das weit entfernte Mersin erheiterte nicht. Auf den Tauruspässen fiel wieder Schnee und ging talabwärts in Regen über. In Mersin strömte Platzregen vom Himmel, das Wasser sprudelte in dicken Strahlen aus den Gullys und lief mehr als zwei Handbreit hoch über die Straßen. Er nahm einen Minibus, der pflügte sich durch die Wassermassen vom Busbahnhof zu seinem Apartment in Soli. Als Reinhold aus dem Bus stieg, riss der Himmel auf, und die Sonne stach sogleich hitzig. Ein wenig später spazierte er, wie jeden Tag, den Meeresstrand entlang.

Im Frühjahr 1999 arbeitete Reinhold erneut an der Universität Mersin. An Wochenenden trieb es ihn fort aus der schon im Mai heißen, schwülen Stadt, weg aus dem Hotelkomplex Soli. An Wochenenden fielen nämlich die Besitzer der Ferienwohnungen aus den Städten ringsum ein, und mit ihnen kamen tragbare Fernseher und trotz ihrer riesenhaften Ausmaße gerade noch tragbare Transistorgeräte. Auch den Türken machte gegen Abend die Schwüle zu schaffen, sie öffneten Türen und Fenster, hockten auf den Balkonen, aßen, tranken und schwatzten. Dass im Zimmer der Fernseher oder das Transistorradio oder beide lauthals weiterspielten, davon nahm niemand Kenntnis. White noise nennt man so etwas, Lärm, der nicht mehr ins Gehirn dringt. Reinhold flüchtete nach Ürgüp. Jetzt, auf der Busfahrt, erblickte Reinhold einen in Niğde geparkten Omnibus. Er trug in großen Buchstaben die Aufschrift MELANKOLI – auch kein schlechterer Name als Tennessee Williams' STREETCAR NAMED DESIRE oder Elvis Presley's HEARTBREAK HOTEL. Es konnte freilich in dem hochgelegenen Ürgüp nicht nur angenehm kühl, sondern noch sehr unangenehm kalt sein.

Monika, Schnee und kappadokischer Rotwein

Unangenehm kalt war es tatsächlich gewesen, als Reinhold und Monika im Jahre 1993 zu Ostern Ürgüp besuchten. Sie waren im Hotel Asia Minor, einem der ältesten und schönsten Gebäude Ürgüps, untergekommen, dessen Räume teils in den Tuff gegraben waren und darum nie völlig auskühlten. Auf beiden Seiten des Eingangs standen große alte Vorratskrüge und auf dem Vorgarten lag, bezaubernd anzusehen, ein Hauch von pulverigem Schnee. Doch viel war nicht zu unternehmen. Die Kopfsteinpflaster der Straßen waren seifenglatt. In Restaurants zu sitzen und sich mit Raki warm zu trinken, war auch keine gute Tagesbeschäftigung. Die Hunderte von Erdhörnchen auf den kahlen Hügeln um Ürgüp blieben in ihren

Bauen, pfiffen sich eins oder pflegten den Winterschlaf. Zum Glück blieb der Schnee nur Stunden liegen und die Sonne schien von einem blauen Himmel. Monika ermunterte Reinhold, sie hätten schließlich noch nicht alle Teppichläden in Ürgüp durchwühlt. Nun gut, das war ein Anfang. In einem Laden empfing sie ein außerordentlich freundlicher junger Mann, legte Kelim um Kelim vor, erzählte von sich und seinem Vater, der seinen Weinberg am Damsa Fluss in Ürgüp bearbeite, und schenkte ihnen zum Abschied eine Flasche des vom Vater selbst gekelterten Rotweins. Der Mann verdiente ihren herzlichen Dank; der Rotwein gehörte zum Schlechtesten, was Reinhold jemals an Wein getrunken hat. Wahrscheinlich, da ist er sich nicht sicher, war diese Flasche noch untrinkbarer als ein lokaler Rotwein, den er in New Braunfels, Texas, probiert hatte. Die kappadokische Kostbarkeit schmeckte intensiv nach erst verbrannten und dann vergorenen Pflaumen. Später las Reinhold, in Ürgüp werde Rotwein hergestellt, indem Weißwein mit rotem Farbstoff versetzt werde. Verbürgen will er sich für solche Barbarei nicht; der Geschmack legt sie nahe. »Wenn alle Stricke reißen und das Wetter weiterhin kalt bleibt, dann«, tröstete Monika, »gehen wir zu Ömer, der hat ein elektrisches Öfchen in seinem Laden aufgestellt; wir haben das letzte Kettchen, den letzten Ring noch nicht begutachtet.«

Ömer spielt mit der Geographie, seinen Preisen und einem behinderten Freund

Reinhold saß auch 1999, wie früher, stundenlang in Ömer Amcas Laden an der Kayseri Caddesı in Ürgüp und vertrödelte den frühen Samstagabend, noch war die Zeit für das Abendessen und den Raki nicht gekommen. Ein dicklicher Türke, an seinem Arm eine mollige Frau Ende zwanzig, feilschte mit Ömer um einen Silberring, den er wohl als Geschenk für die Frau an seinem Arm gedacht hatte. Ömer wog den Ring ab und forderte fünfeinhalb Millionen TL. Der Mann bot zweieinhalb und beteuerte wortreich, dies sei sein letztes Angebot. Die Frau kicherte unentwegt. Ömer senkte den Preis auf vier und dann auf drei Millionen. Der Kunde zückte Geldscheine zu zweieinhalb Millionen, Ömer willigte ein. Der Mann erkundigte sich noch nach einer Disko, in der nachts der Bär abging, und fuhr mit der Frau im Auto davon. Das war eine »Nataschа«, bemerkte Ömer. Russische Huren tragen in der Türkei diesen schönen Namen. Befragt, warum er so tief heruntergegangen sei, antwortete er: »Der Mann kommt aus Kayseri, er ist am Dialekt zu erkennen. Leute aus Kayseri geben immer nur den halben Preis. Geht in Ordnung. Ich habe vorher den Preis hochgesetzt. Der Ring kostet auch sonst nicht mehr als zweieinhalb Millionen.«

Tugend wohnt wie überall Wand an Wand mit dem Laster. Im Park Hotel, in dem er sich wie gewohnt einquartiert hatte, wachte Reinhold am Sonntagmorgen sehr früh auf und sah lange im ersten Licht auf den nahen Burgfelsen mit seinen verfallenen Häusern. Die Sonne überzog die Ruinen mit einem goldenen Schimmer, ein Pfad lief den Berg hoch, die unteren Häuser waren noch bewohnt, auf halber Höhe waren sie zerfallen, auf dem Gipfel stand, aus elektrischen Birnen zusammengefügt, die Silhouette eines massigen Männerkopfes, wieder einmal der Kopf des großen Atatürk. Um halb sechs morgens hielt ein ältlicher Mercedes unter seinem Zimmer an. Drei junge Frauen europäischen Zuschnitts, stark toupiert und geschminkt, möglicherweise Nataschas nach abgeleisteter Schicht, wanden sich aus den Rücksitzen und stöckelten ins Haus. Der fette Mann hinter dem Steuer blickte nicht hin und nicht zurück und fuhr weg.

Ömer handelte und parlierte mit einer Busgruppe von Französinnen. Die Frauen betrachteten und befühlten reich bestickte Brustteile von Frauenkleidern. Die bunten Stoffe waren dicht an dicht in Handarbeit mit Silberplättchen und weißen Muscheln besetzt. »Aus Elaziğ stammen die Stücke«, erklärte er ihnen. Später bemerkte er beiläufig zu Reinhold: »Die Kleider kommen natürlich aus Usbekistan und Turkmenistan, das darf ich Touristen aber nicht sagen, weil die in der Türkei türkische Dinge kaufen wollen. Oder ich sage, sie kommen aus dem Osten. Der Osten«, lächelte er gelassen, »ist groß.« Er verkaufte auch schön geschnitzte hölzerne Koranständer. Die Gegenstände stammten unzweifelhaft aus dem tiefsten Afghanistan, nicht unwahrscheinlich aus dem Swat Tal im Hindukusch an der Grenze zu Pakistan. Viele

Hände und viele Jahre hatten ihrem Zedernholz eine glatte Patina gegeben, manche waren an die fünfzig, andere weit über hundert Jahre alt. Reinhold hatte einige in Münster von einem Afghanen gekauft. Ömer fuhr nach Istanbul, dorthin brachten russische Händler die Koranständer; er schleppte die echten und noch mehr falsche zurück nach Ürgüp und verkaufte sie als türkische Gegenstände, und das um den doppelten Preis, den Reinhold in Deutschland gezahlt hatte. Ömer gestand ihm, er mache überhaupt die Preise nach der Nationalität der Touristen. Die Italiener, zum Beispiel, seien versessen auf alte Uhren und zugleich die hartnäckigsten Feilscher. Folglich setze er einen Anfangspreis von 150 % an, lasse sich um 50 % herabhandeln, ecco: alle seien zufrieden. Die Japaner zahlten, hai, was er verlange, also verlange er 150 Prozent. Nur ihm, seinem alten Freund, gebe er die Sachen fast zum Einkaufspreis ab. Reinhold blickte seinem Freund ins Gesicht, gerührt, zärtlich und voller Unglauben.

Ömers junger Gehilfe war am nächsten Tag schon am Nachmittag sturzbetrunken. Das Bier hatte sein Gesicht, seine Nase mit zwei großen Knollen scharf gerötet. Er stank gewaltig aus dem Mund und schwankte. Auf Deutsch fragte er Reinhold viermal innerhalb einer halben Stunde: »Aus welcher Stadt kommst du?« Und fügte ebenso oft hinzu: »Ich in Köln geboren. Kennst du Köln?« Reinhold wich vor seiner Bierfahne zurück. Ömer und seine Freunde saßen auf Holzhockern vor dem Geschäft und regten sich nicht im Geringsten über den Betrunkenen auf. Sie antworteten leise, geduldig und freundlich auf seine törichten Sprüche. In dem Laden neben Ömers Geschäft half ein Mann um die dreißig aus. »Der ist geistig verkrüppelt«, erklärte Ömer, »als Kind hatte er ein Hirnfieber und sein Verstand ist der eines sechsjährigen Kindes geblieben.« In der Tat schaute der Mann blöde drein, seine Arme waren dick wie kleine Baumstämme, von den Händen hingen dunkelrote Wurstfinger. Er sprach kaum etwas, aber wie ein junger Hund wollte er balgen und setzte bei Ömer allerlei Ringergriffe an. Ömer blieb auf seinem Hocker sitzen und rang zum Spaß mit. Sein Gesicht, das meist vor Geschäftssinn spitz zugezogen war, glänzte, wie verwandelt, vor guter Laune und vor Freundlichkeit für den Tölpel. »Der Mann hat«, erklärte er keuchend zwischen zwei Ringergriffen, »eine Frau und zwei kleine Söhne, beide hellwach und gescheit.« So hatte Gott dem Blöden doch ein beträchtliches Lebensglück geschenkt.

Tarsos

Die Stadt Tarsos trägt, wenn es um ihre Ursprünge geht, ordentlich dick auf. Nach islamischer Tradition hat Seth, einer der Söhne Adams, sie gegründet; nach hellenistischer Geschichtsklitterung waren die Gründer keine Geringeren als die Halbgötter Perseus und Herakles. In den geschichtlichen Jahrhunderten wies die Stadt eine beneidenswerte Quote von Very Important Persons auf, und zwar allesamt Hitzköpfe. Alexander der Große badete im Flüßchen Kydnos und erkrankte an einem hitzigen Fieber. Der römische Feldherr Marcus Antonius und Kleopatra VII., die Königin von Ägypten und mit römischen Feldherrn und ihren erotischen Vorlieben längst vertraut, trafen dort aufeinander und fielen, der Wein erhitzte nicht allein die Köpfe, sogleich übereinander her. »What sport tonight?«, fragt bei Shakespeare Antony, immerhin eine der drei Säulen des römischen Weltreiches, seine Geliebte, und er meint nicht das Tennis. Unter die Hitzköpfe zählte ebenfalls der Apostel Paulus, ein Sohn der Stadt, ein Eiferer auch er, allerdings nicht im Dienste weiblicher Erotik. Reinhold zeigte man in der Nähe des Gemüsemarktes ein unscheinbares Gebäude über einer unterirdischen Quelle, aus der der Apostel oft getrunken haben soll. Unter einer ehemals armenischen Kirche und heutigen Moschee in der Nähe mochte der Prophet Daniel begraben liegen oder auch nicht. Ähnlich generös oder auch schlampig wie mit der Historie ging das Fremdenverkehrsamt von Tarsos mit einem Stadttor um, das bis vor wenigen Jahren vor sich hin verfiel, dann aber unfein mit neuen Marmorplatten ausgestattet wurde. Je nach Gusto hieß das Gemäuer »Tor der Kleopatra« oder »Tor des Heiligen Paulus« oder im türkischen Volksmund »Tor der Hündin«. Es stammte aus der Kaiserzeit und hatte weder mit Kleopatra noch mit Paulus irgendetwas zu tun.

Tarsos eignet sich gut zum Schlendern. Im neuen Teil der Stadt trifft der Besucher auf einen großen modernistischen Brunnen, der aus mehreren Röhren in dickem Schwall Wasser spendet, ein seltenes Vorkommen in der durstigen Türkei. Die Altstadt besaß eine ganze Reihe malerischer Häuser aus vergangenen Jahrhunderten, eine römische Agora wurde allmählich freigelegt, das Museum war in einer prächtigen, 1570 erbauten Klosterschule untergebracht. Reinhold hatte das Museum schon mehrfach besucht, darunter im Frühjahr 1998 mit Monika. Die beiden Ausländer zahlten als vermeintliche Millionäre Eintritt; vielköpfige türkische Familien winkte der freundliche Mann an der Kasse durch. Recht so. Im Hof lagen Säulentrommeln, Sarkophage und sonstige alte Steine umher; jede der Klosterzellen beherbergte eine thematisch angelegte Sammlung, die eine antike Münzen, die andere antiken Schmuck, in einer dritten stand das seltsamste Objekt, eine Steinplatte, auf welcher eine Schlange einen Mann umringelte. Er zeigte Monika den schlangenumwundenen Mann, konnte jedoch die Darstellung stilistisch nicht einordnen. Das Photographieren der friedlichen Stätte war streng verboten; der Wächter gefiel sich in herrischen Gebärden und Palaver.

Auf dem Gemüsemarkt entdeckten sie winzige, recht süße Zitronen; süße Zitronen wurden seit einiger Zeit bei Mersin gezüchtet. Ein junger Mann fragte Reinhold nach seinem Vaterland und fluchte über die deutschen Schweine und Hunde, nicht ahnend, dass sein Gegenüber die türkischen Schimpfwörter verstand. Reinhold hörte zu, zuckte die Achseln und ging weiter.

SILVAN

Wie schmecken Schafsaugen?

Eine Reise ins Unvermutete

»Der Mann hat davon noch ein ganzes Säckchen voll«, sagte der junge Türke zu Reinhold und seiner Freundin Ella und ließ einen alten Silberring über den Tisch rollen. Sie saßen in einem Teehaus am Hafen des Städtchens Kuşadası in der Nähe von Ephesos, damals, im Sommer 1967, als noch die Menschen sich abends am Meer ergingen, einige bescheidene Gläser Tee tranken, und nach dem Gefiedel der Zikaden eine nächtliche Stille sich über den Ort senkte. Der junge Mann hatte sich freundlich grüßend zu den beiden an den Tisch gesetzt und gebeten, sein Deutsch im Gespräch ein wenig aufpolieren zu dürfen. Er sei Reiseleiter und habe gerade eine Gruppe aus dem Osten der Türkei nach Izmir zurückgebracht. Dem fernsten, dem bereits ein wenig märchenhaften Osten habe man sich genähert und den Van See, die Gegend des Ararat und Erzurum besucht. Hinter Diyarbakır, von dort auf halbem Wege zum See, in dem Städtchen Silvan, gebe es einen sehr alten Mann, der ihm eben jenen Sack alter Silber- und Kupfersachen vor einigen Tagen gezeigt habe. Sein Ring stamme daher. Nein, der Name des alten Mannes sei ihm unbekannt, ebenso sein Beruf wie auch, wo er wohne. Diese Ungewissheiten seien jedoch kein Hindernis, denn sobald sie die Hauptstraße auf und ab spazierten, würden kleine Jungen durch den Ort rennen und schreien: »Touristen sind da!« Der Alte werde wie ein Geist vor ihnen aus der Erde wachsen.

Reinhold und Ella hatten ihre Gelassenheit verloren; sie gingen zurück zum Hotel Akdeniz (43 Zimmer, ohne Bad) und begannen ein Hin und Her von Fragen, Vermutungen, vorläufigen Antworten, Plänen. Was, wenn der Sack ganz voller Silberschmuck wäre oder doch vieler Stücke oder auch nur einige seltene und schöne darin steckten? Was mochte der Alte fordern? Würden sie sich mit einem Schlag eines Schatzes bemächtigen? Reinhold wand sich in den Krallen seiner gemeinen Sammelwut. Wollten sie die Strapaze einer vieltägigen Busfahrt auf sich nehmen, die sie hin und zurück an die dreieinhalbtausend Kilometer durchs Land befördern würde? Wie sollten sie, angekommen, den Mann finden, wo sie so gut wie kein Türkisch sprachen? Der Osten der Türkei gegen den Iran hin war für sie ein dunstiges Niemandsland, über welches Reinhold seltsame Nachrichten aus dem Buch *Labyrinths* des großen Jorge Luis Borges geschöpft hatte, dass etwa einer der Heresiarchen von Tlön an dem Glauben festhalte, Koitus und Spiegel seien gleichermaßen abscheulich. Aber wo lag das Land Tlön? Und wo lag Silvan? War ein geisterhaft unfaßbarer Greis es wert, den gesamten Urlaub umzustürzen? Die Freundin, voll weiblichen Mutes und in dem liebevollen Wunsch, ihn auf das Abenteuer zu begleiten, sprach ein entschiedenes: »Ja.«

Am nächsten Morgen nahmen sie frühmorgens den Bus von Kuşadası nach Izmir. Dort gab es mittags einen Anschluss über Kütahya nach Ankara, die Fahrt ging durch den Tag und die Nacht bis in die frühen Morgenstunden. Wenig später führte sie der nächste Bus durch den Tag und bis zum Abend von Ankara über Kayseri nach Adana. Eine Nacht, auf einem Hotelbett schweißbedeckt vergeblich nach Kühlung und Schlaf suchend, verbrachten sie in der Stadt. Eine weitere lange Tagesfahrt über Gaziantep brachte sie nach Diyarbakır und dort wiederum in ein Hotel; am nächsten Morgen fuhren sie in Richtung Vansee, die staubverkrusteten Fenster des Wagens verwehrten den erkennenden Blick auf die sonnenverbrannte Landschaft, gegen Mittag endlich kamen sie in einer spärlich bewohnten Einöde an. In Tlön? In

Silvan. Sie stiegen aus, der Bus hupte, fuhr in einer Staubwolke die menschenleere Hauptstraße hinab und entschwand; eine mittägliche Sonne brannte auf sie und ihr Gepäck herab, verriegelte Fensterläden der Geschäfte, syrische Verlassenheit.

Malerisch, aber zugleich einen beißenden orientalischen Geruch verleihend, hätte sich ein schlafender Hund in der Straßenmitte gemacht; als Zugabe noch schwarz verschleierte Frauen, zwei wiederkäuende Kamele im Schatten eines Hauses, am Himmel kreisende Geier. Die Wahrheitsliebe des Erzählers lässt Lokalkolorit als Zugabe nicht zu. Das Problem ist alt und geht über die imaginären Kamele weit hinaus. Wieviel Exotik verträgt eine Erzählung? Der fremde einheimische Alltag wird erzählenswert, sobald der Fremde in den eigenen Alltag zurückgekehrt ist Er mag dann ruhig von fremden Dingen und vielleicht sogar von solchen jenseits der fremden Wirklichkeit erzählen. Er ist schließlich kein Ethnologe. Die Kamele in Silvan existierten tatsächlich nicht. Sie finden ihren Weg auch nicht in den Text, denn sie reicherten ihn allenfalls um ein Klischee an. Sehen wir auf die Kehrseite der Medaille. Etwas zu verschweigen, weil es den Einheimischen als selbstverständlich und nicht erzählenswert ist, gilt aber auch nicht. Nur sollte man mit der Behauptung, etwas sei den Landeskindern nicht erzählenswert, vorsichtig umgehen. Bleiben wir bei den Kamelen. Borges führt aus, in dem großen Werk des englischen Historikers Edward Gibbon, *The Decline and Fall of the Roman Empire* (1776-1791), werde behauptet, im Koran kämen Kamele nicht vor. Borges erklärt dies so: Der Prophet war ein Araber, dem die Teile der arabischen Wirklichkeit in ungleichem Maße erzählenswert erschienen. Schweigt der Prophet, schweige folglich auch der Historiker. Nachzulesen ist freilich bei Gibbon im fünfzigsten Kapitel, dass der Prophet öfters auf einem weiblichen Kamel reitet und seine Anhänger in der Schlacht von Beder dreitausend Tiere eroberten. Genug gemäkelt.

Einige Schritte weiter standen Ella und Reinhold vor dem einzigen Gasthof des Städtchens. Ein Zimmer war schnell gewählt, da es keine Wahl gab. Klein und armselig war es, Holzladen vor dem Fenster, grün getünchte Betonwände, ein Eisenbett, ein Laken, ein Krug Wasser, gleichviel: Es war kühl, still, dunkel. Ella zog die verschwitzten Kleider vom Leib, warf sich aufs Bett, schlief sogleich ein. Er ging zurück zur Rezeption, gab die beiden Pässe ab; im Zimmer legte er sich neben die Freundin, eine schweißnasse Hand auf ihrer schweißnassen Hüfte, und fiel ebenfalls in einen erschöpften Schlaf. Eine? zwei? Stunden später klopfte es heftig gegen die Holztür, hörte nicht auf zu klopfen, trieb den noch Schlaftrunkenen in Hemd und Hose. Vor der Tür stand ein türkischer Soldat, braun-staubige Uniform, braun-stoppeliges Gesicht, Gewehr in der Rechten. Er bedeutete mit Gesten: »Mitkommen!« Eingedenk der mündlichen Überlieferung, türkische Gendarmen seien angewiesen, erst zu schießen und dann zu fragen, schluckte Reinhold seinen europäischen Protest hinunter, beruhigte seine Reisegefährtin, er sei gleich wieder zurück; Verbrechen seien ihnen jedenfalls bis jetzt nicht nachzuweisen, erntete kein Lachen für den dünnen Scherz, ging an einem verwunderten Hotelbesitzer vorbei auf die Straße und fühlte sich unversehens mehr als blümerant. Er musste eine menschenleere Straße hinabmarschieren, im Rücken ein Soldat mit nunmehr aufgepflanztem Bajonett. Was erwartete ihn? High Noon in Ostanatolien? Antwort von dem stummen bewaffneten Lehmkloß zu erhalten, war unmöglich. Also zogen sie die Straße hinab bis vor das Landratsamt.

Sogleich wurde er dem Kaymakam, dem Beherrscher Silvans und seiner Umgebung, vorgeführt. Ein immer noch junger Mann saß in weißem Anzug hinter einem großen Schreibtisch; die herabgelassenen Jalousien hielten den Raum kühl; ein Sessel wurde ihm angeboten; der Herrscher sprach Deutsch. Er sei der Landrat, habe in Hamburg studiert, liebe Deutschland, ob der Gast einen Tee oder Kaffee mit ihm trinken wolle. Auf dessen protestierende Frage, was denn gegen ihn vorliege, dass er mit Waffengewalt wie ein gemeiner Verbrecher vorgeführt werde, gab er lächelnd, in der Tat liebenswürdig lächelnd, zur Antwort, das solle seinen Besucher nicht scheren, die junge Frau und er seien seit Monaten die ersten Ausländer im Ort; er habe aus den Pässen gesehen, aus welchem Land sie kämen; sein Wunsch, Deutsch zu plaudern sei übermächtig geworden, voilà, nun werde der Wunsch erfüllt. Was blieb Reinhold übrig? Mit Anstand waren einige Gläser Tee zu schlürfen; der Gedanke an eine aufgeregte Ella ließ die Notlüge aufkommen, seine Frau sei erkrankt, er müsse schnell zu ihr zurück; nein, nein, nichts Ernsthaftes, vielen

Dank für das Angebot, einen Arzt mitzuschicken; ja, sicherlich, sie beide würden es als eine Ehre empfinden, bei ihm vorbeizuschauen und weiterhin zu plaudern; ein reizendes Angebot, aber gewiss würden sie es wahrnehmen, leider im Moment … . Der Lehmkloß eskortierte ihn zu dem Hotel zurück, der Hotelbesitzer erfuhr, dass er keinen Verbrecher, sondern einen Günstling des Landrats beherberge, seine Höflichkeit wuchs ungemein. Die Freundin war außer sich: »Warum hast du dem Landrat nicht die Meinung gesagt? Deutsch konnte er ja! Was nimmt dieser junge Flegel« (er war wirklich noch recht jung) »sich heraus?« Er erhob lahme Gegenrede: »Ich bin kein Held, ich habe die Lage nicht durchschaut, natürlich, ich habe mir furchtbare Sorgen gemacht, ach, und außerdem ist es zum Streit doch viel zu heiß.« Das letzte Argument war das stärkste.

Am Spätnachmittag flanierten sie die Hauptstraße hinauf und hinab, dicht gefolgt von einem Trupp kleiner Jungen, von denen mit Grimassen, Verrenkungen und Sprüngen ein jeder gerade auf sich aufmerksam machen wollte. Vor einem Freilichtkino, nackte Betonwand, scheppernde Lautsprechermusik, drei Filme angekündigt als Attraktion eines Abends, blieben sie stehen. Das Kino bot die einzige und vielbesuchte kulturelle Unterhaltung Silvans. Junge Mädchen wandelten, am Arm älterer Schwestern oder schon verheirateter Freundinnen, zu dritt oder viert die Straße auf und ab und begegneten dabei, welch Zufall, immer wieder ernsthaft dreinblickenden jungen Burschen, die, ebenfalls Hand in Hand, die Abendluft genossen, bevor die Geschlechter sich säuberlich getrennt auf Holzstühlen niederließen, um dem Filmwerk Aufmerksamkeit zu zollen. Das abendliche Wandelzeremoniell war eigentlich, mit Blick auf den kommenden Zuwachs der Türkei an Menschen und die Erfüllung individueller Lebenssehnsüchte, wichtiger als die kineastische Ergötzung. Ein junger Bursche trat auf sie zu und hielt in der Handfläche eine schöne, große seldschukische Kupfermünze, der Preis war niedrig, um die zwanzig Mark. Ella riet heftig vom Kauf ab: Wenn der Bursche schon für eine Münze zwanzig Mark bekäme, würde sich das auf den Kaufpreis der Ringe und Armbänder im Säckchen des alten Mannes inflationär auswirken. Der Herr der Ringe würde diesen Preis für jedes Stück fordern, denn von dem Handel hier werde er bestimmt erfahren. Reinhold, stets geneigt, dem Rat weiblicher Intuition nachzugeben, oder an diesem Abend einfach zu müde, zu verschwitzt und vergrätzt vertröstete also den Burschen auf den nächsten Tag, den nämlichen Ort und die nämliche Stunde. Dem war es recht, denn außer einem Kinobesuch gab es in Silvan abends wenig zu unternehmen. Die zwei nahmen im größten Restaurant des Ortes ihre vorzügliche Abendmahlzeit ein und gingen dann zum Gasthof zurück; der Tag hatte genug Überraschungen gebracht.

Deutsche Brocken und armseliger Schmuck

Spät am nächsten Morgen zogen sie erneut die sonnendurchglühte Hauptstraße hinab, die kleinen Jungen, schon alte, wenn auch noch nicht reizende Bekannte folgten. Im Schatten eines Teehauses ließen sie sich nieder; sie würden den Hüter des Schatzes nicht – er würde sie aufsuchen. Nur wenige Minuten verstrichen und ein alter, gebeugter Mann trat in das Lokal, warf einen Blick auf die Fremden, setzte sich an den Nebentisch und begann mit leiser Stimme einen Singsang: »Ich hatt' einen Kameraden, einen besseren findst du nie. Die Trommel rief zum Streite, er ging an meiner Seite … .« Als das Lied endete, sah er sie lächelnd an und fragte in gebrochenem Deutsch, ob sie aus Almanya kämen. Ja, sicher, aber woher er denn ihre Sprache kenne? Er möge ihnen doch den Gefallen tun, ein Glas Tee mit ihnen zu trinken. – »Gern«, der Alte wechselte seinen Platz und hub an: »Im ersten Weltkrieg bin ich Koch bei einem an den Dardanellen stationierten deutschen Regiment gewesen; man hat mich immer gut und als Freund behandelt, an das Lied und an einige Brocken Deutsch erinnere ich mich noch.« Weiterhin lächelnd kramte er in seinem Sprachschatz: »Schweinhund, Drecksack, Faulpelz.« Ihnen dämmerte, dass er seinerzeit den Sinn dieser wohl öfters an ihn gerichteten Schimpfworte nicht erfasst hatte und dass Unkenntnis ihn bis auf den heutigen Tag Deutschenfreund hatte bleiben lassen. Wer wissen möchte, wie das Gegenstück aussah, wie sich türkisches Militär im Ersten Weltkrieg eines deutschen Soldaten, ebenfalls an den Dardanellen stationiert, annahm, schlage die von Ella erzählte Geschichte von den Dardanellen auf.

Dann aber kam der Mann in Silvan zur Sache: »Ich besitze einen kleinen Schneiderladen und verkaufe dazu Antiquitäten; ja, auch Silberschmuck, einen ganzen Sack voll habe ich; kommt nur mit zu meinem Haus.« Reinhold spürte keinerlei Herzklopfen, denn die Reise war endlich über das Erwartbare wie das weniger Wahrscheinliche hinaus in das Land der morgenländischen Märchen gelangt; in den Erzählungen aus den Tausenundein Nächten regen die Helden sich auch nicht übermäßig auf über aus dem Boden schießende Geister. Der Laden war klein, mit Tuchrollen vollgestopft und stickig. Der Alte führte sie sogleich in ein Hinterzimmer und hieß sie an einem leeren Tisch Platz nehmen. Er holte aus einer Kiste ein Säckchen, das wohl an die drei Kilo Metall fassen mochte, hervor, wischte mit dem Ellbogen den dicken Staub von der Tischplatte und schüttete Münzen, Schmuck, Krimskrams vor ihnen aus. Mit Reinholds Ruhe war es angesichts des fassbaren, des kaufbaren Schatzes vorbei. Mit hastigen Fingern durchwühlte er den Haufen, schob den Krimskrams beiseite, die Münzen ebenfalls und legte den Schmuck in die Tischmitte – Ringe, Ketten, Uhranhänger, Siegelpetschaften, Armbänder – nahm die Stücke in die Hand, rieb Staub und Dreck von den Siegelsteinen ab, besah sie erneut, hastiger und hastiger; Schweißbächlein liefen seinen Nacken hinab, Galle stieg ihm in den Mund: Alle diese Stücke waren alt und echt; doch die Karneole, Agate und Glaspasten der Siegelringe abgesplittert und gebrochen, das schlechte Silber der Anhänger und Armreifen dünn und grün angelaufen, ein Schauder für jeden Sammler; kurzum: Er sah statt auf einen glänzenden Schatz auf einen Haufen alten Schrotts. »Adieu« gesagt zum einmaligen Fund, zum Prunkerwerb. Im Inneren hatte er es gewusst, schon in Kuşadası, schon während der Reise: Der Traum werde bei Tageslicht verbleichen. Allein lange hielt die Trübsal nicht an und machte einer Fröhlichkeit eigener Art Platz. Hatte er sich nicht selbst versichert, ins Land der Einbildung gelangt zu sein, in dem enttäuschte Hoffnung auf realen Gewinn keinen Wohnsitz hat? Nein, jetzt wollte er nicht ein einziges Stück kaufen; nein, die Erfahrung sollte bitter, rein und ungemischt bitter bleiben. War der wahre Gewinn der Reise nicht schon ihre Geschichte? Die würde er wieder und wieder erzählen und zu Papier bringen können.

Der Abschied vom Alten fiel nicht wie unter Brüdern aus. Seine Reisegefährtin war schwer von Reinholds neuer Charakterstärke zu überzeugen, wollte trösten, wo Trost kaum zur Hand war; doch, ein geringer: Die Kupfermünze in der Tasche des jungen Burschen. Sie warteten am frühen Abend vor dem Kino, der Türke erschien nicht. Seinen Vornamen, Ali, hatte er genannt; man kannte ihn auch im Ort, die einen oder anderen hatten den Ali noch soeben erblickt; kleine Jungen rannten auf Suche durch die Gassen, vergeblich. Das Kino begann sein Programm, nach der lokalen Zeitrechnung hatte damit die Unterhaltung für diesen Abend ihren Lauf begonnen, länger zu warten ergab keinen Sinn. Was blieb ihnen übrig als sich einem Abendessen in dem gestrigen Lokal zuzuwenden?

Schafsaugen sind wahre Leckerbissen

Hell erleuchtet waren die Räume, an langen Tischen saßen, so schien es, mehrere Großfamilien, Kellner liefen mit vollbeladenen Tabletts umher, die Eingangstür war jedoch verschlossen. Niemand sah zu den Hungrigen und Ausgesperrten hin; endlich bedeutete ein Kellner, dies sei eine geschlossene Gesellschaft. Ach, und endlich schaute ein älterer, wohlbeleibter Gast, eine offensichtliche Respektsperson, zum Fenster, und eine mitleidige Anrührung muss ihm gekommen sein, als er zwei müde, hungrige fremdländische Gesichter erblickte. Auf sein Geheiß wurden sie hereingeholt und auf zwei Plätze neben ihn komplimentiert. Es war eine Feier aus ihnen dunkel gebliebenem Anlass, jedoch Anlass zum Prassen. Freilich floss kein Alkohol bei den Strenggläubigen. Yoghurt mit Wasser verdünnt, Limonaden, Obstsäfte der köstlichen türkischen Art halfen die Speisen herabzuwaschen. Die Gerichte wurden auf großen, runden, verzinnten Tabletts vorgelegt; jedermann griff mit der hohlen Hand in die Speisen, drehte aus Reis und Fleisch eine Kugel und legte sich seine Portion auf den Teller. Die Respektsperson blickte Reinhold freundlich an und häufte eigenhändig dessen Teller voll mit Kugeln von Reis, vielerlei Gemüse, Stücken gebratenen Lamms. Ella musste selbst zugreifen, nicht, weil die männlichen Gastgeber unhöflich waren. Sie respektierten vielmehr eine Frau und wollten ihrer Wahl nicht zuvorkommen. Dann nahm der wohlbeleibte Mann den gerösteten Kopf eines Schafes, drehte mit geübtem Griff ein Auge heraus, nickte dem Gast aufmunternd zu und schob ihm unversehens das trüb bläulich-weißlich blickende Organ in seinen Mund. Dem Nachbarn mit den Fingern einen Leckerbissen in den Mund zu schieben ist feine orientalische Art. Der Impuls, das Auge würgend auszuspucken, durchfuhr Reinhold so heftig wie kurz. Die Zunge tastete das ungewohnte Objekt ab; es war von einer festen, gallertähnlichen Konsistenz, ohne einen dem Novizen erkenntlichen Eigengeschmack – Augengeschmack? Was tun? Es aufbeißen? Welch emetische Flüssigkeit würde sich aus dem Augapfel auf die Zunge ergießen? Nein, das Auge ganz, und ganz schnell, ohne weiteres Nachsinnen und Probieren, herabzuschlucken war schon das Beste und kam überdies der Gastespflicht nach. Nur, sein dankbar erfreutes Mienenspiel ließ die Respektsperson zum zweiten Auge greifen und ihm diese Ehrengabe ebenfalls ansinnen.

Am nächsten Morgen machten sie sich zur Rückreise in die auch Türken vertraute Türkei fertig. Zwei Busse, so hatten sie erfahren, fuhren täglich nach Diyarbakir zurück; einer am späten Morgen, der andere am frühen Abend. Warum noch warten? Der Bus kam; sie setzten sich auf die Rückbank; ein junger Mann tauchte plötzlich mit einer großen Münze in den Fingern auf und setzte einen Fuß in die Wagentür; alle Reisenden sahen dem sich anbahnenden Handel aufmerksam zu; das Geldstück wanderte, in Zeitungspapier geschlagen, über den Fahrer von Hand zu Hand der Fahrgäste bis zur Rückbank. Eine Silbermünze war es nicht, sondern ein Kupferstück der mittelalterlichen Artukidendynastie von Mardin. Reinhold lehnte einen Kauf ab, die Münze machte ihren Weg erneut zum Fahrer, erhielt einen niedrigeren Preis und kam, von den Mitreisenden nunmehr vielstimmig angepriesen, zurück. Seine Charakterstärke schmolz dahin. Ein Geldschein bewegte sich unter beifälligem Murmeln zu dem jungen Mann; der sprang aus der Tür; der Fahrer hupte lange und laut, der Bus fuhr ab.

Einige, vielleicht langatmige, Anmerkungen zur Geschichte Silvans

Über der Hast, mit der Ella und Reinhold sich in den Bus warfen, ist die Historie Silvans auf der Strecke geblieben. Dabei ist sie nicht ohne Kuriosität. Zunächst zur Lokalität: Antike Ruinen gibt es nicht zu bestaunen, auch die Große Moschee und kümmerliche Stadtmauerreste sind kaum sehenswert. Folglich rät der *Rough Guide to Turkey*, man tue besser daran, Silvan völlig zu umgehen. Die Geschichte der Stadt ist außerordentlich wechselhaft und in manchem nicht ganz gesichert. Der armenische König Tigranes I. († 56 v. Chr.) hat sie wohl unter dem Namen Tigranocerta gegründet, sein Nachfolger Tigranes II. baute sie zur Hauptstadt aus, doch der römische Feldherr Lucullus eroberte und zerstörte Tigranocerta im Jahre 69 v. Chr. Lucullus bleibt in angenehmer Erinnerung, weil er die Kirsche aus dem Schwarzmeergebiet in die europäische Esskultur einführte. Gehen wir mit Meilenstiefeln in die Spätantike. König Schapur II. (309 – 379 n. Chr.) herrschte über das Sassanidenreich deshalb so ungemein lange, nämlich siebzig Jahre, weil ihm bereits die Krone aufgelegt wurde, als er sich noch im Mutterleib tummelte. Fromm war er zudem: Wer seiner Untertanen sich nicht zu der Religion des Zoroaster bekannte, der lebte nicht bis ins Greisenalter. Schapur II. ließ folglich die widerspenstigen Christen in Tigranocerta hinrichten; jene Religion wurde um eine große Schar Märtyrer reicher. Im späten 4. oder frühen 5. Jahrhundert n. Chr. taufte der Bischof Maruthas, geboren im späten 4. Jahrhundert n. Chr., gestorben vor 420 n. Chr. (?), die Stadt in Martyropolis um, die Stadt der Märtyrer. Die einen sagen, der Name gehe auf die in der Stadt umgebrachten Christen zurück, andere erklären ihn so: Maruthas war ein Mann von theologischem und politischem

Gewicht. Er reiste für den byzantinischen Kaiser in diplomatischem Auftrag in den Iran. Von dort schaffte er große Mengen von Reliquien christlicher Märtyrer in seinen Bischofssitz. Märtyropolis besaß einen gewaltigen, musealen wie auch gut vermarktbaren Bestand an heiligen Knochen samt den hinzu erfundenen Namen der Besitzer.

Der Säulenheilige Symeon der Ältere

Syrien zu besuchen und an der Wirkungsstätte des älteren Symeon zu rasten war schon lange Reinholds Traum gewesen. Die Bilder kannte er wohl. Im Norden des Landes eine karge Wüstenlandschaft, in der Antike baumbestanden und reich an Ernten von Wein, Oliven und Getreide; zahlreiche spätrömische und byzantinische Ruinen, Tore, Mauern, Dörfer, Kirchen und Klosteranlagen in der Landschaft Apamene: Das alles hatte er aus wissenschaftlichen Büchern gelernt. Aber ein anderes Erlebnis würde es schon sein, im Schatten einer Klosteranlage zu hocken, umgeben von einer kleinen Herde schwarzer Ziegen, von streng riechenden Fettsteißschafen und (vermutlich) auch etwas streng riechenden und zugleich gastfreundlichen Hirten. Ein Besuch würde nur mit einem eigenen Fahrzeug zu bewerkstelligen sein, da ohnehin sein Geld für eine wohlausgestattete Kamelkarawane nicht ausreichen wollte.

Reinholds frühere Darstellung des tatsächlichen Lebens der Säulenheiligen war polemisch ausgefallen. Er hatte sich eine unfreundliche Fantasie über die Mönche ausgemalt, was denn aus ihnen geworden wäre, wenn das fromme Volk, aus Vergesslichkeit, theologischem Protest oder weil es von Feinden ausgerottet worden war, keine Nahrung mehr gebracht hätte. Die Styliten und vor allem der denkwürdige Symeon der Ältere verdienen ernsthafte Worte, welche Reinhold Jahre nach der unernsten Rede nun folgen lässt. Unsere genaue Kenntnis über Symeon den Älteren beruht auf einer altsyrischen Biographie, die Symeons Freund Theodoretos, der Bischof von Kyrrhos, geschrieben hat. Der Mann war in der Tat ein Champion unter den Styliten, was ihm den Beinamen »Der Athlet« einbrachte. In der Askese fanatisch, war er im Umgang mit Menschen alles andere als das. Tausende von Pilgern suchten ihn um Trost and Rat auf; er sagte Naturkatastrophen voraus und schlichtete Streitigkeiten; Geldverleiher forderte er auf, nicht mehr als sechs Prozent Jahreszinsen zu nehmen. Die Kaiser im fernen Byzanz hörten auf seinen Rat wie seine Mahnungen. Überhaupt gewann Symeon schon zu Lebzeiten den weit reichenden Ruf eines gerechten, klugen, freundlichen und geduldigen Mannes. Um 389 n. Chr. wurde er als Sohn von Bauern im südlichen Kleinasien in der Gegend von Nikopolis geboren und starb erst 459 n. Chr. Das hohe Alter anzuführen rechtfertigt sich angesichts einer überaus strengen Askese, die einen schwächeren Körper als seinen früher ins Grab gebracht hätte. Um die zwölf Jahre lebte er als Mönch in zwei Klöstern, in einem ließ er sich, zur sehr geringen Freude seiner Mitbrüder, für ein vierzigtägiges Fasten einmauern, daraufhin schickten sie ihn weg. Auf einem Hügel neben dem Kloster in Telanissos in der Landschaft Apamene fesselte er sich mit einer schweren Eisenkette an einen Felsbrocken, um der Versuchung, sich davonzumachen, zu widerstehen und baute dann eine Säule von sechs Ellen Höhe, die er stets aufstockte, bis die Säule schließlich an die achtzehn Meter maß. Die Höhe der Zuflucht des Symeon und die Zahl der auf ihr verbrachten Jahre geben die Quellen leicht verschieden an. Einer weiteren Lebensbeschreibung, nämlich der seines Schülers Antonius, entnimmt Helen Waddell, *Beasts and Saints* (1934), einen riesigen Drachen, der, zum Christentum bekehrt, sich um die Säule wand und keinem Besucher ein Leid zufügte. Dort stand Symeon nun die nächsten dreißig Jahre, verbrachte im Gebet unter unzähligen Verbeugungen Tag und Nacht und fand immer weniger Zeit zum Essen, Trinken und Schlaf. Ganz ohne Speise und Trank ging es freilich nicht ab; seine Jünger brachten ihm Nahrung und trugen sie auf einer Leiter die Säule hoch, wie die Lebensbeschreibungen und antike Bilder bezeugen. Symeon und die übrigen Styliten wohnten klugerweise auch nicht außerhalb der Sicht- und Reichweite von sich wie üblich ernährenden Landbewohnern.

Ihre Wahl des Ortes verschob den alten Gegensatz zwischen Stadt und als unkultiviert betrachtetem Land zugunsten des Landes. Die Styliten verfolgten ein altes Ideal des einfachen Herzens. Ein Mönch entsagte der Welt und ihren Verlockungen; er lebte als Eremit, als Wüstenbewohner in scharfem Gegensatz zu dem bisherigen Ideal der Stadtkultur. Soziale Bindungen und Bürden wie die Familie streifte er ab. Er suchte in der Einsamkeit den Seelenfrieden und, ein neuer Adam, fand ihn in der Stille der Gegenwart Gottes. Nun ist es aber nicht so, dass auf dem Land, in den kleinen Städten und Dörfern, die Einwohner der Askese nacheiferten. Sie taten dies so wenig, dass der große Basileios, der Bischof von Caesareia in Kappadokien von 370 bis 379 n. Chr., sich veranlasst sah, eine Schrift gegen die Trunkenbolde, In ebriosos, zu verfassen, in der er die Frauen seiner Stadt tadelte, weil sie sich bei Festen, die an Trubel so ziemlich den heutigen Kirmessen gleichkamen, in betrunkenen Tänzen austobten.

Aleppo

Ein Geheimagent Ihrer Majestät der Königin von Großbritannien

Wie hoch soll das Bakschisch für syrische Zöllner ausfallen?

In Syrien hatte Reinhold die große alte Stadt Aleppo besuchen wollen; aus Reiseberichten hatte er von ihrer orientalischen Farbigkeit und ihrem Glanz erfahren; auf den Burgberg, die Zitadelle, würde er klettern und unter sich ein weißes Häusermeer, durchsetzt mit grünen Flecken, eine Stadt, die weit sich ins Land dehnte, betrachten. Nun, fast war sein Wunsch schon in Erfüllung gegangen, denn Lisa und Reinhold waren mit ihrem VW bis Antakya gelangt, der orientalischsten Stadt der Türkei, von dort würde die Fahrt nach Aleppo, nach Halep, nur ein Katzensprung sein, nur von Zwölf bis Mittag dauern. Weit gefehlt. Die Straße nach Syrien war eng, staubig und wenig befahren; am Grenzposten Cilvegösu hatten die Türken sie schnell und freundlich abgefertigt; es ging durch ein Niemandsland auf eine Reihe niedriger, militärisch aussehender Baracken zu. Ein Reklameschild am Wegesrand sollte ihnen Lust auf die Socialist People's Republic of Syria einreden. Gleiches hatte früher auch die People's Republic of Bulgaria tun wollen, war ihr aber nicht gelungen. Nun parkten sie, stiegen aus und sahen sich unverstehend einer ganzen Batterie von Schildern und Hinweistafeln in arabischen Lettern gegenüber. Sie nahmen ihre Pässe und die Autopapiere in die Hand und wanderten in der stechenden Sonne auf und ab; niemand nahm Notiz von ihnen. Reinhold schaute in den Eingang einer der Baracken, es schien die Zollabfertigung zu sein. Ein fülliger, einfach gekleideter Mann, vielleicht ein Syrer oder vielleicht aus einem anderen orientalischen Landstrich, hievte seinen Metallkoffer auf die Kontrollbank, hantierte mit dem Zahlenschloß, schlug den Deckel zurück und Reinhold sah auf einen Koffer bis zum Rand gefüllt mit neuen US Hundertdollarscheinen. Erstaunt war nur der deutsche Tourist; der Zöllner nicht, der Mann klappte den Koffer zu und ging weiter. Endlich, eine Stunde mochte vergangen sein, erbarmte sich ihrer ein Beamter, nahm die Pässe, brachte sie mit, wie immer bei Socialist Republics, überreichen Stempeln versehen zurück und wünschte Bon Voyage. Ach, und alles hätte doch so viel schneller und leichter gehen können, wenn sie in jeden Paß einen Geldschein gesteckt hätten. Was Reinhold sich noch lange nachher fragte, war, wie groß der Schein hätte sein sollen. Zehn Deutsche Mark? Zwanzig Mark? Er wusste es einfach nicht; mit seiner Weltkenntnis war es doch nicht so weit her. Lehrgeld hatte er freilich zahlen müssen, in der Währung der schnellfließenden Zeit.

Von der trügerischen Schönheit junger, zur Beratung angestellter Frauen

Die Einfahrt in die Stadt wurde ein Rätselraten, denn zweisprachige Straßenschilder fehlten. Aber so schnell gaben sie nicht auf. Sie parkten vor einem Büro der Lufthansa, das an dem blau-gelben Schwan zu identifizieren war, dort würde man Englisch oder Deutsch reden und ihnen eine Wegskizze zu dem altberühmten Hotel Baron geben können. Das Büro war gestopft voll mit den hübschesten, gepflegtesten jungen Frauen, alle in kleidsame Lufthansa-Kostüme gesteckt. Nur: Eine Fremdsprache sprach keine, und westlichen Ausländern gegenüber freundlich oder gar zuvorkommend zu sein, lag augenscheinlich tief unter ihrer Würde als Angehörige der Syrian Socialist Republic. Genau gleich verhielten sich in jenen Jahren die jungen Damen in den Touristenbüros einer andern sozialistischen Republik, nämlich der Volksrepublik Bulgarien, zu »kapitalistischen« Besuchern, wie in der Geschichte »Bulgarien aus dem Mercedes gesehen« nachzulesen ist. In der Türkei findet man das Phänomen ebenso, wenn auch ohne die politisch begründete Xenophobie. Reinhold rät, zum Beispiel bei dem zentralen Luftfahrtbüro der Turkish Airlines in Izmir, in der Nähe des Hilton, vorbeizuschauen. Der Besucher sieht sich konfrontiert mit bildschönen, eleganten, dabei aber strohdummen und auch noch hochnäsigen jungen Damen. Ein Reisender tut gut daran, radikal umzudenken: Diese Wesen sind nicht angestellt, um einen Job zu verrichten; sie sind, in ihrem reinsten Sosein, nichts als Dekorationsstücke, Augenfreuden, ästhetisch-erotische Valeurs. Die Airline leistet sich solchen Luxus, und die Wesen verspüren daher auch nicht den geringsten Bedarf an Intelligenz, Kenntnissen und Fremdsprachen.

Die Dependance des Hotels Baron

In Aleppo lag das Hotel Baron, wie auf der Straße von einem Passanten erfahren, nur um ein, zwei Ecken vom Lufthansabüro entfernt. Erbaut war der Palast worden im Jahre 1909; ein Monster an orientalisierendem Kitsch mit Arkaden, Fensterbögen, Türmchen, Erkern, Steinschnitzereien, ein seinerzeit, das heißt, der Zeit der Bagdad-Bahn, weltberühmtes Haus, in dem Präsidenten und Minister abzusteigen pflegten. Renoviert war in den exakt hundert Jahren – Reinhold schreibt dies Anno 2009 – keine Kachel in den riesigen Badezimmern worden. Das Hotel Baron existiert weiterhin auf der Baron Straße; es hat Bilder von seinem Äußeren und Inneren ins Internet gestellt, Bilder eines verkommenen, verblichenen Glanzes; ein Zimmer kostete 2009 fünfzehn US Dollar die Nacht. Im Jahre 1977 jedoch war es geschlossen, ob von der Volksrepublik als kapitalistischer Besitz konfisziert oder zur Renovierung (bis 2009?) vorgesehen, war nicht herauszufinden. Immerhin gab ihnen ein Bediensteter eine Skizze mit, auf welcher er die geöffnete Dependance des Baron eingezeichnet hatte. Die Dependance lag an einer Hauptstraße, über einem Autosalon. In einem Nebeneingang stand ein hochgewachsener Mann mit distinguierten grauen Schläfen und einem walnussbraunen Gesicht und redete mit einer dicken Putzfrau, die auf der Treppe zwei Stufen höher stand. Er redete – Hallelujah, Reinholds Sprachlosigkeit schien beendet – Türkisch mit ihr! Ja, Zimmer seien frei. Der Herr führte Lisa und Reinhold an einer winzigen Rezeption vorbei durch lange Gänge zu ihrem Zimmer. Auf allen Gängen hingen, dicht an dicht, Ölgemälde. In Lebensgröße bildeten sie in Grüntönen gehaltene Nymphen ab, badende, spielende und vor allem nackte. Grüne Frauenkörper, grüne Brüste, grüne Schenkel hüpften durch grünes Wasser und mit Recht grüne Wiesen. Die Kollektion hätte von einem Fauve, sagen wir einem syrischen Matisse, zusammengestellt sein können, doch das war sie wohl nicht, denn die massierten Nackedeis dienten ja nicht allein der Ästhetik, sondern auch als erotischer Stimulus. Hatte man den Bildbestand des eigentlichen Hotels hier deponiert? Oder war die Dependance einst ein Bordell der besseren Klasse gewesen?

Ein Geheimagent der englischen Königin

Am nächsten Morgen erfuhren Lisa und Reinhold, der Bazar sei für drei Tage wegen eines religiösen Feiertags geschlossen. Spät abends nahmen sie ihr Nachtessen in dem Dachrestaurant der Dependance ein; deutsche Ingenieure erzählten ihnen, in der Stadt grassiere die Cholera. Aber war die Vermeidung von Salaten und die Beschränkung auf Mineralwasser wirklich ein Schutz? Sie beschlossen, nur noch die Zitadelle zu besichtigen und dann zurück in die Türkei zu flüchten. Ein Foto zeigt vor der Rampe der Burg einen barbusigen Reinhold. Das Sonderbare, ja Rätselhafte Aleppos war noch nicht an sein Ende gekommen. Ein schmächtiger Syrer in schäbigem Anzug, so an die fünfzig Jahre alt, kam am Fuß der Burg auf sie zu und sprach sie mit leiser, stockender Stimme auf Englisch an. Ob er ihnen helfen könne, ob sie mit ihm ein wenig Englisch plaudern würden? Der Mann versetzte sie in Staunen, als er erklärte, er stehe im

Geheimdienst Ihrer Majestät der Königin von England und korrespondiere mit Elisabeth II. Als Beweisstücke zog er zwei Briefe hervor, in denen das königliche Presseamt (oder wer immer sich um Verrücktenpost kümmert) so freundlich wie nichtssagend den Eingang seiner Schreiben bestätigte. Briefpapier und Briefkopf waren ohne Zweifel echt. Das freilich genügte unserm irren Syrer nicht. Er hatte sich selbst einen Pass als Geheimdienstler ausgefertigt mit Stempeln, Fotos und Unterschriften sowohl seiner Herrscherin wie auch der eigenen Person. Einmal ins Reden gekommen, war der Mann nicht mehr abzuschütteln. Er erkundigte sich nach dem Kaufpreis von Frauen in Deutschland, präziser noch: Ob sie in Frankfurt oder München preiswerter seien. Demnächst werde er seinen Einkauf tätigen. Sonderbar war auch, wie er auf alle Fragen antwortete, so auch auf diejenigen nach Ausfallstraßen zur türkischen Grenze, nämlich mit einem stets gleichbleibenden »If you wish.« »Do we turn left here?« »If you wish.« »Is it far to the frontier?« »If you wish.« Zu ihrem Erstaunen führte er sie tatsächlich an die Grenze. Das syrische Zollamt war schon geschlossen, natürlich zwei Stunden vor der amtlich angegebenen Zeit; das türkische Büro in Oncupinarı hingegen, wie ein Blick über die wenigen Meter Zwischenraum verriet, war geöffnet. Vergebens verhandelte Reinhold mit den syrischen Beamten, die vor ihrer Hütte saßen und Tee tranken, man möge sie doch durchlassen. Nichts davon, Angehörige einer sozialistischen Volksdemokratie haben nun einmal den Schwur abgelegt, sich nie, aber auch niemals höflich zu zeigen. Also zurück ins heiße, stickige Aleppo und in die Dependance. Am nächsten Morgen gelangten sie endlich in die Türkei. Die Zöllner empfingen sie freundlich, boten ihnen Tee an, fachsimpelten über den VW. Im ersten Dorf sahen sie Häuser, gebaut wie Bienenkörbe. In Süditalien nennt man solche Häuser trulli. Recht viele stehen noch in der Umgebung von Otranto, und manchmal geht es beim Erzählen nicht ab, ohne vom Hölzchen aufs Stöckchen zu kommen, denn nach Otranto waren Lisa und Reinhold gefahren wegen des Schauerromans *The Castle of Otranto* (1765) von Horace Walpole, der aber die Stadt nie gesehen hat. Das türkische Dorf besaß kein Schloss; ein ausgetrocknetes Bachbett durchlief es; darin stand eine große, eiserne Schaukel, auf der sich bunt gekleidete Kinder schreiend austobten. Auf allem lag eine weiße, unabänderliche Staubschicht, auf dem Zollamt, dem Dorf, der Schaukel, den Kindern, ihrem VW, ihren Kleidern.

Über den Umgang mit den Fischen des Mittelmeeres einst und jetzt

Hechte, von Hausleuten geangelt, entgehen nicht der Panade

Setzen wir mit der Familie Uluer ein, in deren Liberty Hotel Reinhold an die zwölf Jahre lang seine Ferien in Foça verbrachte und Meerestiere verzehrte. Vater, Mutter, die Söhne tuckerten gelegentlich auf die Bucht vor der Haustür hinaus, um mit Köder, Haken und Handleine zu angeln. Angeln braucht Zeit und Geduld. Geduld hatte Reinhold keine, er sympathisierte mit der zivilisierten Behauptung in Peter Handkes *Kaspar*: »Jeder, der auf sich hält, verliert beim Angeln die Nerven.« Im Frühjahr 2001 kehrte Nermin eines Abends stolz zurück, sie hatte einen ansehnlichen Seebarsch gefangen. Der Fisch lag auf dem Boden des Kahns, zitterte, sperrte sein stummes Maul auf und erstickte langsam. Sie bereitete ihn am nächsten Tag nur für ihren Augapfel, die Tochter Ipek, zu. Ekrem Bey hatte noch größeres Glück und fing im Hafen einen Hecht von gerne zweieinhalb bis drei Kilo. Der Hecht, mit türkischem Namen turna, war ein prächtiger Räuber – langes, zahnbesetztes Maul, kalte, grüne Augen, ein geschmeidiger und kraftvoller Körper, mehr als einen Unterarm lang. Das Tier lag in einem Plastikeimer und starb ebenfalls langsam. Der Vorschlag, ihm schnell mit einer Eisenstange das Genick zu brechen, wurde ignoriert. Ekrem war mächtig stolz auf seinen Fang; jeder Besucher wurde zu dem Eimer geschleppt und musste die Beute bewundern.

Am nächsten Morgen putzte Ekrem den Hecht auf einem kleinen Marmortisch, der jahrelang eigens zur Säuberung von Fischen auf dem Parkplatz hinter dem Haus stand. Der Tisch kam auch Reinhold sehr zupass. Was er sonst zum Mülleimer hätte tragen müssen, warf er einem dichten Kreis um ihn sitzender und gespannt lauernder Katzen zu. Ekrem machte es ebenso mit den Katzen, sonst ging er anders vor. Er schälte behutsam die Milcher aus dem Fisch heraus und ließ die beiden das Rückgrat entlang liegenden Darmstränge im Tier, was er nicht hätte tun sollen, und schnitt den Rumpf in drei Zentimeter dicke Scheiben. Er musste nun aus jeder Scheibe ein Stück Darm holen, ob er dabei die bittere Galle und die Därme anschnitt, kümmerte ihn nicht. Die Hechtscheiben ließen Reinhold Übles ahnen. Nermin würde sie dick paniert und in Öl braten. Einige Tage später gab es erneut Hecht bei den Uluers. Nermin schenkte Reinhold mittags ein Steak, vier Zentimeter dick. Der beschloss, es für Nermin zuzubereiten. Er träufelte in seiner Kochecke ein wenig Zitronensaft auf den Fisch, am Abend bestrich er ihn mit provenzalischer Kräuterpaste, gab Salz und Pfeffer daran und briet ihn auf sehr kleiner Flamme fast siebzehn Minuten in Olivenöl, entschieden zu lange. Er hatte mit Hechten kaum Erfahrung, vor Jahren hatte er sie auf dem Campingplatz in Istanbul bis zur Ungenießbarkeit verbraten. Ihm gefiel das feste, feinfaserige, süße Fleisch; leider besaß der Hecht viele scharfe Gräten. Er stieg mit dem Steak die Treppe hinab zu den Uluers. Nermin kostete ein Stück von Reinholds Hecht und lobte es.

Ihr wie stets panierter Hecht lag schon zerteilt auf dem Küchentisch. Mehmet und Fatma hatten ihre Portionen mit in die Wohnung genommen; Ekrem, in die Küche gerufen, rauchte erst in aller Ruhe eine Zigarette und verzehrte seinen Anteil wortlos. Ein Freund kam in die Küche, ein fürchterlicher Schwätzer, der lange Jahre in Deutschland gearbeitet hatte und die Sprache gebrochen sprach. Sogleich überließ Nermin ihm den Löwenanteil ihrer Portion. Der Mann schlang den Fisch herunter, redete und redete, fand jedoch kein Wort der Anerkennung oder des Dankes. Die Abneigung Reinholds wuchs, doch am Ende musste er seine Ansicht über den Mann gründlich umstoßen. Nicht als ob der Freund aufhörte, ein Schwätzer zu sein, aber er zeigte sich als ein freigebiger Schwätzer. Am nächsten Abend kam er wieder in die Küche, trug zwei Hechte herein, die er gerade im Hafen geangelt hatte, und schenkte ihm einen Fisch. Flugs klärte sich auch die Selbstverständlichkeit auf, mit welcher er am Küchentisch Platz genommen und mitgegessen hatte. Er gehörte zur Familie, war Ekrems Vetter, besaß ein schnelles Motorboot, auf welches er den Ekrem öfters einlud und zu guter Letzt: Er war der weitaus bessere Angler.

Ein lauwarmes Lob der türkischen Küche

Brillat-Savarin tadelt zu Recht unreflektiertes Essen als bloße animalische Nahrungsaufnahme: Esslust haben wir mit den Tieren gemein: Hunger und wie er zu stillen ist, darauf kommt es dabei an. Tafelfreude kennt nur der Mensch. [Sie] ist eine reflektierte Empfindung.

Der Tafelfreude geht freilich die Qualität des Koches und des Gekochten voraus. Nun, die große Mehrzahl der heutigen Türken kann, bei Licht besehen, ohnehin kaum fein kochen. Schmackhaft kochen: Ja. Fein kochen: Nein. Ein hartes Urteil, doch Toleranz und Völkerverständigung haben am Küchenherd nichts zu suchen. Wo sind denn die Saucen der Türken, ihre im Wasserbad schaumgeborenen Köstlichkeiten, wann kochen sie Gerichte, bei denen eine Minute über Gelingen oder Verderben entscheidet? Was türkische Köche zubereiten, zumal wenn sie sich Stunden am Herd gönnen, in denen sie nicht ständig auf die Uhr schauen müssen, denn das liegt ihrem Zeitgefühl überhaupt nicht, schmeckt fast immer sehr gut. Im Haus, das heißt heutzutage meist im ländlichen Haushalt, kochen genügend viele Frauen, die stundenlang beschäftigt sind mit Lesen und Putzen und Zerkleinern der Naturalien. Dass ihre Gerichte so vorzüglich gelingen , beruht auf den ganz frischen Zutaten, dem behutsamen Abschmecken mit allerlei Gewürzen und Kräutern und der sorgfältigen und dem Auge schmeichelnden Anordnung der Speisen und Vorspeisen. Im häuslichen Kochen, im anatolischem Kochen, kann der Kenner einen großen Reichtum von Gerichten entdecken. Freilich sind Reinhold, dem Ausländer, diese Schätze selten zugänglich. Er wird für gewöhnlich von Freunden ins Restaurant und nicht nach Hause eingeladen.

Mit den Meerestieren haben die Türken, von alter nomadischer Herkunft, es nicht so. Auf ihrer jahrhundertelangen Wanderung von Zentralasien nach Anatolien hatten sie auch wenig Gelegenheit, von Kulturen zu lernen, in deren Mahlzeiten Fische mehr als eine Nebenrolle spielten. Bulgur, Bohnen, Flachbrot, Joghurt und Lamm besetzten die ersten Plätze auf der nomadischen Speisekarte. An den Küsten der heutigen Türkei, am Schwarzen Meer, Bosporus und Mittelmeer, übernahmen die Türken die Essenssitten von Griechen, Lazen und anderen Völkerschaften, die, wenn auch nicht gut, so doch oft Fische zubereiteten. Istanbul bildet selbstverständlich die außerordentlich rühmliche Ausnahme: Ehemals verstanden seine monarchischen Höflinge etwas vom guten Essen, wie heutzutage seine kosmopolitischen Einwohner. Doch das höfische Privileg ist dahin. Dahin ist auch die Tradition, nach welcher die besten Köche aus Bolu am Schwarzen Meer in die Haushalte der Reichen kamen, Großvater, Vater und Sohn. In Istanbul isst man auch heute guten Fisch, vom Genuss bietenden, überaus teuren und daher elitären Steinbutt bis zu dessen Gegenstück, den ebenfalls köstlichen kleinen Sardellen, die eine allgegenwärtige, billige, sozusagen klassenlose Essensfreude bilden. Der wenig differenzierte Umgang mit Fischen – das häufig zu lange Grillen oder ein Dämpfen in einer Gemüsebrühe, bis der Fisch zerfällt – gilt auch für Foça, wo es an vorzüglichem frischen Fisch und mittelguten Fischlokalen nicht fehlt. Reinhold will nicht predigen. Nur so viel: Sein Urteil über die Kochkunst in den von ihm besuchten Ländern gründet sich auf Lokale der Mittelklasse, zu welchen es die Mittelklasse der Einheimischen zieht. Garküchen wie Feinschmeckerlokale bleiben außerhalb seines kulinarischen Urteils.

Verehrte Bibeln der Fischküche

Um den Vorwurf zu entkräften, er schwatze aus Unkenntnis, besteht Reinhold darauf, ein eifriger und bescheidener Jünger Alan Davidsons, jenes außerordentlichen Kenners der Meerestiere des Mittelmeeres, ihrer Wohnstätten, Historie, Eigenarten und Zubereitung zu sein. Das zerlesene und vollgekritzelte Exemplar seines Buches *Mediterranean Seafood*, 2. Auflage 1981, kennt Reinhold halb auswendig und vergisst das Gelernte, leider, immer aufs Neue. Es begleitet ihn auf Fischkäufen und gilt mit seinen Zeichnungen von Fischen gegenüber Händlern als Beweis einer richtigen Identifikation. Das Buch schlägt er nicht weniger oft auf als die Odyssee des Homer, einen Band der frühen griechischen Lyrik und die Erzählungen des Johann Peter Hebel. Er liebt zudem Claudia Roden, *A New Book of Middle Eastern Food* (1986), wegen des so reichen wie unterschiedlichen kulturellen Kontexts der Rezepte und weil die Autorin wohl von allen großen Kochbuchschreibern die gelehrteste und zugleich erzählfreudigste ist. Jane Grigson spricht in *Fish Book* (1993) mit einer warmen, alten, gebildeten Frauenstimme zu ihm, erzählt vom eigenen Leben mit essbaren Meerestieren und breitet dazu noch, wie Claudia Roden, einen Schatz von Fischwissen und Histörchen aus. Rick Stein, *Complete Seafood* (2004), bietet die detailliertesten und einleuchtendsten Ratschläge und Rezepte, die ein glänzender Koch zu geben hat.

Favoriten unter den Fischen einst und jetzt

Einige Fischarten liebt Reinhold mehr als andere, zumal, wenn sie außer ihrem Wohlgeschmack eine Geschichte besitzen. Er zählt sie en passant auf, sie werden seit jeher rings um das Mittelmeer gleichermaßen geschätzt und teuer bezahlt. Mit diesen Worten nimmt Reinhold Abschied von dem Vorsatz, Dutzende von Fischarten zu kommentieren, ob sie ihm sehr gut, gut oder gar nicht geschmeckt haben. Zu Malen hat er sie alle verspeist; nur über einzelne lässt er sich aus. Guter Fisch ist heute teuer, das heißt: niemals so teuer wie bei den antiken Römern, diesen in ihrer Frühzeit kulinarischen Primitiven, deren Vorliebe für Breie aus Linsen, Kichererbsen und Saubohnen noch in den Familiennamen nachweisbar ist. Breie blieben die Hauptnahrung der einfachen Leute und wurden mit dem Vieh geteilt. Dass untrügliche Wahrheit in den Erzählungen über immense Fischpreise und ausufernde Gastmähler in der frühen Kaiserzeit steckt, bezweifelt Reinhold. Geprasst haben die Superreichen schon gewaltig. Doch die nach Hollywood riechende Nachricht von den eintausendfünfhundert Nachtigallenzungen, die zu einem Bankett des Kaisers Elagabal aufgetischt wurden, scheint ihm reine Phantasterei, schon wegen der Besorgung solcher Massen. Der oft nachgebeteten Behauptung des Plinius, eine einzige sechspfündige Dorade habe achttausend Sesterzen gekostet, traut er auch nicht. Für einen Legionssoldaten der frühen Kaiserzeit bedeutete die Summe, über den Daumen gepeilt, fast einen Monatssold. Freilich, Edelfisch war immer teurer als Rindfleisch. Auch Zuchtfisch gab es schon. Die kaiserzeitlichen Römer züchteten Muränen (ohne, glaubt Reinhold, Sklaven als Zufütterung) in Fischteichen mit Meer- oder Süßwasser. Heutzutage herrschen Zuchtfische (nicht immer als solche deklariert) in der Türkei und schon völlig in deutschen Supermärkten im Angebot vor. Wenn tausende Fische in riesigen Netzen im Meer sich drängen, macht sie das noch lange nicht wild schwimmend. Mit einer Vorliebe, welche an den Mittelmeerküsten fortlebt, aßen die Römer Goldbrasse und Zahnbrasse, Petersfisch, Seeteufel, Meerbarbe, Wolfsbarsch, Thunfisch und Steinbutt, welch letzter den Reichen vorbehalten blieb. Die Drachenköpfe, die schwarzen wie die roten, beschreibt Plinius als unumgänglich für eine antike Bouillabaisse. Sie wurden gekocht in einem Sud aus Dill, Sellerie, Koriander, Lauch, Öl und Salz. Die Römer fanden die roten schmackhafter. Dass sie dem Thunfisch je nach Lebensalter und Größe einen anderen Namen gaben, haben sie mit den Türken gemeinsam. Einig sind sich Deutsche, Römer und Türken in der Behauptung, »Der Fisch stinkt zuerst am Kopf.« Reinhold versteht die Redensart kulinarisch und versagt sich eine politische Ausdeutung. Er hätte liebend gern an einem Fischessen der Römer teilgenommen, wenn sie nicht, wie bei Marcus Gavius Apicius nachzulesen, der wohl im 1. Jahrhundert n. Chr. ein Kochbuch aus älteren Quellen zusammenstellte, alles, aber auch alles, mit einer süß-sauren-pfeffrigen-salzigen Sauce überschüttet hätten. Schon beim Lesen dessen, was in die Sauce kommt, dreht sich ein nicht-römischer Magen um. In Auswahl: Pfeffer, Liebstöckel, Kümmel, Honig, Datteln, Essig, Minze, Pinienkerne, Eier, Wein, gegorene Fische. Die immer wachsende Häufung unvereinbarer Zutaten des Apicius, seine manische Jagd nach neuartigen Gemengseln, stellt, wie der kenntnisreiche Karl Friedrich von Rumohr 1822 urteilt, die »denkbar größte Entartung der Kochkunst« dar. Sind Rumohr und Reinhold zu sehr etepetete? Gute Kritik ist selten. Heinrich Heine, ein Deutscher in Frankreich, lässt sich in Aus den *Memoiren des Herren von Schnabelewobski* (1834), elegant und doppelsinnig aus über die Holländerinnen und ihren Umgang mit Fischen:

Was die holländische Küche betrifft, so unterscheidet sie sich von der [deutschen], erstens durch die Reinlichkeit, zweitens durch die eigentliche Leckerkeit [so]. Besonders ist die Zubereitung der Fische unbeschreibbar liebenswürdig. Rührend inniger, und doch zugleich tiefsinnlicher Sellerieduft. Selbstbewusste Naivität und Knoblauch. Tadelhaft jedoch ist es, daß sie Unterhosen von Flanell tragen; nicht die Fische, sondern die schönen Töchter des meerumspülten Hollands.

In Foça hatte Reinhold das Glück türkische Freunde, insbesondere den erst kürzlich verstorbenen Halil, zu kennen, die, im Rahmen der privaten Küche und durchaus verträglicher Kosten, vorzüglichen Fisch zubereiteten. Wie delikat war es, als winzige Zugabe einige ebenso winzige Lebern der Felsbarben, einer an Felsen weidenden Variation, der kaya barbunya, auf der Zunge zergehen zu lassen! Die sehr schmackhafte Unterart ist erkenntlich an den schwarzen Streifen auf der vorderen Rückenflosse. Es kostete Reinhold einige Mühe und Zeit, Fischhändlern einzubläuen, auch er kenne den Qualitätsunterschied zur gewöhnlichen Rotbarbe. Wie einfach und gut war es 1998 und 1999 in Mersin gewesen, wo er, vom Prorektor der Universität belehrt, sich mehrfach an einem Salat aus den herausgepulten Bäckchen des braunen Zackenbarschs, des orfos, erfreute! Der orfos schwimmt gerade in den Gewässern um Mersin bis hin nach Zypern in ziemlichen Mengen. Wie schmackhaft waren 1986 die handlangen braunen Bergforellen in einem bekannten Esslokal in Erzurum gewesen. Im Juni 2014 streifte er durch Karşyaka, den wohlhabenden Ortsteil Izmirs. Auf dem riesigen Wochenmarkt Bostanlı hatte er die Fischstände gemustert. Teure Fische waren halb so teuer wie in Foça und doppelt bis dreimal so alt. Sie rochen schon aus einigen Schritten Entfernung. Später ging er in ein kleines, leeres Fischlokal und bestellte frittierte Tintenfische. Der Besitzer, neugierig wie üblich, befragte ihn nach Herkommen und Familie. Reinhold fragte zurück. Der Mann kam aus Erzurum, kannte das Lokal in Erzurum mit Namen und auch die Forellen, welche leider fast alle einer Seuche zum Opfer gefallen seien. Als sie über die Trophäen des Fußballklubs Karşyaka an der Wand plauderten, fragte der Wirt: »Hast du Zeit? Bleib sitzen, ich laufe zu meinem Freund, einem Fischhändler, und hole ganz frischen Tintenfisch von heute morgen.« Gesagt, getan. Reinhold blieb im leeren Lokal, sein Wirt eilte zurück und briet den Tintenfisch, während er einem Fremden voller Stolz von der Heimat erzählte.

Nun aber langsam zum praktischen Umgang des Reinhold mit Fischen. Viele Jahre stehen ihm vor Augen und auf die chronologische Reihe bringt er sie nur lückenhaft. Fische sind sein stetes Thema. Manisch und monoton sei er, muss er sich anhören. Zwei Gegenreden trösten ihn. Dem Vorwurf, er sage immer dasselbe, entgegnet Platon so: »Nicht allein das, es geht auch um dieselben Dinge.« Ungemein anschaulich unterstützt ein türkisches Sprichwort den Reinhold: »Der Bär hat vierzig Lieder. Vierzig handeln auch von der Holzbirne.« Vierzig ist im Orient die Zahl, welche eine Grenze zieht zwischen »sehr Vielem« und »unzählbar Vielem«. Getröstet, schluckt er seine Fische nicht stumm herunter, sondern redet er weiter von ihnen.

Spät im Oktober 2001 fiel warmer Regen. Er zog los, um einen fener balığı, einen Seeteufel, zu erstehen, der auch als Lotte bekannt ist. Er ist ein Tiefseefisch, bewegt sich in seinem Leben kaum vom Platz und kennt, wie alle Tiefwasserfische, keine Saison. Sein türkischer Name fener kommt aus dem byzantinischen Griechisch von dem Wort fanar, Leuchtturm, also Leuchtturm-Fisch. Das Tier ist nicht ohne List. Es vergräbt sich im Sand und schwenkt einen dünnen, lang gezogenen Nasenfaden, der einem schwankenden Turm gleicht. Kleine Fische, welche mit Verwunderung dem Leuchtturm zu nahe schwimmen, werden in ein breites Maul voller nach innen aufgestellter spitzer Zähne gesogen. Der Bauch ist ein hässlich weißer Sack wie bei einem Frosch, er macht etwa die Hälfte des Gewichts des Tieres aus. Das Maul ist oft derart gestopft voll mit halbverdauten Fischen, dass sie noch über die Zähne herausragen. Es ist, als ob der Fisch noch im Tode die Beute nicht freigeben möchte. Man verspeist nur den Schwanz. Der ist weiß und fest, sein Geschmack gleicht, sagt man, dem des Hummers. Reinhold widerspricht. Eher liegt er, nussig, zwischen Hummer und Kalbfleisch. Aber nur, nachdem man ihn filettiert und bittere, dünne, bläulich-rote Häutchen abgezogen hat. Das Rückgrat gibt auch einen bitteren Geschmack ab. Davor warnt einen auch nicht jedes Kochbuch.

Verwandt mit dem fener balığı ist ein Fisch, den Reinhold nur einmal auf dem alten Fischmarkt in Izmir gesehen und freudig gekauft hat, denn auch dort, sagte der Händler, komme er nur selten auf den Markt. Der Bursche versteckt seine Identität hinter Namen. Trigger-Fish nennt ihn Davidson, den Drücker-Fisch; in seiner Liste jedoch firmiert er als çotra balığı, als Becher¬-Fisch. In Izmir heißt er domus balığı, Schweine-Fisch, und in Foça elma balığı, Apfel-Fisch. Ein Name mit dem Bestandteil »Schwein« mache ihn in einem islamischen Land geradezu unverkaufbar, urteilen die Händler in Foça und glauben nicht an den Namen domus balığı. Aber woher kommt der Name in Izmir? Aus anderen Gegenden des Mittelmeeres? Die Franzosen nennen ihn cochon de mer und die Sizilianer pisci porca, beidesmal mit eindeutig schweinigen Namensteilen. Reinholds Fisch hatte eine anständige Größe von dreißig Zentimetern, eine ledern-feste Haut und sehr scharfe Zähne. Sein Fleisch war weiß, fest und von erstklassigem Geschmack. Davidson wie auch der Mann in Izmir erzählen, der Fisch schwimme als treues Ehepaar durch das Meer, gerate ein Gatte an einen Angelhaken, beiße der Partner die Schnur durch.

Reinhold kauft, wo er kann, frischen Petersfisch. Linné führt ihn an als Zeus Faber Linn., dem Zeus gewidmet. Er heißt gewöhnlich nach dem Apostel Petrus, weil nach dem christlichen Volksmund St. Peter einen von ihnen im Sand fand, Mitleid hatte, ihn aufhob und ins Wasser zurückwarf. Dabei hinterließen Daumen und Zeigefinger einen schwarzen Abdruck an den Seiten des Fisches, was nicht gerade für eine saubere apostolische Hand spricht. Andere Versionen besagen, er habe dem Fisch einen römischen Denar (oder eine griechische Drachme) aus dem Maul ziehen wollen, jene Silbermünze, welche Jesus für den angemessenen Tribut an den römischen Kaiser oder für den jährlichen Betrag der jüdischen Tempelsteuer gehalten habe. Reinhold hat doppelten Zweifel an den Versionen, was die Münze und was die Lebensweise des Petersfischs angeht. Fische, wie materiell sie auch denken mögen, tragen im Allgemeinen keine Silbermünzen zwischen den Zähnen. Dazu kommt, dass der Petersfisch eine Kreatur des Meerwassers ist und nicht im See Galiläa umherschwimmt, an dem die Geschichten spielen. Sein türkischer Name lautet peygamber balığı, Prophetenfisch. Die Muslime glauben nämlich, auch der Prophet habe den Fisch mit den Fingern angepackt und einen ähnlichen dunklen Fleck hinterlassen wie Petrus. Der Fisch besitzt eine enorme, ausziehbare, trichterähnliche Schnauze. Auf seine wahre Größe zurückgestutzt, bietet er nur die Hälfte seines Gewichts als essbar an. Sein Fleisch ist weiß, fest und delikat. Sein Kopf, in dessen Backentaschen noch viel Fleisch steckt und der eine Menge Gelatine abgibt, veredelt jede Fischsuppe.

Bei einem Aufenthalt um 1996 kaufte Reinhold eine Meeräsche der Unterart mugil auratus. Der goldene Fleck hinter ihren Augen (daher das »auratus« gleich »vergoldet«) hat nicht die geringste religiöse oder kulinarische Bedeutung. Die Goldäsche, im Englischen gold grey mullet und im Türkischen altın baş kefal, ist noch die beste Äschenart. Die Türken schätzen die ansehnlichen Fische sehr: Sie sind reichlich auf dem Markt, recht billig, mit wenigen und großen Gräten und schmecken so gut wie nach nichts. Das ist falsch: Sie schmecken oft moderig, da sie sich mit Vorliebe an schlammigen Flussmündungen umhertreiben. Bei Foça werden sie, sozusagen landschaftlich um die Ecke, an der Mündung des Gediz Nehri gefangen, wo auch sein Gastwirt Ekrem Bey die Äschen billig kaufte. Reinhold mochte den Fisch nicht und hat, trotz des eleganten Aussehens, seit 1996 nie wieder eine Äsche gekauft. Meeräschen hatten in der Antike einen guten Ruf, der von ihrem exemplarischen Charakter herrührte. Der Schriftsteller

Oppian aus Korykos in Kilikien schrieb im 2. Jh. n. Chr. ein Buch vom Fischfang mit dem griechischen Titel *Halieutikà*. Er hielt die Meeräsche von allen Fischen für den sanftesten und zartfühlendsten. Weder füge sie einem andern Lebewesen Schaden zu noch ernähre sie sich von Blut und Fleisch, sondern pflege eine strikt vegetarische Diät von grünem Meereskraut. Die männlichen Äschen, erzählt er weiter, versammeln sich in großen Scharen um eine bildschöne Äschenfrau und folgen ihr hingerissen, so hingerissen, dass sie nicht merken, wenn sie in das Netz der Fischer schwimmen, das die Menschen ihnen und der Aphrodite unter den Artgenossen eigens vor die stumpfen Nasen gesetzt haben. So it goes.

Wo Reinhold sonst schmackhafte Meerestiere mit Geschichte aß, hat er nicht vergessen. In Manavgat, auf dem Fischmarkt am aalreichen Fluss gleichen Namens, überließen ihm die Händler das Tier zu einem Spottpreis oder warfen es gleich den Katzen hin. Schon der Körperbau des Aals legte ihnen die Nähe zu Schlangen nahe und nahm ihnen den Appetit. Im Türkischen ist der Aal ein Schlangenfisch, ein yılan balık. Im Lateinischen heißt er anguilla, was ebenfalls Schlange bedeuten kann. Ob Türken wie antike Völker glauben, er werde aus dem Flussschlamm geboren? Der Physiologus behauptet, der Aal habe eine Eigenschaft, die Reinhold zutiefst verabscheut: Wenn einer einen Aal in Weißwein koche und von der Brühe trinke, werde er sein restliches Leben keinen Tropfen Wein mehr trinken können. Ein Glück, dass der Physiologus nur so daherschwatzt. Sehr schmackhaften gegrillten Aal hat Reinhold am Bafa-See gegessen; am Ufer des Sees lebte ein alter Türke in einer Holzhütte und betrieb mehrere Grillroste. In Foça hat der Aal inzwischen seinen Preis. Er wird an Luxuslokale in Izmir geliefert, deren heidnische Gäste den Schlangenfisch zu schätzen wissen. Mit den deutschen Freunden Ilse und Siegmar aß Reinhold ihn in Foça, vorzüglich gegrillt von Siegmar auf eigens dazu beschafftem Eukalyptusholz.

Wird Reinhold, was Fische angeht, zum gewissenlosen Vielfraß?

Es wäre ermüdend, dem Leser vorzuzählen, welche Fische er wo in der Türkei verzehrt hat. Wenn er keinen anderen Ort erwähnt, kaufte, kochte und aß er in Foça.

In seiner Pension war die Zubereitung stets auf Kessel und Pfanne angewiesen; Grill und Backofen hatte die Kochecke nicht, die Zahl der Rezepte war damit beschränkt. Was er aber überhaupt während eines Monats an Meeresgetier in sich hineinstopfte, verrät ein Kalenderblättchen aus dem Mai 1994. Auf ihm ist verzeichnet, welche Fische und Meerestiere er verzehrt hat. Vorab, und nicht im Ton des Schuldbekenntnisses, sei gesagt: Solche Mengen aß er nur im Heißhunger nach der Ankunft aus Deutschland. Am ersten Abend verspeiste er mit Fikret und Jeanne in einem Lokal an der genuesischen Stadtmauer Krabben in Käsesauce. Den nächsten Tag aß er daheim fünf kleine Petersfische. Und dann ging es weiter, ohne dass Wochentage und Pausen angegeben sind: Daheim zwei große und eine kleine Languste mit Fikret und Jeanne; zwei große Seezungen in einem Restaurant; zwei Seezungen und drei Doraden in der eigenen Küche, wobei er anmerkt, dass Seezungen am ersten Tag weniger gut schmecken als am zweiten, nachdem sie sich etwas ausgeruht haben und glatt in der Pfanne ruhen, d. h. ihre innere Zellstruktur sich entspannt hat. Seezungen dürfen nicht buckeln. Die echte Seezunge, solea solea, hat den englischen Namen »Dover sole«, nicht weil sie dort auf dem Meeresboden umherliegt, sondern weil früher Dover ihr Umschlaghafen war. Sie hat etwas weniger wohlschmeckende, doch auch sehr gute Vettern, die einem gern von Händlern ebenfalls als solea solea angepriesen werden. Mit Fikret verzehrte er einen großen, anonymen und zerkochten Fisch in einem Lokal. Ein Kilo Langusten teilte er sich mit ihm daheim; sie waren besonders gut, da mit Weißwein und Weißbrot auf dem Balkon gegessen. Langusten und Garnelen schmecken je frischer, desto besser; am besten am Tag des Fangs, gut am zweiten, am dritten und vierten ähneln sie den im Grunde schon unessbaren Tieren in deutschen Geschäften und Restaurants. Die Frische erkennt man daran, dass die Schwanzteile noch in den Regenbogenfarben schillern, in Blau und Grün vornehmlich, einen halben Tag später werden sie zu einem zarten Rot verbleichen, noch später zu einem Weißrosa, welches verkündet, dass ihr zarter Meeresgeschmack längst dahin ist. Über Importware aus Südostasien äußert sich ein Fischkenner nicht. Wo von geringem Geschmack die Rede ist: In den Achtzigerjahren wanderten Reinhold und sein Freund Friedrich an einem Fischstand in Foça vorbei und sahen dort einen Hundshai liegen, köpek balığı, von anderthalb Meter Länge, als Tierfutter verwertbar. Sie baten den Händler, den Fisch einige Minuten auszuleihen und von ihnen beiden ein Photo zu machen, den Hai aufgerichtet in der Mitte. Das Bild hat sich erhalten. Hundshai ist essbar, doch nur so eben. Davidson, mit der kühlen Distanz des Diplomaten, teilt mit, in Venedig werde der Hai als »Kalbfleisch des Meeres« verkauft, in Großbritannien unter dem Namen »Glatter Jagdhund«, die Iren jedoch würden ihn als das bezeichnen, was er ist, ein »Stinker«.

Weiterhin verzehrte Reinhold nach und nach einen Seeteufel und vier kleine Kreuzmakrelen; vier kleine Rotbrassen, einige Tage später fünf kleine Seezungen, alle auf einen Schlag, nur ganz zart gesalzen und gepfeffert, ein paar Tropfen Zitronensaft, ein wenig gehackte Petersilie, in einem Stich schaumiger Butter gebraten, zwei Minuten von jeder Seite, vorzüglich dazu ein bitteres Salätchen, etwas Brot und ein Glas Weißwein. Kleine Seezungen zu fangen, zu verkaufen und zu essen ist in Wahrheit unsäglich dumm und gierig. Nicht nur haben sie einen nur geringen Geschmack; sondern auch ihr Fortbestand wird wahrlich nicht gefördert. Reinhold hat bereut und kauft sie seit zehn Jahren nicht mehr, davor aß er sie schon. Zu einem frühen Lunch im Oktober 2001 verspeiste er drei gebratene Seezungen, eingehüllt in einen Teig aus Maismehl, Pfeffer, Salz und gehackten Frühlingszwiebeln. Ausgezeichnet, doch eigentlich eine Schande, da Seezungen schon natura naturata, von Natur aus, gut sind und allenfalls durch ein Stückchen Butter in einen höheren Stand der Gnade versetzt werden können. Darauf ging er zu der kleinen, guten Garküche von zwölf Sitzplätzen, welche Ekrem Beys Sohn Mehmet betrieb. Der Koch, ein ältlicher, verdrießlicher und stets unrasierter Mann, hatte frische Sardinen in einer Gemüsebrühe zubereitet. Reinhold aß eine Portion, fand sie recht gut, aber nicht vorzüglich und besprach das Rezept der Brühe mit dem Koch. Die Sardinen ließen ihn rülpsen. Zu viel Knoblauch.

»Reinhold, du machst dich zu einem lachhaften Hanswurst, deutlicher gesagt, zu einem unsäglichen Vielfraß von Fischen«!, versuchte sein strengzartes Gewissen einen Tadel anzubringen. »Jedenfalls«, gab er zurück, »habe ich nur mittags und abends Fisch gegessen, nie«, – und seine Miene blieb heiter, wie wenn er als guter Katholik eines vollkommenen Ablasses sicher sein könne – »nie morgens zum Frühstück«.

Nicht schon wieder! – Aber doch! Das einfache Leben und noch mehr Fisch

Im Oktober 2001 las Reinhold Yaşar Kemals Roman *Ince Mehmed*, und die Sucht, Mahlzeiten aufzuzeichnen, überfiel ihn aufs Neue. Diesmal sollte es auf die karge Art sein, denn Wortarmut verbürgt den Modernisten Authentizität und Wahrheit:

Ince Mehmed, der edle Räuber, hatte von einem Bauern zwei Zwiebeln erhalten.
Er schälte die Zwiebeln.
Ince Mehmed aß eine rohe Zwiebel und sah hinaus auf die Ebene der Çukurova.
Teilte er seine rohen Zwiebeln mit jemandem?
Ja, er gab eine rohe Zwiebel einem andern Banditen.
Reinhold, Eremit auf Zeit, hatte von einem Bauern zwei Kartoffeln erhalten.
Er kochte die Kartoffeln.
Reinhold aß eine gekochte Kartoffel und sah hinaus auf die Bucht von Foça.
Teilte er seine gekochten Kartoffeln mit jemandem?
Nein, er behielt die andere Kartoffel für sich.
Aß Reinhold ebenfalls eine rohe Zwiebel?

Nein.
Aß Ince Mehmed ebenfalls eine gekochte Kartoffel?
Nein.
Zwei einfache Leben.

Daraufhin nahm Reinhold drei frische Petersfische aus dem Kühlschrank und bereitete eine Brühe aus den dicken Köpfen der Fische, einer fein gehackten Zwiebel, vier grünen Pfefferschoten, Petersilie, einem Lorbeerblatt, einem Stich Butter, Salz, Pfeffer und der überlebenden gekochten Kartoffel. Er ließ die Köpfe, just mit Wasser bedeckt, für eine halbe Stunde in einem Topf ziehen, schöpfte sie aus der Brühe, pflückte das Backenfleisch ab und warf sie weg. Er fügte das Gemüse und die Butter in die Brühe und stampfte die überlebende Kartoffel dazu. Nach zwanzig Minuten tauchte er die Fischkörper vorsichtig in die Flüssigkeit, in der sie zehn Minuten lang köchelten. Zu einem Glas Weißwein verzehrte er einen der drei Fische Stückchen für Stückchen. Später würde er frische Feigen, Honigmelone und Trauben essen. So viel zum einfachen Leben.

Weiter geht es mit Scheißkebab im Tagebuch des Jahres 2004

Am Dienstag, dem 20. April 2004, zog Reinhold zum Kai und kaufte für drei Millionen TL (damals gleich 1,80 Euro) ein Kilo der kleinen Brassen. Lateinisch heißen sie diplodus annularis, türkisch: isparos, englisch: annular bream. Annularis oder annular deutet auf ein schwarzes Band, eine Art Ring, der um die Schwanzflosse läuft. Sie sind an die fünfzehn Zentimeter lang. Die Fische schmecken im April und Mai am besten, bevor sie gelaicht haben. Sie sind dann prall voll mit Milchern (die Männchen) und Eiern (die Weibchen) und beide prall voll mit den schärfsten Gräten. Ihre jahreszeitlichen Unmengen im Meer, die vielen Gräten und das mühselige Putzen führen zu dem geringen Preis. Man muss sich mit den Brassen auskennen. Entweder schneidet man die Stacheln ab, schuppt stundenlang an ihnen herum, nimmt sie aus, brät sie, ärgert sich über die langwierige Prozedur oder bereitet sie zu in der Manier eines boklu kebab, wörtlich: Eines Scheißkebabs. Das heißt, man lässt sie, wie sie aus dem Meer kommen, spült nur den Schlamm ab und brät sie ohne Öl in einer Teflonpfanne. Sechs Minuten genügen, nach drei Minuten einmal wenden. Die Schuppen schmelzen und bilden eine Art Haut, an der die seitlichen, die „Rippengräten" sozuagen, festkleben. Der Fisch wird aufgeklappt; das weiße, süße, vortreffliche Fleisch ist mit den Fingern zu essen. Auf reichlichen Abfall kommt es bei dem geringen Preis nicht an. Türkische Freunde wollten erst nicht glauben, dass Reinhold die Zubereitung à la Scheißkebab durchaus vertraut war.

Er erstand sechzehn Fische, die ihm für zwei Mahlzeiten soeben reichten. Der nächste Tag fand den Reinhold morgens nüchtern und fröhlich. Voll der Tugend kaufte er ein weiteres Kilo der kleinen Barsche; der Verkäufer vom Vortag schaufelte, was auf dem Boden seines Kahns lag, weit über ein Kilo, in eine Plastiktasche und wog gar nicht erst ab, der Preis blieb gleich. Daheim erfolgte eine Fischvolkszählung. Reinhold sah sich fünfundsiebzig klar blickenden Augenpaaren gegenüber. Er aß mittags zwanzig Fische, ebenso schmackhafte wie die Vorgänger und abends mit schwindendem Heißhunger nochmals zehn. Am Donnerstag, dem 22. April, blickte er immer noch auf einen Topf voller Barsche, alle säuberlich senkrecht und Kopf nach unten nebeneinander gestellt. Also briet er zu Mittag eine Pfanne mit zehn Stück, merkte aber bald beim Essen, dass sie schon nicht mehr die frische Süße des Vortags hatten, die leiseste muffige Spur schmeckte bereits durch. Er briet sogleich nochmals zehn Stück, denen er allerdings nur die besten, grätenfreien Stückchen entnahm und auf einem sauberen Teller für den Abend beiseite legte. Auch so eine fisselige Arbeit, die ihn bald (was heißt bald? Er war schon eine geschlagene Stunde mit den Barschen beschäftigt) anekelte. Alles, die guten Stückchen und den Rest von fünfundzwanzig Stück, trug er in ein Massengrab, zur Mülltonne, deren Deckel er für die Katzen abnahm. Von Barschen wollte er fürs Erste nichts mehr sehen noch schmecken.

Für Dienstag, dem 3. Mai, hatte Reinhold drei türkische Freunde eingeladen und sie baten ihn, mittags eine Fischsuppe zu kochen. Er gibt hier das erprobte Rezept einer Prophetenbrühe, von der er schwört, sie erwecke Tote zum Leben: Er nahm zwei große Petersfische, die Gelatine des Kopfes hat er schon gepriesen, und dazu eine große Zwiebel, eine große Möhre, zwei mittelgroße Kartoffeln, zwei Tomaten, ein Bund Glattpetersilie, drei Frühlingszwiebeln, eine Knoblauchzehe, Salz, Pfeffer, quant. suff. So geht es weiter: Den Fisch schuppen, waschen, trocken tupfen, die Köpfe abschneiden. In einen mittleren Topf drei bis vier EL Olivenöl geben, erhitzen, die beiden Fischköpfe darin kurz andünsten, zwei Tassen Wasser dazu geben, ebenso das dunkle Grün der Frühlingszwiebeln, alles an die dreißig Minuten ziehen lassen. Das Grün herausfischen und wegwerfen, Köpfe herausnehmen, erkalten lassen, den Rest Fleisch abzupfen und zurück in die Brühe geben. In die Brühe kommen die Kartoffeln, die Möhre, die Zwiebel (alle schnippeln); ungefähr fünfzehn Minuten garen, man hätte nun einen wundervollen Fischfond. Die Fischkörper in den Sud geben. Die Flüssigkeit muss sie knapp bedecken, u. U. Wasser nachfüllen, an die zehn Minuten garen, nie wild kochen. Dann erst kommen die klein geschnittenen Frühlingszwiebeln und die in Salz zerdrückte Knoblauchzehe hinzu. Alles soll nochmals zwei Minuten köcheln. Salzen und pfeffern, vor dem Servieren die Brühe mit reichlich gehackter Petersilie überstreuen. Frisches Weißbrot muss auf den Tisch, Raki ist auch keine Todsünde. Afyet Olsun. Wohl bekomm‘s.

Reinhold kauft auf Fischauktionen

Reinhold hat bisher kaum berichtet, wo er seinen Fisch kauft. Er hat zwei unterschiedlich sprudelnde Quellen. Die erste und ergiebigste Quelle ist der Fischmarkt, die zweite bilden die kleinen Stände der Fischer am Kai. Der Fischmarkt ist ein großer Schuppen. Er liegt, wenn man vom Zentrum auf die Bucht hinaussieht, etwas zurückgezogen auf der linken Seite, zwischen einem Fischrestaurant und einem Supermarkt. Innen stehen an beiden Seiten in Buchten Fischstände, mal zwei, mal drei sind offen, die Zahl wechselt. Reinhold kauft nicht an den Fischständen. Ehrlichkeit ist leider keine Tugend der Besitzer, weder in dem, was sie über die Frische ihrer Ware sagen, noch was den angemessenen Preis angeht. Verschmäht ein Käufer ihre Fische, so grüßen die Händler auch nicht mehr. Leicht verlegen wird ein solcher Mann, wenn Reinhold ihm auf der Straße begegnet und ihn nun, aus Trotz sozusagen, unübersehbar grüßt.

An der Stirnseite des Schuppens sind zwei lange Holztische aufgebaut. An ihnen finden die Auktionen statt, außer am Sonntag und bei stürmischer See am Vortag. Von den Trawlern kommen Schiffsleute gegen neun Uhr morgens und stülpen Körbe mit Fischen auf die Tische, glitschige Fische, weil noch schleimig und noch längst nicht alle regungslos. Man hat sie ungefähr nach Arten vorsortiert und aufgeteilt in an Restaurants leicht verkaufbare Mengen von zwei bis vier Kilogramm. Doch was soll Reinhold mit einem kleinen Berg Fisch? Mit zehn Exemplaren? Der Versteigerer kommt ihm öfters entgegen. Er darf sich dann vor der Auktion ein bis zwei der besten und teuersten Fische (andere will er ohnehin nicht) aussuchen und zahlt für sie einen Preis, der ein wenig über dem zu erwartenden liegt. Reinhold ist zufrieden, weil dem Zufall des Steigerns entronnen, der Ausrufer ist zufrieden, weil er einem guten Kunden, einem fast täglichen, einen teuren Fisch verkauft hat, der nicht unbedingt weggeht. Zu Beginn der Versteigerung stellt sich der Auktionator an das Kopfende des Tisches, zeigt auf Häufchen nach Häufchen, beschreibt und lobt den Fisch und ruft einen niedrigen Anfangspreis aus oder ein schon abgegebenes Gebot. Trauben von Türken, dreißig, vierzig Leute, drängen sich um den Tisch, darunter nie eine Frau. Die Vielzahl von Männern schaut schweigend aus reiner Neugier zu. Die wirklichen Kunden sind die Besitzer der Fischrestaurants oder ihre Abgesandten. Im Laufe der Zeit hat Reinhold gelernt, wer für welches Restaurant steigert. Die wirklichen Käufer bleiben unter sich und reden nicht mit ihm. Für sie stellt die Auktion keinen Nervenkrieg dar, sondern eher einen freundlichen, wenn auch rapiden Wettkampf. Geboten wird, indem man den Zeigefinger sehr leicht hochhebt, für die Konkurrenz fast unsichtbar eine Augenbraue verzieht, durchaus sichtbar nickt oder ein halblautes Geräusch ausstößt. Ein Schreiber trägt in das Hauptbuch die Art der Fische, ihr Gewicht, ihren Preis und den Käufer ein. Lange Zeit arbeitete als Schreiber ein guter Bekannter Reinholds; der pensionierte Bankdirektor konnte bestens mit Zahlen umgehen. Reinhold ist über viele Jahre, soweit er weiß, der einzige Ausländer geblieben, der sich an einen Tisch heranwagte und mit bot. Ihm kam die Gestik anfangs sonderbar vor, aber so war sie nun einmal und wollte befolgt werden. Er bevorzugte den leicht erhobenen Zeigefinger. Hatte er Fische erworben, nickte ihm der Auktionator zu. Reinhold gab die Beute einem Mann im Nebenraum, der die Fische für ein geringes Entgelt schuppte und ausnahm. Auf dem feuchten und glitschigen Boden der Fischhalle stehen Holzkästen, die zehn oder zwanzig Kilo der häufig angelandeten Fische enthalten, Sardinen, kleine Seezungen, Seebarsche. Meeräschen. Ihr Preis liegt niedriger als auf der eigentlichen Auktion, denn diese Ware stammt zum größten Teil von Zuchtfarmen, was, in Foça jedenfalls, nicht verschwiegen wird.

Der »Zuhälter« und die Folgen

Während der Auktion riss in den letzten Jahren ein neuer, untergeordneter Helfer, geben wir ihm den Namen »Ali«, kleine Zettel ab. Beim Zuschlag warf er den Zettel mit dem aufgekritzelten Namen des Käufers auf das jeweilige Fischhäufchen. Reinhold hieß, was er dem auf seinen Gast stolzen Hauswirt Ekrem Bey zu verdanken hatte, gewöhnlich auf seinem Zettel einfach »Pirofessör«, oder eine Abkürzung des Titels. Ali bediente sich stattdessen des Wortes »Pezevenk«, nicht ahnend, dass der Ausländer das Wort las und kannte. Es ist ein äußerst böses Schimpfwort und bedeutet, milde übersetzt, »Zuhälter«, schlimmer verstanden, »Hinternficker«. Was sollte Reinhold tun? Den »Zuhälter« einfach übersehen wäre nicht recht gewesen, nein, das war mit seinem Ansehen nicht zu vereinbaren. Warum hatte der Mann das Wort benutzt? Persönliche Feindschaft konnte es nicht sein, denn er kannte Reinhold nicht, und der hatte ihm nichts getan. Schlichte Dummheit schien am wahrscheinlichsten. Reinhold zeigte nach der Versteigerung seinen Zettel dem Auktionator, der brach in eine Schimpfkanonade aus und drohte, Ali aus dem Laden und seinem Dienst zu schmeißen. Der Mann wurde bleich, stolperte zu Reinhold hin und bat um Verzeihung. »Lass es nie wieder vorkommen«, war dessen Antwort; sie war keine ganz falsche. Ali war von Stund' an wie umgedreht, begrüßte den Reinhold als einen Freund und, was auch nicht unwichtig war, verriet ihm, welche Fische vom Vorvortag, vom Vortag und dem jetzigen Tag stammten. Ach so, im Laufe der Zeit redeten auf dem Fischmarkt alle seine Bekannten, mit denen er vor und nach der Auktion plauderte, den »Pirofessör« mit dem freundschaftlich-egalitären »Reinhold« an.

Die »kleinen Fischer« und ihre Kähne am Betonkai

Die zweite Einkaufsquelle liegt an der Strandstraße wo, von Fischlokalen nur durch das Trottoir getrennt, die Kähne der »kleinen Fischer« an dem Betonkai vertäut werden. Die Männer fahren, jeder mit seinem Kumpan, nur einige Meilen hinaus auf die See, nicht weit aus der Bucht hinaus, und bringen in den Morgenstunden ihren Fang zurück. Geruhsam pulen sie die Fische und einige wenige Krabben aus den Netzen, legen sie in Plastikschüsseln und auf Holzbretter vor die Betonmauer, setzen sich auf ein Bänkchen im Kahn, rauchen ihre Zigarette, trinken Tee und warten auf Käufer, auf Männer und Frauen, Einheimische und Wochenendbesucher, welche die Fische skeptisch, wenn auch nicht immer sehr kundig ansehen und über den Preis noch ein wenig feilschen. Dabei sind die Fischer deutlich billiger als der Fischmarkt auf der andern Seite der schmalen Bucht. Ihr Angebot ist gering an Menge und Arten, aber, wenn man hinschaut und hinriecht, allermeist frisch, am Morgen jedenfalls. Seine Fische bis Mittag in der Sonne liegen zu lassen, stört den Händler wenig. Teure Fische und solche, die mit einem Schleppnetz gefangen werden, finden sich selten. Reinhold trifft oft auf einen Mann, der sich auf den im seichten Wasser lebenden Drachenkopf spezialisiert hat und ihn, außer an Reinhold, mit dem er auch gerne plaudert, ziemlich schleppend verkauft. Es gibt, wie schon die Römer wussten, zwei Arten von Drachenkopf, die eine hat eine bräunlich-schwarze Haut und ist die kleinere und weniger schmackhafte. Die andere, meist bis zu dreißig Zentimeter groß, ist ein hässliches rotes Vieh, alias racasse, alias kırmızı iskorpit, alias, in Foça, ada bey. Der Fisch hat eine Reihe scharfer und giftiger Rückenstacheln. Nach dem Aussehen darf man selten bei Menschen und nie bei Fischen gehen. Die Filets eines großen roten ada bey, weiß und süßlich, schmecken vorzüglich. In einer Suppe sind Drachenköpfe ein Muss. Ihre Qualität verdiente einen höheren Preis. Nun denn. Der ada bey liebt das Leben über alles. Selbst wenn er, auf dem Brett des Fischers ausgestreckt, vorgibt, schon lange im Fischhimmel zu sein, wird er, sobald er in Reinholds großer Plastiktüte verstaut ist, gewaltig springen und schnellen. Sein neuer Besitzer trägt eine Tüte nach Hause, in der sich anscheinend wütende, wenngleich stumme Katzen balgen. Die »kleinen Fischer« dürfen nach der städtischen Vorschrift die Fische weder schuppen noch ausnehmen. Reinhold würde sich nicht so wohl in Foça fühlen, wenn irgendjemand von der Vorschrift Notiz nähme. Die Obrigkeit sieht weg. Das Wegsehen einer Obrigkeit mag schädlich oder nützlich sein: Bei den »kleinen Fischern« hat Reinhold sich entschlossen, es überaus nützlich zu finden. Nun ein kleiner Einschub über den Türken Reinhold.

Der Türke Reinhold

Reinhold glaubt nicht, im Unterschied zu gelegentlichen Einschätzungen durch Türken, er sehe wie ihr Landsmann aus. Er nimmt seine Einbürgerung als Kompliment, fragt sich aber, was die Echtgeborenen dazu bewegt. Er ist ein ältlicher Mann, trägt einen türkischen Sonnenhut und kleidet sich einfach in türkische Hemden und in Jeans, doch keineswegs in ländliche Pluderhosen. Zum Entsetzen europäischer Frauen zieht er, wie türkische Männer, zu Sandalen und kurzen oder halblangen Hosen lange Socken an. Viele Jahre hat er auf dem Buckel, geht etwas langsam und vornübergebeugt, hat schütteres weißes Haar und trägt einen kurzen grau-weißen Backenbart. Seine Augen sind un-anatolisch blau, was Betrachter dazu verführt, ihn, auch wegen seiner länglichen Nase, unter die Lazen des Kaukasus und des Schwarzen Meeres zu versetzen. Eine lange, sehr gebogene Nase, dunkelbraune Augen und viele Haare am Körper hätten ihm armenisches Blut attestiert. Sobald Reinhold den Mund auftut, hat das ungewollte Rollenspiel ein Ende. Meint er. Weiterhin fragen Kinder den Onkel nach der türkischen Tageszeit. Allein im Sommer 2014 wiesen ihn gleich zweimal freundliche Frauen, welche die Sperre zur modernen Metro in Izmir kontrollierten, mit vielen Worten darauf hin, man dürfe ab fünfundsechzig Jahren gratis fahren. Sie schätzten ihn offenbar alt genug für die Freifahrt ein, was für ihre Kenntnis der Männer spricht. In Foça plauderte er mit einem jungen Schweizer Ehepaar und erhielt das Lob: »Sie sprechen aber gut Deutsch.« Und noch eine visuelle Unbestimmtheit. Er ging im Sommer 2014 an den Cafés in Foça vorbei und rief, leider ungehört, seine vor ihm eilende Freundin Monika mit Namen an. Im Rücken rief jemand laut »Reinhold, Reinhold!«. Er drehte sich um und sah Erich und Figen Kahl bei einem späten Frühstück sitzen. »Nur an der Stimme, nicht am Aussehen«, erklärten die Freunde, »haben wir erkannt, dass kein ältlicher Türke, sondern der Reinhold vorbeiläuft.« »Seltsamer und seltsamer«, sagt Alice im Wunderland.

Abendessen für Rechtgläubige

Kommen wir zu der Haupt- und Staatsaktion des Sommers 2014. Dass er von Fischen immerzu auch in seiner Pension erzählte, brachte Reinhold in eine seltsame Bredouille. Abdullah, der Inhaber, war ihm freundschaftlich gesonnen, wenn auch unsicher, wen der Fremde eigentlich darstelle, in jedem Fall aber ein kurioses Wesen: In der Türkei hatte er offenbar jeden dicken Baum besucht. Universitätsprofessor sollte er sein, Griechische Bücher (das Novum Testamentum Graece präzisiert Reinhold) las er stundenlang, Neugriechisch sprach er nicht, wie Abdullahs Onkel griechischer Herkunft herausfand. Ohne

Buch sah ihn niemand, auf seinem Zimmer schrieb er halbe Tage. Sein allererster Weg, jeden Wochentag um neun Uhr morgens, war zur Fischauktion, der zweite Weg zurück in die Küche der Pension, wo er seinen Kauf im Kühlschrank verstaute. Dieser kuriose Mensch spazierte eines Montags am frühen Abend an Abdullah und seinen Freunden im Café vorbei. Einer eigenen, frommen, doch nicht fanatischen Schule des Islam gehörten die Männer an. Sie tranken Tee und luden ihn zu einem Glas ein. Abdullah verbreitete sich über Reinholds Zubereitung von Fischen und fragte unvermittelt: »Willst du uns nicht auch ein Fischessen zubereiten?« Reinhold erschrak, er saß in der Falle. Genug Einbildungskraft für ein großes Mahl hatte er schon, genug Kochkraft jedoch nicht. Die Männer sahen ihn mit großen erwartungsvollen Augen an – wenn ein kultureller Wechsel gestattet ist, wie Kinder den Weihnachtsmann. »Und zu wie vielen würdet ihr kommen?« »Zu zehnt.« Vom Platz her war es machbar. Einschließlich Abdullah und Reinhold zwölf Mann im Frühstücksraum an drei zusammengerückten Tischen. Aber die unendliche Arbeit, aber sein bislang einziges Paar Hände! In Echt, wie ein Stilist sagt, er wusste nicht, was er antworten sollte. Doch dann fiel ihm ein russischer Märchenerzähler ein und sein Rat: »Der Morgen ist klüger als der Abend.« Ein verwegener Mut füllte des Fischkochs Brust, ein kulinarisches Abenteuer stand ihm bevor: »Kommt alle, ihr seid herzlich willkommen! Gebt mir zwei Tage Zeit. Am Dienstag ist Markttag, dann kann ich bequem einkaufen. Kommt am Mittwoch. Und wie steht es mit den Getränken?« Die Frage war bei strengen Muslims nicht unangebracht. »Die Getränke und das Brot lass unsere Sorge sein.«

Getränke schleppten sie am Mittwoch reichlich herbei, Obstsäfte, Mineralwasser, den säuerlichen, aus irgendeinem Rübensaft gegorenen şalgam, der unglaublich gesund sein soll und den Reinhold schon in Mersin getrunken hatte. Zwölf Esser! Eigentlich hätte er helfende Hände aus einem von den Konfessionen unterschiedlich gesehenen und daher besser nicht anzurufenden Himmel brauchen können. Eine Fischsuppe wurde gewünscht. Am Dienstag ersteigerte er Fische: Zwei Peters- oder Prophetenfische, zwei Seeteufel, sowie einen kleinen Hügel Rotbarben. Den Hügel zählte er vor der Versteigerung schnell durch und kam auf fünfundfünfzig Stück. Dem erfreuten Fischer kaufte er alle seine Drachenköpfe zum Vorzugspreis weg, vier rote und zwei schwarze Exemplare. Auf dem Markt deckte er sich ein mit Kirschen, Zitronen, Knoblauch, Zwiebeln, schwarzen und grünen Oliven, Kaşar-Käse, Kartoffeln, grünen Bohnen, frischen Tomaten, sonnengetrockneten Tomaten, einigen Stangen Lauch, sehr feinem Reis, Sardellenfilets, Syrup aus Granatäpfeln, nar ekşisi, und schließlich einem grünen Meeresgemüse, deniz börülcesi (sein deutscher Name lautet Queller), das wie ganz dünner Spargel aussieht, fein salzig schmeckt, von dem man die saftige Haut und nicht den Stängel isst. Nach Möglichkeit war alles Bio-Ware oder wie die Händler sagen: »Ohne Hormone«. Am Dienstag kochte Reinhold das Kalte vor, am Mittwoch das Warme und Frische nach. Er erlaubt sich, da ihn allein schon die Erinnerung ermüdet, nicht erneut des Langen und Breiten vorzuführen, was beim Zubereiten gelang oder misslang. Wenn er Leserinnen und Leser findet, denen an Essen gelegen ist, dann sollen sie ihre eigene Lust und Laune mit den Zutaten spielen lassen. Die Gerichte kamen, nach türkischer Art, so ziemlich gleichzeitig auf den Tisch:

Die Getränke und das Brot
Beilage: Aprikosen
Aufweichen, weil getrocknet (frische waren nicht reif genug), zerschneiden und unter Yoghurt rühren, aus dem Kühlschrank servieren.

Hauptgericht: Warme milde Fischsuppe
Aus den Köpfen der Prophetenfische und Seeteufel, den Drachenköpfen und einer Stange Lauch (inklusive des grünen Teils) und Knoblauchscheiben eine gelatine-reiche Suppe köcheln lassen. Durchsieben. Fleisch von den Fischen pflücken. Köpfe, Gräten, Rückgrate ab in den Abfall. Neue Suppe mit etwas

gekochtem Reis und Safran aufsetzen, das Fischfleisch spät zugeben. Abschmecken. Suppe muss mild bleiben! Über Nacht in den Kühlschrank. Lauwarm servieren mit zum Schluss viel übergestreuter grober Petersilie.

Beilage: Gekochte ungeschälte Kartoffeln.
Lauwarm halten, halbieren, mit Olivenöl beträufeln, garnieren mit abgewaschenen Sardellenfilets und frischen Tomaten. Weiteres Salz ist unnötig.

Beilage: Queller
Drei bis vier Minuten kochend blanchieren, pro Gast eine gute Faustvoll, Stängel aus der Haut ziehen und wegwerfen. Dekorativ wie dünnen Spargel auf Gästeteller verteilen, mit nur wenigen Tropfen Granat-Essig abschmecken. Lauwarm servieren.

Beilage: Lauchstängel
In wenig Öl dünsten, mit einigen Tropfen Zitronensaft beträufeln und mit sehr fein geschnittenen Kaşar-Scheiben dekorieren. Kalt servieren.

Hauptgericht: Kalte marinierte Filets von Prophetenfisch und Seeteufel
Fische ohne Kopf in Butter und etwas Knoblauch vorsichtig dünsten. Sie müssen saftig bleiben. Filets vorsichtig abtrennen, in zwölf Portionen teilen und in kleine Plastikschüsseln legen. Mit Olivenöl beträufeln. Marinade herstellen aus: Scheiben von schwarzen und grünen Oliven, wenig Knoblauch, getrennt gedünstetem und dann in Streifen geschnittenem rotem Paprika der mittleren Schärfe, klein geschnittenen getrockneten Tomaten, ein wenig Granatensyrup. Marinade über den Fischen verstreichen. Schüsseln ab in den Kühlschrank. Kalt servieren.

Hauptgericht: Rotbarben mittlerer Größe in der Pfanne
Kleine und mittlere Barben braucht man nicht zu schuppen und zu entdärmen; für türkische Gäste sollte man beides aus Höflichkeit dennoch tun. Abwaschen und trocken tupfen; in die Pfanne reichlich gutes Olivenöl träufeln, Boden belegen mit Lorbeerblättern, Zitronenscheiben, reichlich gewürfelten aromatischen kleinen Tomaten, entkernten schwarzen Oliven, einer gewürfelten milden Zwiebel. Bei mittlerer Hitze die Mischung leicht ankochen, ungefähr sieben bis zehn Minuten. Sie soll zähflüssig sein. Barben in Reih und Glied darüber versammeln, von jeder Seite drei bis vier Minuten dünsten. Sofort heiß servieren.

Beilage: Gekochte grüne Bohnen
Waschen. Abtropfen. In Salzwasser al dente kochen. Mit etwas Zitronensaft beträufeln, mit sehr dünnen Scheiben Kaşar-Käse garnieren. Lauwarm servieren.

Beilage: Kalte, gewaschene Kirschen
Aus dem Kühlschrank, in mehreren Schüsseln reichlich verteilen für den ganzen Abend.

Türkischer Tee

Am Mittwoch, dem 11. Juni, kamen die Gäste pünktlich um sieben Uhr. Einige trugen Schlips, alle lachten und schwatzten. Elf Leute waren es, denn die zehn hatten noch einen Freund mitgebracht. Der aß Reinholds Fischfilet. Der erschöpfte Koch konnte ohnehin kaum noch »Papp!« sagen und beim Essen zugreifen. Türkisch reden musste er auch nicht viel, die Gäste plauderten untereinander und wurden nicht müde, die einzelnen Gerichte wieder und wieder zu loben. Es mag ein guter Schuss orientalisches Lob dabei gewesen sein, das tut überhaupt nichts, das Lob tat dem Koch sehr gut. Er hatte sich neben einen freundlichen Imam gesetzt und mit Hilfe eines stockenden Dolmetschers kamen sie ins Gespräch über Gott. Was konnten Menschen von Gott wissen? War er nicht so hoch über uns, dass unsere Kenntnis allenfalls lückenhaft bleiben musste? »Dem ist nicht so«, entgegnete der Imam, »im Koran hat Gott sich durch seinen Propheten geoffenbart.« Kein schlechtes Argument. Mit dem deus absconditus, dem seiner Existenz nach verborgenen Gott, wollte Reinhold dem Imam nicht auf den Leib rücken. Er wurde belohnt. »Du würdest einen guten Muslim abgeben. Komm doch zu uns«, lud ihn der Mann so lieb wie ernsthaft ein. Mit Reinhold als frommem Katholiken gab er sich auch zufrieden. Rätselhaft wurde es, als ein Gast ein kleines Ding, eine ağız tamburası, in den Mund steckte und Melodien spielte. Es war eine Maultrommel, wie man Reinhold erklärte, der wohl den deutschen Namen, nicht aber das Instrument kannte. Die Muslims schwiegen zunächst und summten dann alle gemeinsam mit. Waren es volkstümliche geistliche Lieder? Koranverse? Warum hat Reinhold nicht gefragt? Weltlich ging es bei Reden über Fußballnationen und ihre relative Qualität her. Vor neun Uhr musste die Gesellschaft aufbrechen, um in der Moschee zu beten. Die Männer bedankten sich überströmend, sie schenkten ihm eine kleine islamische Broschüre in niederländischer Sprache, *De Uiteenzetting over Broederschap*, den Titel verstand er mit etwas Mühe als *Die Darstellung der Bruderschaft*. Einige küssten ihm die Hand und führten sie an ihre Stirn, einer massierte seinen Nacken, und alle sprachen gemeinsam den einen Satz zum Abschied: »In der Moschee werden wir für dich beten.« Reinhold wird den Abend nicht vergessen. Er war erleichtert, glücklich und, auch das will er nicht verschweigen, vergoss einige Tränen der Freude und Rührung, als er am leeren Tisch saß. Die nächsten Tage schlief er sehr lange.